Le français en Belgique

Une langue, une communauté

Le français en Belgique

Sous la direction de
Daniel Blampain
André Goosse
Jean-Marie Klinkenberg
Marc Wilmet

Une langue, une communauté

DUCULOT
Ministère de la Communauté française de Belgique (Service de la langue française)

Coordination: Martine Garsou, avec la collaboration de Michel Trousson et Pierre De Spiegeler

Révision des textes: Benoît Denis, avec la collaboration de Jean-Marie Klinkenberg

Index et bibliographie: Benoît Denis

Iconographie: Louis Colot

1ère édition 1997
2e tirage 1999

Conception et illustration de couverture: Krzysztof Lada

Imprimé en Italie par G. Canale & C. S.p.A. - Borgaro T.se (Turin)
D. 1997/0035/9

ISBN 2-8011-1126-0

Avant-propos

On insiste trop peu sur l'importance de la langue française comme principe fondateur et unificateur de la Communauté Wallonie-Bruxelles.

Cette discrétion, qui pourrait passer pour de la modestie, trahit en réalité une carence d'information que la présente publication entend combler.

Les nombreuses contributions rassemblées dans ce livre à l'initiative du Service de la langue française fourniront donc au lecteur d'ici ou d'ailleurs un cadre conceptuel de référence. Leur vocation est de l'aider à apprendre pour mieux comprendre. Par la clarté et l'abondance des renseignements qu'elle fournit, cette somme contribuera ainsi à une meilleure connaissance de la situation linguistique de nos régions.

Mais la portée de cet ouvrage n'est pas uniquement didactique. Sa parution n'est pas seulement un hommage que notre Communauté se rend à elle-même. Les pages qui suivent témoignent aussi de l'importance que les pouvoirs publics accordent à une politique de la langue conçue et appliquée en conformité avec les besoins et attentes du corps social.

Qu'il s'agisse d'intégration harmonieuse et utile à la collectivité ou d'affirmation de l'identité culturelle dans une société en profonde mutation politique, la langue se trouve ainsi au coeur des débats. Il appartient aux pouvoirs publics de diffuser à son sujet une information complète, claire et objective.

Tel est l'objectif prioritaire d'une politique concertée de la langue française. Tel est aussi le but poursuivi par cet ouvrage.

Charles Picqué,
Ministre de la Culture

Les auteurs

Daniel BLAMPAIN, Professeur à l'Institut supérieur des Traducteurs et Interprètes

Bruno BERNARD, Assistant à l'Université libre de Bruxelles

Michel BERRÉ, Professeur dans l'enseignement de Promotion sociale

Alain BRAUN, Assistant à l'Université de Mons-Hainaut

Jean DIERICKX, Professeur honoraire de l'Université libre de Bruxelles

Daniel DROIXHE, Professeur à l'Université libre de Bruxelles, Chargé de cours à l'Université de Liège

Francine DUBREUCQ, Administratrice du Centre d'études decrolyennes

Michel FRANCARD, Professeur à l'Université catholique de Louvain

Martine GARSOU, Directrice du Service de la langue française du Ministère de la Communauté française

Jean GERMAIN, Directeur de la Bibliothèque générale et de sciences humaines de l'Université catholique de Louvain

André GOOSSE, Secrétaire perpétuel de l'Académie royale de langue et de littérature françaises

Gerold HILTY, Professeur à l'Université de Zurich

Claude JAVEAU, Professeur à l'Université libre de Bruxelles

Jean KLEIN, Professeur à l'Université catholique de Louvain

Jean-Marie KLINKENBERG, Professeur à l'Université de Liège

Dominique LAFONTAINE, Chef de travaux à l'Université de Liège

Jean LECHANTEUR, Professeur à l'Université de Liège

Michèle LENOBLE-PINSON, Professeur aux Facultés universitaires Saint-Louis

Jean LOICQ, Professeur à l'Université de Liège

Xavier MABILLE, Président-directeur général du CRISP

Casimir MARQUES, Professeur à l'Universidade nova de Lisboa

Jacques-Henri MICHEL, Professeur émérite de la Vrije Universiteit Brussel, Professeur honoraire de l'Université libre de Bruxelles

Marie-Louise MOREAU, Professeur à l'Université de Mons-Hainaut

Christian PEETERS, Professeur à l'Université libre de Bruxelles

Max PIERRE, Professeur indépendant de français langue étrangère

Jean-Marie PIERRET, Professeur à l'Université catholique de Louvain

Claude THIRY, Professeur à l'Université catholique de Louvain et à l'Université de Liège

Michel TROUSSON, Attaché au Service de la langue française du Ministère de la Communauté française

François TULKENS, Chargé de cours aux Facultés universitaires Saint-Louis

Léon WARNANT, Professeur émérite à l'Université de Liège †

Marc WILMET, Professeur à l'Université libre de Bruxelles

Dominique WILLEMS, Professeur à l'Université de Gand

Préface

Comme son nom l'indique, c'est dans sa langue que la Communauté française de Belgique trouve son assise.

Le présent ouvrage entend couvrir l'ensemble du champ français en Belgique sous ses multiples aspects : historiques, linguistiques, sociopolitiques... Il espère ainsi intéresser n'importe quel francophone, mais il se propose d'abord d'offrir au citoyen de notre Communauté un exposé complet sur sa langue en même temps qu'un guide lui permettant de comprendre le passé, le présent, mais aussi l'avenir de cette langue. Car si le français est souvent présenté comme un patrimoine à sauvegarder, il est aussi le lieu dans lequel la société civile projette son avenir.

Les objectifs expliquent le plan suivi. On peindra d'abord la physionomie du français de Belgique. Une physionomie qu'on ne peut expliquer sans jeter un regard sur les siècles passés. Ce sera l'objet de la première partie de l'ouvrage. Dans la deuxième partie, on se penchera sur les enjeux sociaux, politiques et culturels que la langue révèle.

L'histoire vient en premier. Elle nous montre de quelle façon le latin est « venu à pied du fond des âges » pour éclater en de multiples patois sur la carte de l'Europe romane ; comment, au gré des invasions et des bouleversements de société, ces patois se sont métissés d'apports extérieurs ; comment, très tôt, s'est fait sentir le besoin d'un moyen de communication performant que les lettrés ont peu à peu mis au point ; la manière dont cet instrument - le français - est entré en concurrence avec d'autres parlers de sa famille, proches ou plus éloignés de lui ; comment, en raison de circonstances politiques, il les a progressivement supplantés pour remplir aujourd'hui presque toutes les fonctions que l'on peut attendre d'un vecteur de communication et d'identification. En parcourant les siècles, le lecteur découvrira aussi que l'histoire d'une langue s'apprécie en contexte et qu'elle révèle parfaitement celle — petite ou grande — des hommes et des femmes qui s'en servent.

Et cette histoire continue à se faire sous nos yeux. Elle a laissé des traces innombrables sur le français dans nos régions. On en arrive ainsi à décrire la physionomie que cette langue internationale se donne aujourd'hui en Belgique. La trace des siècles se manifeste surtout dans le stock des noms de lieux et des noms de personnes. Mais on la trouve aussi dans le reste du lexique ainsi que dans la syntaxe, la morphologie ou la phonétique. D'où ces questions, parmi d'autres, auxquelles un public mal informé apporte trop souvent une réponse sans nuance : y a-t-il vraiment un accent belge ? qu'est-ce qu'un belgicisme ?

Mais la langue n'est pas seulement un instrument de communication, aussi sophistiqué soit-il. C'est aussi un miroir que la société se tend à elle-même. C'est aussi un objet de représentation, d'enseignement et de débats.

Objet de représentation. Quelle image les francophones se font-ils de leur langue ? Qu'est-elle pour eux ? Croient-ils en son avenir ou craignent-ils au contraire son déclin ? Comment la délicate notion de norme s'est-elle peu à peu imposée ?

Objet d'enseignement. On dit volontiers que la Belgique est terre de grammairiens. Mais pourquoi ? Quels sont les facteurs historiques susceptibles de l'expliquer et quel a été l'apport des Belges à l'apprentissage, à la connaissance et à la diffusion du français ?

Objet de débat, enfin. Le français dégénère-t-il ? Est-il en voie de créolisation ? Est-il en crise ? Peut-on, doit-on, agir de manière volontariste sur le statut et la qualité de cette langue ? Ces questions aussi trouveront des éléments de réponse dans le présent livre.

Enfin, il fallait aussi montrer que le français est le bien de tous les hommes et de toutes les femmes qui, de par le monde, l'ont reçu en partage ou l'ont volontairement choisi. En se penchant sur une collectivité francophone parmi d'autres, on peut voir comment les groupes sociaux l'ont adapté à leurs besoins et à leurs situations. D'où les perspectives que la seconde partie de l'ouvrage ouvre, à plus d'une reprise, sur les collectivités non francophones de Belgique et sur toute la francophonie.

Si l'on excepte la monumentale *Histoire de la langue française*, élaborée par Ferdinand Brunot, cet ouvrage n'a pas d'équivalent ailleurs dans cette francophonie. C'est en effet la première fois que, à l'initiative des pouvoirs publics, une communauté de langue française décline son identité avec autant de précision et en embrassant un ensemble de problèmes aussi vaste. Et, à ce titre, il pourra servir de modèle à d'autres groupes francophones, voire à d'autres groupes linguistiques qui seraient tentés par l'expérience.

Pour que ce vaste champ soit correctement cadastré, chaque chapitre a été confié à un spécialiste de la question. Tout en respectant rigoureusement les règles de sa discipline et en livrant l'état le plus récent de sa recherche, chacun de ces rédacteurs a tenu à se mettre à la portée du public le plus large.

Plusieurs chapitres de l'ouvrage font usage des rectifications de l'orthographe publiées aux annexes du *Journal officiel de la République française* le 6 décembre 1990 et approuvées par l'Académie française ainsi que par les instances francophones compétentes (dont le Conseil de la langue française de la Communauté française de Belgique). Conformément à l'esprit de tolérance qui a présidé à ces rectifications, dont l'essentiel est rappelé aux pages 363 et 364, les responsables scientifiques du volume ont laissé aux auteurs la liberté d'en user.

Le lecteur se posera sans doute une dernière question : pourquoi l'initiative de publier cette somme revient-elle aux pouvoirs publics ? C'est en effet le Service de la langue française, du Ministère de la Communauté française, qui a confié la responsabilité scientifique du travail à une petite équipe de spécialistes, tous membres du Conseil supérieur de la langue française.

C'est que la langue n'est pas seulement une affaire d'érudition ou de plaisir. C'est aussi un important ensemble de problèmes de société. C'est en effet à travers la langue que s'opèrent les exclusions sociales. C'est l'intimidation langagière qui piège le client dans la vente par correspondance et qui aboutit à l'endettement des ménages. C'est son manque de transparence qui fait de certaines administrations et de certaines entreprises de véritables monstres. C'est dans le rapport de force entre langues que se joue l'avenir de notre collectivité en Europe et dans le monde. Car qui, aujourd'hui, domine le grand marché linguistique ? Notre langue est-elle condamnée à s'étioler et à mourir sur ce marché ? Et peut-on faire quelque chose pour que le citoyen ait la maitrise de ce qui est son meilleur instrument d'expression ?

Ces questions intéressent chaque citoyen, chaque citoyenne. Elles doivent être posées. Parce que, pour l'individu, la langue est la promesse de son pouvoir sur les choses ; parce que, pour le groupe, c'est l'instrument du contact et du dialogue ; parce que la langue est le vecteur de l'information et donc, dans une société qui de plus en plus se définit à travers elle, de la liberté.

Il est donc juste qu'un État démocratique se préoccupe de garantir l'intégration des citoyens en rendant la parole à chacun et qu'il s'interroge sur la manière dont la communication s'établit dans le corps social. Pour atteindre cet objectif, il doit notamment veiller à ce que le citoyen ait la maitrise du patrimoine commun que représente la langue. Et la maitrise passe obligatoirement par le savoir. Voilà pourquoi les pouvoirs publics de notre Communauté française ont jugé utile d'offrir cette carte de visite à tous les francophones d'ici et d'ailleurs et à tous ceux qui croient en l'impact libérateur de la culture.

Parce qu'il embrasse des questions fort diverses, cet ouvrage pourra paraitre hétérogène. Par la force des choses, il fait appel à des auteurs appartenant à des disciplines aussi différentes dans leurs méthodes et leurs objectifs que la philologie, l'histoire, la linguistique, la sociologie ou la politologie. Dans cette perspective, le travail des « éditeurs » n'a pas consisté en une uniformisation stricte de la trentaine de contributions ici rassemblées. Il ne s'est pas agi de gommer les différences inhérentes à la diversité de ces apports théoriques et scientifiques, même si les auteurs ont accepté de se soumettre à la visée générale de l'ouvrage et aux conventions — notamment typographiques — mises au point pour en faciliter l'accès à un public le plus large possible. Cette diversité donc, on a plutôt cherché à la respecter, mais en ménageant, par de multiples moyens, des passerelles entre les différents points de vue proposés.

On insistera notamment sur le fait que ce livre ne se prête pas qu'à une lecture linéaire, mais qu'il autorise et encourage des parcours transversaux. De nombreux outils de consultation y ont été mis au point : une table des matières étoffée, des renvois internes, un système de notations bibliographiques simple renvoyant à une bibliographie générale, un triple système d'index enfin — des lieux, des noms propres et un index raisonné des concepts. Tous ces éléments doivent permettre au lecteur de voyager dans l'ouvrage au gré de ses préoccupations, de ses intérêts et de ses curiosités, et l'aider à passer d'un sujet à l'autre.

On ajoutera d'ailleurs que dans bien des cas ce type de lecture s'avère non seulement utile mais nécessaire. Un problème aussi délicat et polémique que le statut du français à Bruxelles, par exemple, demande, pour être appréhendé selon ses multiples coordonnées, de confronter différentes approches, qui sont disséminées à l'intérieur de l'ouvrage et que la table des matières, les index et les renvois internes permettent d'atteindre. De même, on pourra accéder à tous les enseignements de la sociolinguistique, discipline capitale pour comprendre la dynamique du français dans notre Communauté, à partir de l'index raisonné des concepts. Tous ces systèmes de navigation à l'intérieur de l'ouvrage ont été mis au point afin de favoriser une compréhension globale de ce qu'est le français en Belgique, sans pour cela édulcorer les propos particuliers de chacun des auteurs, souvent très en pointe dans leurs domaines respectifs.

En souhaitant que le lecteur ne cesse de faire des découvertes au long de ces pages et qu'elles contribuent à lui faire sentir « le poids des mots » dans les processus complexes d'identification culturelle et d'intégration sociale, les responsables de l'ouvrage lui disent : « Voilà pourquoi cette langue vous appartient ».

Le Comité scientifique
(Daniel Blampain, André Goosse,
Jean-Marie Klinkenberg, Marc Wilmet)

Conventions utilisées dans l'ouvrage

Alphabet phonétique

Voyelles

[i] *Idée, amI*
[e] *Ému, ôtÉ*
[ɛ] *pErdu, modÈle*
[a] *AlArme, pAtte*
[ɑ] *bÂton, pÂte*
[ɔ] *Obstacle, cOrps*
[o] *AUditeur, bEAU*
[u] *cOUpable, lOUp*
[y] *pUnir, élU*

[ø] *crEUser, dEUx*
[œ] *flEUr, cŒUr*
[ə] *pEtite, fortEment*

[ɑ̃] *vANtardise, tEMps*
[ɛ̃] *pEINture, matIN*
[ɔ̃] *rONdeur, bON*
[œ̃] *lUNdi, brUN*

Semi-consonnes

[j] *pIétiner, briLLer*
[w] *OUi, fOUine*

[ɥ] *hUile, nUire*

Consonnes

[p] *Patte, rePas, caP*
[t] *TêTe, ôTer, neT*
[k] *Carte, éCaille, beC*
[b] *Bête, haBile, roBe*
[d] *Dire, ronDeur, chauDe*
[g] *Gauche, éGale, baGue*
[f] *Feu, aFFiche, cheF*
[s] *Sœur, aSSez, paSSe*
[ʃ] *CHanter, maCHine, poCHe*
[v] *Vent, inVenter, rêVe*
[z] *Zéro, raiSonner, roSe*
[ʒ] *Jardin, manGer, pièGe*
[l] *Long, éLire, baL*
[ʀ] *Rond, chaRiot, sentiR*
[m] *MadaMe, aiMer, poMMe*
[n] *Nous, puNir, boNNe*
[ɲ] *aGNeau, peiGNer, rèGNe*
[ŋ] *jumpiNG, smokiNG*
[h] *Halte, Hop*

Éléments rencontrés dans les français régionaux ou des états anciens de la langue

[tʃ] espagnol *oCHo*, italien *Cento*, anglais *CHurCH*
[θ] anglais *THe*
[dʒ] italien *Gelo*, anglais *Just*

La voyelle longue est marquée par un double point (*grIse* [gʀi:z]), la semi-longue d'un seul point (*pENdant* [pɑ.dɑ̃:]).

La syllabe qui reçoit un accent tonique est précédée d'une minute placée en haut de la ligne (*miséRAble* [mize'ʀa:p), celle qui en reçoit un secondaire, d'une minute placée en bas de la ligne (*MolenBEEK* ['mo:lən͵be:k]).

Autres conventions

Une transcription phonétique se note entre crochets simples [ ], une transcription phonologique entre crochets droits / /.

Sont placés en *italiques* les mots (anciens, dialectaux, étrangers, etc.) sur lesquels porte le commentaire; leur éventuelle transcription en français standard est placée entre apostrophes ' '.

Le signe < placé entre deux mots glosés indique que le premier de ces mots dérive du second. L'astérisque * placé devant un mot indique qu'il s'agit d'une forme supposée, mais non attestée.

Table des abréviations utilisées dans l'iconographie

A.C.C.T.	Agence de Coopération Culturelle et Technique, Paris.
A.G.R.	Archives générales du Royaume, Bruxelles.
A.R.L.L.F.	Académie royale de langue et de littérature françaises, Bruxelles.
Arch. jés. P.M.B.	Archives de la Province Belge Méridionale de la Compagnie de Jésus, Bruxelles.
B.R.	Bibliothèque Royale Albert Ier, Bruxelles.
B.N.	Bibliothèque de France, Paris.
C.G.R.I.	Commissariat Général aux Relations Internationales, Bruxelles.
I.R.A.F.	Institut de Recherches sur l'Avenir du Français, Paris.
I.R.P.A.-K.I.K.	Institut Royal du Patrimoine Artistique, Bruxelles.
M.F.	Maison de la Francité, Bruxelles.
M.R.A.H.	Musées Royaux d'Art et d'Histoire, Bruxelles.
M.R.B.A.	Musées Royaux des Beaux-Arts de Belgique, Bruxelles.
O.T.A.F.	Observatoire du Traitement Avancé du Français et des langues nationales partenaires, Bruxelles.
S.L.F.	Service de la Langue Française, Communauté française de Belgique, Bruxelles.

HISTOIRE ET PERSONNALITÉ DU FRANÇAIS EN BELGIQUE

Les origines du français en Belgique

L'histoire du français en Belgique

La personnalité du français en Belgique

1

LES ORIGINES DU FRANÇAIS EN BELGIQUE

Chapitre 1

Avant le latin La Gaule Belgique

1. Les sources et les conditions générales de la recherche

Nous ne disposons, sur la situation linguistique de la Belgique antique, que de données très fragmentaires, le plus souvent indirectes. Des idiomes antérieurs au celtique, il ne nous reste que des mots isolés, passés par emprunts successifs dans les langues de l'époque historique; rien ne prouve qu'ils aient tous été indigènes. On ignore même quand s'est introduit le celtique. Et si le latin s'est définitivement imposé au sud de la route romaine reliant Boulogne à Tongres, ce n'est qu'après une longue période où ont coexisté, dans des conditions que nous ne faisons qu'entrevoir, le celtique, le latin et le germanique. Aussi le découpage chronologique dans lequel il a bien fallu répartir la matière (substrat préceltique; substrat celtique; adstrat germanique; latinisation) ne donne-t-il qu'une idée schématique de la réalité vécue, comme le résultat d'une dissection.

Le récit qu'a laissé César de la conquête romaine (*De Bello Gallico,* vers 50 avant J.-C.) nous livre un nombre limité d'anthroponymes de l'aristocratie et de noms géographiques. On trouve d'autres toponymes « belges » chez des écrivains grecs ou latins de l'époque impériale, surtout dans des documents itinéraires.

L'écriture ne s'étant introduite en Gaule Belgique qu'à partir de 50-70 de notre ère, les inscriptions en langue celtique sont extrêmement rares au nord de la Seine. La seule utilisable ici, la lamelle d'or

La Gaule du Nord-Est sur la carte dite « Table de Peutinger » : copie du XIIIe siècle d'une carte routière romaine du début du IIIe siècle après J.-C.
On y reconnait, entre autres toponymes belges : Turnaco pour Tournai, Camaraco pour Cambrai, Ponte Scaldis pour Escautpont, Atua(tu)ca Tungrorum pour Tongres, ...
Tabula Peutingeriana, segment 1, E 12.931-C/D, Österreichischen Nationalbibliothek, Wien. Copyright Österreichische Nationalbibliothek, Vienne.

découverte en 1989 dans un sanctuaire belgo-romain à Baudecet (Gembloux), date de 150 environ et compte huit lignes de texte où l'on entrevoit une invocation à Taranis, dieu cosmique assimilé à Jupiter, avec la mention d'une fontaine sacrée. On ignore si ce texte a été rédigé dans la région, et donc à quelle population il convient de l'attribuer.

Les inscriptions latines (épitaphes, ex-voto) sont mal réparties dans l'espace et dans le temps. Originaires pour la plupart de la région arlonaise, très romanisée, elles ne dépassent pas le IIIe siècle. Mais elles sont notre seul témoignage sur l'anthroponymie commune et sur les noms de divinités indigènes, avec celles qui émanent de militaires belgo-romains ayant servi hors du pays (surtout sous le mur d'Hadrien en Grande-Bretagne). Elles révèlent par ailleurs peu de traits propres au latin parlé dans nos régions, d'où n'émane aucun document littéraire antique connu. À l'époque mérovingienne, quelques vulgarismes régionaux figurent dans les versions anciennes de la *loi salique* ainsi que dans le glossaire latin classique - latin vulgaire dit « de Reichenau », composé peut-être en Picardie.

Nombre de toponymes d'origine antique sont connus par les documents médiévaux ou modernes : vies de saints, chroniques, textes diplomatiques surtout, dont quelques-uns remontent aux temps mérovingiens. Les pouillés et les comptes de décimes ecclésiastiques donnent de précieuses listes de paroisses, mais ceux qui concernent nos diocèses ne sont pas antérieurs aux XIVe-XVe siècles. À cette époque, les graphies ne sont plus toujours sincères, et ce n'est là, d'ailleurs, qu'une des raisons qui rendent très délicate l'utilisation linguistique de l'onomastique.

Les mots prélatins conservés par les dialectes belgo-romans ont sur les noms de lieux l'avantage considérable de représenter une tradition vivante, et donc d'offrir des sens précis, souvent très concrets : ce qui compense en partie l'énorme écart chronologique qui les sépare de leurs origines. Mais, sujets aux emprunts, ils ont moins de stabilité dans l'espace. Ainsi, le wallon *tchar*, rouchi *car* 'voiture (attelée), est un mot celtique venu par le latin (*carrus*), lequel l'avait emprunté au gaulois de Gaule cisalpine et introduit en Gaule transalpine avec la conquête romaine; mais nous ignorons si le celtique de Belgique possédait ce même **karros*. La phonétique dénonce l'introduction récente du wallon *ca*, gaumais *câye* 'osselet' (voir 2.2.). Mais, combien de cas de ce genre ont dû se produire dans un passé plus lointain, hors de notre contrôle

Que lire sur la Belgique antique ?

Les sources antiques sont commodément réunies chez HOLDER (A.), 1896-1914 : *Altceltischer Sprachschatz* (Leipzig), aux divers noms concernés. Les plus intéressantes sont en outre traduites par MARIËN (1980).

Sur la plaquette d'or de Baudecet, on peut voir la revue *Latomus*, 52 (1993), pp. 797-825, où ont été réunies les communications présentées à la journée d'études de l'U.L.B. (avril 1993) et, pour une présentation plus sommaire, les *Actes de la IIe Journée d'archéologie namuroise* (avril 1994), pp. 83-94.

Les inscriptions lapidaires latines sont maintenant publiées, traduites et amplement commentées (même au point de vue linguistique) dans un excellent recueil : DEMAN et RAEPSAET-CHARLIER (1985).

Pour les sources antiques ou médiévales de la toponymie, se reporter à la bibliographie qui figure en tête de GYSSELING (1960).

Histoire et archéologie :

Sur la période romaine, l'ouvrage de MARIËN (1980) est le livre fondamental, qui nous a longtemps manqué, où sont mis en œuvre les résultats de la recherche historique et archéologique récente. Il prend la suite du livre, également indispensable, de DE LAET (1982) sur la préhistoire. Tous deux existent en version néerlandaise.

Le livre de FICHTL (1994) offre une précieuse synthèse sur le civilisation en Belgique et dans le nord de la France à la veille de la romanisation, avec une brève présentation des problèmes ethnographiques. On lira aussi les suggestifs aperçus de BONENFANT (1975).

Sur l'époque romaine, des synthèses plus concises ont été données par J. BREUER (Bruxelles, La Renaissance du Livre, 1945) et par A. WANKENNE (Namur, Éditions Universitaires, 1979).

Jacques-Henri MICHEL et Jean LOICQ

2. Le substrat préceltique

2.1 Les éléments les plus anciens de la toponymie

- Le plus célèbre est le nom de la Meuse (latin *Mosa*), avec les noms apparentés (la Moselle et plusieurs rivières de France comme le Mouzon, affluent de la Meuse, les Mozanne, etc.). Il est sans étymologie, mais est demeuré constant depuis l'époque celtique : témoin *Moso-magus* 'marché de la Meuse', aujourd'hui Mouzon.
- Les noms de la Sambre et de la Somme font entrevoir de vieilles alternances, dénonçant une date préceltique : *Sam-ara* (cf. *Sam-ia*, la Samme, affluent de la Senne) en regard de *Som-ena* (autre nom de la Somme, cf. *Sum-ina*, la Somme affluent de l'Ourthe) et de *Sab-is* (autre nom de la Sambre ou son affluent la Selle).
- Les noms de la Dyle (*Thila*; cf. le hameau de Thyle) et des deux Wiltz, tributaires de la Sûre (*Viltis*), s'inscrivent dans un système d'alternance de la consonne initiale étranger à l'indo-européen (**t-il/w-il*), dont il existe des variantes en *b-* ou *s-*.
- À la base **kal-/kar-* 'roche, pente rocheuse, montagne', qui, par des voies différentes, nous a donné *chalet, caillou* et *calanque,* remontent Challes, site rocheux sur l'Amblève à Stavelot (cf. Chelles, anciennement *Cala*), Chaleux, site rocheux préhistorique sur la Lesse à Hulsonniaux, et Cherain (anciennement *Caranco*).
- Le nom de Tournai (*Turn-acum*) semble formé sur **turn-* qui désigne une hauteur : serait-ce l'éminence de La Loucherie, l'un des quartiers les plus anciens de la ville belgo-romaine ?

2.2 Le témoignage des dialectes belgo-romans

Il s'agit de mots se rapportant à des particularités du sol ou à des espèces vivantes dont l'expression est peu susceptible de se renouveler, parce que limitée aux menus aspects de la vie paysanne. Par quelque voie et à quelque époque qu'ils aient été introduits chez nous, leur distribution géographique met souvent en évidence l'archaïsme marginal du wallon.

2.2.1 *Particularités du sol*

- Wallon ardennais *ârtû* 'guéret', de **artîca*, mot à connexions méditerranéennes et aquitaines (provençal, catalan et aragonais *artiga*, quercinois *artigau* 'terre baignée de ruisseaux', ainsi que les nombreux toponymes français du Midi du type *Artigue(s)* ou *Lartigue*).

- Wallon *bôme* 'anfractuosité du sol', spécialisé en 'terrier (de lapin, de taupe)'; à Liège 'galerie de mine', de **balma* 'caverne', base répandue en région méditerranéenne et dans le centre de la France, et qu'on retrouve jusqu'en Bavière.
- Wallon *grève* 'gravier' (cf. provençal, catalan et italien du nord *grava*, vieux et moyen français *grève* 'sable, gravier', 'plage de sable'), de **gr-ava*, dérivé de **gar-*, variante de **kar-* (voir 2.1).

2.2.2
Faune et flore

- Est-wallon *âmonne* 'framboise', gaumais *ampône*, de **ampona*, mot très ancien ayant son aire de concentration maximale dans les Alpes.
- Wallon *bara*, *bèrau*, gaumais *bèrô* 'bélier', de **berr-*, dont l'aire s'étend des Balkans (albanais *ber* 'mouton', *bari* 'berger') aux Pyrénées (basque *barro*).
- Est-wallon *biloke*, rouchi *bulok* 'prune de qualité inférieure ou sauvage', de *bulluc(c)a*, et gaumais *blosse*, de *bullucea* (cf. français *beloce* 'prune sauvage') : autre mot alpin désignant un fruit sauvage, qu'on retrouve en Engadine et dans les régions alémaniques.
- Est-wallon *brèle* 'ciboulette' : **brittula*, diminutif de **britta* (> français dialectal de l'Est *brate*, *brote*; cf. latin médiéval *brittia* 'cresson').

2.2.3
Technologie

- Wallon liégeois *ca* 'osselet (de jeu)', gaumais *câye* 'jouet' (cf. vieux français *chail* 'caillou') : base **kal-* (voir 2.1), mais via un dialecte normanno-picard comme le français *caillou* ([k] devant [a] au lieu du wallon [tʃ] et du français [ʃ]); donc, le mot n'est pas indigène là où on le rencontre aujourd'hui.

- Wallon *tami(h)*, wallon liégeois *tam'hî* 'tamiser' : **tamîsio-* (français et provençal *tamis*, espagnol et portugais *tamiz*, engadin *tamüsch*, etc.), mot du substrat occidental, car il se retrouve en néerlandais sans être germanique commun : *teems* 'tamis (de crin)', dont l'évolution [a] > [e] devant [i] montre le caractère ancien. Le tamis de crin servait à filtrer le lait, technique archaïque qui peut expliquer la survivance du mot.

3. Le substrat celtique

3.1 Protoceltes, Belges et Germains cisrhénans

Ce n'est qu'à l'âge du Bronze récent, avec la civilisation agricole des « Champs d'urnes » constituée en Europe centrale, qu'apparaissent en basse et moyenne Belgique, vers le Xe siècle, des populations por-

Ce torque est un des chefs-d'oeuvre de l'art celtique, découvert fortuitement le 5 février 1864 dans la province de Hainaut.
Les torques sont des bijoux caractéristiques du monde celte. Ils étaient portés essentiellement par les femmes. Le décor à tête de bélier représente sans doute une divinité du panthéon celte.
Torque de Frasnes-lez-Buissenal, Collection Alastair Martin, Metropolitan Museum of Art, New York (original), Musées Royaux d'Art et d'Histoire, Bruxelles (copie). Cl. M.R.A.H.

teuses de dialectes ancêtres du celtique (*Proto-Celtes*). Toutefois, l'archéologie fait état de traditions tenaces remontant en dernier ressort à la culture néolithique dite de « Seine-Oise-Marne », qui s'est attardée dans nos contrées durant le deuxième millénaire : circonstance qui, parmi d'autres, a pu déterminer la transmission d'éléments onomastiques et lexicaux préceltiques, d'origine tantôt méditerranéenne, tantôt continentale. Et l'émergence d'une aristocratie guerrière porteuse de la civilisation danubienne dite « de Hallstatt » (VIIe-VIe siècles) ne paraît pas avoir modifié sensiblement le peuplement durant le Ier âge du Fer.

Nos régions ont été diversement affectées par les conquêtes qui ont, vers 480-450 avant J.-C., apporté en Europe la civilisation « de la Tène » (IIe âge du Fer) et d'où sont issus les Celtes continentaux, les « Gaulois » de l'ethnographie romaine. Elles appartiennent en effet, jusque vers 200 avant J.-C., à la périphérie des cultures laténiennes de Champagne (dite « marnienne ») et de la Moselle (dite du « Hunsrück-Eifel »), tandis que des réminiscences de type « Champs d'urnes-Hallstatt » s'affirment davantage vers le Rhin maritime. Or, c'est d'au-delà du Rhin que, d'après une tradition indigène, la plupart des peuples belges seraient venus occuper un pays auparavant habité par des Gaulois. La phase récente de La Tène (IIe-Ier siècles) marque en effet un retour à une société peu ouverte aux échanges commerciaux (sauf chez les Trévires), indifférente au développement urbain et en net recul démographique : ce sont ces Belges dont l'indigente bravoure avait frappé César.

La tradition antique désigne par *Belgae* l'ensemble des peuples de la Gaule septentrionale, entre la Seine, la Marne et le Rhin, base de la future province de *Gallia Belgica*. Mais, à l'intérieur de ce complexe, on distingue des groupements particuliers : vers la Somme et l'Oise, le *Belgium* au sens propre; plus au Nord, les Ménapiens qui s'étirent le long de la mer du Nord, de l'Aa à la Zélande; les Nerviens, petite fédération établie entre l'Escaut et la Dyle; les Trévires du bassin de la Moselle et de la Lorraine belge; ceux, enfin, que César nomme « Germains d'en deçà du Rhin » (*Germani cisrhenani*) : les Éburons de Hesbaye et du nord de l'Eifel, les Condruses qui ont laissé leur nom au Condroz, sans doute aussi les Atuatuques de la Meuse moyenne que César fait descendre des Cimbres et des Teutons, mais dont le nom n'a pas un aspect germanique et rappelle *atuatuca*, qui désigne une place fortifiée chez les Éburons.

Principales populations d'entre Seine et Weser, à l'époque de César.
Carte J. Loicq et Ed. De Boeck&Larcier..

Car ces peuples de l'Est ne sont pas des Germains au sens où nous l'entendons aujourd'hui; c'est leur nom collectif de *Germani* — mot de consonance celtique comme *Belgae* — qui aura été étendu, dès l'époque de César, à leurs voisins allophones de la rive droite du Rhin, lesquels avaient commencé leur pression vers le Sud-Ouest et devaient occuper des territoires tenus par les Celtes *Germani* (voir 4.1). Le nom de « Prussiens », petite population balte assujettie par les Chevaliers teutoniques, allait connaître plus tard une semblable fortune à l'autre extrémité du monde germain. Au temps de la conquête, Belges et Germains cisrhénans apparaissaient d'ailleurs aux Romains comme des Celtes : un Nervien dépêché auprès de ses compatriotes est un « Gallus inter Gallos » chez César; l'Éburon Ambiorix justifie son alliance avec le soulèvement trévire en arguant « qu'il n'eût pas été facile à des Gaulois de dire non à d'autres Gaulois ».

3.2 Problématique des langues en Gaule du Nord-Est

Observons d'abord que, si ces peuples s'affirment solidaires de l'ensemble de la Gaule, ils parlent également le celtique. L'un des envoyés romains à qui Ambiorix fait cette déclaration est d'origine hispanique; plus loin, c'est par le truchement d'un Gaulois de Narbonnaise qu'il s'exprime. Quelle langue, sinon le celtique, parlé en Espagne sous la forme assez particulière du celtibère, a pu servir d'organe commun à ces trois personnages ? D'ailleurs, si un Germain authentique comme le Suève Arioviste s'exprime en celtique, César précise que c'est chez lui une langue apprise.

D'après Posidonios d'Apamée, la langue des Belges ne différait de celle des Gaulois que par des variations dialectales. Le celtique continental, répandu sur de vastes espaces diversement habités, n'était pas uniforme, il s'en faut de beaucoup; et, par exemple, le celtibère, connu par quelques dizaines d'inscriptions, différait sensiblement du gaulois, sans empêcher toutefois l'intercompréhension, on vient de le voir.

Vers 1960 cependant, quelques chercheurs ont cru démontrer que les populations habitant entre la Somme et la Weser n'étaient proprement ni celtiques ni germaniques (Gysseling en Belgique, Kuhn et Hachmann en Allemagne). Leur idiome aurait évolué de façon autonome tout en subissant sur le tard l'ascendant de la civilisation et de la langue gauloises. Exception faite de la vallée de l'Escaut, les Pays-Bas et la Westphalie n'auraient été germanisés qu'à la suite de migrations venues de la région de l'Elbe, alors que la mutation consonantique qui caractérise le germanique commun aurait cessé de produire ses effets. De là une série de noms qui, de part et d'autre du Rhin, ont conservé leur ancien [p] : d'une part à la différence du celtique, qui a amuï cette consonne dès avant l'époque historique (gaulois *-atir*, irlandais *athir* répondant au latin *pater*); d'autre part à la différence du germanique qui, en vertu de cette mutation, l'a transformée vers le même temps en [f] (gotique *fadar*, anglais *father*). On attribue aussi à cette langue tierce la conservation du [kw] (comme le latin et, en celtique, le gaélique et le celtibère), les suffixes *-inio-*, *-st-*, etc.

Cependant, on ne peut nier le caractère germanique de peuples issus de régions peu éloignées du Rhin, comme ceux qui ont occupé le nord de la *Belgica* au début de l'époque romaine (Bataves, Texandres, Frisiavons, etc.).

En vérité, le nombre relativement élevé d'éléments paléo-européens que renferme la toponymie belge pose le problème en termes d'archaïsmes au moins autant que de variations spatiales. Il s'agit de noms de cours d'eau formés d'éléments indo-européens, mais qu'on retrouve parfois identiques des îles britanniques au Niémen, comme s'ils avaient été créés en un temps où toutes les nationalités de l'époque historique (baltique, germanique, celtique, etc.) n'avaient pas encore pris leur individualité propre. Ce réseau d'archaïsmes définit une communauté linguistique postérieure à la séparation des groupes indo-iranien, hittite et grec (derniers siècles du troisième millénaire ?) et appelée *alteuropäisch* par son inventeur Krahe. Son expansion coïncide avec le vocabulaire indo-européen « du Nord-Ouest », mis en évidence dès 1908 par Meillet et orienté vers l'activité agricole et la technologie sédentaire; et l'on peut penser, pour sa phase de maturité, aux sociétés agraires de l'âge du Bronze centre-européen qui devaient fusionner plus tard dans le complexe des Champs d'urnes.

C'est sans doute avec cette dernière civilisation (et même sensiblement plus tard en Ardenne) que des éléments paléo-européens sont parvenus dans nos régions, fossilisés ensuite par leur fonction toponymique. C'est dire que ces formations paléo-européennes n'ont guère de chance d'avoir représenté dans nos régions un état de langue réellement autonome : ce ne sont que des archaïsmes parmi d'autres au sein du celtique du Nord-Est.

3.3 Faits phonétiques

Les diphtongues paraissent mieux préservées qu'en gaulois : on lit sur l'inscription de Baudecet *banou*, *mumulcoi*, de sens inconnu; cf. aussi le nom des *Geidumni*, des *Ceutrones* et des *Pleumoxii*, tribus sujettes des Nerviens; à l'époque romaine le nom d'homme *Leubasnus*, etc.

La conservation de [p] semble garantie par un faisceau d'étymologies, même si toutes ne sont pas indiscutables. Les *Pleumoxii* semblent être les 'inondables' des plaines de l'Escaut ou de la Dendre (**pleu(m)-* 'flot, inondation'). La Prüm, rivière de l'Eifel (*Promea* IVe siècle), est sans doute 'la précipitée' (cf. grec *prómos* 'placé en avant'). Citons encore la Py affluent de l'Aisne à l'est de Reims (anciennement *Pida*) et, via le flamand, Pide(becq) et Pede affluent de la Senne et hameau près de Schepdaal (cf. moyen néerlandais *pedele*, néerlandais *peel* 'tourbière, marais'). Quant aux noms très discutés en *-ap(p)-* (Gileppe, Oteppe, Wiseppe, etc.), l'antiquité du [p] y semble maintenant garantie par le nom de la déesse *Apa-deva*, selon toute vraisemblance divinité éburonne des eaux : une forme paléo-européenne **ap-*, conservée aussi en sanscrit (*âpas* 'les eaux comme force animée'), aurait donc survécu dans l'aire conservatrice du Nord à côté de **aq*ʷ- (voir ci-dessous) et du *ab* du celtique insulaire (*Abona*, l'Avon rivière d'Angleterre, vieil irlandais *ab* 'eau').

Conserveraient un ancien [kw] les noms de la Canche, fleuve du Pas-de-Calais, en pays morin (*Quantia*) et de l'Eichel, affluent de la Sarre, en pays trévire (*Aquila*, dérivé du paléo-européen **aq*ʷ- 'eau vive', plutôt que du latin *aqua*, dont les dérivés toponymiques sont du type *Aquâlia*, cf. Aywaille). L'anthroponymie trévire connaît des *Quigo, Quigilla, Nequigo* (Arlon).

Les exemples contraires concernent souvent des noms d'origine celtique évidente. Ainsi, [p] a disparu du nom des Rêmes, *Remî*, de **prei-mo-* 'placé en avant, premier' (cf. latin *prîmus),* en regard des hydronymes rémois *Py, Prosne*, etc. et dans les noms trévires en *Ver-*, de **uper-*; *[kw] est passé à [p] *: Epoissum*, de *epo-* 'cheval', nom antique d'Ivoy, aujourd'hui Carignan, relais routier romain. On peut penser à une gallicisation de mots d'emploi courant, voire de l'ensemble de la langue à un certain niveau social, qui n'aura pas atteint des toponymes correspondant à des mots ou à des sens sortis de l'usage. Par un jeu analogue coexistent aujourd'hui en pays hennuyer deux traitements de *c* latin + *a* : *château*, forme francienne adoptée (Merbes- ou Solre-le-Château) en regard de *Castillon* ou *Casteau*, formes indigènes.

Une tendance à redoubler les consonnes de la dernière syllabe est perceptible dans l'anthroponymie des Germains cisrhénans et des Trévires : *Gangusso, Neutto, Telionnus, Vervecco,* etc. Ce phénomène, qui rappelle la gémination expressive du germanique occidental, se retrouve en effet localement dans les noms germaniques (voir 4.2).

De la grammaire on n'a que quelques désinences nominales. *Iutrabautio* (Baudecet), probablement épithète de l'une des divinités dédicataires, et *deuo* 'au dieu' (si la lecture est certaine) semblent des datifs de la déclinaison en *-o-* (latin *dominus*), à mettre en regard du *-ui, -u* du gaulois du Midi et du Centre (*Alisanu* 'au [dieu] d'Alesia'). On notera le parallélisme avec le *-a* des thèmes en *-â* (latin *rosa*) qui apparaît de façon récurrente dans l'épigraphie belgo-romaine au lieu de *-ae* : *Primia* pour *Primiae*, nom de femme (Arlon), *Madicuae delicata* 'à Madicua la favorite' (Namur), etc. : à quoi le gaulois répond par *-ai* (*Eskingai*, nom de femme).

À la déclinaison consonantique appartient *carbrux* (Baudecet), nom présumé du dédicant au nominatif (*-s*, cf. *rîx* 'roi') : sans doute **Caro-mrog-s* 'à qui son pays est cher'. *Ruti* serait un datif en *-i* accordé avec *iutrabautio* ('au [dieu] Rutis', forme abrégée de Rudiobus [?]) : désinence qui se distingue du *-e* gaulois *(Ucuete* 'au [dieu] Ucuetis').

Quant au datif en *-o* des noms de femmes en *-on-* de nos inscriptions latines, au lieu du latin *-ônî* (ainsi à Arlon : *Pautoni* [masculin] *...et ...Motto* [féminin] *coniugibus* 'aux époux Pautô et Mottô'), c'est peut-être un ancien locatif dont il y a des traces en irlandais et en germanique.

L'*esana* de Baudecet ('ces offrandes') offre une forme intéressante de neutre pluriel du pronom démonstratif *(e)so*, connu en gaulois et peut-être présent ici même, tandis que *et* pourrait être la conjonction de coordination. On obtiendrait ainsi — sous toutes réserves — pour le début de l'inscription : 'Décidé (consacré) [?] : ceci à la fois au dieu Rutis (?) Iutrabautios [et] ces (offrandes) à Taranis...'.

Ainsi se confirme le caractère génériquement celtique de la langue, avec des traits à la fois archaïsants et divergents vis-à-vis du gaulois du Centre et du Midi, et d'autres qui la rapprochent du germanique : conclusion que les données dont nous disposons limitent, au demeurant, au domaine des Germains cisrhénans, des Rèmes et des Trévires.

3.4 Le témoignage de l'onomastique antique

Les noms d'hommes connus par les écrivains de l'Antiquité sont pour la plupart des composés de type aristocratique, selon le vieil usage indo-européen qui subsiste en Inde, en Grèce et chez les Germains. Rien ne les distingue de ceux du reste de la Gaule. Chez les Trévires, *Indutio-maros* (où *-maros* signifie 'grand, puissant') se retrouve chez un roi légendaire d'Irlande, *Iondat-mar*, tandis que *Cingeto-rix* est, au préfixe près, l'exact homonyme de l'Arverne *Ver-cingeto-rix* ('puissant par ses fantassins'). À ce modèle panceltique des noms en *-rix* se rattache encore l'*Ambio-rix* éburon, dont le collègue *Catu-volcus* est le 'prompt au combat' (cf. irlandais *cath* 'combat', *folg* 'rapide' et les peuples gaulois *Volcae).* Le chef nervien *Boduo-gnatos* a un lien privilégié avec la déesse guerrière qui aime à prendre la forme d'une corneille (cf. irlandais *Bodb,* parfois *Bodb Catha*, littéralement 'déesse-corneille du combat') et trouve dans le héros gallois *Bodnod* un exact répondant.

Fonds ancien de la langue ou mode aristocratique gauloise ? On ne saurait dire, bien des noms devaient être identiques, tel celui des *Eburones*, d'un type panceltique qui semble immuable : qu'on songe aux *Eburovices* de la région d'Évreux, 'gens de l'if' comme eux (cf. irlandais *ibhar*), ou à la ville d'*Eburacum,* aujourd'hui York, littéralement 'lieu planté d'ifs'. D'autres offrent des traits archaïques : *Ambivariti* ('placés de part et d'autre de la rivière'), probablement tribu éburonne de la basse Meuse, contient un *var-* paléoeuropéen disparu du celtique historique (voir 3.7); *Menapii* doit contenir-*ap-* (3.3 et 3.7), ce peuple ayant été environné par la mer et les fleuves. Mais les noms présentant des traits dialectaux ont sans doute été gallicisés : il n'y a pas de noms en **Uper-* ou en **Upo-*, et des noms comme *Vocarant[us],* anthroponyme, ou *Vosugones*, tribu qui a peut-être occupé le Pays gaumais, ont une physionomie gauloise.

Les noms de divinités prêteraient aux mêmes constats. Ainsi, chez les Éburons, *Virodactis* (déesse éburonne) est l'exact doublet de l'irlandais moderne *feardhacht* 'vertu virile, âge d'homme', tandis qu'*Apadeva* paraît bien conserver un ancien *p*. On entrevoit ainsi un paysage linguistique riche en nuances de nature géographique ou culturelle.

3.5 L'héritage celtique dans la toponymie

Les formations les plus archaïques, de modèle paléo-européen, sont d'origine hydronymique, à commencer par celles en *-ap(p)-* : Genappe (anciennement *Ganapia*); Gileppe (Xe siècle *Geislampia*) et Gulpe (wallon *Galoppe*), de radical obscur; Oteppe (anciennement *Alt-apia),* au confluent de deux ruisseaux, affluents de la Mehaigne (base hydronymique **al(t)-*, cf. l'Aller affluent de la Weser, anciennement *Al-ara*, l'Authie, fleuve du nord de la France, anciennement *Alteia*, etc.); Wiseppe, affluent de la Meuse (près de Stenay), anciennement *Wosapia*, de **wis-appa* (cf. *Wispe,* sous-affluent de l'Aller; pour la racine, cf. Vesdre ci-dessous).

D'un élargissement **ap-s-* (cf. gallois *aches* 'source') procèdent *Ax-ona*, nom antique de l'Aisne française et sans doute aussi de son homonyme ardennaise (*Aisna* Xe siècle); cf. l'*Apsuonà* lituanienne affluent du Niemen, *Apsos* nom illyrien du fleuve d'Albanie Seman, etc.

Les noms de l'Amblève (*Ambl-ava* VIIe siècle) et de son affluent l'Emmels (Saint-Vith, anciennement *Amblisa*; cf. l'Emmel du Hunsrück) paraissent construits sur la forme réduite de **emb(h)-*

‘eau, vapeur’ (sanscrit *ámbhas-* ‘eau de pluie, averse’) qui a fourni au gaulois *ambi-* ‘rivière’.

Ses tributaires, la Warche (*War-ica* Xe siècle) et la Warchenne, (*War-c-ina* IXe siècle) contiennent **wer-* ‘verser, couler vivement’ (cf. irlandais *feraim* ‘je verse’ et le nom du Var, fleuve côtier de Provence, ligure *Var-us*). Des noms de la vallée du Geer (anciennement *Worm* ?) offrent des formations en *-m-*, dont Waremme. D’un degré réduit **ur-* sont sortis, avec ou sans suffixes, les noms de l’(Eau d’)Heure, de l’Ourthe, des deux Our, de l’Orcq, etc. Enfin, un degré long *wîr-* (de **wêr-* ?) a fourni les noms du Viroin, de Virelles, anciennement nom de son affluent (devenu l’Eau Blanche) et aujourd'hui localité, etc.

Signalons encore dans cette série : **w(e)is-* du nom de la Vesdre (*Wes-ara* XIIe siècle, cf. la Weser de Westphalie et la Vézère du Périgord); **is-* du nom de l’Oise (*Is-ara,* cf. l’Yser de Flandre, l’Isar bavaroise, etc.); **rod-* du nom du Roannay (*Rod-ena*), de la Rhosnes et de la Rhonelle (cf. le nom du Rhône, *Rhod-anus*).

Cet échantillonnage offre quelques-uns des caractères spécifiques du paléo-européen : fréquence du vocalisme *a* (*Ax-*, *Alis-*, *Var-*), qui apparente ces dénominations au vocabulaire populaire ou technique de l’indo-européen, comme si elles étaient le fait d’une population essentiellement paysanne; suffixes *-nt-* (*Alis-ontia*, cf. aussi *Barb-antio*, aujourd'hui *Barbençon*), *-ara-* (*Is-*, *Vis-ara* et, avec racine pré-indo-européenne, *Sam-ara*; cf. 2.1.); composés en *-ap(p)-*.

Les Gaulois ont souvent nommé une rivière d’après les castors qui la fréquentaient. Le type *Bebrâ* ou *Bebronna* (de *bebro-* ‘castor’, cf. breton *bieuzr*, latin *fiber*, anglais *beaver*, etc.), très répandu en France (Bièvre, Beuvron, Beuvronne, etc.), nous a donné Biesme, anciennement *Bever-na* (mais non Biesmerée), Bièvre et, avec la métathèse fréquente, Breuvanne. Souvent aussi, la pureté de l’eau est mise en évidence. En regard des *Glan(e)* du centre de la France, de Suisse, d’Écosse, et de *Glan-um,* nom d’une source divinisée celto-ligure devenue ville antique (cf. irlandais, gallois et breton *glan* ‘pur’, irlandais *glain* ‘cristal, verre’), nous avons conservé le Glan, le Glain, affluent de l’Amblève (*Glanis* VIIe siècle) et son homonyme liégeois, ruisseau, localité et autrefois bois (« silva pulcherrima qu(a)e Glanum vocabatur », 1204, où le sens de *glan-* semble encore perçu).

Une région naturelle possède un nom d’origine celtique : le massif de l’Ardenne, l’*Arduenna silva* de César, qui s’étendait des confins de la Thiérache à l’ensemble du massif schisteux rhénan. Son nom, qui signifie ‘l’élevée’ (**ard-uo-* > irlandais *ard* ‘haut’, cf. latin *arduus*), est longtemps resté un appellatif, comme *alp-* ‘pâturage de montagne, alpage’ avec lequel il alterne pour désigner une montagne du Velay : le mont d'Ardenne, appelé sur un document de 1039 *mons ad Alpum*; aussi le diminutif *Ardenelle* désigne-t-il des lieudits à Nivelles et à Sombreffe, et *Erd-gemund* un terrain escarpé bordant la Moselle.

Andenne (anciennement *And-ana*) offre sans doute l'équivalent celtique du nom germanique de la 'tourbière' qui a donné Fagne : *ana* 'marais' (< **p°na-*, cf. moyen irlandais *an* 'eau', cf. gotique *fani*, vieux haut-allemand *fenni*) : nom gallicisé d'un '(endroit) très marécageux'.

Des lieux habités d'origine non hydronymique, nombreux, retenons parmi les plus caractéristiques :

- Bavai, < *Bâg-âcum*, chef-lieu des Nerviens, de *bâgo-* 'hêtre' (latin *fâgus*, etc.).
- Blaton : **Blatton-*, abrégé expressif de *blâto-mago-* 'champ de blé', attesté en toponymie comme forme ancienne de *Blond* dans le limousin : cf. gallois *blawd* 'farine'.
- Boing (Héron) et Bois(-et-Borsu), dont l'un doit correspondre à la *villa in Bonio* du Xe siècle; Eben-(Emael), *in Bonnas* 1005; Bologne (Habay-la-Neuve), de **Bononia* avec la même dissimilation que dans Boulogne(-sur-Mer) et dans Bologne, ville d'Italie : *bon(n)a* 'établissement, bien-fonds' (irlandais *bonn*, etc.).
- Le celtique *brîva* 'pont' (cf. allemand *Brücke*) : Braives, station de la route romaine Bavai-Cologne, sans doute à l'origine nom d'un pont franchissant la Mehaigne un peu au Sud; Lessive, *Licievra* XIe siècle, sans doute abrégé de **Licio-brîva* 'pont sur la Lesse'.
- Bruille (Waudrez); le Bruille (Tournai : 1244) : *brogilo-* 'bois' (> français régional *breuil*), de **mrogi-* 'frontière boisée, pays' (vieil irlandais *mruig*, breton et gallois *bro* 'pays'); la forme germanisée a conservé sa physionomie celtique dans (Kleine) Brogel.
- Dinant (*Deonanto* Xe siècle), de **dêvo-nanto-* 'vallée ou fleuve consacré(e)', sur la Meuse, fleuve sans doute divinisé comme nombre de cours d'eau chez les Celtes (cf. les « déesses-mères de Meuse », 4.2); *dêvo-* 'divin, sacré' (cf. latin *deus* et *dîvus*); pour *nanto-*, demeuré en savoyard (*nant*), cf. gallois *nant* 'cours d'eau, ruisseau'.
- Le celtique *dûnum*, *dûrum* 'enclos, hauteur fortifiée' (cf. irlandais *dún*, anglais *town* et irlandais *dór*, latin *fores* 'porte') dans *Congi-dunum* (Cugnon) et *Valcio-durum* (Waulsort), peut-être *Gla-dunum* (Glons); mais les premiers éléments sont obscurs; Lissoir (Hour) serait **Licio-dûrum* 'hauteur fortifiée sur

la Lesse' (*Licia*); Durbuy pourrait être **Duro-botio-* 'habitat près du fort' (cf. vieil irlandais *both*, gallois *bod* 'hutte, habitation', allemand *Bude* 'baraque', etc.).

- Le celtique *ialo-* 'clairière' (gallois *tir ial* 'espace découvert') : deuxième élément de composé devenu suffixe dans Marilles et Maroilles, de **mâro-ialo-* 'grande clairière', type très fréquent en France (Maroilles, Mareil, etc.); mais Argenteau est emprunté au français.
- Nismes : *nem-auso-* 'bois sacré, sanctuaire' (cf. *nem-eto-*, irlandais *nemed*), si la graphie *Nemaus* (IXe siècle) est sincère et n'est pas imitée du *Nemausus*, nom de la fontaine sacrée et de la ville de Nîmes en Gaule Narbonnaise; à *nemeto-* se rattache peut-être Nimy.
- Wavre, Wavreille et Wavreu(-mont) : latin vulgaire *vabra* 'lande inculte, terrain vague, aisance', issu peut-être d'un croisement entre le celtique **vo-bera*, littéralement 'écoulement souterrain, source, ruisseau forestier' (cf. irlandais *fobar* 'source, rivière souterraine', breton *gouer* 'ruisseau') et le groupe germanique de l'allemand dialectal *wabern* 'vaguer' (cf. lorrain *voevre* 'broussailles'); ce nom a désigné des pays naturels comme la Woëvre lorraine (*pagus Vabrensis* médiéval) ou le Waverwoud d'entre Lierre et Malines.

Reconstitution du rempart de la fortification celtique de Bérismenil, La Roche-en-Ardenne.
Cl. S.L.F.

À côté de ces quelques exemples dont l'étymologie est sûre ou probable, il en est dont l'analyse est très incertaine, bien que leur origine celtique ne soit pas douteuse : tels Arlon, Namur, Thuin, Waudrez.

3.6 L'héritage celtique dans les dialectes belgo-romans

Fait significatif, les termes technologiques sont plus nombreux que dans la série préceltique, tandis que la flore et la faune occupent moins de place, la présence de plusieurs noms pour 'chêne' étant liée à la tannerie et à la technologie du bois, très avancée chez les Gaulois. Plusieurs emprunts concernent le vocabulaire usuel des notions physiques ou morales. On a privilégié ici les mots ou les acceptions propres au nord de la Gaule romane, sans omettre les termes conservés par les parlers romans de la Moselle, disparus au Moyen Âge, mais passés plus d'une fois dans le franconien régional.

3.6.1 *Particularités du sol*

- Est-wallon *broûlî* 'bourbier, boue' est tenu pour venir du celtique *brogilo-* (voir 4.1, sous *Bruille*) *via* un dialecte germanique (allemand *Brühl* 'endroit humide'), lequel n'en atteste pas moins l'existence ancienne, dans nos régions, de ce mot en tant qu'appellatif.

- Wallon chestrolais *nau* 'petit vallon', du celto-latin *nauda* 'terrain marécageux' (> français *noue*, provençal *nauza*; cf. breton *naoz* 'lit d'une rivière', s'il n'est pas emprunté au roman); survit dans des microtoponymes wallons.

3.6.2 *Faune et flore*

- La Gaule romane a conservé des dénominations celtiques d'arbres propres à l'Europe continentale, comme le bouleau (wallon *bèyole, bôle,* de *betulla,* cf. vieux français *boule*) et diverses variétés de chênes : *cassano-* (> français *chêne*) passé en francique mosellan (*kês*); *derva-* (gallois *derw*, breton *derv*) dans le wallon malmédien *dêve*, avec le sens d''écorce de bouleau' dû à l'emploi du mot en tannerie, laquelle en faisait usage concurremment avec celle du chêne; ainsi s'explique aussi la restriction au sens de 'tan', 'tanner', etc., du type *tanno-* : wallon *tan*, *tèner* et dérivés (cf. breton *tann* 'chêne', gallo-latin *tannare*, littéralement 'travailler par le chêne').
- Wallon *acrawe,* anciennement *ancrawe*, vieux picard *ancreu* 'femelle du saumon, saumon à crochet' : *ancoravo-,* attesté au IVe siècle et qui paraît bien contenir le celtique **anco-* (irlandais *éc*) 'crochet', avec une influence possible du latin *ancora* 'ancre > crochet'; relique précieuse passée dans le francique rhénan (*rhein*)*anke* 'saumon du Rhin'.
- Est-wallon *viène*, rouchi *verne* 'timon', parfois 'panne supportant les chevrons', liégeois et namurois *vièrna* 'gouvernail' et (liégeois) 'caprice, saut d'idées', de *verna* (irlandais *fern*, gallois et breton *gwern* 'aulne'), montrent une fois de plus combien la technologie a déterminé la conservation de ce nom d'une espèce d'arbre.
- Nos régions ont connu, pour désigner la 'vandoise', variété de chevaine, le type **vind-isia-* demeuré en français, du celtique *vindo-* 'blanc' (irlandais *find*, gallois *gwynn*) : on cite le wallon *vindoèse*, le picard *ventoise.*

3.6.3 *Technologie*

La Wallonie partage avec l'ensemble de la Gaule romane (souvent avec des traits originaux) des mots dont l'étymologie celtique est bien établie. Voici quelques exemples qui mettent davantage en évidence l'originalité et le caractère conservateur du belgo-roman :

- Wallon et gaumais *crincî*, tournaisien *crincher* 'vanner, secouer', d'où le wallon *crinces* 'déchets de vannage, criblures' : gallo-latin *crienta* 'déchet de paille, balle (du blé)' de la racine *crei-* 'séparer, spécialement la balle du grain' (vieil irlandais *criathar*, moyen breton *croezr* 'crible', gallois *(go-)grynu* 'cribler'); en dehors de la Wallonie, ne survit pratiquement que dans les Alpes.

- Wallon *djote*, ardennais *djoute* 'préparation à base de légumes, étuvée, spécialement de chou' > 'chou', parfois 'bette' ou 'navet', *djot'rèye* 'légumes' : gallo-latin médiéval *jutta* 'bouillon', forme à géminée expressive du celtique **yu-ta* (> moyen breton *yod*, moyen gallois *iot* 'bouillie'; cf. latin *jûs* 'jus, bouillon'); représenté seulement dans quelques dialectes français, italiens du Nord et rhéto-romans, mais sans les développements sémantiques originaux du wallon.

- Vieux tournaisien *roye* 'charrette' (XIIe-XIIIe siècles) : unique survivance gallo-romane du gallo-latin *rêda* 'voiture à quatre roues' (irlandais *(dé-)riad*); mais, le mot étant accrédité en latin dès le Ier siècle avant J.-C., on ne saurait affirmer qu'il ait été indigène dans la région scaldienne.

- Montois *seu*, namurois *seute* 'porcherie' (XVIIIe siècle) sont, avec le toponyme *Soye* (IXe siècle, *Sodeia),* ce qui reste d'un celtique **su-tego-*, littéralement 'toit à porcs' (gallo-latin mérovingien *sutis* > vieux français *sou, seu*, provençal *sot*), formé comme **bou-tego-* 'toit à bovins' (irlandais *bóthech*, gallois *beudy*) conservé dans les Alpes.

- Est-wallon et gaumais *tchame* 'jante' a conservé, comme les dialectes hispaniques, la forme archaïque à côté du dérivé à initiale sonorisée **gamb-ita* (français *jante*, picard *gante*): gaulois *cambo-*, irlandais et breton *camm* 'courbe'.

3.6.4. *Notions physiques et morales*

- Wallon et rouchi *dru* 'fort, bien portant; dense', wallon *adrusser* 'tomber dru', wallon *(ga)drou,* rouchi *(ga)dru* 'turbulent; égrillard' (cf. vieux français *druerie* 'humeur lascive') : celtique *drûto-* 'fort, vif' (vieil irlandais *drúth* 'lascif').

- Wallon malmédien *dûhon* 'gnome, lutin' : celtique **dûsion-,* qui se rattache aux *Dusii* que saint Augustin et quelques glossateurs décrivent comme des démons gaulois qui assaillent les femmes; complètement isolé en belgo-roman, le mot n'a de répondants que dans les Vosges lorraines (*dusien* 'démon incube'), en pays roumanche (*dischöl* 'démon incube' et aussi 'cauchemar, oppression') et en Westphalie (*dus* 'diable'); le concept primitif est celui d''esprit' (cf. russe *dušá* 'âme' et *duch* 'souffle, esprit').

- Wallon *seuroû(y), soroû(y),* ancien liégeois *suron*, gaumais *swaron, -an* 'orgelet' serait complètement isolé sans le hasard qui l'a conservé dans les formules magico-thérapeutiques en gaulois recueillies vers 400 par le médecin Marcellus de Bordeaux (*soron-*, sans étymologie au demeurant).

4. L'adstrat germanique avant le Ve siècle

4.1 L'installation de Germani sur la rive gauche du Rhin

En admettant bon gré mal gré de nouveaux *Germani* à l'intérieur des frontières, dès le dernier tiers du Ier siècle avant J.-C., l'autorité romaine diminuait la pression qui s'exerçait sur le Rhin et, du même coup, constituait une réserve de recrutement pour l'armée, où l'élément germanique devait prendre, avec le temps, une place de plus en plus grande.

L'ancien espace belge (voir 2.2) s'est ainsi trouvé amputé vers le Nord d'un territoire qui devait former sous le Haut-Empire l'une des deux provinces militaires de Germanie, dite « inférieure ». Plusieurs peuples se sont partagé le territoire éburon, en grande partie abandonné à la suite des campagnes d'extermination menées par César : Ubiens (Cologne), Sugambres (Xanten), etc., en Westphalie, tandis que le reste, vers la Meuse, est colonisé du Nord au Sud par les Bataves (Rivierengebied), les Texandres (Campine) et les Tongres eux-mêmes si, comme il semble (cf. ci-après), ce nom a désigné en propre une tribu particulière, qu'il faudrait alors localiser dans le nord de la Hesbaye et dans le Hageland. Plus à l'Ouest, une branche des Frisons prenait possession, avec quelques autres tribus, de la moitié septentrionale du domaine ménapien, désormais limité à la plaine de Flandre (carte).

Le nom de plusieurs de ces tribus suffit à les caractériser comme germaniques : les *Ubii* sont les 'méchants', les 'redoutables' (vieil islandais *úbaR*, gotique *ubils*, anglais *evil*), les *Batavi*, rameau des *Chatti*, des 'excellents' (vieux frison *bata*, néerlandais *baat* 'avantage'; cf. le comparatif anglais *better*), les *Texuandri* les 'gens' ou les 'migrants du Sud' (gotique *taihswa* 'qui est à droite, au Sud'). D'ailleurs, un détail comme les datifs en *-ims* de noms de déesses-mères locales (par exemples *Vatvims* à côté de *Vatviabus*; cf. gotique *gastim* 'aux hôtes') est de ceux par où le germanique s'oppose nettement au celtique.

Bien que plus d'une de ces populations ait fourni à Rome des troupes d'élite, elles devaient rester superficiellement romanisées et se fondre plus tard avec les Francs, présents en Texandrie dès le milieu du IVe siècle. Mais, d'un autre côté, elles laissaient subsister nombre de survivances celtiques : ainsi, dans l'ancien territoire éburon, le nom de Düren (< *dûrum*) ou les cultes d'*Apadeva*, de *Grannus* (patron d'Aix-la-Chapelle), etc., sans parler de noms récents comme *Batavo-durum* (habitat antique de Nimègue) ou *Flavio-*

Principales populations d'entre Seine et Weser, sous le Haut-Empire romain.
Carte J. Loicq et Ed. De Boeck&Larcier..

briga ('forteresse des Flaviens', sur le Rhin), témoins probables du rôle joué par le celtique comme langue de communication entre Germains et Romains (cf. 3.2).

On ne sait au juste qui étaient les Tongres, inconnus de César et éponymes sous l'Empire d'une circonscription ou « cité » réunissant la partie hesbignonne de l'ancien domaine éburon, les pays atuatuque et condruse ainsi qu'une partie de l'Ardenne. Aussi voit-on souvent dans *Tungri* un nom celtique exprimant la confédération, sous l'autorité de Rome, des survivants de ces divers peuples (cf. gallois *tyngu* 'je jure', *twng* 'serment'). Mais, avec de meilleures raisons, le grand germaniste Much y retrouvait l'adjectif bas-allemand *tanger*, haut-allemand *zanker* 'tranchant, aigu, agile' (cf. vieil anglais *tengan* 'saisir, attaquer'), ce qui ferait des Tongres des 'prompts (à l'attaque, à l'action ?)', qualification flatteuse comme on vient d'en rappeler des exemples; leur promotion à la tête de la « cité » peut n'être due qu'à la circonstance qui, sous Auguste déjà, a élevé au rang de chef-lieu leur *Atuatuca*, la future Tongres, station d'une route stratégique du Rhin. Tacite, il est vrai, les identifie dans sa *Germania* aux Germains cisrhénans; c'est que, selon l'usage qu'il suivra dans les *Histoires*, il vise les habitants de la *civitas* tout entière, où l'élément cisrhénan restait prépondérant. N'appelons-nous pas « normands » ou « bourguignons » des dialectes romans, oubliant les colons germaniques qui ont envahi ces régions de la Gaule et leur ont laissé leurs noms ?

Dès lors, les Tongres, qui semblent avoir essaimé dans plusieurs directions (cf. nos Tongre [-Notre-Dame], nos Tongrinne, etc.), doivent avoir une part de l'élément germanique décelable dans l'épigraphie latine de la Belgique moyenne.

L'indigence des sources, en particulier la disparition des inscriptions après le IIIe siècle, ne permet pas d'évaluer l'action linguistique des communautés de *lètes*, Germains préposés les uns comme gardes routiers ou territoriaux, les autres comme colons dans nos campagnes désertifiées du Bas-Empire. Leur présence répétée dans le Namurois (nécropoles belgo-franques, refuges fortifiés du type Furfoz) a pu constituer une enclave germanophone en milieu latin.

4.2 Les faits linguistiques

Rappelons d'abord que les deux provinces de Germanie ont été le lieu privilégié d'échanges où ont pénétré les quelques emprunts germaniques en latin, comme les noms de l'"oie sauvage', *ganta* (cf., avec une formation en *-s-*, allemand et néerlandais *gans)*, qui a eu une descendance dans les parlers d'oïl (*jante* chez Chrétien de Troyes); de la 'préparation pour teindre les cheveux' (*sâpô* > français *savon*, picard *savlon*), que le poète Martial attribue aux confins belgo-germaniques; de la 'jusquiame' (**bilisa-*), néerlandais *bilzen(kruid)*, allemand *Bilsen(kraut)*, cf. le toponyme trévire *Belson-anco-* (Bellain).

Sur base de la toponymie, on a émis l'hypothèse qu'une partie notable de la Belgique occidentale aurait été germanisée dès le milieu du Ier siècle avant J.-C. L'axe de cette pénétration aurait été l'Escaut, d'où elle aurait irradié dans le bassin de la Meuse. À cette poussée seraient attribuables les nombreux toponymes en *h-* (issus de **k-* par la mutation germanique) que comptent la Belgique moyenne et le nord de la France, de *Horion* dans la province de Liège à *Hesdin* dans le Pas-de-Calais. L'on se gardera toutefois de rien affirmer, l'historiographie n'ayant pas trace à cette date d'un mouvement de cette ampleur. Il faudrait aussi être sûr que ces noms sont tous pré-germaniques, et donc que la mutation a bien eu lieu sur place. D'ailleurs, le *h-* peut être le fait des Francs Saliens, que leur progression vers l'Ouest éloignait davantage du reste du monde germanique et qui ont pu conserver plus longtemps l'habitude d'aspirer les consonnes occlusives sourdes.

À s'en tenir au seul témoignage de l'épigraphie belgo-romaine, l'action du germanique se présente sous deux formes : l'apparition de noms proprement germaniques et la germanisation, traduite de manière plus ou moins cohérente dans les graphies, de noms d'autres origines — latine ou méditerranéenne exceptée.

À la première catégorie appartiennent des noms de personnes comme les *Freio* et *Friatto* de Theux, qui renvoient à la notion complexe d'"amitié entre hommes libres', d'"ingénuité' personnifiée par la déesse *Freija*, protectrice du corps social (cf. l'adjectif allemand *frei*, anglais *free*); ou encore le *Haldacco* de Namur et le Nervien *Haldavvo* ('tenace', cf. gotique *haldan* 'garder [les troupeaux]', allemand *halten* 'garder'), tous deux avec la consonne finale redoublée, héritage indigène (voir 3.3). On doit y joindre des noms de divinités locales ou régionales : la tongroise *Freiagabi* (nom construit comme le verbe allemand *freigeben* 'affranchir'); *Vihansa* (gotique *weihan* 'combattre' et vieux haut-allemand *ans-* 'esprit, dieu'); *Harimella*, qui rappelle l'*Hariasa* des Ubiens (gotique *harjis* 'troupe armée', allemand *Heer*); *(matres) Alaterviae* ('protectrices de tous les arbres', cf. gotique *triu* 'arbre', anglais *tree*).

Tablette de bronze dédicacée à la déesse germanique Vihansa, par le centurion Q. Catius Libo Nepos, de la IIIe Légion cyrénaïque.
Musées Royaux d'Art et d'Histoire, Bruxelles. Cl. M.R.A.H.

À la catégorie des noms indigènes germanisés appartiennent par exemple les *(matres) Masanae* 'de la Meuse', la plus ancienne attestation germanique du nom de la Meuse (vieux haut allemand *Masa*, avec [o] > [a] comme dans *acht* 'huit' en regard du latin *octo*), et surtout les formes belgo-romaines du nom de la déesse *Virodactis* (voir 3.4), lesquelles présentent des indices évidents de prononciation germanisante précoce : *Viradecthis* et *Virathethis*, formes condruses, et *Viradecdis*, forme tongre, l'on y observe à la fois le passage de [o] bref à [a], une altération des consonnes intérieures évoquant la mutation des occlusives sonores et la métaphonie de [a] passant à [e] devant [i] de la syllabe subséquente.

Aucune donnée ne concerne la morphologie. D'ailleurs, rien ne permet de conclure que des parlers germaniques aient eu, sous le Haut Empire, quelque importance sociale, du moins au sud de la Meuse moyenne. Mais ils ont pu subsister durant quelques générations dans l'intimité familiale; la camaraderie militaire a pu en maintenir l'usage au sein des cohortes de Tongres, où l'on sait que les soldats se regroupaient, officieusement du moins, entre gens de mêmes cantons.

Dédicace à la déesse Virodactis émanant vraisemblablement d'une famille germanique. On y lit Virathetis, nom de la déesse et Suppo, nom du père de la dédicataire.
Eglise de Strée-lez-Huy. Cl. J. LOICQ

Par ailleurs, compte tenu du nombre relativement très élevé d'inscriptions qu'a livrées la région arlonaise (environ 70 utilisables), il est significatif qu'on n'y relève pas un seul nom propre sûrement attribuable au germanique, alors que les noms celtiques y restent nombreux à côté des noms latins. Ainsi, les flux démographiques ou culturels venus du Nord n'ont pas franchi le seuil de l'Ardenne, pourtant traversée de routes et fortement colonisée dans certains secteurs.

Jean LOICQ

Que lire sur la linguistique du nord de la Gaule ?

Il n'existe pas d'exposé de l'histoire linguistique de la Belgique antique, en particulier pour les périodes préceltiques. On trouvera un aperçu rapide chez POLOMÉ (1983) et NEUMANN (1983). Les auteurs du présent chapitre ont publié une étude plus détaillée, étendue à l'ensemble de la *Belgica*, dans le *Bulletin de la Commission royale de toponymie et dialectologie* (LOICQ et MICHEL, 1996).

Sur le vocabulaire indo-européen « du Nord-Ouest » et le « paléo-européen », on se réfèrera au chapitre 1 de MEILLET (1950) et aux chapitres 8 et 9 de KRAHE (1954).

La problématique « belge » est traitée d'ensemble dans les travaux suivants : HACHMANN, KOSSACK et KUHN (1962); voir le compte-rendu de S. J. DE LAET, dans *Helinium*, 4 (1964); HACHMANN (1975) ; LOICQ, dans *La Vie wallonne* (1995). Les vues de GYSSELING sont résumées dans « La genèse de la frontière linguistique dans le nord de la Gaule » (1964).

Les éléments celtiques (et préceltiques) du vocabulaire wallon sont réunis chez GARZANITI (1981), mémoire de licence inédit de l'université de Liège.

Pour une étude plus approfondie, les travaux de L. WEISGERBER sur l'onomastique des « Germains cisrhénans », de W. JUNGANDREAS sur celle des Trévires, de H. KUHN et de H. BIRKHAN sur les contacts celto-germaniques sont indispensables, même si l'on n'accepte pas toutes leurs conclusions.

On dispose maintenant d'une bonne présentation du celtique continental : LAMBERT (1994).

Sur l'adstrat germanique à l'époque romaine, on verra, outre GYSSELING (1962) : LOICQ (1993).

Sur le latin de Gaule Belgique, l'ouvrage de PIRSON (1901) reste toujours indispensable.

Les principaux éléments de toponymie sont réunis dans GYSSELING (1960) et HERBILLON (1986).

Chapitre 2

La romanisation

Si l'on admet que, depuis le passé le plus lointain jusqu'à l'heure actuelle, tout groupe humain organisé se définit par quatre critères :

1) le territoire qu'il occupe durablement, s'il est sédentaire, ou à l'intérieur duquel il circule, s'il nomadise;
2) le capital génétique, seul substitut rationnel au concept de race;
3) la culture matérielle et productive, sociale (les institutions) et symbolique (le savoir, la religion, les arts);
4) et, enfin, la langue qui le différencie de ses voisins;

on relèvera que ces traits distinctifs apparaissent dans l'ordre croissant de la tendance à la stabilité. Autrement dit, c'est la langue qui est la caractéristique la plus permanente d'un groupe donné.

On en conclura que la substitution d'une langue nouvelle à l'idiome antérieur est la transformation la plus considérable qui puisse advenir à un groupe humain. Par conséquent, la diffusion du latin dans les provinces européennes de l'Empire romain constitue le bouleversement le plus profond qui s'y soit produit.

Telle est l'idée fondamentale qu'il faut avoir présente à l'esprit au moment d'envisager l'enracinement du latin dans nos régions à l'aube de notre ère.

1. Les données historiques

1.1 La conquête

Pour César, les Belges occupent le nord de la Gaule, de la Seine et de la Marne jusqu'au cours inférieur du Rhin. Au printemps de 57 avant J.-C., il se porte sur leur frontière : les Rèmes se soumettent aussitôt. César vainc successivement Suessions, Bellovaques, Ambiens, Nerviens et, enfin, Aduatiques. À la fin de l'été 54, César installe chez les Belges ses quartiers d'hiver. Les Éburons d'Ambiorix et Catuvolcus attaquent la légion et les six cohortes cantonnées chez eux et les massacrent. En 53, César revient dévaster le territoire des Éburons. En 52, les Belges ne participent pas au soulèvement de Vercingétorix, mais envoient des contingents à l'armée de secours, qui échoue devant Alésia. En 51, César soumet les Bellovaques et ravage le territoire des Éburons. Après quoi il quitte définitivement nos régions.

Après la conquête, la région ne connaît plus que des révoltes sans lendemain. En 16-15, Auguste crée trois provinces pour la Gaule, dont la Gaule Belgique. Les Romains déplacent vers l'Ouest des populations originaires du Rhin : les Tongres viennent occuper le territoire éburon dépeuplé par César. Leur *civitas* constituera désormais la moitié orientale de ce qui constitue la Belgique, les Nerviens, l'occidentale.

Sous Claude (41-54), la conquête de la Grande-Bretagne confère une importance nouvelle à l'axe Bavai-Tongres et entraîne la construction de la chaussée Tongres-Cassel.

En 69, l'avènement de Vespasien ne met pas fin à l'insurrection dans le nord de la Gaule : le Batave Civilis s'unit aux Trévires Classicus et Tutor, mais les autres tribus hésitent à les suivre, jusqu'à ce qu'une assemblée des Gaules, réunie à Reims, réaffirme sa loyauté envers Rome, sans doute par crainte des Germains.

De la description que Pline l'Ancien donne de nos régions (4, 105-106), on retiendra : 1) la qualité de *liberi* reconnue aux Nerviens et aux Trévires; 2) la première mention des Tongres et des Texandres.

Dans la suite, la région qui correspond à la Belgique n'apparaît plus qu'épisodiquement dans les sources. Vers 175, une invasion des Chauques ravage une partie de cette région.

C'est entre Claude et Marc-Aurèle que notre région connaît son plus bel essor. La romanisation en a donc été acquise pour l'essentiel en moins de deux siècles.

L'Empire au temps d'Hadrien.
Carte extraite et adaptée de : Philippe Rossillon (sous la direction de), « Atlas de la langue française, histoire, géographie, statistiques », Bordas, Paris, 1995, p. 10. Copyright I.R.A.F.

1.2 Du milieu du IIIe siècle aux invasions

À partir du milieu du IIIe siècle, nos régions seront régulièrement envahies par des nations germaniques. Désormais, il n'y a plus ni victoire décisive, ni véritable stabilisation. Un phénomène se répète, l'installation à demeure d'éléments germaniques chargés de défendre leur nouveau territoire : lètes, fédérés et, finalement, les Francs.

Les lètes, *laeti* — d'un mot germanique signifiant 'les gens' (vieux haut allemand *liuti*, néerlandais *lieden*), en latin *gentiles* —, ne sauraient, comme *dediticii*, accéder à la cité romaine et se voient plus tard interdire le mariage avec les citoyens romains. Entre lètes et fédérés, la différence tient au statut de vaincus des premiers, placés sous les ordres d'un *praefectus* romain, alors que les fédérés restent sous l'autorité de leur chef.

D'autre part, la menace extérieure et l'insécurité endémique amènent, spécialement le long de la chaussée Bavai-Tongres, la construction de postes fortifiés, mais il s'agit moins d'établir un *limes* que de pourvoir à la sécurité de la population et des voies de communication. Ailleurs, on fortifie des sites escarpés.

Les invasions suivent les grands axes routiers, telle la chaussée Bavai-Tongres. Aussi l'Entre-Sambre-et-Meuse et, surtout, l'Ardenne paraissent-elles relativement à l'abri des dévastations du Bas-Empire, tout en restant en contact avec le nord-est de la Gaule.

Le détail des incursions germaniques est mal connu. Mais elles se répètent à partir de 253, date d'un raid des Francs dans le nord de la Gaule. À quoi s'ajoutent les expéditions des pirates saxons depuis la côte. En 275, nouvelle invasion des Francs, qui s'emparent de Tongres. Soixante villes de Gaule sont détruites.

Les Francs servent déjà comme auxiliaires de l'empereur gaulois Postumus (258-268). Leurs relations avec l'Empire seront faites, pendant plus d'un siècle, d'une succession de conflits et d'alliances, mais il peut s'agir parfois d'une fraction seulement de ce qui constitue une confédération composite plutôt qu'une nation homogène. Ammien Marcellin signale l'installation des Francs Saliens à l'ouest de la Meuse avant le milieu du IVe siècle.

1.3 L'invasion germanique

La grande invasion que les Germains coalisés déclenchent le 31 décembre 406, en franchissant le Rhin, contourne nos régions par le Sud, mais atteint Tournai.

Pour notre pays, le Ve siècle est celui des Francs, dont Tournai devient la capitale vers 450. Childéric entame vers le Sud une progression que son fils Clovis (né en 467) réalisera durablement de 482 à sa mort, en 511.

La fondation du royaume franc par Clovis, qui fait de Paris sa capitale à partir de 507, marque à la fois un aboutissement et un point de départ. Un aboutissement : avec le royaume franc s'achèvent enfin les vastes mouvements des populations germaniques qui ont façonné durablement l'Europe occidentale. Mais un point de départ aussi : de l'héritage de Clovis surgira plus tard le royaume de France dont la croissance irrésistible déterminera l'essor de la langue française (sur la loi salique, voir 4.3.).

2. L'organisation administrative

Au lendemain de la conquête, la Belgique, au sens romain, et la Germanie forment, sous Auguste, une unique province impériale, la *Gallia Belgica*, avec Reims pour chef-lieu. C'est Domitien qui, entre 83 et 89, en sépare la Germanie, dont il fait les deux provinces impériales consulaires de *Germania inferior* (Cologne) et de *Germania superior* (Mayence), la Gaule Belgique conservant le même statut. Quatre *civitates* sont attestées dans notre pays pour le Haut-

Empire : Ménapiens, au Nord-Ouest; Nerviens, à l'Ouest; Tongres, à l'Est, et Trévires, à l'extrême Sud-Est.

La réforme de Dioclétien répartit le territoire de notre pays entre trois provinces : *Belgica prima*, chef-lieu Trèves, pour les Trévires; *Belgica secunda*, chef-lieu Reims, pour les Nerviens (Cambrai remplaçant Bavai) et les Ménapiens (Tournai, au lieu de Cassel); *Germania secunda*, chef-lieu Cologne, pour les Tongres. Le tout relève du diocèse des Gaules, de la Loire au Rhin, qui dépend de Trèves.

Recul significatif : en 396, le préfet des Gaules quitte Trèves pour Arles, la cour impériale se repliant à Milan.

3. La romanisation du pays et de ses habitants

3.1 Traces matérielles

La civilisation matérielle de l'époque romaine se manifeste par les chaussées, les villes (avec leurs édifices obligés), les villas — exploitations agricoles et centres d'artisanat —, les sanctuaires ruraux (attestés par *Templeuve* et *Temploux*) et les sépultures, notamment les *tumuli*.

Dès Auguste, l'aménagement du réseau routier fait de notre pays la zone de passage entre le nord de la Gaule et le cours inférieur du Rhin. L'axe principal en est la chaussée de Bavai à Tongres, — repérable aujourd'hui encore —, qui, par Maastricht, se prolonge jusqu'à Cologne. Il se complète de routes d'Ouest en Est : Cassel-Courtrai-Tirlemont-Tongres, Bavai-Dinant-Ciney, et Reims-Arlon-Trèves. Enfin, du Sud au Nord, Arlon-Amay-Tongres (plus Tongres-Herstal) et, au départ de Bavai, vers Asse, Opbrakel et Tournai.

L'existence de ponts est probable sur la Meuse, à Herstal et à Amay, et sur l'Escaut à Tournai.

Fondée sous Auguste, Tongres reçoit son quadrillage urbain sous Claude. L'ampleur de sa première enceinte, au début du IIe siècle (4.500 mètres), indique de vastes ambitions, qui ne se sont pas réalisées. La seconde enceinte, postérieure à l'invasion du milieu du IIIe siècle, est moins étendue (2.700 mètres), mais plus puissante et encore considérable pour l'époque. L'importance de Tongres se traduit par le fait qu'elle est la seule, dans notre pays, à conserver le nom du peuple de l'époque romaine. Gardant une certaine prospérité au Bas-Empire, elle est seule aussi à avoir un évêque attesté au milieu du IVe siècle : saint Servais.

On observera que nos trois villes romaines — Tongres, Arlon et Tournai — sont à la fois : périphériques par rapport à la Wallonie

Borne milliaire de Tongres. Fragment de colonne portant des noms de localités et leurs distances en lieues.
Musées Royaux d'Art et d'Histoire, Bruxelles.
Cl. M.R.A.H.

actuelle; secondaires, sauf Tongres; liées à un cours d'eau important (Tournai, sur l'Escaut, Tongres, au voisinage de la Meuse, Arlon, proche de la Moselle); voisines d'une métropole plus importante (Trèves, pour Arlon, Cologne, pour Tongres, et Cassel, pour Tournai, qui lui succédera).

Parmi les sépultures, les *tumuli*, qui apparaissent à partir du règne de Domitien, sont typiques des Tongres (400 peut-être), moins répandus chez les Trévires et les Ménapiens, rares chez les Nerviens. S'agit-il d'une importation d'époque romaine en provenance de la Pannonie ?

Abécédaire romain de Waudrez (Binche), tracé en graffito sur des fragments de vase (200 après J.-C.). L'alphabet figuré ici est du type républicain, sans le Z, comme s'il s'agissait d'une tradition scolaire attardée depuis la fin du Ier siècle av. J.-C., ce qui s'accorde avec l'origine augustéenne de la chaussée Bavai-Cologne dont Waudrez était la première station après Bavai (J.L.).
Musée gallo-romain dex Waudrez. Cl. S.L.F.

3.2 Témoignages

Voici les quelques témoignages conservés sur l'intégration de nos régions et de leurs habitants dans l'Empire romain.

- Deux Nerviens servent comme tribuns militaires lors de la dernière campagne de Drusus en Germanie (9 de notre ère).
- Dès la fin du Ier siècle, les oies de Morinie se vendent à Rome, comme le jambon de Ménapie dont la production est liée à l'existence de salines sur la côte de la mer du Nord. Les Morins tissent pour leurs navires des voiles de lin. Nos agriculteurs importent de la marne de Grande-Bretagne pour amender le sol et les Trévires ont mis au point une moissonneuse dont l'archéologie nous a restitué l'image. Enfin, la cité des Tongres possède une source remarquable (Spa ?).
- Pour Tacite, les Trévires constituent la *civitas* la plus importante de nos régions.

3.3 Inscriptions

Les inscriptions latines de notre pays, modestes et peu nombreuses (environ 150), correspondent toutes à des modèles romains (dédicaces et épitaphes). Deux titulaires de fonctions municipales y apparaissent : un édile de Tongres et un décurion.

Relevé au trait de l'abécédaire romain de Waudrez.
Extrait de A.DEMAN et M.-Th. RAPSAET-CHARLIER, « Inscriptions latines de Belgique », Ed. de l'U.L.B., Bruxelles.

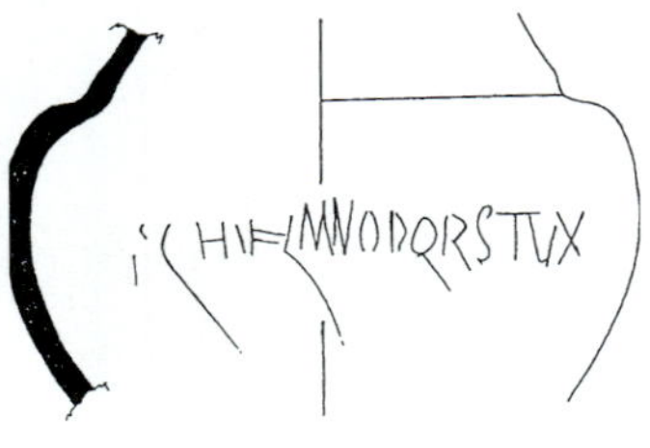

Également de type courant, les inscriptions sur deux bagues trouvées l'une à Herstal, l'autre à Vesqueville : « Utere felix, Gelasi vivas et ameris a nobis », et « Utere felix », avec le monogramme du Christ; et, sur un verre, dans la tombe de Noirmont : « Sulpicia utere feliciter ».

Traces infimes du droit romain, qui pénètre dans notre pays, les inscriptions qui comportent les termes d'héritier ou de testament et la mention d'un fils adoptif.

Une inscription conserve trois vers latins en l'honneur d'Hercule. Un fragment d'abécédaire latin a été trouvé à Waudrez.

3.4 Apports techniques et culturels

Sur les apports de la romanisation à la culture matérielle de nos régions, un témoignage précis se tire des emprunts néerlandais au latin qui remontent à l'Antiquité, notamment dans les domaines de l'agriculture, de l'art de bâtir et du commerce.

- Agriculture : *Augustus* > *oogst* 'récolte'; *fenuculum* > *venkel* 'fenouil'; *flagellum* > *vlegel* 'fléau'; *fructus* > *vrucht* 'fruit'; *granum* > *graan* 'grain'; *modius* > *mud* 'muid'; *spicarium* > *spijker*, anciennement *épier* 'grange' (d'où Spy); *stipula*, **stuppula* > *stoppel* 'éteule'; *trajectorium* > *trechter* 'entonnoir' (wallon *trèteû*); *vannus* > *wan* 'van'; *vinum* > *wijn* 'vin'.
- Art de bâtir : *camera* > *kamer* 'chambre'; *cellarium* > *kelder* 'cellier'; *murus* > *muur* 'mur'; *puteus* > *put* 'puits'; *solarium* > *zolder* 'grenier'; *tegula* > *tegel* 'tuile'; *vallum* > *wal* ' rempart'.
- Commerce : outre *caupo* (cf. 4.1), *mercatus* > *markt* 'marché'; *merx* > *mars* 'panier à marchandises porté sur le dos'; *moneta* > *munt* 'monnaie'; *pactum* > *pacht* 'bail'; *pondo* > *pond* 'la livre'; *seta* > *zijde* 'soie'.

On ajoutera encore : *milia* > *mijl* 'mesure de distance'; *nona* > *noen* 'midi' (anglais *noon*, wallon *noûne*); *regula* > *regel* 'règle'; *scribere* > *schrijven* (verbe fort) 'écrire'; *strata* (via) > *straat* (cf. 5.2); *tabula* > *tafel* 'table'; *vicus* > *wijk* 'quartier d'une ville'.

Inscriptions partielles de l'alphabet romain sur des fragments de tuile.
Eglise paroissiale de Saint-Gérard. Cl. S.L.F.

4. La latinisation

On désigne ici par *latinisation* l'adoption de la langue latine, qui va donner les dialectes de la Wallonie. Éliminant tous les parlers antérieurs (sauf le basque) dans les provinces européennes de l'Empire romain, la latinisation constitue un phénomène unique dans l'histoire parce qu'il est lié non point à un peuplement massif, mais à l'influence déterminante d'une autorité étrangère sans qu'elle impose sa langue par une décision de nature politique. À cet égard, il est bon de rappeler que la collation du droit de cité n'a jamais constitué l'instrument de la romanisation, mais bien la reconnaissance d'une intégration d'ores et déjà acquise. Donc, un citoyen romain habitant nos régions est sûrement romanisé, mais un indigène peut être romanisé sans avoir la cité romaine.

La latinisation de la Wallonie est un processus dont la réalité est prouvée par la situation ultérieure, mais qui échappe à nos investigations. On observera d'emblée que l'hétérogénéité linguistique de nos régions a dû faciliter l'enracinement du latin qu'appuyaient

Cachet de l'oculiste gallo-romain Lucius Junius Macrinus. Heerlen.
Musées Royaux d'Art et d'Histoire, Bruxelles. Cl. M.R.A.H.

l'autorité de Rome, le prestige de sa culture et, spécialement, l'usage de l'écriture.

4.1 Les vecteurs de la latinisation

Seule voie de la latinisation attestée dans nos sources : l'armée romaine et ses auxiliaires issus de nos régions. L'emploi du latin, en effet, est de règle à l'armée.

Certes, l'armée romaine n'a jamais eu, dans notre pays, des cantonnements permanents comparables à ceux de la vallée du Rhin. Mais il en était de même pour le reste de la Gaule, de sorte qu'il n'y a point de différence, à cet égard, entre le nord et le sud de la Gaule.

Les *civitates* de nos régions — Ménapiens, Nerviens, Tongres et Trévires — fournissent très tôt des contingents et continueront à le faire jusqu'à la fin de la période romaine (cf. 1.3). On possède, datant de 97-98, le diplôme militaire d'un soldat de la première aile de cavalerie des Tongres.

On songera aussi au rôle des vétérans qui, même originaires d'autres régions de l'Empire, s'installent dans notre pays à l'âge de la retraite. Quelques tombes d'époque romaine ont produit des armes d'apparat qui indiquent des officiers d'un grade élevé, peut-être des tribuns militaires.

En outre, la romanité rayonne le long des routes à partir des villes, centres administratifs et foyers de culture, car le gouvernement de l'empire constitue le second instrument de la latinisation. Mais, précisément, les trois cités romaines de notre pays sont périphériques et, sauf Tongres, restent secondaires (cf. 3.1). On peut songer aussi à l'enseignement. Rien cependant n'est connu pour notre pays qui soit l'équivalent des écoles d'Autun ou de Trèves.

Il y a encore le commerce. Les négociants romains précèdent la conquête, puis l'accompagnent comme fournisseurs des armées et, enfin, se multiplient à la faveur de la pacification. Inversement, en cas d'insurrection, le massacre des commerçants romains s'ajoute à l'assaut lancé contre l'armée.

Personnage plus modeste, mais qui n'est pas à négliger, spécialement le long des chaussées : le *caupo,* à la fois 'aubergiste' et 'boutiquier', qui donne le nom d'homme *Caupius* et dont le néerlandais et l'allemand conservent la trace dans le verbe *kopen/kaufen* 'acheter' (verbe fort en néerlandais, ce qui prouve l'antiquité de l'emprunt); d'où aussi l'anglais *cheap*, 'bon marché'.

D'autre part, les villas belgo-romaines répondent, pour le choix du site, le plan et les aménagements, ainsi que les diverses fonctions productives (agriculture et élevage, artisanat), aux prescriptions des agronomes romains, notamment par la volonté d'autarcie. Par là, elles témoignent de la romanisation de leurs propriétaires. Mais sont-ils de riches indigènes ou des Romains immigrés ?

Dernière question : le christianisme a-t-il pu contribuer à la diffusion du latin dans nos régions ? C'est peu probable si l'on oppose le caractère urbain du christianisme gallo-romain à la faible urbanisation de notre pays. Le seul évêque attesté chez nous au IVe siècle est saint Servais pour Tongres. Les campagnes ne seront évangélisées qu'à l'époque mérovingienne, à l'initiative des Pippinides, par des missionnaires venus d'Irlande pour la partie romane de notre pays, et de Grande-Bretagne, pour le nord germanique.

4.2 Composition de la population

Sur les composantes de la population et les langues parlées sur le territoire de l'actuelle Belgique, les seules données proviennent de l'épigraphie, en y incluant les marques de fabrique conservées par la poterie, les briques et les tuiles. Mais de telles sources sont malaisées à exploiter.

D'une part, les inscriptions ne portent témoignage que sur la couche déjà relativement romanisée de la population. D'autre part, si les tuiles et les briques résultent de la production locale, la poterie peut être indigène ou importée.w

Alors qu'elles pourraient fournir des indications précieuses, les marques de tuiliers, actuellement au nombre de 81, sont décevantes parce qu'elles se réduisent généralement à un simple sigle.

En gardant présentes à l'esprit ces réserves indispensables, on se risquera néanmoins à quelques observations :

- Les 148 inscriptions latines de notre pays conservent les *tria nomina* de sept citoyens romains qui ont vécu chez nous, sans pour autant être nécessairement des indigènes romanisés.
- Les autres noms ne désignent pas des citoyens romains. Souvent, le nom est accompagné du patronyme au génitif. Ces anthroponymes sont latins, celtiques, germaniques ou d'origine indéterminée. On citera les exemples suivants : « Nepos Silvini f(ilius) sibi et Velmadae Gangussonis fil(iae) uxori obitae », le mari porte un nom latin, celui de l'épouse est indigène, d'origine indéterminée; « Leubasna Florentini filia », le nom de la fille est germanique, celui du père, latin; « Cassius Pompeianus sibi et Mattae uxsori (et) Tito filio », noms latins pour le père et le fils, gaulois pour l'épouse.

L'impression qu'on recueille à dépouiller la documentation ainsi disponible, mais fort limitée, est celle de la complexité. Pour l'onomastique, latin d'importation, celtique et germanique indigènes se

Partie d'un étui en or portant le nom de son propriétaire : MPRO//BIVS//BVR//RVS, pour M(arcus) Probius Burrus. Objet provenant du tumulus n° 3 de Grimde (Tirlemont).
Musées Royaux d'Art et d'Histoire, Bruxelles. Cl. M.R.A.H.

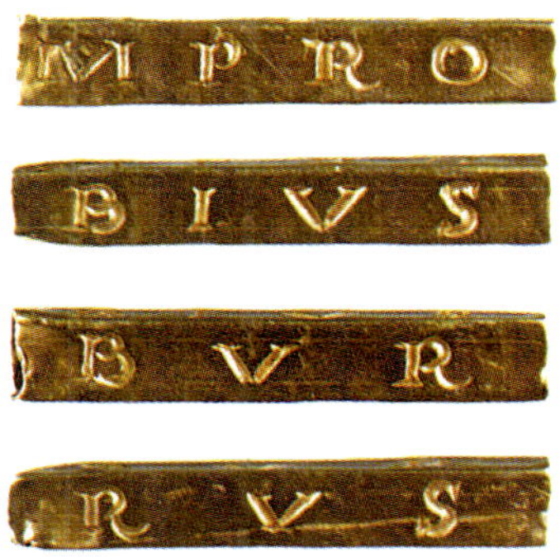

mêlent inextricablement. Tout au plus la couche la plus populaire paraît-elle rester surtout celtique.

4.3 La loi salique

La loi salique mérite d'être évoquée ici parce que, dans sa version la plus ancienne (dite des 65 titres), elle concrétise la transition entre l'époque romaine et le haut Moyen Âge.

Elle nous fait en effet connaître le cadre rural et la structure sociale du royaume mérovingien (Francs, Romains, lètes, esclaves; le roi et ses fidèles). L'absence de toute référence à la religion correspond à la phase de transition qui suit la conversion de Clovis en 496. Elle conserve la plus ancienne mention de la forêt Charbonnière, qui constitue la frontière des Francs Saliens au nord-est, la Loire marquant leur limite au sud-ouest; c'est la situation à la fin du règne de Clovis.

Son latin approximatif mesure la très relative romanisation de la chancellerie franque et fournit, au surplus, d'intéressantes formes vulgaires. Elle offre la première en date des attestations du terme *Wal(h)a*, issu du nom de la tribu celtique des *Volcae* et désignant la population de langue romane (d'où *Wallon*). Enfin, elle fournit l'étymologie germanique de trois mots wallons au moins : *chrane* = *hran*, wallon *ran* 'porcherie'; *machalum* > **maflum* , wallon namurois *mafe* 'gerbier', d'où aussi *Maffle*; *screuna* 'pièce souterraine', wallon hennuyer *escriène* 'veillée'.

5. L'héritage latin dans la toponymie

5.1 Tradition celtique

La tradition celtique peut expliquer le fait que certains toponymes présentent indifféremment l'un ou l'autre suffixe. Déjà pour *Wervicq* : « Viroviacum » ou « Virovinum »; *Nassogne*, « Nasonacum » (372). De même *Vedrin*, « ex Vendrinio » (839), « VENDRNT » (monnaie carolingienne, IXe siècle), « de Vendraco » (1134).

À part les noms des tribus belges dans le *Bellum Gallicum,* peu nombreux sont les toponymes attestés dès l'Antiquité : *Arduenna*; *Atuatuca*; *Cortoriacum* 'Courtrai'; *Geminiacum* (cf. 5.2); *Isara* 'l'Oise'; *laeti Lagenses* 'Grand-Leez'; *Meduanto* 'Méan' ou 'Moyen', Izel; *Mosa* 'la Meuse'; *Nasonacum* 'Nassogne'; *Orolaunum* 'Arlon'; *Perniciacum* ou *Pernaco*; *Scaldis* et *Tabula* 'l'Escaut'; *Tecta* 'Theux', seul toponyme latin; *Turnacum* 'Tournai'; *Viroviacum* 'Wervicq'; *Vogdoriacum* 'Waudrez'.

Parmi d'autres toponymes dont la forme la plus anciennement attestée peut remonter à l'époque romaine, on citera, à côté de ceux qui sont mentionnés plus haut (chapitre 1, 3.5) : Anthée et Antheit; Antoing; Bailleul, dont l'homonyme français, ayant pour forme néerlandaise *Belle*, remonte au celtique *balio-*, irlandais *Bally* 'ville' (de même Belœil); Bastogne; Chevetogne; Ciney, gaulois *cauno-* 'élevé'; Couillet; Dion, Dion-le-Mont, Dion-le-Val, gaulois *divo*; Dour, gaulois 'fortin'; Dréhance, hydronyme préhistorique à comparer à la Durance; Étalle; Jassogne, Crupet, dérivé du nom gaulois *Iasso*; Jumet, dérivé du gaulois *giamos* 'hiver'; Jupille, gaulois *iuppo-* 'genévrier'; Lierneux, sur la Lienne; Bois du Luc, Houdeng-Aimeries, latin *lucus* 'bois (sacré)'; Mesvin, dérivé du gaulois *matu-* 'bon, l'ours'; Mettet; Nivelles, vers 670 *Nivialcha,* germanique 'nouveau sanctuaire'; Orgeo et Ortho; Piéton, gaulois *pinpeto-* 'cinquième'; Quartes, à quatre lieues gauloises de Tournai; Seraing-le-Château et Seraing; Sirault; Stave et Stavelot; Templeuve et Temploux; Vervoz, Clavier.

Ces deux listes autorisent la même constatation : prédominance du gaulois, même à l'époque romaine, pénétration du latin, puis du germanique.

5.2 Toponymes latins

Certains toponymes latins présents à la fois en Wallonie et dans la région germanique doivent remonter à l'Antiquité :

- *Castrum/castra* : Castre = *Kastert*, wallon *è tchâsse,* Lanaye; Chastre; *Kaster*, Mater (arrondissement d'Audenaerde); Kester, sur la chaussée Bavai-Asse.
- *Geminiacum* : près de Gembloux = *Geminico vico*; Gemmenich (arrondissement de Verviers); Gimnée.
- *Maceria* : Maisières; wallon *al mêhîre,* Bovigny; Maizeroule, wallon *mauj'roule,* Faulx-les-Tombes; Metseren, Saint-Trond.
- *Strata (via)* : vivant en néerlandais (*straat*), le terme n'est attesté, en Belgique romane, que dans la toponymie, toujours sur une chaussée romaine (voir ci-après). On citera : Strée; à Braibant; *à grûstréye,* Arville; wallon *haustréye* et *bassutrêye,* Warsage; diminutif **stratella* : Streel, wallon *strêle,* Fexhe-le-Haut-Clocher; wallon *li strêle,* Noiseux; **stratellum* : ferme du Stréas, wallon *à stréa,* Verlaine; avec un second suffixe : wallon *al sétralète,* Fauvillers.
- Le latin ecclésiastique *tumba* et ses dérivés, en maint endroit du domaine roman et germanique, signalent des tombes, des origines jusqu'à l'époque mérovingienne.

- *Villana* : Verlaine; de même à Tohogne, d'où est originaire la famille du poète Verlaine; Velaines-lez-Tournai; Wellen (arrondissement de Tongres); Williné, Berloz, de **villina,* avec l'initiale germanique.
- *Villare* : les attestations les plus anciennes, en Wallonie, paraissent être Villers-l'Évêque et Villers-Saint-Amand. La forme du pluriel, générale dans le domaine français, est inexpliquée. Les toponymes wallons peuvent dater du Moyen Âge. Remontent probablement à l'Antiquité les composés germaniques en *-weiler* autour d'Aix-la-Chapelle, les toponymes flamands comme Wijler (Limbourg hollandais) et Wijer (arrondissement de Hasselt), celui-ci pouvant se croiser avec *vivarium* 'parc à gibier', par exemple Wijer, à Henri-Chapelle (arrondissement de Verviers); cf. Vivy.

Parmi les noms de lieu évoquant l'occupation du sol à l'époque romaine, on citera ceux qui signalent des chaussées et des villas antiques.

- Chaussées : *strata*; **tabernum* (classique *-na*) > Taviers-sur-Méhaigne; Tavier; wallon *à tavië,* Achêne; Taverneux, Mont. Distances : Quartes; Piéton.
- Ponts romains : Pontisse, Herstal; wallon *pontîre,* Ombret-Rawsa, en face d'Amay; *Sampont*, Hachy (arrondissement d'Arlon) 'pont sur la Semois'.
- *Compendium* 'raccourci' : Compogne, wallon *à k'pogne,* Bertogne.
- Villas : notamment Antoing, Anthée, Antheit, Seraing. En outre sont probables : Arville; Baucelenne, Mettet; Baurcène, Ciney; wallon *èl bolène*, Othée; *èl djèmène*, Villers-l'Évêque; de même *djémène*, à Natoye; *louhègne*, Fexhe-le-Haut-Clocher; Luchy, St-Hubert; Nassogne, domaine impérial; Prouvy, Jamoigne; Rognée; Savy, wallon *sâvi,* Longchamps; Vellereille-le-Brayeux et Vellereille-le-Sec. Voir en outre *villana* et *villare* (ci-dessus).

On y joindra deux représentants du latin *fundus* 'le domaine' : Folx-les-Caves, diminutif wallon *fôdia*, Autre-Église; Fooz.

L'origine longtemps énigmatique du toponyme *ster,* simple ou en composition, a été définitivement élucidée par Jules Herbillon en faveur du latin *stirps, stirpis* 'souche, (latin médiéval) défrichement', à la lumière de Sterp, toponyme germanique d'Eynatten (arrondissement de Verviers), et du lorrain Namonstairp.

Les toponymes en *-(in)iacas* (voir chapitre 3, 1.2) paraissent signaler, dans l'ouest de la Wallonie, la zone où les Francs sont entrés en contact avec la population déjà latinisée. Ils sont rares en Ardenne et absents de la Belgique germanique, où leur correspondent les noms de lieu en *-inga-haim*. Dans le nord de la France leur succèdent les toponymes en *-court* dont le premier élément est un anthroponyme germanique (voir Van Durme, 1983 : 189-247 + carte 3).

Aux gentilices latins en *-ius*, le suffixe gaulois *-acus* s'est adjoint pour désigner un domaine, généralement d'après le nom du propriétaire (quelque 5.000 exemples en France). À l'époque mérovingienne, l'accusatif féminin pluriel *-(in)iacas* reproduit le pluriel germanique *-inga* 'les gens de...'. Les attestations directes du suffixe *-iniacas* restent cependant rares et, au surplus, la plus ancienne est postérieure de trois siècles à l'installation des Francs : c'est *Aginiagas,* non identifié en Hainaut (779). On notera Tatinghem (Saint-Omer) qui est en 649 *Tatinga villa,* en 826 *Tat(h)ingahem.*

6. Une trace des *civitates* antiques ?

Les *civitates* belges de l'époque romaine paraissent avoir marqué la géographie dialectale de notre pays. La limite nord-sud entre les Nerviens et les Tongres correspond approximativement à la démarcation entre le picard, à l'ouest, et le wallon, à l'est. Cette frontière dialectale se prolonge même dans le domaine néerlandais. On ajoutera que la limite méridionale du wallon, vers le champenois et le lorrain, est proche de la frontière de la *civitas* des Rèmes et de celle des Trévires.

Pour le wallon, le superstrat germanique des Tongres a joué dès l'Antiquité. Même latinisés, ces Germains importés ont pu marquer de leur empreinte le wallon, qui est à la fois le plus conservateur des dialectes français et celui qui doit le plus au germanique (notamment, pour la phonétique, le [w] et l'[h] aspiré).

Exemple particulier de continuité entre le sud et le nord dans la zone des Tongres : à la diphtongaison du latin *-erd-* > *-yè* en wallon, par exemple *perdere* > *pièt'*, *pièrt'*, correspond en limbourgeois et est-brabançon *perd* (= *paard*) 'cheval' > *pjet* (voir Goossens, 1970 : 153 + carte 12).

Jacques-Henri MICHEL

7. Pour conclure : l'histoire linguistique de la Belgique antique

La toponymie comme les dialectes de nos régions témoignent d'une persistance non négligeable d'éléments pré-indo-européens, legs d'une histoire millénaire qui nous échappe, où se rencontrent des courants continentaux et méditerranéens.

Au secteur occidental de la civilisation des Champs d'urnes semble associée une forme archaïque du celtique, encore riche d'éléments paléo-européens et de mots pris aux substrats rencontrés au cours de lentes migrations. Vers - 450, la Belgique devient une marche septentrionale de la civilisation de La Tène, dont l'expansion coïncide avec la mise en place des Celtes historiques. Vers - 200 se serait produit depuis les régions rhénanes un mouvement migratoire en direction de la Meuse et de l'Escaut. Tandis qu'en Picardie et en Artois se constitue le groupement de *Belgae*, noyau de la future province romaine, les *Germani* semblent prolonger en Hesbaye et en Campine les traditions culturelles et linguistiques des Champs d'urnes, attardées sur les bords du Rhin inférieur, et elles-mêmes voisines d'une zone également archaïsante du germanique : de là, dans notre onomastique, les mots comportant un [p] ancien qui résistent à l'amuïssement celtique comme à la spirantisation germanique. On peut appeler ce fonds ancien « celtique du Nord-Est » ou, comme l'a proposé l'auteur de ces lignes, « paléo-rhénan ».

Cependant, le prestige de la civilisation gauloise avait rayonné au loin, jusqu'au cœur du monde germanique, qui lui emprunte plusieurs mots. Ce phénomène, favorisé par l'aristocratie, paraît avoir eu pour effet, en Belgique, de galliciser ceux des dialectes demeurés les plus marginaux, par exemple en donnant une forme gauloise aux mots d'origine celtique, tandis que d'autres, de provenance étrangère ou sortis de l'usage (et parmi eux des toponymes), conservaient leur prononciation paléo-rhénane traditionnelle.

Surviennent les campagnes de César et la conquête de la Gaule chevelue, suivies d'un lent processus de romanisation qui, en *Belgica,* ne dure pas moins d'un siècle. Il faut attendre la fin de l'époque julio-claudienne pour que la connaissance du latin écrit s'y traduise sous la forme d'inscriptions de caractère privé. Les agents principaux de la propagation du latin ont été l'armée, représentée par les militaires rentrant au pays, et la vie urbaine, concentrée principalement à Tongres et à Arlon; nous ignorons ce qu'a pu être le rôle de l'école, bien que la sculpture arlonaise dénote une connaissance certaine de la littérature latine. Le celtique, demeuré vivace dans les zones rurales, laissera des traces importantes dans notre toponymie et, via un latin régional dont nous ne savons presque rien, léguera à nos dialectes plus d'un terme de leur vocabulaire usuel, parfois disparu du français central. Dans la zone trévire, de loin la plus favorisée au point de vue documentaire, le degré élevé de la romanisation n'empêche pas les auteurs d'inscriptions de décliner en celtique certains noms propres; le celtique y vivait encore à l'époque constantinienne, alors même que Trèves était promue au rang de capitale d'Empire.

Au cours du IIe âge du fer, la frontière linguistique celto-germanique s'était déplacée vers le Sud et vers l'Ouest à mesure des mouvements des *Germani,* que les légions romaines n'ont jamais réussi à juguler tout à fait. Si les premiers de ces peuples à avoir franchi le Rhin étaient celtophones, ceux qui les talonnaient, germanophones, se sont établis dès les premiers temps de l'occupation romaine dans les confins septentrionaux de la *Belgica.* Leurs hommes, servant dans les cohortes auxiliaires de l'armée, se sont installés avec leurs familles dans des régions dont le parler propre était celtique. Ils en ont parfois adopté les dieux, en germanisant leurs noms. Mais leur influence, limitée, n'a pas atteint l'Ardenne. Au IVe siècle, des colonies de lètes, dont les préfets siégeaient près de Bavai, en région mosane et à Carignan, préludent à la colonisation franque.

Il appartient à d'autres de dire ici comment la tradition galloromane a prévalu, non sans que la colonisation franque ait marqué d'une forte empreinte et notre toponymie et nos dialectes, et aussi comment, là même où les parlers germaniques l'ont finalement emporté, il a subsisté jusqu'au cœur du Moyen Âge des poches de résistance latine ou romane dont porte encore la trace perceptible la toponymie du pays de Trèves. Mais c'est sans doute la pénétration germanique qui a fait disparaître les derniers lambeaux du celtique, langue inutile dans les échanges avec les nouveaux maîtres. La langue de repli, qui était celle de l'Église, et donc de ce qui subsistait de culture, était désormais le latin, qui, sous sa forme parlée, était d'ailleurs en voie d'évolution rapide vers le roman. L'adoption par l'aristocratie franque de la civilisation chrétienne a fait le reste.

Jean Loicq

Chapitre 3

L'apport germanique

1. Les invasions et la fixation de la frontière linguistique

1.1 Bref historique des invasions

À la fin du IIIe siècle, des invasions de peuples germaniques ont porté de graves atteintes à la *pax Romana* dans l'extrême Nord-Est. Dans les régions dévastées, l'empereur Maximien a installé des *laeti* 'lètes' (voir chapitre 2, 1.2), des colons « barbares », probablement en majorité des Germains, sous contrôle militaire et attachés à la terre. Dès cette époque également, des Germains (des Francs, des Goths, etc.) sont au service de l'armée romaine en qualité de fédérés ou de mercenaires ; certains atteignent même le rang d'officiers supérieurs. La Gaule, particulièrement le Nord-Est, est devenue un pays où des peuples d'origine et de langue différentes vivent côte à côte.

Une part importante des populations germaniques qui vont pénétrer dans nos contrées sont des Francs. Traditionnellement, on distingue les Francs du Nord, les Saliens, et les Francs de l'Est, les Ripuaires. Cette distinction semble difficile à défendre lorsque l'on se reporte aux sources : si le nom des *Salii* est attesté au IVe siècle, celui des *Ripuarii* n'apparait qu'à une époque plus tardive (Gysseling, 1962). En 358, des Francs saliens s'établissent dans l'Empire, à l'ouest du Rhin, *apud Toxiandriam locum*, probablement dans une région proche de Tongres. À la même époque, des Alamans s'étaient avancés en Gaule jusqu'à Autun, avant d'être défaits à Strasbourg en 357 par le futur empereur Julien.

En 406, des vagues d'envahisseurs (Vandales, Suèves, Alamans, Burgondes, etc.) enfoncent la frontière du Rhin et pénètrent dans l'Empire, ouvrant le chemin à d'autres peuples qui ne sont pas tous germaniques, tels les Alains ; tels aussi les Huns, conduits par Attila, qui seront vaincus en 451 par Ætius avec l'appui de certaines troupes germaniques, lors de la bataille des champs Catalauniques, au *campus Mauriacus* près de Troyes. Au cours de la première moitié de ce siècle, les Wisigoths se sont installés dans le Sud-Ouest, et les Burgondes, en Savoie ; les Alamans, d'abord fixés en Alsace, ont entrepris de coloniser la Suisse.

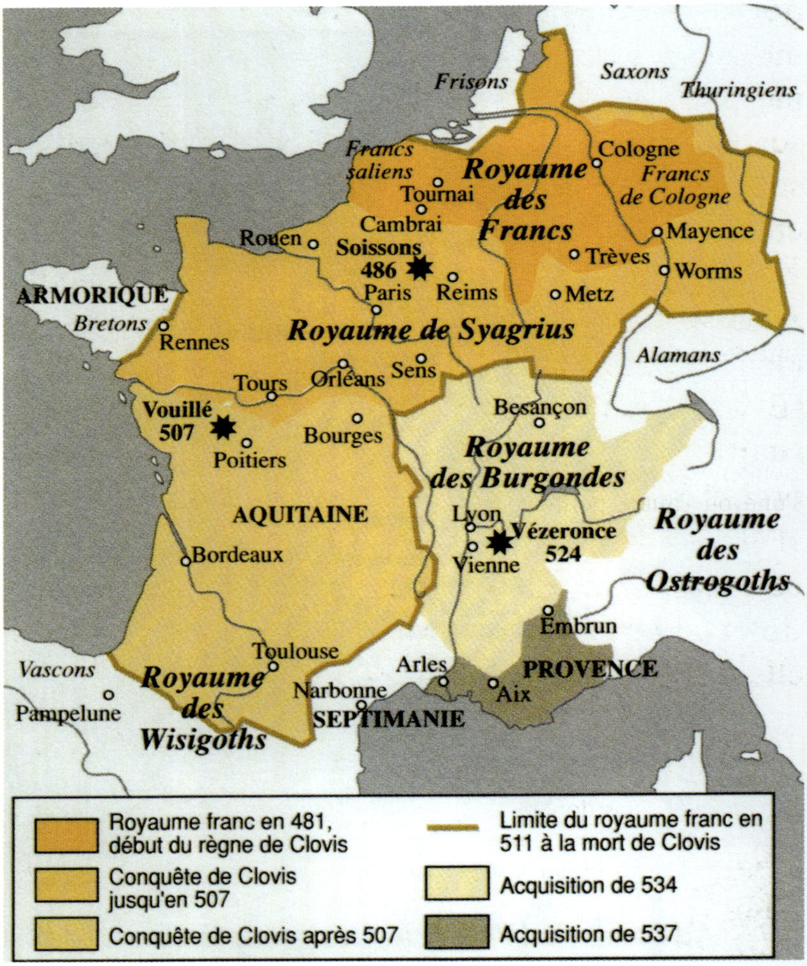

Avec Clovis et ses fils, la quasi-totalité de la Gaule devient franque.

Carte extraite et adaptée de : Philippe Rossillon (sous la direction de), « Atlas de la langue française, histoire, géographie, statistiques », Bordas, Paris, 1995, p. 12. Copyright I.R.A.F.

Au milieu du Ve siècle, les Francs, après avoir traversé le territoire de l'actuelle Belgique, ont atteint les rives de la Somme. Le roi Childéric a pris Tournai pour capitale et c'est là qu'il est enterré en 481. Clovis, qui lui succède, n'est encore, à cette époque, qu'un des multiples petits rois francs, au pouvoir peu étendu, mais il va connaitre un destin assez exceptionnel. Attaquant le chef Syagrius considéré comme le « roi des Romains », il le défait à la bataille de Soissons. Il fait ensuite l'unité des Saliens à son profit, puis s'attaque aux Alamans, aux Wisigoths et à des peuples Francs à l'Est. Par son baptême, il a gagné l'appui de l'épiscopat de Gaule et sa royauté s'en trouve légitimée. Après sa mort, à Paris en 511, son œuvre est continuée par ses fils, puis par ses petits-fils et, vers le milieu du VIe siècle, la dynastie mérovingienne domine toute la Gaule et la majeure partie de la Germania. Bien que constitué en peu de temps, cet État opérait une synthèse novatrice entre les peuples gallo-romains et germaniques ; c'est peut-être une des raisons pour lesquelles il fut le plus durable des États de l'Occident « barbare ». Ainsi que Félix Rousseau (1977 : 16) l'a exprimé, de manière fort heureuse, « à cause de la réussite d'un roi de Tournai, la Gaule devait s'appeler France ».

1.2 La fixation de la frontière linguistique

Ces invasions, que l'on devrait plutôt appeler *migrations*, ont soustrait de grands territoires à la Romania, au Nord et à l'Est, où cependant la toponymie d'origine latine n'a pas été complètement remplacée. Elles sont donc à l'origine de l'existence de trois langues différentes dans notre pays, phénomène qui pourtant n'aura guère d'importance dans l'évolution politique avant le XIXe siècle.

La frontière qui sépare actuellement le domaine roman et le domaine germanique est caractérisée par un tracé net : à part dans l'une ou l'autre petite localité comme Rosoux ou L'Écluse, où l'on parle à la fois le wallon et le flamand, il n'existe pas de zone mixte entre les deux domaines. Malgré quelques variations, le tracé de cette frontière a peu changé depuis le Moyen Âge. La toponymie porte parfois la marque du passage d'un domaine à l'autre, ainsi dans *Meix-le-Tige* (en allemand *Deusch-Meir*), qui est littéralement 'Meix-le-Thiois', alors que ce village fait partie du domaine roman.

La frontière linguistique actuelle, fixée par la loi, ne coïncide pas partout avec la limite entre les domaines roman et germanique. Ainsi, certaines régions dont la langue populaire est un idiome germanique utilisent le français comme langue de culture : à Enghien, à Plombières-Welkenraedt et dans la zone comprise entre Martelange et Athus. Bruxelles, aujourd'hui fortement francisé, se rattache au domaine flamand par son dialecte.

La ligne de partage entre les domaines roman et germanique ne parait correspondre à aucune division politique ancienne ni à aucune frontière naturelle. Comme il s'agit en fait d'évaluer la part respective des apports latin et germanique dans l'élaboration de notre culture, les érudits, depuis un siècle, ont essayé de reconstituer la genèse de cette frontière. Et, les sources écrites anciennes dignes de foi étant à la fois peu nombreuses et fort lacunaires, des théories ont été élaborées à partir de données diverses.

Paire de fibules ansées en argent doré, bronze, fer et grenat almandin sur paillon gaufré d'argent doré, Haulchin, Estinne (Hainaut). Civilisation mérovingienne, milieu du VIe siècle.
Musées Royaux d'Art et d'Histoire, Bruxelles.

Théorie de la forêt Charbonnière, d'abord, émise par Godefroid Kurth (1896-1898), présentant cette forêt, ainsi que la forêt d'Ardenne, comme un obstacle infranchissable au moment des invasions : la frontière actuelle correspondrait donc à l'avancée extrême de l'invasion franque et la région au sud de cette limite, épargnée par les envahisseurs, serait restée de civilisation gallo-romaine. Comme la forêt charbonnière avait un tracé nord-sud et non le tracé est-ouest qui aurait arrêté les Francs, une autre explication a été avancée : celle d'un *limes belgicus*, soit une ligne de défense, au nord de la voie de Bavai à Cologne, dont on a tenté de prouver l'existence en faisant appel à l'archéologie (restes de fortifications le long de cette ligne et à proximité) ou à la toponymie en alléguant les toponymes en *-c(h)astre* issus du latin *castrum*. L'étanchéité de cette ligne de défense ne résistant guère à l'examen, d'autres érudits ont fait appel à des arguments démographiques : la frontière devait résulter d'une différence de densité de population (calculée sur la base de la répartition des villas gallo-romaines découvertes), les Francs ayant assimilé dans le nord une population gallo-romaine peu nombreuse et ayant été absorbés dans le sud par une population beaucoup plus dense. Enfin, on a fait appel au rythme de déplacement des Francs et à la théorie du saut au-dessus de la Belgique actuelle.

D'autres érudits, en Allemagne d'abord, ont contesté l'existence d'une frontière à l'époque des invasions. Les évènements du Ve siècle auraient créé, du Rhin à la Loire, une vaste zone mixte dans laquelle coexistaient Gallo-romains et Germains établis en masse. Croyant déceler dans les données de l'archéologie et de la toponymie des traces d'un établissement massif des Francs jusqu'à la Loire, ces chercheurs ont présenté la frontière linguistique comme le résultat, à une époque plus tardive, d'une reromanisation due à des vagues de réaction romane, se propageant à partir du Midi et appuyée par l'Église. La critique a montré que les arguments puisés dans la toponymie n'étaient pas aussi nombreux ni irréfutables qu'il y paraissait et, surtout, que leur interprétation n'avait pas été faite avec la prudence nécessaire. Par exemple, il est hautement contestable que tous les noms de lieu construits sur le modèle *Avricourt* (nom de personne, le plus souvent d'origine germanique, suivi d'un nom commun déterminé tel que *ville, villers, court*, etc.) constituent un témoignage d'un établissement germanique (voir ci-dessous, 3.1). En réalité, les parlers de la Gaule du Nord, même s'ils ont subi une influence profonde du germanique, qui est une des causes de leur individualisation parmi les idiomes romans, n'ont jamais cessé de perpétuer la tradition latine. Au VIe siècle, dans ce domaine coexistaient le roman et le germanique parlé par les envahisseurs, minoritaires certes, mais occupant une place privilégiée dans la société du fait de leur qualité de vainqueurs. Constituant l'aristocratie du royaume, les migrants germaniques ont eu une influence sociale et culturelle sur les Gallo-romains, mais l'élément roman n'a pas été submergé, sauf au Nord et à l'Est, et ce sont, au contraire, les Germains qui ont fini par s'assimiler.

Si la controverse n'a pas permis d'aboutir à des certitudes, elle a néanmoins montré que la création de la frontière linguistique ne résulte pas directement des invasions et qu'elle ne remonte pas à cette époque, mais qu'elle est l'œuvre d'une lente évolution qui a duré plusieurs siècles.

Grâce à un important dépouillement toponymique, Maurits Gysseling (1960, 1962, 1981) a pu observer des variations dans le tracé de la frontière, notamment dans le nord de la France, dans le Hainaut et le Brabant. Il a révélé aussi que des ilots germaniques ont subsisté tardivement au sud de la frontière et qu'inversement, il a existé aussi des ilots romans dans le domaine germanique, notamment dans les régions de Trèves, d'Aix, de Saint-Trond et dans l'ouest du Brabant (dans la région d'Asse).

Ainsi, que le toponyme *Laubacus* (752-768, copies des Xe et XIe siècles) soit devenu *Lobbes* implique que l'accentuation du mot a été maintenue sur la première syllabe, selon les habitudes germaniques. La comparaison avec des toponymes contenant le même élément germanique **baki* 'ruisseau' montre qu'ailleurs, la romanisation avait changé l'accent de place ; par exemple, **'Rausa-baki* romanisé en *Raus'bace* donne *Rou'baix*, **Kurta-baki* romanisé en *Cort'bace* (966) donne *Cor'bais*. Qu'une influence germanique aussi profonde se marque sur le toponyme *Lobbes*, de même que sur *Merbes* et *Hourpes*, est la preuve qu'en Thudinie, le germanique a été parlé jusqu'à une époque suffisamment tardive (le Xe siècle ?) pour que la finale de ces noms soit assimilée à une finale atone française.

Les sources exploitables étant peu nombreuses, beaucoup d'incertitudes et de zones d'ombre subsistent donc dans la genèse de cette frontière. Des études plus récentes ont tenté de préciser certaines données, par exemple celle de Van Durme (1983) qui essaie de montrer que les toponymes en *-(in)iacas* (*Ottignies*, *Landelies*, etc.) coïncident d'une façon frappante avec la formation d'un solide domaine roman, qui aurait résisté à la pression germanique des migrations des VIe et VIIe siècles.

Alors que, pour certains spécialistes, il est presque impossible de faire une distinction entre Germains rhénans et colons ou lètes, dans l'influence linguistique que l'on a pu déceler sous l'Empire déjà, Devleeschouwer (1980-1984 et 1981-1989) insiste sur le rôle joué, au Ve siècle, par des *limitanei* ingévons engagés par Ætius pour consti-

Les origines de la frontière linguistique belge : principales données du problème.
Extrait de L. Genicot et al., « Histoire de la Wallonie », p.87.

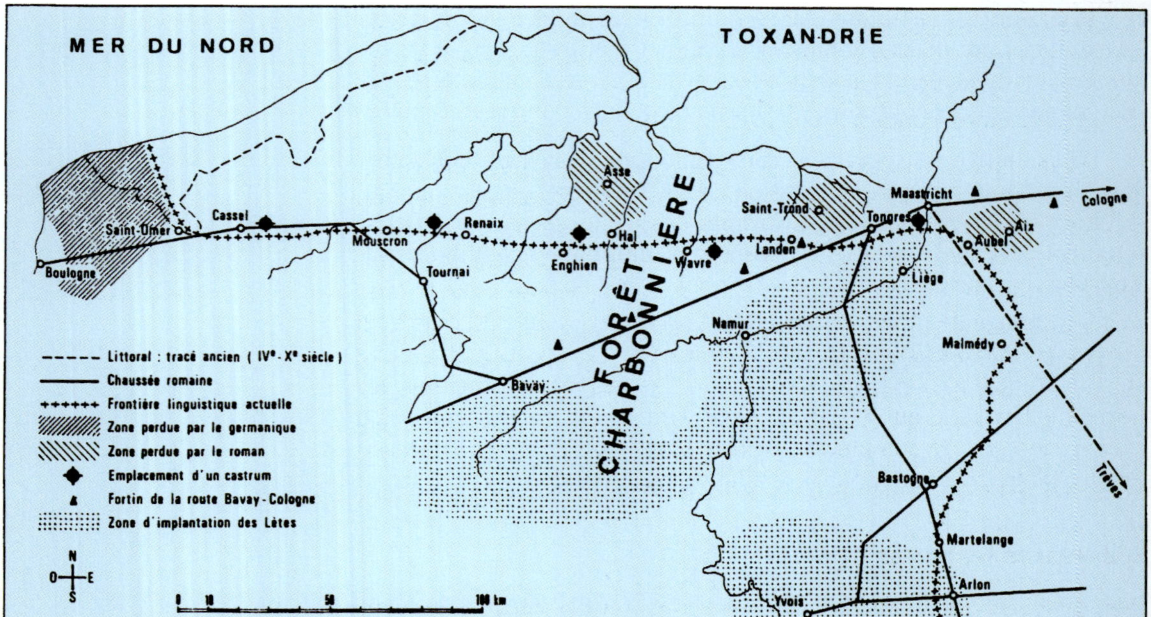

tuer un *limes* de surveillance. Il faut rappeler que les *Ingaevones* étaient, selon Pline l'Ancien et Tacite, des peuples germaniques riverains de la Baltique et de la mer du Nord à l'est de la Weser, auxquels on rattache, entre autres, les Cimbres, les Teutons, les Chauques, les Angles, les Saxons, les Frisons, etc. Se basant surtout sur des indices phonétiques relevés dans l'évolution de toponymes germaniques au sud de la frontière, et notamment sur l'étude des noms en *-effe* et en *-ton* et de leurs doublets celtiques et romans, Devleeschouwer affirme que le domaine wallon était, à l'époque mérovingienne, un territoire mixte romano-germanique dans lequel les Germains étaient en majorité des descendants des Ingévons, gardiens du *limes*, et non des Francs. Dans ce territoire, ces Germains ne créaient guère de noms originaux, comme au nord du *limes*, mais y dénommaient communément les lieux en employant des traductions de toponymes du voisinage, le plus souvent interprétés de façon erronée. La publication prochaine d'un dictionnaire contenant les matériaux sur lesquels s'appuient ces déductions permettra de mieux cerner le bien-fondé de l'hypothèse.

2. L'apport germanique

2.1 Avant les invasions

Avant les invasions mêmes, le latin de Gaule avait fait de nombreux emprunts au germanique ; la phonétique historique permet d'attribuer la majorité de ces emprunts aux parlers westiques et quelques-uns au gotique (Guinet, 1982). Cette influence résulte d'une présence germanique ininterrompue depuis le Ier siècle : mercenaires, colons, lètes, etc., qui furent en contact permanent avec les Gallo-romains.

Bien plus, se basant sur l'évolution de toponymes préhistoriques, Gysseling (1962) affirme que la Belgique actuelle, à l'exception de l'Ardenne, avait déjà été partiellement germanisée avant la romanisation elle-même. Ces toponymes préhistoriques ont subi des changements qui ont affecté également le germanique avant notre ère : ainsi le passage de [k] initial à [h] (*Haine*), de [ʈ] initial à [T] puis à [d] (*Tournai - Doornik*), de [o] à [a](*Orolauno > Arlon*). Et Gysseling en conclut qu'il n'est pas exclu que, dans des régions déterminées, les Germains arrivant au Ve siècle aient trouvé un germanique plus ancien, non encore complètement disparu. Cette hypothèse nécessiterait plus de faits sûrs pour être admise sans réserves.

2.2 Après les invasions

Des témoignages montrent que le roman et le germanique ont coexisté pendant plusieurs siècles en Gaule. Ainsi, en 659, saint

Mummolin est choisi comme évêque de Noyon pour succéder à saint Éloi parce qu'il manie les deux langues. Les rois et l'aristocratie furent donc bilingues jusqu'à une époque très tardive : Hugues Capet est le premier roi à ne plus connaitre le germanique. La cohabitation du germanique et du roman, jusqu'au Xe siècle sans doute, a eu des conséquences importantes pour les idiomes du domaine d'oïl, ainsi rendu distinct du domaine d'oc.

Séduits par l'attrait de la culture romane, les seigneurs francs se sont mis à parler la langue de leurs sujets gallo-romains, mais ils l'ont fait avec leurs propres habitudes articulatoires. Le prestige social dont ils jouissaient explique que certaines déformations opérées par eux ont pénétré dans le gallo-roman commun. Par exemple, l'accentuation germanique était très marquée et rendait la voyelle finale peu audible. Ce trait est précisément une des caractéristiques du français par rapport aux autres groupes romans : *fortem* > *fort*, *lunam* > *lune* > *lun'*. Des historiens de la langue ont même avancé que le renforcement de l'accentuation de la syllabe tonique était à l'origine des diphtongaisons qui n'existent qu'en français : *telam* > *teile* > *toile*, *florem* > *flour* > *fleur*, *lanam* > *laine*.

Si, dès le Ve siècle, des notables gallo-romans s'étaient mis à apprendre le germanique, les masses elles-mêmes ne semblent pas l'avoir parlé vraiment, mais elles l'ont sans doute compris. De ce bilinguisme, on a un exemple frappant en wallon, en picard, en champenois et en lorrain, qui ont eu recours au francique **hundinna* (littéralement : 'petite chienne') pour nommer la chenille, qui, en latin aussi, portait un nom basé sur la même métaphore : *canicula*, dérivé de *canis* 'chien'. Cependant, le vrai bilinguisme était avant tout le fait des classes supérieures.

Le roman a emprunté des sons au germanique : le [h] et le [w] bilabial, qui s'est renforcé en [gw], sauf en bordure orientale du domaine germanique : l'ancien francique **waidanjan* a été romanisé en **guaidaniare*, d'où l'ancien français *guaaignier* [gwaa jeɾ, devenu *gagner*, mais le wallon a gardé intacte la consonne initiale : *wangnî*. Des mots latins qui étaient proches par le sens ou la forme ont pris l'initiale de mots germaniques correspondants : *altus* > *haut*, avec [h] comme dans le mot francique **hauh* (voir l'allemand *hoch*) ; *vagina*, *vastare*, *vespam*, etc. ont été traités comme des mots germaniques avec [w] initial et sont devenus *gaine*, *gâter*, *guêpe* (opposer *vaccam* > *vache*). Cela montre que les locuteurs de l'époque avaient le mot roman et le mot germanique à l'esprit

La langue des Francs

Quelle langue les Francs parlaient-ils exactement ?

Leur arrivée en Gaule précède d'importants changements linguistiques qui conduiront à une scission des parlers germaniques occidentaux. Il s'agit de changements importants dans le système des consonnes qui vont différencier le haut allemand du bas allemand. On appelle haut allemand les dialectes qui ont subi ces changements et bas allemand les parlers dans lesquels ces changements n'ont pas eu lieu. Ce phénomène est connu des linguistes sous le nom de deuxième mutation consonantique. L'allemand moderne standard, ses dialectes et ses phases anciennes, vieux haut allemand et moyen haut allemand sont caractérisés par la deuxième mutation consonantique qui est inconnue dans les dialectes bas allemands de l'Allemagne du nord ainsi qu'en néerlandais et dans ses dialectes. On situe généralement la deuxième mutation consonantique vers 600, donc après l'arrivée des Francs, mais encore à l'époque mérovingienne. Voici un exemple incomplet mais caractéristique : en bas allemand, y compris ce qui deviendra le néerlandais, les consonnes [p], [t] et [k] restent inchangées jusqu'à nos jours, tandis qu'en haut allemand elles deviennent des fricatives ([f], [s], etc.) ou des affriquées ([pf], [ts], etc.).

Voici trois mots qui existent encore dans toutes les langues germaniques modernes, présentés en proto-germanique (pour mémoire on appelle proto-germanique la source commune de toutes les langues germaniques que les linguistes restituent par la comparaison et qui date d'avant notre ère) en vieux saxon, en vieux haut allemand, en néerlandais et en allemand modernes.

Dans la langue de Clovis et des premiers Mérovingiens, la forme de ces trois mots devait ressembler à celle des mots en vieux saxon. La langue des Carolingiens était du haut-allemand et les mots, par conséquent, identiques aux formes du vieux haut allemand citées plus haut.

Deux langues germaniques différentes se sont développées chez les Francs : le bas allemand et néerlandais d'une part, le haut allemand ou allemand d'autre part. L'apport essentiel de la langue des Francs à la langue française date de Clovis et des premiers Mérovingiens et on peut montrer que la forme des mots qui ont été adoptés en français était proche du vieux saxon et de la source proto-germanique et donc nettement différente du haut allemand. Ainsi le verbe français *galoper* vient du verbe germanique signifiant 'courir', 'bondir' qui a abouti au néerlandais *lopen*, à l'allemand *laufen*, à l'anglais *leap*. Les formes anciennes sont en proto-germanique **Xlaupana*, en vieux saxon *hlopan* et en vieux haut allemand *hloufan*. Les locuteurs romans ont dû entendre une forme avec [p] comme en proto-germanique et en vieux saxon et non avec [f] comme en haut allemand. Car, dans ce dernier cas, on aurait obtenu en français *galofer* ou *galover*.

Les traits phoniques, caractéristiques du francique par rapport au latin parlé et au vernaculaire roman, étaient certainement l'accent d'intensité sur la première syllabe des mots, l'aspiration [h], les fricatives [x] et [g] et la semi-voyelle [w]. Dans les mots empruntés au francique et romanisés, les locuteurs ont procédé à des adaptations comme le remplacement des fricatives [x] et [g] par les occlusives correspondantes [k] et [g]. L'aspiration [h] avait disparu du latin depuis fort longtemps. Les Francs devaient l'employer lorsqu'ils parlaient latin ou roman. Leur prononciation a dû être imitée très généralement puisqu'elle a donné lieu au [h] aspiré du français. La semi-voyelle [w] représentait une autre difficulté. Le latin classique connaissait ce son. Ainsi *veni, vidi, vici* se prononçait avec le son [w] de l'anglais *water* au début du mot. En latin parlé ou latin vulgaire, appelé aussi proto-roman, [w] était devenu [v], une labiodentale comme en allemand *Wasser.* Les langues romanes et leur source commune directe n'avaient donc plus de [w]. La semi-voyelle francique a été adaptée en [gw], plus tard [g] qui ne s'est toutefois pas confondu avec un ancien [g] latin ou germanique, comme il ressort des exemples *garder* [g] qui vient du francique * *wardon* et *jardin* [ʒ] qui vient du francique **gard(o).* le [g] français qui vient de [gw] issu lui-même du francique [w] n'a plus été palatalisé en ancien français ce qui nous permet de distinguer un ancien [w] germanique d'un [g] latin ou germanique.

C'est la langue des premiers Mérovingiens qui a le plus profondément influencé les parlers romans qui deviendront le français. Ce francique n'est pas attesté par des textes : il doit être reconstruit par la comparaison, et la forme phonique des mots se situait entre le proto-germanique — la langue reconstruite — et le vieux-saxon attesté au IXe siècle, comme le montrent les trois exemples ci-dessus. Les formes de cette langue étaient identiques en vieux-néerlandais. On peut donc dire que c'est une forme préhistorique du néerlandais et non de l'allemand qui a influencé de la sorte une forme préhistorique de la langue française par des contacts essentiellement oraux. Ce n'était là que le début de la confrontation des deux langues.

Christian PEETERS

Dans le domaine de la morphologie, l'influence a été négligeable, preuve, s'il en était besoin, que le domaine gallo-roman est resté profondément roman. L'origine germanique de la déclinaison des noms propres du type *Hues - Huon* et *Berte - Bertain*, qui s'est étendue à quelques noms communs (*compain - compagnon, nonne - nonnain*, etc.), est loin d'être démontrée, le latin ayant transmis des mots fléchissant selon le même paradigme : *'latro > lerre, la'tronem > larron.*

Le lexique est le domaine où l'influence germanique a été la plus forte. Les emprunts attestent que l'influence des Francs a été importante dans le domaine militaire (*flèche*, *guet*, *haubert*, etc.) et dans l'organisation sociale et juridique (*alleu*, *bannir*, *baron*, etc.), mais la coexistence de termes tels que *vassal* (d'origine gauloise), *juger* (d'origine latine), *fief* (du francique **fehu*) montre l'originalité de cette société qui faisait la synthèse des éléments antiques et germaniques.

Beaucoup d'emprunts au germanique se rapportent à la vie quotidienne (*flanc*, *garçon*, *gâteau*, *blesser*, *buer* 'faire la lessive', *éblouir*, *guigner*, etc.), à la vie morale (*flatter*, *haïr*, *honte*, etc.), aux façons de vivre (*se farder*, *feutre*, *bière* 'cercueil', etc.) et de bâtir (*bâtir*, *banc*, *salle*, etc.), de cultiver (*blé*, *gerbe*, *jardin*, etc.) et d'élever le bétail (*fourr(age)*, *herde*, *troupeau*, etc.) ; il y a aussi des noms d'animaux (*étalon*, *hanneton*, *héron*, *mésange*, etc.), des noms de plantes (*hêtre*, *houx*, *roseau*, etc.), des termes courants comme *bleu*, *gris*, *bise* 'vent', *fauteuil*, *halle*, *hameau*, etc. Cette simple énumération montre bien que l'influence germanique n'est pas seulement une influence de guerriers vainqueurs, mais que les Gallo-romans ont été en contact étroit avec des colons germaniques partageant leurs conditions de vie.

Les régions les plus marquées par cette influence sont évidemment celles qui sont les plus proches du domaine germanique, notamment les zones lorraine, wallonne et picarde. Certains emprunts anciens étaient fort limités : ainsi, *houille,* terme liégeois à l'origine, qui désignait proprement une 'motte de charbon de terre' et qui, à partir du wallon, s'est répandu dans le français commun avec le sens moderne. Dans le Nord-Est, il n'est pas toujours aisé de faire la distinction entre les emprunts anciens au germanique, qui font partie du fonds primitif du vocabulaire et qui ont subi la même évolution que les mots latins et les mots du substrat gaulois, et les emprunts plus tardifs, eux aussi très nombreux, faits aux idiomes voisins, allemands, néerlandais, etc.

Les apports germaniques examinés jusqu'à présent sont dus principalement aux peuples westiques (c'est-à-dire de l'Ouest). Le domaine français a subi d'autres influences, notamment celle de peuples ostiques (de l'Est) : les Goths, les Burgondes, etc. Dans le Nord, les Saxons se sont surtout installés sur la côte des Pays-Bas et du Boulonnais. Au IXe siècle, il y eut une invasion de Normands, auxquels, en 911, le roi Charles le Simple finit par abandonner une partie du territoire, la Normandie.

3. L'onomastique

3.1 La toponymie

L'empreinte du germanique sur la toponymie n'a pas été la même pour toutes les régions de la Gaule du nord. En Wallonie, les régions les plus marquées sont le Hainaut septentrional, le Brabant wallon et la Hesbaye. L'évolution phonétique de la plupart des noms d'origine germanique datant du haut Moyen Âge est semblable à celle des toponymes romans. Dans certaines régions pourtant, notamment dans le Hainaut et le Brabant, l'évolution prouve une romanisation

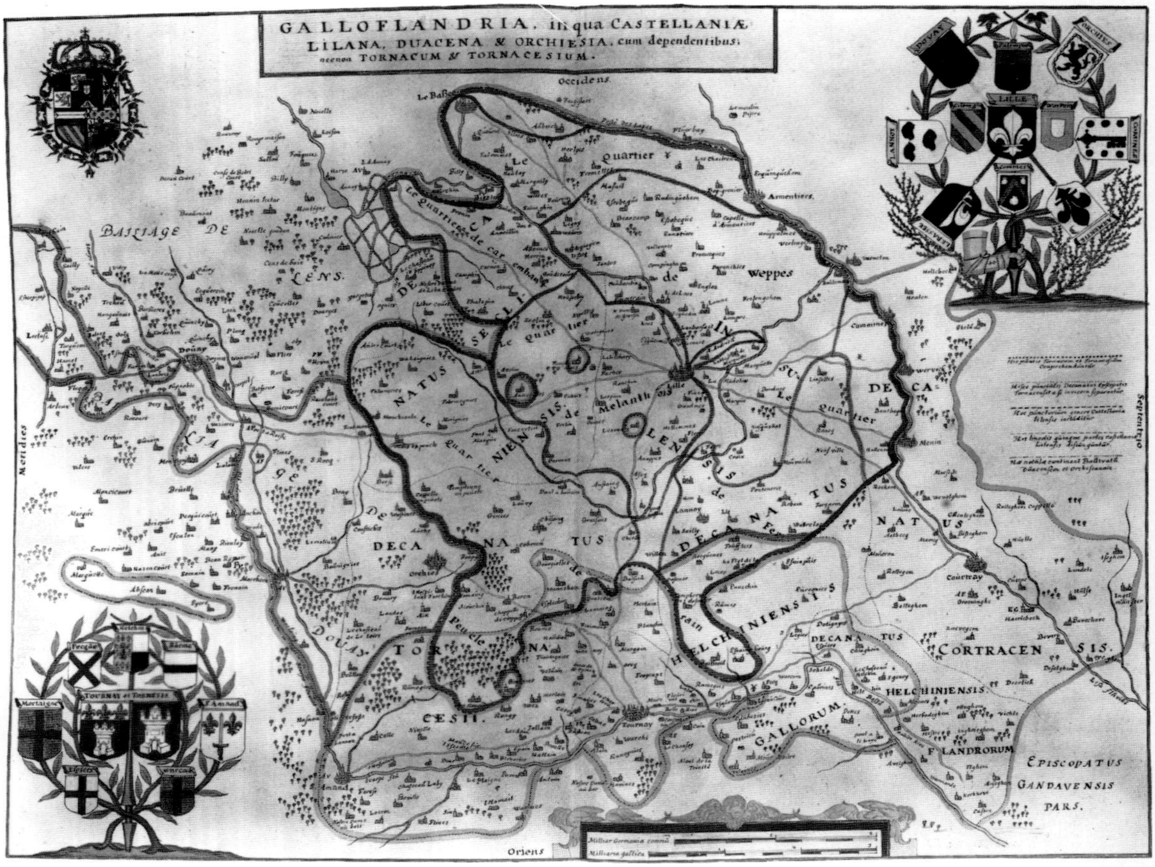

Carte du Tournaisis.
Extraite de Antoine Sanderus, « Flandriae Illustratae », Vol. 3, f 2, B.R. Ms. inv. 16823, Cat. 6822, Bibliothèque Royale Albert Ier, Bruxelles. Copyright I.R.P.A.-K.I.K., Bruxelles.

plus tardive : comparer *Corbais* - *Lobbes* (ci-dessus, 1.2) - *Flobecq*, *Clabecq*, *Rebecq*, etc.

Beaucoup de toponymes de Wallonie contiennent un nom de personne germanique. En général, ce sont des dérivés formés avec des suffixes utilisés précédemment qui restent productifs : *-avus* (*Bodeux* formé sur *Baldo*), *-inus* (*Wanlin* formé sur *Walino*), *-ina* (*Hanzinne* formé sur *Hanizo*). Cependant, les suffixes les plus productifs sont *-in-iacas* et *-ing*.

Le premier remonte au gaulois *-acos*, latinisé en *-acus*, puis devenu *-iacus* par mécoupure, parce qu'employé fréquemment avec des anthroponymes latins en *-ius*. Une nouvelle analyse incorrecte a modifié sa forme : elle a été favorisée par de nombreux dérivés de noms latins en *-inius*, puis, à l'époque mérovingienne, de noms germaniques en *-an* (nominatif *-o*). En général, le suffixe *-in-iacas* garde sa forme simple avec les anthroponymes composés : opposer **Berht-hari-iacas* > *Bertrée*, *Bertrix* à **Franc-in-iacas* > *Fran-*

quenée, *Franquenies*. Il existe quelques dérivés d'hydronymes : *Soignies* formé sur *Senne*, etc. ; il existe aussi des dérivés de noms communs : *Fragnée* formé sur *fraxinus* 'frêne', *Chênée* formé sur *cassanus* 'chêne'.

Les graphies anciennes montrent que la finale des dérivés en *-ing* est celle d'un accusatif féminin pluriel *-ingas*, qui rendait le datif pluriel germanique, *-ingum*, à valeur locative ; c'est par ce pluriel *-ingas* que s'expliquent les formes française *-ange*, wallonne *-indje* et picarde *-ingue*. Le sens des dérivés en *-ange*, surtout fréquents à proximité de la frontière linguistique, est 'chez les sujets de...' : **Godbert-ingas* 'chez les sujets de G.' > *Gobertange*. Le complexe *-inga-heim*, apparaissant dans le Brabant wallon (*Beauvechain*, *Gottechain*, etc.) et dans le Hainaut (*Ghislenghien*, *Œudeghien*, etc.), signifiait 'l'habitation (*heim*) des sujets de ...'.

Lambermont fait partie d'une catégorie de noms particulièrement bien représentée, les composés contenant un nom de personne (le plus souvent d'origine germanique) déterminant antéposé au substantif déterminé. Dans ce type de composition « déterminant + déterminé » (type *Avricourt*), certains ont cru déceler une influence germanique ; d'autres sont allés plus loin en prétendant que ces noms étaient des témoignages de la colonisation franque. Affirmations hasardeuses, car les indigènes gallo-romans portaient en majorité un nom germanique (voir ci-dessous, 3.2). En outre, cette construction « déterminant + déterminé », courante en gaulois et en latin, a subsisté en gallo-roman et a continué à être productive en Wallonie, jusqu'à la fin du Moyen Âge et même un peu plus tard, c'est-à-dire longtemps après que l'influence germanique a pu jouer. Il faut pourtant admettre que ce type de noms abonde au nord d'une ligne Bayeux-Genève, là où le superstrat germanique a été le plus important.

Les toponymes formés avec des appellatifs qui n'ont pas pénétré en roman ont bien plus de poids pour évaluer l'influence du germanique. Ces formations sont attestées surtout dans les régions proches de la frontière linguistique et non pas jusqu'à la Loire. Citons-en quelques exemples pour la Wallonie : **astan* (dans *Assenois*, *Ayeneux*, *Esneux*, *Ernage*, etc.), **berga* (*Bierges*, *Bierghes*, etc.), **brakti* (*Bras*), **haima* (*Houtain*, *Ohain*, *Walhain*, etc.), **hlari* (*Anlier*, *Baulers*, *Longlier*, etc.), **niwialho* (*Nivelles*), etc. L'élément germanique le mieux représenté chez nous est l'hydronyme **baki* ; il est présent sous des formes prouvant son emprunt ancien (*Corbais*, *Marbais*, *Nodebais*, etc.), mais certains montrent une adaptation plus récente du flamand (*Clabecq*, *Rebecq*, etc.). On rattache à ce même **baki* les formes féminines en *-baise* et *-bise* (*Jurbise*, *Tubize*, etc.).

La toponymie de la Wallonie contient également des suffixes germaniques tels que *-othu* (*Flénu*, *Fleurus*, etc.), *-ithja*, collectif qui a pu se confondre avec *-aticu* (*Ernage*, *Hodeige*, *Wasseiges*), *-umnjo*, qui a pu rencontrer *-onia* (*Hollogne*, *Jodoigne*, etc.). Les finales en *-effe*, *-ève* (*Floreffe*, *Malèves*, etc.) remontent sans doute à l'élément hydronymique germanique **-agwjô* 'eau'.

Plusieurs appellatifs toponymiques d'origine germanique ont également pénétré dans la langue commune. Les dialectes de Wallonie conservent *trîhe*, *tri* 'terrain inculte' (*trieu* en français de Belgique), type lexical présent dans d'innombrables lieudits : *Tri*, *Trixhe*, *Trihay*, etc. Ils conservent également *warihê* 'aisance communale' (en liégeois), qui remonte à l'ancien germanique **wariskapi* 'possession garantie par le droit public' et qui est bien représenté en Belgique romane : *Warichet*, *Waressais*, *Warchat*, *Warchaux*, etc. De même, l'ancien germanique **broka* 'marais' a été repris à des époques diverses (*Dolembreux*, *Broux - Le Breucq*) et survit lui aussi dans les dialectes. Ces toponymes ne peuvent être invoqués pour prouver un peuplement germanique.

3.2 L'anthroponymie

Le prestige dont jouissaient les conquérants a répandu, puis assuré la prédominance des anthroponymes germaniques. Au IXe siècle, une grande majorité des familles gallo-romanes portaient des noms d'origine germanique. Le système anthroponymique complexe des Gallo-Romains avait été abandonné au profit du système du nom individuel unique, en usage chez les Germains.

Les éléments constitutifs des anthroponymes des divers peuples germaniques étaient assez semblables. Le plus souvent, ces noms de personne se présentaient sous la forme de composés (*Hug-berht*), d'hypocoristiques, dérivés familiers revêtant une forme réduite (*Hugo*, *Berta*) ou de dérivés, en *-il* ou *-in* généralement (*Hugolin*).

Les nombreux composés étaient formés de deux éléments dont le second est un substantif, un adjectif, un thème verbal et le premier, le déterminatif du second : *Land-berht* (*land* 'pays', *berht* 'brillant, illustre') > *Lambert*. Il est cependant vain de croire que la traduction de ces noms germaniques est possible, même si la signification des deux éléments est connue. Les populations gallo-romanes, qui comprenaient mal le germanique, ont créé de nouveaux composés en réunissant deux éléments bien connus, faisant partie de noms préexistants, sans se préoccuper nécessairement du sens des composants. Elles ont aussi créé des composés hybrides avec un élément germanique et un élément emprunté à l'onomastique latine ou chrétienne, par exemple : *Elisbertus*, dont l'élément initial est tiré du nom biblique *Élisabeth* et la finale, du germanique *berht*.

En Wallonie, pendant le haut Moyen Âge, l'anthroponymie a été complètement germanisée. Dans quatre cartulaires anciens de Liège,

Stavelot-Malmedy et Saint-Hubert, toutes les personnes citées jusqu'au début du IXe siècle portent un nom germanique. C'est en 825 seulement qu'apparait le premier nom latin. La proportion des noms germaniques est toutefois plus élevée à l'Est que dans le Hainaut.

L'empreinte germanique diminuera plus lentement en Wallonie qu'ailleurs. Progressivement, les noms germaniques reculeront devant le succès grandissant des noms chrétiens et de certains noms mis à la mode par la littérature (chansons de geste ou romans de chevalerie). L'extension et la multiplication des relations, de même que la prédilection pour certains noms, entrainant de plus en plus d'homonymies, les actes officiels se mettent à ajouter diverses précisions au nom : l'indication de l'habitat ou de l'origine, celle du métier ou de la charge, la filiation ou encore une mention descriptive. Dans l'usage courant apparaitront progressivement les surnoms ou seconds noms et c'est ainsi que se formera, à la fin du Moyen Âge, notre système anthroponymique actuel à deux éléments : prénom et nom de famille (se reporter au chapitre 11).

Jean GERMAIN et Jean-Marie PIERRET

Chapitre 4

La naissance du français

1. Le latin et la fragmentation de la Romania

Le français est une langue romane, c'est-à-dire une langue issue de la langue de Rome, le latin. Son histoire commence donc au moment où, par suite de l'intégration politique de la Gaule dans l'Empire romain, le latin fut introduit dans la partie septentrionale de l'actuelle France, et dans la partie francophone de la Belgique. La romanisation ayant été décrite dans un chapitre précédent (voir le chapitre 2 de la présente partie), on ne s'attardera pas à parler de ce procès complexe et pluriséculaire. Ce qui importe, c'est d'attirer l'attention sur le fait suivant : à partir du moment où la population a adopté le latin comme langue de la communication spontanée et quotidienne, il n'y a plus eu de césure fondamentale dans l'histoire de cette langue, et il serait impossible de fixer une date où l'on ait cessé de parler latin et commencé à parler français. La langue est transmise de génération en génération et, dans cette transmission, elle est nécessairement soumise à des changements. La vélocité des changements est déterminée par un assez grand nombre de facteurs, et on peut dans l'histoire du français distinguer des périodes à changements rapides et des périodes à changements presque insensibles. Il n'en reste pas moins que, depuis la romanisation de la partie septentrionale de la Gaule, l'histoire linguistique de cette région est un *continuum*, dans lequel il est impossible de fixer la date de la mort du latin et de la naissance du français.

Sur le sol de la Gaule se sont formés trois domaines linguistiques différents, le domaine français (angue d'oïl) dans la partie septentrionale, le domaine provençal ou occitan (langue d'oc) dans la partie méridionale et le domaine franco-provençal dans une zone qui comprend approximativement le Lyonnais, le nord du Dauphiné et le sud de la Bourgogne et de la Franche-Comté ainsi que la Savoie et la Suisse Romande. Cette tripartition doit être envisagée dans le cadre de la fragmentation linguistique de la Romania en général. On a dit que le français n'est au fond rien d'autre que du latin parlé par les

Langue d'oïl, langue d'oc et franco-provençal : trois domaines linguistiques différents.
Carte extraite et adaptée de : Philippe Rossillon (sous la direction de), « Atlas de la langue française, histoire, géographie, statistiques », Bordas, Paris, 1995, p. 20. Copyright I.R.A.F.

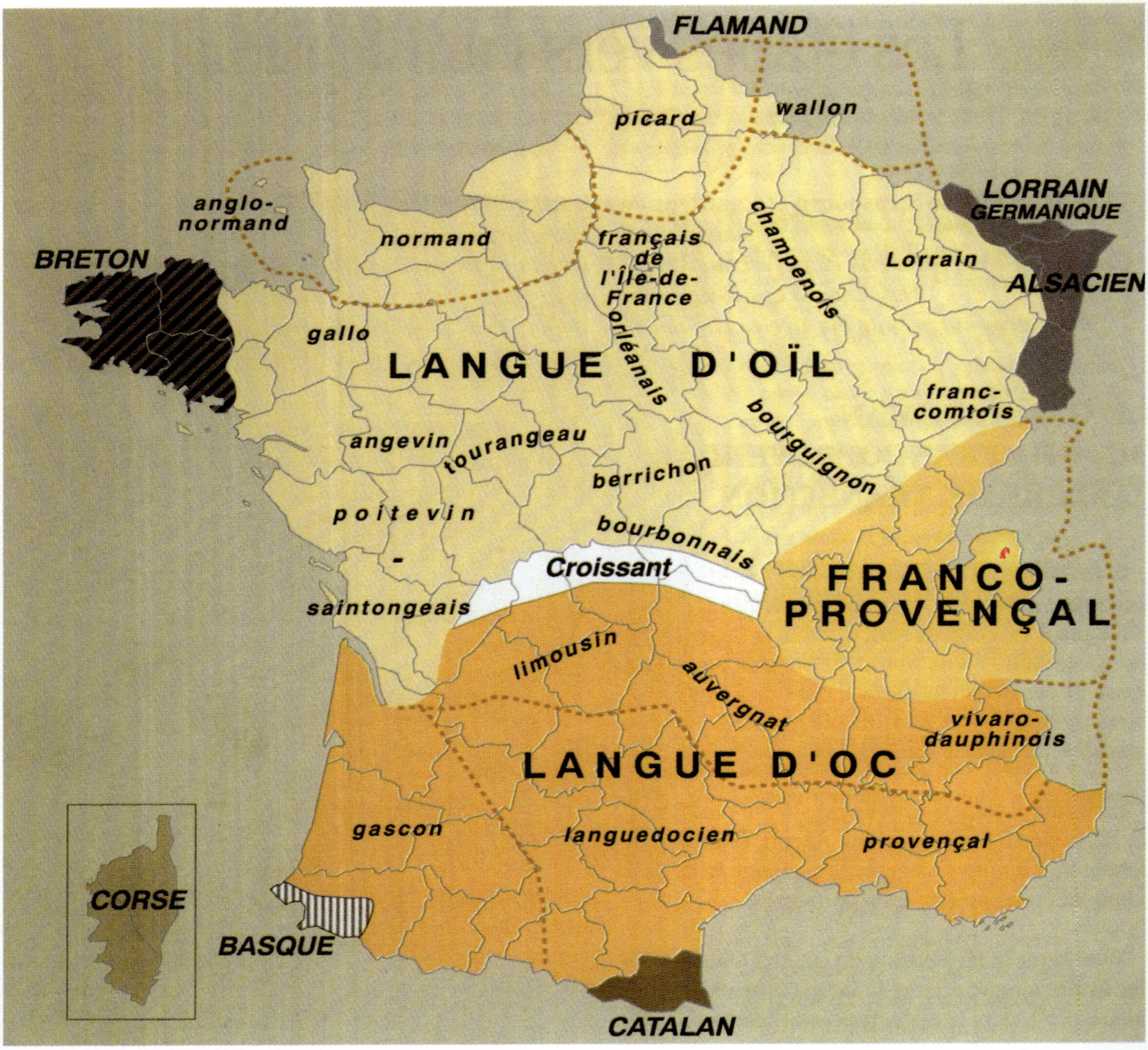

habitants de la partie septentrionale de la Gaule et transmis de génération en génération. Ce qui est vrai pour le français, l'est également — *mutatis mutandis* — pour l'occitan et le franco-provençal ainsi que pour toutes les autres langues romanes.

Mais pourquoi l'évolution du latin dans les différentes parties de l'Empire a-t-elle été différente au point de donner naissance à une pluralité de langues ? Les facteurs qui rendent raison des divergences du latin dans les différentes parties de l'Empire romain sont multiples et en partie controversés. On peut énumérer les plus importants :

- Époque d'intégration politique d'une région dans l'Empire.
- Organisation administrative.
- Forme et durée de l'intégration linguistique (écoles, centres de culture etc.).
- Rapports avec Rome, centre de l'Empire.
- Provenance géographique et statut social de ceux qui apportent le latin (soldats, vétérans, colons, commerçants, fonctionnaires, maîtres d'école, etc.).
- Influence exercée par les langues de substrat, de superstrat et d'adstrat.

Ce n'est pas le lieu de présenter toute la problématique de la fragmentation de la Romania. Pour ce qui est de l'ancienne Gaule, nous avons déjà fait allusion au résultat de cette fragmentation : la formation de trois domaines linguistiques gallo-romans. Ces trois unités ne restèrent pas uniformes. Elles connurent une segmentation interne qui conduisit à la constitution de différents domaines dialectaux. Pour ne parler que de la langue d'oïl, nous pouvons affirmer qu'à l'époque carolingienne la fragmentation avait atteint un point qui permet de considérer comme constitués les grands domaines dialectaux (wallon, picard, champenois, lorrain etc.).

2. Langue parlée et langue écrite

Ce processus de fragmentation linguistique, qui se produisit en Gaule, mais aussi dans la Romania tout entière, doit être situé au niveau de la langue parlée, de la langue comme moyen de communication spontanée. Expression d'un certain niveau culturel, la langue écrite restait le latin, dont la position comme langue littéraire ne fut pas contestée pendant plusieurs siècles après la romanisation. La langue littéraire est soumise à une formalisation consciente. Le mode de formalisation le plus important est l'écriture; mais il y en a d'autres, comme la rythmisation, la versification, la mélodie accompagnant un texte, etc. Une langue formalisée a tendance à se soustraire aux changements : même si elle se transforme, ses transformations sont beaucoup plus lentes que celles de la langue de la communication spontanée.

Pour l'histoire linguistique de la Gaule, cela signifie qu'à partir de la romanisation, la langue de tous les jours et la langue littéraire se sont de plus en plus écartées. Il est vrai qu'au moment de la romanisation il y avait déjà un écart entre langue parlée et langue écrite : c'est un état normal pour toutes les langues qui ne servent pas uniquement à la communication spontanée, mais aussi à l'expression de valeurs culturelles et spirituelles. Pendant les derniers siècles de l'Empire romain et le début du Moyen Âge, cependant, cet écart allait grandissant rapidement. On peut se demander à partir de quel écart entre les deux traditions la partie illettrée de la population ne comprenait plus un texte littéraire lu à haute voix. Dans cette optique, il est intéressant d'examiner le cas d'un écrivain de la deuxième moitié du VIe siècle, Grégoire de Tours. Celui-ci a su créer une forme de latin écrit qui gardait le contact avec la langue parlée et qui lui permettait de relater des faits historiques de telle manière que les habitants de son diocèse pouvaient encore comprendre ses textes à partir de leurs propres connaissances linguistiques. Voici comment Erich Auerbach (1958 : 83) caractérise la langue et le style de Grégoire de Tours : « Der Bischof von Tours brachte eine Literatursprache zustande, in die die Umgangssprache eingeschmolzen war » (« L'évêque de Tours développa une langue littéraire farcie d'éléments du langage populaire »). Du point de vue du latin classique, c'est une langue incorrecte, comme l'a bien montré Max Bonnet dans sa thèse (1890). Bien qu'il eût reçu la meilleure éducation que son époque pût encore donner, Grégoire de Tours n'était plus capable d'écrire un latin correct; il s'en rendait compte et fit de nécessité vertu, se disant que son latin incorrect était plus utile que le latin classique parce que le peuple pouvait le comprendre (Beumann, 1964). À l'époque de Grégoire de Tours, l'incorrection était donc le prix qu'il fallait payer pour que la langue littéraire fût encore comprise par le peuple.

3. La réforme carolingienne et ses conséquences

Si l'exemple de Grégoire de Tours montre comment, à la fin du VIe siècle, un grand écrivain pouvait encore surmonter l'écart entre langue littéraire et langue quotidienne, il démontre également que cet écart était devenu considérable. L'évolution subséquente le rendit insurmontable. Cette évolution conduisit à ce qu'on appelle la réforme ou la renaissance carolingienne, retour à la latinité classique

Charlemagne dictant les capitulaires.
Extrait de Bartholomeus Brixianus, « Concordia discordantium », B.R. Ms. 56669, f° 69 r°, Bibliothèque Royale Albert Ier, Bruxelles.

dans le domaine de la langue littéraire. Par la restitution de la pureté de la langue latine, la réforme carolingienne coupa définitivement les liens entre la langue de la culture et de la littérature et celle de l'usage spontané de la communication quotidienne. On peut, sans trop exagérer, affirmer que la réforme priva le peuple de toute expression linguistique à un niveau supérieur à celui des besoins de la communication quotidienne, car le latin redevenu correct se présentait dorénavant comme une langue étrangère, apanage d'une petite minorité. Pour permettre au peuple d'avoir un accès linguistique à un niveau culturel, il fallait désormais créer une langue littéraire à partir de la langue parlée. La grande question sur l'évolution de la langue française après la réforme carolingienne est dès lors celle-ci : comment une langue vulgaire, qui pendant des siècles n'a servi qu'à satisfaire les besoins de la communication quotidienne entre des analphabètes, a-t-elle pu s'élever à un niveau plus abstrait, comment a-t-elle pu développer des possibilités d'expression qui permettaient de la fixer par écrit et de la soustraire au devenir perpétuel ?

En cherchant une réponse à cette question, nous limiterons notre optique au domaine de la langue d'oïl et nous regarderons les premiers monuments linguistiques de la langue française. Ces monuments doivent appartenir par définition à une langue littéraire ou au moins à une langue qui était en train de devenir littéraire. Autrement, ils n'auraient pas été conservés.

Deux remarques préliminaires encore. Au début de ce chapitre, on a dit qu'il était impossible de fixer la date de naissance du français au niveau de la langue spontanée de la communication quotidienne. Mais au niveau de la langue littéraire, la naissance du français s'identifie à l'apparition des premiers textes. C'est une date incertaine, dans la mesure où nous ne savons pas si toutes les tentatives pour créer une forme plus ou moins littéraire à partir de la langue parlée ont été conservées. Que les premiers textes apparaissent au IXe siècle ne peut, toutefois, être l'effet du hasard. Car la naissance du français littéraire paraît être due à la réforme carolingienne. Avant cette réforme, il pouvait y avoir des formes de transition entre le latin et le roman ou même des jeux parodiques entre la langue littéraire et la langue parlée, mais ce n'était pas encore du français authentique. La tradition du français comme langue écrite commence au IXe siècle.

Deuxième remarque : dans les autres domaines romans, le problème de la formation d'une langue écrite se pose d'une façon semblable. Mais les conditions ne sont, évidemment, pas partout les mêmes, et chacune des langues romanes a sa propre histoire. Dans l'ancienne Gaule, la partie méridionale a produit au moins deux textes antérieurs à la fin du premier millénaire, les *Formules de bénédiction de Clermont-Ferrand* et la *Passion d'Augsbourg*, tandis qu'aucun texte n'apparaît à cette époque dans le domaine franco-provençal. En Italie, la tradition écrite commence au IXe siècle, mais les textes antérieurs à l'an 1000 sont peu nombreux. Selon toute probabilité, de tels textes font complètement défaut dans la péninsule ibérique. Ainsi, avant la fin du premier millénaire, aucune des régions romanes n'a produit tant de textes conservés que le domaine de la langue d'oïl.

4. Les premiers monuments français

4.1 Les Serments de Strasbourg

Le premier texte conservé est celui des fameux *Serments de Strasbourg*. Il est transcrit dans l'*Histoire des fils de Louis le Pieux*, dans laquelle Nithard, petit-fils de Charlemagne, décrit en latin les guerres entre ses cousins Lothaire, Louis le Germanique et Charles le Chauve après la mort de Louis le Pieux. Le texte des serments, prononcés à Strasbourg, le 14 février 842, par Louis le Germanique et Charles le

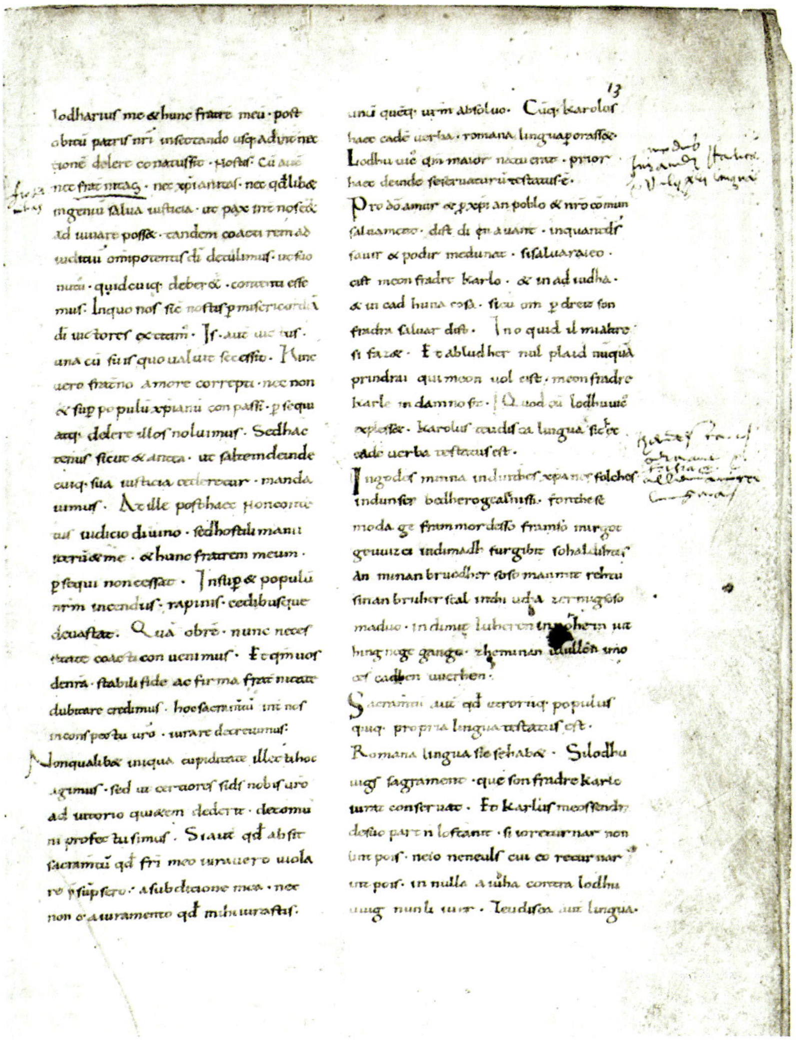

« Les Serments de Strasbourg », le plus ancien texte en langue française.
Ms. Lat 9768, f° 13 r°, Bibliothèque Nationale de France, Paris. Cl. B.N.

Chauve ainsi que par les représentants de leurs armées, est intercalé dans le texte latin sous une double forme : d'un côté en roman (serments prononcés par Louis le Germanique et l'armée de Charles le Chauve), d'autre côté en germanique (serments prononcés par Charles le Chauve et l'armée de Louis le Germanique). Voici le texte des deux formules romanes (accompagné d'une traduction en français moderne). Il est cité d'après l'édition de Philippe Lauer (1926 : 104 et 106-107), à une exception près : nous remplaçons *l'ostanit* par *loftañit* (Hilty, 1973a : 514-520; 1993 : 10 note 3).

> Pro Deo amur et pro christian poblo et nostro commun salvament, d'ist di in avant, in quant Deus savir et podir me dunat, si salvarai eo cist meon fradre Karlo, et in aiudha et in cadhuna cosa, si cum om per dreit son fradra salvar dift, in o quid il mi altresi fazet, et ab Ludher nul plaid nunquam prindrai qui, meon vol, cist meon fradre Karle in damno sit.
>
> (Pour l'amour de Dieu et pour le salut du peuple chrétien et notre salut commun, à partir de ce jour, en tant que Dieu me donne savoir et pouvoir, je soutiendrai ce mien frère Charles de mon aide et en toute chose, comme on doit justement soutenir son frère, à condition qu'il m'en fasse autant, et je ne prendrai jamais aucun arrangement avec Lothaire, qui, à ma volonté, puisse être dommageable à mon frère Charles.)
>
> Si Lodhuuigs sagrament que son fradre Karlo jurat conservat et Karlus, meos sendra, de suo part non loftañit, si io returnar non l'int pois, ne io ne neuls cui eo returnar int pois in nulla aiudha contra Lodhuuig nun li iu er.
>
> (Si Louis observe le serment qu'il a juré à son frère Charles et que Charles, mon seigneur, ne respecte pas les engagements de sa partie, au cas où je ne puis l'en détourner, ni moi ni aucun de ceux que je puis en détourner, nous ne lui serons d'aucune aide contre Louis.)

Le francophone contemporain a l'impression d'avoir affaire à un texte semi-latin. Mais on peut prouver que, du point de vue de la lexicologie, de la sémantique et de la syntaxe, les *Serments de Strasbourg* peuvent être insérés, pratiquement sans résidu, dans la tradition des textes français.

Si dans les domaines lexical, sémantique et syntaxique, toutes les formes employées dans les *Serments* se retrouvent dans d'autres textes en ancien français, où elles présentent de surcroît la même valeur, il n'en est pas de même dans le domaine phonétique. Il est difficile de dire quel état phonétique se cache derrière les graphies employées par le scribe pour rendre une langue qui ne possédait pas encore une orthographe consacrée. Ce n'est pas le lieu de reprendre les discussions et controverses concernant l'interprétation phonétique du texte (voir, par exemple, Avalle, 1966 : 70-87).

La valeur phonétique qu'on attribue aux *Serments* a pourtant aussi des conséquences pour la question de savoir quel est le dialecte dans lequel ils sont rédigés. Car, puisqu'à l'époque carolingienne les grands domaines dialectaux d'oïl étaient déjà constitués, il est légitime de se demander quelle est la base dialectale du premier texte français. L'opinion la plus répandue fixe le berceau linguistique des *Serments* dans le domaine poitevin.

Il y a cependant des arguments assez forts pour le localiser dans une zone orientale voisine de l'Alsace — Bourgogne, Franche-Comté, Lorraine (Hilty, 1973b : 269-270). Seul un trait du texte paraît, à première vue, s'opposer à une telle localisation, le [d] intercalaire de *sendra* (< *senior*). Puisque ce phénomène joue un rôle important dans l'interprétation d'autres textes des IXe et Xe siècles, il faut le regarder de plus près. On a pu montrer que les consonnes de transition comme le [d] de *sendra* sont nées dans la langue parlée à l'époque mérovingienne et qu'elles ont été irradiées depuis le Centre avant la fin du VIIIe siècle. À la fin de l'époque mérovingienne, cette poussée cessa, laissant intactes, au niveau de la langue parlée, les aires latérales du Nord-Est et de l'Est. Mais cela n'exclut pas qu'au niveau de la langue littéraire, de caractère suprarégional, l'irradiation soit allée plus loin et ait atteint les chancelleries et les centres culturels situés dans les aires latérales. On envisagera cette possibilité d'une façon plus concrète en étudiant la langue de la *Séquence de Sainte Eulalie*.

4.2 La Séquence de sainte Eulalie

Le deuxième texte conservé provient en effet du Nord-Est, peut-être de l'abbaye de Saint-Amand. C'est la *Séquence de sainte Eulalie*. En voici le texte, accompagné d'une traduction en français moderne (Dion, 1990 : 17):

La forme de la conservation de ce premier poème en langue française est significative. Dans un manuscrit contenant une traduction latine d'ouvrages du père de l'Eglise Grégoire de Nazianze, trois feuillets étaient restés en blanc. Deux mains différentes les remplirent en y copiant trois œuvres. La première écrivit une séquence latine dédiée à la mémoire de sainte Eulalie; la deuxième main, une séquence romane consacrée au même sujet et la *Chanson de Louis* en ancien haut allemand, (*le Rithmus Teutonicus de piae memoriae Hluduico rege*, écrit à la gloire du roi Louis III après la bataille de Saucourt en 881). Le corps du manuscrit avait été écrit dans la première moitié du IXe siècle dans la région entre Liège et Aix-la-Chapelle. Au XIIe siècle le manuscrit se trouvait à la bibliothèque de l'abbaye de Saint-Amand. Il est possible, mais non certain, que ce fût déjà le cas dans les années quatre-vingt du IXe siècle, époque à laquelle deux scribes profitèrent des feuillets vierges .

Buona pulcella fut Eulalia,
Bel auret corps, bellezour anima.
Voldrent la veintre li Deo inimi,
Voldrent la faire diaule servir.
Elle no'nt eskoltet les mals conselliers,
Qu'elle Deo raneiet chi maent sus en ciel,
Ne por or ned argent ne paramenz,
Por manatce regiel ne preiement;
Niule cose non la pouret omque pleier
La polle sempre non amast lo Deo menestier.
E por o fut presente de Maximiien,
Chi rex eret a cels dis soure pagiens.
Il li enortet, dont lei nonque chielt,
Qued elle fuiet lo nom christiien.
Ell'ent aduret lo suon element.
Melz sostendreiet les empedementz
Qu'elle perdesse sa virginitet.
Por o's furet morte a grand honestet.
Enz enl fou lo getterent com arde tost.
Elle colpes non auret, por o no's coist.
A czo no's voldret concreidre li rex pagiens,
Ad une 'spede li roveret tolir lo chief.
La domnizelle celle kose non contredist,
Volt lo seule lazsier, si rouvet Krist.
In figure de colomb volat a ciel.
Tuit oram que por nos degnet preier
Qued auuisset de nos Christus mercit
Post la mort et a lui nos laist venir
Par souue clementia.

(La jeune Eulalie était un modèle de perfection, elle avait un beau corps, une âme plus belle encore. Les ennemis de Dieu voulurent la vaincre, ils voulurent la faire servir le diable. Mais elle n'écouta pas les mauvais conseillers qui l'engageaient à renier Dieu dont le séjour est dans les cieux. Ni l'or, ni l'argent, ni les parures, ni les menaces du roi, ni les prières, rien ne put amener la noble enfant à cesser d'aimer le service de Dieu. On la conduisit donc devant Maximien qui régnait en ce temps-là sur les païens. Il l'exhorte, peine perdue, à déserter la cause du Christ. Aussi endure-t-elle le supplice du feu. Elle supporterait plutôt les supplices que de perdre la pureté de son âme. C'est pourquoi elle subit une mort glorieuse. On la jeta dans le feu pour la brûler promptement. Elle n'avait commis aucun péché, c'est pourquoi elle ne se consuma pas. Le roi païen ne voulut pas s'y résigner; il ordonna de lui trancher la tête avec une épée. La noble fille ne s'y refusa pas, elle voulait quitter le monde et elle en supplie le Christ. Sous la forme d'une colombe, elle s'envola au ciel. Prions-la tous, afin qu'elle daigne intercéder pour nous et que le Christ nous prenne en pitié, après la mort, et nous laisse venir à lui, dans sa miséricorde.)

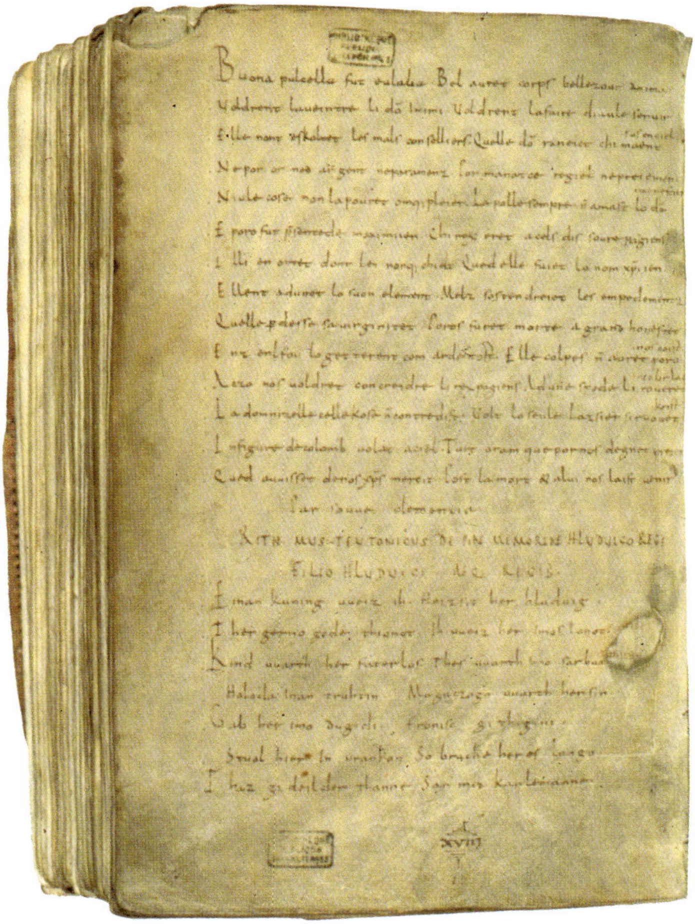

Le premier poème en langue française :
« La Cantilène de sainte Eulalie »,
Ms. 150, f° 141, v°, Bibliothèque municipale de Valenciennes. Cl. La boîte à images.

Malgré une forte influence du latin dans l'orthographe et dans le lexique, la séquence romane est un texte authentiquement français, si l'on entend par français « appartenant à la langue d'oïl ». Dans une optique dialectale, la langue de l'*Eulalie* présente des traits wallons incontestables, que les spécialistes reconnaîtront sans peine : *lei, raneiet, fou, coist; raneiet, manatce; spede; souue; oram; auret, auuisset* (voir aussi Avalle, 1966 : 210-244).

On pourrait être tenté de voir dans le traitement de [k] latin devant [a] un trait non wallon, à savoir picard, consistant dans la conservation (ou la restitution) du caractère vélaire du [k]. En effet, les graphie *chielt, chieef, cose, kose* trouvent une correspondance dans des mots où la prononciation vélaire et occlusive est hors de doute : *chi, corps, eskoltet*. Mais nous sommes ici plutôt en face d'un problème graphique que d'un problème phonétique. Il ne faut pas oublier qu'en picard la non-palatalisation de [ka] a son corollaire dans la prononciation chuintante de [**k**] latin devant [**e**] et [**i**]. Or, notre texte nous présente la forme *czo* (< 'ecce hoc') avec un digramme, d'origine germanique, dont la valeur dans la *Chanson de Louis* est incontestablement celle d'une affriquée dentale [**ts**]. Si le résultat de [**k+e/i**] est une affriquée dentale, il est difficile de croire que la prononciation de [**k+a**] soit restée vélaire.

Si dans le cas du [**k+a**] on peut exclure des influences non wallonnes, il en est tout autrement dans le cas des consonnes de transitions : *voldre(n)t, sostendreiet.* Ce trait n'est ni wallon ni picard et, au début du XXe siècle, il était encore inconnu des dialectes du Nord-Est et de l'Est. Il s'agit sans doute là d'un trait suprarégional irradié depuis le Centre au niveau de la langue littéraire.

Quel était le véhicule concret de cette irradiation ? Ce pourraient être des chansons héroïques brèves qui, comme la poésie épique des XIe et XIIe siècles, étaient en rapport avec le Centre (avec l'abbaye de Saint-Denis par exemple). La transmission de la *Chanson de Louis*, écrite par la même main dans le même manuscrit que l'*Eulalie*, nous oriente dans cette direction. La *Chanson de Louis* doit s'insérer, d'une façon ou d'une autre, dans le cadre de la tradition épique en France et elle prouve que les débuts de cette tradition doivent être situés au IXe siècle. Mais comment faut-il concevoir les rapports existant entre la tradition en langue romane et son corollaire en langue francique ? Faut-il voir dans la *Chanson* le résultat de l'influence exercée sur la poésie germanique par une tradition romane préexistante, ou faut-il chercher le point de départ du côté germanique ? Vu la position isolée de la *Chanson de Louis* dans le cadre de la littérature allemande et vu aussi la relation générale entre les composantes romane et germanique de l'unité wallonne, on préférera la première hypothèse. Cela conduirait à admettre que le monde qui nous a légué, écrite par la même main, la *Chanson de Louis* et la *Séquence de sainte Eulalie*, connaissait les débuts d'une tradition épique française. Sur le plan linguistique, cette tradition pourrait expliquer les formes de la *Séquence* qui ne peuvent provenir du parler régional wallon. Un dernier élément enfin plaide en faveur de ces rapprochements. La bataille de Saucourt a aussi donné naissance à une chanson de geste en français : *Gormont et Isembart*. Le sort de cette œuvre a été moins heureux que celui de la *Chanson de Louis :* elle nous est parvenue d'une façon fragmentaire et sous une forme tardive, et remaniée. Mais puisque le point de départ en est constitué par la même bataille, le couple des deux chansons atteste l'existence d'une tradition épique vivante, capable de transformer un événement historique en poésie. Et cette tradition était nécessairement transmise sous une forme linguistique que nous ne connaissons pas directement mais dont on discerne peut-être un effet dans les consonnes de transition de l'*Eulalie* (Hilty, 1993 : 14-15).

Un mot encore sur le rapport entre la séquence latine et la séquence romane. Malgré quelques divergences, on peut dire que la forme des deux séquences (structure métrique, versification etc.) est identique, ce qui signifie probablement, qu'elles étaient chantées d'après la même mélodie (Delbouille, 1971). Mais, du point de vue du contenu, les deux textes sont très différents. Tandis que la séquence romane présente un aperçu de la vie et du martyre de la sainte, la latine ne réserve que quatre couplets au martyre, au milieu du texte. Le début fournit des instructions musicales pour la réalisation de la séquence (le chant, son accompagnement et les effets à provoquer) et la dernière partie est une longue prière. Le poète s'est ici inspiré d'un hymne de Prudence, dont il reprend deux vers littéralement. En comparaison avec le texte roman, la version latine a un caractère extrêmement abstrait.

4.3 Le Sermon sur Jonas

Tandis que la *Séquence de sainte Eulalie*, premier poème en langue française, est un véritable chef-d'œuvre du point de vue stylistique et poétique, le texte suivant, le *Sermon sur Jonas*, nous présente une langue romane en devenir, surprise sur le vif. C'est un fragment contenant des notes prises par un prédicateur en vue d'un sermon (voir surtout Avalle, 1967 : 45-114). Le texte conservé est bilingue et contient 490 mots latins et 450 mots français. Un des aspects de la mise par écrit des deux langues est particulièrement intéressant : 451 mots latins, mais seulement 62 mots français sont abrégés par des notes tironiennes. Ceci montre l'écart qui existait encore entre la tradition graphique du latin et celle du français.

Du point de vue du contenu, il s'agit d'une homélie dont le texte de base est le *Livre de Jonas* de l'*Ancien Testament*, enrichi par des éléments empruntés au commentaire de saint Jérôme. L'histoire de Jonas est mise en rapport avec des événements actuels. C'est « un sermon de circonstance, prononcé à l'occasion d'un jeûne de trois jours (...) de caractère propitiatoire. Au moment de sa rédaction, l'église où il doit être prononcé, en l'espèce Saint-Amand, a eu à souffrir cruellement d'un chef païen (...); la menace de nouvelles violences n'est pas écartée, puisque [le prédicateur] exhorte l'assistance à implorer la protection divine contre un retour offensif éventuel des païens et des chrétiens qui ont fait cause commune avec eux » (De Poerck, 1963 : 11). Guy de Pœrck a montré « que ces allusions visaient des "païens" normands. Les luttes d'influence entre le duc de Normandie et le comte de Flandre constituent le cadre dans lequel il faut se représenter cette occupation de l'abbaye de Saint-Amand, dont nous savons par ailleurs qu'elle aboutit à sa destruction. Elle se situe entre l'automne de 937 et l'été de 952. C'est entre ces deux dates extrêmes qu'il faut placer le sermon » (De Poerck, 1963 : 12).

Les formes romanes présentent une langue homogène, wallonne, sans traits suprarégionaux venant du dehors. C'est compréhensible, car il s'agit d'un texte sans prétentions littéraires, limité à l'emploi local. Néanmoins, la langue d'un sermon n'est pas celle de la communication quotidienne. Elle se situe à un niveau plus élevé, ne fût-ce que par la proximité constante avec le texte latin de la Bible. Nous ne savons pas quelle fut la réalisation exacte du sermon à partir des notes conservées. Mais la part du roman aura sans doute été plus grande dans la réalisation orale, et les changements brusques d'une langue à l'autre, qui caractérisent le texte écrit, auront été adoucis dans la prédication.

Il faut situer le *Sermon* dans une tradition provoquée, elle aussi, par la réforme carolingienne. En 813, le concile de Tours prit la décision de prescrire aux prêtres d'expliquer la parole de Dieu dans la langue du peuple (Berschin *et al.*, 1978 : 183) : « Visum est unanimitati nostrae (...) ut easdem omelias quisque aperte transferre studeat in rusticam Romanam linguam aut Thiotiscam, quo facilius cuncti possint intellegere quae dicuntur » (« Il nous a semblé unanimement que chacun devait s'appliquer à traduire ouvertement ces homélies en langue vernaculaire romane ou tudesque, afin que tous puissent plus facilement comprendre ce qui est dit »). L'emploi du parler vulgaire dans le culte est une conséquence de l'épuration du latin. La restitution d'une prononciation aussi correcte que possible rendait le latin incompréhensible pour la grande masse du peuple. Le fragment du *Sermon sur Jonas* nous montre comment un prêtre pouvait chercher à satisfaire les exigences de la prédication dans la situation linguistique des IXe et Xe siècles.

4.4 La Vie de Saint Léger

Il faut encore parler de deux textes du Xe siècle, le *Saint Léger* et la *Passion*. Le premier texte est un poème sur la vie et le martyre de saint Léger, homme politique important à la cour des rois mérovingiens dans la seconde moitié du VIIe siècle. Après sa mort, ses restes furent transférés à l'abbaye de Saint-Maixent, dont il avait été abbé avant de devenir évêque d'Autun. La source du poème français est la rédaction secondaire d'une *Vita* latine, composée peu après la mort de Léger par le prieur Ursinus, moine à Saint-Maixent.

Le poème se compose de 240 vers octosyllabiques, dont le modèle se trouve dans les hymnes ambrosiens : deux vers sont unis par une assonance et six vers forment une strophe. Mais la strophe n'est pas l'unité fondamentale : celle-ci est formée par le couplet d'octosyllabes assonancés, qui dans la grande majorité des cas, est aussi une unité syntaxique. Pour deux hémistiches, la mélodie s'est conservée et on pense que cette mélodie se répétait identique de vers en vers sous la forme d'une psalmodie. Le poème français peut être considéré comme la réplique en langue vulgaire des leçons de l'office de Matines, le jour de la fête du saint, leçons empruntées à la *Vita* d'Ursinus (Rychner, 1978 : 370-371).

Du point de vue littéraire, le texte nous présente un art « primitif », et rustique. Le texte ne relate que les faits essentiels avec une sèche concision. Néanmoins, il cause une profonde impression par les images évoquées.

Le *Saint Léger* est conservé dans un manuscrit qui se trouve aujourd'hui à Clermont-Ferrand et qui contient un *Liber glossarum*, écrit probablement dans la première moitié du Xe siècle. Postérieurement à la transcription du *Liber glossarum*, plusieurs mains ont mis à profit des espaces demeurés blancs à la fin de certains cahiers pour y transcrire des pièces en vers de contenu varié (De Poerck, 1963 : 5). Deux des neuf textes sont en français : le *Saint Léger* et la *Passion*. Les deux mains qui transcrivirent le texte du *Saint Léger* paraissent être du début du XIe siècle. Mais il s'agit de la copie — exécutée peut-être à Saint-Maixent — d'un original qui appartenait sans doute au Xe siècle.

Le fait d'avoir été copié probablement au Poitou explique le nombre considérable de traits occitans dans le texte conservé. Mais l'original était né dans une autre région : celle qui nous a légué la *Séquence de sainte Eulalie* et le *Sermon sur Jonas*. L'analyse ne laisse aucun doute : la base de la langue du *Saint Léger* est wallonne. En partie, les traits wallons sont appuyés par les assonances. Mais le parallélisme avec la langue de l'*Eulalie* va encore plus loin. On a vu que, dans la séquence, la base wallonne se combine avec un trait suprarégional venant du Centre. Dans le *Saint Léger*, nous avons une situation analogue (toujours mis à part les traits occitans dus aux copistes). À côté d'assonances typiquement wallonnes comme *vint* - *reciut* (129/130) ou *revenist* - *ouist* (87/88), il y a des assonances qui ne peuvent pas être wallonnes, mais qui sont normales dans la langue du Centre : *instud* - *fust* (111/112). On soulignera que le trait non wallon relevé dans la langue de l'*Eulalie* — le [d] de transition —, apparaît aussi dans le *Saint Léger* (*mieldre*, 32, *vindre*, 202, *vindrent*, 117, 223).

4.5 La Passion

La *Passion* est conservée dans le même manuscrit que le *Saint Léger*, et a été écrite — probablement encore au Xe siècle — par quatre mains différentes. Elle a un tout autre caractère. Voici ce qu'en dit Maurice Delbouille : « Elle comporte 516 vers en 129 strophes "ambrosiennes" de 4 octosyllabes à assonances le plus souvent masculines. Ses sources sont les *Évangiles* canoniques et d'autres livres du *Nouveau Testament*, comme les *Actes des Apôtres*. Elle

Saint Léger.
Sculpture sur bois polychromé, XVIIIe siècle, 126 cm, Eglise Sainte-Marguerite, Tournai. Copyright I.R.P.A.-K.I.K., Bruxelles.

fait aussi des emprunts aux apocryphes et plus précisément à *l'Évangile de Nicodème* (*pars altera sive descensus Christi ad inferos*) ainsi qu'à divers autres textes (Offices de Pâques, Bréviaire, commentaire de Bède sur les Évangiles synoptiques). Elle appartient, selon toute vraisemblance, comme les vies de saints chantées des Xe et XIe siècles, au genre narratif gallo-roman né des tropes latins insérés dans les offices religieux (...). Écrite pour contribuer à l'édification de ses auditeurs ou pour l'agrément d'un public de couvent, elle a recours aux moyens rhétoriques enseignés dans les écoles. Sa langue est truffée de latinismes et de farcitures. Le poète use des mêmes procédés que les auteurs des chansons hagiographiques des autres régions gallo-romanes. Le ton affectif de son récit veut émouvoir avec gravité. Le style est concis, habile et heureux; la composition, harmonieuse » (Delbouille, 1972 : 566-567). Le texte de la *Passion* est plus près du lyrisme des hymnes et des psaumes que celui du *Saint Léger*, au caractère épique. Comme pour le poète du *Saint Léger*, le couplet d'octosyllabes est une unité importante pour l'auteur de la *Passion*. Mais celui-ci ne se laisse pas enfermer dans les unités des couplets et des quatrains : il se sert des formes avec plus de liberté pour donner à son récit un lyrisme produisant l'émotion, l'admiration et la pitié (Rychner, 1978).

Il faut chercher la région d'origine de la *Passion* dans le Sud-Ouest du domaine d'oïl : dans le Poitou, région de transition et de contact entre la langue d'oïl et la langue d'oc. À en juger par les assonances, la langue de la *Passion* n'est pas homogène, mais a un caractère composite (Avalle 1962 : 13-91). Si l'on veut faire une analyse linguistique de ses 258 assonances, il faut d'emblée en écarter cinq, corrompues ou présentant des formes latines. Six autres ont un caractère particulier. Il s'agit d'assonances entre *e* et *i* ou *o* et *u* (*escarnid* - *vestiment*, 253/254; *ensus* - *pechedors*, 509/510). On peut les appeler *médiolatines* ou *mérovingiennes*, parce que d'un côté de telles correspondances étaient légitimes dans la versification médiolatine, de l'autre la tradition graphique de l'époque mérovingienne rendait [e] fermé par *i*, [o] fermé par *u*. Des 247 assonances restantes, seules 217 peuvent correspondre à la langue d'oïl. Dix-neuf sont clairement occitanes et onze sont mixtes, contenant un membre français et un membre occitan. Le nombre de 217 assonances françaises n'a d'ailleurs pas une valeur absolue : plus de deux tiers sont indifférentes à l'opposition entre langue d'oïl et langue d'oc. Mais il en reste 63 qui sont exclusivement françaises. Puisque ce nombre représente plus que le triple de celui des assonances exclusivement occitanes, il est légitime de parler d'une base française soumise à une influence occitane, et non l'inverse. Pour ce qui est d'éventuels traits dialectaux de la base française, il y a probablement quatre assonances dont un des membres a une forme typiquement poitevine (Avalle,

1962 : 13). On est donc enclin à fixer dans le Poitou la région d'origine de la *Passion*. La grande masse des assonances ne s'oppose pas à une telle localisation. Il y a cependant une assonance qui ne peut pas être poitevine. Aux vers 189/190 *Petre* est en assonance avec *aeswardevet*. Or, la désinence *-evet* de l'imparfait est caractéristique de l'Est et du Nord-Est du domaine français. Mais on peut se demander si originairement elle n'existait pas aussi dans la langue du Centre, comme résultat régulier de *-abat* (*faba* > *fève*), avant d'y être remplacée analogiquement par la désinence de la deuxième conjugaison en *-eie*. L'imparfait en *-evet* pourrait alors être interprété comme un trait irradié depuis le Centre, comme le [d] de transition dans la *Séquence de sainte Eulalie* et le *u* [y] de la forme *instud* (= *estut*), parfait de *ester*, dans le *Saint Léger*.

Quoi qu'il en soit, la langue de la *Passion* est une langue hybride, dont la base, française, a été influencée par une tradition médiolatine et surtout par la langue d'oc. Il est difficile de dire si le texte fut composé dans la forme hybride que nous connaissons ou si l'hybridisme est dû à la réélaboration d'un texte français par un auteur occitan. Ce qui est à exclure, c'est que les traits occitans seraient uniquement dus au(x) copiste(s), comme dans le cas du *Saint Léger*. Si l'on accepte l'opinion selon laquelle le texte conservé provient de Saint-Martial de Limoges (Avalle, 1962 : 17), l'idée d'une réélaboration d'un texte français en pays occitan est plausible.

5. Aspects thématiques et géographiques

Revenons à la question posée plus haut : comment une langue vulgaire, qui pendant des siècles n'a servi qu'à satisfaire les besoins de la communication quotidienne entre des illettrés, a-t-elle pu s'élever à un niveau plus abstrait, a-t-elle pu développer des possibilités d'expression qui permettaient de la fixer par écrit et de la soustraire au devenir perpétuel ? Si nous considérons les monuments étudiés, une première réponse s'impose : la langue a dû subir une formalisation consciente. La grande majorité des premiers textes sont écrits en vers. Ce n'est pas l'effet du hasard, car d'un côté, la versification pouvait être empruntée à la tradition latine (c'est-à-dire que des formes existantes pouvaient être remplies d'un contenu nouveau), de l'autre côté, cette formalisation créait un écart entre la langue vulgaire et une expression qui cherchait à atteindre un niveau plus élevé. Les *Serments de Strasbourg* et le *Sermon sur Jonas* sont pourtant écrits en prose. Les *Serments*, cependant, s'adaptent aussi à des modèles préexistants et qu'on pouvait remplir d'un contenu nouveau. Même le

Sermon sur Jonas imite des éléments formels fournis par la tradition des textes bibliques.

Mais il y a plus et il ne faut pas négliger l'aspect du contenu : tous les textes français antérieurs à l'an 1000 appartiennent à deux domaines : celui de la religion et celui du droit. Ce n'est pas l'effet du hasard.

Dans la religion chrétienne, l'humain et le divin, le concret et l'abstrait, le passager et l'éternel se touchent et s'unissent. La langue vulgaire était parfaitement capable de décrire les événements de la vie terrestre de Jésus-Christ, de la naissance jusqu'à la Passion, mais, ce faisant, elle était prise dans un mouvement qui élevait le vulgaire à un niveau plus noble en lui donnant un sens secret et profond. D'un autre point de vue encore, ce n'est pas l'effet du hasard si une grande partie des premiers textes romans littéraires — en poésie et en prose — ont un caractère religieux. La religion détermine les rapports entre l'homme et Dieu, et ce rapport était tellement important pour les hommes des IXe et Xe siècles qu'il ne pouvait longtemps s'exprimer dans une langue incomprise.

Ce qui est vrai pour le rapport avec Dieu, l'est également pour les rapports avec le prochain. C'est la raison pour laquelle, dans la prose française des premiers siècles, les textes juridiques jouent un rôle très important, à commencer par les *Serments de Strasbourg*.

Il peut y avoir eu d'autres monuments — pas encore découverts ou définitivement perdus — présentant d'autres aspects thématiques. Le choix des sujets conservés n'en reste pas moins révélateur. Et ce qui est vrai du point de vue thématique l'est également du point de vue géographique. Ce n'est pas l'effet du hasard qu'une partie importante des premiers textes français provienne de la région wallonne. La formation d'une conscience linguistique précoce, base de la mise par écrit de la langue romane, a en effet pu être favorisée par la proximité d'un autre domaine linguistique.

Gerold HILTY

« Les Serments de Strasbourg », le plus ancien texte en langue française.

Ms. Lat 9768, f° 13 r°, Bibliothèque Nationale de France, Paris.

Cl. B.N.

▶

lodharius me & hunc fratre meu post
obitu patris nri insectando usq; ad interne
cione delere conatus sit nostis. Cu aute
nec frat nitas nec xpianitas nec qdlib&
ingeniu salua iusticia ut pax int nos e&
ad iuuare posse&. tandem coacti rem ad
iudiciu omnipotentis di detulimus. ut suo
nutu quid cuiq; deber&. contenti esse
mus. In quo nos sic nostis p misericordia
di uictores extitim. Is aut uictus
una cu suis quo ualuit secessit. Hinc
uero fraterno amore correpti. nec non
& sup populu xpianu conpassi. p sequi
atq; delere illos noluimus. Sed hac
tenus sicut & antea. ut saltem deinde
cuiq; sua iusticia cederetur. manda
uimus. At ille post haec non contentus
tus iudicio diuino. sed hostili manu
iteru & me. & hunc fratrem meum.
p sequi non cessat. Insup & populu
nrm incendiis. rapinis. cedibusque
deuastat. Qua obre. nunc neces
sitate coacti conuenimus. Et qm uos
de nra stabili fide ac firma frat nitate
dubitare credimus. hoc sacramtu int nos
in conspectu uro. iurare decreuimus.
Non qualib& iniqua cupiditate illecti hoc
agimus. sed ut certiores si ds nobis uro
ad iutorio quietem dederit. de comu
ni profectu simus. Si aut qd absit
sacramtu qd fri meo iurauero uiola
re p sumpsero. a subditione mea. nec
non & a iuramento qd mihi iurastis.
unu quemq; urm absoluo. Cumq; karolus
haec eade uerba. romana lingua perorass&.
Lodhuuuic qm maior natu erat. prior
haec deinde se seruaturu testatus e.

Pro do amur & p xpian poblo & nro comun
saluament. dist di en auant. in quant ds
sauir & podir me dunat. si saluarai eo.
cist meon fradre karlo. & in ad iudha.
& in cadhuna cosa. sicu om p dreit son
fradra saluar dift. In o quid il mi altre
si fazet. Et ab ludher nul plaid nunqua
prindrai qui meon uol cist meon fradre
karle in damno sit. Quod cu lodhuuuic
explesset. karolus teudisca lingua sic hec
eade uerba testatus est.

Ingodes minna ind in thes xpanes folches
ind unser bedhero gehaltnissi. fon thesemo
dage frammordes so fram so mir got
geuuizci indi mahd furgibit so haldih thesan
minan bruodher soso man mit rehtu
sinan bruher scal in thiu thaz er migso so
maduo. indi mit ludheren in nohheiniu thin
hing ne gegango. the minan uuillon imo
ce scadhen uuerhen.

Sacramtu aut qd utrorumq; populus
quiq; propria lingua testatus est.
Romana lingua sic se habet. Si lodhu
uigs sagrament. que son fradre karlo
iurat conseruat. Et karlus meos sendra
de suo part n lostanit. si io returnar non
lint pois. ne io ne neuls cui eo returnar
int pois. in nulla aiudha contra lodhu
uuig nun li iuer. Teudisca aut lingua.

2

L'HISTOIRE DU FRANÇAIS EN BELGIQUE

Chapitre 5

Les dialectes

1. Langues, dialectes, patois

En dépit des réserves ou des oppositions de certains, il nous parait utile de conserver la triple distinction marquée par les termes *langue*, *dialecte*, *patois*. Elle permet d'exprimer de manière claire et simple des nuances qui comptent et de caractériser plus justement des types de langage différents, bien qu'issus d'une source commune, qui souvent coexistent chez un même locuteur. Il importe donc, avant tout, que nous précisions le sens que nous leur donnons.

Jean Haust, pionnier de la dialectologie wallonne.
Cl. S.L.F.

Les *patois*, parlers individuels ou locaux, innombrables, sont les produits les plus directs de la segmentation d'une langue autrefois homogène, pour ce qui nous concerne, le latin. La formule de Julos Beaucarne est exacte et parlante : les patois sont « le latin venu à pied du fond des âges ». Ils perpétuent, en effet, jusqu'à nos jours, avec, bien entendu, des transformations qui résultent d'évolutions internes et d'apports nouveaux, une situation qui dut être celle des origines du monde linguistique roman. Bien loin d'être, comme certains le pensent, les avatars des dialectes ou des langues provenant du latin, les patois romans sont, au contraire, les réalités premières sur lesquelles ceux-ci se sont constitués.

Les *dialectes*, parlers supralocaux ou régionaux, couvrent l'aire de plusieurs patois. Mais on désigne du même nom deux choses fort différentes : des langages réels et des langages idéaux ou virtuels.

Il arrive que, pour faciliter la communication entre patoisants d'une région plus ou moins large, une *koinè* régionale se crée à partir d'un ensemble de patois dont ont été gommés les traits les plus particuliers, les variantes les plus voyantes. C'est cette réalité linguistique de niveau supérieur qui se superpose aux patois sans les remplacer et qui a une existence réelle, c'est-à-dire qui se parle et éventuellement s'écrit, que nous considérons véritablement comme un dialecte. Il n'en existe pas partout. En Italie, par exemple, des locuteurs recourront, selon les cas, à leur patois local, à un dialecte régional ou à l'italien.

Dans le domaine gallo-roman d'oïl, des variétés dialectales plus ou moins unifiées, comme le picard, ont pu se répandre, pour des usages littéraires, même dans des domaines assez éloignés de leur domaine naturel, mais sans arriver à se fixer dans l'oral; ou, comme le francien, dialecte d'Ile-de-France, ont continué leur expansion jusqu'au stade suivant, de langue commune, s'imposant sur un pays tout entier et même débordant de ses frontières.

En Belgique romane, la situation est très différente. Si on excepte l'influence, limitée à quelques traits et parfois à l'écriture, du patois de quelques grandes villes sur les patois environnants, il n'existe pas de véritable *koinè*, donc, de dialectes au sens strict. Personne n'utilise, à proprement parler, le dialecte wallon ou picard ou lorrain. Quand on emploie le mot *dialecte* pour les parlers de ce domaine, on en fait, selon les cas, une application réelle plus restreinte (le dialecte verviétois : le patois de Verviers) ou une application abstraite plus large (le dialecte wallon : l'ensemble idéal, conçu par un effort de l'esprit, de patois qui présentent entre eux assez de points communs et assez de différences avec les voisins pour qu'on estime justifié ou simplement commode de les rassembler sous un même nom). Quand nous appelons dialectes les parlers de Belgique romane, c'est ce dernier sens que nous donnons au mot, un sens précis, mais désignant une réalité idéale dont les contours sont flous.

Les *langues* romanes (français, italien, espagnol, etc.) ont poussé plus loin encore que les dialectes proprement dits ou réels le mouvement de réunification postérieur à la segmentation latine.

Du latin à des milliers de patois, à des centaines de dialectes (réels ou abstraits), à une dizaine de langues, l'unité s'est recherchée sans vraiment se retrouver.

Chaque langue a son contingent de variantes régionales, dont un certain nombre proviennent des patois. Ces variantes, minimes par rapport à l'ensemble de ce qui est commun, font partie intégrante d'elle-même et constituent les éléments de différenciation dont s'accommode le mouvement vers l'unité qui la sous-tend. Certains linguistes, sous l'influence américaine, appellent cette part de la langue *dialecte*.

Les langues romanes ne sont pas sorties tout armées du latin; elles se sont développées lentement et non sans difficulté sur le terreau des patois et des dialectes auxquels elles se sont superposées sans les supprimer : l'italien coexiste avec le dialecte milanais, avec les multiples patois milanais, toscans, etc.; le français, avec tous les patois d'oïl, y compris d'Ile-de-France. Si, donc, il est tout à fait justifié de dire que le wallon, le picard, le lorrain, etc. sont des dialectes gallo-romans du Nord, il est maladroit et il peut être dangereux de les appeler « dialectes français » ou, pire, « dialectes du français » : même si on ne veut marquer par là que leur rattachement à une aire géographique ou à l'aire d'influence d'une langue commune, le risque existe — et a eu des effets regrettables — qu'on ne les considère, par un curieux renversement de perspectives, comme des altérations, des dégénérescences de ce qu'ils ont précédé et à quoi ils ont souvent survécu.

Opposer, comme nous venons de le faire, à la langue française les patois et les dialectes gallo-romans, pourrait faire penser que ceux-ci ne sont pas des langues. D'un point de vue strictement linguistique, une telle position est évidemment indéfendable : chacun des types dont nous parlons est un instrument de communication humaine proposant un découpage original des réalités et disposant des outils proprement linguistiques — syntaxe, monèmes, phonèmes — permettant de transmettre des messages. Et cela peut justifier ou expliquer que certains, sensibles aux jugements de valeur inhérents à certaines dénominations, préfèrent appeler « langues » les patois et

Pour faire exotique, Walthéry fait parler les Indiens de la forêt amazonienne en wallon liégeois.
Extrait de la bande dessinée de François Walthéry, Mittei, Laudec et Leonardo, « Natacha, Le grand pari », n° 11, Dupuis, 1990.

les dialectes, — comme le Conseil des langues endogènes de la Communauté française de Belgique, qui s'occupe des parlers différents des langues communes qui se sont développés naturellement sur son territoire. Ce faisant, on élimine certes une nuance péjorative, mais au prix du renforcement de la polysémie d'un terme déjà très polysémique, et en perdant des nuances que l'on croit ici importantes, même si elles ne sont pas essentielles, congénitales, mais historiques et géographiques. Les langues, nous l'avons dit, sont un produit plus tardif, secondaire, voire tertiaire. Elles couvrent un domaine infiniment plus vaste que les patois, beaucoup plus vaste, également, que les dialectes, lorsqu'il en existe réellement, et par conséquent, servent à un volume de communication beaucoup plus important.

Il s'ensuit que les domaines notionnels qu'elles embrassent sont beaucoup plus nombreux (vie courante, mais aussi activités scientifiques, politiques, religieuses, etc.) et que, par conséquent, leur lexique global est infiniment plus riche et plus varié (même si les patois peuvent paraitre l'emporter dans quelques secteurs très limités). Il s'ensuit également que l'échelle des variantes de niveaux et des variantes stylistiques est plus large que dans un patois (qui, en dehors du neutre, ne joue guère que des niveaux familier et vulgaire).

La part d'éléments régionaux, on pourrait dire la part dialectale, que comporte une langue est très réduite par rapport à son fonds commun, ce qui entraine une grande capacité d'intercompréhension sur un domaine étendu; à l'inverse, les différences entre patois même proches sont innombrables, ne peuvent être considérées comme des variantes à l'intérieur d'un système global abstrait que personne ne pratique, et rendent très rapidement la compréhension difficile ou impossible (un Liégeois parlant son patois est plus difficile à comprendre par un Namurois ou un Carolorégien que, par chacun des trois, quelqu'un parlant le français de Toulouse ou de Genève).

Les limites de langues sont nettes et simples; les limites entre patois sont partout; les limites dialectales (des dialectes idéaux) sont fuyantes et, dans une certaine mesure, subjectives et arbitraires.

2. La fragmentation dialectale de la Belgique romane

Une marque évidente de la difficulté à cerner géographiquement un dialecte nous est donnée par les variations importantes des points de vue sur la question ainsi que par l'impossibilité où l'on se trouve de répartir clairement les patois de certaines régions dans telle famille dialectale plutôt que dans telle autre.

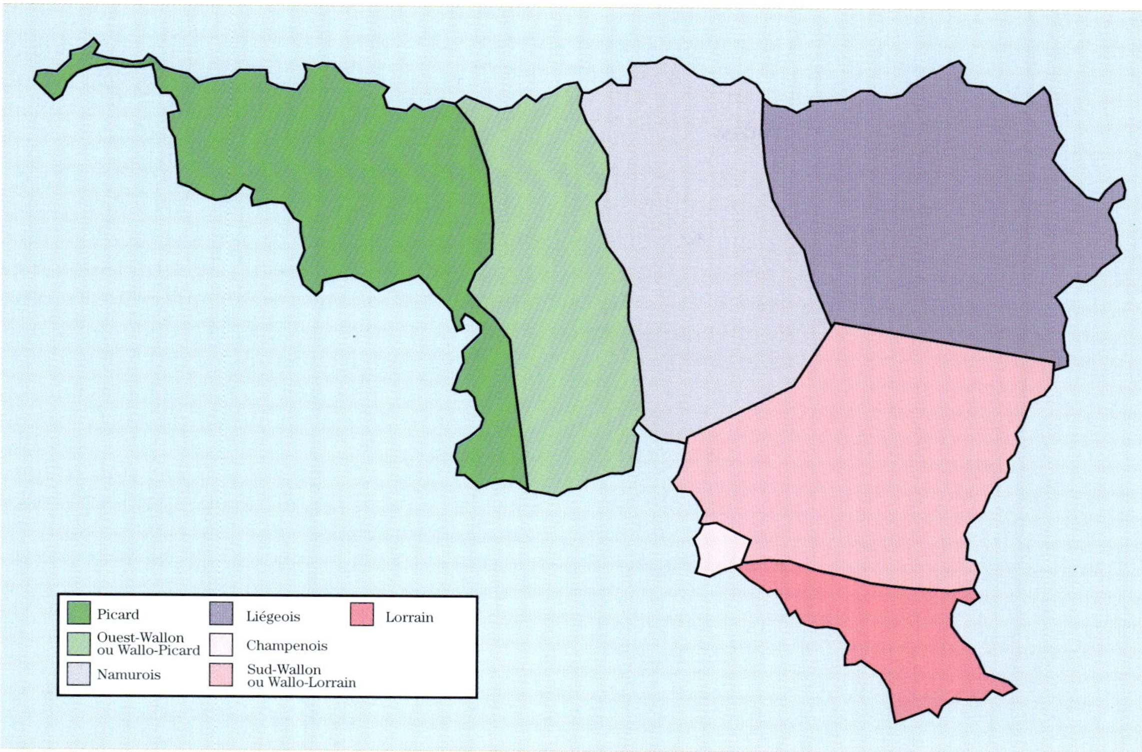

En 1967, Louis Remacle a proposé une étude, conçue dans une perspective historique et fondée sur 32 traits (22 phonétiques et 10 morphologiques), en utilisant la documentation de l'enquête de Jean Haust pour l'*Atlas Linguistique de la Wallonie* (Remacle, 1967). La carte schématique, extrêmement simplifiée, que l'on peut dégager de son étude montre clairement qu'entre le picard (auquel on rattache maintenant presque tout l'arrondissement de Thuin), d'une part, le lorrain, d'autre part, et le wallon, dont le noyau est le liégeois et le namurois, s'étendent de larges zones hybrides, wallo-picarde et wallo-lorraine.

Carte schématique de la segmentation dialectale en Wallonie,
adaptée d'après Louis Remacle, « La géographie dialectale de la Belgique romane », in : « Les dialectes de France au moyen âge et aujourd'hui », Paris. Copyright S.L.F.

La situation est plus complexe encore si on s'intéresse aux variantes lexicales. La carte de Remacle (1975-1976) fait apparaitre, en dehors de l'aire liégeoise, un morcèlement continu qui ne permet de dégager aucune frontière. L'aire liégeoise elle-même, si on retient les limites inférieures à 10, est parcourue en tous sens de traits différenciateurs.

On perçoit mieux encore le haut degré de la fragmentation si on examine des sous-variétés, que par souci de clarté les études d'ensemble négligent généralement, comme le borain, le chestrolais, le verviétois, etc., et la nature fluctuante des limites dites dialectales, si on se penche attentivement sur ces régions limitrophes.

Bref, si les limites des traits dialectaux peuvent être cernées de manière assez précise, mais varient pour chaque cas, les limites qu'on assigne aux dialectes et à leurs sous-variétés ne peuvent, elles, être tracées de façon linéaire que par une décision en partie arbitraire, fondée sur des critères quantitatifs ou qualitatifs qui n'ont rien d'absolu : en effet, le faisceau d'isoglosses séparant le liégeois du namurois, que l'on considère comme les deux variétés principales du dialecte wallon, est aussi important, est même plus net, et rassemble des traits aussi vénérables que celui à partir duquel on choisit de situer le passage à un autre dialecte, le picard.

Des études — difficiles à réaliser en raison de l'importance des variations individuelles dans des enquêtes de ce type et de la différence des résultats d'après le sens des échanges (du liégeois vers le picard ou du picard vers le liégeois, par exemple) — sur le degré d'intercompréhension permettraient peut-être d'éclairer le problème d'un jour nouveau.

Pour l'heure, on a le sentiment, à en juger d'après la situation belgo-romane, que le meilleur critère pour justifier les terminologies et les classements habituels (dialectes; sous-dialectes) est l'opposition entre zones relativement homogènes (comme le liégeois, le namurois), que de fortes différences n'empêcheraient pas d'appartenir à un même ensemble, et zones fortement hétérogènes (ouest-wallon, sud-wallon), qui signaleraient la transition vers un ensemble différent.

Peu de traits qui caractérisent un dialecte par rapport à ses voisins immédiats ou au français lui sont vraiment spécifiques : le maintien de [**k**] devant [**a**], qui nous permet d'opposer le picard au wallon, est le traitement habituel des parlers romans, à l'exception de ceux d'oïl; la conservation du timbre vélaire du [**u**] latin, qui délimite le liégeois, se constate partout sauf en gallo-roman; le traitement dit liégeois *-èdje* < *-aticu* se retrouve en Bourgogne, en Suisse romande; etc.

Pour établir la liste de traits phonétiques, morphologiques et lexicaux caractérisant les dialectes de Belgique romane, nous nous sommes limité, omettant des traits intéressants, mais ne rentrant pas dans nos catégories, à ceux qui opposent entre elles les trois grandes variétés vivant sur ce sol ou qui les opposent, toutes ou certaines d'entre elles, au français. Les aires retenues sont les aires actuelles, telles que l'*Atlas linguistique de la Wallonie* nous les fait connaitre; certaines ont varié, parfois considérablement, au cours des siècles.

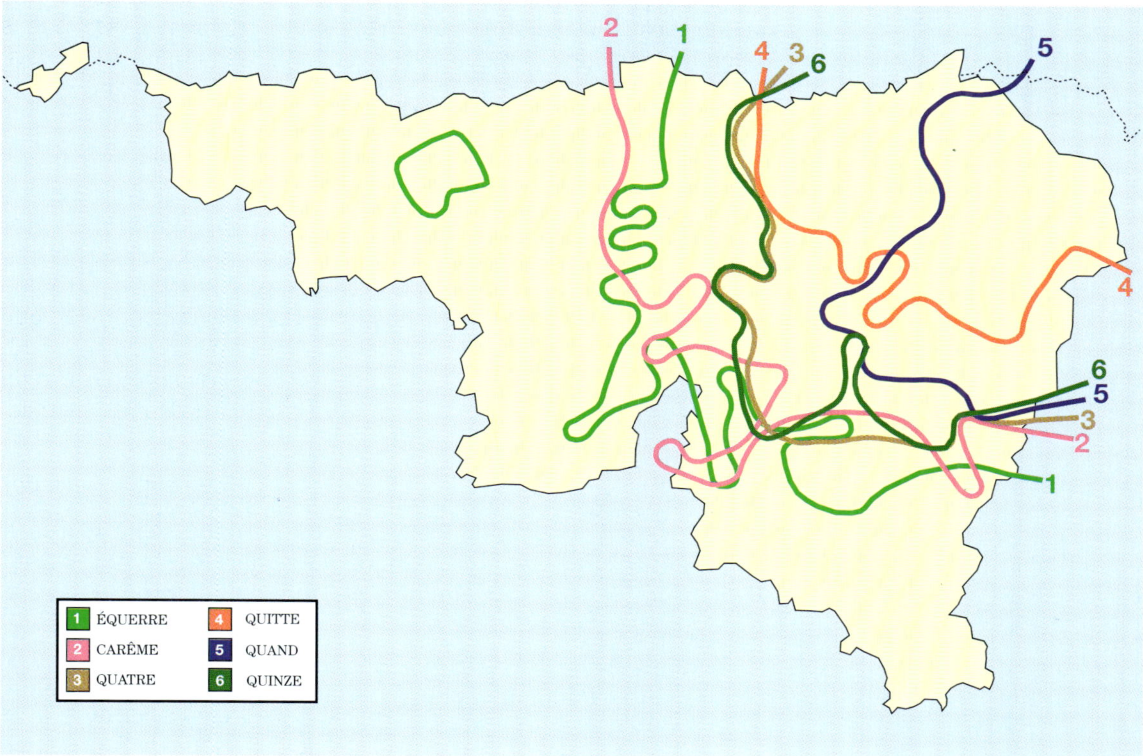

Maintien wallon de *w* du groupe *kw*. L'élément *w* se maintient à l'est des lignes dessinées sur la carte, dans des zones variant fortement selon les mots.
Adaptée du « Petit atlas linguistique de la Wallonie », I,3., Université de Liège, Institut de Dialectologie wallonne, 1990-1995. Copyright S.L.F.

Le classement est approximatif, par la force des choses, les limites d'un trait ne coïncidant jamais exactement avec celles d'un autre trait, et celles d'un trait phonétique dans un mot rarement avec celles du même trait dans un autre mot.

Nous examinerons d'abord les traits qui opposent les trois grands dialectes de l'aire belgo-romane au français ainsi que ceux que partagent wallon et picard et qui les opposent au français et au lorrain (2.1); ensuite les dialectes non wallons (picard et lorrain), en laissant de côté le champenois, dont l'aire belgo-romane, extrêmement réduite, ne permet guère d'observations pertinentes (2.2); puis le wallon (2.3); enfin, les sous-dialectes du wallon (liégeois et namurois) (2.4).

2.1 Les dialectes de l'aire belgo-romane face au français

2.1.1 *Traits wallo-picardo-lorrains s'opposant au français*

La diphtongue [ie] se réduit à [i] (mais il y a de nombreuses exceptions à ce traitement en picard et dans l'arrondissement de Neufchâteau) : *pî*, *pi* 'pied' (latin *pes*, *pedem*).

Non-intercalation de [d] ou [b] dans les groupes [l, m, n] + [ʀ, l] : *moûre* 'moudre' (latin *molere*); *ponre* 'pondre' (latin *ponere*); *èssonle*, *èsson.ne* 'ensemble' (latin *insimul*).

Le [w] germanique se conserve (et parfois s'amuït) et n'évolue pas en [gw, g] : *want* 'gant'; *wârder*, *ôrder* 'garder'; *wèsse*, *wèpe* 'guêpe'.

2.1.2 *Traits wallons et picards s'opposant au lorrain et au français*

Distinction de *in* [ɛ̃], *é* [e] (< *e* + *n* + consonne) et de *an*, *ån* [ã] (*a* + *n* + consonne) : wallon, picard *dint* - lorrain *dat*, français *dent* (latin *dens*); wallon, picard *tinre*, *tére* - lorrain *tanre*, français *tendre* (latin *tener*).

Diphtongaison de [ɛ] devant [ʀ, s] + consonne : wallon, picard *fièr*, *fiér* - lorrain *fér*, *fêr*, français *fer* (latin *ferrum*); wallon *tièsse*, picard *tiète* - lorrain *téte*, français *tête* (latin *testa*).

Forme unique de l'article défini et des adjectifs possessifs au singulier comme au pluriel; mais la forme lorraine, semblable à la forme française (*la*, *ma*, etc.), déborde largement sur le sud-wallon : wallon, picard *li*, *lu*, *lè*, *èl*, etc.; *mi*, *mè*, *èm*, etc. - lorrain *èl*, *la*; *èm*, *ma*, etc.; français *le*, *la*; *mon*, *ma.*, etc.

Terminaison *-ès* (*è* devant consonne, *èz* devant voyelle) de l'épithète antéposée au féminin pluriel : wallon, picard *dès grossès* (*grozès*) *gotes* (*goutes*) - lorrain et français *grosses gouttes*.

2.1.3 *Traits wallons et lorrains s'opposant au picard et au français*

Palatalisation en [ɛ] de [a] initial entravé après [k] initial : wallon *tchèsseû*, lorrain *tchèssou* - picard *cacheû*, français *chasseur* (latin **captiare +-ator*).

Le latin *-ellu* > wallon (liégeois et sud-wallon), lorrain [ɛ, e] : wallon liégeois, sud-wallon, lorrain *bê*, *bé*; *tchapê*, *tchèpé* - wallon namurois *bia*, *tchapia*; picard *biô*, *capiô*; français *beau*, *chapeau*; latin *bellus*, *cappellus*.

2.2 Les dialectes non wallons

2.2.1 *Le picard*

Dans le Hainaut (arrondissements de Tournai, Ath, Mons, Soignies, et, en partie, de Thuin).

Maintien de [k, g] devant [a] : picard *capiô* - wallon *tchapê*, *-ia*, français *chapeau*; picard *gambe* - wallon *djambe*, français *jambe*.

Palatalisation en [ʃ] de [k] devant [e, i] : picard *chink*, *chonk* - wallon *cink*, français *cinq*.

Suffixe *-ellu* > *-iô* : picard *biô* - wallon *bê*, *bia*, français *beau*.

[l + y] > [l] et non [y] : picard *feule*, *fwèle* - wallon *foye*, *fouye*, français *feuille*; picard *boutèle* - wallon *bo(u)tèye*, français *bouteille*.

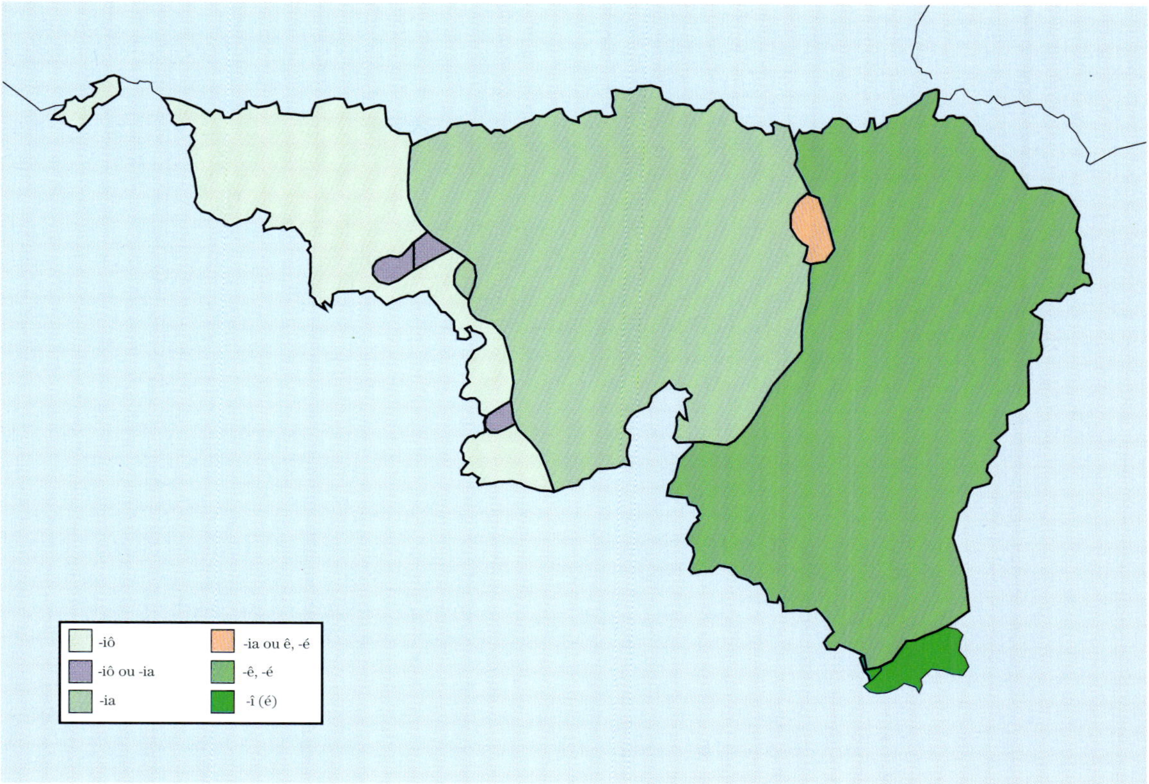

Évolution du latin « ellu » en Wallonie.
Adaptée du « Petit atlas linguistique de la Wallonie », I.2., Université de Liège, Institut de Dialectologie wallonne, 1990-1995. Copyright S.L.F.

Désinence atone *-tè*, *-t(e)*, *-t'* à la 3e personne du pluriel de l'indicatif présent : picard ils *cant'tè* (et variantes) - wallon liégeois *tchantèt*, namurois *tchant'nut*, lorrain et sud-wallon *tchantant*, avec flexion tonique.

Types lexicaux distinguant le picard du français et des autres dialectes belgo-romans : *day*, *dal* 'verrat'; *glène* 'poule' (latin *gallina*); *ecriyène*, *scrîne* 'veillée' (francique *skreunia*); *lonmint* 'longtemps' (littéralement longuement); *pun*, masculin, 'pomme'; *yoûrd* (ancien français *ord*) 'sale'; etc.

2.2.2 *Le gaumais*

Variété de lorrain, dans l'arrondissement de Virton.

[a + y] > [a] et non [ɛ] : gaumais *mâte* - wallon *mêsse*, *mwésse*, français *maître*.

[ʀ + s] > [ʃ] : gaumais *pouché* - wallon *pourcê*, *-ia*, picard *pourciô*, français *pourceau*.

Négation du type *mie* (*mi*, *m'*) : gaumais *on n' vwat m'* 'on ne voit mie' - wallon et picard *nin*, *gné*, etc. (équivalents de l'ancien français *nient*)

Types lexicaux : *artijon* 'mite' (latin *tarmes*); *lwade*, *lwène* 'éclair' (gaulois *leuxos*); *méch* 'jardin' (latin *mansus*); *ochon* 'ourlet', *och'ner* 'ourler' (type *oreçon*, diminutif de *ora* 'bord, lisière'); *oté* 'cuisine' (littéralement 'hôtel').

2.3 Le wallon

Le wallon couvre la majeure partie de la Belgique romane, exception faite des zones picarde, lorraine et champenoise; il se prolonge légèrement en France, notamment dans la région de Givet, Fumay, Revin; sous sa variété namuroise, il a été importé au XIXe siècle en Amérique du Nord et il survit dans une partie du Wisconsin (voir Lempereur, 1976).

Diphtongaison de [ɔ] devant [ʀ] + consonne : wallon *mwèrt*, *mwart* - picard, lorrain *mort*, *moûrt*, français *mort* (latin *mortuus*).

[ō (ŭ)] tonique suivi de deux consonnes (sauf devant [ʀ]) > wallon [ɔ] : wallon *crosse* - ouest et sud-wallon *crousse*, picard et lorrain *croute*, français *croûte* (latin *crusta*).

[u] long + [m, n] + consonne > wallon [ɔ̃] : wallon *on*, *londi* - ouest-wallon, picard, lorrain *un*, *in*, *lundi*, *lin-*, français *un*, *lundi*.

Maintien de [s] d'appui devant consonne (particulièrement devant [p, t]) : wallon *spine*, *-ène* - picard *èpène*, *-eune*, lorrain *èpine*, français *épine* (latin *spina*); wallon *èsté*, *osté* - picard, lorrain *èté*, *été*, français *été* (latin *aestas*).

Maintien de l'élément labial [w] du groupe [kw] : wallon *cwarème* 'carême'; *cwate* 'quatre'; *cwinze* 'quinze'; etc. Les limites sont très variables selon les mots.

[abl] (des groupes *abula*, *abilis*) > [av] : wallon *tâve*, *-ô-*, *stâve* - ouest-wallon, picard, sud-wallon, lorrain *tâle*, *-ô-*, *tâbe*, *stâle*, français *table*, *étable* (latin *tabula*; *stabula*). Ce trait est connu en certains points picards (*tave*, *stave*).

Généralisation de la flexion latine *-abam*, *-as*, *-at* à l'indicatif imparfait singulier (> *-éve*, *-eûve*, *-îve*) - picard, lorrain, français *-ebam* : wallon *passéve*, *-eûve*, *-îve* 'passait'.

Quelques types lexicaux : *bîler* 'se crevasser' (bois); *cizète(s)*, féminin singulier ou pluriel, 'ciseaux de couturière'; *roter*, *-ou-* 'marcher'; *sîse*, *chîje* 'soirée, veillée'.

2.4 Sous-divisions ou variétés régionales du wallon

2.4.1 *Liégeois (ou est-wallon)*

Non-palatalisation de [u] tonique libre : liégeois *pièrdou* - partout ailleurs *pièrdu*, *pèr-*, *-ù*, français *perdu* (latin *perdutus*).

Suffixe latin *-aticu* > *-èdje* (dans certains mots; *-adje* dans d'autres) : liégeois *viyèdje* - ailleurs en wallon et en lorrain *-adje*, en picard *-aje*, français *-age*.

Ouverture de [i] long tonique libre en hiatus : liégeois *vèye*, *-ê-* - ailleurs, *vîye*, *vî*, *vi*, français *vie* (latin *vita*).

[h] dit secondaire < notamment de [sk] : liégeois *hâle*, *-å-* - namurois, sud-wallon *châle*, *-ô-*, lorrain *chieûle*, *chûle*; ouest-wallon *èscôle*, *èskièle*, picard *èkièle*, français *échelle* (latin *scala*).

Survivance du passé simple et du subjonctif plus-que-parfait : liégeois *i touma*, *prinda* (ou *toumit*, *prindit*) 'il tomba', 'prit'.

Gérondif introduit par 'tout' : liégeois *tot tchantant* 'en chantant'.

Type 'leur(s) deux' (*leû deûs*) 'eux deux'.

Indicatif présent 3e personne du pluriel en *-è* tonique : liégeois *i tchantèt*, *magnèt*, *buvèt*, *prindèt*, *r'çûvèt* 'ils chantent', 'mangent', 'boivent', 'prennent', 'reçoivent'.

Nombreux types lexicaux particuliers : *cincwème* 'pentecôte'; *èsprinde* 'allumer'; *hore*, *heûre* 'grange'; *mâssîr* 'sale'; *norèt* 'mouchoir'; *wére* 'chevron (de toit)'; etc.

2.4.2 *Namurois (ou centre-wallon)*

Suffixe latin *-ellu* > [ya] en namurois et dans l'ouest-wallon : *bia*, *tchapia*, *batia* 'beau', 'chapeau', 'bateau'.

Suffixe latin *-ibilem* > [ɛʀ] (par attraction phonétique de *-ère* < *-aria*) : *pôjêre* 'paisible'.

Développement de [w] après consonne labiale devant [ɛ, ɛ̃] : *fwin* 'faim'; *pwin.ne*, *pwène* 'peine'.

Indicatif présent 3e personne du pluriel en *-nut* tonique : *i tchant'nut*, *val'nut* 'ils chantent', 'valent'.

2.4.3 *Les parlers des aires de transition (ouest-wallon et sud-wallon)*

Ils se caractérisent principalement par le fait qu'ils possèdent, dans des proportions variables, des traits des deux dialectes entre lesquels ils se situent.

Par exemple, le sud-wallon a l'article féminin singulier *la*, la flexion *-ant* à la 3e personne du pluriel de l'indicatif présent (*i tchantant* 'ils chantent'), l'adjectif *niche* 'sale' comme le gaumais, mais, comme le wallon, il maintient [s] devant [p, t], conserve [ɛ̃] distinct de [ã], etc. Dans un mot comme *croûte*, il traite le groupe consonantique final comme le wallon, mais la voyelle comme le lorrain : *crousse*.

3. Chronologie

Pour la chronologie des traits différenciateurs, on se reportera à Remacle (1992, particulièrement pp. 157-169). Dès avant 800, « la segmentation dialectale du nord de la Gaule se dessinait dans ses grandes lignes » (p. 165); dès 1200, l'individualité du wallon et de ses deux grandes variétés — le liégeois et le namurois — était « très sensible ».

Les causes de la fixation des limites ne sont pas faciles à déterminer, d'autant qu'on ne connait pas très bien leur état le plus ancien. D'après Morf, les dialectes se seraient développés sur les territoires des anciens diocèses, eux-mêmes calqués sur des divisions administratives romaines : le wallon sur le diocèse de Liège, le picard et le lorrain sur ceux de Cambrai et de Trèves. Des frontières géographiques naturelles, comme les forêts, ont pu jouer un rôle, ainsi que, parfois, les frontières politiques anciennes : Hubin (1959) a montré, par exemple, que la frontière entre la principauté de Liège, d'une part, le duché de Namur dc et la prévôté de Poilvache, d'autre part, correspond assez exactement au gros faisceau de traits différenciateurs séparant, le long de la Meuse, le liégeois et le namurois.

4. Couches constitutives

Les éléments constitutifs des dialectes belgo-romans ne diffèrent pas sensiblement de ceux qui ont formé les autres dialectes d'oïl et le français. Ce qui les distingue peut-être le plus, c'est un apport relativement important d'éléments germaniques récents (néerlandais, allemand, dialectes flamands et rhénans), et, à toutes les époques, mais de manière accentuée aujourd'hui, des emprunts à la langue de culture beaucoup plus nombreux que ceux que celle-ci leur a faits.

Par nature aussi, les patois sont pauvres en termes abstraits et riches en expressions concrètes et imagées (comparaisons traditionnelles, dictons, calembours lexicalisés, etc.), dont le français a, dans son secteur populaire et argotique, des équivalents (cf. liégeois *i-n-a 'ne mohe è l'ôrlodje*, littéralement 'il y a une mouche dans l'horloge', 'il y a de l'eau dans le gaz'; liégeois *aveûr dès wèzes è cou*, littéralement 'avoir des guêpes dans le cul', 'ne pas tenir en place', français argotique *avoir des hannetons dans le postère*); autrement dit, langages essentiellement oraux, ils couvrent une partie seulement des champs notionnels et des niveaux qu'embrassent les langues de culture.

Les patois sont aussi, globalement, plus conservateurs. Un grand nombre des particularismes lexicaux du wallon et du picard d'aujourd'hui par rapport au français sont plus ou moins récents et s'expliquent par le fait que ces parlers (ou certains d'entre eux) ont conservé des termes que le français a remplacés par d'autres : ainsi, *acertiner* 'affirmer', *aloue* 'alouette', *bésicles* 'lunettes', *bille* 'quille', *buer* 'lessiver', *chair* 'viande', *courtil* 'jardin', (*de*)*gré* 'marche (d'escalier)', *fou* 'hêtre', *gager* 'parier', *geline* 'poule' (picard *glène*), *huis* 'porte' (liégeois *ouf*, namurois *uch*), *linceul* 'drap de lit', *moisson* (liégeois *mohon* 'moineau'; namurois *mouchon* 'oiseau'), *œuvrer* 'travailler', *sauz* 'saule', *serrer* 'fermer', *tasson* 'blaireau', *voie* 'chemin', etc.

On est loin de disposer, pour l'ensemble des parlers belgo-romans et même pour certaines variétés, de toutes les synthèses décrivant de manière précise et détaillée les différents apports lexicaux dont ils sont constitués. On se bornera à un rapide survol, en citant, pour chaque couche, quelques exemples typiques.

Le fonds essentiel est le latin. Les parlers de l'extrême nord-est sont les seuls parmi ceux d'oïl à posséder certains mots latins, ou à les partager avec des parlers franco-provençaux, occitans ou avec d'autres langues romanes. Schmitt (1974) a montré la latinisation ancienne des parlers de l'extrême nord et leur parenté initiale, brisée par l'arrivée des Francs et l'installation de leur capitale à Paris, avec ceux de l'est et du sud.

Quelques exemples : latin *acia* 'fil à coudre' (liégeois *fi d'èce* 'fil écru'); *clunis* 'fesse' (wallon de l'est *clon* 'os de la hanche'; *diclоné* 'déhanché'); *macerare* 'rendre mou' (liégeois *mêrî* 'tourner et arrondir dans la farine une masse de pâte pour lui donner la forme d'un pain'); *patrinus*, *matrina* (wallon *pârin*, *mârène*); *mulgere* 'traire' (wallon *moûde*, *mode*); *palmes*, *-item* 'sarment'(wallon *pâte*, *-ô-*, *pâme*, *-ô-* 'épi'); *samiare* 'frotter avec une pierre de Samos; aiguiser' (wallon *sinmî*, *-è-*); *scalpellum* 'petit couteau' (liégeois *hèrpê* 'couteau de menuisier'); *terreus* 'de terre'(liégeois *tîdje* 'vieux chemin de terre'); *trajectorium* 'entonnoir' (wallon *trêteû*, *-wè*); *vara* 'pièce de support' (liégeois *wére* 'chevron de toit').

Le substrat gaulois a laissé quelques traces. Le mémoire de Marie-Rose Garzaniti (1981) montre que près d'une centaine de termes gaulois, sur environ 250 attestés en Gaule romane, ont survécu dans des parlers belgo-romans. La plupart sont très largement répandus; quelques-uns sont propres au nord de la Gaule (*crienta* 'balle, vannure' : *crincî* et variantes 'vanner', 'secouer'; *dragenos* 'épine' : picard *fourdrène* et variantes 'prunelle (fruit)'; *gansko* 'branche' : type *jachère*, à l'est et à l'ouest de la Belgique romane) ou à la Belgique romane (*ancoravus* 'saumon' : liégeois *ancrawe* 'femelle de saumon'; *soro* 'orgelet à l'œil' : liégeois *seuroûy*, gaumais *swaran*). Certains se sont maintenus dans toute l'aire picardo-wallo-lorraine (*crincî*, *-er* 'vanner'); d'autres subsistent seulement en wallon (*ancrawe* 'saumon'), en picard (**mesigu* > tourn. *miègue* 'petit lait'; **dragenos* ci-dessus) ou en lorrain (**leuxos* 'clair' > *lwade* 'éclair de chaleur').

Le superstrat francique est évidemment beaucoup plus considérable que le substrat gaulois. C'est lui qui a le plus contribué à donner

Le fast-food international aux couleurs locales : « Rin qu'po lès Lîdjwès ! »

aux parlers d'oïl le caractère original qui les distingue des autres parlers romans occidentaux. Une grande part du fonds lexical d'origine francique couvre tout le nord de la Gaule, et, donc, se retrouve en wallon, en picard, en lorrain comme en français.

Quelquefois, le conservatisme latéral de nos parlers fait qu'ils ont conservé les mots latins antérieurs aux mots franciques qui les ont évincés en français : ainsi, par exemple, en liégeois, les mots franciques **haistr*, **salha*, *hotta* n'ont pas remplacé les mots latins *fagus*, *salix*, *buttis* (liégeois *faw*, *så*, *bot*); dans toute la Belgique romane, *courtil* (du latin **co-hort-ilem*) survit à côté de *jardin* (du francique **gard-inum*).

Mais, plus souvent, les parlers de Belgique romane ont conservé des termes d'origine francique que le français a abandonnés à diverses époques : *banse* 'manne', *bizer* 'courir çà et là', namurois *buk* 'tronc', *foûre* 'foin', *gréve* 'crête du tibia', liégeois *håhe*, namurois *auje* 'barrière à claire-voie', *hêtî* 'en bonne santé', *mamboûr* 'tuteur', *mèhin* 'infirmité', picard, namurois *oder* 'fatiguer', *reûpe* 'rot', etc.

Certains emprunts au francique sont propres à l'extrême nord ou y sont particulièrement bien implantés : **handjan* > *hagnî* 'mordre'; **harba* > ancien liégeois *harber* 'enclore de haies', Erezée *hårbèye* 'haie'; *hranka* > liégeois *rantche* 'tige (de pomme de terre)'; **hundinna* ('chienne', qui a pris le sens du latin *canicula*) > liégeois *halène*, picard *ounène* 'chenille'; **hunia* > *hougne*, *-ète* 'tas (de foin)'; *kratto* > *kèrtin*, *crètin* 'panier'; **mâhal* > namurois *mafe* 'gerbier'; **skura* > liégeois *heûre*, ardennais *hore* 'grange'; etc.

Cette forte imprégnation germanique s'est marquée aussi sur le plan phonétique par l'adoption du phonème /h/, que le français a perdu, mais que toute la partie orientale de la Wallonie (liégeois, sud-wallon, gaumais) conserve, et par l'emprunt sans modification du [w] germanique (**wardôn* > *wârder* 'garder'); ainsi que, peut-être, par certains calques syntaxiques.

Par rapport au français, d'autres divergences sont apparues plus tardivement, comme pour des mots d'origine latine, à la suite d'innovations sémantiques (**gaheis* > français *gai*, liégeois *gåy* 'propre, bien habillé'; **fillo* > ancien français, moyen français *fel* 'cruel, méchant', wallon *fèl* 'ardent, énergique') ou morphologiques, notamment par la création de dérivés originaux (wallon de l'est *gayèt* 'taureau'; *hametê* 'hameau'; *haveroûle* 'sorte de filet de pêche'; *mossê*, *mos'rê* 'mousse (plante)'; *mofioûle* 'taupinière'; *nâlî* 'lien de cuir; lacet'; *rin.nâ* 'sillon de démarcation; borne'; etc.).

La part d'éléments germaniques plus récents, empruntés au néerlandais, à l'allemand ou à des dialectes apparentés à ces deux langues, est assez considérable, en raison de la situation géographique de nos parlers qui, au nord comme à l'est, sont des marches du domaine roman. Mais il est parfois difficile d'établir avec certitude la direction et la date des emprunts.

Warland (1940) a étudié des points de vue phonétique et lexical l'influence germanique ancienne et récente sur le wallon de Malmedy. Geschiere (1950) a tâché de dresser le bilan des éléments néerlandais entrés en wallon liégeois : il relève près de 600 termes (dont plusieurs ont disparu et dont à peu près le quart sont contestables), couvrant les domaines les plus variés, particulièrement ceux de certaines activités, comme la batellerie fluviale, la vie agricole (*skèye* 'sape de moissonneur; *pot'kése* 'fromage en pot'), la construction (*pane* 'tuile'), les jeux, ou de certains produits, comme les poissons de mer, l'huile (*ôle di trâne* 'huile de foie de morue'), le tabac (*toûbak* 'tabac'; *snoufe* 'tabac à priser').

Pour déterminer l'origine des emprunts, il importe d'avoir une idée précise de leur répartition géographique. Il en est de wallons (*tîke* 'taie (d'oreiller, de matelas)'), de lorrains (*harke* démêloir'), de picards (*coûkèbake* 'crêpe'; *lamplumu,...* 'marmelade'; *oke* 'morceau'; *wassingue* 'torchon'); d'autres sont cantonnés dans la partie

Carte des différentes dénominations de la pomme de terre.
Adaptée du « Petit atlas linguistique de la Wallonie », I,18., Université de Liège, Institut de Dialectologie wallonne, 1990-1995. Copyright S.L.F.

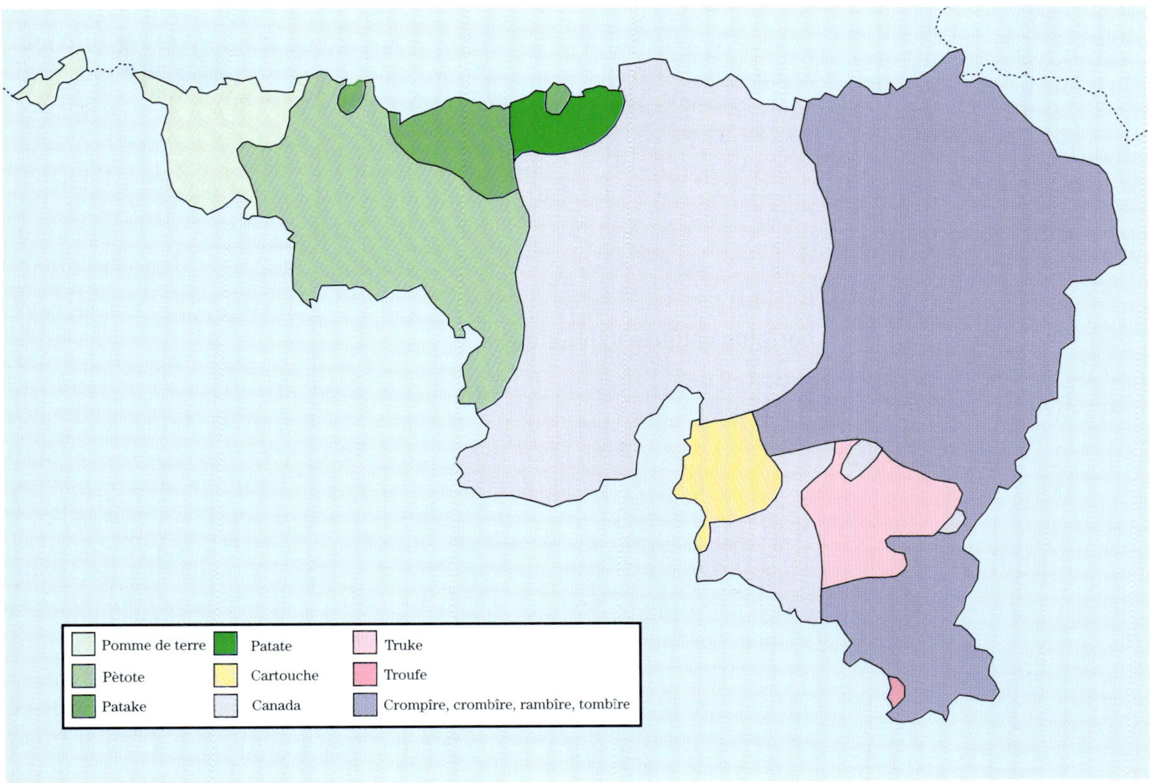

orientale de la Wallonie (liégeois *crompîre*, gaumais *crombîre*, *tom-* 'pomme de terre' < rhénan *Grundbirne*), au nord-est (l'adjectif liégeois *mâssîr* 'sale', composé de 'mal' et de **sîr* < moyen néerlandais *siere* 'joli, beau'), à une partie seulement du nord-est (verviétois-malmédien *clûte* 'boulet de poussier de charbon pétri avec de l'argile'); d'autres sont plus locaux encore, propres à de toutes petites zones limitrophes de territoires de langue germanique, comme le Brabant wallon (*gëwér* 'arme'; *trape* 'escalier' : Nivelles *rètch'om'kér* 'loyalement, droitement', du néerlandais *rechtsomkeert* 'demi-tour à droite'), la région malmédienne (*dès bouhes* 'de l'argent'; *hûskène* 'cabinet d'aisances').

L'influence du français est infiniment plus profonde que celle des parlers germaniques récents, et, contrairement à celle-ci, qui s'amenuise au fil du temps, elle ne cesse de progresser. C'est que cette influence ne vient pas seulement de l'extérieur — de France — mais aussi de l'intérieur, le français étant la langue de culture et de communication en Wallonie depuis des siècles. Certaines cartes font penser à des innovations venues du sud, sous la forme d'un débordement général (par exemple, le type *lait* a supplanté dans tous les parlers limitrophes de la frontière française le type belgo-roman *laiceau*), soit par des couloirs de diffusion comme on en repère dans la région picarde ou dans le sud-wallon. Mais même les parlers les plus éloignés de la France sont profondément marqués par le français. Ainsi, en liégeois, des centaines de mots ont été empruntés tels quels ou avec diverses adaptations phonétiques, parfois, mais pas toujours pour traduire des réalités nouvelles; l'équivalent wallon subsiste souvent avec un sens différent du mot nouveau (liégeois *tchêve* 'cage pour le transport de la volaille' - *caje* 'cage d'extraction de houillerie'; *idreût* 'endroit (antonyme de 'envers')' - *andrwèt* 'endroit (lieu)'; *ango* dans '(poire d')angoisse)' - *angwèsse* 'angoisse (sentiment)'; etc.). Le nombre de ces emprunts est tel qu'il a modifié : a) le système phonologique du liégeois, contribuant, pour une part importante, à y introduire les consonnes [ʃ] et [ʒj] (*aboucher*, *acharné*, *acroche*, *afiche*; *abajoûr*, *ajance*, *ajoute*), dont les équivalents indigènes sont [tʃ] et [dʒj]; b) la structure phonique traditionnelle du mot, par l'adoption récente de mots se terminant par un groupe consonantique (l'ancien *lantiène*, que certains patois conservent, a cédé devant *lantére*, puis devant *lantèrne*; autres exemples : *arme*, *barke*, *divorce*, *ècharpe*, etc.); c) le système morphologique, la plupart des affixes les plus fréquents étant attestés à la fois sous une forme proprement wallonne et sous une forme francisée (*boûrdeû*, *tchanteû*, mais *amateûr*, *assûreûr*, *minteûr*; *inmåve* 'aimable', mais *capåbe* 'capable'; *mureû* 'miroir', mais *abatwér*, *trotwér*; — *èdurer* 'endurer', mais *ambèli* 'embellir', etc.). Si profonde que soit cette pénétration, elle ne met pas véritablement en danger la spécificité du dialecte tant qu'elle reste principalement lexicale. Beaucoup plus grave est l'altération de la syntaxe dont on peut observer chez de jeunes locuteurs de nombreux exemples (formes et emplois des temps et des pronoms; place des mots, etc.).

Si on met à part les créations propres à nos dialectes, les autres couches constitutives sont d'importance secondaire. Le latin a exercé un rôle par le canal de la religion, du droit, de l'école, des sciences. Les emprunts qui lui ont été faits sont parfois totalement intégrés et méconnaissables (par exemple, liégeois *fé ine sacwè d'adram* 'faire quelque chose comme il faut', du latin *ad rem*), parfois peuvent rester sensibles (liégeois, namurois, Centre *mizèréré* 'colique de miséréré, étranglement intestinal'; gaumais avoir *dès crédôs* 'des dettes'). Certains ne subsistent que sous la forme d'une réinterprétation plaisante (liégeois *ås treûs vîs-omes* 'au revoir', réinterprété 'aux trois vieux hommes', du latin *ad revisum*); plusieurs sont des inventions fantaisistes imitant des consonances latines (Malmedy, Stavelot *drolibus* 'excentrique'; Mons faire *crastinom* 'faire la grasse matinée'). Parfois encore, le latinisme peut être entré indirectement, par le canal du germanique (liégeois ancien *coma* 'virgule', *tîmus* 'thym').

Jules Herbillon (1961) a montré que le régime espagnol dans les Pays-Bas méridionaux avait laissé plus de traces linguistiques qu'on ne croyait. Cependant, beaucoup d'emprunts faits à l'espagnol par le français de nos régions ont été momentanés, et ceux qui se sont introduits, souvent par le français, et conservés dans les patois sont très rares : wallon *alfêr* 'porte-drapeau', *caracole*, *-ri-* 'limaçon, escargot'; liégeois *bouratche* 'ivrognesse'; picard *agozile* 'concubin; vaurien', picard *liston* 'ruban'; etc.

Les patois les plus proches ont apporté également dans chaque variété un petit contingent de mots du vieux fonds commun sous des habits différents : par exemple, le liégeois tient du hutois-namurois *bouria* 'bourreau', du picard *cariot* 'rouet (de fileuse)', *gayète* 'morceau de houille'.

Plus intéressantes et probablement plus importantes sont les créations propres aux dialectes eux-mêmes, mais elles n'ont fait à ce jour l'objet d'aucune étude d'ensemble. Il en existe dans tous les domaines : lexical (*sandrinète*, *gåmète* 'sortes de bonnets'; liégeois *norèt* 'mouchoir', *tchantwér* 'excavation où se perd un ruisseau'), sémantique (*passe-pî* a en Wallonie plusieurs sens originaux : 'escabeau'; 'estrade'; 'pédale'; *bodène*, *boudine*, en liégeois 'bedaine', en picard 'nombril', n'a que dans le centre du domaine wallon le sens 'mollet'); morphologique (*cizète*, féminin, 'ciseaux de couturière'; dérivés en *-iveûs*, comme *grandiveûs* 'vaniteux, glorieux', *toûrsiveûs* 'astucieux, fourbe'); syntaxique (conjugaison de *vola* 'voilà' : imparfait *volaveût*, futur *volarè*).

5. Emprunts du français au wallon

Le français commun a agrégé à son fonds un certain nombre de mots qu'il a empruntés, sans doute par l'intermédiaire des langues régionales, aux différents dialectes parlés sur son territoire. S'ils ont perdu de ce fait tout caractère régional, les mots de ce type conservent parfois de leur origine une limitation notionnelle (termes techniques) ou sociale (termes plaisants ou péjoratifs). La plupart appartiennent au vocabulaire spécialisé de la houillerie et, à quelques remarquables exceptions près (*houille* et sa famille, *terril*), ne sont — n'ont été — guère utilisés ou même connus que par des initiés (*bure* 'fosse', *bacnure* 'galerie perpendiculaire au puits', *faille* 'fente', *hercheur* 'ouvrier qui conduit les wagons de charbon', *plateur* 'lieu horizontal où aboutit l'inclinaison d'un filon de mine', *rivelaine* 'sorte de pic', etc.). Les autres mots wallons devenus français sont aussi, en général, des noms d'outils (*ringard*, *troussequin*) ou des termes techniques (*fagne*, terme de géologie). Fait exception *estaminet* ('café où on fume'; puis, 'petit café populaire'), qui vieillit sans avoir réussi à trouver, comme *cabaret* (d'origine picarde), un sens nouveau qui le maintienne vraiment en vie.

Des emprunts au picard, venus de France plus souvent que de Wallonie, nous ne parlerons pas, sinon pour relever ici encore l'importance de l'apport houiller (*cuffat* 'tonne pour le transport du minerai', *exhaure* 'épuisement des eaux', *grisou*, *porion* 'contremaitre').

6. Littérature

Dans le domaine gallo-roman, la littérature en dialecte apparait à la fin du XVIe et au début du XVIIe siècle, à un moment où l'écart par rapport au français se marque avec plus de netteté. Des quelque 400 pièces recensées en Wallonie pendant l'Ancien Régime, la plupart sont liégeoises et ont pour auteurs des lettrés, qui connaissent le français et souvent le latin. Œuvres de circonstance, elles n'ont guère de valeur artistique; mais quelques-unes se détachent du lot, par la qualité et la vigueur de la langue et du trait, comme les *Dialogues de paysans* (1631-1636), complaintes sur les ravages de la guerre, ou *Lès êwes di Tongue* (environ 1700), virulente satire de Lambert de Ryckman sur les prétendues vertus des eaux minérales de Tongres; ou encore par la familiarité, la connivence que crée le patois, dans les chants de Noël ou les saynètes du théâtre liégeois du XVIIIe siècle.

Sous l'impulsion du romantisme, la littérature dialectale connaitra en Wallonie un développement exceptionnel, par le nombre des œuvres et par la qualité de quelques-unes d'entre elles. Le succès des Liégeois-Nicolas Defrecheux (1825-1874) et Édouard Remouchamps (1836-

1900) contribua fortement à la floraison, dans toute la Wallonie, de la chanson lyrique et du théâtre, les deux genres — oraux — qui ont dominé le XIXe siècle. La création de sociétés littéraires — particulièrement, en 1856, de la Société liégeoise de Littérature wallonne (aujourd'hui Société de Langue et de Littérature wallonnes) — encouragea aussi la création en essayant de l'aiguiller sur des voies d'exigence.

Diplôme de la Société liégeoise de Littérature wallonne, fondée en 1856.
Collection privée. Cl. S.L.F.

Au XXe siècle, c'est en poésie qu'apparaissent les œuvres les plus remarquables : le Liégeois Jules Claskin, le Nivellois Franz Dewandelaer, la Namuroise Gabrielle Bernard sont parmi les premiers à faire entendre un ton neuf et personnel; entre les deux guerres se révèlent les auteurs les plus importants, tant à l'est (Louis Remacle; Albert Maquet) qu'à l'ouest (Willy Bal) et au centre (Jean Guillaume); leur activité se prolonge après la guerre, et de nouveaux poètes se révèlent (dans la région liégeoise, Léon Warnant, Jenny d'Inverno, Marcel Hicter, Victor George; au centre, Emile Gilliard, Georges Smal; en Gaume, Albert Yande; à Tournai, Géo Libbrecht). Moins pratiquée, la prose a cependant inspiré quelques narrateurs (Auguste Laloux [Dorinne], *Li p'tit Bêrt*, 1969; André Henin [Han-sur-Lesse], *Lès têres d'au Bon Diè*, 1980; Jean-Marie Masset [Malmedy], *Treûs contes*, 1983), et — dans le Hainaut surtout — de savoureux auteurs d'aphorismes, comme Pierre Faulx [Charleroi]. Devenu moins populaire, le théâtre cherche à se renouveler, par exemple en s'adaptant au jeu radiophonique ou télévisé.

Le siège de la Société littéraire à Liège.
Cl. S.L.F.

Le public d'une littérature dialectale est, par définition, limité : les œuvres orales les plus populaires du XIXe siècle ne touchaient

La bande dessinée en wallon liégeois.
« Li grand pris dèl cowe dè bwès », extrait de François Walthéry, « Li vî bleû », 1979.

LI GRAND PRIS DÈL COWE DÈ BWÈS

qu'une région limitée et devaient, pour élargir leur audience, passer par la traduction; les œuvres du XXe siècle se heurtent, en outre, à un double obstacle : la diffusion a peu de moyens et peu de lecteurs sont habitués à lire le dialecte.

Face à cette situation, une solution s'est dessinée depuis longtemps déjà (voir *Li voyèdje di Tchôfontin.ne*) : elle consiste à écrire en français régional, niveau de langue aujourd'hui menacé également, et qui a été pratiqué avec bonheur par quelques auteurs de proses narratives (Marcel Remy, Aymé Quernol; voir sur ce point le chapitre 23). D'autres, comme Arthur Masson, ne combinent pas les deux langues, mais les font alterner selon les personnages. Enfin, certains ne demandent au wallon, pour mieux situer l'action dans un terroir, et souvent dans le passé, que quelques citations clairement marquées.

7. Vitalité des dialectes belgo-romans

Bien qu'on ne dispose pas d'une enquête générale sur l'usage et sur la connaissance actuels des dialectes en Belgique romane, tous les observateurs s'accordent à reconnaitre que, depuis la fin de la dernière guerre surtout, ils sont victimes d'un déclin sensible et accéléré. L'instruction obligatoire (depuis 1914-1918), le développement des médias, la circulation accrue des personnes ont contribué à diffuser le français aux dépens du dialecte, frappé — souvent, au début, dans l'intention louable de donner à tous des chances de promotion — d'une déconsidération malheureuse.

La situation n'est pas aussi dramatique dans toutes les régions ni dans toutes les couches sociales : il semble que le dialecte résiste mieux à la campagne qu'à la ville, chez les hommes que chez les femmes, dans le domaine wallon que dans les domaines picard et lorrain. Mais partout il est gravement atteint et menacé dans sa survie ou, du moins, dans son originalité. Il est clair qu'aujourd'hui c'est un patrimoine en péril et qui appelle des mesures de conservation et de sauvegarde. Les nombreux travaux des dialectologues wallons, et particulièrement l'enquête de Jean Haust pour l'*Atlas linguistique de la Wallonie*, ont fixé de nos dialectes, à un moment où ils étaient encore dans leur plein éclat, un tableau assez précis et nuancé pour qu'ils soient parmi les mieux décrits de l'ensemble des dialectes gallo-romans. Mais, en outre, leurs œuvres — dictionnaires, lexiques, grammaires, etc. — n'ont pas peu contribué à entretenir ou à restaurer la connaissance du patois dans une partie de la population. Plusieurs associations culturelles poursuivent, de manière plus spécifique, cette tâche de promotion, en encourageant la littérature, le théâtre, en présentant, aux jeunes en particulier, du dialecte une image positive et attrayante.

Page extraite de : Michel Francard, « Dictionnaire des parlers wallons au pays de Bastogne », De Boeck, 1994.

Là, en effet, réside sans doute la seule espérance d'une survie ou d'un regain. Que l'école puisse y contribuer, comme l'y autorisent certains décrets récents, cela ne parait pas douteux. Mais le manque de moyens et, aussi, l'absence d'accord sur la manière et sur l'objectif réel (favoriser par l'école mais surtout en dehors d'elle un apprentissage naturel du patois, ou imposer une variété composite ou normalisée) ont rendu jusqu'ici cette action peu efficace.

Jean LECHANTEUR

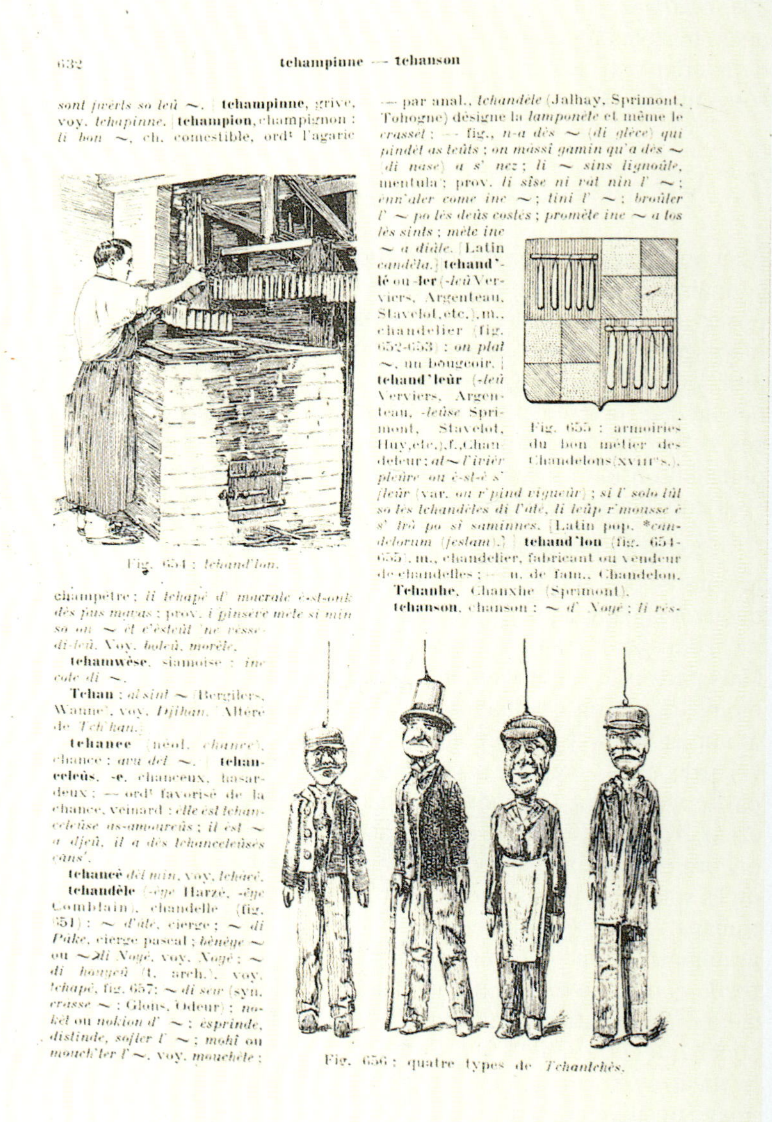

632 **tchampinne — tchanson**

sont pwèrts so leû ~. | **tchampinne**, grive, voy. *tchapinne*. | **tchampion**, champignon : *li bon* ~, ch. comestible, ord[t] l'agaric champêtre ; *li tchapé d' macrale è-st-onk dès pus mavas* ; prov. *i pinsêre mèle si min so on* ~ *èt c'èsteût 'ne rèsse-di-leû*. Voy. *boleû*, *morêle*.

Fig. 654 : *tchand'lon*.

tchamwèse, siamoise : *ine cote di* ~.

Tchan : *al sint* ~ (Bergilers, Wanne), voy. *Djihan*. [Altéré de *Tch'han*.]

tchance (néol. *chance*), chance : *avu del* ~. | **tchanceleûs**, **-e**, chanceux, hasardeux ; — ord[t] favorisé de la chance, veinard : *èlle èst tchanceleûse as-amoureûs* ; *il èst* ~ *a djeû*, *il a dès tchanceleûsès cans'*.

tchancè *dèl min*, voy. *tchacè*.

tchandèle (*-èye* Harzé, *-èye* Comblain), chandelle (fig. 651) : ~ *d'âté*, cierge ; ~ *di Pâke*, cierge pascal ; *bènèye* ~ ou ~ *di Noyé*, voy. *Noyé* ; ~ *di houyeû* (t. arch.), voy. *tchapé*, fig. 657 ; ~ *di seu* (syn. *crasse* ~ : Glons, Odeur) ; *nokèt* ou *nokion d'* ~ ; *èsprinde*, *distinde*, *sofler l'* ~ ; *mohî* ou *mouch'ler l'* ~, voy. *mouchète* ; — par anal., *tchandèle* (Jalhay, Sprimont, Tohogne) désigne la *lamponèle* et même le *crassèt* : — fig., *n-a dès* ~ (*di glèce*) *qui pindèt as teûts* ; *on mâssî gamin qu'a dès* ~ (*di nase*) *a s' nez* ; *li* ~ *sins lignoûle*, mentula ; prov. *li sise ni vât nin l'* ~ ; *ènn' aler come ine* ~ ; *tini l'* ~ ; *broûler l'* ~ *po lès deûs costés* ; *promète ine* ~ *a tos lès sints* ; *mète ine* ~ *a diâle*. [Latin *candēla*.] | **tchand'lé** ou **-ler** (*-leû* Verviers, Argenteau, Stavelot, etc.), m., chandelier (fig. 652-653) : *on plat* ~, un bougeoir. | **tchand'leûr** (*-leû* Verviers, Argenteau, *-leûse* Sprimont, Stavelot, Huy, etc.), f., Chandeleur : *al* ~ *l'iviér pleûre ou è-st-è s' fleûr* (var. *ou r'pind vigueûr*) ; *si l' solo lût so lès tchandèles di l'âté*, *li leûp r'mousse è s' trô po si saminnes*. [Latin pop. **candelorum (festam)*.] | **tchand'lon** (fig. 654-655), m., chandelier, fabricant ou vendeur de chandelles ; — n. de fam., Chandelon.

Fig. 655 : armoiries du bon métier des Chandelons (XVIIIe s.).

Tchanhe, Chanxhe (Sprimont).

tchanson, chanson : ~ *d' Noyé* ; *li rès-*

Fig. 656 : quatre types de *Tchantchès*.

« Tchand'lon, ..., Tchantchès, ... ».
Page extraite de Jean Haust,
« Dictionnaire liégeois », Liège, 1933.
Cl. S.L.F.

Chapitre 6

L'émergence du français Le Moyen Âge et le XVIe siècle

1. Le choix du français : les premiers textes

Comme on l'a vu dans le chapitre consacré à la naissance du français (chapitre 4), les premiers textes en langue vulgaire font leur apparition dans le nord du domaine d'oïl : deux des plus anciens, la *Cantilène de sainte Eulalie* et le *Sermon sur Jonas*, sont à rattacher géographiquement au Hainaut, et la *Vie de saint Léger* présente d'indiscutables traits linguistiques wallons, même si la copie conservée du début du XIe siècle est poitevine. Du point de vue de l'histoire de la langue, les essais de reconstitution du plus ancien état du français s'effectuent donc largement à partir de documents issus de nos régions.

1.1 Les textes littéraires

Au tournant du XIIe et du XIIIe siècle, d'autres œuvres sont issues plus précisément de la Principauté de Liège (qui était alors, il faut le rappeler, terre d'Empire). Il s'agit des *Ver del Juïse* (du 'Jugement dernier'), de peu antérieurs au *Poème moral*, désigné par son auteur comme un « sermon » (et même comme un « petit sermon », malgré sa longueur de 3796 alexandrins !), et composé entre 1190 et 1210, sans doute dans la région de Liège, par un prêtre qui aurait eu des attaches avec l'abbaye de Lobbes. Vers la même époque, on assiste à un mouvement de traduction d'écrits religieux, témoignant, comme les deux poèmes, d'un souci d'instruction des laïcs : principalement les

Moralia in Job de Grégoire le Grand (*Li Dialogue Gregoire lo pape*) et vingt-quatre sermons de saint Bernard sur le *Cantique des Cantiques*. C'est vraisemblablement dans la même intention d'édification que sont rédigées quelques vies de saints en vers (André, Euphrosine et Julienne), complétant le corpus du *Poème moral*, où figuraient déjà la vie de saint Moïse l'Éthiopien et celle de sainte Thaïs d'Egypte.

Une langue littéraire est donc attestée à date ancienne, avant que n'apparaissent les premiers documents administratifs ou juridiques, même si son premier développement majeur coïncide avec ceux-ci. À ses débuts, la concurrence avec le latin comme langue d'écriture paraît faible, mais il importe de nuancer cette constatation : au fil du temps, de très nombreux manuscrits ont disparu, et les efforts de préservation allaient préférentiellement aux écrits religieux en latin. Nul ne peut estimer l'étendue des pertes.

Dans l'état de la documentation, cette langue paraît d'abord réservée à la littérature d'édification pieuse : la mise par écrit de textes en vulgaire d'oïl reflète le souci du clergé de porter aux laïcs la bonne parole. Cette observation n'exclut pas l'existence, à même époque, d'une littérature profane, mais elle reflète les conditions de conservation des textes. Dans un premier temps, ce sont les moines et les clercs qui détiennent le monopole de l'écrit. Formés à la transcription du latin, ce sont eux qui décident des œuvres à préserver sur parchemin — support coûteux — : ils privilégient évidemment celles qui servent le mieux leurs objectifs.

Un détail témoigne d'ailleurs de la vitalité du répertoire épique, mais aussi de l'attitude cléricale à son égard. L'auteur du *Poème moral* tâche activement de détourner son public des chanteurs de geste, mais sans garantie de succès :

> Mais miez vos vient oïr nostre petit sermon
> Ke les vers d'Apol[on]e u d'Aien d'Avignon;
> Laissiez altrui oïr les beaz vers de Fulcon
> Et ceaz qui ne sunt fait se de vaniteit non.
>
> (vv. 2309-2312)

(Il vous convient mieux d'écouter notre petit sermon que les vers d'*Apollonius de Tyr* ou d'*Aye d'Avignon* ; laissez les autres écouter les beaux vers de *Foucon de Candie* et ceux qui ne sont faits que de vanité.)

Sous l'intitulé sans équivoque *Con grant pechies est de doneir a jugleour* ('Quel grand péché c'est de faire un don à un jongleur'), il fustige avec une rare violence ceux qu'il considère comme de vains amuseurs, voués à l'enfer et, pire encore, entraînant leur public à la damnation :

> Kant k'il funt, cant k'il dient, tut turne a lecherie
> [......]

C'est un[e] gent ke Deus at dempneie et maldie.
Trestot turne a pechiet, cant k'il funt, cant ki'l dient;
Ce sunt cil qui les anrmes destruient et ocient.
Il resemblent la truie, ki de boe est cargie.
(vv. 2069-2078)

(Tout ce qu'ils font, tout ce qu'ils disent, tout devient cochonnerie. C'est une race que Dieu a damnée et maudite. Tout devient péché, tout ce qu'ils font, tout ce qu'ils disent; ce sont ceux-là qui détruisent et font périr les âmes. Ils ressemblent à la truie, qui est couverte de boue.)

Ce n'est pas lui — ou ses pareils — qui se serait attaché à recopier les exploits de Roland ou d'Oger de Danemark, ou à perpétuer les « rotruenges », sources de péché…

1.2 Les textes administratifs

Dans le domaine administratif, il faut attendre l'extrême fin du XIIe siècle pour voir apparaître des documents utilisant le français. Il convient de souligner que, comme dans le cas des textes littéraires et sans doute pour les mêmes raisons, nos régions font figure d'élément avancé. La plus ancienne charte en langue d'oïl conservée est en effet la charte-loi de Chièvres, dont l'original remonte à 1194, même si le texte n'est plus accessible que par une copie collationnée et authentifiée de 1586. Il s'agit d'une sorte de contrat passé entre Nicolas de Rumigny et Rasse de Gavre, alors seigneurs de Chièvres, et la population de la ville, consignant par écrit les droits et obligations, souvent modelés par la coutume, de chacune des parties. Suivent des chartes de Tournai (1206), de Courtrai (1221), Mons (1222), Liège (1233) et Namur (1240).

La langue vulgaire sert donc d'abord dans des documents juridiques relativement modestes, d'origine urbaine, et la langue d'oïl précède le flamand dans cet usage : les documents en langue germanique sont d'apparition plus tardive encore, puisque la première charte en thiois ne date que de 1249.

Le choix (de la langue vulgaire par rapport au latin, de la langue romane par rapport à la langue germanique) est donc bien, à un certain moment, crucial. Les raisons de ce choix n'apparaissent pas toujours bien claires, mais on peut en avancer au moins une, qui tient, comme pour la littérature religieuse, au public visé par les documents. À lire la charte-loi de Chièvres, on constate d'abord qu'elle est conçue pour le contexte urbain d'une petite entité : elle entend fixer « le loi de le vile » à l'intention des habitants, rien de plus. On observe ensuite que beaucoup de dispositions concernent non seulement les bourgeois de la ville (qui de façon générale ne savent pas le latin), mais aussi les plus humbles; ainsi :

Sacent bien li serf et les ancheles ke il ne se puent marier fors de le vile sains congiet as segneurs, mais en le vile se puent il bien marier sains congiet.

(Que les serfs et les servantes sachent bien qu'ils ne peuvent se marier en dehors de la ville sans la permission des seigneurs, mais, à l'intérieur de la ville, ils peuvent se marier sans permission.)

Il valait sans doute mieux que cela soit su dans la langue du petit peuple…

2. Caractéristiques linguistiques

Dans les études philologiques, on nomme *scripta* l'ensemble des usages graphiques d'une région donnée, étant entendu que cette langue écrite est le reflet plus ou moins fidèle de faits phonétiques, de phénomènes communs à l'ensemble du domaine ou de particularismes locaux.

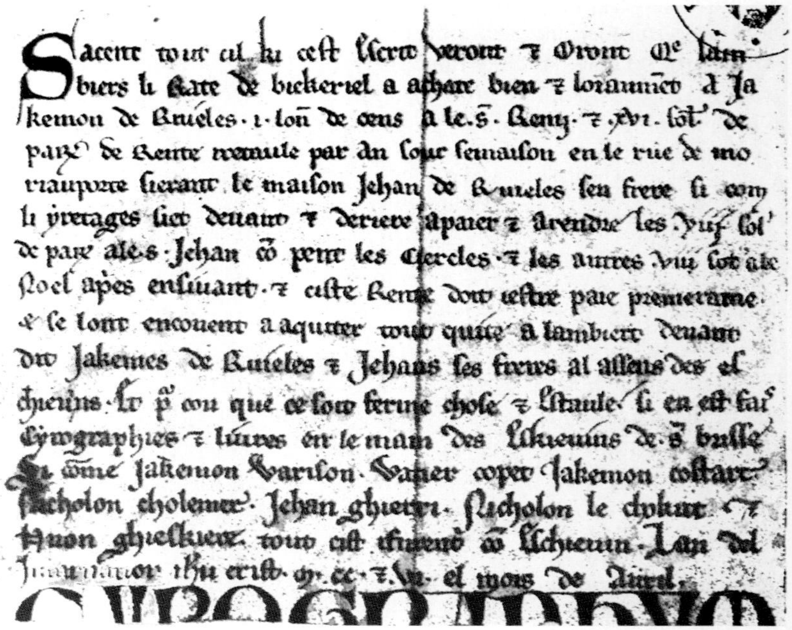

La plus ancienne charte romane de Belgique datée d'avril 1206, tournai. Il s'agit du rachat d'une rente sur un immeuble. L'original a été détruit en 1940.

Extrait de A. LOUANT, « Dictionnaire historique et géographique (...) du Hainaut », Mons, 1940.
Cl. Bibliothèque de la Ville de Tournai.

Les caractéristiques principales de ce premier français écrit dans nos régions reflètent globalement une situation qui va perdurer à travers tout le Moyen Âge : la variété dialectale, qui donne aux textes des physionomies langagières assez différentes, selon que le document se voit transcrit en Principauté de Liège (où le français est le plus marqué dialectalement, par le wallon), en Hainaut (où prévaut la scripta picarde), ou dans les autres grandes seigneuries (qui tendraient vers un français plus neutre, avec toutefois une influence flamande en Flandre et dans le Brabant). Ces différences se marquent aussi bien dans les documents officiels que dans les écrits littéraires.

Il ne faut toutefois pas s'y tromper, et les philologues sont désormais bien d'accord sur ce point : la langue vulgaire écrite au Moyen Âge n'est, à aucun moment, du dialecte pur. La base reste majoritairement la langue du centre (le francien), plus ou moins mâtinée de traits dialectaux selon les scribes, et peut-être aussi selon la destination du document : une charte à diffusion strictement locale risquera d'être écrite dans un français plus dialectalisé qu'une œuvre littéraire vouée à circuler dans des cercles plus larges.

La lecture côte à côte d'un extrait de la charte-loi de Chièvres et d'un autre de la plus ancienne charte liégeoise fait apparaître nettement ressemblances et différences :

> **Et s'est assiz en le loi ke, s'aucuns hom afforains u borjois est en ostel a home de le vile et il li doit de ce dete de son boire et de son mangier et il ne li volt paier, li ostes en puet prendre wage u atenir sans forfait et sains nule amendize tant que li justice i viegne u il ait sen catel.**
>
> **(Chièvres, art. 19)**

(Et il est posé dans la loi que, si un étranger ou un bourgeois se trouve dans la maison d'un homme de la ville, et qu'il lui doit pour cela sa boisson et sa nourriture, et qu'il ne veut pas les lui payer, l'hôte peut prendre un gage ou le retenir sans forfait ni réparation aucune, jusqu'à ce que le juge y vienne, ou qu'il récupère son patrimoine.)

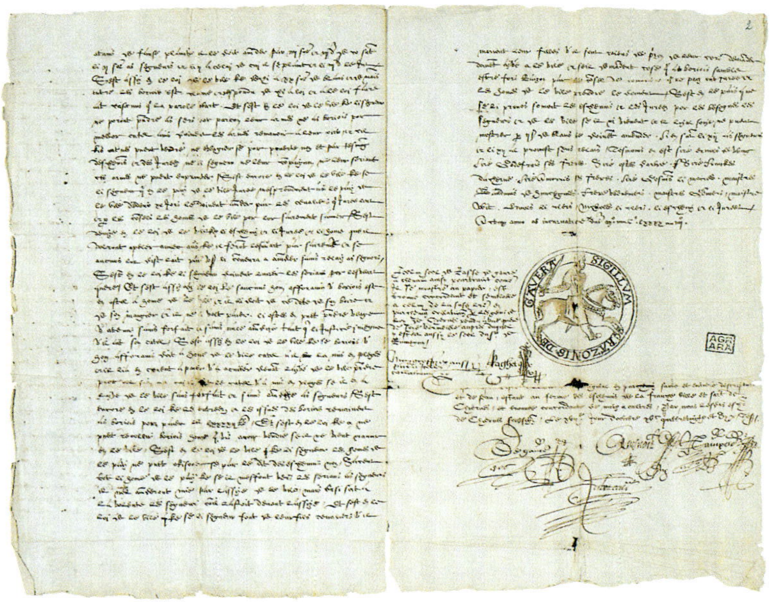

Le plus ancien document administratif en langue d'oïl.

Charte-loi de Chièvres, 1194 (copie de 1586), Famille de Gavre 9, Archives Générales du Royaume, Bruxelles, f° 1 v° et 2 r°.

Cl. A.G.R./J.-J. Rousseau, Bruxelles.

La première charte écrite en langue vulgaire à Liège, en mai 1236.
« Chartrier de Saint-Lambert », n° 122, Archives de l'Etat, Liège.

Jakemes li prevost, Johans li doïns, li archidiakene et toz li capitelez de sain Lamber de Liege, a toz ceaz ki verrunt ce letres conoistre veriteit. Nos faisons a savoir ke com ilh owist controversie entre nostre glise et sangeor Gilon et sa mere, par conselh de proidomes, est formee la pais en tel manire…

(Remacle, 1948 :110)

(Jacques le prévôt, Jean le doyen, l'archidiacre et tout le chapitre de Saint-Lambert de Liège, à tous ceux qui verront ces lettres pour connaître la vérité. Nous faisons savoir que, comme il y avait un conflit entre notre église et le seigneur Gilles et sa mère, sur l'avis des hommes de bien, la paix est résolue de la façon suivante.)

On voit qu'il ne faut pas non plus exagérer ou exacerber cette variété : la base (de la langue écrite en tout cas) reste nettement, majoritairement, française, et il suffit, pour s'en convaincre, d'effectuer la comparaison avec les écritures dialectales plus récentes. De surcroît, un certain nombre de particularités sont communes à la scripta picarde et à la scripta wallonne, et vraisemblablement à la langue parlée, comme on peut encore le vérifier dans les dialectes d'aujourd'hui. Parmi les traits communs les plus remarquables, on trouve notamment :

- Le maintien du [w] germanique en tête de mot : *wage* 'gage', *warde* 'garde'.
- L'absence de consonne intercalaire dans les groupes [n+l], [n+R], [m+l] : *venra* 'viendra'.

- La réduction des finales yod + *ata* à *-ie*, au lieu du francien -*(i)ée* : *jugie* 'jugée'.
- La distinction entre [ɛ̃] et [ɑ̃], gommée dans le français central dès le milieu du XIe siècle, mais maintenue en picard et en wallon (voir la graphie *sains* pour *sans* dans la citation de la charte-loi). La diphtongaison de [ɛ] ouvert entravé : *tieste* 'tête', *fieste* 'fête'.
- L'adjonction d'un *-e* entre consonne et *r* au futur et au conditionnel des verbes des 3e et 4e conjugaisons : *devera* 'devra', *aprendera* 'apprendra'.
- Le singulier de l'article défini féminin *le* à la place de *la* (*le loi*) avec comme conséquence la possibilité d'une agglutination de cet article à la préposition qui le précède, très rare dans le domaine français, mais encore usuelle dans la région envisagée ici (*del voye* 'de la voie').

De tels traits suffisent à signaler qu'un texte est écrit, disons, en « français du Nord », et à le démarquer de ceux qui sont écrits en francien ou « français de France ». Mais ce sont évidemment les traits distinctifs, plus spécifiques encore, qui contribuent le plus à différencier les textes et à affiner leur appartenance géographique. Parmi ceux-ci, on relèvera, sans prétendre à l'exhaustivité :

- La non-palatalisation des gutturales [k,g+a] à l'initiale, que le picard partage avec le normand et qui le distingue des autres parlers d'oïl : *catel* 'chatel'-'cheptel', *gambe* 'jambe'; le wallon se comporte sur ce point comme le francien et conserve même aujourd'hui la prononciation ancienne en [tʃ] et [dʒ] (comparer *cateau* ou *catiau* et *tcheṣtê*; *djambe*).
- À l'inverse, la palatalisation des mêmes consonnes [k,g] suivies de [e], [i] ou yod : *chité* 'cité', *anchele* 'ancelle' (servante), *prinche*, *justiche*, etc.; avec le trait précédent, on peut considérer qu'il s'agit là d'une des marques principales différenciant le picard d'une part, le wallon et le francien de l'autre.
- Le traitement de [ɛ] ouvert entravé par un groupe constitué de [l + consonne] : face au francien *beau*, le picard a *biau* (forme qui ne lui est pas spécifique), tandis que le wallon a *bê* (son noté à date ancienne sous la forme *ea* ou *eal* : *bealteit*, très caractéristique de la scripta wallonne) avec une variante *bya* dans le Namurois.
- Le traitement du groupe [l+yod] (l mouillé) : le picard perd la mouillure (*despoulles*, 'dépouilles', rime avec *poules* chez Jean Molinet, actif à Valenciennes à la fin du XVe siècle), et la graphie rend compte du phénomène (*traval*, *consel*); le wallon en revanche la conserve et la scripta lui accorde même une notation renforcée particulière (*travailh*, *conseilh*, *despouilhes*) au point d'étendre celle-ci à des mots où il n'y a jamais eu

mouillure : l'exemple le plus frappant et le plus caractéristique est sans doute la notation du pronom personnel masculin *ilh*.

- La réduction de *ie* à *i* : *manire* 'manière', beaucoup plus fréquente dans la scripta wallonne que dans la picarde.
- De même, la notation des finales [e] par le groupe *-ei* (type *bontei*), sans être du tout spécifique au wallon, est beaucoup plus utilisée par les scribes de cette région que par les scribes picards.
- Enfin, typiquement wallon, le maintien du son [u] originel du latin, face à la prononciation [y] partout ailleurs dans la zone d'oïl : *pierdou* 'perdu' est encore du wallon actuel, et était déjà du français wallonisé du XIIIe siècle.

Il serait fastidieux d'allonger cette série, et les exemples fournis ci-dessus devraient suffire à un lecteur de documents pour repérer au moins sommairement, ce qui distingue le français écrit sur le territoire de l'actuelle Belgique du français écrit dans le royaume de France. C'est d'abord par la phonétique et, dans une moindre mesure par la morphologie (par exemple les formes brèves de l'adjectif possessif *no*, *vo* pour 'notre', 'votre') que cette langue acquiert sa spécificité. La syntaxe des chartes et des textes littéraires du Nord et du Nord-Est du domaine d'oïl ne paraît pas, en effet, différer notablement de celle des textes transcrits ailleurs à même époque, sinon dans quelques faits particuliers de morpho-syntaxe comme l'agglutination de l'article défini féminin.

Le problème du vocabulaire, quant à lui, doit s'envisager selon deux paramètres : l'existence de mots typiquement régionaux, qui ne vivent que dans leur aire d'origine, et celle de termes initialement locaux mais destinés à faire fortune par la suite dans le français courant (par exemple *houille*, wallon, *rescapé*, picard, ou *vacarme*, d'origine flamande et transitant par le français du nord). Dans un premier temps, les textes paraissent peu marqués, encore que, sur ce point, la situation évoluera avec la suite du Moyen Âge et la prolifération des écrits. Ainsi, Maurice Arnould, l'éditeur de la charte-loi de Chièvres, n'a relevé dans le texte aucun mot typiquement régional, alors qu'il détaille longuement les traits phonétiques et morphologiques particuliers. Louis Remacle, dans son analyse serrée de la charte liégeoise de 1236, ne conclut en fin de compte au caractère véritablement wallon que de deux mots, qui ne quitteront pas leur patrie : *aime* (< latin *ama*) 'mesure de capacité', et *humers*, terme juridique. Sur les 3796 vers du *Poème moral*, l'éditeur, Alphonse Bayot, n'a noté qu'une poignée de termes « qui ont été en particulière faveur dans la région du Nord et du Nord-Est » (Bayot, 1929 : LXXVIII); citons *adire* 'faire croire', *roselant* 'd'un teint vermeil', *runin* 'rouille, impureté', et *senzfoiges* 'homme sans foi, perfide'. Le bilan n'est guère supérieur dans les traductions de sermons.

3. L'expansion du français

3.1 Aux XIIIe et XIVe siècles

Sur ces bases, posées à l'extrême fin du XIIe et au début du XIIIe siècles, va s'édifier un patrimoine écrit considérable, qu'il s'agisse de documents administratifs ou juridiques, de plus en plus nombreux avec le temps qui passe, ou d'œuvres littéraires composées dans ce qu'on appellera plus tard la Belgique romane — sans même faire intervenir l'activité de copie de productions venant d'autres régions.

Dans le domaine littéraire, le XIIIe siècle est marqué par la domination du Hainaut, du Brabant et de la Flandre, par rapport à la Principauté de Liège, appelée alors « le Liège ». Cette situation va d'ailleurs largement perdurer au cours des deux siècles suivants, avec quelques exceptions notables il est vrai, pour des raisons qui peuvent varier selon les époques. La première, et la plus fondamentale, ne paraît pas linguistique : la Principauté vit une situation de bilinguisme, voire de trilinguisme, en raison de ses liens privilégiés avec l'Empire germanique, analogue à celle du Brabant et de la Flandre, où fleurit librement une littérature en français. Elle serait plutôt politique, et elle tient à la nature particulière du pouvoir : terre d'Empire, le Liège est, depuis Notger (972-1008), gouverné par des princes-évêques qui détiennent directement de l'Empereur leur autorité temporelle. Nombre d'entre eux, d'origine germanique, n'éprouvent guère le besoin, ou ne voient guère l'intérêt, de développer une production littéraire en langue romane, que l'orientation épiscopale et cléricale du pouvoir ne favorise de toute façon pas (voir ci-dessus, à propos du *Poème moral*). Liège est incontestablement un grand centre intellectuel, comme en témoignent notamment ses écoles, ses maîtres, la richesse des bibliothèques collégiales ou abbatiales, mais cette activité utilise exclusivement le latin, et elle fait peu de cas de la littérature profane. Ce n'est guère que lorsque le prince-évêque est d'origine française et, serait-on tenté de dire, plus prince qu'évêque, qu'on peut assister à une poussée du français : ainsi avec Hugues de Pierrepont (1200-1229), dans l'entourage duquel aurait pu être écrit, vers 1210, le *Roman de la Rose ou de Guillaume de Dole* de Jean Renart.

Dans les États gouvernés par des princes séculiers, en revanche, la situation est bien différente. La chronologie impose de mentionner en premier lieu Wauchier de Denain, traducteur de textes pieux au service de la famille souveraine de Flandre, et l'un des continuateurs possibles du *Conte du Graal* de Chrétien de Troyes. Le Brabant possède en la personne du duc Henri III (1230-1261) un prince-trouvère, dont on a conservé quelques poèmes, et qui surtout protège au début de sa carrière l'un des grands romanciers de la

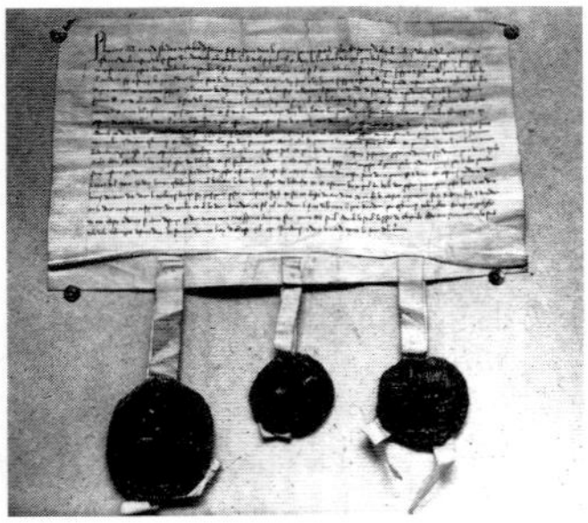

Le français s'impose comme langue administrative.
Charte portant les sceaux de Guy de Dampierre, du Seigneur de Gistel et de la Ville de Bruges, datée 1282.
Charte n°21, Stadsarchief, Bruges. Copyright I.R.P.A.-K.I.K, Bruxelles.

seconde moitié du XIIIe siècle, Adenet le Roi. Après la mort de son protecteur, Adenet passa au service du comte de Flandre, Gui de Dampierre, accompagnant celui-ci à la croisade de Tunis en 1270, d'après un document d'archives gantois, et écrivant à sa cour, dans un français très pur, chansons de geste (*Buevon de Commarchis*, *Berte aus grans piés*) et roman (*Cleomadés*). À la même époque, Baudouin de Condé — dont le nom évoque la vallée de l'Escaut — dédie un dit, à la langue plus picardisée, à Marguerite II, comtesse de Flandre (morte en 1280), et doit avoir composé la majeure partie de sa production moralisante et allégorique pour un public de Flandre et du Hainaut. Son fils Jean de Condé, en tout cas, sera le ménestrel attitré des comtes Guillaume Ier et Guillaume II de Hainaut. Les cours princières du Nord du domaine d'oïl sont bel et bien d'importants centres de production littéraire à cette époque; le français qu'on y écrit ne se distingue guère du français de France, sinon dans l'usage de certains scribes, ou dans quelques traits picards, peu appuyés, chez les poètes hennuyers. Il n'en va pas de même, semble-t-il, pour les productions urbaines, si l'on en juge par un témoin comme *Le Garçon et l'Aveugle*, qui passe pour l'ancêtre des farces françaises et qui a été composé à Tournai ou aux alentours entre 1266 et 1282 : long de 265 octosyllabes, le texte est riche en picardismes de tous genres.

Avec Watriquet Brassenel de Couvin, actif de 1319 à 1329 notamment pour la maison de Chimay, Jean de Condé, actif d'environ 1300 à 1345 et ménestrel des comtes de Hainaut, et Jean de le Mote, actif dans les années 1330 et 1340, notamment pour Philippa de Hainaut, avec ensuite Jean Froissart, en Hainaut, ou, à Liège, Jean le Bel, Jean d'Outremeuse et Jacques de Hemricourt, entre autres, le XIVe siècle apparaît bien pourvu, et le développement de la production se maintient, dans l'orbite des cours princières comme au cœur de la Cité Ardente. La langue paraît aussi acquérir des caractères plus marqués, qui s'affirmeront par la suite dans l'individuation dialectale : celle-ci maintiendra en effet jusqu'à nos jours jours certains faits d'ancien français (se reporter ci-dessus, 2).

L'œuvre de Froissart apparaît sur ce point exemplaire. Né à Valenciennes en 1337, Jean Froissart se situe d'abord, lui aussi, dans l'entourage de cette famille des comtes de Hainaut, qui apparaît comme un des lieux privilégiés de la création littéraire en langue d'oïl à l'époque, et, pendant huit ans, il sert en Angleterre Philippa, la fille du comte Guillaume Ier le Bon et l'épouse d'Edouard III d'Angleterre, avant de passer sous la protection de Robert de Namur, beau-frère de Philippa, et de Wenceslas de Luxembourg, un autre duc de Brabant poète à ses heures. Ce grand voyageur était aussi curé des Estinnes et chanoine de Chimay, où il mourut peu après 1404. Malgré ses voyages et sa fréquentation des grands de ce monde, Froissart a écrit toute sa vie un français teinté de picard : il est vrai que le premier

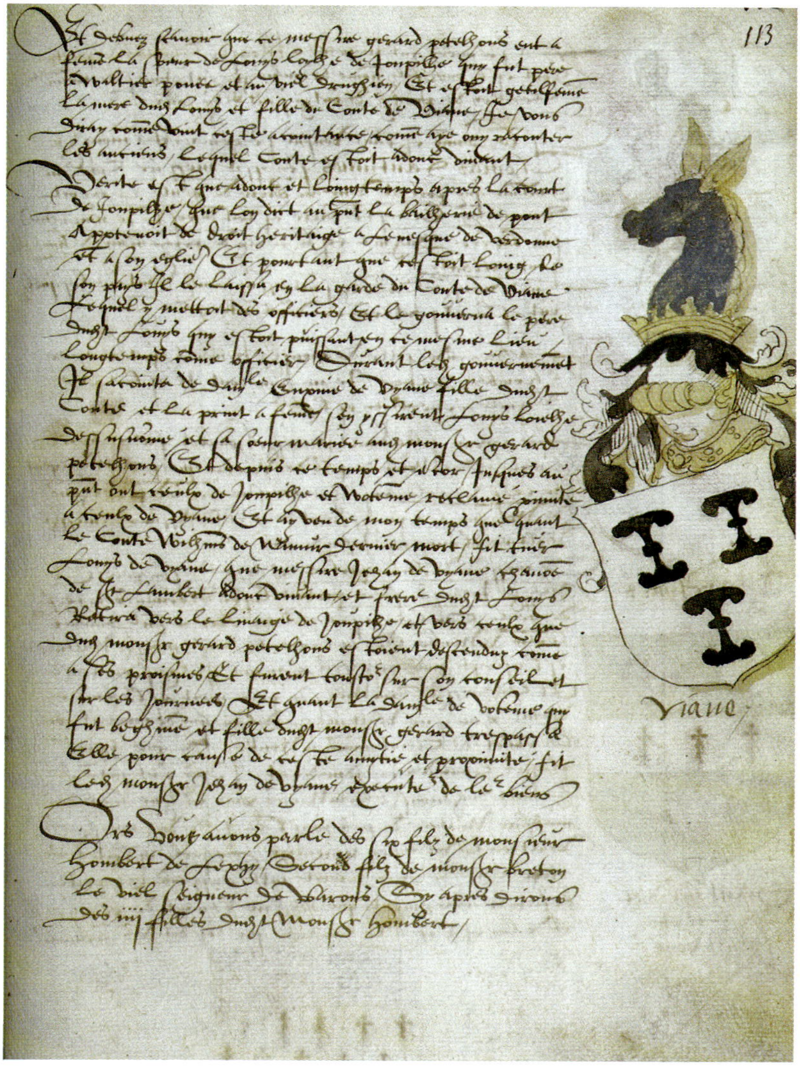

« Miroir des Nobles de Hesbaye » de Jacques de Henricourt,
Ms. II 2542, f° 113 r°, Bibliothèque Royale Albert Ier, Bruxelles. Copyright B.R., Bruxelles.

public visé était bien celui de nos actuelles régions (Hainaut, même transplanté en Angleterre, Namur ct, Brabant), mais enfin Froissart visait plus loin pour la diffusion de ses œuvres, comme en témoigne notamment sa lecture de son roman arthurien *Meliador* à la cour du comte de Foix Gaston Febus. Il n'empêche que, même dans *Meliador*, il picardise, comme en témoignent, glanées au hasard, ces quelques formes : le participe passé féminin *autorisies* (pour 'autoris(i)ées'), rimant avec *chevaleries* (v. 30601, Dembowski, 1983 : 73), la rime *ores : hystores* (Dembowski, 1983 : 74), l'emploi, pertinent pour le mètre, de la forme brève du possessif, *vo servant* (Dembowski, 1983 : 77), des graphies comme *blanch, cose*, etc.

Est-il possible, à partir de cette observation, d'extrapoler vers le statut de cette langue littéraire régionale ? La prudence évidemment s'impose, mais tout se passe comme si, à cette époque (et peut-être déjà au XIIIe), le français parlé et écrit en Hainaut-Picardie avait acquis assez de prestige propre pour se permettre d'être utilisé, même dans une récitation publique (les rimes ne sont pas escamotables comme les graphies !), dans une zone beaucoup plus vaste que son aire d'origine : témoignage que l'on aurait affaire à une langue littéraire qui, pour un temps au moins, a pu faire pièce au francien. Autre preuve de ce prestige et de cette diffusion : l'emploi de traits picards par des écrivains non picards, comme Christine de Pizan (1365 - apr. 1429), d'origine italienne et élevée à Paris.

L'observation de la langue de Froissart mène à une autre constatation, faite depuis longtemps : la grammaire en est quelque peu archaïque, dans cette période de mouvance que l'on appelle le moyen français. Par exemple, Froissart — et ses scribes — restent encore très respectueux de la déclinaison à deux cas. Celle-ci, résidu de la déclinaison latine à six cas, est très caractéristique de l'ancien français, mais elle donne un peu partout des signes d'essoufflement dès le début du XIVe siècle, sinon plus tôt. Pour s'en convaincre, il n'est que de parcourir des textes de Froissart et ceux qu'écrit son contemporain Eustache Deschamps (1346-1406), Champenois « nourri » ('élevé, instruit') par Guillaume de Machaut et attaché à la cour royale de France : alors que les premiers présentent très peu de fautes contre la déclinaison, les seconds la retiennent surtout lorsqu'elle peut servir le mètre ou la rime — et encore, pas toujours à bon escient — mais présentent un usage beaucoup plus fluctuant à l'intérieur des vers (affaire de scribes français...). D'où une deuxième extrapolation : le français de nos contrées paraît évoluer moins vite que celui du royaume, perpétuer des usages que le français de France a tendance à délaisser. On peut d'ailleurs observer que certaines prononciations dialectales actuelles, de même qu'un certain nombre de mots, restituent encore fidèlement l'ancien français, alors qu'ils ont disparu depuis longtemps de la pratique de l'Hexagone.

Une langue qui, bien entendu, conserve ses caractères propres attestés depuis ses premières traces écrites, mais qui conserve aussi des usages en voie de disparition dans le francien courant, une langue qui paraît avoir imposé son prestige en littérature au-delà de ses frontières : ces deux observations pourraient résumer le tableau du

Miniature de Loyset Liedet, « Charles le Téméraire surprenant David Aubert au travail » (1468-1470).
« Histoire de Charles Martel », Ms. 8, f° 7 r°, Bibliothèque Royale Albert Ier, Bruxelles. Copyright B.R., Bruxelles.

Prologue du tiers livre procedant des vaillances de plusieurs nobles princes de la maisõ de frãce z autres

Quant iay eu acheve le second volume legi traitte des haultes proesses de Charles martel de monseigneur Gerard de Rossillon et de plusieurs autres faiz. voiant quil estoit de la capacite et grandeur du preme volume Jay encommencie le tiers qui sera de pareille forme Et en ensieuuant la narration du devantdit second volume et pour mieulx exposer la matiere Nous dirons

Len treuve es croniques de france et es anciẽnes gestes princes selon le temps de lors plente de merveilleuses besongnes difficilles a croire aux plusiers qui les lisent ou oyent lire et racompter. Et du temps du noble roy pepin meismement treuve len que une français du Hainaut au XIVe siècle. Qu'en est-il de la variante liégeoise ?

Le témoin privilégié à appeler à la barre sur ce point est incontestablement Jean d'Outremeuse. Pour mémoire, ce clerc qui fut greffier à l'Officialité de Liège, naquit à Liège en 1338 et y mourut en 1400; ses œuvres principales sont la *Geste de Liège*, en vers, et le *Mireur des Hystors*, en prose, deux vastes compilations sur l'histoire (revue et embellie !) de la Cité. La langue de Jean d'Outremeuse, les manuscrits qui nous ont conservé ses textes, fournissent une mine d'enseignements. Même pour un lecteur informé d'ancien français usuel, leur aspect peut déconcerter; qu'on en juge :

> Ensi astoit govrenee la clergie a Liege, ancors piez asseis que al temps l'evesque Alberon, de queil j'ai parleit desus. Mains Dies si espirat Lambert-le-bege deseur dit, car ilh prechat tant et fist contre chesti diablorie qui coroit, et alligoit les plus belles raisons...
>
> (Ainsi était gouverné le clergé à Liège, encore bien plus mal qu'au temps de l'évêque Albéron, dont j'ai déjà parlé. Mais Dieu inspira Lambert-le-Bègue déjà mentionné, car celui-ci prêcha tant et fit tant contre cette diablerie qui sévissait, et il alléguait les plus belles paroles...)

On retrouve là nombre de traits graphico-phonétiques qu'avait inventoriés Louis Remacle dans les anciennes chartes, mais on trouve aussi bien davantage. André Goosse (1965), qui a consacré une volumineuse étude à la langue de l'écrivain dans son édition d'une partie du *Mireur des Hystors*, a pu dresser un inventaire des mots proprement caractéristiques de la zone wallonne, que l'on retrouve encore, parfois, dans le wallon d'aujourd'hui ou le français régional. Quelques glanures : *bot(e)roule* 'nombril'; *espateir* 'écraser'; *mussier* au sens d''habiller'; *nive* et *nyvailhe* 'neige'; *stroitir* 'rétrécir'; *bonnier* 'mesure de superficie'; *tapeir* au sens de 'jeter', également en picard; *ratendre* 'attendre'; *(e)stichier* 'frapper avec un objet pointu'; *hahay* 'alarme, tumulte, bruit'; *mambour*, *plocques* ou *pocques* 'variole'; *venche* 'pervenche'. Par rapport au vocabulaire des anciennes chartes étudié par Louis Remacle, celui de Jean d'Outremeuse apparaît donc comme plus spécifiquement régional, plus différencié par rapport au francien central, et même par rapport au picard.

Il est clair que cette variété de français wallonisé n'a pas eu le rayonnement du français picardisé, et n'a pas marqué le français littéraire à l'extérieur de sa zone de locution, sinon peut-être pour certains mots de vocabulaire. Ainsi Jean d'Outremeuse serait le premier, ou l'un des premiers, à avoir employé des expressions comme le *Fils de l'Homme*, pour désigner le Christ, ou la *Fontaine de Jouvence*, et des termes comme *maître-autel*, *noblesse* (au sens de 'ensemble des nobles') et *vicaire* (au sens de 'ecclésiastique qui remplace un curé dans ses fonctions'), ainsi que plusieurs termes d'héraldique.

Début du « Myreur des Histors » de Jean d'Outremeuse,
Ms. 10455, f° 1 r°, Bibliothèque Royale Albert Ier, Bruxelles. Copyright B.R., Bruxelles.

Deux raisons, inextricablement liées, paraissent pouvoir rendre compte de cette situation de moindre rayonnement ou de moindre prestige. L'une est, de nouveau, la situation politique particulière de la Principauté. Celle-ci favorise moins les échanges ou les interactions que l'on peut observer entre les comtés et duchés de Flandre, de Hainaut, de Brabant ou de Namur — parfois détenus par des familles françaises — et les fiefs français : après tout, les sujets des comtes de Hainaut parlent le même idiome que les Arrageois, sujets du roi de France. L'autre tient aux particularismes trop accusés de cette langue, en contact direct avec deux idiomes germaniques qui l'ont davantage marquée que les parlers romans voisins.

Si, sur le plan de la diffusion, le français de Jean d'Outremeuse ne peut être comparé à celui de Froissart, il vérifie en revanche l'observation faite à propos du conservatisme grammatical par comparaison avec le francien, sur d'autres points il est vrai. Jean d'Outremeuse et ses scribes ne sont certes pas des modèles dans le respect de la déclinaison, mais ils attestent des usages qui vont être reconnus comme typiquement wallons (mais présents aussi dans le français régional) et qui sont en fait des survivances de l'ancien français. Un bon exemple est fourni par l'antéposition de l'adjectif épithète, reconnue comme une « importante caractéristique de la syntaxe wallonne » (Goosse, 1965 : CXXIII) : *ung chaut fier* 'un fer chaud', *ung errant chevalier*, etc. Or, cet usage est la règle en ancien français, mais a tendance à évoluer et à se réduire en moyen français, sans vraiment disparaître, tout en restant fréquent en picard et wallon.

3.2 À l'époque bourguignonne

Jean Froissart et Jean d'Outremeuse sont dans la trentaine lorsque se réalise un événement politique qui, à terme, va se révéler de toute première importance pour l'épanouissement du français dans nos contrées : le mariage, en 1369, de Philippe le Hardi, duc de Bourgogne, et de Marguerite de Maele, fille et héritière de Louis de Maele, comte de Flandre. À terme, car les effets ne s'en font pas sentir tout de suite, Philippe n'entrant de toute façon en possession du comté qu'à la mort de son beau-père en 1384. À terme, car ce n'est que la première pierre de l'édifice qui va devenir les Pays-Bas bourguignons, un État gouverné au XVe siècle par des princes issus du sang de France, parlant le français (mais aussi, pour la plupart, le flamand), mais séjournant plus volontiers à Gand ou à Bruxelles qu'à Dijon.

Christine de Pisan, « Le Livre de Paix », Ms. 10366 f° 3, Bibliothèque Royale Albert Ier, Bruxelles. Copyright I.R.P.A.-K.I.K., Bruxelles.

Ce n'est pas le lieu de relater ici la constitution progressive de cet État. On se bornera à souligner que le français, en net déclin dans les chartes flamandes au XIVe siècle après avoir été le premier idiome vulgaire utilisé au XIIIe, redevient évidemment sous les ducs de Bourgogne la langue dominante de l'administration. Et surtout, il faut évoquer l'apport des ducs au développement de la littérature en français — et donc à celui de la langue — dans leurs territoires de « par deçà », comme on disait alors. La période, en effet, est faste.

Tout commence avec une bibliothèque. Comme ses frères Charles V et Jean de Berry, Philippe le Hardi est bibliophile et, par le nombre et l'éclectisme de ses commandes, il jette les bases de la future « Librairie de Bourgogne », qui sera elle-même la matrice de l'actuelle Bibliothèque royale. La part du français dans la constitution de la « librairie » est considérable : Philippe achète ou fait réaliser non seu-

Miniature de Loyset Liedet, « Philippe le Bon visitant le scriptorium de David Aubert » (1468-1470).
« Histoire de Charles Martel », Ms. 6, f° 9 r°, Bibliothèque Royale Albert Ier, Bruxelles.

lement des copies d'œuvres anciennes (chansons de geste, romans d'aventure, *Roman de la Rose*, *Roman de Renart*; etc.) mais aussi des créations qui lui sont contemporaines, notamment le *Livre des faits et bonnes mœurs du sage roi Charles le Quint* de Christine de

Pizan, après avoir reçu de la poétesse le *Livre de la Mutacion de Fortune* (exemplaire encore conservé à la Bibliothèque royale).

Prince français, Philippe le Hardi reste essentiellement tourné vers la France et ses ateliers de production pour ce qui est de la commande de ses livres. Il n'en va plus de même avec son petit-fils, Philippe le Bon. Celui-ci résidait à Gand lorsqu'il apprit, en 1419, l'assassinat de son père sur le pont de Montereau, et il resta le plus souvent dans nos régions au cours de son long règne (1419-1467). Bibliophile comme son grand-père, il quadrupla la « librairie » en exploitant surtout les talents locaux : un peu par la force des choses peut-être, dans un premier temps (le conflit avec la France ne devait s'apaiser qu'en 1435), mais aussi sans doute par goût.

Avec Philippe le Bon, on peut, presque sans anachronisme, parler d'une politique de promotion des lettres — des arts en général — et donc du français. C'est une volonté délibérée, d'ordre culturel mais aussi politique, qui le conduit à commander la mise en français, ou l'adaptation en moyen français, d'une série d'écrits destinés à éclairer ou glorifier le passé des États qu'il dirige (comme les *Annales du Hainaut* de Jacques de Guise, traduites du latin par Jean Wauquelin et conservées dans de superbes manuscrits), ou celui de la lointaine lignée de Bourgogne (comme *Girart de Roussillon*, chanson de geste mise en prose). C'est de cette même volonté que procède l'institution, en 1455, de la charge d'historiographe officiel, ou indiciaire ; le duc accorde à ce dernier un logement (une « estude ») dans le château de Hainaut, la Salle-le-Comte à Valenciennes, ainsi qu'une pension de 657 livres par an,

> par consideration de ce qu'il est tenus de mettre par escript choses nouvelles et morales [...], aussi mettre en fourme de cronique fais notables dignes de memoire advenus par chi-devant et qui adviennent et peuvent souventefois advenir.
>
> (Urwin, 1937 :12).

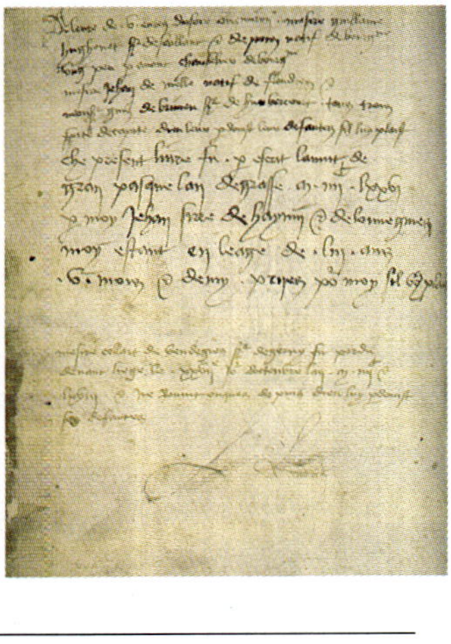

La littérature se développe en langue française dans les Pays-Bas bourguignons.
« Autographe des mémoires de Jean de Haynin », Ms. II 2545, Bibliothèque Royale Albert Ier, Bruxelles. Copyright B.R., Bruxelles.

Philippe entend que cette chronique soit rédigée en français et, pour entreprendre la tâche, il choisit un Flamand : George Chastelain, né à Alost (en 1415 ?), devenu l'un de ses serviteurs de confiance et déjà reconnu pour ses talents de poète (il avait composé au moins un long poème d'inspiration courtoise, *L'Oultré d'Amour*). La décision est d'importance, car, dans la configuration des lettres du temps (on n'ose encore parler d'institution littéraire), l'indiciaire est le seul écrivain doté d'une charge qui vise explicitement la production d'un texte, et rémunéré comme tel. La preuve est simple à apporter : dans le cas des autres commandes, Philippe s'attend à un produit fini, un beau manuscrit calligraphié comme on en voit sur les miniatures de présentation; dans le cas de l'indiciaire, la chronique n'est jamais achevée, et pour cause.

Il n'existe malheureusement pas de bonne étude de la langue de George Chastelain, qui permettrait d'en cerner les particularités : se pose, notamment, la question des influences flamandes. On a quand même pu relever des traces de celles-ci dans son vocabulaire : ainsi, *boulevard*, au sens de 'rempart', *butin*, *clenche* (qui subsiste en français de Belgique), *dicque* 'digue', *wille-comme*, etc. Bon nombre de ses manuscrits, copiés pour les grandes familles de l'entourage ducal (Lalaing, Lannoy, Croy, etc.), témoignent du picardisme de leurs scribes, mais d'autres, transcrits en France, gomment ces traits, et l'auteur lui-même tend, en poésie en tout cas, vers une langue assez neutre, recourant peu aux rimes picardes. En prose, Chastelain utilise souvent une écriture à la syntaxe complexe, épousant les cheminements de sa pensée, nuançant les détails au fur et à mesure qu'ils viennent sous sa plume : il s'agit d'une caractéristique de style

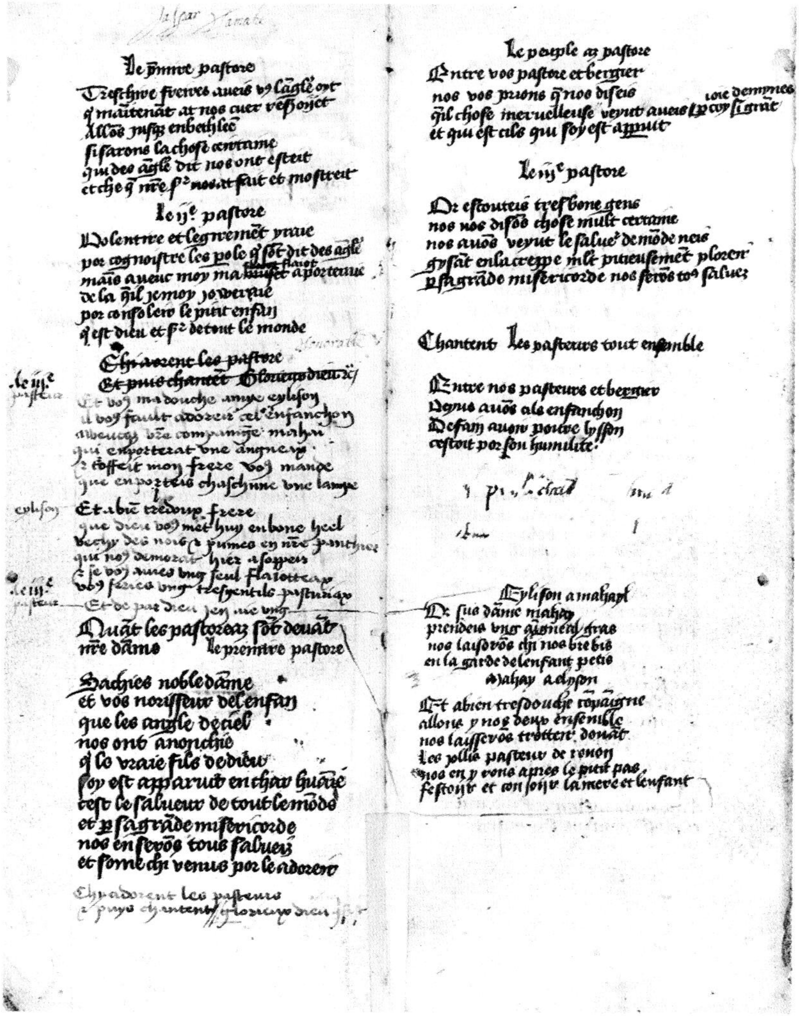

Les Nativités hutoises, document mi-littéraire, mi-linguistique provenant du Couvent de Saint-Michel à Huy, XVe siècle.

« Cinq mystères et moralités », Ms. 617/1386, f° 2 v° et 3 r°, Institut de France, Musée Condé, Chantilly. Cl. Lauros-Giraudon, Vanves-Paris.

et de tournure d'esprit, plutôt que d'un fait de langue, comme en témoigne la prose, bien plus dépouillée, des *Cent Nouvelles nouvelles*, composées elles aussi à la même époque dans l'entourage ducal. Tout au plus peut-on noter, chez lui comme chez d'autres prosateurs actifs dans le même milieu, une tendance à rejeter le verbe en fin de proposition, qui pourrait venir des usages germaniques.

Chastelain, et bien d'autres, témoignent d'une grande période de littérature en français, qui se développe en dehors du royaume de France, et parfois contre lui, avec son centre de gravité dans les Pays-Bas bourguignons. Qu'en est-il de la langue parlée ? Il y a tout lieu de croire qu'elle continue à être marquée par les traits définis ci-dessus à propos des premiers documents écrits. On peut en juger par les *Mémoires* de Jean de Haynin (1423-1495) pour la période 1465-1477 : l'auteur, qui n'était ni un homme de lettres ni un scribe, a laissé un manuscrit autographe où il s'efforce de transcrire son parler, avec des graphies très particulières; ainsi, les finales verbales de la troisième personne du pluriel en *-ent* sont notées avec un *-te* final pour marquer la prononciation (picarde, encore en usage) de la consonne (*sevete* 'ils savent'; *fasoitte* 'ils faisaient').

Une question intéressante se pose à ce stade, même si une réponse satisfaisante ne peut y être apportée, faute d'études suffisantes : la période amène, fatalement, un brassage constant entre sujets et serviteurs des « pays de par deçà » et ceux de Bourgogne et de Franche-Comté. Ce brassage a-t-il eu des retombées purement linguistiques sur le parler des régions, comme plus tard, le séjour des troupes espagnoles ? Des mots du Nord se sont-ils trouvés transplantés dans le Dijonnais ou l'Auxerrois, ou, à l'inverse, des mots du Sud-Est ont-ils trouvé leur chemin en Hainaut ou en Brabant ? Le problème mériterait qu'on l'approfondisse.

À la même époque, en Principauté de Liège — qui traverse, il est vrai, une période très troublée de son histoire —, la situation paraît moins propice. Les documents de chancellerie, plus nombreux, permettent de mieux étudier les traits « wallons » ou picardo-wallons indiqués plus haut, sans apporter de nouveaux éléments majeurs. L'activité de copie dans les monastères reste intense, comme en témoignent les nombreux manuscrits subsistants, notamment des Croisiers de Huy et de Liège, mais elle s'exerce très majoritairement en latin. En littérature et en français, il faut surtout signaler les Nativités dramatiques dites « liégeoises », et qu'il vaudrait mieux qualifier de « mosanes » : elles furent copiées, et peut-être composées, par

Portrait de George Chastelain, extrait de « Louenge à la Glorieuse Vierge »,
Ms. II 6977, f° 6 r°, Bibliothèque Royale Albert Ier, Bruxelles. Copyright B.R., Bruxelles.
▶

ESPOER
GEOGES CASTELIN
Ouvrant lung œil enuers
le ciel estendre

Sœur Catherine Bourlet, du Couvent des Dames-Blanches de Huy, les « povres seurs de Saint-Michiel ». Remarquables quant au fond par une fraîcheur un peu naïve, elles constituent un chaînon important dans une longue tradition qui débute avec l'*Ordo Stellae* de Bilsen (XIe s.) et voit sa réalisation la plus tardive dans le fragment du *Jeu de l'Etoile* copié à la fin du XVe siècle dans un obituaire de Cornillon, et venant peut-être de la Chartreuse de Liège. La langue en est fortement wallonisée, mais ce fait ne suffit sans doute pas à expliquer la médiocrité et les imperfections de la versification, plutôt attribuables à l'inexpérience de l'auteur en la matière.

Dans les Pays-Bas bourguignons, George Chastelain fait un peu figure de chef de lignée (parler d'école serait anachronique). À sa mort en 1475, la charge d'indiciaire est reprise par Jean Molinet (1435-1507), originaire du Boulonnais, mais qui s'installe lui aussi à Valenciennes. Déjà poète avant d'être chroniqueur, comme son prédécesseur, Molinet possède une langue dont on a souvent souligné la richesse et, par un certain plaisir des mots, préfigure Rabelais. Comme Chastelain, il n'hésite pas à employer des mots flamands, surtout dans ses chroniques : technique nécessaire pour rendre compte des institutions et de la vie quotidienne d'un État bilingue. Ainsi : *blocus*, au sens d'"ouvrage de défense' (d'après *blockhuys*), *bourggrave* (cf. *borghgrave*), *cloqueman* 'sonneur de cloches' (cf. *klockman*), *escoutette* 'officier de justice' (d'après *schoud-heet*), *guemaine* 'assemblée générale' (cf. *ghemeene*); mais aussi des noms d'armes : *espringale* 'catapulte' (d'après *sprinckhael*), *goudendarde* (d'après *goeden dag*), *veuglaire* (cf. *vogheler*), etc. L'époque voit également un développement considérable du vocabulaire par latinisme : Molinet est représentatif de cette tendance et les néologismes ne manquent pas dans ses œuvres; c'est ainsi qu'il serait le premier, ou l'un des premiers, à avoir employé en français des termes comme *irrefragable*, *resplendissance*, *vestibule*, *innovateur*, *liberateur*, *narrateur*, *cognitif*, ou encore *defiance* et *offensif* dans leur sens moderne. Inutile de préciser longuement qu'il ne renie à aucun moment non plus ses origines picardes.

Marguerite d'Autriche.
Bernard Van Orley, « Marguerite d'Autriche », copie, XVIe siècle. Musées Royaux des Beaux-Arts, Bruxelles. Copyright I.R.P.A.-K.I.K., Bruxelles.

Un autre fait important, dans la présente perspective, est à noter : Molinet serait le premier à avoir employé couramment le mot *wallon*, à la suite de Jean de Haynin, qui offrirait la première attestation. Le sens est linguistique, mais très différent de l'acception actuelle : le terme désigne la langue romane (ou ses locuteurs) par opposition au thiois, et il s'applique, dans un premier temps, au français picardisé de l'État bourguignon. Il sera encore senti comme tel au XVIe siècle. Une entité linguistique francophone distincte de la France est donc bien reconnue, en Hainaut, à l'époque bourguingnonne (et même plus tard : jusqu'au règne de Charles Quint inclus), mais elle ne correspond pas à la « Wallonie » actuelle, ni à l'aire du dialecte wallon.

L'existence littéraire de cette entité a tendance à se cristalliser en la personne de l'indiciaire, et l'observation vaut également pour le successeur de Jean Molinet : Jean Lemaire, qui se proclame lui-même « de Belges » (et non « des Belges », comme on lit et dit encore trop souvent), c'est-à-dire de Bavai en Hainaut. Né en 1475, filleul ou eveu de Molinet, il entre en 1504 au service de Marguerite d'Autriche, alors duchesse de Savoie. Devenue régente des Pays-Bas, Marguerite, qui a reçu dans son enfance l'éducation d'une future reine de France, renoue avec la tradition de mécénat et de bibliophilie de Philippe le Bon et entretient autour d'elle un cercle de lettrés dont Lemaire paraît à lui seul résumer les activités aux yeux de l'histoire littéraire, alors que la princesse avait aussi ramené à sa cour de Malines des écrivains bressans. Plus cosmopolite que son prédécesseur, Lemaire a commencé sa carrière en France, au service du duc Pierre de Bourbon, puis de Louis de Luxembourg, comte de Ligny, et il pratique une langue nettement moins marquée de traits régionaux. C'est pour lui à la fois une question de public et d'implantation : d'une part, il pense davantage au lecteur français, pour qui il a d'abord écrit, et ses œuvres principales seront imprimées en France; de l'autre, il réside relativement peu aux Pays-Bas, même au service de Marguerite. De toute façon, Marguerite elle-même, comme on peut le voir par ses autographes, écrivait le français de la cour de France — et sans doute le parlait-elle. On peut en tout cas estimer que Lemaire est l'initiateur d'une tendance qui ne fera que se renforcer dans la seconde moitié du XVIe siècle, avec des écrivains de moindre importance se situant dans la mouvance de la Pléiade : l'alignement de la langue littéraire sur celle des écrivains de France ou, si l'on préfère, le triomphe définitif, en littérature, du francien sur les variantes régionales plus ou moins dialectalisées. La remarque vaut aussi pour la langue de l'administration et de la politique : depuis le règne de Philippe le Hardi, et jusqu'à celui de Charles Quint inclus, de très nombreuses ordonnances sont rédigées en français (le latin et le flamand se disputant le reste, dans des proportions variables), mais cette langue de chancellerie reste peu marquée de traits régionaux, sinon dans son vocabulaire, lorsqu'il s'agit d'évoquer des réalités spécifiques (ainsi, les membres du magistrat de Bruges sont appelés *hoofmans*, terme aussitôt traduit par *connestables*). La raison du choix de la langue de ces ordonnances reste aussi difficile à déterminer que par le passé : sous Charles Quint, un même secrétaire signant peut, à trois jours d'intervalle et dans la même ville (en l'occurrence Bruges), rédiger une ordonnance en français et une autre en flamand, sans que l'objet du texte justifie cette différence.

La tradition d'appui de la langue française et de sa littérature périclite après Charles Quint, dernier descendant de Philippe le Hardi à avoir grandi en Flandre et bénéficié d'une éducation en français : la période espagnole fut, de ce point de vue, beaucoup moins favorable.

Claude THIRY

Charles Quint.
« Livre de l'Ordre du Thoison d'Or », B.R. Ms. 9080, folio 40, Bibliothèque Royale Albert Ier, Bruxelles. Copyright I.R.P.A.-K.I.K., Bruxelles.

Chapitre 7

Le français aux XVIIe et XVIIIe siècles

Il n'est pas nécessaire d'insister sur le caractère pour le moins problématique d'une histoire du français en « Communauté française de Belgique ». On sait que la langue de Paris fut très anciennement et naturellement adoptée dans les provinces belges où se parlaient des dialectes issus du latin. Cette adoption donna lieu à une *scripta*, c'est-à-dire un moyen de communication écrite colorant de traits régionaux une base francienne. Le français parlé et écrit dans la région de Bruxelles résulte au contraire d'une évolution beaucoup plus récente, puisque la tradition germanique domina longtemps dans la capitale et, en particulier, — avec un poids social considérable — à l'époque qui nous concerne. Il convient donc de fixer d'abord le cadre géographique d'une enquête vouée à faire ressortir la nature foncièrement hétérogène du cadre institutionnel dont elle procède. On conçoit qu'un tel propos n'a de sens qu'à condition de se débarrasser du fétichisme des origines et des nostalgies de la propagande. L'histoire des langues doit se refuser à servir des desseins politiques.

1. La frontière linguistique sous l'Ancien Régime

1.1 Mouscron-Comines : les ambiguïtés de la tradition

L'histoire de la frontière linguistique, magistralement étudiée par Élisée Legros (1948a), se charge d'emblée à son extrémité occidentale de ces enjeux politiques. Pour apprécier le rapport qui existait ici entre parlers germaniques et parlers romans, il faut d'abord se tourner vers l'église. À Mouscron comme à Comines ou Warneton, les autorités d'Ancien Régime ne cessèrent de réclamer la nomination de curés bilingues. Mais la revendication s'inscrit dans des situations historiques différentes. La dominante paraît germanique à Comines au début de la période qui nous concerne (malgré une importante toponymie romane). Ceci vaut plus encore pour Warneton, où les actes publics du XVIIe siècle sont en flamand. Mais celui-ci, a-t-on dit, ne devait plus être compris d'une large partie de la population en 1761, quand il fallut traduire en français le règlement de la confrérie de Saint-Sébastien, au terme d'un processus d'assimilation enclenché

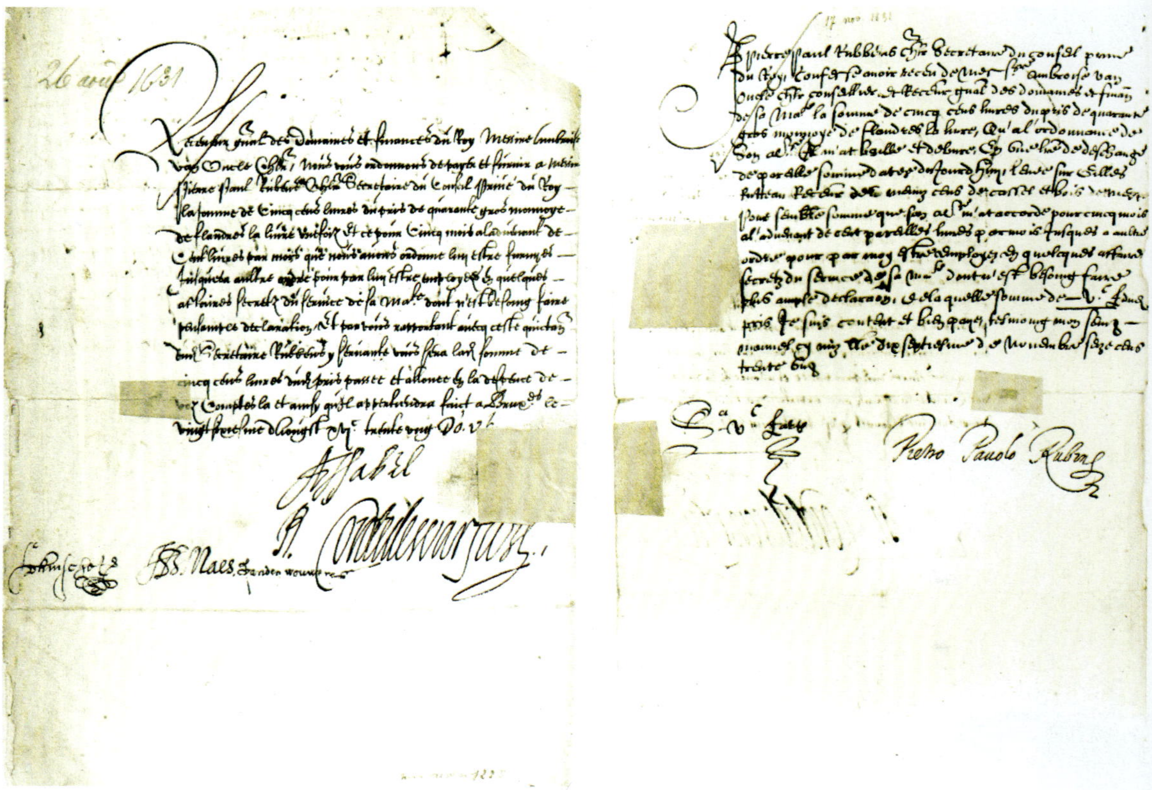

Ordonnance de paiement en français émanant de l'Infante Isabelle en faveur de P.P. Rubens pour frais de mission secrète, daté 26 août 1631 et reçu le 17 novembre 1631.
Ms. 1225, Archives Générales du Royaume, Bruxelles. Cl. I.R.P.A.-K.I.K., Bruxelles.

par les armées de Louis XIV. La situation se présente différemment à Mouscron. Un plaideur, en 1610, réclame le recours à la langue du Nord. Il lui est répondu que les « escriptures » de la cour de justice doivent être « en wallon, comme on a faict de tout temps immémorial » — il eût plutôt fallu dire : « en franco-picard ». Manifeste dans les noms de lieux, le caractère roman de la ville ne doit toutefois pas masquer les signes d'une certaine pratique du flamand, qui trouve sa traduction dans la vie publique jusqu'au milieu du XVIIIe siècle.

1.2 Brabant et Hesbaye : romanité gagnée, romanité perdue

De Mouscron à Wavre, l'actuelle frontière linguistique paraît suivre souvent son ancien tracé. *Orroir* ('l'Oratoire') est déjà désigné comme frôlant celle-ci, en 1616. Au-delà du pays des Collines, on se dirige vers Bruxelles par « la route d'Enghien à Hal », qui sépare la région romane, représentée par Bierghes, et la région flamande censée commencer au château du Ham, selon l'enquête de Coquebert de Montbret (voir paragraphe 3). En empruntant ensuite la route qui mène de Tubize à La Hulpe, on suit à peu près une limite qui, d'après Godefroid Kurth (1896-1898), se serait fixée à une époque très reculée — « dès l'origine ». Au nord de Braine-l'Alleud, les hameaux du Chenois et de l'Ermite étendent le domaine roman vers Rhode-Saint-Genèse.

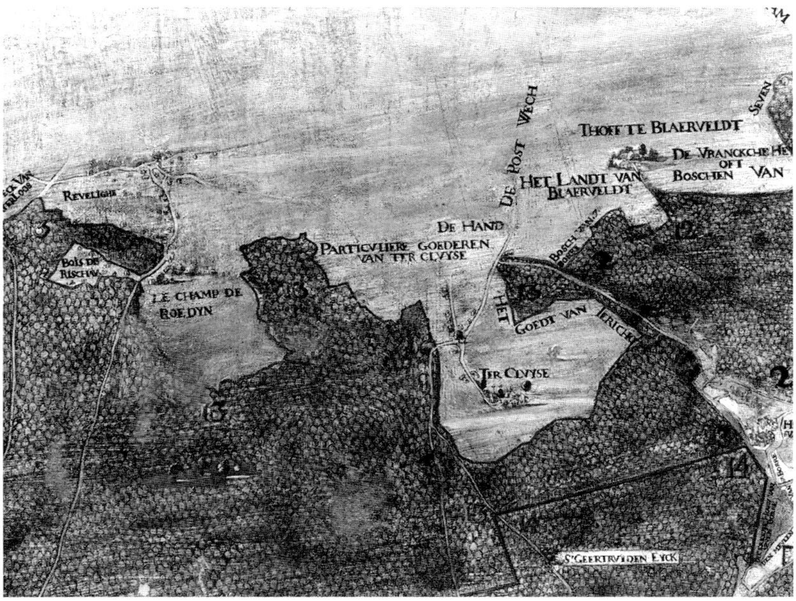

Sur ce plan, la toponymie de la Forêt de Soignes apparait en français ou en flamand.
Huile sur toile de Ignatius Vander Stock, détail, 1661, 20013377, Archives Générales du Royaume, Bruxelles. Copyright I.R.P.A.-K.I.K., Bruxelles.

A l'entrée de ce village hesbignon, qui était wallon sous l'Ancien Régime et qui le demeura majoritairement jusqu'au début du XXe siècle, les Limbourgeois souhaitent la bienvenue en néerlandais.
Cl. S.L.F

Au cimetière de ce village flamand, le français demeure en usage.
Cl. S.L.F.

L'avancée dorsale qui se dessine à partir de Wavre présente un caractère plus mouvant (Kurth, 1896-1898 : 141; Draye, 1943 : 350-384; Piton, 1930, 1948 : 116-121; Legros, 1948a : 73-81). Si la tradition latine domine d'emblée à Archennes, où « le peuple use principalement de l'idiome roman » (1475) et à Nethen, malgré quelques documents en flamand produits par une « administration étrangère au village », la situation est moins claire à Hamme-Mille, Tourinnes-la-Grosse et Beauvechain. Kurth avait tendance à les croire foncièrement flamandes, au Moyen Âge. La dénomination de « Tourinnes-la-Tiexhe », la thioise, est là pour le rappeler. À Hamme-Mille, l'abbaye de Valduc portait aussi plus proprement le nom de Hertogendael puisqu'elle fut « jusqu'au XVIIe siècle peuplée en majorité de religieuses flamandes » (Legros, 1948a). « En 1744, un conflit linguistique opposa celles-ci ». On y verrait un signe plus sûr de la francisation

Les panneaux de rue sont toutefois bilingues.
Cl. S.L.F.

ambiante si l'épisode ne se déroulait dans un milieu relativement clos. Les archives elles-mêmes offrent-elles toujours un reflet de la réalité commune, de la vie populaire ? On a pu contester la valeur indicative de celles qui concernent Tourinnes-la-Grosse ou Beauvechain, traditionnellement en français.

Descendant vers la Hesbaye le long de l'autoroute de Liège à Bruxelles, on rencontre d'autres entités manifestant les progrès du français au cours des XVIIe et XVIIIe siècles. À la fin du Moyen Âge, les échevins flamands de Zétrud-Lumay, à quelques kilomètres au nord de Jodoigne, avaient dû s'adjoindre des interprètes pour comparaître devant une cour namuroise. En 1743, d'autres plaideurs de l'entité exigeront de s'exprimer en français, contre des adversaires faisant valoir que la localité parlait traditionnellement la langue du Nord. Le curé d'Opheylissem, ou Hélecine, note de son côté vers 1740-1745 : « Les actes de loi furent mis en français seulement en 1730 ou 1733. Monsieur de Fraiture cessa de prêcher en flamand en 1740; il fit catéchisme en deux langues comme moi. »

Suivant la même route, on rencontrerait, dans la région de Berloz, une autre conquête française de l'époque moderne : à Crenwick, en 1726, un prêtre wallon succède à un curé flamand; à Corswarem, un arrêt de 1778 impose le français en justice. Mais ce qui est pris d'une main par la culture romane sera rendu de l'autre, à terme. Le français régnait alors en maître à Herstappe, comme l'a montré Jules Herbillon. Dès le milieu du XVIe siècle, la cour locale éprouve le besoin de se faire « translater de tiexhe (flamand) en wallon » tel bail qu'on lui présente. Une immigration intensive, commencée à la fin du XIXe siècle, détachera l'entité de la Wallonie par l'inversion du rapport arithmétique entre francophones et néerlandophones unilingues. Le passage à la région flamande ne se fit pas sans protestations.

1.3 La couronne d'épines des Fourons

La comptabilité politique a trouvé non loin de là son terrain le plus médiatique. Faut-il y insister (voir chapitre 25, ainsi que l'encart sur le sujet dans le chapitre 14) ? La région des Fourons montre une longue tradition flamande. Quand Lambert d'Archis, créant en 1696 le Collège liégeois de Rome, excluait du bénéfice de la fondation « ceux d'Outre-Meuse », ce ne sont pas les habitants de la future et populeuse « Commune libre de Saint-Pholien » qu'il visait — le séjour de Grétry au Collège en témoigne — mais les *Ultramosains* de langue germanique.

Celle-ci, du reste, s'étendait sur la région plus largement qu'aujourd'hui. Le bastion francophone de Warsage parlait aussi

Un même lieu, deux influences. Le château de Reinhardstein à Robertville, un nom germanique et un nom français pour ce qui fut un fief des Metternich pendant plus de 300 ans.
Cl. Pierre-Alexandre Massotte.

flamand au début de la période qui nous intéressse, puisque c'est la langue dans laquelle sont rédigées « les œuvres de loi jusqu'en 1626 ». À Aubel, d'allure toute wallonne, le quartier de Saint-Jean-Sart ne s'est romanisé qu'au cours du XVIIIe siècle. Et avec quelles réticences! Les vieilles familles se rebiffent quand le curé Morê, en 1775, se mêle d'utiliser le français en oubliant le flamand. L'histoire de Berneau offre des souvenirs identiques, où se mêlent nostalgie et conservatisme politique : sous le régime français, un échevin renouvellera les protestations contre l'uniformisation linguistique qui lui est imposée.

1.4 En Ardenne : la romanité préservée

L'attachement au parler traditionnel n'est pas moins vif dans les villages wallons des Ardennes soumis à une autorité politique étrangère. Laissant à sa droite Welkenraedt et Eupen, la frontière linguistique descendait comme aujourd'hui entre les « quartiers wallons » du duché de Limbourg, de Henri-Chapelle et de Baelen, dont les archives sont en français depuis le XVIe siècle. En Wallonie malmédienne, les habitants de Faymonville, qui relevaient de la seigneurie et de la paroisse de Bütgenbach, faisaient graver dans le cimetière allemand des inscriptions françaises, sur les tombes de leurs défunts. On sait avec quelle obstination rusée ils allaient maintenir la tradition romane contre les agressions du *Kulturkampf* (voir l'encart sur le sujet dans le chapitre 15). L'Ancien Régime, il est vrai, ne connaissait guère ce genre d'intolérance. Il savait accorder leur dû aux droits de la langue, comme lorsque les autorités de Bütgenbach concédèrent en propre aux manants de Robertville et de Sourbrodt l'exploitation de la « Fagne wallonne ». On notera pour terminer deux cas de romanisation intervenue à l'époque moderne, dans les Ardennes : Fauvillers et Limerlé, qui portait anciennement l'appellation de *tiesche*, ou 'thioise'.

2. Le français en Wallonie

2.1 Le Grand Siècle et les « baragouins »

Dès la Renaissance, des voyageurs étrangers tels que Fulvio Ruggieri (1561) ou Guichardin (1567) ont émis des observations sur les parlers de nos régions. Le premier note l'usage d'un français « fort corrompu », ce qui ne nous apprend pas grand-chose, la formule caractérisant souvent les dialectes : Léopold Mozart, qui traverse la Hesbaye en 1763, écrira qu'on y parle « du pur wallon, c'est-à-dire du mauvais français ». Les Liégeois, écrit Guichardin, se servent de cette même langue « corrompue et étrange », mais il vont « de jour en jour » la « repurgeant et amendant », tandis que les « nobles et autres de quelque qualité et condition parlent fort bien ». En déduira-t-on que Guichardin visait, en évoquant cette langue, non le wallon mais un français populaire simplement plus altéré que celui pratiqué vers le haut de l'échelle sociale ? En 1663, Pierre d'Avity note aussi que les sujets du prince-évêque « tâchent de polir » le « baragouin » dont ils se servent habituellement, surtout parmi « les personnes de condition ». À tout prendre, ces banales constatations doivent davantage approcher de la vérité que le témoignage de Philippe de Hurges, écrivant, au début du XVIIe siècle, que les riverains de la Meuse « entendent tous parfaitement le bon français sans l'avoir oncques appris ».

L'écart creusé entre celui-ci et les dialectes eut au moins le mérite d'attirer sur eux l'attention. Maurice Piron (1973a) a montré comment l'essor du français a suscité, en quelque sorte par réaction, leur exploitation littéraire. En Picardie comme en Poitou, en Wallonie comme en Bourgogne, l'activité patoise recueillit vers 1600 les genres vieillis, dans les registres du satirique et du plaisant. L'esprit baroque y ajouta un mélange du rire et du tragique évoquant Callot. Une sorte de choix s'offrait désormais à l'écrivain, entre français et dialecte. L'auteur qui s'adresse vers 1630 aux pensionnaires des Ursulines de Liège nous a laissé, côte à côte, une saynète française d'édification et son équivalent patois. Dans ce dernier, l'ange gardien chargé de magnifier la vie de couvent parle déjà, comme le notait Piron, un « français de grande allure », d'une éloquence toute classique. Au wallon est dévolue, évidemment, la représentation des plaisirs vulgaires qui menacent une jeune fille.

Nul doute que l'époque ait vu se multiplier chez nous les « bourgeois gentilshommes » affectant de plus en plus le parler du beau monde. Quelle valeur accorder ici au témoignage du baron de Villenfagne, considérant rétrospectivement le « jargon ridicule » qui était encore à Liège, vers 1700, « la langue dominante » usitée « dans nos meilleures maisons » ? D'autres écrits du même auteur donnent à croire qu'il avait en vue le français régional, plus que le dialecte, car il fait de celui-ci un éloge appuyé. On rappellera encore le témoignage de Boileau, s'étonnant que le baron de Walef, principal écrivain wallon du temps, use d'un français tout correct. L'auteur des *Satires* aurait-il repris le Chimacien Alexandre Laisné, qu'il estimait, dit-on, quand celui-ci parlait dans ses souvenirs d'Orient de la « fleur de fourmant » ?

2.2 Au temps de l'universalité française

Le XVIIIe siècle, qui verra le triomphe de « l'universalité française », commence par un rapprochement des habitants de nos provinces. De nouvelles chaussées sont ouvertes, qui vont accentuer la pénétration

Affiche de l'exposition « Le Siècle de Louis XIV au Pays de Liège ».
Cl. S.L.F.

du français. Mons est ainsi reliée à Bruxelles en 1705. La fin de la guerre de Succession d'Espagne, en 1714, s'accompagne d'un sentiment populaire de reconstruction à laquelle participe l'essor du réseau routier. Celui-ci unira bientôt Mons à Jemappes (1723-1724), à Binche (1730-1733), à Ath (1725-1727), à Tournai (1738-1744). Les historiens français de la langue ont souligné l'importance cruciale de ce développement des communications, qui caractérise également la fin du règne de Louis XIV.

Âge de paix, la première moitié du XVIIIe siècle autorise tous les espoirs, tous les progrès, formulés par la pensée libératrice des philosophes, qui diffuseront fortement la langue avec les idées. Certains de leurs organes de propagande s'implanteront en Wallonie, comme le *Journal encyclopédique* ou l'*Esprit des journaux*. La liberté dont jouissaient ici les métiers du livre — éventuellement favorisée par le laxisme des réglementations — amplifiait les effets linguistiques d'une littérature abondamment contrefaite.

La conquête des esprits, qui passe par celle des mots, a pu toucher par divers canaux l'homme moyen du siècle des Lumières. Mais pour celui-ci, la présence française a pris d'abord, à partir des années 1740, une autre forme : celle du contact avec les armées de Louis XV. Les Provençaux avaient bien connu cette expérience de confrontation culturelle, sous le règne précédent, et ils la portèrent à la scène de manière exemplaire. La comédie occitane du XVIIe siècle mit en évidence le type du « franchimand », provincial qui s'enrôle sous la bannière aux fleurs de lys et délaisse son patois, au profit d'un sabir dont le *Viandasso* et le *Ramounet* de Cortète de Prades tirent leur principale force comique. Les armées françaises défilent aussi dans nos régions sous les applaudissements de Boileau, puis sous ceux de Voltaire, chantre de la bataille de Fontenoy. Mêmes circonstances, mêmes effets. Le théâtre wallon s'empara des soldats « fransquions » qui abandonnaient le dialecte — fournissant ainsi quelques échantillons savoureux de parlure populaire.

Le *Voyage de Chaudfontaine* (*Li voyèdje di Tchaudfontinne*) montre, à l'époque de la guerre de Sept Ans (1756-1763), une joyeuse troupe de marchandes des halles se rendant en barque vers la petite cité balnéaire. Une dispute éclate. Un Liégeois engagé, le caporal Golzau, se fait fort de ramener le calme, avec une courtoisie non dénuée de fermeté.

Rappaisez-vous,
mes belles dames,
car en mon âme
i gn'a qu' les fous,
ki pour *des s' faits messaches*
feriont un tel tapache.
Rappaisez-vous.
Va sur ma parole,
si une ose encor souffler,
ki l' grand diabe m'envole,
gi la fera dégringoler.

combinaison du wallon liégeois *rapâh'ter* 'calmer', et d'*apaiser*

liégeois *dès s'fêts mèssèdjes* 'de tels messages, propos' : affaiblissement des consonnes finales sonores.
'feraient un tel tapage' : même forme wallonne, ici, pour les trois personnes du pluriel, d'où l'alignement sur la $1^{\text{ère}}$

qui l' diâle m'èvole 'que le diable m'emporte'
liégeois *dji*

Qui se prend aux femmes trouve son maître. Un salve d'insultes répondra au nigaud. Sa mère et sa grand-mère sont connues pour avoir eu leur « paquet » avant le mariage. Ses autres parents ne sont que *potchâs*, 'équarisseurs et gâche-métier'.

Vous bourdez, ma mie, et bourdez-vous;
jamais il n'eut de pocheau chez nous :
vous esté larnesse d'honneur.
Ginn sçais ky m' tien ki tout' asteur,
une autre fois pour vous *apprinte*,
Ginn' vous donn' cent coups d'pieds dans l'*vinte*.

bourder 'mentir'

'vous êtes larronnesse, voleuse d'honneur'
'Je ne sais ce qui me retient, tout de suite'
aprinde 'apprendre'
vinte 'ventre'

On trouvera d'autres spécimens de français patoisé dans la bouche du jeune Colasse, que met ensuite à la scène le *Liégeois engagé*. Ceux fournis par une comédie de 1784, *Apollon chez les Éburons*, sont nettement moins évocateurs. On notera que le *Journal encyclopédique*, organe de la « philosophie » et des tendances du jour, apprécia de manière très positive ce « théâtre liégeois ». C'est que la francisation galopante jetait déjà sur les parlers locaux un voile de nostalgie. Une chaîne de solidarité, que Jean Stéfanini a qualifiée de mouvement « interdialectal », parut même se développer entre les particularismes. Dans son château des Alpes, le baron de la Bastie-Monsaléon, amoureux de son dialecte, se souvenait des accents des patois du Nord, regrettant d'avoir « presqu'entièrement oublié ce qu'on appelle le *rouchy*, c'est-à-dire le wallon ». Le baron de Walef lui faisait écho en plaidant pour les pasquilles liégeoises, qui rappellent les chansons des « bords de la Garonne ».

Le ton change, il est vrai, chez ceux que subjugue le modèle voltairien. La physiocratie à la mode veut bien exalter l'habitant des campagnes et l'*Encyclopédie* le travailleur des villes, à condition qu'ils dépouillent le vieux vêtement des habitudes rétrogrades. On commence à dénoncer, à travers les préjugés et « erreurs populaires », la langue qui les enveloppe. Le discours de la Révolution française sur les patois prend forme, quand il lie aux dialectes le poids mort du passé. La Société d'Émulation de Liège met à son concours pour 1779 la question de savoir pourquoi la littérature française ne s'y est pas développée à l'égal de la peinture ou de la musique. On voudrait un Grétry de la plume. Le secrétaire de la Société, le Français Le Gay, incriminera le wallon :

> Ce langage mêlé de gaulois, de celtique, de teuton, d'espagnol et de français, sans règles, sans principes, s'est néanmoins transmis d'âge en âge; il infecte encore la chaire et le barreau, malgré l'exemple de quelques pasteurs et de plusieurs avocats qui s'efforcent d'établir l'usage de la langue française; ces efforts, qui méritent des distinctions et des encouragements, produisent même un nouvel obstacle, je veux dire les mauvais imitateurs, qui, sans atteindre à la perfection, introduisent un français corrompu : il est incroyable combien ce mauvais style est répandu; il se trouve partout : actes, instructions d'affaires, plaidoyers, conversations...

Piètre représentant de la littérature du cru, Dieudonné Malherbe ne manquera pas d'en rajouter, dans le résumé de sa réponse à la question de l'Émulation, rédigé au début du XIXe siècle :

> Que notre abject et insignifiant jargon cesse donc tout à fait d'être l'interprète de nos idées; rougissons de l'avoir trouvé beau et d'avoir pris si longtemps sa dureté pour de l'énergie, et sa grossièreté pour de la naïveté; changeons en mépris, changeons même en haine et en horreur l'attachement aveugle et extravagant que nous avons eu jusqu'à cette heure pour lui...

2.3 Le français à l'église

Jusqu'à quel point les dialectes imprégnaient-ils la vie courante? L'exalté Malherbe n'affirme pas seulement que « tout le monde », à Liège, parlait « indistinctement le trivial langage des halles » à la fin de l'Ancien Régime. C'était « naguère encore le seul langage de toutes les classes de citoyens ». On allègue par ailleurs la réponse de Rennekin Sualem, l'inventeur de la machine de Marly, à Louis XIV qui lui demandait comment il en avait eu l'idée : *Tot tûzant, Sire* - 'En réfléchissant, Sire'. L'anecdote est trop jolie pour qu'on ne voie pas dans le malicieux Rennekin le symbole d'une époque où le français demeurait pour une majorité de Wallons une langue foncièrement étrangère. Tout ceci ne traduirait-il pas la réalité d'un large unilinguisme patois dans les campagnes et les classes populaires ? Y avait-il des locuteurs incapables non seulement de parler, mais même de comprendre le français ?

La vie en société implique un minimum de rapports avec divers types de pouvoirs et de pratiques instituées, et donc avec leur mode d'expression. Comme l'a souligné André Goosse (1983) à propos des Wallons d'autrefois, les occasions, même très modestes, de confrontation ne touchaient pas seulement « ceux qui sont en contact avec des gens extérieurs à la ville ». « On constate, par exemple, que les noms officiels des rues, les enseignes, les inscriptions funéraires étaient en français », comme les prières, « les formules de conjuration », etc. Que dire du langage de l'administration fiscale ou de la justice ?

Le domaine religieux, qui imprégna si profondément la culture de l'homme moyen, offre un terrain suffisant pour mettre à l'épreuve ce que nous croyons savoir de l'état des langues — ou ce que nous imaginons rétrospectivement. La thèse de l'unilinguisme dialectal s'est notamment fondée, dans le domaine provençal, sur l'usage prolongé d'une prédication occitane dont les sermons du Père Olive ou de l'évêque Godeau conservent le souvenir. Mais la situation paraît radicalement différente dans la France du Nord d'Ancien Régime, comme l'a écrit Ferdinand Brunot :

> À vrai dire, personne presque ne nous affirme positivement que le français règne à l'Église. Mais si c'était le contraire, nous aurions cent occasions de l'apprendre. Enquêtes archi-diaconales, règlements diocésains ou ordonnances synodales, requêtes des communautés, plaintes des habitants contre le maître d'école, sollicitations aux intendants, dans tous ces documents, pas un texte, pas un mot qui laisse soupçonner que les villageois manquent de la connaissance essentielle, celle de la langue commune, pour accomplir leurs devoirs religieux.

Tout ceci vaut pour la Belgique romane. Il est vrai qu'on possède un témoignage donnant à penser que l'on prêchait en wallon à Olne, au pays de Herve, au XVIIe siècle. Un ouvrage de 1657, *Le noviciat réformé*, raconte la polémique qui agita ce village du comté de Dalhem où les Provinces-Unies avaient imposé le voisinage des cultes protestant et catholique. On y apprend que le pasteur du lieu, Henry Chrouet, reprochait à son homologue, le curé Antoine Delva, de s'adresser aux fidèles dans un wallon « barbare », quand il ne leur parlait pas latin, c'est-à-dire une langue incompréhensible pour beaucoup d'entre eux. Le curé lui répondra :

> Je m'étonne que le ministre fait ici à Olne son office public en langue française, puisqu'ici à Olne, nous ne sommes point Français, mais Wallons; et parlons ici d'une langue fort différente à celle de France, étant certain que le Français n'entend non plus le wallon que le Wallon n'entend le français.

Le curé soulignera le propos avec élégance. À quoi bon « parler d'une langue française, ici dans ces quartiers d'Outre-Meuse, à des idiots, qui à grand peine entendent la langue maternelle » ? Mais on n'est pas obligé de le croire. D'abord parce que les ouvrages religieux utilisés en Wallonie à cette époque, quand ils ne sont pas en latin, n'emploient jamais que le français. Livres de prières, traités de piété, recueils de sermons : le dialecte en est totalement absent. Il est vrai que les chansons de Noël en wallon abondent. Si elles expriment fortement le lien unissant langage de la tradition et valeurs immémoriales, on voit mal comment en tirer argument en faveur d'une prédominance exclusive du dialecte.

Des facteurs économiques conditionnaient du reste la littérature de piété la plus visiblement destinée au peuple — ces petits ouvrages imprimés « en têtes de clous » sur papier grossier, reliés à la hâte, qui se donnent à l'évidence comme les cousins de la Bibliothèque bleue. Les imprimeurs de Mons, Tournai, Namur ou Liège se disputent le marché des invocations à saint Donat ou du livret de pèlerinage à Saint-Hubert. Il fallait bien que toute cette production, qui voyage largement au-delà des frontières régionales, utilise un langage relativement commun. Comment faire une place aux usages linguistiques trop particuliers ? On notera que les conditions économiques induisent un autre effet, du point de vue de la langue. La reproduction de textes modèles entretient une expression vieillie, quelquefois archaïsante, truffée de formules qui pouvaient avoir disparu ou être sorties du langage courant depuis longtemps. Ainsi, l'ancien *-oit* des finales d'imparfait s'y maintient jusqu'au cœur du XIXe siècle.

L'Église, du reste, travaillait elle-même à cette unification linguistique par la mobilité à laquelle étaient soumis certains prêtres. Un examen systématique des registres d'affectation des cures le montrerait. Si l'autorité ecclésiastique semble avoir, en général, répondu aux vœux des candidats et à la logique en les nommant à des postes plus ou moins proches de leur lieu de naissance, les cas divergents ne manquent pas. Remacle Mohy du Rond-Champ, auteur du *Cabinet historial*, était originaire des environs de La Roche. Il sera curé de Huccorgne en Hesbaye puis de Jodoigne, où il meurt en 1621. Le Dinantais Jean-Joseph Malaise exerce à Saint-Nicolas-en-Havré, dans les populeux faubourgs de Mons. H. Collette, D. de Stallon passent de la Hesbaye aux bords de la Semois, etc. Dans un autre genre, le prêcheur et écrivain montois Philippe Bosquier parcourut la Wallonie. Comment ces migrants s'adaptaient-ils au parler de leurs

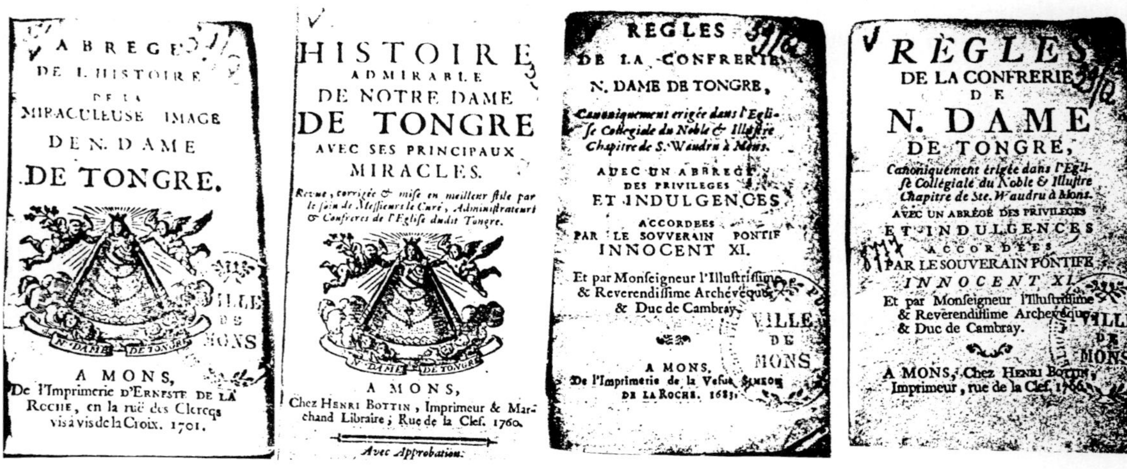

ABREGE DE L'HISTOIRE DE LA MIRACULEUSE IMAGE DE N. DAME DE TONGRE.

A MONS, De l'Imprimerie D'ERNESTE DE LA ROCHE, en la ruë des Clercqs vis à vis de la Croix. 1701.

HISTOIRE ADMIRABLE DE NOTRE DAME DE TONGRE AVEC SES PRINCIPAUX MIRACLES. Reveue, corrigée & mise en meilleur stile par le soin de Messieurs le Curé, Administrateurs & Confreres de l'Eglise dudit Tongre.

A MONS, Chez HENRI BOTTIN, Imprimeur & Marchand Libraire, Rue de la Clef. 1760.

Avec Approbation.

REGLES DE LA CONFRERIE DE N. DAME DE TONGRE, Canoniquement erigée dans l'Eglise Collegiale du Noble & Illustre Chapitre de S. Waudru à Mons. AVEC UN ABREGE DES PRIVILEGES ET INDULGENCES ACCORDEES PAR LE SOUVERAIN PONTIF INNOCENT XI. Et par Monseigneur l'Illustrissime & Reverendissime Archevêque & Duc de Cambray.

A MONS, De l'Imprimerie de la Vefue SIMEON DE LA ROCHE, 1683.

REGLES DE LA CONFRERIE DE N. DAME DE TONGRE, Canoniquement érigée dans l'Eglise Collégiale du Noble & Illustre Chapitre de Ste. Waudru à Mons. AVEC UN ABREGE DES PRIVILEGES ET INDULGENCES ACCORDEES PAR LE SOUVERAIN PONTIFE INNOCENT XI. Et par Monseigneur l'Illustrissime & Reverendissime Archevêque & Duc de Cambray.

A MONS, Chez HENRI BOTTIN, Imprimeur, rue de la Clef, 17[illegible]

Le livre populaire des provinces wallonnes, toujours en français, diffuse une langue éventuellement archaïsante.
Livrets des XVIIe et XVIIIe siècles à l'adresse des imprimeurs montois de la Roche et Bottin, Bibliothèque de la Ville de Mons.

paroissiens ou de leurs auditeurs, si on suppose ceux-ci bornés au patois ?

Si le français, comme le pensait Brunot, a pour beaucoup évincé le patois dans la vie de l'Église, dans quelle mesure celle-ci entretient-elle l'attachement au latin, qui freine d'un autre côté l'affirmation des langues modernes, au moment où elles revendiquaient pleinement le statut d'instruments intellectuels ? La question doit être posée dans un cadre plus large. Une étude portant sur la production imprimée dans les provinces wallonnes entre 1600 et 1800 montre l'accroissement vertical des éditions en français. Celles-ci ne représentent encore que la moitié de ce qui sort des presses, à Liège, à l'époque de Molière. On frôle les neuf dixièmes à la veille de la Révolution. La production montoise part de plus haut, puisque près de 60 % de celle-ci est en français dès le début du XVIIe siècle. Les ateliers de Plon, Bottin et Hoyois ne donneront plus aucun ouvrage latin entre 1770 et 1780. Tournai et Namur montrent une curieuse résistance du livre classique dans la première moitié du XVIIIe siècle, comme si l'Église se repliait sur son bastion linguistique à l'approche de la grande bataille des Lumières. On voit en tout cas, dans la bibliographie tournaisienne, le chapitre des « cinq clochers », aidé des Frères mineurs et des abbayes de Saint-Médard ou Saint-Ghislain, illustrer avec une fière obstination la langue de Rome.

2.4 Le français à l'école

Détentrice ordinaire de l'enseignement, l'Église y impose aussi la domination théorique du latin. L'idéal de solidarité devant unir celui-ci et français a fondé un système intellectuel et institutionnel qui a reçu l'appellation de *colinguisme* chez l'historienne marxiste Renée Balibar (1985). L'exigence d'une maîtrise conjointe des deux langues va conditionner l'insertion dans la hiérarchie sociale. Au moins le dispositif a-t-il le mérite de lier l'efficacité de la parole à un savoir technique, tandis que se développe sous la bannière de Vaugelas une norme courtisane, un « bon usage » mondain favorisant le pouvoir aristocratique.

On attribue à la Réforme le fait d'avoir, la première, organisé un enseignement élémentaire visant par prosélytisme le plus grand nombre. L'Église catholique répliqua aussitôt en promouvant la catéchèse à destination des milieux populaires, recommandée par le Concile de Trente. Le concile de Cambrai de 1586 organisa l'ouverture d'écoles dominicales. Celle de Mons impose son modèle. Elle était chargée d'endoctriner « par ruse et par cœur », « tant en latin comme en français », des enfants âgés de sept à quinze ans. À l'école de Beaumont, d'après une description de 1609-1610, « les maîtres enseignent les enfants en franchois ». Le catéchisme accompagne le mouvement. Les ouvrages employés à cet effet ont fait l'objet d'études récentes, notamment par O. Henrivaux (1981). On peut croire qu'à la Révolution française, le Père Lefebvre, répondant à la célèbre enquête de l'abbé Grégoire sur les patois, résume un état de choses courant et quasiment immémorial quand il écrit à propos de l'Ardenne profonde : « L'enseignement se fait en français dans les écoles. Les livres élémentaires sont en français mais ne sont point uniformes et on n'en a que pour l'alphabet et le catéchisme ».

Les manuels de français rédigés ou publiés en Wallonie mériteraient une étude.On signalera d'abord celui du Montois Jean Bosquet, qui enseigna au XVIe siècle à l'école élémentaire dite *des crottes,* rue Notre-Dame, et que l'on loue d'avoir secoué le joug du latin dans sa ville. Le collège de Houdain, fondé en 1545, y fait figure de modèle. Là professa au XVIIIe siècle Pierre-François Du Jardin, auteur d'une *Grammaire* dont les imprimeurs locaux se disputèrent la reproduction (Bottin en 1760, Plon en 1768, Hoyois en 1775). Ces ouvrages reflètent-ils quelque chose du français parlé ? L'image n'est pas flatteuse si on en juge par les *Principes de l'orthographe* des Verviétois Bragarde (1770), dont la lettre-préface offre un beau charabia. Le manuel latin dû à un certain Amand Gilselius (Gilsoul) se recommande ici à l'attention. Son édition de 1675 offre des exemples français où perce quelquefois le dialecte. Ainsi, le verbe *déceler* est explicité de manière toute liégeoise par *raccuser* 'cafarder' : « on mette sur la torture les sorcières et les larrons afin qu'ils décèlent leurs compagnons ».

Jusqu'à quel point et jusqu'à quel moment le latin régna-t-il en maître au collège ? Celui d'Ath a laissé un règlement où l'on prescrit aux élèves d'être « tousjours parlans latin ». Les contrevenants, « notés soit à parler françois ou barbare ou faire quelque insolence », étaient en principe inscrits au rapport, le samedi après-midi. Mais un document du XVIIIe siècle signale que le principe « s'observe fort rarement ». Les marges de l'activité scolaire s'ouvrent par ailleurs plus librement, comme il est naturel, au langage familier. Les élèves des jésuites jouent des pièces françaises à Namur en 1616 comme à Tournai trois ans plus tard. On interprète *Théophile* à Mons et Tournai dans les années 1770, *Sédécias* à Namur, *Callisthène* à Ath. Il reste que l'exercice poétique en latin garde toute sa prééminence dans les *Musae leodienses* que font paraître, de 1758 à 1767, des étudiants liégeois. Seules les fables puis quelques odes ou poèmes d'actualité seront traduites en français. C'est que la langue de Voltaire, écrit l'un de ces jeunes gens, manifeste des prétentions exagérées :

> Je me demande pourquoi , depuis quelque temps, nos philosophes (troupe arrogante) se mêlent de dédaigner le parler du Latium.

L'article « Collège » de l'*Encyclopédie* n'avait-il pas soutenu qu'il « est plus difficile d'écrire et de parler bien sa langue que de parler et d'écrire bien une langue morte » ? Le chevalier de Heusy fait écho à la « nouvelle pédagogie » des Lumières quand il propose en 1771 la création, à Liège, d'une école « de la langue française ». Il s'agira bientôt de combler le vide laissé par la suppression des collèges de jésuites. Celui de la ville principautaire est remplacé en 1773 par un « Grand Collège » dont le programme témoigne « de l'importance accordée au français » (J.-N. Franchimont). Les déclamations et discours de fin d'année, en particulier, sont désormais dans la langue familière : Ferdinand Brunot a souligné la valeur indicative de ce type de changement. Le collège du « vénérable chapitre » de Tournai en fournit un autre exemple. Les *Exercices littéraires* qui clôturent solennellement l'année scolaire 1778-1779 s'accompagnent *de quelques pièces de littérature récitées par les écoliers* : comment ne seraient-elles pas en français puisqu'il s'agit d'intéresser « les Pères et Mères qui ont à cœur les progrès de la jeunesse » ? On peut voir par le règlement du collège de Saint-Bonaventure à Fontaine-l'Évêque comment le latin, à la veille de la Révolution, s'était retranché dans les cours littéraires des trois années supérieures (sur un cycle qui en compte cinq). Mais la tradition latine reste sauve, puisque le programme des cours se présente sous la forme d'*Exercitationes scholasticae* qu'agrémente l'un ou l'autre compliment rédigé dans la même langue.

Resterait à mentionner l'enseignement que l'homme d'Ancien Régime trouvait, à l'occasion, en dehors de l'école ou du presbytère. Dans sa réponse à l'abbé Grégoire, le Père Lefebvre ouvrait déjà la perspective quand il signalait que les livres mis à la disposition des enfants « sont tels que les parents peuvent se les procurer » : « celui-ci lit dans une gazette, cet autre dans la Bible, etc. ». Un témoignage du chevalier de Saint-Péravi, orateur de la Société d'Émulation citée plus haut, va dans le même sens. Son *Poète voyageur* de 1781-1783 montre des enfants de la rue discutant, dans leur « grossier jargon », les nouvelles apprises par la lecture familiale des journaux. Ce n'est pas d'aujourdhui que d'autres chemins d'instruction s'offrent à l'individu curieux, soucieux de promotion sociale. Celui qui se sent du talent, au XVIIIe siècle, commence à disposer d'outils lui permettant de le cultiver sans le secours d'aucun maître. L'historienne suédoise Elisabeth Hammar a montré comment le manuel de français s'adapte à cette volonté nouvelle en fournissant au lecteur solitaire un appareil de règles et de prescriptions que ne comportaient pas les traités du siècle précédent, quand le précepteur privé ou le curé tenant classe se chargeait d'inculquer ces matières.

Le prince Charles-Joseph de Ligne, maréchal, écrivain raffiné et auteur de nombreux textes et lettres, né en 1733 et mort en 1814.
Coll. Château de Beloeil. Cl. Guy Cussac.

3. Le français à Bruxelles [1]

3.1 Les témoignages et les chiffres

Une vue d'ensemble sur le rapport des langues dans la région bruxelloise est fournie au début du XIXe siècle par le bureau de la statistique de l'Empire napoléonien, que dirigeait un remarquable fonctionnaire, Coquebert de Montbret.

1 Voir aussi chapitre 13, 1.

Le dictionnaire des départements réunis constatera d'abord :

> La langue flamande est la seule usitée dans les arrondissements de Bruxelles et de Louvain, à l'exception de la ville de Bruxelles, où l'on est en quelque sorte plus familiarisé avec la langue française. Dans l'arrondissement de Nivelles, au contraire, le langage ordinaire est le wallon.

Pas de surprise, quand l'enquête de Coquebert de Montbret précise :

> Dans l'arrondissemnt de Bruxelles, la moitié des communes parle flamand et l'autre français [...]. Dans Bruxelles même, on parle plus français que flamand, dans la rue Haute et ses contours, la ville haute et les marchés, tandis que le flamand domine vers le canal, la porte de Schaerbeek, celle de Louvain. Au village de Saint-Gilles, on ne parle que le flamand, et, à deux lieues de là, en suivant la même route, à Waterloo, on ne parle que français.

Les témoignages sur le français à Bruxelles s'ouvrent, à la fin du XVIe siècle, par les déclarations d'un certain Mellema, souvent reproduites en dépit de leur caractère visiblement excessif. La langue de Paris est devenue « la plus commune, la plus facile, voire la plus accomplie ».

> Il nous faudra confesser que tous les Flamengs, avec leur seize provinces nommées les Pays-Bas, s'en servent, quasi comme les Valons et les François mêmes, ès marchés, ès foires, ès cours, les paysans en assez grand nombre, les citoyens et les marchands pour la plupart.

Ce n'est pas ici l'endroit d'insister sur le trompe-l'œil, au reste déjà déclinant, qu'induisait la francisation d'une cour bourguignonne à qui Charles Quint avait donné le modèle du mépris le plus total pour les parlers flamands. La lutte contre la Réforme envoyait alors plus d'un étudiant à l'université de Douai, bien française et bien catholique, pour le préserver de la contagion. Sur le plan commercial, « obligations, quittances, louages, lettres de change » montrent aussi dans les Flandres une forte attraction de la France, selon Brunot. Celle-ci aurait « même atteint superficiellement la masse du peuple ». Pirenne voyait un symbole linguistique dans la révolte commune des provinces wallonnes et flamandes au cri de « Vive les gueux ».

Les observations du grammairien français Bouhours, au XVIIe siècle, apporteraient de l'eau au moulin si le chauvinisme ne leur ôtait tout crédit. Séjournant à Bruxelles, il écrit en 1671 que « le peuple même, tout peuple qu'il est, apprend notre langue presque aussi tôt que la sienne ». Son compatriote Regnard note avec davantage de mesure les efforts des Anversois « les plus polis » pour « se conformer à nos manières ». Brunot donne de la réalité une image déjà plus équilibrée quand il rappelle que les jésuites de Bruxelles, en 1638, « prêchent trois fois par semaine en flamand et deux fois en français ».

Hervé Hasquin (1979) a tâché, pour le XVIIIe siècle, d'évaluer ce rapport des langues à partir des archives notariales et de divers

Liste des dentellières, « des rejoigneuses, des desineurs et cireuse de patron » de la marchande bruxelloise Caroline d'Halluin. Vers 1750.

Feuille volante, r° et v°, Portfolio n°192, Archives Communales, Bruxelles. Copyright I.R.P.A.-K.I.K., Bruxelles.

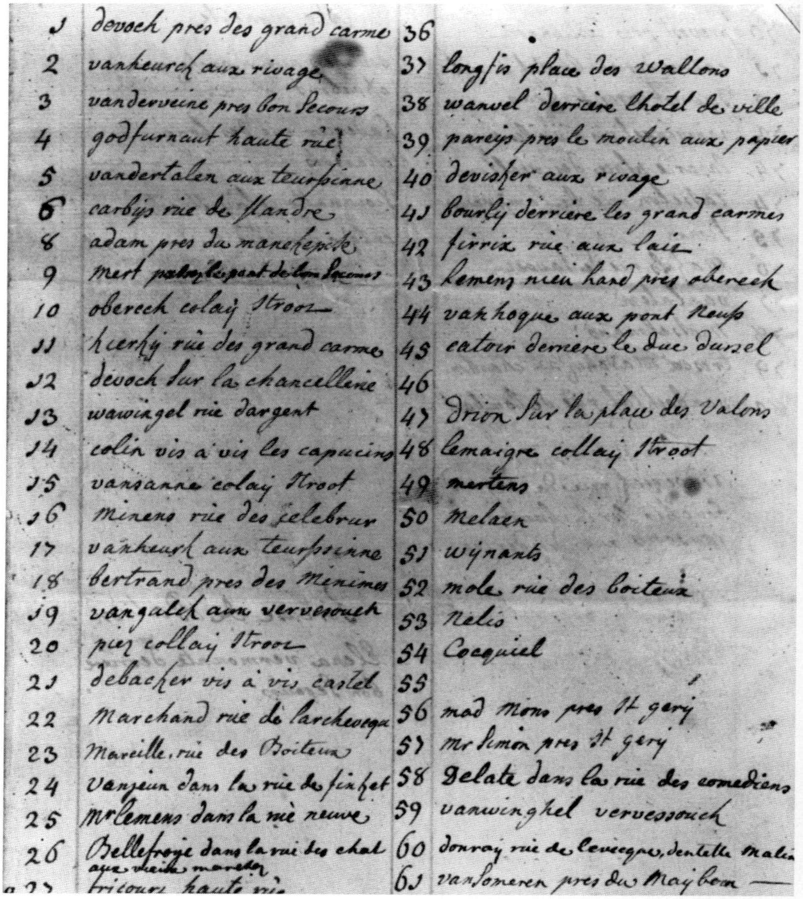

1 devoch pres des grand carme
2 vanheurck aux rivage
3 vanderveine pres bon secours
4 godfurnaut haute rüe
5 vandertalen aux teurfeiane
6 carbys rüe de flandre
8 adam pres du manekepik
9 mert ~~pres le pont de bon secours~~
10 obereck colaj stroo
11 heerky rüe des grand carme
12 devoch sur la chancellerie
13 wawingel rüe dargent
14 colin vis a vis les capucins
15 vansanne colaj stroot
16 minens rüe des celebrur
17 vanheurk aux teurfseinne
18 bertrand pres des minimes
19 vangalek aux vervesouch
20 piez collaj stroo
21 debacker vis a vis castel
22 Marchand rüe de larchevequ
23 Mareille rüe des Boiteux
24 Vanjeun dans la rüe de finfet
25 mr lemens dans la rüe neuve
26 Bellefroye dans la rüe des chal aux vieille marcher
27 tricours haute rüe

36
37 longfis place des wallons
38 wanwel derriere lhotel de ville
39 pareys pres le moulin aux papier
40 devisher aux rivage
41 bourlij derriere les grand carmes
42 firrix rüe aux laie
43 lemens nieu hand pres obereck
44 vanhoque aux pont neufs
45 catoir derriere le duc dursel
46
47 Drion sur la place des Valons
48 lemaigre collaj stroot
49 mertens
50 melaen
51 wijnants
52 mole rüe des boiteux
53 nelis
54 Cocquiel
55
56 mad mons pres st gerj
57 mr simon pres st gerj
58 Delate dans la rüe des comediens
59 vanwinghel vervessouch
60 donraj rüe de leveque, dentelle malin
61 vansomeren pres du maybom

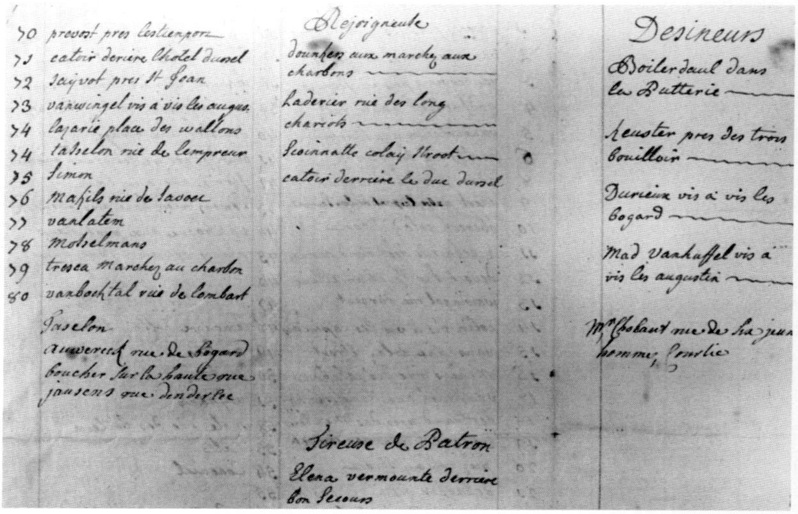

70 provost pres leslienpors
71 catoir derire lhotel dursel
72 sajvot pres st jean
73 vanwingel vis a vis les augus
74 lajarie place des wallons
74 tatselon rüe de lempreur
75 simon
76 mafils rüe de savoie
77 vaalatem
78 moselmans
79 tresea marchez au charbon
80 vanbocktal rüe de lombart
Jaselon
auwereck rüe de bogard
brucker sur la haute rüe
jansens rüe dendersee

Rejoigneuse
dounkers aux marchez aux charbons
laderier rüe des long chariots
scoinnalle colaj stroot
catoir derriere le duc dursel

Sireuse de Patron
Elena vermounte derriere bon secours

Desineurs
Boilerdaul dans la Batterie
heuster pres des trois bouilloir
Durieux vis a vis les bogard
Mad Vanhassel vis a vis les augustin
Mr Cholaut rüe de ha jeun hommes [illegible]

documents officiels. Il en résulte qu'un peu moins de 20 % seulement des actes enregistrés à Bruxelles utilisaient le français en 1760 et que les progrès de celui-ci ne dépassaient guère 5 % vingt ans plus tard. C'est également aux environs des 20 % que se situe le français des lettres de bourgeoisie, pour la seconde moitié du XVIIIe siècle. Quand aux dépositions de délinquants et de prostituées, elles montrent un partage égal des deux langues, pour la décennie 1779-1789. Une fois corrigés en fonction de certaines conditions techniques (les procurations écrites dans la langue du destinataire, notamment), les chiffres obtenus donnent à penser que :

> le pourcentage de la population qui s'exprimait de préférence en français devait osciller entre 5 et 10 % en 1760 et avoisinait probablement les 15 % en 1780.
>
> Certes, Hasquin conclut : il est vraisemblable que le bilinguisme s'était considérablement répandu parmi la population flamande. Il est à peu près sûr qu'en raison du contexte général, nombre de Flamands n'hésitaient pas à user du français au niveau des relations sociales, dans la vie en société. Mais il est tout aussi vrai que lorsqu'il s'agissait de régler des questions relatives à leur vie privée, la langue maternelle reprenait le dessus ainsi qu'en témoigne l'écrasante supériorité des actes en flamand. Une évidence s'impose donc : en 1780, la francisation de la population flamande de Bruxelles n'était pas encore irréversible.

LES COMEDIENS
ORDINAIRES DE S. A. R.
Donneront aujourd'hui JEUDI, 6 Mai 1773,
L'AMI DE LA MAISON,
Opéra en trois Actes, précédé de
NANINE,
Comédie en trois Actes de Mr de VOLTAIRE.
En attendant l'*Homme Singulier*.

On prendra aux premieres Loges & Parquet une Couronne neuve ; aux ſecondes Loges une demi-Couronne ; aux Loges du Parterre trois Eſcalins, ou quinze Eſcalins pour une Loge entiere ; & à la grande du fond trois Eſcalins par perſonne ; aux troiſiemes Loges & Parterre deux Eſcalins ; à l'Amphithéatre & aux Loges du quatrieme Rang un Eſcalin ; & ſix Eſcalins pour la Loge entiere.
Ceux qui voudront retenir des Loges ou s'abonner, pourront s'adreſſer au Sieur MAISIER, *Receveur, dans la Putterie, près de la rue de la Bergere.*

Par ordre de S. A. R. la Livrée n'entrera pas, même en payant.

ON COMMENCERA A SIX HEURES PRECISES.

De l'Imprimerie J. L. DE BOUBERS.

Affiche pour la représentation de « Nanine » de Voltaire au Grand Théâtre de Bruxelles, le jeudi 6 mai 1773.
Archives Générales du Royaume, Bruxelles.

3.2 Coup d'œil sur la domination culturelle française

Il est incontestable que la langue de Paris fit aux XVIIe et XVIIIe siècle des progrès sensibles dans la bonne société de la capitale. Les jansénistes qui s'y réfugièrent vers 1700 trouvèrent, dit-on, l'accueil d'une élite bourgeoise « déjà fortement francisée », tandis que l'imprimeur Fricx diffusait la parole de Port-Royal via l'*Année chrétienne* du Verviétois Ruth d'Ans. Les presses bruxelloises n'étaient pas mal placées pour répandre ensuite la littérature française critique venue de Hollande. Les autorités locales y prêtèrent la main, en s'opposant à ceux, jésuites et dévots, qui essayaient de la faire prohiber. Joseph II défendra même aux ecclésiastiques d'interdire la lecture des ouvrages officiellement tolérés par lui.

À l'influence du livre s'ajoute celle de la scène, qui atteint sans doute un plus large public. La capitale est, depuis le XVIIe siècle, un port d'attache des compagnies françaises en tournée. Le « Grand Théâtre sur la Monnaie » voit le jour en 1700. Si les autorités rechignèrent à l'ouvrir au spectacle en flamand, c'est pourtant dans cette langue qu'une pièce de Voltaire, *Alzire*, fut donnée en 1739 devant la

LA MUNICIPALITÉ DE BRUXELLES À SES CONCITOYENS.

CITOYENS,

LA FÈTE, qui sera célébrée DECADI prochain, est consacrée à la GLOIRE et à L'IMMORTALITÉ. C'est la Fête de *Brutus*, des *Guillaume-Tell*, des *Barneveldt*, des *Socrate*, des *Rousseau*, des *Francklin*, et de tous les hommes qui, par des talents sublimes et bienfaisans, par des actions ou des vertus éclatantes et utile au monde, ont conquis l'estime et l'admiration de leurs semblables. CITOYENS, venez dans le Temple de l'Eternel, rendre hommage à ces hommes, qui ont honoré l'humanité et adouci son sort. Trop long-tems vous avez rendu un culte aux crimes heureux, aux fléaux des Nations : renversez ces Trones que l'ignorance et la bassesse ont élevés à la crainte, et n'en érigez désormais qu'à l'amour et à la reconnoissance ; les bienfaiteurs du monde doivent seuls en être les héros.

Le 18 Pluviose, troisième année Républicaine.

Signé J. F. DEMENDIVIL.

DE MUNICIPALITEYT VAN BRUSSEL AEN HAERE MEDE-BORGERS.

BORGERS,

DEN FEESTDAG, die op den aenstaenden DECADI zal gevierd worden, is aen de GLORIE en aen D'ONSTERFFELYKHEYD toegeheyligd, t'is den Feestdag van *Brutus*, van *Willem-Tell*, van *Barneveldt*, van *Socrates*, van *J. J. Rousseau*, van *Francklin*, en van alle de mannen, die door verheve en weldaedige begaeftheden, door uytstekende en aen de wereld nottige deugden de hoogachtinge en de verwondering van hunne gelyke veroverd en tot zig getrokken hebben. BORGERS, kòomt in den Tempel van het Eeuwig-Opperwezen, kòomt 'er hulde doen aen die mannen, die het menschdom eer aengedaen, en desselfs lot verzacht hebben. G'hebt te langen tyd aen de begunstigde schelm-stukken, aen de geessels der Volkeren eenen schandelyken eerdienst bewezen : werpt-af die Throonen, dòor d'onwetenheyd en de lafheyd opgerecht aen de vreeze, werpt ze te neder, en recht 'er voortaen geene andere meer op, dan aen de liefde en herkentenis. Zy alleen die aen de wereld weldoen, moeten 'er de helden van wezen.

Den 18 Pluviose, derde jaer der Republiek.

Geteekent J. F. DEMENDIVIL.

De l'Imprimerie de G. HUYGHE, Marché aux Fromages.

Proclamation bilingue de la municipalité de Bruxelles, 18 pluviôse an III (6 février 1795). Le militant flamand Jean-Baptiste Verlooy était alors bourgmestre de la ville.
B.R., Bruxelles.

gouvernante, ce qui constituait tout de même une manière de reconnaissance. Il reste qu'au milieu du siècle, sur deux cents représentations d'œuvres dramatiques, plus de 95 % seraient en français. Qu'en est-il de sa domination dans le domaine de la presse ? Aucun journal

La Grand-Place de Bruxelles.
Théatre ambulant, forains et danseurs animaient les places de Bruxelles au XVIIIe siècle, à côté de la Monnaie et du théatre bourgeois Coffy.
Peinture sur toile. Musées Royaux des Beaux-Arts, Bruxelles.
Cl. M.R.B.A/CUSSAC, Bruxelles.

flamand ne s'imprime à Bruxelles avant la Révolution, à côté du *Mercure historique et politique des Pays-Bas* de Maubert de Gouvest, du *Gazetin de Bruxelles* de Chevrier ou des *Annales politiques* de Linguet. C'est de Louvain que viennent le *Wekelijks nieuws* (1773-1788) et l'*Algemeyn nieuwsblad* (1783-1787).

On ne peut contester que la politique culturelle thérésienne ait aussi privilégié le français — mais guère plus que celle de Frédéric II ou de la grande Catherine, au détriment de l'allemand et du russe. Si le flamand figure au programme des deux premières années du collège impérial, il disparaît dans la suite du cursus. On a compté qu'à l'Académie, fondée en 1772, une seule conférence aurait été prononcée dans cette langue, sur plus de quatre-cents exposés. Mais on y prime tout de même vingt-six dissertations flamandes, contre trente-cinq en français (Smeyers, 1982). Certains membres de la Société montrent en matière linguistique un esprit des plus ouverts, comme Jean-Noël Paquot. On a pu considérer l'un d'eux, Jean Des Roches, comme un « apôtre de la régénération du flamand » (ce qui serait selon certains très exagéré).

Laissons aux historiens du Nord l'évocation des écrits du rhétoriqueur de F. La Fontaine et de Jean-Baptiste Verlooy *sur la mésestime de la langue maternelle aux Pays-Bas* (titre de l'essai que le second publie en 1788). Ces militants ne trouvaient-ils pas la meilleure consolation dans la maigreur — avouée par les historiens de la littérature — de la production locale en français ?

4. La Révolution

La « politique de la langue » de la Révolution française constitue, deux siècles et demi après l'édit de Villers-Cotterêts, la plus célèbre et la plus déterminante intervention de l'État en matière de promotion institutionnelle du parler « national », avant 1800. Quelle fut l'influence, dans nos régions, d'un jacobinisme ayant mis à son programme démocratique l'éradication des « instruments de dommage et d'erreur » qu'étaient censés représenter les patois et « idiomes » étrangers ?

4.1 En Wallonie

On a jugé de façon très différente l'action de la France révolutionnaire en la matière. En 1908, pour le francophile Julien Delaite, l'imposition de la langue de la République en Wallonie et à Bruxelles ne devait rencontrer aucune résistance sérieuse, puisque le français fut accepté « par tous, Flamands et Wallons, comme étant l'idiome d'une civilisation supérieure ». Mais on ne peut pas toujours prendre ses désirs pour des réalités. Le catholique Joseph Demarteau estime au contraire, en 1889, que le dialecte subit, ainsi que la liberté individuelle, l'oppression du nouveau régime.

> Rien de moins liégeois que ces révolutionnaires de Liège! Comme la Société d'Émulation, bientôt devenue leur premier club, ils méprisent le vieux parler national : on ne cite des Bassenge et des Defrance, péroreurs pourtant si verbeux, ni un écrit, ni un mot qui trahisse le wallon. [...] Quand les exécuteurs des hautes œuvres de l'annexion organisent chez nous des fêtes civiques avec des hymnes populaires, le *Valeureux Liégeois*, ce chant composé à Liège en français sur une musique française, s'y fait entendre le premier, mais comme prélude à la *Marseillaise*, au *Veillons au salut de l'Empire* : aucune place ne sera faite au langage du peuple dans ces fêtes du peuple.

Il convient d'abord, pour reconsidérer la question, de souligner un élément de calendrier. Au moment où les conceptions jacobines élaborées depuis l'été de 1790, à partir de l'enquête de l'abbé Grégoire, sont consacrées par la Convention, en janvier 1794 (vote du décret Barère), les partisans belges de la Révolution sont muselés ou en exil. La restauration provisoire des anciennes autorités n'a pas permis que se développe la politique d'extinction des patois. Celle-ci n'aura même pas le temps de commencer à s'installer. Les armées de Fleurus entrent à Liège à la date toute symbolique du 9 thermidor, en ce mois de juillet où tombe Robespierre, entraînant dans sa chute le décret du 2 thermidor sur l'obligation d'utiliser le français pour les actes publics dans « quelque partie que ce soit du territoire de la République ». Le décret est suspendu en septembre, jusqu'à l'établissement d'un « nouveau rapport sur cette matière par ses comités de législation et d'instruction publique ». Comme dit Brunot, le ressort des réformes linguistiques était désormais détendu.

Que la machine administrative mise en place et la logique économique aient pesé de tout leur poids sur les parlers locaux est autre chose. D'après Renée Balibar et Dominique Laporte (1974), la constitution d'un vaste marché national joua un rôle majeur en poussant à abaisser les barrières entre régions, qui nuisaient au développement de nouveaux échanges commerciaux et à l'avènement de la société industrielle. On peut concevoir que la différence des langues participaient à ce morcellement et que la pression uniformisatrice, organiquement liée au projet capitaliste, ait particulièrement marqué les provinces wallonnes comme la France du Nord, dont le destin était plus étroitement encore associé à la Révolution technologique.

La politique d'intégration au nouveau régime se heurta-t-elle ici et là aux dialectes, à l'incompréhension de certains patoisants ? Brunot en évoque de façon très générale la possibilité. Il cite des rapports adressés au Comité d'Instruction publique où l'on signale la difficulté de mettre sur pied un enseignement correct en français. Mais les déplorations sont coutumières, dans ce genre de document. Un témoignage de la mi-mars 1795 dépeint sous les couleurs les plus sombres le recrutement de l'École normale censée former les « hussards de la République » pour nos provinces. On notera que l'enseignement n'était ouvert que depuis janvier. La conclusion de Brunot est à l'image de ses sources : « l'instruction primaire inorganisée ne francisa pas les enfants ».

Trouverait-on la confirmation indirecte d'une opposition entre français et dialectes de Wallonie dans le fait que ceux-ci ont volontiers servi à exprimer l'antagonisme envers les nouvelles autorités ? Le refus du changement avait déjà monopolisé le « langage du peuple » pour sonner l'alarme contre les philosophes, lors de l'affaire Bassenge-Raynal (1781). L'abbé Grisard dénonce en namurois les réformes joséphistes de 1787. À la Révolution, la chanson montoise regrette les anciens États, qui « valiont bié mieûs que l'club », et le Père Marian de Saint-Antoine évoque en liégeois l'heureux temps où l'on vivait « sous la crosse ». Toute cette littérature conservatrice est néanmoins balancée par les nombreuses pièces dialectales qui exaltent à Verviers la lutte prérévolutionnaire pour les libertés communales. La chanson hennuyère célèbrera bientôt la victoire de Jemappes et l'armée populaire des blancs et bleus, qui ont vaincu en n'ayant quelquefois pour armes, « dedans leurs mègnes, que *fauques* et *courbés* » ('faux' et 'courbets').

L'abbé Grégoire se félicitait, dans son discours de prairial 1794, de l'extension croissante que connaissait la « langue de la liberté ». Celle-ci n'était-elle pas usitée « dans plusieurs villes de l'Allemagne, de l'Italie, des Pays-Bas, dans une partie du pays de Liège, de Luxembourg, de la Suisse, même dans le Canada et sur les bords du Mississippi » ? L'Empire ne tardera pas à donner à cette géographie linguistique un contenu plus autoritaire.

4.2 À Bruxelles [1]

La parenté unissant français et parlers de Wallonie facilita une assimilation linguistique inséparable d'une adhésion politique suffisamment illustrée par les vœux de réunion à la République. La situation devait être très différente dans les Flandres et à Bruxelles, mais la capitale n'eut pas non plus le temps, pour les raisons de chronologie exposées plus haut, de connaître les rigueurs du jacobinisme. L'administration « normale » d'un pays conquis impliquait néanmoins une confrontation des langues où l'on a vu quelquefois une nouvelle étape décisive dans l'histoire de l'oppression du flamand. Ferdinand Brunot a cru devoir corriger cette vision des choses. Ceux qui prétendent que la première occupation française, après Jemappes (6 novembre 1792), exerça « une pression en faveur de sa langue » se trompent.

1 Voir aussi chapitre 13, 1

> Ce n'était alors ni dans l'esprit ni dans le caractère de la République, et je n'ai trouvé aucun fait qui confirme nettement cette assertion. [...] Tout était subordonné à l'idée de faire de ces pays une portion de la France républicaine. On n'avait pas le temps d'instruire, il fallait entraîner. Les lettres des commissaires ne renferment à ma connaissance aucun projet destiné à généraliser le français.

L'adresse de Dumouriez aux habitants de Bruxelles sera donc bilingue, comme celle du commissaire Courtois à Gand. « Loin de proscrire le flamand, les autorités françaises autorisaient à s'en servir, et s'en servaient elles-mêmes à l'occasion ». Celui-ci est pratiqué à la *Société des Amis de la Liberté et de l'Égalité*, à Bruxelles comme à Louvain, et c'est la langue dans laquelle s'expriment neuf sections bruxelloises sur vingt-et-une, lors de la consultation relative à la réunion, en 1792 (Des Cressonnières, 1919). On note que l'une d'elles refusa de profaner l'idiome natal en écoutant la traduction flamande des proclamations du vainqueur de Jemappes. La politique française changea-t-elle après Fleurus (26 juin 1794) ? Les troupes de Jourdan entrent à Bruxelles le 10 juillet. On sait que le décret sur l'obligation d'utiliser le français dans les actes publics, pris quelques jours plus tard, est suspendu en septembre. Pour Brunot, rien n'a changé : la nouvelle administration n'était pas davantage en position d'entamer un bras de fer linguistique avec la population. Du reste, les champions du français national avaient opportunément théorisé la différence entre *patois* — les parlers apparentés à celui-ci, qu'ils contaminaient — et *idiomes* — langues foncièrement différentes réclamant un traitement particulier. Le principe d'uniformisation pouvait être mis entre parenthèses. Le Magistrat bruxellois maintint donc le flamand dans ses relations internes, même s'il fallait bien s'exprimer en français avec les gens de Paris. Il ne manque pas d'intervenir quand on néglige de traduire un décret, « vu que la plupart des habitants de notre quartier ne comprennent point la langue française et doivent naturellement en acquérir le contenu ».

Les choses vont, bien sûr, changer avec l'annexion du 1er octobre 1795. On ne constate jusqu'en septembre, écrit Hervé Hasquin (1989), l'application d'aucune « réglementation linguistique contraignante ». Le 13 (21 vendémiaire an IV) est décrété l'usage exclusif du français dans les textes de loi envoyés aux départements réunis. Des traductions sont cependant autorisées « partout où besoin sera » et des sommes seront dégagées pour les réaliser. Dans le même temps, on déclare « incapables de remplir leurs fonctions les agents des communes rurales qui ne savent pas la langue française ». L'institution judiciaire connaît bientôt le même régime d'ambiguïté — (2 et 28 frimaire an IV). Plaidoiries, jugements et pièces produites doivent être en français, sauf quand cela est impossible…

Si les notaires sont soumis, en mai 1796, à la règle républicaine de la langue officielle, ce n'est qu'en 1803 qu'on s'attachera réellement à l'appliquer, une traduction à mi-marge restant cependant tolérée. Ces mesures firent s'élever les actes en français à 60 % du total à la fin du siècle et à 80 % en 1813. Mais comme l'écrit encore Hasquin, « les chiffres nous renseignent davantage sur le respect de la législation linguistique que sur l'évolution des choix linguistiques des habitants ». Il devait suffire à bien des gens du peuple que le notaire se fasse traducteur, comme en témoignent les archives du cabinet Struyck, où nombre d'actes se terminent par : « Lecture et explication en flamand ». Approche-t-on davantage encore de la réalité linguistique par les testaments ? Ceux enregistrés en 1804, rédigés en majorité au sein des classes aisées, sont pour les trois-quarts en flamand, comme si Bruxelles léguait le dernier témoignage d'une appartenance venue du fond des temps, au moment où se profilait — à travers l'héritage et le destin non moins irréversible du modèle français — une appartenance nouvelle.

Daniel DROIXHE

James Ensor, « L'entrée du Christ à Bruxelles en 1889 »,
détail, huile sur toile, 252,5 x 430,5 cm., 1888, Collection of the J. Paul Getty Museum, Malibu, California, U.S.A.
Cl. Paul Getty Museum.

VE LA SOCIAL
FANFARES
DOCTRINAIRES
OUJOURS
RÉUSSI

3

LA PERSONNALITÉ DU FRANÇAIS EN BELGIQUE

Introduction

La langue est un moyen de communication qui doit couvrir une gamme étendue de besoins humains : besoin de communication rationnelle, de communication affective, de reconnaissance, de pouvoir, etc. On doit donc s'attendre à ce qu'elle présente de multiples facettes. Et c'est bien ce que l'on observe. Contrairement à ce que l'on imagine, c'est par facilité que l'on emploie le singulier lorsqu'il s'agit de langue : *le* français, *le* chinois n'ont guère d'existence ; ce qui existe : ce sont *des* français, *des* chinois. On ne peut guère trouver *la* langue que dans des descriptions qui négligent l'important phénomène de la variation : grammaires scolaires ou parfois savantes, dictionnaires de naguère, manuels de prononciation. Mais les variations affectent tous les éléments qui font la personnalité d'une langue : sa phonétique, bien sûr, mais aussi sa syntaxe et sa morphologie.

Pour rendre compte de ce jeu de différences, on utilise un concept capital : celui de *variété*. On entend par là deux choses. La première : qu'une langue idéale (« le français », « le chinois ») est faite d'énoncés qui présentent des différences assez sensibles. La seconde : que les différences autres qu'individuelles ou accidentelles se laissent regrouper selon certains critères, critères jouant le long de trois axes de variation.

1. L'espace, la société, et le temps

Les langues varient en effet selon trois grands axes qui sont l'espace, la société, et le temps. On ne parle pas français à Tournai comme à Arlon ;

on ne parle pas de la même manière dans les faubourgs ouvriers et dans les salons de la haute bourgeoisie ; on ne parle pas aujourd'hui comme il y a cinquante ans. On peut donc jeter plusieurs regards sur la langue, selon qu'on la considère dans sa variation géographique (dite aussi parfois « variation diatopique »), sa variation chronologique (dite « variation diachronique ») et les différents aspects de sa variation sociale (dite aussi parfois « variation diastratique »).

Car chacun de ces phénomènes de variation est complexe. Ainsi, si l'on prend le dernier type de variation, on constate que les facteurs sociaux faisant varier la langue en un même moment et dans un même lieu sont au moins deux : la situation sociale des usagers, mais aussi le contexte de la communication. Ces facteurs vont amener les locuteurs à user de diverses variétés linguistiques, ou sociolectes (on parle aussi de « dialectes sociaux »). Aussi la tâche de la discipline appelée sociolinguistique est-elle parfois résumée dans une formule célèbre : « Qui parle quoi, quand et à qui ? ». Mais la chose est encore plus complexe qu'il n'y parait. Ce qui varie en fonction des divisions de la société, c'est d'abord la physionomie de la variété de langue utilisée (des usagers de niveau économique, de formation intellectuelle ou de statut social différents ne mobiliseront pas les mêmes ressources linguistiques) ; c'est ce qu'on nomme la variation des pratiques. Mais les différences sociales peuvent entrainer d'autres différences linguistiques non moins importantes : celles des représentations que les usagers se font de leur langue, des regards qu'ils portent sur elle. On parle ici de variation des attitudes. Ces phénomènes de représentation, dont la sociolinguistique a aussi à s'occuper, seront largement abordés dans la quatrième partie de cet ouvrage. Ils permettent de comprendre comment les usages linguistiques débouchent sur des problèmes sociaux, voire sur des chocs entre groupes et entre cultures.

Les trois types de variation ne peuvent être dissociés que pour les besoins de la classification : dans les faits, ils sont en étroite relation les uns avec les autres.

En premier lieu, en effet, on ne peut décrire l'évolution d'une langue sans faire intervenir le facteur spatial. Ainsi, les grandes langues ont souvent un centre moteur, et le prestige de ce centre est tel que les innovations linguistiques qui s'y élaborent rayonnent sur tout l'espace couvert par la langue (pour le français, ce centre est évidemment Paris). Ces innovations mettent toutefois un certain temps à se propager dans cet espace, de sorte que dans les zones les plus périphériques on pratique encore, pendant un certain temps, les formes que le centre a déjà abandonnées, et peut-être même condamnées. Un exemple d'un tel *archaïsme latéral* est le phonème [œ̃], qui cède la place à [ɛ̃] en français parisien, mais qui affiche une belle santé en Belgique francophone. Mais bien sûr, en matière de langue, rien n'est jamais inéluctable : nul ne peut prévoir la disparition totale d'un phénomène (par exemple l'éradication de l'opposition entre [ɛ̃] et [œ̃]), et les zones périphériques peuvent conserver très longtemps des traits disparus de la région centrale (ainsi, le français de Wallonie conserve des traits disparus du français central au XVIIe siècle, voire plus tôt : l'opposition *ami-amie*, l'*h* aspiré dans la région liégeoise, etc.), ou des traits qui n'ont jamais été connus dans le centre.

En second lieu, l'axe géographique et l'axe social sont solidaires. Par exemple, si l'on tient que le « meilleur français » se parle dans le XVIe arrondissement de Paris, on se réfère à une norme qui est à la fois géographique et sociale.

Enfin, axe chronologique et axe social sont également solidaires : au cours de l'histoire, des bouleversements sociaux peuvent amener sur le devant de la scène des groupes différents, ce qui finit par modifier le visage que présente la langue.

2. Forces centrifuges, forces centripètes

Mais dire qu'une langue varie ne suffit pas. Il faut préciser qu'elle est le jouet de deux ensembles de forces antagonistes : des forces centrifuges, ou de diversification, et des forces centripètes, ou d'unification.

Selon les circonstances historiques, les unes prévalent sur les autres. Les forces d'unification dominent lorsque les communications sont intenses ; les forces de diversification dominent lorsque les communications se relâchent. On conçoit que, dans ces processus, les trois facteurs interviennent simultanément : temps, espace social, comme espace géographique.

Par exemple, toutes les langues des pays développés se sont unifiées au cours du XXe siècle, par-delà les différentes couches sociales. Ceci est dû à divers facteurs, parmi lesquels la multiplication des médias, la facilité des déplacements, les progrès de l'instruction. Ces mouvements de diversification ou d'unification peuvent même affecter des groupes de langues différentes. On constate ainsi aujourd'hui que nombre de langues sont influencées d'une manière comparable par l'anglais pratiqué aux États-Unis.

La variation chronologique du français, son évolution, a été examinée dans les chapitres précédents, où l'on a parfois pu montrer les aspects particuliers qu'elle prenait dans l'espace belge.

Les chapitres qui suivent décriront les variations géographiques et sociales du français dans cet espace.

Il est toutefois impossible de traiter du premier type de variation sans faire une mise au point sur quelques notions centrales. Du côté du produit des forces centrifuges, on rencontrera ainsi les notions de dialecte et de régionalisme, du côté du produit des forces centripètes, on trouvera la notion de langue standard.

2.1 Dialecte [1]

Le terme *dialecte* a divers sens, que l'on ne distingue pas toujours aisément, et qui en rendent l'usage délicat. Par exemple, le *Petit Robert* définit le dialecte comme la « variété régionale d'une langue », en citant à titre d'exemple, à côté des « dialectes de la Grèce antique » et du « dialecte de l'Ile-de-France, devenu la langue française », « le wallon, dialecte français de Belgique ». Le lecteur de ce dictionnaire devrait donc comprendre que le wallon est la forme particulière que prend le français lorsqu'il est parlé en Belgique, ce qui est absurde. On distinguera donc soigneusement trois acceptions du terme.

Dans un sens si général qu'il en devient fort vague, le mot *dialecte* peut désigner toute diversification géographique d'une langue. Par exemple, le français de Bruxelles ou celui de Kinshasa. Pour éviter toute confusion, on flanquera plutôt de l'adjectif « régional » le substantif qui désigne la langue considérée, et l'on parlera donc de « français régional » (de Belgique, de Bourgogne, du Val d'Aoste, etc.). Cet usage donne évidemment un sens très large à « régional ». Lorsque les frontières de tels régionalismes épousent celles d'un État, on parle de statalisme. Ainsi, *minerval*, *buser*, et *communautarisation* sont des statalismes, étant liés à des structures sociales typiquement belges.

Dans un sens plus technique, un dialecte est un ensemble de patois locaux. Une langue d'origine, en se diversifiant, aboutit en effet à un ensemble de patois, dont la particularité est de varier de localité à localité. Ainsi, le parler de Herbiester, celui de Lamonriville, celui de Douvrain ou celui de Vencimont sont le produit de la diversification de la variété latine autrefois pratiquée dans le nord de la Gaule. Pour mettre de l'ordre dans cette réalité éminemment fluctuante, on a élaboré la notion de dialecte, le dialecte étant un ensemble de patois que l'on juge suffisamment apparentés. On parle ainsi du wallon, du lorrain et du picard. Mais l'unité de ces dialectes est encore plus sujette à caution que celle des langues : il n'y pas de dictionnaire *du* wallon, et ceux qui dépassent le cadre d'une localité se condamnent à n'être qu'une juxtaposition de variantes géographiques. On peut aller plus loin encore dans la manœuvre de regroupement, et rassembler les dialectes en faisceaux. On parle ainsi du faisceau d'oïl, où l'on retrouvera le wallon, le lorrain et le picard avec bien d'autres dialectes comme l'angevin, le normand, le bourguignon, le gallo, etc.

Il existe un troisième sens, sociologique cette fois, du mot dialecte. Il désigne alors toute variété linguistique subordonnée à une langue standard. Il nous faut donc passer à ce concept.

1 Voir aussi chapitre 5.

2.2 Langue standard

Dès qu'une société se complexifie, elle a besoin de normes de tous types. Et donc aussi de normes linguistiques. Les variétés que l'on nomme standard se forment ainsi dans les phases historiques où de grands ensembles sociaux se constituent ou se fortifient.

De tels ensembles réclament des moyens de communication efficaces, où se poserait le moins possible la question de l'interprétation des variétés. C'est ainsi qu'à côté des patois sortis spontanément du latin, les habitants de la Wallonie, de la Picardie, de la Lorraine, comme de la Normandie et de la Champagne, ont ressenti le besoin d'une langue commune, d'abord écrite en concurrence avec le latin, puis parlée par de plus en plus de gens. Le mouvement aboutit à mettre au point une variété de langue dans laquelle tous les membres d'une communauté linguistique acceptent, bon gré mal gré, de se reconnaitre. Car la communauté linguistique ne peut être définie comme celle des usagers qui pratiqueraient la même variété. Ce que les francophones ont en commun, ce n'est pas la pratique de la même variété : c'est de pouvoir se reporter à un même modèle idéalisé de langue, qu'ils nomment « le français ». Une langue standard connait souvent une forte institutionnalisation. On entend par institution linguistique tous les appareils qui déterminent les règles sociales de l'échange linguistique : enseignement, dictionnaires, grammaires, chroniqueurs de langage, organismes gouvernementaux ou intergouvernementaux, législation linguistique, médias audiovisuels, etc.

Les chapitres qui suivent auront ainsi à décrire non seulement les différents aspects de la personnalité du français de Belgique, mais aussi le jeu de ces institutions, informelles aussi bien que formelles.

Jean-Marie KLINKENBERG et André GOOSSE

Chapitre 8

Phonétique et phonologie

1. Remarques préliminaires

Dans cet article, nous mettrons en regard, d'une part, des prononciations pratiquées en Wallonie et à Bruxelles, c'est-à-dire dans des zones marginales de la francophonie, et propres à un milieu socioculturel assez peu élevé et, d'autre part, des prononciations recueillies dans le parler des Parisiens cultivés, celles qui sont retenues dans le français comme norme, considéré comme une réalité géographico-socio-culturelle. Ces prononciations du français comme norme ne constituent ici qu'une référence, mais elle a le mérite d'être suffisamment fixée et connue.

La Wallonie politique comporte, en allant de l'ouest vers l'est, les régions linguistiques suivantes : la région picarde (Mons, Tournai, Ath), l'ouest-wallon (Nivelles, Charleroi, Philippeville), le centre-wallon (Namur, Dinant), l'est-wallon (Liège, Huy, Waremme, Verviers, Malmedy), le sud-wallon (Bastogne, Neufchâteau) et la région lorraine (Virton) dite gaumaise.

Nous parlons des français régionaux parce que, à côté de nombreux traits communs, ils présentent des caractéristiques variables selon les régions et les milieux socioculturels.

Une page de français dialectal. Marcel Remy : « Les ceux de chez nous »
Ed. Benard, Liège, 1916. Cl. S.L.F.

2. Les niveaux de langue

Il faut remarquer d'abord qu'un certain nombre de Belges, non seulement francophones, mais aussi néerlandophones et germanophones, prononcent correctement et parfois très correctement le français. Toutefois, la très grande majorité, quels que soient leur savoir ou leur culture, s'expriment dans un français régional caractérisé, à des degrés divers.

D'autre part, il existe encore un certain nombre de patoisants wallons, appartenant aux plus vieilles générations, qui n'usent du français que lorsque les circonstances l'exigent. Ils s'expriment dans un français dialectal plutôt que régional, tant par la prononciation que par le lexique ou la syntaxe.

On constate par ailleurs qu'au cours du temps la qualité des français parlés en Wallonie et à Bruxelles, du moins en ce qui concerne la prononciation, va s'améliorant, c'est-à-dire que cette prononciation se rapproche de celle du français norme. L'écoute des émissions radiophoniques et télévisuelles françaises, la multiplication des relations internationales, notamment avec la France, l'obligation scolaire aussi, sans doute, prolongée jusqu'à 18 ans, comptent parmi les facteurs favorables à cette amélioration.

Une prononciation généralement correcte et une prononciation généralement dialectale étant exclues de notre propos, nous distinguerons dans cet article, lorsqu'il y aura lieu, deux niveaux de langue : un niveau où la prononciation est plus surveillée, un autre où elle est couramment relâchée. C'est ce dernier que nous décrivons le plus souvent. Il est le plus marqué régionalement.

3. L'aspect phonétique général de nos parlers français

Dès le premier abord, la phrase de nos français régionaux se distingue par la lenteur de son débit, son rythme et son intonation. La spécificité de ces éléments prosodiques n'est pas étrangère à une tension musculaire des organes articulatoires, langue, joues et lèvres notamment, moindre dans nos français régionaux que dans le français norme.

Ce manque de tension musculaire est également responsable d'une certaine mollesse dans l'articulation des éléments phonétiques, voyelles et consonnes, et donc, auditivement, d'un manque de netteté de ces éléments. Beaucoup de ceux-ci, de plus, sont souvent articulés un peu plus en arrière dans la bouche que ne le sont les uni-

L'appareil phonateur.

Figure extraite de Léon WARNANT, « Dictionnaire de la prononciation française dans sa norme actuelle », Duculot, Paris-Gembloux, 1987.

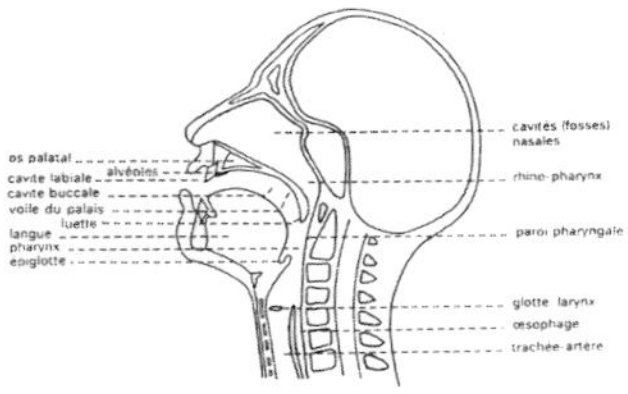

tés correspondantes du français norme, l'articulation labiale étant particulièrement négligée.

Les dictionnaires Larousse comportaient autrefois un article *wallonner* qui était défini : « avoir le parler pâteux comme l'ont les Wallons ». Le verbe n'apparaît plus aujourd'hui dans aucun dictionnaire. La réalité n'en existe pas moins.

Nos français régionaux partagent cette faible tension musculaire articulatoire et la mollesse dans la prononciation qui en résulte avec leur substrat dialectal, roman en Wallonie, germanique à Bruxelles.

Pour rester simple dans notre notation phonétique, nous ne recourons ici à aucun signe spécial pour indiquer soit le manque de fermeté articulatoire et de netteté auditive, soit le recul de certains points d'articulation.

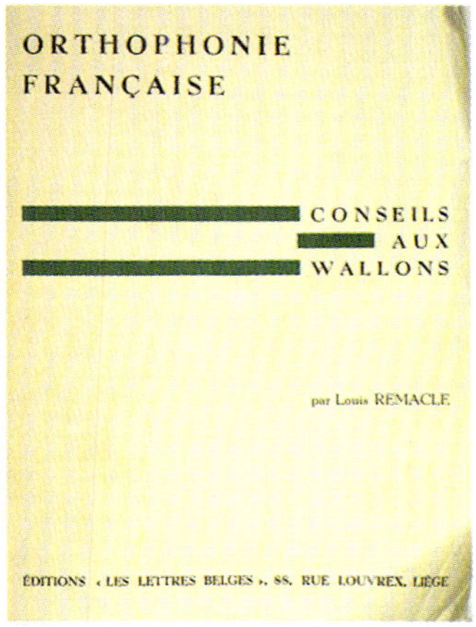

Cet ouvrage normatif constitue une bonne description des habitudes articulatoires du Wallon.
Louis Remacle, « Orthophonie française. Conseils aux Wallons », Les Lettres Belges, Liège, 1969.
Cl. S.L.F.

3.1 La lenteur du débit

Cette lenteur, qu'on remarque surtout dans le centre-wallon et dans l'est-wallon, est en corrélation avec le grand nombre de voyelles longues ou semi-longues, tant atones que toniques, qu'on rencontre dans nos parlers (voir ci-après en 3.4).

Un comptage effectué par Louis Remacle (1969), à partir d'un même texte lu d'une part en français norme, d'autre part en français régional liégeois révèle une proportion de 8 % de voyelles longues dans le français norme et de 35 % dans le français régional liégeois.

La différence est d'autant plus importante que les longues de nos français régionaux sont intrinsèquement plus longues que celles du français norme, et les brèves moins brèves.

3.2 Le rythme

Le rythme des mots et des phrases dans nos français régionaux diffère considérablement de celui qu'on observe dans le français norme. Dans ce dernier, mis à part les voyelles en position tonique — qui peuvent être longues —, toutes les autres voyelles, atones, sont brèves et d'une durée assez semblable. Dans nos français régionaux, comme nous allons l'exposer ci-après, bon nombre de voyelles, qu'elles soient atones ou toniques, sont longues ou semi-longues.

3.3 La modulation

Dans cette modulation, nous observerons le nombre, la force et la place des accents d'intensité et des accents de hauteur. Nous limiterons notre examen à des phrases énoncées sans les accents secondaires que peut provoquer le contexte de la parole.

Dans nos français régionaux de Wallonie, comme dans le français norme, ne se manifeste qu'un accent tonique, c'est-à-dire d'intensité, par unité phonique, mot ou groupe phonétique. Il se situe, sans être particulièrement marqué, sur la dernière syllabe prononcée de cette unité. Cependant, si dans le groupe phonétique du français norme tous les mots perdent en quelque sorte leur unité phonique pour ne former qu'un seul grand mot, et si toutes les syllabes, la tonique exceptée, sont entendues comme des atones d'une durée à peu près également brève et d'une intensité à peu près semblable, dans nos français régionaux, le mot conserve, à l'intérieur du groupe phonétique, des traits de sa propre unité. On retrouve notamment les syllabes longues et semi-longues des mots dits isolément, et elle paraissent même, assez souvent, émises avec une force de souffle légèrement supérieure à celle qui est réservée aux autres atones.

Dans le français régional bruxellois, à substrat de parlers germaniques — où l'accent d'intensité est non seulement plus sensible qu'en français, mais encore tombe sur le radical du mot —, on découvre des accents d'intensité plus manifestes que ceux du français norme et qui frappent des syllabes autres que la dernière : *réparer* ['ʀepaˌʀej], *publicité* ['pyblisəˌtej], *embêtante* [ɑ̃.bəˌtɑ̃:t]. Il subsiste sans doute dans des mots ainsi prononcés un accent d'intensité sur la dernière syllabe, mais il est secondaire. De ce déplacement d'accent et de la multiplication des accents secondaires, il arrive qu'une voyelle atone soit comme écrasée et ne soit plus prononcée : on entend *environnante* ['ɑ̃vʀɔˌnɑ̃:t], *naturellement* ['natʀɛlˌmɑ̃]. Ces caractères sont d'autant plus marqués que le français régional est de niveau relâché.

Quant à l'intonation, c'est-à-dire à la répartition des accents de hauteur, des tons, sur les diverses syllabes, elle se distingue sans doute de celle du français norme, mais, à notre connaissance, l'étude n'en a pas encore été entreprise. Nous nous bornerons à signaler que, chez certains locuteurs, notamment de l'est-wallon, l'intonation de la phrase énonciative accuse dans sa finale, normalement descendante, une chute de hauteur sensible sur la dernière syllabe, plus sensible que dans le français norme.

3.4 La durée vocalique

Qu'elles soient toniques ou atones, les voyelles orales [e], [o], [ø], ainsi que les voyelles nasales [ɑ̃], [ɔ̃], [ɛ̃], et [œ̃] sont longues ou semi-longues : *chanter* [ʃɑ̃:te.] ou [ʃɑ̃:te:], *faux* [fo:], *fausse* [fo:s], *fausseté* [fo:ste.], *bienheureux* [bjɛ̃:nø:ʀø:], *récompenser* [ʀe.kɔ̃.pɑ̃:se.], *C'est une fausse nouvelle* [sɛt yn fo:s nuvɛl], *Elle est toute blanche de peur* [ɛll ɛ tut blɑ̃:ʃ də pœ:ʀ].

Dans le français norme, ces mêmes voyelles ne sont longues que si elles se trouvent en position tonique et suivies d'une consonne prononcée : on dit *fausse* [fo:s] avec [o] long, mais *faux* [fo] avec [o] bref.

Est souvent long le [a] palatal + consonne lorsqu'il correspond au [ɑ] vélaire émis par des Parisiens (voir 4.1) : *miracle* [miʀa:k] ou *pâte* [pa:t].

Sont longues ou semi-longues les voyelles toniques suivies de [p], [t], [k], [f], [s], [ʃ] lorsque ces consonnes sont des correspondantes sourdes de [b], [d], [g], [v], [z], [ʒ] du français norme : *arabe* [ara:p], *coude* [ku:t], *collègue* [kɔlɛ:k], *rive* [ʀi:f], *pèse* [pɛ:s], *rouge* [ʀu:ʃ].

Lorsque, dans le français norme, l'une des consonnes [b], [d], [g] ou [v] est suivie d'un [l] ou d'un [ʀ], dans nos français régionaux cet [l] ou cet [ʀ] s'amuït, et la consonne qui précède, devenue finale, s'assourdit, c'est-à-dire passe à [p], [t], [k], [f] (voir en 4.3), mais la voyelle tonique reste longue ou semi-longue : *arable* [aʀa:p], *coudre* [ku:t], *vinaigre* [vinɛ:k], *chef-d'œuvre* [ʃɛ dœ:f].

Est généralement longue ou semi-longue la voyelle [ɛ] lorsqu'elle est suivie d'une des consonnes [m], [n], [ɲ] ou [l], sonore ou assourdie, et de [s] : *aime* [ɛ:m], *aimera* [ɛ:mʀa], *problème* [pʀɔblɛ:m], *capitaine* [kapitɛ:n], *arène* [aʀɛ:n], *peinera* [pɛ:nra], *musaraigne* [myzarɛ:ɲ], *peignera* [pɛ:ɲʀa], *aile* [ɛ:l] *laisse* [lɛ:s], *espèce* [ɛspɛ:s], *laissera* [lɛ:sʀa].

Des voyelles d'un timbre autre que [ɛ] peuvent, dans certains mots et en certains endroits, être émises comme longues ou semi-longues : [i], par exemple, dans *huile* [wi:l], *il lui dit* [il lwi: di], *ici* [i:si]; [a] dans *sale* [sa:l], *saleté* [sa:lte]; [u] dans *poussière* [pu:sjɛ:ʀ], [œ] dans *engueule* [ɑ̃.gœ:l], *engueulera* [ɑ̃.gœ:lʀa].

Sont longues ou semi-longues les finales graphiées en *-ie*, *-ée* et *-ue* : on dit *amie* [ami:j], *chantée* [ʃɑ̃:te:j], *charrue* [ʃaʀy:w] et [ami:], [ʃɑ̃:te:], [ʃaʀy:] (voir en 4.2). Dans le français norme, ces finales sont brèves. Il en est de même dans l'espace Comines, Tournai, Mouscron de la région picarde.

Les voyelles surmontées dans la graphie d'un accent circonflexe sont souvent prononcées longues ou semi-longues : on dit *abîme* [abi:m], *abîmait* [abi:mɛ], *fête* [fɛ:t], *fêtait* [fɛ:tɛ], *brûle* [bʀy:l], *brûlait* [bʀy:lɛ].

4. La réalisation des éléments phoniques

4.1 Les voyelles

Le [ɑ] vélaire, qu'on rencontre par exemple dans *pâte* [pɑ:t], dans le français norme, mais qui n'est pratiqué que par un certain nombre de Français, plus particulièrement de Parisiens, est inconnu dans nos français régionaux si ce n'est dans la région picarde. Nos français ne connaissent qu'un [a], le plus souvent de timbre moyen, intermédiaire entre le [a] palatal et le [ɑ] vélaire mais de durée longue (voir 3.4) : *pâte* [pa:t], *lâche* [la:ʃ], *diable* [dʒa:p], *pâtissier* [pa:tisje:]. Dans le français de la région picarde, c'est le [ɑ] vélaire qui est généralisé : [pɑ:t], [lɑ:ʃ], [dʒɑ:p], [pɑ:tisje.]. On entend aussi, parfois, une espèce de [ɑ] très vélaire dans la bouche de certains Bruxellois.

D'une manière générale, toujours par manque de tension articulatoire, le timbre des voyelles, spécialement celui des voyelles brèves les plus fermées, est moins net que dans le français norme. L'aperture de ces voyelles est un peu plus grande et le point d'articulation, notamment celui des palatales, un peu moins avancé. Se caractérisent ainsi plus particulièrement le [i] et le [y] brefs. Le [i] tend vers [e] ou l'atteint, le [y] tend vers [ɯ] ou l'atteint : on dit *petit* à peu près [pəte], *petites* à peu près [pətet], *entendu* [ɑ̃.tɑ̃:dø], *crapule* [kʀapøl], *une* [øn]. Le [u] peut aussi tendre vers [o] : *toute* [tot], *goutte* [got]. Il arrive aussi, fréquemment, que, en position atone, la voyelle [e] fermé du français norme soit émise comme [ɛ] ouvert bref : *téléphone* [tɛlɛfɔn], *général* [ʒɛnɛʀal], *imbécile* [ɛ̃:bɛsil], *répéter* [ʀɛpɛte:]. *Les, des, mes, tes, ses, ces* couramment atones sont prononcés avec [e] dans le français norme, mais [lɛ], [dɛ], etc. dans nos français régionaux.

Dans le français de la région picarde, le [e] du français norme qui, en position tonique et en finale nue, est prononcé bref ou très bref, tend fortement vers [ɛ] : *nez* [nɛ], *poulailler* [pulajɛ], *répéter* [ʀɛpɛtɛ], *feutré* [fø.tʀɛ], *conserviez* [kɔ̃.sɛʀvjɛ]. En certains endroits, la finale *-ée*, prononcée [e] en français norme, passe aussi à [ɛ] bref : *poupée* [pupɛ]. Mais lorsque le [ɛ] atone du français norme y est allongé, il tend vers [e] et même atteint ce timbre : *aimable* [e:mabl], *bêlaient* [be:lɛ]. La distinction entre le futur simple et le conditionnel présent, qui est assurée dans la très grande majorité de nos français régionaux, *chanterai* [ʃɑ̃:tʀe], *chanterais* [ʃɑ̃:tʀɛ], est souvent annulée dans certains endroits de cette région picarde : on dit [ʃɑ̃:tʀɛ] au futur comme au conditionnel, ainsi qu'il en va souvent dans le français norme.

On prononce souvent [ɔ] ouvert au lieu du [o] fermé du français norme. Dans les mots qui se terminent par une graphie *-o* ou *-o* + consonne non prononcée : *cacao* [kakaɔ], *gros* [gʀɔ], *sot* [sɔ], *trop* [tʀɔ], *accroc* [akʀɔ]. Dans certains mots graphiés en *-osse* ou en *-os* : *fosse* [fɔs], *albinos* [albinɔs]. Dans des mots où la graphie *o* est suivie d'un *s* à valeur de [z], en position atone : *rosier* [ʀɔzje.], *groseille* [gʀɔzɛj]. Dans la suite graphique *aur(e)*, atone ou tonique, on a : *laurier* [lo:ʀje.], *restaurant* [ʀɛsto:ʀɑ̃:], *dinosaure* [dinɔzo:ʀ]. Dans certains endroits du Hainaut, notamment en région picarde, et du Luxembourg, dans les mots qui présentent des graphies *ô, au* ou *-ose* : *pôle* [pɔ:l], *autre* [ɔ:t], *chose* [ʃɔ:s] avec [ɔ] ouvert. À Bruxelles, dans le français régional de niveau relâché, on ne différencie pas souvent les deux voyelles. On utilise une voyelle de timbre intermédiaire et même, parfois, [ɔ] : *saucisse* [sɔsis].

À Bruxelles, il arrive que les voyelles palatales [i], [e], [ɛ], [y] atones soient prononcées comme [ə] : *publicité* [pyblisəte.j], *téléphone* [teləfɔn], *maison* [məzɔ̃:], *culotte* [kəlɔt].

En ce qui concerne la nasalisation des voyelles, plusieurs remarques méritent d'être faites. Dans l'est-wallon, dans un espace ouest de Liège, Waremme, Huy, les timbres de [ɑ̃] et de [ɔ̃] sont rapprochés jusqu'à en être parfois confondus en une voyelle nasale de timbre souvent intermédiaire : *banc* ou *bon* se prononcent semblablement, *jambon* peut être dit avec deux voyelles nasales identiques. Aussi dans l'est-wallon, dans l'espace Herve-Verviers, principalement dans le français de niveau relâché, les voyelles nasales du français norme, atones ou toniques, s'entendent comme peu ou pas nasalisées : *banc* [ba:] ou [bɑ:], *bon* [bɔ:] ou [bo:], *bonté* [bɔ:te:] ou [bo:te:], *demain* [dəmɛ:]. Dans de nombreux endroits de Wallonie et aussi à Bruxelles, le [ɛ̃] du français norme, qui est une voyelle nasale comportant une articulation buccale d'un [ɛ] bien ouvert, est souvent transformé en une nasale comportant une articulation buccale d'un [ɛ] bien fermé, qui tend vers [e] et même, parfois, l'atteint: *bien* [bjẽ́:] et non [bjɛ̃:]. Dans le français de la région picarde, dans le nord du centre-wallon et dans l'espace bruxellois, une nasalisation indue frappe particulièrement [ɛ] suivi de [m], [n], [ɲ], mais aussi [o] et [œ] : *aime* [ɛ̃:m], *aimera* [ɛ̃:mʀa], *peine* [pɛ̃:n], *peinera* [pɛ̃:nʀa], *peigne* [pɛ̃ɲ], *peignera* [pɛ̃:ɲʀa] et aussi, mais la nasalisation est moins fréquente, *jaune* [ʒɔ̃:n] ou *jeune* [ʒœ̃:n].

L'amuïssement du [ə] caduc se produit souvent dans les mêmes conditions que dans le français norme. Il faut excepter [ə] suivi de [ʀj], [lj], [nj], qui tombe couramment chez nous, mais non dans le français norme : *nous chanterions* [nu ʃɑ̃:tʀjɔ̃:] avec une coupe syllabique après le [t], *nous appelions* [nuz apljɔ̃:], *nous venions* [nu vnjɔ̃:] ou [nu fnjɔ̃] et non [nu ʃɑ̃təʀjɔ̃], etc. Lorsque plusieurs syllabes comportant chacun un [ə] caduc se succèdent, on dit chez nous *je me le redis* [ʒə mə l ʀədi] et non [ʒə m lə ʀdi], *quand te le dirai-je ?* [kɑ̃ tə l di:ʀɛ:ʃ] et non [kɑ̃ t lə diʀɛ:ʒ].

Dans nos français régionaux, le [œ̃] reste distinct du [ɛ̃] (*brun* - *brin*). Il ne passe pas à [ɛ̃] comme dans le français populaire et parfois dans le français norme.

Dans notre pays trilingue, mais surtout franco-flamand, certains mots et noms propres d'origine étrangère, néerlandaise ou non, sont, au moins partiellement, prononcés à la flamande, non seulement à Bruxelles, mais aussi en Wallonie : on dit, avec des voyelles orales *stand* [stant], *gangster* [gaŋkstɛ:ʀ], *gong* [gɔŋk], *Rubens* [ʀybɛns], *Rembrandt* [ʀɛmbʀant], *Van Gogh* [van gɔk], *Groenland* [gʀunlant] et non [stɑ̃:d], etc. On rencontre aussi une finale en [e] long + consonne prononcée, finale étrangère au français norme, *Molenbeek, Dilbeek* (communes de l'agglomération bruxelloise) ['mo:lənˌbe:k], [dilbe:k]. Des Wallons prononcent aussi pareille finale dans *Liège* [lje:ʃ], *siège* [sje:ʃ], *ai-je* [e:ʃ], *coupai-je* et *coupé-je* [kupe:ʃ] et non [lje:ʒ], etc.

4.2 Les semi-consonnes

Nos français régionaux ne connaissent que deux semi-consonnes : [j] et [w]. La semi-consonne [ɥ] est inconnue et remplacée par [w] : *depuis* [dəpwi] et *s'enfuir* [sɑ̃.fwi:ʀ], homophone de *s'enfouir*.

En plus des cas où les semi-consonnes sont de mise comme dans le français norme, on les utilise dans plusieurs autres occurrences. Leur présence, due sans doute à la mollesse articulatoire, doit contribuer aussi à la lenteur du débit et même au « pâteux » du parler.

Elles apparaissent entre deux voyelles dans des mots comme *réunir* [ʀe.jyni:ʀ], *théâtre* [te.ja:t], *européen* [ø:ʀɔpe:jɛ̃:], *noël* [nɔwɛl], *poète* [pɔwɛ:t]. Dans le français norme, il arrive qu'un élément semi-consonantique embryonnaire, élément de passage, apparaisse dans ce cas, mais il est toujours peu sensible et n'acquiert jamais la valeur pleine d'une semi-consonne. C'est aussi avec une valeur réduite qu'on les rencontre dans les français régionaux de l'extrême ouest (picard) et de l'extrême sud (lorrain, gaumais).

Ces semi-consonnes se retrouvent dans des séquences phonétiques comme consonnes + [l] ou [ʀ] + une des voyelles [i], [u], [y] + une autre voyelle (qui n'est pas [ə]) : *clouer* [kluwe:], *ouvrier* [uvʀije:], *cruel* [kʀywɛl], et non comme dans le français norme [klue], [uvʀie], [kʀyɛl].

Elles sont encore présentes dans une séquence comme consonne simple + une des voyelles [i], [u] ou [y] + une autre voyelle : *relier* [ʀəlije:], *louer* [luwe:], *tuer* [tywe:]. Dans les séquences de ce genre, dans le français norme, on prononce [ʀəlje], [lwe], [tɥe], les semi-consonnes [j], [w] ou [ɥ] résultant de la consonification de [i], [u] ou [y]. Pareils mots comptent donc, dans nos français régionaux, une syllabe de plus que dans le français norme. On entend cependant dans ce dernier [ʀəlie], [lue], [tye], des formes qui contiennent le même nombre de syllabes que dans nos français régionaux, mais où n'apparaît pas de semi-consonne, si ce n'est, parfois, sous une forme embryonnaire, comme élément de passage.

On trouve aussi des semi-consonnes dans des mots dont la graphie finale se présente comme voyelle + *e* : *-ie, -ée, -aie, -oue, -ue*, etc. Dans le français norme, la voyelle de ces finales est brève et le *-e* n'est pas prononcé. Dans nos français régionaux de l'est et du centre-wallons, et de maints endroits du sud-wallon, la voyelle est longue ou brève, mais presque toujours suivie d'une semi-consonne, souvent pleinement réalisée : *amie* [ami:j] et non [ami], *fumée* [fyme:j] et non [fyme], *monnaie* [mɔnɛj] et non [mɔnɛ]. À l'intérieur du mot, ces mêmes séquences graphiques comportent aussi une semi-consonne : *reniement* [ʀəni:jmɑ̃:], *bégaiement* [be:gɛjmɑ̃:], *dénouement* [de:nuwmɑ̃:], *dénuement* [de:nywmɑ̃:] et non [ʀənimɑ̃], [begɛmɑ̃], etc. comme en français norme.

Dans l'est-wallon et notamment en Hesbaye, les mots qui, en français norme, se terminent par une voyelle non suivie d'une consonne prononcée se voient souvent adjoindre un appendice semi-consonantique final qui peut aller jusqu'à atteindre la valeur d'une véritable semi-consonne : *chanter* [ʃɑ̃:te:j], *content* [kɔ̃:tɑ̃:w], *beau* [bo:w], *demain* [dəmɛ̃:j]. Il en va de même à Bruxelles chez les gens du peuple : *chanter* [ʃɑ̃:te:j], *beau* [bo:w], *mieux* [mjø:j].

La graphie *w* se prononce presque toujours [w] et non [v], qui, dans bien des mots et des noms, est la prononciation dans le français norme : *wagon* [wagɔ̃:], *welter* [wɛltɛ:ʀ], *Watteau* [wato:].

4.3 Les consonnes

Un nombre considérable de consonnes finales sourdes correspondent aux consonnes finales sonores du français norme : [b], [d], [g], [v], [z], [ʒ], se présentent respectivement comme [p], [t], [k], [f], [s], [ʃ]. On dit *arabe* [ara:p], *certitude* [sɛʀtity:t], *bilingue* [bilɛ̃:k], *avantage* [avɑ̃.ta:ʃ]. L'assourdissement du [ŋ] s'accompagne souvent de l'apparition d'un [k] terminal : on dit *parking* [paʀkiŋk].

Cette perte de sonorité porte aussi sur les consonnes intérieures finales de syllabes. Dans un mot isolé : *curieusement* [kyʀjø:smɑ̃.], *allègement* [alɛ:ʃmɑ̃.]. Dans un groupe phonétique — lequel est considéré comme un mot unique — on dit, que la consonne précède une consonne sourde, une consonne sonore ou une voyelle : *il tombe sur le côté* [il tɔ̃:p syr lə kɔte:], *il tombe bien trop souvent* [il tɔ̃:p bjɛ̃ tʀɔ suvɑ̃:], *il tombe encore une fois* [il tɔ̃:p ɑ̃.kɔ:ʀ yn fwa]. Un mot monosyllabique se terminant par un [ə] caduc subit le même sort : *il est en dessous de tout* [il ɛ ɑ̃. tsu t tu], *et puis je m'en fiche* [e pwi ʃ m ɑ̃. fiʃ].

Dans les groupes consonantiques finaux dont la deuxième consonne est un [l] ou un [ʀ], *-ble, -bre, -cle, -cre, -dre, -fle, -fre, -phre, -gel, -gre, -gre, -ple, -pre, -tre, -vre*, le [l] ou le [ʀ] ne sont pas prononcés dans nos français régionaux de niveau relâché : on dit *une autre affaire* [yn o:t afɛ:ʀ], *un nombre formidable* [œ̃ nɔ̃:p fɔʀmida:p]. Il en va d'ailleurs souvent de même dans le français norme familier, où cependant les consonnes sonores devenues finales restent sonores. Au contraire, dans nos français régionaux de niveau relâché, cette consonne devenue finale s'assourdit : *abominable* [abɔmina:p], *apprendre* [apʀɑ̃:t], *ongle* [ɔ̃:k], *chef-d'œuvre* [ʃɛ d œ:f]. Dans un niveau de langue plus surveillé, la chute du [l] ou du [ʀ] peut ne pas avoir lieu devant une voyelle : *un nombre impair* [œ̃ nɔ̃:bʀ ɛ̃́.pɛ:ʀ]; et, devant une consonne, le [ə] final peut se prononcer : *un nombre formidable* [œ̃ nɔ̃:bʀə fɔʀmida:p]. La perte de sonorité, toujours due à la mollesse articulatoire, atteint également la consonne devenue finale de syllabe intérieure dans un groupe phonétique : on dit *elle va coudre chez sa sœur* [ɛl va ku:t ʃe. sa sœ:ʀ], *la petite chèvre boit tout le lait* [la ptit ʃɛ:f bwa tu l lɛ], *le vinaigre est sur la table* [lə vinɛ:k ɛ syr la ta:p].

Dans la séquence vocalique intérieure de mot, *i* + voyelle autre que *e*, lorsque la consonne qui précède le *i* est [t], [d] ou [n], une palatalisation marque cette consonne. Le [t] passe à [tʃ], le [d] à [dʒ], le [n] à la nasale palatale [ɲ] : on dit *tiède* [tʃɛ:t], *dieu* [dʒø:], *panier* [paɲe:].

Dans l'est et le sud-wallons, le *h* qui correspond au *h* dit aspiré du français norme reste réellement aspiré; il note un élément phonétique parfaitement audible, dont les phonéticiens précisent l'articulation en le qualifiant de fricatif et de laryngal : *hérisson* [he.ʀisɔ̃:], *haie* [hɛj], *souhaiter* [suhɛ:te.]; on dit *la grande haie* comme *la grande baie*, avec élision de [ə] dans *grande*.

À l'heure actuelle, le [ʀ] est le même que celui qui est employé dans le français norme : dorsal et vélaire, auditivement assez peu marqué, souvent fricatif. Un ancien [ʀ] plus ou moins roulé, articulé d'ordinaire avec la pointe de la langue, ne subsiste plus que sporadiquement et chez des personnes le plus souvent assez ou très âgées.

Une prononciation en [lj], dans des mots comme *papillon* [papiljɔ̃:] ou *bouteille* [butɛlj], au lieu de [papijɔ̃] et [butɛj], ne subsiste qu'assez rarement. Au contraire, le passage de [lj] à [j] est assez fréquent : on dit *milieu* [mijø:], *million* [mijɔ̃:], *soulier* [suje:]. Le point d'articulation du [l] est souvent reculé, ce qui est frappant, par exemple dans la prononciation de *national* ou dans le bruxellois *bol*, dont le [ɔ] est également prononcé trop en arrière.

L'assimilation des consonnes, presque toujours régressive, est totale chez nous. Par exemple, *j'ai jeté* est dit [ʒe ʒte] dans le français norme, le [t] sourd et fort n'assimilant que partiellement le [ʒ], le rendant sourd mais le laissant doux; nous disons [ʒe: ʃte], le [t] assimilant entièrement le [ʒ] le rendant à la fois sourd et fort. Une autre assimilation, concernant la nasalité, provoque des prononciations comme *admirer* [anmiʀe:] ou *cadenas* [kanna] au lieu de [admiʀe] et [kadna]; à Bruxelles, *maintenant* [mɛ̃.nnɑ̃:].

Il n'en reste pas moins que, en dépit de ces nombreuses réalisations phonétiques divergentes, un francophone de Belgique, même en pratiquant un niveau de langue relâché, est aisément compris par un Parisien et, plus généralement, par un Français, et qu'il les comprend.

5. Les traits phonologiques

Les faits phonétiques recensés ci-dessus ont été relevés sur le terrain. Un linguiste, plus précisément un phonologue, peut vouloir découvrir le rôle des unités, qu'il dénomme phonèmes, dans la communication orale.

En gros, les éléments phonologiques des français régionaux sont ceux qu'on trouve dans le français norme, sauf que les français régionaux ne connaissent pas le [ɥ] (voir 4.2).

Quelques oppositions phonologiques particulières méritent d'être signalées.

De nombreuses oppositions de durée vocalique sont pertinentes dans nos français régionaux : /i/-/i:/ (*ami-amie*), /u/-/u:/ (*houx-houe*), /y/-/y:/ (*perdu-perdue*) (voir 3.4).

Une opposition de durée /a/-/a:/ (*patte* [pat]-*pâte* [pa:t]) correspond souvent à une opposition de timbre et de durée, assez instable dans le français norme (*patte* [pat]-*pâte* [pɑ:t]), dont l'un des traits est redondant (voir 3.4).

L'opposition /ɛ/-/e:/ (*piquet-piqué*) est stable alors qu'elle peut être neutralisée au profit de /e/ en français populaire et aussi, parfois, en français norme. Elle connaît de plus, dans toutes les positions, une redondance avec une opposition de durée (*été* [e.te:]-*était* [e.tɛ]) (voir 3.4).

L'opposition /ɔ/-/o/ est stable dans toutes les positions (*sole-saule*, *sot-seau*). En finale nue, elle n'est pas neutralisée comme dans le français norme où *sot* et *seau* sont également énoncés [so]. Elle connaît de plus, dans toutes les positions, une redondance avec une opposition de durée (*sot* [sɔ]-*seau* [so:]) (voir 3.4).

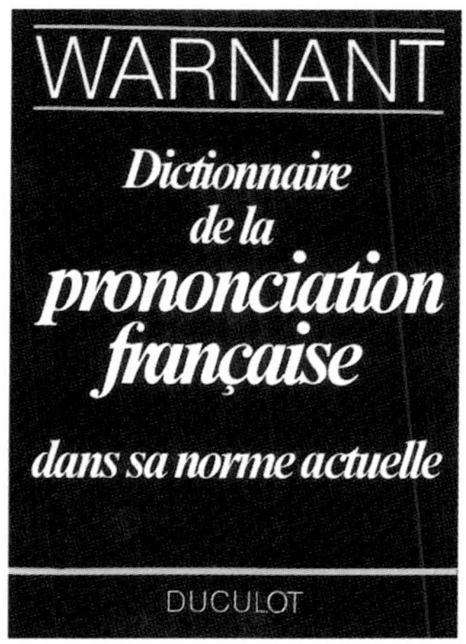

Une opposition /e:/-/e:+consonne/ est inconnue du français norme (*pied* [pje:]-*piège* [pje:ʃ], *bec* [bɛk]-*Molenbeek* [molənbe:k]) (voir 4.1).

L'opposition /œ̃/-/ɛ̃/ est stable (*brun-brin*) alors qu'elle peut être neutralisée en France au profit de /ɛ̃/ en français populaire et aussi, parfois, en français norme.

La corrélation consonantique de sonorité est semblable à celle du français norme, sauf que, en position finale de mot ou de syllabe, elle est neutralisée au profit des consonnes sourdes. Une opposition reste cependant assurée grâce à une opposition de durée touchant la voyelle qui précède la consonne (*dérape* [deʀap]-*arabe*, *arable* [aʀa:p], *vite* [vit]-*vide* [vi:t], *bac* [bak]-*bague* [ba:k]. La durée vocalique longue, qui est une variante combinatoire devant [v], [z], [ʒ] en français norme, apparaît comme un trait pertinent dans nos français régionaux (*bref* [bʀɛf]-*brève* [bʀɛ:f], *visse* [vis]-*vise* [vi:s], *bouche* [buʃ]-*bouge* [bu:ʃ]) (voir 4.3).

Si l'on considère le système phonologique du français norme, des réalisations phonétiques en [tʃ] ou [dʒ] doivent être interprétées comme des variantes de [t] + [j] (*héritier* [eritʃe] à côté de [eritje]) ou de [d] +[j] (*dieu* [dʒø] à côté de [djø]). Mais si l'on envisage le seul système phonologique des français régionaux de niveau relâché, ceux que nous avons décrits, où les séquences [t] + [j] ou [d] +[j] ne se présentent pas (voir 4.3), on peut se demander si [tʃ] et [dʒ] ne constituent pas des phonèmes (*héritier* [e.ʀitʃe:]-*hériter* [e.ʀite:]).

Dans l'est-wallon, une opposition /h/-/zéro/ correspond à une opposition /frontière syllabique/-/zéro/ du français norme (*hanche* [hɑ̃:ʃ]-*anche* [ɑ̃:ʃ]) (voir 4.3).

Dans une région de l'est-wallon, une opposition /ɔ̃/-/ɑ̃/ (*bon-banc*) est neutralisée, le plus souvent au profit d'un timbre intermédiaire (voir 4.1).

Dans une région de l'est-wallon, l'opposition /voyelle orale/-/voyelle nasale/ est neutralisée au profit des voyelles orales (*beau* et *bon* se disent également [bo:]). Une opposition reste souvent assurée par la durée (*paix* [pɛ]-*pain* [pɛ:], *passer* [pase:]-*penser* [pa:se:] (voir 4.1).

Dans l'ouest-wallon, le nord du centre-wallon et à Bruxelles, certains /ɛ̃/, /ɔ̃/ et /œ̃/ sont des variantes combinatoires de /ɛ/, /ɔ/ et /œ/ suivis d'une consonne nasale (*reine* se dit alors [rɛ̃:n], *jaune* [ʒɔ̃:n], *jeune* [ʒœ̃:n] (voir 4.1).

Léon WARNANT †

Chapitre 9

Morphologie et syntaxe

À quoi reconnaît-on un locuteur *belge* de langue maternelle *française* ?

D'abord à ce qu'on nomme de façon non scientifique l'*accent* (soit la résultante idiosyncrasique du débit, du rythme, de la modulation, de la durée vocalique, de la sonorisation ou de l'assourdissement des consonnes, etc. : pour plus de précisions, on se reportera au chapitre 8) ou, plus exactement, *les* accents, car il faut être étranger pour imaginer un seul et même accent d'Athus à Tournai. Entendu de Paris, l'*accent belge* copie peu ou prou celui des Flamands parlant français ou des Bruxellois bilingues, le plus facile à repérer parmi l'infinité des accents de France. Le Belge est celui qui devise avec l'« accent belge », d'où l'implication tautologique que « tous les Belges ont l'accent belge ». Disons qu'un Belge francophone cultivé se fera toujours situer au septentrion de son interlocuteur français : Lyonnais à Marseille, Parisien à Lyon, Lillois à Paris… et Tournaisien à Lille.

Les Belges aussi croient qu'il existe un accent français (ou suisse, ou québécois). Illusion, sauf à signifier de la sorte, négativement, un accent non belge, non suisse, non québécois, etc. Si le *Dictionnaire de la prononciation française dans sa norme actuelle* de Léon Warnant (1987) élit à l'ordinaire une « bonne » solution (celle de la bourgeoisie parisienne), il arrive au *Dictionnaire de la prononciation française dans son usage réel*, d'André Martinet et Henriette Walter (1973), de juxtaposer six ou sept variantes d'après le nombre de témoins interrogés.

Ensuite, le vocabulaire se taille la part du lion (voir les imposants listages proposés au chapitre 10).

La morphologie, dont on a prétendu avec quelque apparence de vérité que les écarts dénoncent le virage d'une langue à une autre (c'est le cas du « bruxellois marollien » : cf. Baetens-Beardsmore, 1971), et dans une moindre mesure la syntaxe font, par comparaison, figure de parents pauvres. Circonstance aggravante, les chercheurs se chamaillent quant à l'exacte répartition des phénomènes morphologiques et lexicaux (par exemple *entièreté* 'totalité', *calcareux* 'calcaire') ou morphologiques et syntaxiques, ceux-là touchant la *forme* des mots (préfixation, suffixation, féminin et pluriel des noms, des articles ou des adjectifs, conjugaison des verbes, etc.), ceux-ci les *constructions* (place des mots, pronominalisations, ligatures prépositionnelles et conjonctionnelles, etc.). Mais que faire de l'implicitation d'*essence* plutôt que de *carburant* dans *acheter de la super* 'du super', *rouler à la super* 'au super' (syntaxe + morphologie + lexique) ? Et le malaisément classable *si j'aurais su* 'si j'avais su' (morphologie + syntaxe) ? Etc.

Contournant l'écueil théorique, nous regrouperons au titre de la morpho-syntaxe les faits qui ne trouvent pas leur place dans la phonétique et la trouvent mal dans le lexique pur (les mots « du dictionnaire »).

1. Inventaire

1.1 Des emplois

Les compilations des grammairiens normatifs frappent d'emblée par leur disparate. Un inventaire (façon Prévert) brasse :

- Des périphrases verbales : *avoir bon* 'se sentir bien', *avoir facile/difficile/dur* 'faire une chose facilement/éprouver de la peine à faire une chose', *ça veut réussir !* 'coïncidence' ou 'malchance', *ça ne peut mal* 'aucun risque', *il n'en peut rien* 'ce n'est pas sa faute', etc.
- Des utilisations absolues de verbes transitifs : *courtiser, fréquenter* 'être fiancé(e)', *purger* 'prendre une purge', *mettre auprès/tout près* 'ajouter', voire *ça goûte* 'ça a bon goût'; des régimes indirects au lieu de régimes directs : *chercher après x* 'chercher x', *demander après x* 'demander x', *s'accaparer de x* 'accaparer x', *ça ne lui regarde pas* 'ça ne le regarde pas', et directs au lieu d'indirects : *jouer soldat* 'au soldat', *je l'ai besoin* 'j'en ai besoin', etc.
- Des pronoms : *vous me direz quoi* 'ce qu'il en est, de quoi il retourne', *tout qui* 'quiconque', *leur deux* 'eux deux', *gagner*

autant par mois 'tant', *il sonne* 'on sonne', *il pue* ou *il sent le brûlé* 'ça pue, ça sent le brûlé', etc.

- Des prépositions et des conjonctions : *qu'est-ce que c'est pour un x ?* 'quel x est-ce, qu'est-ce comme x ?', *tenir pour* 'être partisan de', *en rue* 'dans la rue', *endéans x jours* 'dans les x jours, sous x jours', *aller au coiffeur/médecin* 'chez le coiffeur/médecin', *confiture aux fraises/prunes/abricots* 'de fraises/de prunes/d'abricots', *tourner à* ou même *tourner* 'tourner en', *profiter avec* 'profiter de', *mettre à place* 'en place', *avoir (des pantoufles/chaussures/sabots) dans ses pieds* 'aux pieds', *se fâcher sur* 'contre', *ça fait que* 'si bien que, de sorte que', *à fait que* 'à mesure que', *d'abord que* 'dès que, pourvu que', etc.
- Des adverbes : *moi bien* 'moi oui, moi si', *avoir x (francs) trop peu* 'manquer de x (francs)', *aussi vite* 'aussitôt', *là tout de suite* 'à l'instant', etc.
- Des redondances : *au plus... au plus* 'plus... plus', *trop... que pour* 'trop... pour', *il y en a de ceux qui* 'il y en a qui', *sur le temps que* (+ indicatif) 'le temps que' (+ subjonctif), *jusqu'à tantôt* 'à tantôt, à tout à l'heure', *parce qu'aussinon* 'sinon', *par après* 'après', *en/par exprès* 'exprès', *quiconque qui* 'quiconque', *pour moi lire, pour nous manger* 'pour lire/que je lise, pour manger/que nous mangions', *s'accoucher* 'accoucher', *se divorcer* 'divorcer', *non fait* 'non', *si fait* 'si', *assez bien de* 'assez de, beaucoup de', *jouer avec* 'jouer' (ou 'jouer avec Jean, nous'), le *une fois* explétif (*dites-moi une fois* 'dites-moi'), etc.
- Des inversions : *ça je sais* 'je le sais', *avoir de l'argent assez* 'assez d'argent', etc.
- Des commutations : *faire pour un mieux* 'pour le mieux', *fort pâle* 'très pâle', etc.
- Des locutions idiomatiques par extension, réduction ou déplacement du sens des mots isolés : *avoir x de bon* 'garder le droit à x, être créditeur de x', *il n'y a pas d'avance* 'ça ne sert à rien', *renseigner quelque chose (à quelqu'un)* 'donner un renseignement'; *s'il vous plaît* 'voici' et 'plaît-il', *il se fait que* 'il se trouve que'; *tirer son plan* 'se débrouiller', *avoir un œuf à peler* 'avoir un compte à régler', *tourner fou/folle* 'tourner à vide', *tenir le fou avec* 'se moquer de', etc.

On aura beau jeu de montrer que tel emploi est attesté hors de Belgique (*avoir facile/difficile* en Normandie et en Bourgogne, *qu'est-ce que c'est pour* en Savoie, *leur deux* en Bretagne, *vous me direz quoi* dans le Nord, *pour moi lire, pour nous manger* dans le Nord et le Nord-Est), que tel autre appartient au répertoire populaire d'un peu partout (*si j'aurais su, je cherche après [Titine], aller au coiffeur/médecin, je l'ai besoin, je n'en peux rien, ça je sais/crois/connais*) ou n'accuse qu'une fréquence supérieure (les impersonnels *il sonne, il pue, il sent le brûlé*, la clausule de politesse omniprésente *s'il vous plaît* 'voici', *tel que* 'tel quel', *ça fait que* 'de sorte que', le superlatif en *fort*).

1.2 Des mécanismes

Un linguiste aimera mieux recenser les principaux mécanismes à l'œuvre :

- L'analogie : *s'accaparer de* 'accaparer' démarque à l'évidence *s'emparer de*; *(re)mettre à place* 'en place' est plus proche de *(re)mettre à sa place*; *avoir bon* ou *tourner fou* rappellent *avoir chaud/froid* ou *tourner bien/mal*; *il n'en peut rien* croise *il n'y peut rien* et *il n'en peut mais*; *de commun accord* 'd'un commun accord' éveille en filigrane *d'accord* et *de conserve*; *ce vin goûte le bouchon* 'a le goût de bouchon' extrapole de l'olfactif au gustatif le français normé *ce vin sent le bouchon*.
- Le syncrétisme : les pronoms *lui* 'le' et *leur* 'eux' de *ça ne lui regarde pas* et *leur deux* neutralisent les formes fortes et faibles de, par exemple, *ça ne le regarde pas, lui* ou *il leur a envoyé à eux*.
- L'ellipse ou le « trouage » (anglais *gapping*) : *courtiser* ou *fréquenter* suppriment allusivement l'objet jugé superfétatoire, à l'instar de *baiser* 'faire l'amour', jadis *pondre* ou *traire* (< *ponere* 'déposer', *trahere* 'tirer').
- L'adverbialisation : *jouer avec (Jean, nous)* efface ni plus ni moins le nom ou le pronom que *courir après, marcher derrière*.
- L'économie du système : si *avoir difficile* équivaut à *peiner*, quel verbe français gloserait *avoir facile* ? *Avoir x (francs) trop peu* procure un pendant négatif à *avoir x (francs) de trop*; *mettre à place*, analogique de *mettre à sa place*, prévient l'amphibologie 'placer' (physique) et 'rembarrer' (moral). Le neutre *tout* renchérissant sur le relatif *qui* 'quiconque' restitue un antécédent *indéfini* (non marqué en genre ou en nombre) et rend inutiles les renforts *celui/celle/ceux/celles qui*.
- L'exploitation novatrice de ressources grammaticales orthodoxes : *jouer soldat* 'jouer au soldat' mais aussi 'jouer les soldats' développe l'article zéro de *fermer boutique, plier bagage, faire tapisserie, perdre pied, crier famine, donner ordre, passer contrat, baisser pavillon, prendre médecine*. *Aller à selle* 'à la selle' soude pareillement le complément au verbe. *Tourner à rien* 'dépérir' tire parti de *tourner au vinaigre* ou *tourner au tragique* 'évoluer vers'; *tourner fou/folle* grossit la troupe des

adjectifs en emploi adverbial : *parler bref, pédaler facile, bronzer idiot*. La voix moyenne de *s'accoucher, se divorcer* enregistre le caractère mi-actif mi-passif du sujet. *Assez bien* quantitatif a un quasi-synonyme *pas mal*, d'ores et déjà accepté : *pas mal d'argent* 'beaucoup d'argent'. *Dire quoi* agrémente *dire oui, dire non* d'un mot-phrase inédit. De même, la transformation de l'impersonnel *il est plus court (de passer par là)* en *tu auras plus court* légitime techniquement parlant le passage de *il est plus facile (de passer par là)* à *tu auras plus facile*.

Au total, pas de quoi s'émouvoir.

Ajoutons une poignée d'archaïsmes, la plupart honnis des puristes (qui se félicitent au contraire — la cohérence n'est pas leur fort — d'une résistance opiniâtre de la double négation : *je n'irai pas* tenant la dragée haute à *j'irai pas*) :

- *Par après* abonde chez Descartes. *Cent et un, mille et un* gardent la conjonction de *vingt et un, trente et un, quarante et un*. *En rue* côtoie le toujours vivace *en pleine rue*. *De l'argent assez* 'assez d'argent' survit au naufrage des quantifiants postposables : *maint, plusieurs, beaucoup* et *aucun*, maintenu dans *sans gêne aucune*. *Endéans*, quoique belge de naissance semble-t-il, a d'incontestables lettres de noblesse, ainsi que *il y en a de ceux*, dérivé en ligne directe de l'ancien français *assez i ot de ceux*, etc.

Terminons par les calques plausibles du wallon et du flamand :

- Wallonnes, par exemple, la perpétuation du « verbum vicarium » *non fait, si fait*, la préposition *dans* de *dans ses pieds* 'aux pieds' ou la préposition zéro de *tourner* 'tourner en'.
- Flamands, *moi bien* calqué sur *ik wel* 'moi oui/si', *encore bien* sur *nog wel* 'peut-être', *si vite* sur *zo gauw* 'aussitôt', *jouer avec* sur *mee spelen*, à la rigueur *autant* sur *zo veel* 'tant, autant' et *ça goûte ?* sur *smaakt het ?* 'ça plaît ?'; mais, attention, *tirer son plan* 'se tirer d'affaire' a contaminé le néerlandais *zijn plan trekken*, non l'inverse, et parfois le flandricisme soutient un conservatisme (*mettez-vous*, appuyé sur *zet U* 'asseyez-vous'; *être en deuil pour* à sens causal, sur *in de rouw zijn voor*), ou il contribue à le spécialiser (*s'il vous plaît* traduisant mot à mot *alstublieft*).

Afin de débrouiller l'écheveau de ces interférences, nous allons rouvrir brièvement trois débats emblématiques : la place de l'épithète qualificative; l'imparfait préludique; l'empiétement de *savoir* sur *pouvoir*.

2. Place de l'épithète qualificative

L'apparente désinvolture avec laquelle le français promène le qualificatif épithète devant ou derrière le nom a de tout temps intrigué les observateurs et suscité des exégèses foisonnantes. On y argüe, en un savant panachage, de sens, de style, de philosophie, de psychologie, ou d'histoire (Wilmet, 1986; 1994). Le français de Belgique apporte de l'eau au moulin de l'ordre *adjectif* + *nom* (AN) quand il antépose les paires antinomiques *propre/sale* et *blanc/noir* : *une propre culotte* 'une culotte propre', *du sale linge* 'du linge sale', *ta blanche chemise* 'ta chemise blanche', *un noir ongle* 'un ongle noir', etc.

Explication instantanée : l'empreinte du wallon, qui retient AN dans la proportion de 86 %, contre à peine 33 % en français standard.

Du coup, le problème se déplace. Pourquoi le wallon privilégie-t-il la séquence « régressive » au détriment de sa rivale « progressive » (NA) ?

Première hypothèse, AN, autrefois majoritaire, se serait vu refouler insensiblement vers l'extrémité du domaine d'oïl. Encore faudrait-il que le wallon reflète au fil des siècles une certaine croissance de NA — condition non remplie — et que l'ancien français préfigure la situation du wallon actuel — condition que satisfont les seuls adjectifs de couleur (par exemple, au quinzième siècle, *la Rouge mer* 'la mer Rouge' — rapprocher le cliché *bonnet blanc et blanc bonnet* ou son avatar belge *chou vert et vert chou* — vis-à-vis de *sa propre chemise* 'sa chemise à lui, celle qu'il possède en propre', ≠ de 'sa chemise nette').

Hypothèse de rechange : la proximité des idiomes germaniques, où AN règne sans partage. L'ennui est que « la fréquence de la postposition en gothique est bien attestée » (Michaëlsson, 1951 : 219) et que « les postpositions de l'épithète deviennent d'autant plus usuelles qu'on se rapproche d'une époque qui est celle de l'influence virtuelle des habitudes linguistiques des Francs » (Michaëlsson, 1951 : 221). Incidemment, on s'étonne que les parlers de la Suisse romande aient échappé à la contagion.

Puisque les données historiques et géographiques échouent séparément, l'ultime recours est de les conjoindre. La situation périphérique du wallon aurait agi comme un frein et le voisinage germanique comme un catalyseur. Toutefois, le français de Belgique borne ses incartades à des couples oppositionnels et respecte *ipso facto* le grand principe organisateur de la ventilation AN/NA, en l'occurrence l'inscription par AN du nom à l'intérieur d'une série (un *petit éléphant* est petit eu égard à la taille moyenne des éléphants, une *nouvelle voiture* remplace un véhicule antérieur) ou sa soustraction de la série par NA (un *drapeau noir* ne succède pas plus à un drapeau rouge ou jaune qu'une *voiture neuve* à un véhicule usagé). Donc *du sale linge* s'interprète 'sali, à laver', *une propre culotte* et *une blanche chemise* 'rafraîchies, rappropriées, blanchies', *un noir ongle* 'noirci, meurtri'. Audace et sagesse mêlées...

3. Imparfait préludique

Depuis la fin de la seconde guerre mondiale, différents spécialistes belges (Henry, 1954; Warnant, 1966; Pohl, 1972) ont noté dans la bouche des enfants qui jouent et se distribuent les rôles un imparfait *ludique* ou *préludique*, par exemple *Toi tu ÉTAIS le gendarme et moi le voleur*. L'italien connaît un tour comparable : *Io ERO il re e tu la principessa* 'j'*étais* le roi et toi la princesse' (Schena, 1993). Le français de France, lui, use régulièrement du conditionnel (voir Éponine et Azelma Thénardier emmaillotant un chat dans *Les Misérables* : « Ce *serait* ma petite fille. Je *serais* une dame. Je *viendrais* te voir et tu la *regarderais*. Peu à peu tu *verrais* ses moustaches et cela t'*étonnerait*. Et puis tu *verrais* ses oreilles, et puis tu *verrais* sa queue »).

Pas question cette fois de wallonisme, de flandricisme (ni, bien entendu, d'italianisme), mais d'une innovation allant dans le droit fil de découvertes antérieures.

Essayons d'être clair. Le français alterne en quatre occasions un conditionnel logique, envisageant les procès de l'extérieur, et un imparfait expressif, qui les appréhende de l'intérieur (c'est une des manifestations de ce que l'on nomme en grammaire l'*aspect* : à une saisie extérieure correspond un *aspect global*, à une saisie intérieure un *aspect sécant*) :

- Imparfait « de concordance » : *Qu'est-ce que maman a dit qu'on MANGERAIT/MANGEAIT demain ?*
- Imparfait « des commerçants » ou « forain » : *Qu'est-ce qu'il lui FAUDRAIT/FALLAIT à la petite dame ?*
- Imparfait « antidaté » : *Sans la présence d'esprit du mécanicien, le train AURAIT DÉRAILLÉ/DÉRAILLAIT.*
- Imparfait « de l'irréel » : *Un peu plus et je SERAIS/j'ÉTAIS maintenant milliardaire.*

Brièvement dit, le locuteur qui sélectionne l'imparfait adopte une présentation dramatique des événements (« on s'y croirait ») et sacrifie l'intellectualité du conditionnel (« ce n'est pas acquis »), que rétablissent *illico* des correctifs : *demain, maintenant, sans la présence d'esprit du mécanicien*, le ton empressé du commerçant offrant ses services à une cliente, etc. De même, si le conditionnel *Toi tu* SERAIS *le gendarme* quête une approbation, l'imparfait *Toi tu* ÉTAIS *le gendarme* confère d'autorité l'investiture.

Sensibilité spéciale des jeunes Belges, moins cartésiens, plus enclins au merveilleux que leurs homologues Français ? Non, évidemment. L'imparfait « (pré)ludique » gagne aujourd'hui la France. Il a été signalé dans la banlieue lilloise et aux environs de Lyon. Mais que le français de Belgique, réputé conservateur (à juste titre), ait devancé l'usage collectif méritait bien la citation.

4. Empiétement de *savoir* sur *pouvoir*

Dans *La belle marinière*, Marcel Achard évoque un « canal dans les Flandres » et un éclusier du cru — « moustaches et cheveux blonds, accent belge » précise une didascalie —, qui profère : « Si j'avais su savoir que vous passeriez, j'aurais dit bonjour à Lancelot pour vous, qu'il est passé juste avant-hier. » Aucun doute, l'enfilade *su savoir* le prouve, nous avons affaire à un autochtone ! L'auteur comique aurait pu fignoler le portrait en pêchant des barbarismes du même tonneau dans *Le mariage de Mademoiselle Beulemans* et autres joyaux exotiques de la littérature indigène : *je ne sais de rien* 'je n'en sais rien', *on ne sait pas là-contre* 'rien à faire', *on ne sait plus de chemin avec* 'on n'en sort plus', etc. Or, information prise, sa science lui venait d'*Occupe-toi d'Amélie*, par le truchement du pittoresque Anversois Van Putzeboum (la graphie à prétentions phonétiques et les italiques sont de Feydeau) :

> VAN PUTZEBOUM : — Est-ce que je *saïe* vous embrasser ?
>
> AMÉLIE : — Comment « si vous savez » ? Mon Dieu ! il me semble que vous êtes plus à même que moi...
>
> MARCEL : — Non ! Non ! il demande s'il peut.
>
> AMÉLIE : — Ah !... Comment donc.

Les chansonniers, les « humoristes » français enfoncent le clou et les Belges, honteux et confus, plaident coupables. Certains versent dans l'hypercorrectisme : *il ne peut pas lire* 'il ne sait pas lire, c'est un analphabète' (exemple oral), *le premier client ne pourrait tarder* 'ne saurait tarder' (Paul Willems), etc.

Et pourtant, les excuses (à supposer qu'il en soit besoin) ne nous manqueraient pas : imitation germanique; archaïsme; trait nordique; recouvrement objectif des « auxiliaires » *savoir* et *pouvoir*.

Vérifions cela.

- Les langues germaniques mettent ainsi que le français *deux* coverbes à la disposition des *trois* notions de (1) capacité, (2) possibilité, (3) permission. Seulement, elles opèrent la coupure entre (2) et (3) (néerlandais *ik kan lezen* 'je sais lire' ou 'je

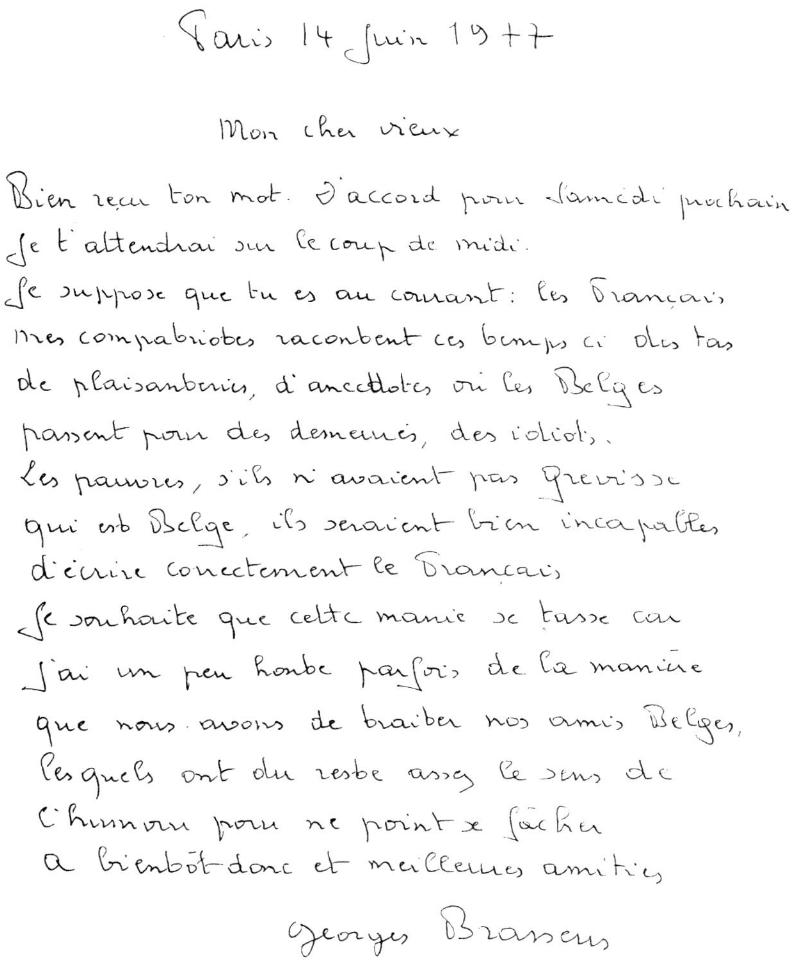
Paris 14 juin 1977

Mon cher vieux

Bien reçu ton mot. D'accord pour samedi prochain
Je t'attendrai sur le coup de midi.
Je suppose que tu es au courant : les Français
mes compatriotes racontent ces temps ci des tas
de plaisanteries, d'anecdotes où les Belges
passent pour des demeurés, des idiots.
Les pauvres, s'ils n'avaient pas Grevisse
qui est Belge, ils seraient bien incapables
d'écrire correctement le Français
Je souhaite que cette manie se tasse car
j'ai un peu honte parfois de la manière
que nous avons de traiter nos amis Belges,
lesquels ont du reste assez le sens de
l'humour pour ne point se fâcher
A bientôt donc et meilleures amitiés

Georges Brassens

Brassens fait l'éloge de Grevisse.
Lettre manuscrite de Georges Brassens à son ami André Tillieu.
Paris 14 juin 1977.
Coll. A. Tillieu.

peux lire : la lumière y est propice, mes yeux y sont aptes', etc., *ik mag lezen* 'je peux lire, j'en ai reçu l'autorisation'), le français entre (1) et (2). Remarquons incontinent : une ambiguïté était fatale ici ou là (*je peux lire* « j'en ai la puissance ou le droit »). Deuxième constat : n'en déplaise à Feydeau, un Belge poli (ou hypocrite), fût-il nommé Van Putzeboum, sollicite d'une jeune fille « je *peux* vous embrasser ? » 'm'en donnez-vous campos ?'. Vitruve l'avait, il y a belle lurette, énoncé : *Non enim architectus potest esse grammaticus* 'l'architecte (*mutatis mutandis* l'écrivain) ne brigue pas les plumes du linguiste'.

- La Lorraine française ignorant l'empiétement de *savoir* sur *pouvoir*, l'attraction germanique demande à être relativisée ou complétée. En réalité, le bornage de la capacité, de la possibilité, de la permission a pris du temps. « Li mal ne *sevent* seul venir », 'un mal ne vient jamais seul', écrit Rutebeuf (littéralement : « les maux ne *savent* venir seuls »). L'ancien français et le moyen français *du mieux qu'ils purent et surent* 'de toutes leurs forces' ne faisait que superlativer l'expression de l'effort. Comparer encore ces vers du *Sonnet d'Uranie* de Voiture : « Il faut finir mes jours en l'amour d'Uranie,/L'absence ni le temps ne m'en sauraient guérir./Et je ne vois plus rien qui me *pût* secourir/Ni qui *sût* rappeler ma liberté bannie. »
- La « confusion » *savoir/pouvoir* saute la frontière française, en dégradé de Lille vers Paris. André Thérive conte à ce sujet une anecdote de la première guerre mondiale. Des soldats picards, épuisés, « faillirent être punis, sinon fusillés, parce qu'ils disaient à leur chef *je ne sais pas marcher*. Ce qui avait l'air d'une plaisanterie de mauvais goût » (*Querelles de langage*, 1940). Les « Chtimis » d'Armand Lanoux ne procèdent pas autrement.

> Il se tordait sur son lit. Il lui semblait, comme disent les gens du Nord, qu'il ne *saurait* plus jamais dormir.
>
> (*Le commandant Watrin*)

> – Sous-lieutenant Vanhoenacker, dit enfin le Capim, c'est vous qui connaissez le commandant depuis le plus longtemps. Vous allez parler pour nous.
>
> – Non, mon capitaine, dit Van', je ne *saurais* pas.
>
> Vanhoenacker avait employé naturellement la formule du Nord : « Ne pas savoir » pour « ne pas pouvoir ».
>
> (*Le commandant Watrin*)

> – Non, docteur, je ne *sauros* pas rire, docteur, je ne *sauros* pas rire.
>
> C'était encore un Chtimi, usant toujours de la caractéristique formule du Nord : savoir pour pouvoir.
>
> (*Le rendez-vous de Bruges*)

- De nos jours non plus, les zones d'expansion de *pouvoir* et *savoir* ne se laissent pas baliser strictement. Impossibilité (physique) *versus* incapacité (mentale), bon. Mais les « incapacités physiques » d'Aragon ci-dessous (ou, pourquoi pas, les « impossibilités spirituelles ») ?

> Alors, il se rappelle qu'il est en état de péché mortel, qu'il n'a pas reçu les sacrements, et voilà qu'il ne *sait* plus prier, c'est comme une incapacité physique... prier ? qu'est-ce que c'est que prier ?... il faudrait prier, il ne *sait* plus, il pleure : non, il ne pleure pas, il n'a pas de larmes, pleurer ou prier, c'est pareil, qui ne *sait* plus prier, *sait*-il pleurer encore ?
>
> (*Les communistes*)

Savoir et pouvoir.

Extrait de Goscinny-Uderzo : « Astérix chez les Belges », Editions Albert René, Paris.

Le tout à fait licite *je ne saurais* au sens de ‘je ne puis absolument pas’ (avec obstacle interne ou externe) consacre cette proximité sémantique. Voyez Stendhal : « Je ne *saurais* manger, lui dit Julien, je suis trop ému, je vais entrer au séminaire en sortant de chez vous », ou Alfred Jarry : « Je vais être bientôt tellement chargé que je ne *saurais* marcher si j'étais poursuivi ».

Proust a grand tort d'entonner le chœur des tâtillons blâmant l'application de *saurais*, etc. à un sujet inanimé sous prétexte qu'une chose ne peut pas « savoir » : *la région des Lacs ne SAURAIT manquer de tomber à bref délai aux mains des Alliés* ‘il est inconcevable que la région des Lacs puisse manquer de tomber bientôt aux mains des Alliés’, etc.

> ...chaque fois que Norpois dit : « L'Amérique ne saurait rester indifférente à ces violations répétées du droit », « la monarchie bicéphale ne saurait manquer de venir à résipiscence », il est clair que de telles phrases expriment les désirs de Norpois (comme les miens, comme les vôtres), mais enfin là, le verbe peut encore garder malgré tout son sens ancien, car un pays peut « savoir », l'Amérique peut « savoir », la monarchie bicéphale elle-même peut « savoir » (malgré l'éternel « manque de psychologie »). Mais le doute n'est plus possible quand Norpois écrit : « ces dévastations systématiques ne sauraient persuader aux neutres », « la région des Lacs ne saurait manquer de tomber à bref délai aux mains des Alliés », « les résultats de ces élections neutralistes ne sauraient refléter l'opinion de la grande majorité du pays ». Or il est certain que ces dévastations, ces régions et ces résultats de votes sont des choses inanimées qui ne peuvent pas « savoir ». Par cette formule, Norpois adresse simplement aux neutres l'injonction (à laquelle j'ai le regret de constater qu'ils ne semblent pas obéir) de sortir de la neutralité ou aux régions des lacs de ne plus appartenir aux « Boches ».
>
> (*À la recherche du temps perdu*)

Jugez après cela qui des linguistes professionnels — tolérants, compréhensifs — ou des grammairiens amateurs — les « gendarmes des lettres », répressifs, vétilleux — est de meilleure compagnie.

Plus sérieusement, quelle devrait être *sur le terrain* l'attitude de l'utilisateur moyen ?

À chacun sa vérité, mais s'il est loisible de donner un avis personnel pour conclure…

5. Conclusion

L'activité souvent glorifiée *intra* et *extra muros* des normaticiens belges (Grevisse, Hanse, Doppagne, Louis Chalon *alias* Cléante, etc.) sublime la mauvaise conscience générale de nos concitoyens, francophones naturels mais fragilisés parce que minoritaires, et rien de plus.

> Les frontières qui séparent la France des états frontaliers francophones sont politiques, non linguistiques. Ni la Wallonie ni la Suisse romande ne sont bilingues, le français n'y est pas minoritaire ; leurs habitants parlent un français régional comme un autre, et bien souvent le français de Paris. (...) Les administrations, les pharmaciens n'ont pas exactement le même vocabulaire ni la même terminologie. Simples indices, très superficiels, de la nationalité de locuteurs aussi francophones que ceux de n'importe quelle province française.
>
> (Picoche et Marchello-Nizia, 1989 : 41)

Option antithétique, concevable quoique difficile à tenir : revendiquer ses particularismes (ou, si les raisins étaient trop verts, faire de nécessité vertu), les cultiver chez soi et, qui sait, exporter, bannière au poing, la « belgitude ».

Laissons la frilosité aux timides et le prosélytisme aux conquérants. Le langage a pour objectif majeur d'assurer la communication entre les hommes. De là l'obligation pratique, pour un Belge de langue française plus que pour un Français (la loi du nombre), et pour un Bruxellois ou un Wallon voyageant en France plus que pour un sédentaire indécrottable (le mimétisme, la bienséance, le code tacite de l'hospitalité reçue, etc.), de s'informer, d'être attentif à la règle du voisin, de se prémunir contre les accidents de transmission.

Tout le reste n'est que parlote...

Marc WILMET

Chapitre 10

Lexique

Lieu principal de l'innovation ou de la variation par rapport au « français commun », le belgicisme *lexical* consiste essentiellement en un mot, une expression ou un sens usuels dans le français de Belgique; tout en n'appartenant pas au français de France, il peut se rencontrer dans des régions généralement proches de la Belgique romane. L'extension du concept de belgicisme a toujours constitué un problème délicat comme le montre la grande variété des critères qui ont présidé à la constitution des listes anciennes ou contemporaines. Seuls certains belgicismes ont un degré suffisant de spécificité pour n'être pas employés ou seulement connus au-delà d'une frontière politique qui, par nature, ne représente pas une frontière linguistique.

À une époque où la Belgique n'existe pas encore comme telle, aux XVIIe et XVIIIe siècles, les premiers auteurs qui se sont intéressés aux particularismes langagiers des Pays-Bas méridionaux sont surtout soucieux de dénoncer l'influence déformante du flamand sur le français. C'est le cas du jésuite d'origine franc-comtoise Laurent Chiflet (*Essay d'une parfaite grammaire de la langue française*, Anvers, 1659), qui joint à son ouvrage une *Adjonction particulière pour les Flamands*, mais aussi de des Roches (*Nieuwe franse Spraak-kunst*, 1778) chez qui l'on trouve la première attestation de *flandricisme*. Il faudra attendre 1806, et la publication du relevé d'Antoine Fidèle Poyart (*Flandricismes, wallonismes et expressions impropres dans le langage français*) pour voir apparaitre *wallonisme* et enfin, l'édition de 1811 du même ouvrage pour découvrir la première mention de *belgicisme*. Toutefois, la présence de cette nouvelle étiquette, plus englobante, ne garantit nullement que le concept soit mieux délimité. Chiflet avait inauguré une pratique puriste qui l'amenait à excuser les Flamands apprenant le français d'être les victimes de mauvais maitres, « Français naturels qui ne sçavent que la langue corrompue du commun peuple de leurs Provinces ». Jusqu'à la fin du XIXe siècle, la plupart des recueils de « régionalismes », dont les auteurs sont très souvent d'origine française, confondront largement particularismes régionaux et emplois familiers ou populaires usuels en France (Klein, 1992 : 234-235). Ainsi, on peut dire que le purisme a longtemps occulté une prise de conscience plus nette des spécificités du français de Belgique et ce, même jusque dans des nomenclatures publiées au XXe siècle.

Pour tenter de cerner le mieux possible les spécificités lexicales du français de Belgique sous leurs diverses facettes, on présentera les phénomènes successivement sous les deux angles, historique et descriptif. Le point de vue génétique ou historique montrera les développements lexicaux et sémantiques indigènes (évolutions internes au système français) et allogènes (apport des dialectes, des langues étrangères); quant à l'aspect descriptif, après une présentation de matériaux lexicaux représentatifs des grands domaines de la vie et des activités où ils se manifestent, il s'attachera à analyser les diverses formes de spécificités : géographiques, référentielles, statistiques, socioculturelles et connotatives.

1. Point de vue génétique

1.1 Développements indigènes

1.1.1 *Dérivation, composition et évolutions sémantiques*

À côté d'apports externes comme en connaissent tous les parlers (phénomène général de l'emprunt), le lexique du français de Belgique évolue de la même façon que le lexique du français commun. Les mots formés par dérivation ou composition, les évolutions sémantiques constitueront peut-être des *produits* lexicaux ou sémantiques inusités dans le français de France, mais tous résultent de procédés de formation conformes au fonctionnement général du lexique français.

Pour ce qui est des *dérivés* (préfixaux ou suffixaux), on remarquera qu'*ardoisier* 'couvreur' est construit comme *épicier*; *navetteur* 'personne qui fait la navette entre son domicile et un autre lieu, surtout son lieu de travail', comme *pisteur*; *principautaire* 'qui a rapport à une principauté', comme *communautaire; subsidier* (mais aussi *subsidiable*, *subsidiation*) 'accorder une aide sous forme de subside', comme *subventionner*, *subventionnable*. Les préfixés *décumuler* (et *décumul*) 'séparer fiscalement les revenus des époux'; *défusionner* (et *défusion*) 'réinstaurer l'autonomie de communes qui avaient été fusionnées'; *se méconduire* (et *méconduite*) 'se conduire mal' ne diffèrent pas, par leur structure, des termes français *défatiguer*, *désaffecter*, *détricoter* ou *mésestimer*. Quant à *parastatal*, dont les deux éléments composants sont attestés en français, il n'est pas moins bien formé que *paraétatique*.

Il en va de même pour les *composés* tels *avant-plan* 'premier plan', fait sur le modèle d'*arrière-plan*, *frotte-manche* 'flatteur, flagorneur', construit comme *lèche-bottes* ou *mêle-tout* 'qui se mêle indistinctement de tout' comme *essuie-tout*, etc.

Les *différenciations sémantiques*, qui procèdent elles aussi de mécanismes analogues à ceux qui conditionnent l'évolution sémantique des mots français (métaphores, métonymies, extensions ou restrictions d'emploi, etc.), ont pour conséquence de créer entre le français commun et le français de Belgique une série abondante de *faux amis*; on entend par là soit des mots de même forme dont les contenus sémantiques se recoupent (*faux amis partiels*) ou non (*faux amis intégraux*), ce dernier cas étant naturellement très rare entre les variétés de français de France et de Belgique. Ces belgicismes sémantiques abondent, comme le souligne Maurice Piron (1973b : 296). Dans un usage très répandu, on retiendra, pour le domaine de l'enseignement, des exemples tels *bisser* 'redoubler', *calepin* 'cartable d'écolier', *farde* 'cartonnage léger pour classer des feuilles', *lycée* 'établissement d'enseignement secondaire pour jeunes filles', *mallette* 'cartable d'écolier', etc. Le vocabulaire général de la vie quotidienne recèle des emplois extrêmement fréquents comme *casserole* 'poêlon', *ramassette* 'pelle à poussière', *torchon* 'serpillière', *vidange* 'bouteille vide consignée' ou encore *griffe* 'égratignure', *place* 'pièce d'habitation', etc.

1.1.2 *Archaïsmes*

Si les régionalismes évoqués jusqu'ici ressortissent à des procédés de formation inhérents au système du français commun, ils n'en constituent pas moins des « régionalismes de naissance » (Goosse, 1979 : 177), c'est-à-dire des faits qui ont toujours été particuliers au parler de la Belgique, alors que d'autres emplois régionaux, dits archaïsmes ou conservatismes, ont jadis ou naguère encore au XXe siècle, fait partie du patrimoine du français commun.

Deux catégories d'emplois peuvent être distinguées parmi ces archaïsmes : d'une part, des emplois qui relèvent du langage juridique, langue spécialisée caractérisée même en français de France par un grand conservatisme, d'autre part, des tournures plus ou moins vieillies encore utilisées couramment dans le vocabulaire général.

Ainsi, en Belgique, le parquet *indague* 'enquête' se fonde sur *le prescrit* 'ce que prescrit' de la loi; le tribunal, pour sa part, *commine* 'prononce' une peine ou agit *en prosécution de* tel arrêt ('en suite de'). *Il conste que* 'il est certain, établi', connu autrefois en France, survit plutôt sous la forme *il conste de*, dans le langage juridique belge, comme synonyme de l'usage juridique français *il appert des* documents ou *il résulte de* la procédure. *Relevance* (par exemple, dans « à défaut de relevance des faits ») et *faits relevants*, emploi que l'on trouve chez Bossuet, sont encore utilisés comme équivalents de *pertinence*, *pertinent*.

Les archaïsmes présents dans le lexique général du français de Belgique présentent des degrés variables d'ancienneté, certains n'ayant parfois connu qu'une vitalité éphémère en France au cours du XXe siècle. Ainsi, *clignoteur* désignant l'accessoire automobile, utilisé quelque temps en français commun, s'est vu préférer *clignotant*, et *roulage* (à propos des véhicules), utilisé naguère en France, par exemple, dans *police de roulage* a été évincé par *police de la route*. Il en va de même pour le mot *molière* 'type de chaussure basse' qui n'a vécu que peu de temps en France mais a gardé sa vitalité en Belgique. Ce n'est qu'au début de ce siècle que les usages scolaires de *rhétorique* (et *rhétoricien*) 'dernière classe de l'enseignement secondaire' ont disparu en France. D'autres emplois ont vieilli depuis plus longtemps : dès le XVIIIe siècle, comme le verbe *instiguer* 'inciter' (le français commun a maintenu les dérivés *instigation*, surtout dans la locution *à l'instigation de*, et *instigateur*); *louageur*, encore attesté au XIXe siècle, notamment chez Flaubert, s'emploie parfois à la place de *loueur* (de voitures, de chevaux, etc.), de même que *tailleuse*, relevé chez George Sand, qui a été remplacé en France par *couturière*.

1.2 Développements allogènes

Situé à la périphérie du domaine roman, dans le voisinage des parlers germaniques, le français de Belgique subit inévitablement l'influence du néerlandais (surtout dans ses variations dialectales flamandes) et de l'allemand, de façon beaucoup plus modeste. Quant à l'apport espagnol, qui s'explique par l'histoire des anciens Pays-Bas, il est nettement plus limité que certaines explications « exotiques » ou pittoresques ont voulu le faire croire. D'autres sources d'emprunt, telles le latin et, bien sûr, l'anglais, ont fourni des emplois spécifiques au français de Belgique. Ce panorama rapide des influences externes ne doit pas faire oublier un substrat dialectal important et varié. Sans doute un français *écrit* de plus en plus conforme au modèle parisien s'est-il développé dès le Moyen Âge, mais cette réalité ne peut en cacher une autre : la vitalité des dialectes qui ont coexisté pendant des siècles avec le français, avant de connaitre une décadence engendrée entre autres par l'instauration de l'enseignement obligatoire du français.

1.2.1 *Les dialectes*

L'influence dialectale, qui s'exerce par ailleurs sur les plans phonétique et syntaxique (voir les chapitres 8 et 9), transparait nettement dans le lexique où elle ne concerne pas seulement les mots, mais aussi les expressions idiomatiques (dont certaines s'expliquent aussi par une influence flamande). On notera que bon nombre de ces termes et locutions d'origine dialectale sont connus, sinon utilisés par la majorité des francophones de Belgique, ainsi : *cacaille* 'objet sans valeur', *cumulet* 'culbute', *flatte* 'bouse de vache' ou au figuré 'béret de certains groupes d'étudiants', *gosette* 'chausson aux pommes', *rawette* 'petit supplément, petite quantité', etc. D'autres, par contre, ne paraissent vivants que dans un français régional plus localisé : *raccuser* (et *raccusette*) 'rapporter' (et 'rapporteur'), *grandiveux* 'vaniteux'; c'est aussi clairement le cas d'expressions telles *ne pas faire de bien* 's'inquiéter, s'impatienter', *avoir bien pour faire* (dans la région de Liège) et *avoir bien le temps* (dans le Hainaut) 'être dans l'aisance', *aller se faire enrager* 'aller au diable'.

1.2.2 *Le latin*

Ce serait une erreur de croire que le français régional ne se développe que dans les secteurs de la vie quotidienne matérielle et donc, dans un registre principalement familier. On a déjà montré plus haut que la langue juridique belge se caractérisait par des emplois archaïques qui lui sont propres; à cela s'ajoutent des latinismes ignorés en France : *débition* 'fait de devoir', fait *culpeux* 'délictuel', *vinculer* 'entraver (la liberté)', par exemple dans *propriété vinculée* 'qui ne peut être vendue sans le consentement de quelqu'un' ou encore dans le sens de 'enrayer les progrès de quelque chose' (par exemple, une maladie). Cette même langue comporte aussi des locutions latines telles défendeur *qualitate qua* 'ès qualités', ou jugement *a quo* pour le jugement 'dont appel ou attaqué'. Dans d'autres domaines comme l'université, l'administration, les *valves* (ou encore la formule *ad valvas*) désignent un tableau d'affichage et le *minerval* les frais de scolarité.

1.2.3 *L'espagnol*

Cet apport s'explique par la période où les provinces des Pays-Bas méridionaux ont vécu sous le régime espagnol. Comme le montre bien l'étude consacrée à ce problème par Jules Herbillon (1961), les documents des XVIe et XVIIe siècles attestent surtout l'insertion occasionnelle et éphémère de mots espagnols dont un nombre infime s'est intégré dans le français régional. De nos jours, on relève encore *escavèche* 'marinade de poisson', *amigo* 'cachot de la police communale'. Comme emprunt plus récent et sans doute déjà vieilli, il faut mentionner *bodega* 'débit de boissons'.

1.2.4 *Les langues germaniques*

Les influences respectives exercées par le néerlandais, l'anglais et l'allemand sont de nature très différente.

L'allemand

Son influence sur le français régional de Belgique est restée très limitée. On pensera à école *froebel* (avec pour dérivé *froebelien*) 'jardin d'enfants', du nom d'un pédagogue allemand, à *ring* 'boulevard périphérique', ou encore à *maitrank* 'boisson fabriquée dans la région d'Arlon à base de vin blanc et d'herbes aromatiques'.

Les dialectes flamands

Le néerlandais, à travers ses variétés dialectales du nord de la Belgique, a exercé une influence incontestable, par voisinage et par les nombreuses relations entre populations francophones et néerlandophones. Il en est résulté divers degrés de bilinguisme qui ont favorisé les emprunts entre parlers, Bruxelles représentant une zone de contact privilégiée qui a donné naissance à un idiome mixte, une sorte de créole franco-flamand appelé « marollien » (de *Marolles*, nom d'un quartier populaire du centre de Bruxelles). Le voisinage germanique ne doit toutefois pas inciter à voir trop vite l'empreinte du flamand dans une série de tournures (c'est surtout vrai sur les plans syntaxique et phraséologique) qui relèvent, en fait, d'un français familier ou populaire attesté en France.

Dans la série des emprunts avérés, on distinguera des emplois qui, restés souvent très proches des parlers d'origine par leur forme, appartiennent à un usage ressenti comme bruxellois, généralement très familier ou plaisant, à côté d'autres qui, laissant oublier leur souche germanique, se sont mieux intégrés dans l'usage commun du français de Belgique.

Dans la première catégorie d'usages plus marqués par leur origine pourraient être retenus *boentje* 'béguin', *brol* 'désordre', *broubeler* (et son dérivé nominal *broubelaire*) 'bredouiller', *ketje* 'gamin des rues', *platekees* 'fromage blanc', *rammeling* 'raclée', *snul* 'abruti, individu sans valeur', *sukkeleer* 'pauvre type', *zwanze* (avec le verbe *zwanzer* et le nom *zwanzeur*) 'type d'humour propre à certains Bruxellois', etc. S'y ajoutent des expressions sous une forme flamande marquée telles *en stoemelings* 'en catimini', *faire de son jan, de son stouf, de son stoump* 'faire de l'esbroufe, se donner de l'importance', *avoir un dikkenek* (aussi sous la forme du calque *avoir un gros cou*) 'avoir la grosse tête', etc. Il ne faut pas oublier qu'en fait un certain nombre de locutions d'origine flamande apparaissent sous des formes traduites (calquées) : *avoir des ruses avec quelqu'un*, *faire des ruses à quelqu'un* 'avoir des ennuis avec quelqu'un, faire des difficultés à quelqu'un', *faire de son nez* 'faire des embarras', *ne pas savoir de chemin avec quelqu'un* 'ne pas savoir comment s'y prendre avec quelqu'un', *tenir le fou avec quelqu'un* 'se payer la tête de quelqu'un', etc.

D'autres emplois, d'usage plus généralisé et plus étendu géographiquement, ont perdu une bonne part de leur marque germanique originelle. Il en va ainsi de *couque* 'variété de brioche', *crolle* 'boucle de cheveux', *cron* 'bancal, courbe', *cramique* 'pain sucré aux raisins de Corinthe', *kermesse* 'fête populaire, foraine' (usage qui a pénétré en France), *minque* 'halle aux poissons'; dans le domaine administratif, on peut pointer *bourgmestre* 'maire', *école gardienne* 'école maternelle', *prester* (ancienne forme française sans doute réapparue sous l'influence du flamand *presteren*) 'fournir (des services)'.

L'anglais

Comme le français commun, le français de Belgique subit les influences de la technique et de la culture anglo-saxonnes. Ce phénomène qui s'est accru depuis la Seconde Guerre mondiale, grâce au prestige acquis par les États-Unis, se manifeste parfois en Belgique de façon spécifique (se reporter au chapitre 17). Certains anglicismes inconnus ailleurs s'implantent en raison de contingences propres à la Belgique, d'autres manifestent seulement une vitalité prolongée alors que l'usage français de France tend à les abandonner. *Baxter* 'perfusion', *fancy-fair* 'fête de bienfaisance', *full time* et *part time* 'à temps plein, à temps partiel', *minitrip* 'petit voyage organisé' ou encore des termes de la vie militaire tels *kit-bag* 'sac en toile pour le fourniment du soldat', *commodore* 'grade élevé dans la Force navale', *wing* 'groupe d'escadrilles dans la Force aérienne' relèvent de la première catégorie. Par contre, d'autres anglicismes font, de nos jours, en France, figure d'archaïsmes, ce qui semble assez manifeste dans la langue sportive : *back* 'arrière' (joueur placé derrière les autres), *goal* 'but', *time* (ou *half-time*) 'mi-temps', *half* 'demi' (joueur placé entre les avants et les arrières), etc.

2. Point de vue descriptif

2.1 Les grands domaines lexicaux représentés

Avant d'analyser les spécificités du français de Belgique, il importe de les introduire et de donner une idée — représentative mais non exhaustive — des domaines dans lesquels elles se rencontrent fréquemment. Elles appartiennent notamment aux vocabulaires de l'administration, de la vie professionnelle, de l'enseignement et de la vie quotidienne.

Nombre de ces particularités lexicales sont attestées fréquemment dans la presse belge. Parmi celles qui sont consignées ci-dessous, la plupart ont été relevées dans des journaux et des hebdomadaires parus en 1993 ou 1994.

2.1.1 *La Belgique et ses structures : vocabulaire administratif*

La Belgique est un État fédéral qui se compose de trois communautés (française, flamande et germanophone) et de trois régions (wallonne, flamande et bruxelloise). Les problèmes dits *communautaires* concernent chacune des communautés linguistiques ou les relations entre elles. La Croix-Rouge, par exemple, est *communautarisée*, ce qui signifie qu'elle a été transférée de la compétence nationale à la compétence de chacune des communautés. Seuls deux de ses centres d'activité qui se rapportent à la communauté flamande et à la communauté française restent *bicommunautaires*. Les *matières résiduaires* ne sont pas explicitement de la compétence des communautés et des régions.

À la *maison communale* 'mairie' siègent le *bourgmestre* 'maire' et les *échevins* 'membres du *conseil communal* désignés par leurs pairs pour prendre en charge une partie de l'administration de la commune'. C'est l'*échevin* de l'état civil, par exemple, qui remet le *livret de mariage* 'carnet de famille' aux nouveaux mariés. Il arrive que l'on fête les vingt ans de *maïorat* ou de *mayorat* d'un bourgmestre, *maïeur* ou *mayeur.* Les communes où des facilités sont prévues pour une minorité linguistique s'appellent *communes à facilités* .

La région *bilingue* 'où l'on parle le français et le néerlandais' de Bruxelles-Capitale est dirigée par un *ministre-président.* Un des objectifs pour cette région est d'améliorer l'environnement urbain d'ici à l'an 2005. Ainsi certaines communes ont-elles déjà installé des *horodateurs* 'distributeurs de tickets autorisant le stationnement de voitures sur la voie publique' et des parcmètres qui permettront une meilleure rotation des voitures garées. Afin de réduire les embouteillages qui asphyxient la ville, on incite plus de *navetteurs* à se rendre à Bruxelles au moyen des transports en commun. Pour améliorer l'image de marque de la capitale de l'Europe, les *hommes du bac* 'éboueurs' ramassent les ordures ménagères entre 19 et 24 heures et on veille à empêcher le *surcollage* 'action de coller des affiches sur d'autres' et les panneaux pirates. *Sur base* 'sur la base' d'évaluations, l'on prévoit aussi des *subsides* 'subventions' pour réparer les bandes de *roulage* 'circulation' du *ring* 'large route de contournement d'une ville' de Bruxelles ainsi que plusieurs *drèves* 'allées carrossables bordées d'arbres' à l'entrée de la capitale.

2.1.2 *La vie professionnelle : vocabulaire économique et social*

Périodiquement, les employeurs sont tenus de *péréquater* 'adapter au cout de la vie' les salaires, en tenant compte des hausses de l'*index* 'indice des prix'. Certains citoyens sont amenés à *prester* 'accomplir, en parlant d'un travail' des heures supplémentaires ou à travailler *au noir* 'en noir' pour arrondir leurs fins de mois. Certains ne touchent que le *minimex* 'minimum de moyens d'existence'. De leur côté, beaucoup d'étudiants cherchent à *jober* 'exercer un job' dans le secteur de la grande distribution : engagés comme *jobistes*, ils travaillent comme caissiers, réassortisseurs de rayons ou manutentionnaires.

Il arrive que celui qui désire acquérir un bien doive *prêter* 'emprunter' de l'argent pour payer sa maison ou sa voiture. Pour mettre fin au bail de l'habitation qu'il occupe, un locataire *donnera son renon* ou *renom* 'résiliera son bail'.

L'école maternelle ou le jardin d'enfants s'appelle aussi *école gardienne* ou *école froebel* et l'on parle d'*instituteur gardien, froebelien* et d'*institutrice gardienne, froebelienne.* La plupart des enfants *s'amusent bien* 'se plaisent' à l'école. *Entre l'heure de midi* 'pendant la pause de midi', les petits font la sieste. Ils disposent chacun d'un *coussin* 'oreiller' avec une taie. L'un ou l'autre *fait la macrale* 'joue la comédie pour se faire cajoler ou pardonner'.

À l'école primaire, l'enfant cherche à *être dans la (bonne) manche* 'être bien vu' de l'instituteur. Le *régendat* , *régentat* ou la *régence* forme les *régents* qui sont habilités à enseigner dans les classes du degré inférieur du secondaire. À l'*athénée* 'institution officielle d'enseignement secondaire destinée aux jeunes gens ou mixte', certains élèves *ont dur* 'éprouvent des difficultés' pendant que d'autres, les *brosseurs, brossent les cours* 'sèchent les cours'. Certains *bissent* 'redoublent' une classe. Ce sont les *bisseurs* et les *bisseuses* 'redoublants' et 'redoublantes'. Le *manche-à-balles* 'élève zélé à l'excès' n'est pas apprécié par ses condisciples.

Avant l'introduction de l'*enseignement rénové* ou du *rénové* 'type d'enseignement secondaire favorisant les options', c'étaient les *humanités* 'études secondaires avec ou sans latin et grec' — *humanités anciennes* de préférence (avec les langues anciennes) — qui préparaient à l'université.

2.1.3
L'enseignement : vocabulaire institutionnel, scolaire et estudiantin

Liège : en quête d'un kot

Il existe à Liège un service épatant destiné à ceux qui se lancent à la recherche d'un kot. Vous ne connaissez pas ? Alors suivez le « Guide du kotard » !

Mise en œuvre par un quatuor passionné de l'antenne liégeoise de la Ligue des familles, la « bourse aux kots » s'adresse aux parents et aux étudiants. Ce n'est pas que Liège manque de ressources en ce domaine : la ville compte au moins 7.000 kots. Pourtant, le service proposé a un succès fou. C'est que dans...

« Kot, kotard, sportkot,... » ; belgicismes estudiantins.
Cl. S.L.F. ▲

« Athénée », terme du langage administratif propre à la Belgique.
Cl. S.L.F. ◀

« Auditoire », archaïsme propre à la Belgique. Le mot a désigné le lieu où l'on se réunissait pour écouter des orateurs avant de désigner l'ensemble des personnes qui écoutent. Cl. S.L.F. ▼

À l'université, le *student* 'étudiant' suit les cours dans un *auditoire* 'salle de cours'. Les informations sont affichées *aux valves* ou *ad valvas* 'aux tableaux d'affichage, éventuellement sous vitrine'. Les étudiants se retrouvent pour *guindailler* 'sortir ensemble et boire' et *faire des à-fond* 'faire cul sec en buvant des verres de bière'. On appelle *kot* la chambre ou le petit appartement loué à un ou une étudiante. Les *cokoteurs* et les *cokoteuses* partagent un logement, soit parce qu'ils louent chacun leur *kot* dans le même immeuble, soit parce qu'ils partagent le même *kot*.

Certaines formations complémentaires se fondent sur des *prérequis* 'connaissances préalables exigées'. Avant les examens, *on bloque* 'on étudie' ses *syllabus* 'cours polycopiés'. Selon les universités, c'est *la bloque, le bloc* ou *le blocus.* En première *candi* 'candidature, premier grade universitaire', beaucoup d'étudiants *sont busés* 'échouent' aux examens. Les autres réussissent sans grade (une *satis* 'satisfaction', mention minimale) ou avec grades : *dis, grande dis* ou *grande*, *la plus grande* , c'est-à-dire 'distinction' (14 ou 15 sur 20), 'grande distinction' (à partir de 16) ou 'la plus grande distinction' (à partir de 18). En France, on parlera de mention.

À la fin de sa dernière *année académique* 'année universitaire', le *professeur ordinaire* 'qui occupe le niveau le plus élevé dans la hiérarchie des professeurs d'université' est admis à l'éméritat et est appelé *professeur émérite* .

2.1.4 *La vie quotidienne*

L'habitation et son entretien

Les Belges *ne sont pas après leurs sous* 'ne sont pas regardants, ne regardent pas de près à la dépense' en ce qui concerne leur maison. Certains habitent une *maison bel-étage* 'maison avec rez-de-chaussée surélevé', d'autres, une *maison unifamiliale* 'maison destinée à une seule famille', achetée parfois *clé-sur-porte* 'clé en main'. Dans *la belle place* ou *la place de devant* 'la pièce la mieux meublée où l'on reçoit', que l'on garnit de *postures* 'statuettes' et de *ramasse-poussière* 'objets qui se couvrent facilement de poussière', ils ne font plus placer du *balatum* 'sorte de linoléum de qualité inférieure' mais du *tapis plain* de la 'moquette' et, si possible, font aménager un *feu ouvert* 'cheminée où l'on brule des buches, âtre'.

La cuisine, qui n'est généralement plus une *cuisine-cave* 'cuisine en sous-sol', est équipée d'un *boiler* 'chauffe-eau'. La *lessiveuse* 'machine à laver le linge', qui sert à laver *les blancs* 'le linge blanc' et *les bleus* 'autrefois, le linge de couleur, et spécialement les bleus de travail', et la *calandre* 'machine à repasser le linge' sont placées dans la *laverie* 'buanderie ou arrière-cuisine'.

La ménagère dispose, entre autres, de *casseroles* 'ustensiles de cuisine avec anses, faitouts, cocottes', d'une *casserole à pression* 'un autocuiseur', d'*assiettes profondes* 'assiettes creuses', de *sous-plats* 'dessous-de-plats' et de *lèche-plats* 'raclettes de cuisine pour nettoyer les plats'.

Pour qu'*il fasse propre* dans la maison 'pour que la maison soit propre', la *femme d'ouvrage* ou la *femme à journée* 'femme de ménage' se sert d'un *mop* 'balai à franges' qui ramasse les *minous* 'moutons, flocons de poussière', d'une *loque à reloqueter* 'serpillière' et d'une *raclette* 'instrument de nettoyage terminé par des lamelles souples pour racler l'eau du sol'. Elle *prend les poussières* 'enlève la poussière' avec une *loque à poussière* ou une *chamoisette* 'sorte de chiffon pour épousseter'. Elle monte sur une *escabelle* 'échelle double' pour *placer* 'installer' les *tentures* 'rideaux en tissu épais mis par-dessus les rideaux transparents'.

L'alimentation

- Chez le boulanger-pâtissier : on y achètera un *pain de ménage* 'pain ordinaire', un *pain intégral* 'pain complet', un *pain français* 'une baguette', ou un *platine* 'pain cuit dans un moule'. Ou encore des *couques suisses* 'variété de brioches, cuites au four, fourrées de raisins et glacées au sucre blanc', un *cougnou* 'brioche de Noël, de forme elliptique, un peu étranglée vers les deux extrémités', des *pains à la grecque* 'croquets recouverts de sucre blanc ou de sucre cristallisé', des *galettes* 'gaufres dures ou gaufrettes', des *spéculaus* 'biscuits à la cassonade', une *gosette* 'chausson aux fruits', un *cramique* 'pain au lait et aux raisins de Corinthe' ou un *craquelin* 'variété de pain au lait et au sucre'. Le dimanche, au déjeuner 'petit déjeuner', le Belge mange des *pistolets* 'petits pains, ronds d'habitude'; le dessert du *diner* 'repas de midi' peut être un *pâté* 'petit gâteau', par exemple un *merveilleux* 'sorte de pâtisserie composée de meringue et de crème fraiche' ou un *glacé* 'millefeuille'. Certains préfèrent une *crème-glace* ou *crème à la glace* 'glace, crème-glacée'.

Spécialités alimentaires, spécificités lexicales : spéculaus ou spéculoos, cramique, pistolet, waterzooi ou waterzoei, cougnou, pain à la grecque ou pain grec,...
Cl. S.L.F

- Chez le boucher : une boucherie où l'on vend spécialement de la viande de mouton s'appelle une *moutonnerie*. Selon les bouchers, les spécialités peuvent être le *pelé* 'morceau de bœuf de belle qualité que l'on a débarrassé de sa membrane', les *oiseaux sans tête* ou, dans la région de Liège, *sans queue* 'paupiettes', les *vitoulets* ou *boulets* (à Liège, 'grosses boulettes de viande hachée'), le *bloedpens* ou *bloempanch* (à Bruxelles, 'boudin noir') et le *filet d'Anvers* , qui désigne soit la gite à la noix de bœuf soit, dans le langage courant, de la viande de bœuf ou de cheval fumé.
- Chez le *légumier* ou le *verdurier* 'marchand de légumes' : plusieurs légumes portent des noms différents en France et en Belgique : la *salade* 'laitue', la *salade de blé* 'mâche', le *chicon* 'endive', l'*endive* 'chicorée frisée', la *groseille grise, verte* ou *grosse groseille* 'groseille à maquereau'. On achète les fruits nécessaires pour faire de la compote *aux pommes* 'de pommes' et de la confiture *aux fraises* 'de fraises'. La *ramonasse* est un radis noir; l'*altesse*, une sorte de prune tardive.
- Au restaurant : pendant la saison des moules, *le moules-frites* 'des moules servies avec des frites' s'impose. En hiver, l'on apprécie les *carbonnades flamandes* 'morceaux de bœuf, découpés en cubes, mouillés à la bière, cuits à l'étuvée' et le *waterzooi* 'poulet, parfois poisson, cuits et servis dans un bouillon'. Pour *manger un bout* 'manger un morceau', l'on choisit des *maatjes* 'jeunes harengs consommés crus selon la tradition hollandaise', un *filet américain* 'steak tartare' ou simplement un *cannibale*

'toast au steak tartare, à la viande crue', avec de l'eau *spitante* 'pétillante' ou une bière belge.

- À la *kermesse* 'fête de la localité ou d'un quartier' : la *kermesse* et ses *moulins* ou ses *carrousels* 'manèges de chevaux de bois', les *fritures* 'friteries', les *caricoles* ou *caracoles* 'escargots', les *croustillons* et les *smoutebolles* 'deux sortes de beignets', les *boules* 'bonbons', les stands de tir et les attractions plaisent aux petits et aux grands, même s'ils doivent *faire la file* 'faire la queue' avant d'être servis.

Cl. C. Delcourt.

2.2 Les spécificités

Déterminer le degré de spécificité des usages lexicaux du français de Belgique ne constitue pas une tâche aisée (Goosse, 1977). La présentation traditionnelle des répertoires de belgicismes a plutôt négligé cette question en présentant souvent des phénomènes hétérogènes. La difficulté fondamentale réside dans la nature des points de comparaison. La plupart des listes présupposent une entité « français de Belgique ». Or, les travaux les plus récents montrent bien que la variation ne se limite pas à cette relation binaire. Non seulement les formes ne sont pas arrêtées par les frontières politiques mais la variation touche aussi les deux ensembles présentés abusivement comme homogènes. En outre, les répertoires de régionalismes contiennent assez naturellement bon nombre de mots et d'expressions de la vie quotidienne, qui reflètent donc un parler familier plus fréquent à l'oral qu'à l'écrit, alors que la description du français (essentiellement à travers les grands dictionnaires) reste très proche d'un écrit plus ou moins « parisien » et normé. Ce déséquilibre entre ensembles difficilement comparables se manifeste de façon plus aigüe dès qu'on aborde les expressions idiomatiques, et singulièrement la phraséologie familière qui commence seulement à faire l'objet de recensements plus systématiques.

Pour mettre en lumière les particularités des usages, on peut se placer à divers points de vue qui ne sont pas nécessairement exclusifs les uns par rapport aux autres :

- L'extension géographique des emplois, critère important, qui devrait se fonder idéalement sur des enquêtes précises.
- Les dénominations engendrées par le particularisme des réalités régionales (la spécificité des « référents »).
- La fréquence des emplois qui peut différer sensiblement d'une variété de français à l'autre.
- Les variations qui peuvent se manifester sur le plan des registres ou des connotations.

2.2.1 *La spécificité géographique*

Du point de vue spatial, on peut considérer que les belgicismes ressortissent à trois ensembles.

Le premier, qui coïncide avec les limites de l'État, rassemble une série de mots, sens et expressions, connus et utilisés par la très grande majorité des francophones du pays. C'est ce type d'emploi que Jacques Pohl (1984) a baptisé du nom de *statalisme*, soit un fait de langue qui s'arrête à une frontière entre États. Il s'agit surtout du vocabulaire administratif au sens large tel *accises* (et son dérivé *accisien*) 'ensemble d'impôts indirects sur le commerce de certaines boissons', *livret* (ou *carnet*) *de mariage* 'livret de famille', *matières personnalisables* 'matières qui, échappant au pouvoir central, sont de la compétence des communautés et régions', *minimex* (abrègement de minimum de moyens d'existence) 'minimum vital', *mutuelliste* 'membre d'une mutuelle d'assurance-maladie'; du domaine militaire, par exemple, *milicien* 'soldat du contingent, appelé', *faire son terme* 'faire son service militaire'; de l'organisation scolaire ou universitaire avec des emplois comme *athénée* 'école d'enseignement secondaire, à l'origine réservée aux garçons' (*lycée*, pour les filles), *école gardienne* 'école maternelle', *école moyenne* 'école d'enseignement secondaire inférieur', *grade* 'mention attribuée aux examens', *journal de classe* 'cahier de texte'. Il faut remarquer que ces emplois spécifiques à la Belgique n'ont pas tous nécessairement un caractère officiel. Il suffit de penser au patrimoine original que constitue le jargon familier lié à la vie scolaire et étudiante : *bloquer* 'potasser', *brosser* un cours 'sécher un cours', *buser* ou *mofler* 'recaler, faire échouer', *doubleur* ou *bisseur* 'redoublant', *fourche* 'heure de battement dans l'horaire', *guindaille* 'sortie joyeuse d'étudiants', *manche-à-balles* 'élève zélé à l'excès', *frotte-manche* 'flatteur, lécheur de bottes', etc. À cet ensemble s'adjoignent aussi des termes

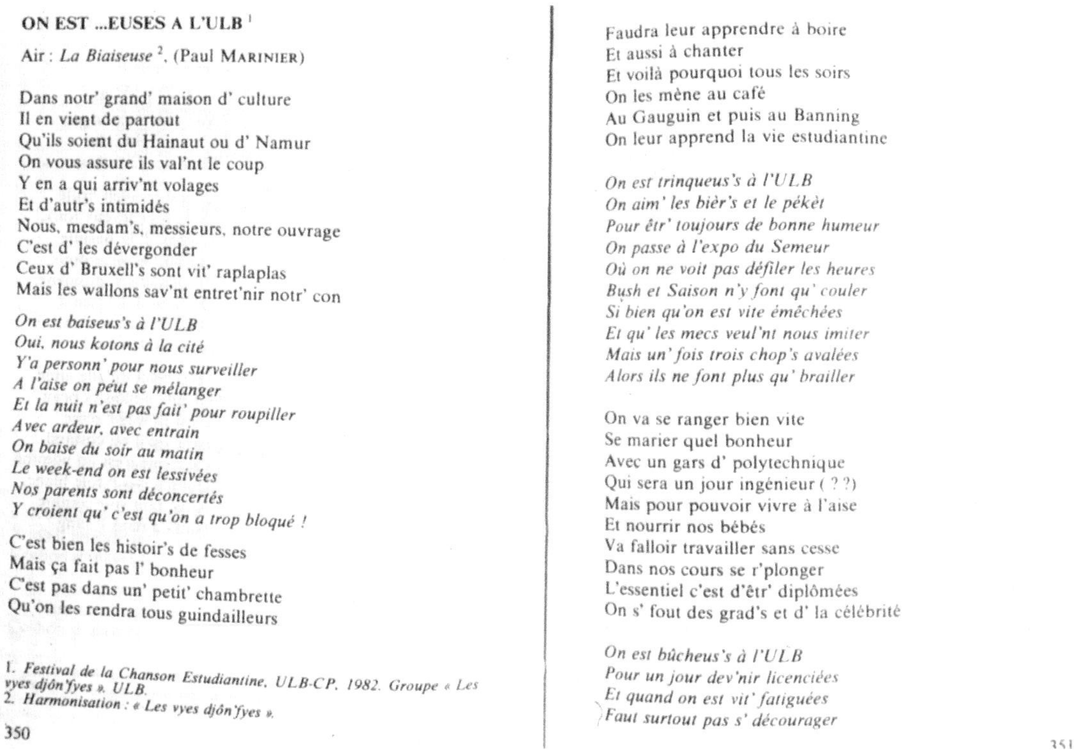
ON EST ...EUSES A L'ULB [1]

Air : *La Biaiseuse* [2]. (Paul Marinier)

Dans notr' grand' maison d' culture
Il en vient de partout
Qu'ils soient du Hainaut ou d' Namur
On vous assure ils val'nt le coup
Y en a qui arriv'nt volages
Et d'autr's intimidés
Nous, mesdam's, messieurs, notre ouvrage
C'est d' les dévergonder
Ceux d' Bruxell's sont vit' raplaplas
Mais les wallons sav'nt entret'nir notr' con

On est baiseus's à l'ULB
Oui, nous kotons à la cité
Y'a personn' pour nous surveiller
A l'aise on peut se mélanger
Et la nuit n'est pas fait' pour roupiller
Avec ardeur, avec entrain
On baise du soir au matin
Le week-end on est lessivées
Nos parents sont déconcertés
Y croient qu' c'est qu'on a trop bloqué !

C'est bien les histoir's de fesses
Mais ça fait pas l' bonheur
C'est pas dans un' petit' chambrette
Qu'on les rendra tous guindailleurs

1. *Festival de la Chanson Estudiantine, ULB-CP, 1982. Groupe « Les vyes djôn'fyes », ULB.*
2. *Harmonisation : « Les vyes djôn'fyes ».*

350

Faudra leur apprendre à boire
Et aussi à chanter
Et voilà pourquoi tous les soirs
On les mène au café
Au Gauguin et puis au Banning
On leur apprend la vie estudiantine

On est trinqueus's à l'ULB
On aim' les bièr's et le pékèt
Pour êtr' toujours de bonne humeur
On passe à l'expo du Semeur
Où on ne voit pas défiler les heures
Bush et Saison n'y font qu' couler
Si bien qu'on est vite éméchées
Et qu' les mecs veul'nt nous imiter
Mais un' fois trois chop's avalées
Alors ils ne font plus qu' brailler

On va se ranger bien vite
Se marier quel bonheur
Avec un gars d' polytechnique
Qui sera un jour ingénieur (? ?)
Mais pour pouvoir vivre à l'aise
Et nourrir nos bébés
Va falloir travailler sans cesse
Dans nos cours se r'plonger
L'essentiel c'est d'êtr' diplômées
On s' fout des grad's et d' la célébrité

On est bûcheus's à l'ULB
Pour un jour dev'nir licenciées
Et quand on est vit' fatiguées
Faut surtout pas s' décourager

351

Le vocabulaire estudiantin.
« Le chant du Cercle de Droit », dans « Les Fleurs du Mâle », U.A.E, U.L.B., Bruxelles, 1983. Cl. S.L.F.

de la vie quotidienne tels *ligne* 'raie dans les cheveux', *méconduite* (et *se méconduire*) 'mauvaise conduite', *margaille* 'dispute, désordre' et pas mal d'expressions figées (Klein-Lamiroy, 1994) telles *attendre famille* 'être enceinte', *il n'y a pas d'avance* 'cela ne sert à rien', *ne pouvoir mal de faire quelque chose* 'ne pas y avoir de risque' ou 'ne pas avoir l'intention de', dont certaines sont de faux amis car, attestées en français commun, elles y ont un sens différent : *arranger les bidons* 'aplanir des difficultés', *battre le beurre* 's'embrouiller, faire de vains efforts', *faire des affaires* 'faire des histoires, compliquer les choses', etc.

Un second ensemble regroupe des emplois qui, tout en ne débordant pas non plus des limites de la Belgique, n'appartiennent qu'à un français régional d'extension restreinte. Ainsi, des usages sont surtout vivants dans la région liégeoise, comme *bonbon* 'biscuit', *boulet* 'boulette, petite boule de viande hachée', *bouquette* 'crêpe faite à la farine de sarrasin', *chique* 'bonbon', *drap de maison* 'torchon' ou l'expression *avoir pour faire* 'être dans l'aisance' qui deviendra dans le Hainaut *avoir bien le temps*, avec le même sens. On pourrait en dire autant pour la région bruxelloise, avec ses emplois bien particuliers souvent d'origine flamande comme *stouffer* 'vantard', *stoump* 'sorte de potée à base de purée de pommes de terre', *zievereer* 'bavard impénitent', ou encore une locution telle *ce n'est pas du spek* (lard) *pour ton bec* 'c'est trop bon pour toi'.

Ces deux premiers ensembles regroupent la plupart des termes et expressions qu'il est permis de qualifier de « belgicismes incontestables », soit ceux qui ne s'entendent ou ne se lisent pas en dehors de la Belgique.

Un troisième ensemble, par contre, comprend des « belgicismes » qui ont souvent été considérés abusivement comme tels, dans la mesure où ils sont connus et usités en France, dans des régions limitrophes ou non de la Belgique, ou même dans d'autres aires de la francophonie (notamment Suisse, Canada); il en va ainsi de *avant-midi* 'matinée' (Canada), *auditoire* 'salle de cours' (Suisse), *aubette* 'kiosque' (régional en France), *femme d'ouvrage* (régional en France), *unifamilial* (Canada), mais aussi de *septante* et *nonante* qui, tout à fait usuels en Belgique, se rencontrent dans plusieurs régions de France (Goosse, 1977 : 16-20).

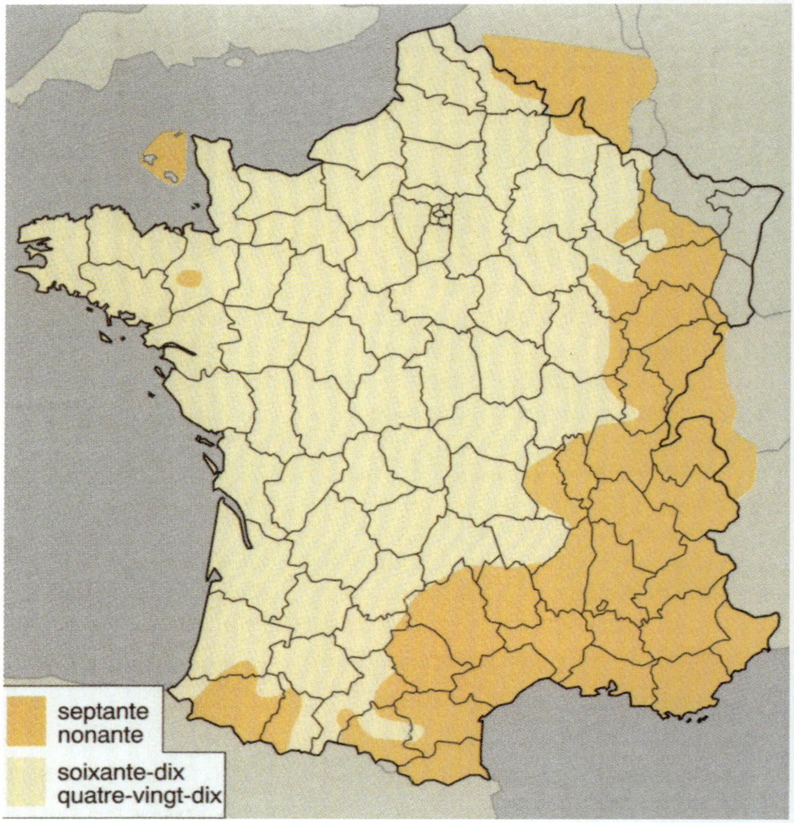

« Septante » et « nonante » ne sont pas propres à la Belgique francophone.

Carte extraite et adaptée de : Philippe Rossillon (sous la direction), « Atlas de la langue française, histoire, géographie, statistiques », Bordas, Paris, 1995, p. 22. Copyright I.R.A.F.

2.2.2 *La spécificité due à la particularité des réalités*

Toute culture, tout pays donne naissance à des particularités locales, à des institutions, des habitudes, des objets qui lui sont propres. Ces réalités reçoivent très souvent des dénominations spécifiques qui, par nature, n'ont pas de correspondants dans les autres langues. Des termes comme *ayatollah*, *shérif*, *moujik*, *geisha*, qui nous viennent du Proche-Orient, d'Amérique du Nord, de Russie ou du Japon, et connus en français, constituent un genre particulier d'emprunts, appelés *xénismes* (ou *pérégrinismes*) parce qu'ils servent à évoquer des réalités demeurées étrangères.

Parmi les emplois qui désignent des réalités spécifiques à la Belgique, certains peuvent rester peu connus sinon inconnus en dehors du

Gille de Binche.
Cl. J.-J. Rousseau/encres et couleurs, Bruxelles.

territoire; on pensera à *baulus* 'sorte de brioche très sucrée', *choesels* 'plat bruxellois à base de pancréas de bœuf ou de veau', *merveilleux* 'gâteau composé de meringue et de crème fraiche' ou encore à *couyon* 'jeu de cartes connu en Wallonie'. En revanche, certains ont pu devenir en France des xénismes par le simple fait du tourisme et des échanges nombreux, en général, entre pays voisins. Le phénomène touche évidemment des termes concernant l'alimentation et la cuisine comme *cramique*, *waterzooi* ou des types de bière, *faro*, *gueuze*, *lambic*, mais aussi des titres *bourgmestre*, *gouverneur* (de province), des caractères de la société belge, *flamingant, wallingant*, le folklore, avec les *Gilles* (de Binche), qui ont une ceinture à grelots, dont le nom *apertintaille* demeure, lui, un usage assez localisé.

2.2.3 *La spécificité des fréquences d'emploi*

Un locuteur français et un locuteur belge ne doivent pas nécessairement user de mots différents ou utiliser un même terme dans des sens différents (faux amis) pour que leurs usages diffèrent. Si ce sont là les manifestations les plus spectaculaires de la variation, il est des cas, par nature plus difficiles à déceler, où les deux parlers se différencient par les fréquences respectives de tel ou tel emploi. Ainsi,on a déjà pu observer que l'adverbe *fort* (valeur qualitative) s'employait couramment en Belgique alors qu'il est plutôt rare en France, surtout dans l'usage parisien qui lui préfère *très*. Un anglicisme tel que *goal* a conservé en Belgique une vitalité qu'il a perdue en France au profit de son équivalent *but*. *Placer* (et *placement*) sont devenus rares en français de France dans le sens général de 'disposer des personnes' (par exemple, à table) ou d''installer des objets dans une maison'; en Belgique, on *place* le chauffage ou l'électricité, tandis qu'en France, on les *installe*. *Prestation* et *subside*, connus en France et attestés dans les dictionnaires, parfois avec des réserves pour certains emplois du premier, sont tout à fait usuels en Belgique où ils sont renforcés par les verbes correspondants, inusités en France, *prester, subsidier*. *Subvention* et ses dérivés sont les termes régulièrement employés par l'administration française et l'on observera que le Belge prend plutôt sa *pension* alors que son voisin français prend sa *retraite*. Le mot *poche*, vieux en français dans le sens général de 'sac', est tout à fait usuel en France pour désigner les sacs en papier, de nos jours surtout en matière plastique, qui servent d'emballage dans les magasins. En Belgique, on lui préfère *sac* ou *sachet* qui en perd sa valeur diminutive. On remarquera d'ailleurs qu'à l'expression *acheter un chat dans un sac* correspond le français *acheter chat en poche* où *poche* a gardé son sens ancien de 'sac'. C'est une différence de fréquence mais aussi de sens qui, dans le domaine des chemins de fer, distingue l'usage français de *wagon* (plutôt pour les marchandises) de *voiture* (plutôt pour les voyageurs), alors qu'en Belgique *wagon* demeure le terme indifférencié le plus répandu. Bien d'autres formulations pourraient ainsi être discriminées par leur fréquence d'utilisation. Les Français remarquent volontiers le *savez-vous ?* des Belges, qui n'a en lui-même rien de spécifique, mais qui, en Belgique, frappe sans doute à la fois par une fréquence alliée à une intonation propre à certains parlers régionaux (sur ce point précis, se reporter au chapitre 19, 5).

2.2.4 *La spécificité des connotations, des registres*

De même qu'en français commun, ce domaine, très lié à la subjectivité des usagers, à leur statut socioculturel, aux situations d'énonciation, à diverses composantes plus ou moins affectives, reste difficile à catégoriser de façon très nette (il suffit de penser à la disparité entre les marques d'usage que les dictionnaires français assignent aux mots pour se rendre compte de cette difficulté).

Les différences de registres et de connotations peuvent être envisagées de deux façons, soit en comparant le français de Belgique et le français commun, soit au sein même du français régional.

La comparaison des deux variétés permet de souligner une première nuance importante. De façon générale, l'usage français, et en particulier le discours parisien, admet des formulations ressenties en Belgique comme trop « directes » ou familières, voire grossières. Ainsi *époux* et *épouse* (qui appartiennent en France au style administratif) seront préférés à *mari* et surtout à *femme*, jugés trop peu déférents; perçus peut-être comme trop descriptifs, *vomir* (ou *rendre*), *être enceinte* se voient remplacés par les belgicismes euphémiques *remettre*, *attendre famille*. Même les injures peuvent manifester des connotations différentes : *imbécile* conserve plus de force en français de Belgique et un mot tel *con* (avec ses dérivés et ses locutions comme *à la con* qui semble remplacer dans l'usage de pas mal de locuteurs français le très faible *à la noix*) s'entend de plus en plus dans l'usage familier de locuteurs d'un niveau socio-culturel élevé, alors qu'en Belgique il demeure très grossier.

Si l'on considère à présent le français de Belgique en lui-même, on constate certaines différences de registres que les listes cumulatives de belgicismes ont généralement négligé de mettre en évidence. Ce français régional recèle peu de mots triviaux (*quette* 'pénis'), à côté d'un nombre élevé d'emplois familiers ou très familiers, tels les locutions *avoir quelque chose trop court* 'manquer de, avoir trop peu de', *il fait douf* 'il fait lourd', *être à moule* 'être inutilisable, cassé', *ce n'est pas du spek pour ton bec* 'c'est trop bon pour toi', etc.

À côté de ces emplois « marqués » qui appartiennent presque exclusivement à l'oral, d'autres font partie d'un usage commun, oral ou écrit, des Belges francophones, y compris des locuteurs d'un niveau culturel élevé. Outre les termes administratifs déjà évoqués, on pensera à *assez bien de* 'pas mal, beaucoup', *réciproquer* 'envoyer des vœux réciproques', *renseigner quelque chose* 'indiquer, signaler', *rétroactes* 'antécédents d'une affaire' (emploi dont la valeur est contradictoire avec celle de l'adjectif français *rétroactif*), ou à des locutions telles *avoir facile, difficile* 'être facile, difficile' à quelqu'un (mais non *avoir bon* 'trouver agréable, avoir du plaisir', senti comme familier), *donner un pas de conduite à quelqu'un* 'faire un brin de conduite à quelqu'un', etc.

Que l'on ait privilégié très longtemps un point de vue comparatif ou contrastif entre un ensemble lexical du français de Belgique et un autre ensemble propre à la France ne doit pas étonner. Certaines images déformantes ont prévalu, telles celles d'un lexique belge, marqué de dialectalismes et singulièrement d'influences flamandes, de tournures « impropres » (pour une bonne part, des emplois populaires, des dénominations inhérentes à la vie quotidienne connues dans diverses régions de France), face à un français normé et stéréotypé, reflété par une lexicographie, naguère encore peu perméable à la variation géographique ou socioculturelle. Et pourtant le français de Belgique fait partie intégrante du français commun dans son fonctionnement essentiel, comme le montre bien son lexique qui obéit aux principes morphologiques et sémantiques du français, quand il « innove », et qui se rattache à un patrimoine ancien, oublié dans l'usage de France, quand il « conserve ». Les marques différenciatrices très réelles, dues aux apports externes (substrats dialectaux, voisinage germanique), ne doivent pas faire oublier cette communauté étroite avec le français de France qui se renforce d'autant plus qu'on se rapproche du discours écrit, nécessairement plus normé.

Page de couverture de : W. Bal, A. Doppagne, A. Goosse, J. Hanse †, M. Lenoble-Pinson, J. Pohl †, L. Warnant †, « Belgicismes. » « Inventaire des particularités lexicales du français de Belgique », Paris, Louvain-la-Neuve, Duculot, 1994. Cl. S.L.F.

Il est plus rare que l'on songe à envisager le lexique du français de Belgique en lui-même, dans sa variété interne. Même dans les limites d'un territoire relativement exigu, des emplois demeurent plus liés à des usages locaux (bruxellois, hennuyers, liégeois, etc.) : il s'agit alors vraiment de flandricismes ou de wallonismes, au sens géographique, indépendamment de toute considération étymologique.

Le lexique du français de Belgique se signale aussi par la variété des domaines et des registres où il se manifeste. De la langue la plus familière (mais rarement des formulations triviales) au registre élevé, en passant par la langue administrative, sans omettre des emplois plaisants, par connivence avec un interlocuteur qui en perçoit la fonction ludique.

Jean René KLEIN et Michèle LENOBLE-PINSON

Chapitre 11

Onomastique

1. La forme des noms propres

Pour expliquer les traits formels d'un grand nombre de noms propres de la Communauté française de Belgique, et spécialement ceux de Wallonie, il faut avoir à l'esprit le statut des langues dans notre pays au cours de l'histoire. En effet, l'idiome habituellement utilisé par ceux qui ont créé et transmis les noms de lieu et les noms de famille était le dialecte local (wallon, picard, lorrain, champenois), héritier direct du latin implanté par la romanisation. Cependant, ces dialectes n'ont jamais servi de langue administrative ; ce sont le latin, d'abord, et le français, ensuite, qui ont tenu ce rôle. Les scribes latinisaient ou francisaient les formes dialectales des noms propres à transcrire. Comme ces noms se sont fixés dans la tradition à des moments divers sous une forme résultant de l'intervention de scribes diversement cultivés, ils présentent des particularités qui ne constituent pas un système cohérent.

Ainsi, le nom de famille *Bernard* est un ancien prénom, que le wallon prononçait *Bièrnâ*, *Bièrnô*, etc. Ce nom illustre devait être bien connu des curés qui rédigeaient les registres de baptême. Il est normal que la forme française commune, *Bernard*, soit de loin la plus répandue (près de 5.000 porteurs en 1987). Mais des variantes encore attestées de nos jours montrent que certains curés, en présence de personnes déclinant leur identité sous une forme dialectale, n'ont pas fait la francisation ou ne l'ont pas faite complètement : soit qu'ils aient laissé subsister la diphtongue de la première syllabe (*Biernard*), soit qu'ils n'aient pas francisé la deuxième syllabe (*Berna*,

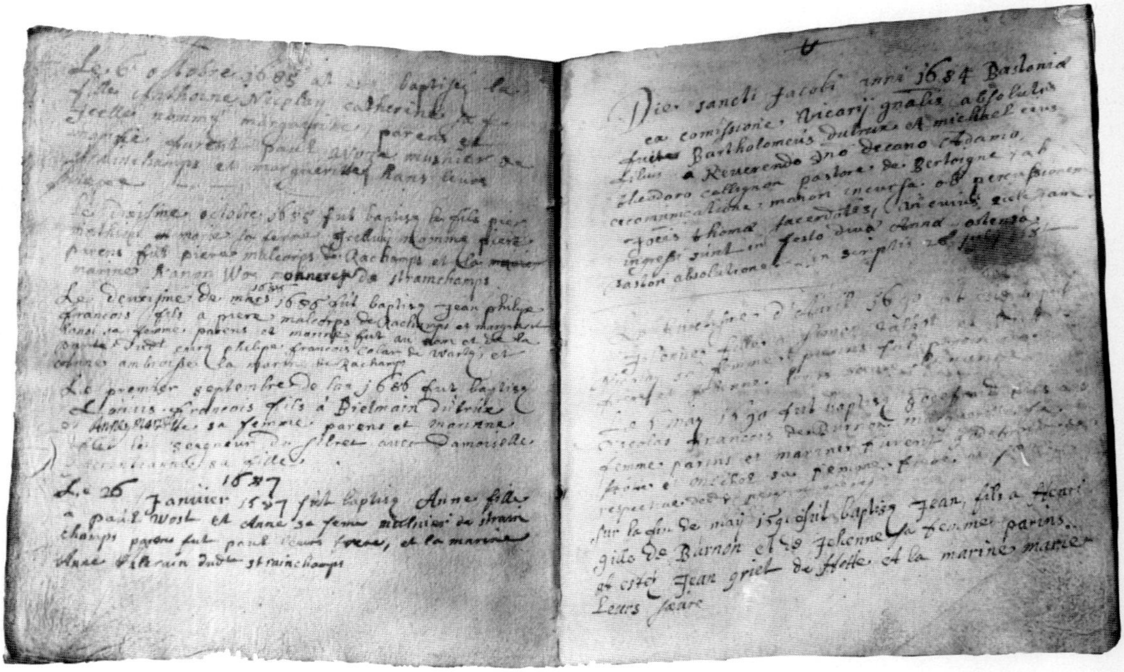

Registre des baptêmes tenu en français principalement, et en latin.
Strainchamps, Eglise St-Pierre, XVIIe siècle.
Copyright I.R.P.A.-K.I.K., Bruxelles.

Bernat, *Bernau*, *Bernaus*, *Bernaut*), soit qu'ils n'aient pas francisé du tout (*Bierna*, *Biernaux*). Les latinisations (*Bernardus*) sont dues au fait que les registres de baptême étaient rédigés en latin ; le génitif (*Bernardi*, *Bernardy*) a comme source la formule latine employée dans ces registres : « hodie … baptizatus est X filius Bernardi… » (« aujourd'hui a été baptisé X, fils de Bernard »). Ces dernières variantes montrent la force de l'écrit, qui a pu imposer des modifications importantes aux noms, à date très ancienne déjà. Qu'une personne s'appelle *X Bernard*, cela signifiait : 'X fils (fille) de Bernard'. La filiation peut aussi être exprimée par la préposition ; de là des noms de famille comme *de Bernard*, *De Bernardi*, etc. La préposition est fréquemment agglutinée au nom (*Dejean*, *Ajean*), tout comme l'article défini (*Lejean*, *Lestienne*) ou l'article contracté (*Dubernard*, *Delsandre* 'de l'Alexandre').

Dans de nombreux cas, le système graphique français était tout à fait adapté pour noter le nom propre : *Isabelle*, *Marie*, *Louis*…, *Bastogne, Couvin*, *Wépion* — à condition de donner à la graphie *w* la valeur [w] qu'elle a le plus souvent en français de Belgique ; mais on notera que *w* se prononce [v] dans *Wierde* [vjɛʀd], *Wiesme* [vjɛm], etc.

Certains noms de lieu ont été pourvus d'un *s* final, pas toujours étymologique, qui a fini par s'introduire dans la prononciation française commune en Belgique. Par exemple, dans *Fleurus* [flœʀys], en wallon *Fleûru* ; dans *Anvers*, dont la prononciation traditionnelle, [ɑ̃vɛ:ʀ], subsiste en France ; dans les nombreux *Villers*, issus du latin *villarem*, devenus généralement *Vilé* dans nos dialectes, le plus souvent prononcés [vilɛʀs] en français de Belgique, sauf dans la province de Luxembourg, où l'on dit [vile].

Nos parlers ont gardé les semi-occlusives [tʃ] et [dʒ], que le français a réduites au XIIIe siècle. Les graphies *ch* et *g*, *j* sont évidemment utilisées dans les francisations : *Chaineux* - wallon *Tchêneû*, *Gesves* - wallon *Djêve*, etc. La graphie *ch* peut être employée pour rendre un [ʃ] wallon, bien sûr : *Achêne* - wallon *Achin.ne* ; ou encore pour rendre le [h] liégeois : *Barchon* - wallon *Bar'hon* (d'où sont issus les noms de famille *Barchon* et *Barxhon*). Dans le domaine picard, *ch* pour [s] est normal : comparer *glace* - picard *glache* ; *Celle*(-lez-Tournai) - picard *Chèl*. Au Moyen Âge, les écrits en provenance du domaine picard ont eu un tel prestige que des graphies caractérisant le français de ces régions se sont répandues dans le français écrit des régions wallonnes, notamment le *ch* picard : *Marchienne* - wallon *Marciène* ; *Marchin* - wallon *Mårcin* (les noms de famille *Marcin* et *Demarcin* sont plus fréquents que *de Marchin*) ; *Jauche* - wallon *Djôce* ; *Jauchelette* - wallon *Djôcelète* (mais ce picardisme ne s'est pas introduit dans le nom de la dépendance de Perwez-le-Marché, *Jausselette*).

Dans un cas comme *Seraing*(-le-Château), en wallon *Sèrè*, la forme officielle contient un archaïsme que confirment les mentions anciennes (911, copie, « Serangio »). Pareil cas est assez rare et bien des formes officielles résultent d'une interprétation erronée et recèlent des graphies non justifiées. Par exemple : *Sart-Eustache*, qui était en 1294 « li sart a le stache », ne contient pas un nom de personne, mais le substantif *stache* 'piquet', ce que confirme le wallon *Sô a Statche* ; dans *Henripont*, il n'y a pas le nom de personne *Henri*, mais un autre anthroponyme disparu, **Hérier*, comme le montrent la forme dialectale *Yéripont* et les mentions anciennes (1177, « Herieri ponte ») ; de même, la forme wallonne *Malôtchî* et les mentions anciennes (« Mont le Walchier ») montrent que *Mont-Gauthier* est une interprétation incorrecte d'un nom qui devrait être **Mont-(le-)Gaucher*.

La Gleize et *Gleixhe* sont deux manières différentes de rendre en français un même toponyme que le wallon prononce *Al Gléhe* (littéralement : 'à l'église'). Dans le premier nom apparait un *z* parce qu'ayant à transcrire un son qui n'existait pas en français, les scribes ont pensé à des équivalences telles que *bien aise* - *bin-åhe*, *bin-ôje*, etc. ; *maison* - *mohone*, *môjone*.

La forme française de nombreux noms propres résulte de la même opération analogique : les toponymes *Maizeret* (en wallon

Môjerèt), *Martouzin* (wallon *Martoujin*), etc. ; les noms de famille *Corbisier*, *Corbusier*, *Corbusy*, issus du nom de métier wallon *cwèp'hî*, *cwab'jî*, etc. 'cordonnier', ou *Delhaize*, à l'origine nom de résidence, d'après le wallon *hâhe*, *hôje* 'barrière', etc. Cependant, la francisation n'est pas générale : il subsiste des formes dialectales telles que *Martougin*, *Corbugy* ; elle n'est pas non plus systématique : on n'a pas francisé la voyelle finale de *Corbusy* ni l'article contracté wallon *dèl* de *Delhaize*.

Le nom de lieu *Gleixhe* illustre un autre procédé : pour un son particulier — un [h] fortement aspiré —, on a inventé une graphie spéciale, *xh*, graphie qui a été traditionnelle en pays liégeois et qui subsiste dans un certain nombre de toponymes (*Droixhe*, *Fexhe*, *Outrelouxhe*, *Spixhe*, *Xhendelesse*, etc.).

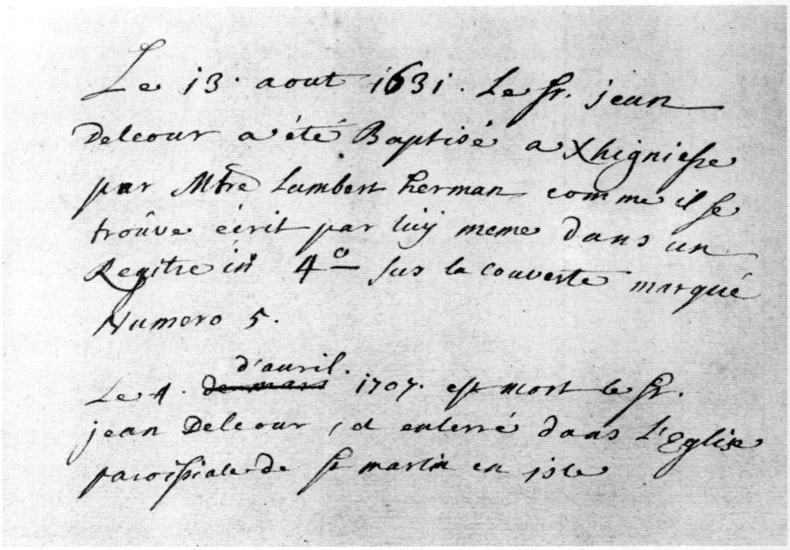
Le 13. aout 1631. Le Sr. jean Delcour a été Baptisé a Xhigniesse par Mtre Lambert herman comme il se trouve écrit par luy meme dans un Registre in 4° sur la couverte marqué Numoro 5.

Le 4. ~~de mars~~ d'avril. 1707. est mort le Sr. jean Delcour et enterré dans l'Eglise paroissiale de St martin en isle

« Xh- », graphie liégeoise pour h aspiré (ici dans « Xhigniesse »). Texte concernant le baptême, le 13 août 1631, la mort, le 4 avril 1707, du célèbre sculpteur liégeois, Jean Delcour.
Feuille volante, papier, 31 x 19 cm., Archives Paroissiales, Hamoir. Copyright I.R.P.A.-K.I.K., Bruxelles.

La prononciation française actuelle déforme généralement ces noms en leur mettant un [ks] ou un [gz], sauf dans quelques cas comme *Xhoris* ou *Xhoffraix*, souvent prononcés [(h)ɔʀis] et [(h)ɔfʀɛ]. Des noms de famille illustrent les hésitations des scribes d'autrefois pour noter cette consonne particulière de l'est-wallon : *Delhais(s)e*, *Delhaize*, *Delhaze*, *Delhaxhe*, *Delhaxe* ; *Rouchet*, *Rouxhet* ; *Tihon*, *Tichon*, *Tixhon*, etc.

En Gaume, le *x* était utilisé pour noter [ʃ] : *Meix* (gaumais *Méch*). Ailleurs, on l'a utilisé pour rendre [s], valeur qu'il a encore dans *soixante* : *Bruxelles*, *Suxy* (comme dans *Auxerre*). Malheureusement, le prestige de la forme écrite est tel que des usagers en oublient cette valeur de *x* et prononcent [bʀyksɛl] et [bʀyksɛlwa] !

La toponymie garde le souvenir des diverses combinaisons de signes utilisées pour noter *n* mouillé : *gn* dans *Falmagne* ou *Offagne* ; *ngn* dans *Luingne* ; *ign* dans *Jodoigne*, *Louveignée*, etc. Une mauvaise interprétation de la graphie *ign* est à l'origine de l'altération de la prononciation française de *Jamoigne* (gaumais *Djamogne*), *Loupoigne* (wallon *Loupougne*) et *Soignies* (picard *Sougnie*).

Une finale *-ier* peut correspondre normalement à [i:] (*Wautier* - wallon *Wâtî* ; *Verviers* - wallon *Vèrvî*), mais aussi à [jɛ:ʀ] (*Tavier* - wallon *Taviêr*) ou à [i:ʀ] (*Rahier* - wallon *Rahîr*). Dans les noms de famille, la finale wallonne [i:] n'a pas toujours été francisée : *Mat(th)y* - *Mathieu* (wallon *Matî*), *Waut(h)y*, *Ga(u)thy* - *Gaut(h)ie*, *Waut(h)ier* (wallon *Wâtî*, *Wôtî*, etc.), etc. Les variantes *Wauthieu* et *Andrieu(x)* (wallon *Andrî*) montrent l'influence exercée par le nom *Mathieu*.

Dans les formes françaises, la distinction entre les voyelles nasales et les voyelles orales suivies d'une consonne nasale n'est pas toujours effectuée. Ont une voyelle nasale : *Anhée*, *Onhaye*, *Blehen*, *Maillen*, *Mélen*, *Sclayn*, *Weillen*, etc. En revanche, la consonne nasale se prononce dans la syllabe initiale de *Renkin*, *Winkin*, etc. ; *Gentinnes*, *Genval*, *Manhay*, *Somzée*, *Vencimont*, *Wanfercée*, etc., et à la finale de *Nethen*. Dans *Mille* (à Hamme-Mille), la forme française escamote la voyelle nasale tonique de la forme dialectale (*M'lin*) confirmée par les mentions anciennes. La même finale *eng* se prononce [ɑ̃] (*Deharveng*) ou [ɛ̃] (*Houdeng*).

La graphie *qu* note [k] dans *Quaregnon*, mais [kw] dans *Quartes*. *Ophain* doit être interprété comme un nom composé (*Op-Hain*).

Tantôt, un *s* intérieur devant consonne est muet (*Cuesmes*, *Escanaffles*, *Forest*, *Ghislenghien*, *Mesvin*, *Mouscron*, *Saint-Vaast* [va], *Wasmes*, etc.) ; tantôt, il se prononce (*Casteau*, *Esneux*, *Estinnes*, *Gistoux*, *La Hestre*, *Naast*, etc.). Derrière consonne, il se prononce sonore dans *Bierset*, *Hensies*, *Herseaux*, mais sourd dans *Borsu*. Bien que non redoublé, il se prononce sourd dans *Lambusart* et un double *s* a été utilisé pour rendre [z] dans *Wasseignes* (wallon *Wazèdje*). Un *s* final est tantôt muet : *Glons*, *Lens*, *Offus*, *Slins*, etc. ; tantôt prononcé : *Ans*, *Mons*, *Thys*, *Wéris*, etc. (pour *Villers*, voir ci-dessus).

Certaines formes officielles trahissent des habitudes graphiques reprises aux systèmes germaniques, par exemple, le redoublement de la voyelle ou l'utilisation de *e* pour indiquer la durée : *Beez*, *Coo*, *Furfooz*, *Geest* [ʒe], *Émael*, *Xhendremael*, etc. Les noms terminés en *-heid* comme *Ernonheid* (wallon *Èrnon.hé*) ne contiennent pas le néerlandais *heide* 'bruyère', mais un germanique **haisi* 'côte escarpée boisée', plus ancien.

2. La toponymie de la Belgique romane

Les noms de lieu reflètent la complexité de l'histoire et du peuplement de nos régions. Un nom tel que *Meuse* est très ancien et remonte sans doute à une des langues parlées chez nous avant l'arrivée des Celtes, langue dont on ne connait évidemment presque rien. Le celtique, en revanche, est un peu mieux connu, grâce aux citations et inscriptions anciennes et grâce à la comparaison avec les langues celtiques modernes. Remontent à cette langue des noms tels que *Amberloup, Andage* (ancien nom de Saint-Hubert), *Andenne*, *Anderlues*, *Ardenne*, *Bièvre*, *Braives*, *Dinant*, *Dion*, *Cherain*, *Chimay*, *Dour*, *Durbuy*, *Ében*, *Glain*, *Marilles*, *Namur*, *Namèche*, *Nismes*, *Orgeo*, *Tournai*, etc. Un certain nombre d'hydronymes ont aussi une origine très lointaine (*Chiers*, *Ourthe*, *Sambre*, *Senne*, *Sûre*, etc.) sans que l'on puisse, dans l'état des connaissances actuelles, leur assigner avec certitude une origine précise.

L'immense majorité de nos noms de lieu est d'origine latine, mais tous les noms romans n'ont pas été créés à l'époque de la romanisation, le roman n'ayant cessé d'être productif tout au long de l'histoire. On peut dater de l'époque de l'Empire des noms comme : *Quartes*, issu du latin *quarta* 'la quatrième borne (sur la chaussée)', car il fait référence à une réalité de l'époque ; *Cheratte*, du latin *cataracta* 'rapide (dans la Meuse)', car ce mot n'a pas survécu dans la langue commune (*cataracte* est un terme savant) ; *Aye*, du latin *aquis* 'aux eaux', car il atteste la subsistance d'une forme de l'ablatif pluriel disparu en latin tardif, etc.

Dans le nord-est de la Gaule, l'influence germanique a été précoce et profonde (se reporter au chapitre 3) et elle ne s'est pas limitée à l'époque des invasions, ainsi que le montre la finale de noms de lieu tels que *Corbais*, *Clabecq*, *Schaerbeek*, emprunt récent au néerlandais, dont la finale, prononcée [**be:k**], n'a même pas été adaptée. La forme officielle du nom de certaines communes actuellement romanes est germanique : *Les Deux-Acren* - picard *Lès Deûs-Acr'*, *Neeheylisem* - wallon *Élècëne*, *Opheylissem* - wallon *Élècëgna*, dérivé en *-ellus* du précédent. Le nom français de la rivière appelée *Djôce* en wallon est *La Gette*, d'après la forme néerlandaise *Geet* ; *Djôce*, de tradition romane depuis des siècles et de même origine que le néerlandais, se retrouve dans *Jauche* et *Jauchelette*.

Une part importante de nos noms de lieu ont été formés au cours du Moyen Âge. Certains portent l'empreinte des institutions de l'époque : *Marche* 'territoire frontière' ; latin *fiscus* 'domaine du fisc' d'où *Fexhe*, *Feschaux* ; *alleu* : *Braine-l'Alleud*, *Lal(l)ou*, etc., *Villers-la-Loue* (= l'alou), etc. ; *ban* : *Boncelles* (*ban* + *silva* 'forêt'), *Bambois*, *Montleban*, etc. Dans *Braine-le-Comte*, *Fouron-le-Comte*,

Warêt-l'Évêque, etc., la mention additive sert à marquer la dépendance du lieu par rapport au comté de Hainaut ou de Dalhem ou de la principauté épiscopale de Liège. *Vesqueville*, qui relevait de l'abbaye de Saint-Hubert, dépendant du prince-évêque de Liège, dérive du latin *episcopi villa*.

Certains noms font allusion à des édifices religieux : *monasterium* d'où *Mousty*, *Moustier* et les dérivés *Montrœul* et *Monstreux* ; *église* d'où *La Gleize*, *Gleixhe*, *Léglise*, *Autre-Église*, *Grandglise* ; *basilica* d'où *Basècles* ; *oratorium* d'où *Orroir* ; *chapelle*, *croix*, etc. L'habitude de donner un nom de saint à une localité — en général le nom du saint patron de la paroisse — a été plus vivace en pays roman qu'en pays germanique. Chez nous, à part dans quelques cas où l'on a utilisé le mot *dominus* : *Dampremy* (don Remi), *Donceel* (Cyricus), *Donmartin*, *Dompierre*, *Donstiennes* (Étienne), c'est à *sanctus* que l'on a eu recours : *Saint-Amand*, *Saint-Aubert*, etc. Parfois, le nom ancien supplanté par le nom chrétien est connu : *Brogne* (Saint-Gérard), *Rista* (Sainte-Marie-sur-Semois), *Ursidungus* (Saint-Ghislain). Il y a eu des altérations : saint Médard est honoré à *Saint-Maur*, à *Saint-Marc* (wallon *Sint Mô*) et à *Samart* (1147, copie, « Sancto Medardo »). La confusion *Marc* - *Mard* (forme populaire de *Médard*), qui s'est produite dans *Saint-Marc* (sous le patronage de saint Médard), a eu lieu aussi autrefois dans *Saint-Mard* (en 1248, « Saint-Marc »), mais en sens contraire. La paroisse de *Saintes* est sous le patronage de sainte Renelde et c'est ce que soulignent le wallon (*Sinte-Èrnèle*) et le néerlandais (*Sint-Renelde*), alors que le nom français rappelle que la localité s'est développée autour des « saintes [reliques] ». Le gaumais *Savinsâ* est resté fidèle à la forme ancienne de 1068, *Sainvinsart*, interprétée de manière inexacte en *Saint-Vincent*.

Beaucoup de noms sont descriptifs : ils font allusion à la configuration des lieux, à la végétation, aux animaux qui y vivent, au travail de l'homme, etc. : *forêt*, *mont*, *val*, *pont*, *wé* (= gué), etc. Certains sont des composés contenant un nom de personne : *Jehonville* (*ville* 'domaine rural'), *Libra-mont*, *Lover-val*, *Pepin-ster* (*ster* 'essart'), *Rixen-sart* (*sart* 'essart'), etc., sans doute pour marquer la propriété du domaine.

Plusieurs noms sont simplement des dérivés de noms existant déjà : *Ampsin* (wallon *Am'cin*) - *Amay*, *Angreau* - *Angre*, *Briffœil* - *Braffe*, *Châtelineau* - *Châtelet*, *Doiceau* - *Dion*, *Durnal* - *Dorinne*, *Erbisœul* - *Erbaut*, *Gistoux* et *Gesteau* - *Geest*, *Givry* et *Givroul* - *Gives*, *Marbisoux* - *Marbais*, *Sclaigneaux* - *Sclayn*, *Vodeceau* - *Wodon*, etc.

Toutes ces formations ont normalement été faites par des populations parlant le dialecte. Font exception quelques noms savants

Panneau directionnel « Lüttich »-« Liège ».
Cl. S.L.F.

créés en français à l'époque moderne : *Mariemont* (1544) et *Mariembourg* (1546), en l'honneur de Marie de Hongrie ; *Philippeville* (1554), en l'honneur du futur Philippe II d'Espagne ; *Charleroi* (1666, auparavant *Charnoi*), en l'honneur du nom du roi Charles II d'Espagne ; *Carlsbourg* (1757, auparavant *Saussure*), en l'honneur de Charles de la Tour d'Auvergne, duc de Bouillon ; *Plombières* a remplacé *Bleyberg* ('montagne de plomb') en 1919 ; *Louvain-la-Neuve* a été créé sur le modèle de *Habay-la-Neuve* en 1968-1969, etc.

Un certain nombre de toponymes sont connus sous une forme néerlandaise et allemande, résultant de traditions linguistiques parallèles et autonomes. Il s'agit généralement de noms de régions, de villes d'une certaine importance ou de localités situées à proximité de la frontière linguistique : ainsi *Liège* (wallon *Lîdje*), néerlandais *Luik*, allemand *Lüttich* ; *Bastogne*, néerlandais *Bastenaken*, allemand *Bastnach* ; *Jodoigne*, *Waremme*, *Hesbaye*, *Braine-l'Alleud*, *Soignies*, *Mons*, *Tournai*, etc. sont en néerlandais : *Geldenaken, Borgworm, Haspengouw, Eigenbrakel, Zinnik, Bergen, Doornik,* etc. Inversement, il existe des formes françaises et dialectales de toponymes germaniques : *Eupen* se disait *Néau* en français jusqu'au début du XIXe siècle. Les formes néerlandaises *Tienen*, *Geraardsbergen*, *Ronse*, *Kortrijk*, etc. se traduisent en français : *Tirlemont*, *Grammont*, *Renaix*, *Courtrai*, etc. Dans quelques cas seulement, un même lieu est désigné par des noms d'origine différente : *Jezus-Eik* - *Notre-Dame-au-Bois* (voir aussi *Saintes*, ci-dessus).

Les noms de communes sont fixés par la loi ; un arrêté royal est donc nécessaire pour les modifier. Celui qui a changé *Liége* en *Liège* date de 1947 ; *Marienbourg* a été corrigé en *Mariembourg* en 1964. La forme française *Malmédy*, avec accent, avait été adoptée en 1920, alors qu'en wallon, cette syllabe est atone (*Mâm'dî*) et que le français local prononce [**malmədi**] ; le Conseil communal a obtenu la suppression de l'accent en 1988. À l'inverse, il faudrait ajouter un accent dans la forme officielle des deux *Woluwe*, ainsi que dans la syllabe initiale de *Melen* et *Nethen*.

Deux graphies concurrentes: « Malmedy » et « Malmédy ».
Cl. J.M.K.

En 1976, lors de la fusion des communes, pour des raisons diverses, quelques nouvelles entités n'ont pas hérité d'un nom de commune existant. Dans certains cas, une localité avait pris une importance telle que sa promotion comme centre de la nouvelle commune s'imposait : *Gouvy*, *Manhay*, *Trois-Ponts*, *Trooz*, etc. Parfois, on a eu recours au nom d'une localité peu importante, voire à un simple lieudit : *Brunehaut* (nom du menhir La Pierre Brunehaut), *Colfontaine*, *Fernelmont*, *Honnelles*, *La Bruyère*, *Les Bons Villers*, *Mont-de-l'Enclus*, *Neupré* (hameau, dont le nom contient l'initiale des noms des communes fusionnées, Neuville, Plainevaux, Rotheux-Rimière, Éhein), *Sainte-Ode*. *Hélécine* est la francisation d'*Élècëne*, forme wallonne de *Neerheylissem*. On a eu recours à des noms composés : *Libramont-Chevigny*, dans lequel la mention additive est le nom d'une entité dont faisait partie la localité sous l'Ancien Régime ; *Ottignies-Louvain-la-Neuve* pour la commune comprenant la nouvelle ville universitaire. Des fusions antérieures avaient déjà créé de nouveaux noms : *Dion-Valmont*, entité rassemblant Dion-le-Mont et Dion-le-Val ; *Arc-Wattripont*, fusion d'Arc-Ainières et Wattripont ; *Grâce-Hollogne*, fusion de Grâce-Berleur et de Hollogne-aux-Pierres ; *Vaux-sur-Sûre*, fusion de Vaux-lez-Rosières, Morhet et Nives, etc. Les deux seuls noms de commune réellement neufs d'un point de vue morphologique sont *Viroinval* et *Sambreville*, qui, en 1979, a remplacé *Basse-Sambre*, proposé au moment de la fusion.

La forme des lieudits secondaires (ou microtoponymes) noms des hameaux, des lieux non habités, n'est pas fixée par la loi. Certains d'entre eux ont cependant une longue tradition écrite et une prononciation française traditionnelle, parfois assez différente de la prononciation wallonne. Ainsi, *Pinchart*, nom d'un hameau d'Ottignies (d'où les noms de famille *Pinchard, Pinchart),* attesté depuis le XIIIe siècle, se dit [pɛ̃ʃaːʀ] en français, alors que le wallon prononce *Pën´tchô*. Cependant, la plupart des microtoponymes se transmettent oralement, sous une forme dialectale, qui a rarement subi l'influence des formes écrites consignées dans les matrices cadastrales. Dans ces matrices, les cacographies et les interprétations erronées sont légion ; par exemple, *Pré Mére-Diè* ('Mère Dieu'), à Noiseux, a été interprété « pré Merdier » et *Pachis dès Cavales,* à Hour, est devenu « Petit Caporal »...

Le pouvoir public encourage les administrations communales à puiser dans ce fonds traditionnel, lorsqu'il s'agit de désigner de nouvelles voies de communication. En outre, un certain nombre de microtoponymes figurent sur les cartes de l'Institut géographique national. Leur normalisation a été confiée à la section wallonne de la Commission de toponymie et dialectologie, chargée aussi par la législation de donner un avis sur les changements de dénominations officielles des voies de communication, proposés par les conseils communaux.

Parmi les noms des diverses régions de la Communauté française, plusieurs sont fort anciens. Certains sont déjà consignés par César dans la *Guerre des Gaules* : ainsi, *Ardenne*, qui est un terme formé sur le celtique *ardu* 'haut, élevé' ; de même, le nom de la peuplade gauloise des Condruses, qui subsiste dans *Condroz*. Plus tard, on a utilisé l'expression *pagus Condrustensis* pour désigner une circonscription administrative correspondant plus ou moins au pays des Condruses. À l'époque franque, d'autres *pagi* portaient des noms encore vivants actuellement : *pagus Bracbatensis*, *pagus Falminnis*, *pagus Haginaus*, *pagus Hasbaniensis*, etc. dans lesquels on reconnait les termes modernes *Brabant*, *Famenne*, *Hainaut* et

Hesbaye. L'origine de tous ces noms n'est pas établie de manière sûre. Cependant, *Hainaut* se présente clairement comme un dérivé de *Haine*, au moyen d'un suffixe germanique ; il s'agit donc, à l'origine, du *pagus* s'étendant le long de la Haine.

Des principautés médiévales ont repris certaines de ces anciennes désignations : *duché de Brabant*, *comté de Hainaut*. D'autres ont été nommées d'après leur chef-lieu : *principauté de Liège*, *duchés de Limbourg*, de *Luxembourg*, *comté de Namur*, etc. La Belgique indépendante, contrairement à la France de la Révolution, n'a pas rompu avec la tradition lorsqu'il a fallu nommer les provinces : *Brabant*, *Hainaut*, *Liège*, *Luxembourg*, *Namur*. La province du *Brabant wallon*, créée en 1995, a pris, elle aussi, un nom qui était traditionnel depuis le XVIIe siècle au moins, pour désigner la partie romane du Brabant, appelée auparavant *roman Brabant, roman pays de Brabant,* puis *wallon Brabant* ...

Depuis le haut Moyen Âge déjà, on emploie le pluriel *Fagnes* pour désigner le plateau marécageux de la haute Ardenne ; ce mot d'origine germanique est bien implanté en Wallonie. En revanche, *Borinage* et *Gaume* sont assez récents. Le premier, qui ne semble pas antérieur au XVIIIe siècle, est issu de *Borain* et *Boraine*, termes qui, avant de désigner les habitants de la région, s'appliquaient dès le XVIIe siècle aux personnes de la région qui transportaient de la houille dans des hottes et la vendaient au détail. *Gaume* est utilisé depuis la fin du XIXe siècle et il a été créé à partir de *Gaumais*, nom donné par les Ardennais aux habitants de la région au sud de la forêt d'Anlier et attesté en français depuis le début du XIXe siècle seulement.

3. L'anthroponymie

3.1 *La fixation des noms de famille : un long processus*

Comme on l'a vu (chapitre 3, 2), une part importante des éléments de notre anthroponymie était constituée de noms germaniques ; les noms chrétiens ont commencé à se répandre à partir des Xe-XIe siècles. Progressivement, le système du nom unique, hérité des Germains, a fait place à un système à deux éléments.

Amorcée dès le haut Moyen Âge, l'apparition des seconds noms ou *surnoms*, nos futurs noms de famille, s'est faite de manière très lente. Leurs fiefs étant héréditaires, les nobles sont désignés par le nom d'un domaine dès le XIe siècle, tandis que c'est à partir du XIVe siècle que l'usage du surnom se répand pour les abbés, les chanoines et les membres de lignages patriciens issus de la bourgeoisie. Pour la masse de la population, le recours au patronyme ne semble s'amorcer qu'au XVe siècle. Encore n'a-t-il pas lieu de la même manière dans les différentes couches sociales ni dans toutes les régions, et l'évolution s'est échelonnée sur plusieurs siècles. Ainsi, à La Gleize, les surnoms étaient à peine fixés au XVIe siècle ; le double nom ne s'est généralisé qu'au cours des deux siècles suivants et ce n'est qu'au XVIIIe siècle que les noms de famille sont vraiment devenus immuables et héréditaires. En revanche, dans les régions où l'habitat était plus concentré, le surnom est généralisé dès le XVe siècle.

La diffusion de l'usage consistant à attribuer un patronyme héréditaire s'est effectuée, sans doute à l'instar de la noblesse, chez les bourgeois citadins d'abord, puis chez les propriétaires et enfin dans l'ensemble de la population ; probablement de l'ouest vers l'est ; pour les zones rurales, d'abord dans les villages où l'habitat est aggloméré, plus tard dans les régions où il est dispersé en petits hameaux, l'homonymie risquant moins de créer des confusions. La fixation du surnom a été favorisée aussi par la tenue des registres paroissiaux. En Wallonie, les plus anciens remontent à la seconde moitié du XVIe siècle.

Les surnoms, futurs noms de famille, n'ont pas eu, dès leur apparition, le caractère immuable qui les caractérise à l'époque contemporaine. Jusqu'au XVIIe siècle, des enfants portent un surnom différent de celui de leur père. Beaucoup de surnoms connaissent des modifications de forme : latinisation, francisation de noms allophones ou, au contraire, germanisation de noms romans ; par exemple, à Malmedy, au XVIIe siècle, *Paquay* est remplacé par *Osterman*. Dans les groupes sociaux « marginaux » (artistes, domestiques, soldats, etc.), le même individu peut changer plusieurs fois de surnom, selon le milieu où il se trouve ; ainsi, le musicien Henri de Thier, né en 1610 à Villers-L'Évêque, traduit son nom en *Du Mont* à son arrivée à Paris.

En 1796, le Régime Français laïcise l'état civil, impose aux pouvoirs locaux la tenue des registres d'état civil et promulgue une législation qui rend les changements du patronyme difficiles, en les soumettant à une procédure longue et difficile. Dès ce moment, les noms de famille sont fixés de manière pratiquement définitive et les modifications devenues fort rares. La loi les autorise pour les noms ridicules et susceptibles de nuire à leurs porteurs. C'est ainsi que des personnes s'appelant *Boudin, Cocu, Conard, Mabitte, Montcuq, Pourceau*, etc. ont pu modifier leur nom ou s'en choisir un autre, le cas le plus célèbre étant celui du général Cumont.

De nos jours, si un certain nombre de modifications graphiques se produisent, elles sont dues, en général, à des erreurs des officiers de l'état civil. L'informatisation des registres d'état civil a encore généré de nouvelles variantes, principalement par la perte des accents : ainsi *Mayne* à côté de *Mayné.* Mis à part ces accidents, le processus de création des noms de famille est virtuellement mort. Si l'on excepte les nombreux apports étrangers et la création de noms composés, principalement en cas d'adoption (le nom de l'adoptant étant joint à celui de l'enfant adopté), le corpus est définitivement clos et, du fait que la transmission se fait uniquement par les pères, chaque génération voit disparaitre un certain nombre de noms de famille rares. Pour parer à l'appauvrissement inéluctable du stock des noms de famille, il serait donc souhaitable, comme cela s'est fait dans certains pays, de modifier la législation, afin de permettre la transmission du nom de la mère à ses enfants.

3.2 *Les noms de famille actuels*

L'anthroponymie atteste que la Wallonie se partage entre trois grandes zones dialectales. L'examen de la répartition des formes et des variantes permet de déterminer les foyers créateurs de noms déterminés et d'esquisser une géographie linguistique des noms.

Par exemple : l'opposition *Charlier* (wallon *tchârlî* 'charron') - *Carlier* (picard *carlî* 'charron'), basée sur un trait différenciant le picard du wallon ; les dérivés en *-eau* du thème *Ans-*, issu de l'anthroponyme germanique *Anselme* : *Anseau* (forme francisée), *Ansay* (forme de l'est-wallon et du sud-wallon), *Ansia(s)* (wallon namurois), *Ansiau(x)* (picard) ; l'ancien sobriquet *Moreau* 'de couleur sombre, brun' peut être selon, les régions où il est né, *Morai(s), -ay, -eas, -éas, Moria(s), Moriau(x), -ieau, Morray, Mourau(x), -eau(x), Morel,* et même *Moreels*, forme exportée en Flandre, puis revenue en Wallonie. Le wallon archaïque *wèsse*, *wasse* 'hôtelier, aubergiste (= hôte)' est représenté par une vingtaine de variantes : *Lhoest, L'Hoest, L'Hoyest, Lhost, Lohest, Lhote, Lhoas, Loisse, Loist*, etc. Certains suffixes sont particulièrement fréquents dans la zone liégeoise : *-oule*, *-eç-on* (écrit le plus souvent *-son*), *-kin / -quin*, *-ay* ou *-ea* (suffixe latin *-ellus*), les suffixes de forme féminine (*Goffette*, *Lambotte*, etc.), etc.

La Wallonie est une marche romane jouxtant les domaines néerlandais et allemand et, depuis le Moyen Âge, divers mouvements de population, dus à un destin historique commun — du moins pour certaines provinces — et dus surtout à une immigration relativement intense dès le XVIIIe siècle, plus encore aux XIXe et XXe siècles, ont introduit chez nous un important contingent de noms germaniques, adaptés à des degrés divers.

Au 31 décembre 1987, le Registre national recensait 187.710 noms graphiquement différents en Belgique portés par des citoyens belges et ou par des étrangers ayant acquis la nationalité belge ; cela représente une moyenne nationale d'environ 48 porteurs par variante d'un nom ; pour les provinces wallonnes, on dénombrait 115.657 noms. Le corpus est plus homogène dans les provinces flamandes que dans les provinces wallonnes. Cela s'explique par la présence des accents dans le système graphique du français, responsable de nombreuses variantes, mais aussi par un important contingent de noms étrangers (italiens principalement), surtout dans les régions industrialisées de Wallonie. Le cas de Bruxelles, de population belge et étrangère très mélangée, est significatif : près de 45 % des noms de famille de Belgique y sont représentés au moins une fois.

La fréquence des noms de famille est intéressante à observer : 28 % de noms ne sont portés que par un seul individu, 71 % par maximum 10 personnes. Pour la partie francophone du pays, les noms portés par 10 personnes au moins sont environ 35.000 ; ceux qui sont portés par au moins 100 personnes sont environ 5.000.

Dans les 100 noms de famille les plus fréquents en Belgique, les noms flamands se taillent la part du lion ; ils sont au nombre de 73 et, occupent les dix premières places : *Peeters, Janssens, Maes, Jacobs, Mertens, Willems, Claes, Goossens, Wouters, De Smet.* Les noms français ne sont que 27 : *Dubois, Lambert, Martin, Dumont, Dupont, Leclercq, Simon, Laurent, Renard, Lejeune,* etc. (par ordre d'importance décroissante). À Bruxelles, les 100 premiers noms de famille se répartissent assez équitablement entre 53 noms de famille flamands (quantitativement plus fréquents toutefois) et 47 noms de famille romans.

L'anthroponymie de la partie wallonne est en grande majorité romane, même si on trouve les noms flamands les plus courants et, particulièrement, un certain nombre de noms en *Van-* ou en *Ver-*. Parmi les 100 noms les plus fréquents, il y a une forte proportion d'anciens prénoms (63), sous leur forme originelle (48) ou sous une forme dérivée (15), hypocoristique (*Collard, Bastin, Gillet, Michaux, Collin, Poncelet, Bodart, Gilson, Massart,* etc.). Les autres catégories sont peu représentées : les noms de métier ou de dignité (15), les noms d'origine toponymique (13) et les véritables surnoms (9). Ces proportions ne sont pas valables pour l'ensemble du corpus, même si les anciens noms individuels (notamment d'origine germanique), munis de suffixes, simples (*-et, -ot, -otte, -in, -oul, -art*) ou complexes (*-eç-on, -eç-oul, -in-et, -in-on, -ot-et, -on-et*), en restent la base d'un point de vue numérique. Les anciens noms de métier (par exemple : *Chandelon* 'fabricant de chandelles' ; *Scailteur, Xhayeteux,* transpositions du wallon *chay'teû, hay'teû, scay'teû* 'couvreur en ardoises' ; *Techeur, Techy, Texhy, Texier*, etc., dérivés du verbe wallon *tèhî, tèchî* 'tisser') et les sobriquets, généralement moqueurs (*Langouche* 'l'angoisse' ; *Langelez*, formé sur *engelé* 'frileux' ; *Legroscollard* ; *Malacord* ; *Maljean* ; *Malnoury* ; *Pinchemail*, ancien français *pincemaille* 'homme très avare', etc.), dont la plupart n'atteignent pas des nombres considérables, ont tendance à disparaitre. Pourtant, ils sont particulièrement intéressants pour la connaissance de la mentalité populaire et du lexique français de nos régions à la fin du Moyen Âge.

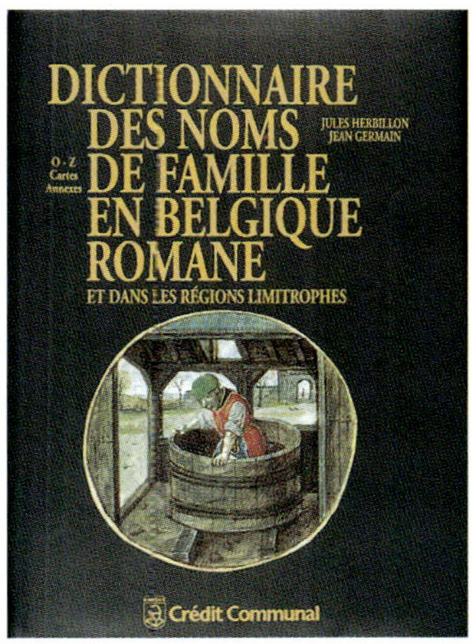

Jules Herbillon et Jean Germain, « Dictionnaire des noms de famille en Belgique romane et dans les régions limitrophes »,
Crédit Communal, Bruxelles, 1996. Cl. S.L.F.

Il existe des différences régionales assez nettes dans la distribution des noms de famille : dans les régions rurales, comme le Luxembourg, il y a une nette dominance des anciens prénoms et des surnoms mixtes du type *Grandhenry, Jeanjean, Petitjean, Maitrejean,* etc. Par contre, dans les régions urbanisées très tôt, comme le Hainaut, on trouve davantage de noms d'origine topographique comme *Dubois, Dumont, Descamps, Delhaye,* ainsi que des noms de métier et des surnoms. Très variable est aussi le succès des noms de saints : par exemple *Lambert, Remacle* et *Servais* sont fréquents dans la région liégeoise, mais moins représentés ailleurs.

3.3 *Les prénoms*

On a vu plus haut (3.1) qu'à la fin du haut Moyen Âge, les noms de baptême étaient presque tous des noms d'origine germanique, mais que, progressivement, s'était installée l'habitude de donner aux enfants le nom porté par un saint. Le succès des noms chrétiens a crû tout au long du Moyen Âge, de même que le succès de noms comme *Alexandre*, *Arthur*, *Roland*, etc. répandus par la littérature. La Renaissance a mis à la mode des prénoms issus de l'histoire ancienne et de la mythologie : *Auguste*, *César*, *Hector*, *Hippolyte*, *Léandre*, *Narcisse*, *Nestor*, etc. En réaction contre cette mode, le concile de Trente a enjoint aux curés d'accepter uniquement, lors du baptême, le nom d'un saint qui devait servir de modèle à l'enfant. Les prénoms issus de la Bible étaient plus nombreux chez les protestants que chez les catholiques, qui n'utilisaient que quelques noms comme *Jean*, *Mathieu*, *Pierre*, *Thomas*, *Marie*, *Madeleine*, etc. *Joseph* est resté rare jusqu'au XVIIe siècle.

Après une brève période de liberté totale en la matière au moment de la Révolution, la loi de l'an XI (1803) imposait de choisir les prénoms parmi « les noms de personnages célèbres de l'histoire ancienne ou en usage dans les différents calendriers ». Cette loi, que certains officiers de l'état civil ont fait respecter à la lettre, alors que d'autres, plus tolérants, acceptaient des prénoms nouveaux (*Olga*, *Freddy*, *Maggy*, etc. ; ou des prénoms révolutionnaires comme *Valmy*), a été abrogée en 1987 par une loi qui laisse libre choix aux parents, excluant cependant les « prénoms prêtant à confusion ou pouvant nuire à l'enfant ou à des tiers ». Le changement dans la législation ne faisait qu'entériner une modification profonde intervenue depuis deux ou trois décennies dans le stock des prénoms avec l'arrivée massive de nouveaux noms, de noms étrangers, dont le succès est souvent dû à la popularité des « vedettes » des médias (cinéma, télévision, chanson, etc.).

La variété du contingent des prénoms est fonction de la manière dont le prénom est imposé. Autrefois, l'enfant recevait souvent celui des parrain et marraine. Ceux-ci étant généralement choisis dans la parenté proche, le stock des prénoms est resté longtemps fort réduit et fort stable. Dans un tel système, le prénom a comme fonction, outre l'individualisation de l'enfant, son insertion au sein d'une communauté familiale. De nos jours, le choix du prénom résulte moins d'une obligation familiale que d'une décision personnelle des parents.

À partir du XVIe siècle, plus tard dans certaines régions, des enfants reçoivent deux prénoms. L'habitude de donner plusieurs prénoms n'a fait que s'amplifier au point qu'actuellement, il n'y a qu'une très faible minorité des Belges francophones à en avoir un seul. La grande majorité en porte trois ou quatre, certains en ayant plus encore, parfois jusqu'à douze.

La pratique du prénom double, puis multiple, a eu pour effet de renouveler le contingent des prénoms en usage : les parents pouvaient donner à leur enfant le nom qu'ils avaient choisi personnellement et, en même temps, comme prénoms secondaires, celui du parrain et de la marraine.

De nos jours, les motivations dans le choix des prénoms sont extrêmement variées. Pour le plus grand nombre, c'est surtout la mode qui est déterminante ; ces parents sont fort attentifs à des facteurs comme la sonorité du nom, d'où le succès de certaines finales, surtout pour les prénoms féminins (*-a, -ie, -ette, -y*, etc.). Certains manifestent un grand souci d'individualisation en utilisant un prénom très rare ou en faisant subir des altérations formelles à des prénoms courants (*Marye*). Quelques parents tiennent encore, cependant, à s'inscrire dans la tradition familiale et, pour quelques autres encore, la prénomination est un acte religieux qui fait référence à Dieu, à la Vierge, au saint du jour de la naissance de l'enfant, etc.

Plus des trois quarts des prénoms secondaires sont choisis dans la tradition familiale et plus de 40 % des personnes ont reçu un prénom secondaire traduisant des préoccupations religieuses ; par exemple, *Marie Joseph* ou *Ghislain*, en raison d'un culte populaire qui fait de saint Ghislain un protecteur contre les convulsions des jeunes enfants.

4. Les dénominations collectives

Les habitants de beaucoup de localités de la Communauté française sont désignés par une dénomination neutre, le *gentilé*. En Wallonie, le gentilé traditionnel était dérivé de la forme dialectale du toponyme : les *Djiblotins* de *Djiblou* (Gembloux) ; les *Lîdjeûs* ou *Lîdjwès* de *Lîdje* (Liège) ; les *Nôssoûs* de *Nôs* (Naast) ; les *Tchèstrolês* du *Tchèstê* (Neufchâteau) ; les *Vèrvîtwès* de *Vèrvî* (Verviers), etc.

Souvent, le gentilé français n'est que la francisation du gentilé dialectal : *Bastognard*, *Chestrolais*, etc. Une enquête de Doppagne (1969 ; le répertoire est malheureusement inédit) a montré le succès croissant des gentilés existants et la création de nombreux autres au cours de ce siècle : 1.173 gentilés ont été relevés dans les 1.493 communes de Wallonie. Ces gentilés sont surtout formés, comme en français commun, au moyen des suffixes *-ois* (68 %), *-ien* ou *-éen* (24 %) et *-ais* (4,6 %). Peu d'entre eux ont une tradition historique, comme *Namurois, Liégeois, Dinantais,* etc. Ils n'ont surtout aucune existence légale. Un certain nombre sont de formation savante : *Carolorégien*, pour Charleroi, *Jamelovien* pour Jamioulx, *Stabulois* pour Étalle, *Sonégien* pour Soignies, *Valcaprimontois* pour Vaux-sous-Chèvremont, etc.

Le sport a remis au goût du jour le blason populaire.

En plus des désignations neutres, nos dialectes utilisaient des sobriquets collectifs, dits aussi *blasons populaires*, dont certains sont très anciennement attestés, tel le fameux *tièsse di hoye* 'tête de houille', blason des Liégeois, qui, parait-il, « ont la tête aussi dure qu'inflammable ». Si beaucoup de blasons dialectaux sont tombés en désuétude, certains connaissent une nouvelle vie en français, particulièrement dans la presse régionale : les *Hurlus* de Mouscron, les *Aclots* de Nivelles, les *Macas* de Wavre, les *Copères* de Dinant, terme qui ne se rattache pas — comme cela se dit encore — à la dénomination du cuivre dans une langue germanique, mais qui est l'équivalent du français *compère.* La presse sportive contribue aussi au succès de certains blasons populaires, dont l'origine est souvent le maillot de l'équipe : les *Zèbres* de Charleroi, les *Canaris* de Namur, les *Rouches* du Standard de Liège, etc. Ce peut être aussi une activité économique de la localité : les *Lainiers* de Verviers, etc.

Jean GERMAIN et Jean-Marie PIERRET

Pierre Brueghel le Vieux, « La Tour de Babel », dite « la petite Tour de Babel», détail.
Panneau 60 x 74,5 cm,
Museum Boijmans van Beuningen, Rotterdam, inv. n° 2443.

FRANÇAIS ET SOCIÉTÉ

Contacts entre langues

Regards sur la langue

Français et politique

1

CONTACTS ENTRE LANGUES

Chapitre 12

Le français en Wallonie

Un voyageur pressé peut aujourd'hui parcourir maints endroits de la Wallonie sans observer d'autres usages linguistiques que la seule pratique du français. Cette situation, bien différente de celle qui aurait pu être constatée il y a moins de cent ans, témoigne de deux évolutions concomitantes : l'expansion du français dans l'ensemble de la Wallonie et la progressive éradication des parlers régionaux sur le même territoire. Bien d'autres régions, notamment en France, ont connu des changements similaires, mais ceux-ci se sont produits à date suffisamment récente en Wallonie pour qu'on puisse en mesurer aujourd'hui encore l'impact sur les pratiques et sur les représentations linguistiques des locuteurs.

1. L'irrésistible progression du français en Wallonie

1.1 L'étiolement des parlers régionaux romans

Les parlers wallons, picards, lorrains et champenois ont été, durant des siècles, les idiomes usuels en Wallonie romane. Usages essentiellement oraux, ils étaient pratiqués par l'ensemble de la population, dans la plupart des situations de communication.

Le français s'est d'abord imposé comme langue écrite, en conquérant, auprès des couches cultivées, les positions qu'occupait le latin. La progressive émergence d'un bilinguisme français-wallon, particulièrement à l'oral, est difficile à retracer, faute de témoignages précis. Et elle diffère sensiblement selon qu'on envisage le milieu urbain et le milieu rural.

En milieu urbain, dans des villes comme Liège, il semble bien que la compréhension du français ait été relativement précoce. Piron (1978 : 36) en fournit des indices qui remontent à la Renaissance. Le bilinguisme actif sera plus tardif, mais les témoignages ne manquent pas pour établir que le français concurrençait le wallon dans des situations de communication formelle dès le XVIIe siècle.

La diglossie franco-wallonne
Pasquille liégeoise de 1762

Paskèye so Monsigneûr De Grady,
nosse novê soufragant, inauguré à Sint-Pîre,
l' treûs cint èt cinquante-cinquinme djoû
d' l'an 1762

Diyalogue inte mêsse Françwès èt mêsse Sèrvâ

Mêsse Françwès

Vous me pardonn(e)rés, Monseigneur,
Si je parle à vôtre Grandeur.
C'est au sujet de l'Eveché,
Que je viens vous féliciter.
Je crois que Rome a eu raison,
Prétant pour vous ses attentions,
D'expedier le parchemin
Qu'aujourd'huy vous tenez en main.
La candeur et la piété
Au dessus des Alpes ont sçu voler.
Voila pourquoi ...
Je ne sçais quoi ...
Monseigneur,
Vôtre Grandeur,
Le Roi de Prûsse,
— Je m'abûse.
Ah !, je suis distrait. Enfin,
J'ai lu la gazette ce matin.
Je n'ai plus rien à dire de bon.

Mêsse Sèrvâ

Tês'-tu, dj' t'è prèye, mâdit gascon !
T'as bin mèzâhe di nos soûrder
Avou tès complimints frîzés.
Parole walon, ç' sèrè l' mèyeû,

(Boutier, 1991-1992 : 122)

En milieu rural, par contre, on peut estimer que les continuateurs endogènes du latin vulgaire régneront sans partage jusqu'à la fin du XIXe siècle. Parmi bien d'autres témoignages indirects, retenons celui fourni par les descendants de ces immigrés wallons originaires du Brabant wallon et du Namurois et qui se sont installés au XIXe siècle dans l'État américain du Wisconsin (où l'on trouve des localités appelées *Namur, Champion, Brussels*). À l'heure actuelle, ces « cousins wallons » pratiquent encore, outre l'anglais, un wallon relativement proche de celui parlé dans la région d'origine de leurs parents (Lempereur, 1976).

Plaques de rue en français et en wallon : « Chemin-Rue », « Ol tchin-rou », à Malmedy.
Cl. J.M.K.

Au début du XXe siècle, la Wallonie rurale connaît une rapide et profonde mutation : en moins d'un siècle, les unilingues wallonophones disparaissent pour céder la place à une majorité d'unilingues francophones. Dans ce processus fulgurant, l'imposition de l'instruction primaire a joué un rôle essentiel (à partir de 1918 en Belgique) : c'est l'école qui, pour assurer la prédominance du français, a provoqué l'éradication des parlers régionaux.

En wallon de Charleroi, la scrabille est le résultat de la combustion incomplète du charbon dans un poêle.
La rue aux Scrabilles à Montignies-sur-Sambre.
Cl. S.L.F.

Une autre étape importante a été, surtout pour les régions rurales, les bouleversements qui ont suivi la Seconde Guerre mondiale. Industrialisation accélérée, brassage accru des populations, développements des communications et des médias sont autant de facteurs qui ont déstabilisé ces communautés autrefois repliées sur elles-mêmes. Dans le même temps, l'inadéquation des dialectes locaux à permettre une communication à l'échelle du village planétaire s'est révélée patente. Les identités qui se fondaient sur les particularismes n'ont pas résisté aux standardisations en tous genres proposées comme modèles de développement et de bien-être.

La Wallonie a donc connu successivement une situation de bilinguisme, devenue assez rapidement *diglossie*, c'est-à-dire une coexistence de deux langues entre lesquelles s'établit clairement une hiérarchie fonctionnelle (Francard, 1992). L'une, qui bénéficie de l'aura de l'écriture, est réservée à des communications officielles et formelles; l'autre, véhiculée essentiellement par tradition orale, est confinée à des aires fonctionnelles restreintes, telles la famille ou les groupes de pairs. La première est la langue de la légitimité, de la promotion sociale : c'est le français; la seconde est la langue de la solidarité, de la connivence, de l'identité : c'est le wallon, le picard ou le lorrain.

En wallon liégeois, « Nouvice ou Nouveau Vinave ».
Cl. S.L.F.

Une enquête sociolinguistique menée dans le village ardennais de Lutrebois (Francard, 1989) a permis de retracer précisément les étapes du processus de francisation telles que de nombreuses communautés rurales en Wallonie ont dû les connaître.

Au début du XXe siècle, il n'était pas rare de voir les instituteurs ruraux recourir au wallon durant leurs cours. Mais après 1920, l'obligation de parler français à l'école — y compris durant les moments de récréation — a été scrupuleusement respectée. Dans l'entre-deux-guerres, la consigne primitivement limitée au « territoire » de l'école va gagner le cercle familial, du moins pendant la scolarité des enfants. Si les pères éprouvent de grandes peines à s'adresser à leur progéniture en français, les mères vont sacrifier leur langue maternelle pour ne pas compromettre les chances de réussite scolaire des enfants. Alors même qu'elles continuent de parler wallon avec leur conjoint dans l'intimité, ces mères s'efforcent de parler français aux enfants. Ceux-ci apprennent donc le wallon en dehors du cercle familial, dans les contacts avec les aînés de la communauté, avec des amis plus âgés, etc.

La première génération à connaître le français comme langue maternelle va adopter des comportements différents suivant le sexe. La quasi-totalité des sujets masculins pratiquera de nouveau le wallon après la scolarité obligatoire (vers l'âge de 14 ans), non seulement avec les aînés mais avec les pairs et même avec les parents (surtout avec le père de famille). Par contre, les sujets féminins ne suivront pas ce mouvement : les femmes persévéreront dans la pratique du français, n'ayant du wallon qu'une connaissance passive. Leurs enfants seront à leur tour élevés exclusivement en français, lequel s'imposera alors tant pour les garçons que pour les filles.

Au lendemain de la seconde guerre mondiale se forment majoritairement des couples unilingues francophones : il n'a fallu qu'un demi-siècle au français pour assurer définitivement son hégémonie dans ces communautés rurales.

1.2 La résistance des parlers germaniques

On oublie parfois que la Wallonie abrite des parlers germaniques, lesquels ont généralement mieux résisté que leurs correspondants romans face à la progression du français. À l'ouest, dans la région de Mouscron-Comines-Warneton, parfois appelée « Flandre wallonne » (rattachée à la partie flamande du pays jusqu'en 1963), ne survivent que quelques îlots flamands. Par contre, les continuateurs du francique restent remarquablement vivaces. Il s'agit, à l'est (région de La Calamine, Eupen et Saint-Vith), du francique ripuaire; au sud-est (région de Martelange, Arlon), du francique mosellan. Dans ces deux derniers cas, la proximité avec l'Allemagne d'une part, avec le Grand-Duché de Luxembourg d'autre part, favorise un bilinguisme dont l'attrait socio-économique est patent. En outre, la reconnaissance officielle, à l'est de la Wallonie, d'une Communauté germanophone, conforte simultanément la pratique de l'allemand standard et celle des dialectes apparentés.

Ces parlers germaniques, face aux deux langues de grande diffusion que sont le français et l'allemand, assument des fonctions similaires à celles décrites pour les parlers romans et s'inscrivent, eux aussi, dans le contexte d'une diglossie. Toutefois, leur vitalité ne semble pas menacée, pas plus que leur valeur identitaire (sur ce point, se reporter au chapitre 15).

1.3 Le français : un immigré qui a réussi...

Langue « importée », le français est aujourd'hui pratiqué, seul ou en alternance avec un parler régional, sur l'ensemble du territoire wallon. Il bénéficie d'une solide implantation dans les médias : en plus des radios et télévisions de la Communauté française de Belgique, les radios et télévisions françaises sont aujourd'hui captées sur la majeure partie du territoire de la Wallonie; la presse écrite, tant « belge » (dont 17 quotidiens recensés, annonçant plus de 2 millions de lecteurs en Wallonie et à Bruxelles) que « française » (plus particulièrement certains hebdomadaires) contribue, elle aussi, à assurer une présence massive du français dans tous les secteurs de la vie quotidienne des Wallons.

La position de force du français ne paraît aucunement menacée en Wallonie. Ni par les parlers régionaux, le plus souvent déliquescents; ni par le néerlandais, dont le poids objectif sur la scène internationale n'est en rien comparable; ni par l'allemand qui, pour la majorité des aînés, reste associé à des souvenirs douloureux. Et rien de comparable en Wallonie à ce qui se passe à Bruxelles, où une forme typiquement belge de « courtoisie linguistique » impose le recours à l'anglais lorsqu'on veut éviter un choix douloureux entre les deux langues officielles de la capitale (voir aussi les chapitres 13, 2.3 et 17).

2. La rançon d'un succès

2.1 Trop proches pour ne pas être différents

En regard des inventaires de particularités dressés pour d'autres aires francophones, le français parlé et écrit en Wallonie présente un faible taux de différence « objective » avec le français en usage dans l'Hexagone. Or, de nombreux francophones wallons ont le sentiment que la France et la Belgique sont « deux pays qu'une même langue sépare ».

C'est donc essentiellement dans l'imaginaire linguistique des Wallons que se nourrit et se conforte le sentiment d'une distance entre ceux pour qui le français est une composante du patrimoine national (« le français, c'est la langue des Français ») et ceux qui n'en sont que les dépositaires, parfois bien maladroits (« le Belge a beaucoup dévié la langue française »). Ce n'est pas un hasard ou une fatalité si nombre d'entre eux se laissent tancer par les puristes, relaient les stéréotypes du discours sur la crise du français (Klinkenberg, 1985a) ou dénient toute légitimité en matière de langue à leur propre communauté (comme en témoigne le débat sur la féminisation des noms de profession dans la Communauté française de Belgique). Et il n'est guère étonnant d'apprendre que ces francophones « périphériques » témoignent d'une confiance très mitigée dans l'avenir du français comme langue internationale, comme langue des sciences et des techniques, ou que ces mêmes francophones répugnent à accepter des interventions officielles dans le domaine linguistique (Garsou, 1991). À la différence de leurs cousins québécois, qui ont fait du français un des moteurs de leur destin collectif, les Wallons n'ont pas été contraints, pour leur survie, à se forger une identité positive, c'est-à-dire à se reconnaître dans une culture, dans une histoire, dans une écriture et dans une parole qui leur appartiennent vraiment.

Morceaux choisis...

dans la presse francophone belge, à propos de la féminisation des noms de métier et de fonction, et illustrant le déficit de légitimité linguistique en Communauté française.

« L'intention inavouée [des auteurs du décret] est de fabriquer un français de Belgique et probablement dans une étape suivante de légitimer les belgicismes, traités comme des particularités langagières d'une correction égale au "parler de Paris". » (R.S., écrivain, président du Conseil du Livre, 22-02-94)

« Ce n'est tout de même pas à notre petite communauté francophone qu'il appartient de faire la leçon à la France. Car l'Usage ne se fait pas à Bruxelles, mais à Paris. » (A.A., chroniqueur de langage, 25-02-94)

« Quelle prétention, pour quelques représentants du pays, fussent-ils membres d'une Académie, de s'opposer à ceux qui, en France, succèdent à François Ier, signataire de l'Ordonnance de Villers-Cotterêts, en 1539, puis aux 40 membres de l'organisme créé par Richelieu en 1635 ! » (P.L., professeur de français retraité, 5/6-03-94)

« Ainsi donc, avec ses quatre millions de francophones, la Belgique entre en dissidence ! (...) La francophonie, avec ses cent soixante millions de francophones, ce qui, à l'échelle mondiale, n'est que très relativement important, est morcelée en une série de « baronnies » où quelques pontifes règnent en maîtres et décident ce qui convient à la langue dans leur territoire, sans consulter ni même avertir l'Académie mère...» (J.B., 07-03-94).

« Il en découle que seule l'Académie française (...) est habilitée à modifier le vocabulaire et l'orthographe de *notre* (souligné par R.H.) langue commune et, de ce fait, je dénie le droit à toute institution politique belge ou wallonne, à toute académie locale de se substituer à l'authentique Académie de langue française, celle de Paris. » (R.H., 15-03-94).

2.2 L'insécurité linguistique du « petit voisin »

La distance que perçoivent les Wallons entre leur français et celui des « Français de France » pose donc la question de la légitimité linguistique des usages avérés — ou supposés — non conformes avec ceux de l'Hexagone.

Les réponses apportées par les locuteurs s'élaborent sur fond d'une réelle insécurité linguistique, que des études récentes sur les représentations linguistiques des Belges francophones permettent d'appréhender en quelques traits (Francard, 1993; voir aussi chapitre 21). La sujétion linguistique à la France est l'une des attitudes les plus souvent observées. Elle s'accompagne généralement d'une autodépréciation des façons de parler ressenties comme non légitimes par rapport à la norme « française », en d'autres termes, celles qui sont perçues comme « régionales ». Ces traits sont parfois contrebalancés par des stratégies de compensation en faveur des variantes non légitimes, grâce à la distinction entre un marché officiel — la France, et le plus souvent, Paris — et un marché restreint, par exemple celui de la Wallonie ou d'une partie de celle-ci (pour une éclairante illustration de cette distinction, voir Lafontaine, 1988, à propos de l'accent). De plus, divers indices (voir chapitre 22) permettent de croire en l'émergence progressive de normes spécifiques à la Communauté francophone belge, distinctes à la fois des normes françaises et des usages populaires.

Les Wallons développent donc, dans leur quête de légitimité linguistique, des stratégies complexes qui leur évitent d'être confinés dans une inféodation paralysante à des normes ressenties comme exogènes (celles qui gouverneraient le « français de Paris »). Mais on observera que ces stratégies de compensation, même si elles révèlent quelques velléités de loyauté linguistique à l'égard des normes endogènes, continuent d'avaliser la hiérarchie préétablie. Elles s'inscrivent dans la logique de ce que l'on désigne très justement par le nom de *conflit diglossique* : celui où une variété, malgré certains attributs qui lui sont reconnus (langue de la solidarité, de la connivence, de l'identité), reste minorisée par rapport à la variété dominante, laquelle demeure associée de façon exclusive au développement économique, social et culturel.

2.3 Le français à l'école : une langue — trop — « étrangère » ?

Le sentiment d'insécurité linguistique n'est pas spécifique à la Wallonie : il est largement partagé par d'autres communautés francophones « périphériques » : Canada — surtout en Acadie —, Suisse, Afrique et même dans les régions de France éloignées du centre de

Est-il si fou de déjeuner le matin ?
Extrait de Goscinny-Uderzo : « Astérix chez les Belges », Editions Albert René, Paris.

l'Hexagone (Francard *et al.*, 1994). Mais d'où provient ce sentiment ? Qui le propage ? Chacune de ces questions demanderait des réponses nuancées et prudentes. Il paraît cependant assuré que l'insécurité linguistique n'est pas une fatalité, mais une conséquence directe de la pédagogie du français telle qu'elle a été longtemps pratiquée en Wallonie, en Acadie ou en Afrique, et qui avait pour caractéristique essentielle d'installer les enfants, dès leurs premiers contacts avec l'institution scolaire, dans une relation d'extranéité vis-à-vis de la variété linguistique pratiquée au sein du milieu familial : l'école était le lieu où l'on apprenait à parler et à écrire « le » bon français.

Aujourd'hui encore, l'apprentissage du français, tant à l'oral qu'à l'écrit, se voit parfois assigner comme objectif majeur d'assurer une progressive conformité avec un français normatif que l'on appelle, selon les terminologies, français *standard*, français *central*, français *de France*, ou encore français *de référence*, français *légitime*, etc. En d'autres termes, il s'agit d'éliminer progressivement les variations entre les productions langagières des francophones, qu'ils soient de Liège, de Namur, de Montréal ou de Kinshasa, et « le » français normatif. Une telle conception de la langue, régie par des normes exclusivement exogènes, ne favorise évidemment pas son appropriation identitaire par les locuteurs.

L'institution scolaire peut également être incriminée lorsqu'on examine les conséquences de sa politique d'imposition du français au détriment des dialectes, patois et autres idiomes inférieurs. Des recherches menées depuis quelques années dans le domaine des représentations linguistiques (en particulier ceux du groupe de recherche VALIBEL, à l'U.C.L.) se dégage de plus en plus nettement la conviction que la béance ouverte par l'éradication des parlers régionaux en Wallonie n'a jamais été comblée totalement par le français; que de multiples fonctions, assumées autrefois par ces parlers, n'ont pas été relayées par la langue qui les avait phagocytés. Les spécialistes reconnaîtront là d'autres conséquences du conflit diglossique déjà évoqué, conséquences qui vont des formes les plus bénignes d'insécurité linguistique au silence pur et simple de celui « qui a perdu sa langue », « qui ne trouve plus ses mots ».

Conjuguer les identités wallonne et francophone.
Julos Beaucarne, chanteur.
Cl. Jacky Van Sull.

3. Francophones et fiers de l'être ?

Alors que, du point de vue des pratiques linguistiques « objectives », la grande majorité des Wallons pratiquent le français comme langue maternelle, leurs sentiments à l'égard de cette langue sont loin de révéler un attachement « patrimonial » ou identitaire aussi fort que celui que l'on l'observe généralement chez les Français de France.

Comme d'autres francophones périphériques, ces Wallons continuent de subordonner largement la légitimité de leurs pratiques langagières à un modèle venu d'ailleurs (le français de Paris) et d'inscrire leur identité linguistique dans le creux d'un double refus : celui d'une assimilation pure et simple au modèle français, celui d'une autonomie fondée sur une variété linguistique régie par des normes endogènes.

Toutefois, d'importants changements apparaissent dans les représentations des jeunes Wallons, qui témoignent à la fois d'une rupture avec la logique du conflit diglossique (Francard, 1994) et d'une plus grande sécurité linguistique. Cette évolution, dont on trouve également des manifestations dans d'autres aires francophones (notamment au Québec), annonce peut-être la concrétisation de cette francophonie « plurielle » à laquelle rêvent les marches de l'Hexagone. Car l'avenir du français, en Wallonie et ailleurs, passe indéniablement par une légitimation des productions culturelles et des variétés linguistiques hors Hexagone qui seule pourra donner aux Wallons, comme aux autres communautés périphériques, le sentiment d'être des francophones à part entière.

Michel FRANCARD

Chapitre 13

Le français dans la région bruxelloise

1. Un panorama historique

1.1 Une ville thioise en Brabant

Cité brabançonne fondée dans le dernier quart du Xe siècle, Bruxelles se situe alors incontestablement dans l'aire linguistique germanique. La population autochtone s'y exprime dans un dialecte bas allemand appartenant à cette nébuleuse moyen néerlandaise (*nederduytsch*, *diets* ou encore *duuts*) appelé *thiois*. À cette époque, le latin conserve, et pour plus de deux siècles encore en Brabant, le monopole de l'écrit.

Principauté linguistiquement hétérogène — dans le « roman païs de Brabant », au sud de Bruxelles, on parle un dialecte wallon — le Brabant, devenu duché au début du XIIe siècle, sera confronté dès le début de l'introduction des langues vulgaires dans les chancelleries princières, vers le milieu du XIIIe siècle, à la question de l'emploi administratif des langues. Malgré une influence culturelle française sous les règnes des ducs Henri III (1248-1261) et Jean Ier (1261-1294), tous deux mariés à des princesses françaises, les souverains brabançons s'adresseront à leurs sujets dans leur propre langue, c'est-à-dire en welche (wallon, ou *walsch* en moyen néerlandais) dans la frange méridionale du duché, et en thiois sur le reste du territoire. À Bruxelles, où le premier acte en langue vulgaire, date de 1277, c'est le thiois qui sera employé, comme déjà depuis 1244 dans la légende du sceau communal.

Phénomène de mode, l'emploi du français est cantonné à l'entourage ducal, ainsi que l'écrit Adenet le Roi, le trouvère wallon de Jean Ier de Brabant :

> Avoit une costume ens el tyois païs
> Que tout li grant seignor, li conte et li marchis,
> Avoient entour aus gent françoise tous-dis
> Pour apprendre françois leurs filles et leurs fils.

Les successeurs de Jean Ier continuèrent à pratiquer ce « bilinguisme administratif » que l'on constate encore en 1314, lorsque le duc Jean III (1312-1355) accorde, dans leurs langues respectives, à ses « bonnes villes » thioises et wallonnes, des privilèges.

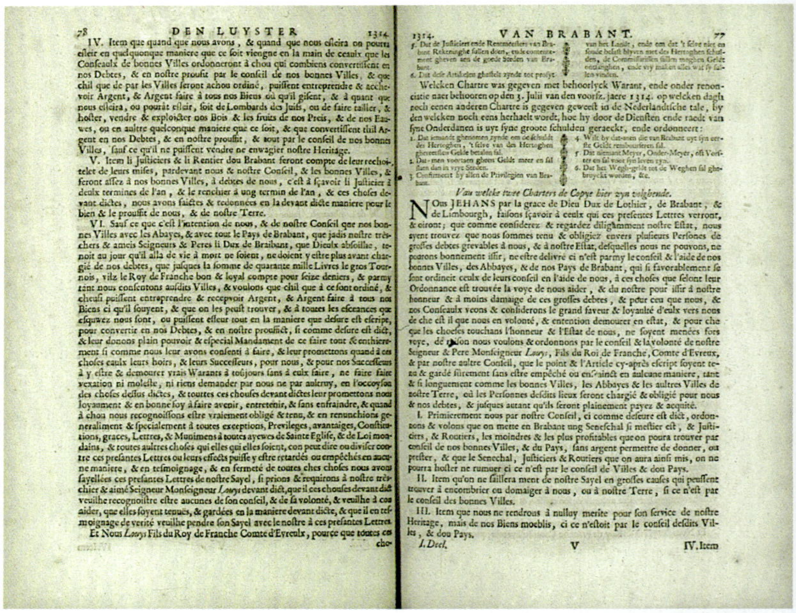

78 DEN LUYSTER 1314.

IV. Item que quand que nous avons, & quand que nous esleira ou pourra esleir en quelquonque maniere que ce soit viengne en la main de ceaulx que les Conseaulx de bonnes Villes ordonneront à chou qui combiens convertissent en nos Debtes, & en nostre prousit par le conseil de nos bonnes Villes, & que chil que de par les Villes seront achou ordiné, puissent entreprendre & acchevoir Argent, & Argent faire à tous nos Biens où qu'il gisent, & à quant que nous esleira, ou pourât esleir, soit de Lombards des Juifs, ou de faire tallier, & hoster, vendre & exploicter nos Bois & les fruits de nos Preis, & de nos Eawes, ou en aultre quelconque maniere que ce soit, & que convertissent thil Argent en nos Debtes, & en nostre proussit, & tout par le conseil de nos bonnes Villes, sauf ce qu'il ne puissent vendre ne enwagier nostre Heritage.

V. Item li Justiciers & li Rentier dou Brabant feront compte de leur rechoitelet de leurs mises, pardevant nous & nostre Conseil, & les bonnes Villes, & feront assez à nos bonnes Villes, à debtes de nous, c'est à sçavoir li Justicier à deulx termines de l'an, & le renchier à ung termin de l'an, & ces choses devant dictes, nous avons faictes & redonnées en la devant dicte maniere pour le bien & le prouffit de nous, & de nostre Terre.

VI. Sauf ce que c'est l'intention de nous, & de nostre Conseil que nos bonnes Villes avec les Abayes, & avec tout le Pays de Brabant, que jadis nostre trèschers & ameis Seigneurs & Peres li Dux de Braibant, que Dieulx absoilhe, tenoit au jour qu'il alla de vie à mort ne soient, ne doient y estre plus avant chargié de nos debtes, que jusques la somme de quarante mille Livres le gros Tournois, vilz le Roy de Franche bon & loyal compte pour seize deniers, & parmy tant nous consentons ausdits Villes, & voulons que chil que à ce sont ordiné, & cheusi puissent entreprendre & recepvoir Argent, & Argent faire à tous nos Biens ci qu'il souyent, & que on les peust trouver, & à toutes les esceances que esquwez nous sont, ou puissent esleur tout en la maniere que desure est escript, pour convertir en nos Debtes, & en nostre prouffict, si comme desure est dict, & leur donons plain pouvoir & especial Mandament de ce faire tout & enthierement si comme nous leur avons consenti à faire, & leur promettons quand à ces choses eaulx leurs hoirs, & leurs Successeurs, pour nous, & pour nos Successeurs à y estre & demourer vrais Warants à toûjours sans à euix faire, ne faire faire vexation ni moleste, ni riens demander par nous ne par aultruy, en l'occoyson des choses dessus dictes, & touttes ces chouses devant dictes leur promettons nous loyaument & en bonne foy à faire avenir, entretenir, & sans enfraindre, & quand à chou nous recognoissons estre vraiement obligé & tenu, & en renunchions generaliment & specialement à toutes exceptions, Previleges, avantaiges, Constitutions, graces, Lettres, & Munimens à toutes ayewes de Sainte Eglise, & de Loi mondains, & toutes aultres choses qui elles qui elles soient, con peut dire ou diviser contre ces presantes Lettres ou leurs effects puisse y estre retardés ou empêchés en aucune maniere, & en tesmoignage, & en fermeté de toutes ches choses nous avons sayellées ces presantes Lettres de nostre Sayel, si prions & requirons à nostre trèschier & aimé Seigneur Monseigneur *Louys* devant dict, que il ces chouses devant dict veuilhe recognoistre estre aucunes de son conseil, & de sa volonté, & veuilhe à cou aider, que elles soyent tenuës, & gardées en la maniere devant dicte, & que il en tesmoignage de verité veuilhe pendre son Sayel avec le nostre à ces presantes Lettres.

Et Nous *Louys* Fils du Roy de Franche Comte d'Evreulx, pource que toutes ces cho-

1314. VAN BRABANT. 77

5. Dat de Justiciers ende Rentmeesters van Brabant Rekenunghe sullen doen, ende contentement gheven aen de goede Steden van Brabant.
6. Dat dese Artikelen ghestelt zynde tot profyt van het Landt, ende om dat 't selve niet en soude belast blyven met des Hertoghen schulden, de Commissarissen sullen moghen Gelt ontfanghen, ende vry maken alles wat sy sullen vinden.

Welcken Chartre was gegeven met behoorlyck Warant, ende onder renonciatie naer behooren op den 3. Julii van den voorsz. jaere 1314. op welcken dagh noch eenen anderen Chartre is gegeven geweest in de Nederlandtsche tale, by den welcken noch eens herhaelt wordt, hoe hy door de Diensten ende raedt van syne Onderdanen is uyt syne groote schulden geraeckt, ende ordonneert:

1. Dat iemandt ghenomen zynde om de schuldt des Hertoghen, 't selve van des Hertoghen ghereetsten Gelde betaelen sal.
2. Dat-men voortaen gheen Geldt meer en sal slaen dan in vrye Steden.
3. Confirmeert by allen de Privilegien van Brabant.
4. Wilt by dat-men die van Brabant uyt syn eerste Geldt rembourseren sal.
5. Dat niemant Meyer, Onder-Meyer, oft Vorster en sal voor syn leven syn.
6. Dat het Wegh-geldt tot de Weghen sal ghebruyckt worden, &c.

Van welcke twee Charters de Copye hier zyn volghende.

NOus JEHANS par la grace de Dieu Dux de Lothier, de Brabant, & de Limbourgh, faisons sçavoir à ceulx qui ces presentes Lettres verront, & oiront; que comme considerez & regardez diligamment nostre Estat, nous ayent trouvez que nous sommes tenu & obligiez envers plusieurs Persones de grosses debtes grevables à nous, & à nostre Estat, desquelles nous ne pouvons, ne pourons bonnement issir, ne estre delivré ci n'est parmy le conseil & l'aide de nos bonnes Villes, des Abbayes, & de nos Pays de Brabant, qui si favorablement se sont ordineit ceulx de leurs conseil en l'aide de nous, à ces choses que selont leur Ordonnance est trouvée la voye de nous aider, & du nostre pour issir à nostre honneur & à moins damaige de ces grosses debtes, & pour ceu que nous, & nos Conseaulx veons & considerons le grand faveur & loyaulté d'eulx vers nous de che est il que nous en volonté, & entention demourer en estat, & pour che que les choeses touchans l'honneur & l'Estat de nous, ne soyent menées fors voye, de raison nous voulons & ordonnons par le conseil & la volonté de nostre Seigneur & Pere Monseigneur *Louys*, Fils du Roi de Franche, Comte d'Evreux, & par nostre aultre Conseil, que le point & l'Article cy-après escript soyent tenu & gardé sûrement sans estre empêché ou enfrainct en aulcune maniere, tant & si longuement comme les bonnes Villes, les Abbayes & les aultres Villes de nostre Terre, où les Personnes desdits lieux seront chargié & obligié pour nous & nos debtes, & jusques autant qu'ils seront plainement payez & acquité.

I. Primierement nous par nostre Conseil, ci comme deseure est dict, ordonnons & volons que on mette en Brabant ung Seneschal si mestier est, & Justiciers, & Routiers, les moindres & les plus profitables que on poura trouver par conseil de nos bonnes Villes, & du Pays, sans argent permettre de donner, ou prester, & que le Senechal, Justiciers & Routiers que on aura ainsi mis, on ne pourra hoster ne rumuer ci ce n'est par le conseil de Villes & dou Pays.

II. Item qu'on ne saillera ment de nostre Sayel en grosses causes qui peussent trouver à encombrier ou domaiger à nous, ou à nostre Terre, si ce n'est par le conseil des bonnes Villes.

III. Item que nous ne rendrous à nulluy merite pour son service de nostre Heritage, mais de nos Biens moeblis, ci ce n'estoit par le conseil desdits Villes, & dou Pays.

I. Deel. V IV. Item

Le bilinguisme administratif à Bruxelles.

Bruxelles, Bibliothèque Royale Albert Ier, « Luyster Van Brabant », III 67 293. Cl. B.R.

La période d'affaiblissement du pouvoir central, qui va de la mort de Jean III à l'avènement, en 1430, du duc de Bourgogne Philippe le Bon, sera toutefois mise à profit par les villes thioises pour imposer dans les chartes de privilèges, et notamment dans la *Joyeuse Entrée* de 1356, leur propre idiome et lui seul.

À Bruxelles, c'est en thiois que le duc Jean IV (1415-1427) fait rédiger la « Grande Charte » de 1421 qui accorde aux métiers de la ville une participation au gouvernement municipal. À ce niveau d'ailleurs, ainsi que les travaux de P. De Ridder (1985; 1986; 1987; 1988 a et b) l'ont bien montré, la proportion d'actes en français reste infime, souvent proche de 1 %, la plupart de ces documents concernant d'ailleurs des affaires où interviennent des habitants ou des communautés situés dans le « quartier wallon » du duché ou même en Hainaut. À titre de comparaison, les grandes villes flamandes (Bruges, Gand, Ypres), vassales de la France depuis 870, paraissent bien plus sensibles à son influence culturelle : la proportion d'actes en français y oscille à la même époque entre 30 et 60 %.

1.2 La période bourguignonne : une francisation superficielle

L'avènement de la dynastie bourguignonne, s'il se traduit à la cour et dans la haute administration par une importante francisation du personnel, ne provoque cependant pas de changement dans la teneur linguistique des rapports avec les populations. Ainsi Philippe le Bon (1430-1467) reconduit-il la clause de la *Joyeuse Entrée* stipulant l'obligation, pour le chancelier de Brabant, de connaître tant le *dietsch* et le *walsch* que le latin. Et le grand privilège accordé en 1477 par Marie de Bourgogne (1477-1482) confirme la liberté de l'emploi des langues par les habitants et leurs administrations locales.

Si Philippe le Bon fait de Bruxelles son séjour de prédilection, ni Charles le Téméraire (1467-1477), qui lui préfère Malines, ni Marie de Bourgogne, qui réside le plus souvent à Bruges, ne suivent son exemple. Ce n'est que sous Philippe le Beau (1494-1506) que Bruxelles prendra le rang de capitale brabançonne. Confirmé en 1515 par Charles-Quint, ce rôle lui sera toutefois en partie dénié sous Marguerite d'Autriche (1518-1530), laquelle installera sa cour à Malines. Élevée en vue de son mariage avec le futur Charles VIII, celle-ci s'entoure certes de Français, de Wallons et de Bourguignons, et veille à l'éducation en français du futur empereur. Mais Bruxelles n'est que très partiellement l'objet des retombées de cette francisation de la cour.

Certes, l'existence d'une petite colonie d'artisans et d'ouvriers franco-bourguignons et wallons, attirés par la présence intermittente de la cour, est indéniable. Certes, les chroniqueurs sont désormais de langue essentiellement française (Commynes, Chastellain, Molinet, Lemaire de Belges), mais, en termes quantitatifs l'influence est négligeable. Ainsi que le rappelle Jean Molinet, francophones et Wallons ne sont pas très appréciés à Bruxelles où, écrit-il, on les considère comme « suspectz et hors du compte de bonne amitié, *à cause du langaige* ».

1.3 Les régimes espagnol et autrichien[1]

Si l'on constate, lors de la période espagnole, le maintien d'un dialecte néerlandais en tant que « langue naturelle » de la population, des signes de francisation par l'expansion d'un bilinguisme parfois rudimentaire se font cependant jour. Certes, les États et le Conseil de

1 Se reporter également au chapitre 7.3.

Brabant continuent, comme le magistrat de Bruxelles, à travailler en néerlandais dans leur fonctionnement interne ou leurs rapports avec la population. Mais il devient difficile de ne pas employer le français lorsque l'on rentre en contact avec une cour où les différentes langues romanes — français, espagnol, mais aussi italien — dominent. Un rapport en français au Conseil de Brabant « échappera » même, en 1651, au magistrat de Bruxelles qui se le verra reprocher par les juges ! Dès avril 1543, Charles-Quint, constatant que la langue française est de plus en plus en usage, décrète l'ouverture, à côté des dix-neuf écoles flamandes, de deux ou trois écoles « pour y apprendre ladite langue wallonne et d'autres langues étrangères, pour le cas où quelqu'un veut les faire apprendre par ses enfants. » L'ouverture, à Douai, en 1562, d'une université permet d'ailleurs d'éduquer en français les élites sociales des Pays-Bas, ce qui autorisera, cinq ans plus tard, l'historien italien Luigi Guicciardini, dans sa *Descrittione ... di tutti Paesi Bassi,* à affirmer que le français est largement répandu dans tous les Pays-Bas, y compris en Flandre. Un autre facteur de cette amorce de francisation des élites autochtones est sans doute le calvinisme, et les rapports qu'il entraîne avec les coreligionnaires français. La constitution, en 1579, par les provinces du sud, de l'Union d'Arras, catholique et fidèle à l'Espagne, provoque la fuite vers Bruxelles de nombreux protestants wallons et picards. L'entourage de Guillaume d'Orange est lui-même largement francisé et les grands textes de l'époque, tels le *Compromis des Nobles* (1565) ou la *Pacification de Gand* (1573), sont rédigés en français. La sécession des provinces du nord, protestantes et néerlandophones, contribue d'ailleurs à un important rééquilibrage linguistique au profit des populations de langue romane.

Dès cette époque, des intellectuels flamands s'inquiètent de la contagion du français et notamment de l'invasion des gallicismes dans la langue thioise. Rien ne semble cependant devoir arrêter la progression du français dans la vie culturelle et sociale bruxelloise. À la cour des Archiducs Albert et Isabelle, tant le théâtre que les prêches se font en français ; et il en est de même en 1638 pour 40 % des prédications dans les églises bruxelloises. En 1625, l'archevêque de Malines, instituant l'obligation pour chaque paroisse bruxelloise d'ouvrir une « école du dimanche », a d'ailleurs expressément stipulé que « elcken meester en meestresse sullen moeten cunnen twee talen als duytsch en walsch ». En 1649, le Français Pierre Hugonet crée à Bruxelles la première gazette francophone intitulée *Courrier véritable des Pays-Bas* et bientôt rebaptisée *Relations véritables*.

Au XVIIe siècle, les Pays-Bas connaissent leur lot de réfugiés français — notamment les jansénistes chassés de Port-Royal — mais aussi les multiples passages de troupes françaises occasionnés par les campagnes du Roi-Soleil. Privée désormais de Douai, française depuis

1667, la jeunesse des Pays-Bas fréquente jusqu'en 1678 l'université de Dôle, possession espagnole bientôt victime des ambitions françaises.

L'ouverture, fin XVIe siècle, du canal reliant Bruxelles à la Sambre et à ses bassins houillers, y a amené toute une population de voituriers et colporteurs de langue romane qu'une satire de 1604 met en scène dans un thiois entrelardé de locutions wallonnes. C'est là la première manifestation d'un métissage linguistique qui aboutira bientôt à la naissance du « marollien ».

Le déclin littéraire et social du thiois est alors incontestablement amorcé, et, dans son *Essay d'une parfaite grammaire de la langue française* publié à Anvers en 1659, Laurent Chifflet constatera que la langue française est devenue « *plus nécessaire que les autres* » aux Flamands et aux Brabançons, et ce tant pour le commerce que parce qu'elle est devenue la langue véhiculaire de « leur principale noblesse », de la cour et des plus hautes instances du pays, tandis que les écoles françaises fourmillent dans les grandes villes, que les « honnestes gens » se font un point d'honneur de parler français, et que le peuple « *se contente d'en sçavoir autant qu'il en faut pour se faire entendre tellement quellement et pour exercer son trafic.* » Un bilinguisme minimal et strictement utilitaire certes, mais qui s'impose dans de nombreux moments de la vie sociale.

Loin de renverser cette tendance, le régime autrichien (1715-1794) ne fera que la confirmer, sans pour autant permettre un véritable saut qualitatif. Certes, la cour de Vienne et le gouvernement de Bruxelles ont, dès le règne de Charles VI (1713-1740), adopté l'usage du français, et les trois années d'occupation française (1745-1748) qui précèdent l'arrivée de Charles de Lorraine ont encore renforcé cette tendance. Certes, le siècle des Lumières connaît à Bruxelles une écrasante domination culturelle du français et tant le théâtre (95 % des programmes de la Monnaie) que l'édition ou la presse (les journalistes français en exil Bastide, Chevrier, Maubert de Gouvest, Accarias de Sérionne ou Linguet se disputent les faveurs du gouvernement) en sont les témoins. Certes, toute la vie sociale donne l'impression aux voyageurs comme Dérival (Pierre-Auguste Damien de Gomicourt), auteur en 1782-1784 du *Voyageur dans les Pays-Bas autrichiens*, ou l'Anglais Shaw, auteur en 1788 d'un *Essai sur les Pays-Bas autrichiens*, d'une écrasante domination du français. Et l'avocat néerlandophone Verlooy plaidera en 1788 dans son *Verhandeling op d'onacht der Moederlijke Tael in de Nederlanden*, pour la restauration d'une langue flamande « non seulement négligée, mais encore méprisée » à Bruxelles, où l'on ne parle plus qu'un patois abâtardi, où les lettrés ne connaissent plus le « beau néerlandais » et où l'on évite le plus souvent de parler flamand en société, quand on n'affecte pas, même, de mal le parler pour faire croire que l'on a été élevé en français !

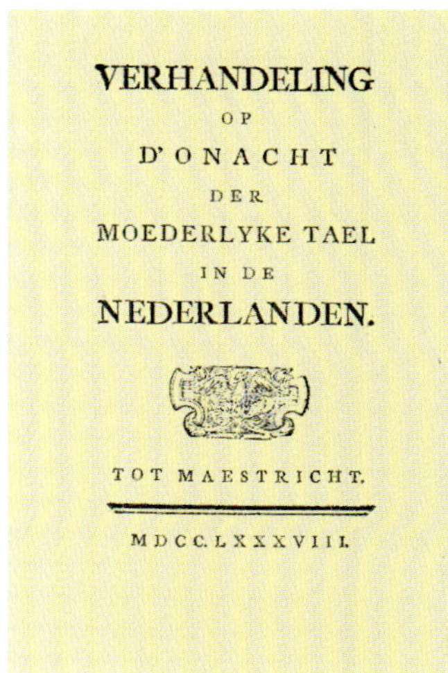
VERHANDELING
OP
D'ONACHT
DER
MOEDERLYKE TAEL
IN DE
NEDERLANDEN.

TOT MAESTRICHT.
MDCCLXXXVIII.

Plaidoirie pour la restauration du néerlandais à Bruxelles (1778).

J.-B. Verlooy, « Verhandeling op d'onacht der moederlyke tael in de Nederlanden », Maestricht, 1778. Bibliothèque Royale Albert Ier. Cl. B.R.

Cette décadence du néerlandais et ce développement du français ne sauraient cependant faire illusion. Une étude menée sous la direction de Hervé Hasquin (1979) dans les archives notariales pour la période 1760-1780 a en effet révélé un pourcentage d'actes en français passant en deux décennies de 19,5 % à 27 %, chiffres qui doivent être ramenés à des proportions plus modestes si l'on veut mesurer la francisation, puisque plus de la moitié de ces actes émane des classes privilégiées (soit 10 % environ de la population), et qu'un tiers environ sont des procurations sans réelle signification linguistique. L'auteur en conclut que le nombre de francophones ne peut être estimé à plus de 15 % à la veille de l'invasion française, et se situe plutôt aux environs de 10 %. Verlooy évoque quant à lui la présence d'un francophone pour dix-sept à dix-neuf néerlandophones, et désigne le quartier situé entre le Sablon, la rue Haute et l'actuelle place Poelaert comme la seule partie de la ville occupée par des populations d'origine authentiquement francophone ou wallonne.

1.4 De la francisation forcée à la néerlandisation forcée

Si la première occupation française (octobre 1792-mars 1793) ne se manifeste par aucune pression linguistique, il est toutefois à remarquer que la totalité des neuf « sections » bruxelloises rédigeront en flamand leurs procès-verbaux et que l'une d'entre elles refusera, en décembre 1792, d'entendre en français une proclamation de la Convention. Au retour des Français en 1794, annexion et francisation forcée seront, cette fois, à l'ordre du jour. Méprisant les « jargons inaptes à la langue politique et rationnelle », la Convention votera le 2 thermidor an II (20 juillet 1794), à l'instigation de l'abbé Grégoire, un décret destiné à faire appliquer dans l'ensemble des départements « un usage unique et invariable de la langue de la Liberté. » Suspendu dès le 2 septembre, il ne sera mis à exécution dans les départements belges que pour ce qui concerne les actes publics et la presse jusqu'en juin 1804, date à laquelle, en vertu de la loi du 24 prairial an XI (13 juin 1803), il sera étendu aux actes notariés. Ces dispositions se traduiront par l'interdiction de la presse flamande, seules les « feuilles d'annonces » étant tolérées à condition (26 septembre 1811) d'être accompagnées d'une traduction intégrale en français. Quant aux décrets, ils sont désormais communiqués en français à toutes les autorités locales, à charge pour celles-ci de les faire traduire. La décision prise à l'égard des actes notariés suscita rapidement des plaintes, seule une transcription en flamand étant autorisée en marge des minutes notariales. Dans le cas des testaments, que le Code civil

Le coq de Jemappes commémore la première victoire remportée par les armées de la République.
Affiche du peintre wallon Anto Carte. Coll. Musée de la Vie Montoise Jean Lescarts. Cl. Alain Breyer.

▶

JEMMAPES
1792
1911
1914
Anto. Carte

imposait de transcrire dans la langue du testataire, le texte original se retrouvait ainsi en marge, seule la traduction française faisant foi.

Dans l'enseignement, la francisation fut totale dans le secteur public, lequel ne touchait toutefois à Bruxelles que quelques centaines d'élèves. Créé en 1802, le lycée de Bruxelles dut ouvrir en 1810 encore une classe préparatoire de français. Quant au secteur privé, bien que mis sous tutelle, il parvint à maintenir une partie de son enseignement en néerlandais. Au total, seule une petite élite cultivée était touchée, la population scolarisée restant très largement minoritaire.

Si l'étude des actes notariés (Hasquin, 1989) permet de constater une forte progression du français dès les premières années de l'annexion (de 24 % en 1794 à 60 % en 1799) et une montée supplémentaire après la loi de l'an XI (76 % en 1806, environ 80 % après 1810), il faut cependant se garder d'en tirer des conclusions trop hâtives. Nombre de ces actes trahissent le caractère néerlandophone des parties (signatures avec prénoms en flamand ou précédées de quelques mots dans cette langue; présence d'un traducteur ou lecture de l'acte en néerlandais). En outre, sur quatorze testaments enregistrés par un notaire, dont la clientèle est aisée, dix le sont en flamand.

L'importance du facteur de l'immigration dans la francisation est également difficile à apprécier. Outre la présence de nombreux fonctionnaires, soldats, artisans ou commerçants français, il faut ici tenir compte d'un afflux d'immigrants wallons qui paraît avoir représenté près du double de l'apport flamand.

Après deux décennies de francisation forcée, la situation linguistique à Bruxelles est telle que la politique de néerlandisation que le roi Guillaume Ier des Pays-Bas décide d'y appliquer à partir du 1er janvier 1823 ne peut qu'échouer. Bien qu'au fond le flamand soit effectivement « la langue du pays », ni la noblesse, ni la bourgeoisie, largement francisées, ni même le peuple, qui parle un dialecte et non le « beschaafd Nederlands » que l'on veut lui imposer, ne vont finalement souscrire à cette politique. Deux soutiens de taille confortent d'ailleurs cette opposition : celui des nombreux émigrés et réfugiés français, très influents dans la presse et l'édition; celui de l'Église, qui encourage les dialectes flamands au détriment du néerlandais, véhicule supposé du calvinisme.

La presse francophone se déchaîne contre cette tentative d'imposer « le jargon de quelques provinces » à l'élite cultivée, ce qui « ferait rétrograder l'espèce humaine vers la Barbarie ». Et l'installation à Bruxelles d'un théâtre néerlandais, tout comme la néerlandisation de l'athénée — boycottée par le corps professoral — sont pour Guillaume Ier des échecs retentissants. De concession en concession, il sera finalement acculé, mais trop tard, à retirer les mesures contestées, au début de juin 1830.

1.5 La francisation, résultante d'une pression socio-culturelle

Charles Baudelaire.

Le royaume de Belgique est dominé par des élites entièrement francisées, sinon francophones. Un arrêté du 16 novembre 1830 fait du français la seule langue officielle. À Bruxelles, le peuple continue toutefois à utiliser son dialecte brabançon et a perdu tout contact avec le néerlandais littéraire que cultive seule la classe moyenne intellectuelle, souvent venue de Flandre. Par snobisme, nobles et bourgeois autochtones se piquent plutôt de ne parler que le français, ainsi qu'en témoigne Baudelaire en 1864 :

> **On ne sait pas le français, personne ne le sait, mais tout le monde affecte de ne pas savoir le flamand. C'est de bon goût. La preuve qu'ils le savent très bien, c'est qu'ils engueulent leurs domestiques en flamand.**

Aux yeux d'un Parisien comme Baudelaire, le « français » parlé par les bons Bruxellois n'est pas véritablement du français. Presque un siècle plus tôt, Joseph II n'y avait vu qu'une « pâte » hollandaise « avec un mauvais vernis français. » L'importance déterminante des dialectes dans l'usage quotidien et la mixité linguistique particulière au contexte bruxellois imposent en effet la prudence à propos des conditions concrètes de la pratique du français dans la capitale.

Du point de vue quantitatif, les recensements n'apportent, en dehors des grandes tendances, qu'une vue imprécise de la réalité. Pourvus d'un volet linguistique de 1846 à 1947, ils sont loin, en effet, d'obéir à des critères homogènes. Variabilité du questionnaire — « langue connue » ? « parlée » ? —, introduction, en 1866, d'une catégorie de locuteurs « bilingues », bientôt subdivisée, en 1910, en fonction de la fréquence d'usage de l'une ou l'autre des deux langues nationales, enfin enregistrement ou non des enfants de moins de deux ans, tout concourt à en rendre l'interprétation complexe et sujette à controverses. Un premier test effectué à Bruxelles en 1842 sous la direction d'Adolphe Quételet donne une majorité de 60,8 % de néerlandophones, les locuteurs français et wallons constituant 37,6 % de la population. Leur présence varie de 12 à 62 % selon les quartiers, le cœur de la ville en contenant environ 40 %. En 1846, ils sont 38,4 % à Bruxelles-ville et 32 % dans l'actuelle agglomération, chiffres sans aucun doute surévalués puisque l'introduction, en 1866, de la rubrique « bilingue » — qui recueille 38,3 % à Bruxelles-ville — ramène la proportion d'unilingues francophones à 20 % et 19,3 % respectivement, dans une ville qui s'affiche pourtant extérieurement comme francophone (noms de rues, enseignes, administration, vie culturelle).

De 1880 à 1910, le nombre de francophones oscille entre 20,1 % et 26,7 %, tandis que le nombre de locuteurs bilingues s'accroît jusqu'à avoisiner les 50 % et que la proportion d'unilingues néerlandophones ne cesse de baisser, passant de 36,4 % à 16,4 % dans la capitale, et de 42 % à 23,2 % dans l'agglomération. Dès 1920, le français l'emporte dans l'usage chez les locuteurs bilingues dont le nombre reste stable à Bruxelles jusqu'en 1947 (45 %) mais augmente dans de nombreuses communes de l'agglomération et de la périphérie, dépassant même les 50 % à Anderlecht, Berchem, Drogenbos, Evere, Jette, Koekelberg et Molenbeek. Le nombre d'unilingues francophones devient plus important en 1947 dans l'agglomération (37 %) qu'à Bruxelles-ville (35,3 %), reflet d'un investissement progressif de la périphérie par les francophones travaillant à Bruxelles. Au total, les dix-neuf communes de l'agglomération sont désormais majoritairement francophones, contre six seulement en 1920, et dans les six futures communes « à facilités linguistiques » de la périphérie (Drogenbos, Kraainem, Linkebeek, Rhode-Saint-Genèse, Wemmel, Wezembeek-Oppem), la proportion de francophones unilingues et de locuteurs bilingues usant prioritairement du français varie de 25,2 % (Rhode-Saint-Genèse) à 46,7 % (Kraainem). L'expansion du français dans une bonne partie du Brabant néerlandophone — ce que les mouvements flamands dénoncent par le terme de « tache d'huile » — correspond donc à une réalité. De plus, à Rhode-Saint-Genèse, un couloir francophone reliant Bruxelles à la Wallonie se dessine, ce qui supprimerait l'enclavement de Bruxelles en zone flamande, point d'appui majeur pour la revendication flamingante sur Bruxelles. On comprend mieux ainsi pourquoi les résultats du recensement de 1947 ne seront rendus publics qu'en… 1954 ! Dès ce moment, les mouvements flamands se battent contre le volet linguistique des recensements, dont ils obtiennent l'abolition en 1960.

Depuis lors, les historiens (l'équipe réunie autour de la revue *Taal en sociale integratie* essentiellement) se sont rabattus sur les registres scolaires, d'état civil ou de milice pour mesurer l'évolution sociolinguistique à Bruxelles. Ainsi les mariages, source révélatrice, paraissent-ils confirmer jusqu'en 1985 une poursuite du déclin néerlandophone, tant à Bruxelles (16 % en 1968, 11,7 % en 1978, 10,5 % en 1985) que dans l'agglomération (respectivement 13,1 %, 12,7 % et 8,3 %), de même que la confection des cartes d'identité (de 19 % en 1968 à 16,5 % en 1978 à Bruxelles, de 13,5 % en 1968 à 12 % en 1985 dans l'agglomération) ou les enrôlements dans la milice (de 15 % en 1968 à 13,6 % en 1986). Dans l'enseignement, resté exclusivement francophone jusqu'en 1879 (avant que Charles Buls n'instaure un système de passage progressif du flamand au français dans le primaire), la politique agressive de francisation menée jusqu'à la Seconde Guerre mondiale (six classes flamandes sur plus de 400 dès 1914), soutenue d'ailleurs officiellement par l'Église (les évêques déclarent en 1906, une école flamande « impensable »), a incontestablement incité les parents néerlandophones soucieux de la promotion sociale de leurs enfants à envoyer ceux-ci dans les classes francophones. En 1979, ce phénomène, lié au statut social privilégié du français, est encore visible puisque, sur 23.000 enfants issus de couples linguistiquement mixtes, seul un sur huit fréquente une école néerlandophone. La même année, 92 % des enfants bruxellois de nationalité belge fréquentent des écoles francophones. Au vu de ces chiffres, on peut estimer — compte tenu d'une apparente remontée depuis 1985 des inscriptions dans les écoles néerlandophones, de la présence à Bruxelles de 40 % de travailleurs néerlandophones et d'une pression croissante en faveur du bilinguisme dans les entreprises et les administrations — la présence des néerlandophones à environ 12 à 15 % en moyenne dans l'agglomération au début des années 1990.

S'il y a eu une « francisation », c'est donc bien entre le milieu du XIXe siècle et le milieu du XXe siècle qu'elle paraît s'être opérée pour l'essentiel. De nombreux facteurs permettent d'en rendre compte et, tout d'abord, la pression sociale, administrative et institutionnelle qui s'exerce, de l'indépendance à 1970 au moins, en faveur du français, pression dont l'impact est encore accru par le mépris dans lequel est longtemps tenu le flamand, ensemble de dialectes sans portée littéraire, coupés depuis longtemps de leurs racines néerlandaises. L'importance de l'immigration, (80 % de l'accroissement démographique à Bruxelles entre 1850 et 1914) indique que la francisation s'appuie aussi sur le déracinement de nombreux ruraux flamands — et wallons — contraints au bilinguisme dans une ville dont la faible industrialisation les conduit à s'employer le plus souvent comme domestiques ou au service d'artisans et de commerçants (De Metsenaere, 1990). Ce bilinguisme recouvre d'ailleurs quantité de comportements linguistiques relevant le plus souvent non de la pratique indifférenciée de l'une ou l'autre langue, mais plutôt d'une *diglossie* c'est-à-dire d'un usage sélectif des idiomes dépendant à la fois du niveau de langue concerné — simple conversation, entretien formalisé, pratique culturelle — et de la qualité de l'interlocuteur — intime, étranger, commerçant, fonctionnaire, etc. (Witte et Baetens-Beardsmore, 1986). Loin de ne concerner que deux idiomes, cette attitude met au contraire en jeu tant le dialecte bruxellois que les différents dialectes wallons et flamands, et caractérise finalement une véritable identité linguistique bruxelloise, faite de mixité, celle à laquelle Jules Destrée faisait allusion lorsqu'il évoquait, avec mépris, cette « cité de métis » où, selon Larochette, « ni le pur Flamand, ni le pur Wallon ne se sent dans son milieu ».

Au début du XXe siècle, la montée du mouvement flamand — qui a obtenu en 1898 la reconnaissance du néerlandais comme langue nationale à égalité avec le français — inquiète les francophones bruxellois qui se regroupent en associations — *Ligue wallonne du Brabant* en 1906, *Ligue contre la flamandisation de Bruxelles* en 1932, *Bloc de la Liberté* en 1936, *Rassemblement contre la tyran-*

nie linguistique en 1953, *Front démocratique des Francophones* en 1964 — pour s'opposer à l'introduction du bilinguisme dans les services publics. Sans succès cependant, puisque les lois d'août 1963 donnent satisfaction au combat flamand, peu après la fixation définitive de la frontière linguistique (8 novembre 1962) et du « carcan » qui enserre Bruxelles dans ses dix-neuf communes et bloque administrativement la francisation de la périphérie (se reporter aux chapitres 25 et 26). La majorité flamande du pays parvient ainsi à imposer en grande partie ses volontés — seule la création, effective depuis 1988, de la Région de Bruxelles-Capitale paraît être une concession aux francophones bruxellois, compensée toutefois par une plus grande autonomie des régions flamande et wallonne — malgré une évolution linguistique constamment favorable au français.

Dans les dernières décennies, deux facteurs de mutation démographique et linguistique ont contribué à remodeler le contexte bruxellois dans le sens d'une mixité encore accrue. L'installation simultanée de plus de dix mille fonctionnaires européens et de près de cent mille immigrés d'origine maghrébine ou turque paraît devoir confirmer ce destin de melting-pot culturel et linguistique vers lequel Bruxelles, plus encore que d'autres villes européennes, s'achemine actuellement.

Bruno BERNARD

2. Le contexte socio-politique de la langue française à Bruxelles

2.1 Panorama général

Logotype de la Région de Bruxelles-Capitale.

Par Bruxelles, nous entendrons ici l'actuelle Région de Bruxelles-Capitale, composée des dix-neuf communes qui formaient naguère l'« Agglomération de Bruxelles-Capitale ». On sait que la limitation de cette agglomération aux dix-neuf communes résulte d'une décision politique qui reflète le rapport de forces entre les deux principales « communautés » du pays (pour une critique de la notion de communauté se reporter à : Javeau, 1992). Cette limitation engendre pas mal de situations peu banales en ce qui concerne le respect du droit des gens. Nous ne nous y attarderons pas ici, mais il faut souligner que le concept même de « communes à facilités » traduit de façon très contestable l'existence de majorités linguistiques, réduites au statut de minorités, dans certaines communes de la périphérie, dont toute l'activité économique et culturelle est orientée vers la Région de Bruxelles-Capitale.

Comme on vient de l'exposer, l'implantation de la langue française est relativement ancienne à Bruxelles, ville originellement thioise : les classes dirigeantes l'ont progressivement adoptée, en un mouvement qui s'accentue au XVIIIe siècle, à une époque où le français était la langue de culture de la majorité des cours et des hautes bourgeoisies d'Europe. De même, son implantation s'est renforcée sous le régime français. Après l'intermède du Royaume des Pays-Bas, qui vit une tentative de néerlandisation de la vie publique, le nouveau Royaume de Belgique, né en 1830, consacrera le français comme langue de l'administration et des élites dans toutes les villes importantes, tant au nord qu'au sud du pays. Bruxelles, capitale du Royaume, allait évidemment être conquise à la francophonie. De recensement en recensement, la place du français n'allait qu'y croître.

L'urbanisation de Bruxelles a bouleversé la donne linguistique.

« Brüsel ». Extrait de la bande dessinée de François Schuiten et Benoît Peeters, Casterman, 1992, p. 56. Copyright Casterman.

À l'heure actuelle, sur près d'un million d'habitants, Bruxelles en compte trois quarts de nationalité belge, dont la vaste majorité utilise le français de manière exclusive ou prépondérante dans la vie quotidienne (entre 85 et 90 %, selon les estimations). Nous ne nous interrogerons pas ici sur la qualité de ce français, lequel, comme dans toute communauté de locuteurs, se répartit évidemment en plusieurs niveaux. Notre propos est d'ordre socio-politique et non linguistique. Chez les Belges, on peut affirmer que, quelques particularités phonétiques et lexicales mises à part, le français parlé à Bruxelles se rapproche généralement du français standard, surtout chez les jeunes générations. Les étrangers, au nombre d'un quart de million, peuvent être partagés en deux groupes. Le premier, qu'on pourra dire « de luxe », composé de fonctionnaires internationaux et de cadres d'entreprises multinationales, parmi lesquels des francophones d'origine, maintient habituellement l'usage de ses langues d'origine dans l'espace privé, tandis que l'espace public de cette catégorie est souvent dominé par l'anglais. Le second, que l'on dira « de chauffe », composé de « travailleurs immigrés » souvent d'origine méditerranéenne, superpose généralement le français à une langue de départ. Les Maghrébins, qui constituent le sous-groupe le plus important dans ce groupe, sont du reste déjà accoutumés à la langue française, et leur acculturation dans cette langue s'en trouve facilitée. Une explication de ce genre peut partiellement valoir aussi pour les immigrés en provenance des pays latins, pour qui le français est plus accessible qu'une langue germanique comme le néerlandais. Dans la vie de tous les jours, le français est donc la langue de la grande majorité des habitants de la Région.

La langue majoritaire de la capitale du Royaume se trouve n'être pas celle de la majorité des habitants de celui-ci. Depuis l'éclosion et le développement d'un sentiment national flamand, largement en avance sur sa contrepartie wallonne, Bruxelles fait l'objet de diverses revendications, allant d'un traitement de faveur pour la minorité néerlandophone à un rattachisme brut au profit d'une

Bruxelles, une ville cosmopolite.
Marché du Midi à Bruxelles et marché de Forest.
Cl. S.L.F.

Flandre autonome, voire indépendante. La majorité linguistique de Bruxelles, dont l'existence n'est pas niée, deviendrait dans cette hypothèse une minorité plus ou moins bien protégée, destinée en tout état de cause à disparaître en peu de temps.

Lorsque l'on prend en considération les visibilités relatives des langues sur le territoire bruxellois, on constate que si, du côté des communications officielles, les autorités publiques s'efforcent de mettre français et néerlandais sur le même pied, notamment dans l'affichage des avis au public, les panneaux de circulation routière et les « films » d'indication de destination des véhicules de transport en commun, il n'en va pas de même en ce qui concerne le secteur privé. Une étude récente (Javeau et Lacroix, 1993) a abordé entre autres l'affichage publicitaire à Bruxelles. Sur un parcours à travers l'agglomération empruntant la plupart des voies importantes, il apparaît que, sur les grandes surfaces d'affichage, 61 % des messages sont en français, 25,5 % en néerlandais, 10 % en anglais, le solde étant constitué d'affiches muettes ou dans d'autres langues. Si le recours au néerlandais peut sembler être relativement élevé par rapport à la population des néerlandophones résidant à Bruxelles, il faut tenir compte de la présence, dans l'agglomération, d'un nombre important de néerlandophones qui, sans y vivre, y font partie de la population active.

À titre informatif, il faut encore signaler, selon la même source (les chiffres portent sur les films sortis pendant la troisième semaine du mois tout au long de l'année 1991), le nombre très faible de films dont la langue d'origine ou de doublage est le néerlandais : deux films. Encore sont-ils sous-titrés en français. Dans les trois grands ensembles de salles de projection étudiés, l'écrasante majorité des films étaient de provenance américaine et la plupart, soit 75 %, étaient sous-titrés dans les deux langues; 7 % des films étaient doublés uniquement en français, 8 % étaient des films en version originale française, non sous-titrés (la plupart de ces films français sont passés dans le haut de la ville; l'ensemble Kinépolis, situé à la périphérie et fort fréquenté par des spectateurs flamands, n'en avait présenté aucun). Signalons quand même que, dans d'autres domaines, la présence flamande est plus importante, notamment dans le domaine culturel. Trois des quatre grands musées fédéraux situés à Bruxelles ou dans sa périphérie immédiate étaient dirigés par des Flamands au

Bruxelles, une ville officiellement bilingue.
Plaque de rue, « Rue du Marché-aux-Herbes - Grasmarkt. »
Cl. S.L.F.

moment de la rédaction de ces lignes. Et diverses manifestations culturelles importantes, comme le « Kunstfestival des Arts », font une place considérable aux participants néerlandophones.

2.2 Midi et minuit

Le paradoxe évoqué ci-dessus s'atténue lorsque l'on prend en considération le fait que la présence flamande est sensiblement plus importante dans la population *active* bruxelloise que dans la population *résidante* (voir à ce sujet : Javeau et Donner, 1982). En termes plus imagés, Bruxelles est plus flamande à midi qu'à minuit. Plus des deux tiers des navetteurs qui viennent chaque jour gagner leur pain à Bruxelles proviennent de la Flandre. Une part considérable de ces travailleurs pendulaires est occupée dans les services publics, même dans les communes où les francophones sont très largement majoritaires. Les dispositions légales qui régissent les carrières des agents de ces services, envisagées sous leurs aspects linguistiques, favorisent le recrutement d'agents néerlandophones, à qui la qualité de bilingues semble être souvent plus aisément reconnue, légitimement ou non.

Les conséquences de cette situation ne sont guère négligeables sur le régime linguistique de l'économie ou des services publics. Beaucoup de francophones sont administrés par des personnes dont le français n'est pas la langue usuelle. Dans les entreprises privées, la présence de Flamands en nombre important favorise l'anglicisation de la capitale, sur laquelle on reviendra plus loin. En effet, les locuteurs néerlandais — ou plutôt médio-flamands, pour qualifier les locuteurs de ce *middenvlaams* (flamand moyen) qui se parle en Flandre plutôt que le néerlandais officiel, dit *Algemeen Beschaafd Nederlands*, qui s'impose dans l'enseignement, la presse ou les communications officielles — semblent plus perméables à l'infiltration de mots et tournures anglaises que les locuteurs français (l'exemple des Pays-Bas, où l'on s'interroge sur l'avenir de la langue nationale, indique bien que cette tendance n'est pas illusoire). Il est vrai que les Flamands se sont depuis de nombreuses décennies trouvés dans une situation de bilinguisme contraint. À l'heure actuelle, l'anglais prend progressivement la place du français dans cette habitude dictée par les circonstances, qu'il s'agisse de la place des Flamands dans un pays qui a longtemps accordé à la langue française une situation privilégiée, ou de la condition des parlers thiois dans le concert linguistique universel.

Bruxelles et ses navetteurs.
Cl. S.L.F.

Capitale d'un Royaume qui a cessé d'être unitaire, Bruxelles est aussi celle d'une Europe en voie de constitution. L'importance politique et économique de la ville au niveau international croît alors qu'elle décroît au niveau national. La présence de fonctionnaires internationaux et des cadres des sociétés privées dont la présence est en partie liée à la leur (multinationales et *lobbies* divers) implique la mise en place d'îlots linguistiques spécifiques qui doivent recourir, pour communiquer, à une langue d'usage. On a déjà souligné (2.1) que celle-ci est l'anglais, notamment en raison de la faible présence du français dans la formation scolaire de la majorité des étrangers « de luxe »

Capitale d'un Royaume qui a cessé d'être unitaire, Bruxelles est aussi celle d'une Europe en voie de constitution.
Cl. S.L.F.

Bruxelles, capitale européenne

Bruxelles, Luxembourg et Strasbourg, trois villes où le français est langue de communication, sont les sièges des institutions politiques de l'Union européenne. La Commission, qui compte à elle seule plus de 14.000 agents, majoritairement installés à Bruxelles, représente le plus grand organisme public international. Vingt pour cent de son personnel est occupé aux travaux linguistiques. L'importance de Bruxelles n'a cessé de croître au fil des années. Les groupes politiques s'y réunissent. Les séances parlementaires s'y préparent ou s'y déroulent.

L'avenir du français en tant que langue internationale se joue à Bruxelles autant, sinon plus qu'en Afrique. La formule peut paraître étonnante. Elle émane pourtant d'un Français, fonctionnaire européen, qui tirait les conclusions d'une journée d'études consacrée à « La langue française dans les organisations internationales à vocation européenne » (1993)

L'histoire des institutions européennes a favorisé la langue française. La forte présence des francophones dans les positions administratives les plus centrales mais aussi dans l'ensemble de l'organisation (40 % de fonctionnaires francophones à la Commission à l'aube des années 1990) permet d'assimiler le français à un phénomène de culture d'entreprise. La (sur)représentation belge — de 30 à 40 % pour les niveaux B et C — a joué un rôle non négligeable dans l'affirmation du français sur le lieu de travail. De son côté, la France s'est montrée très vigilante dans le passé aux enjeux linguistiques. On se rappellera les fameux accords Heath-Pompidou de 1972, par lesquels la France conditionnait l'entrée du Royaume-Uni dans la Communauté à des garanties pour la langue française. Près de vingt ans plus tard, François Mitterand écrivait à Jacques Delors une lettre où il regrettait la tendance dans certains services de la Commission à convoquer des réunions d'experts appelés à ne travailler qu'en anglais et invitait la Commission à un respect plus rigoureux des règles établies, notamment dans des domaines comme la recherche et le développement technologique, ou les relations extérieures de l'Union, en particulier avec les pays de l'Europe centrale et orientale.

Aujourd'hui, le français, en tant que langue usuelle, c'est-à-dire effectivement pratiquée, avant traduction et interprétation, dans et autour du travail, demeure la langue importante, y compris en salle de presse, où la presse anglophone est cependant davantage représentée.

En tant que langue officielle, le français est, au même titre que les autres langues des États membres, langue des traités et langue de travail, mais il constitue en outre une des trois langues de travail avec l'allemand et l'anglais pour les procédures informelles ou urgentes. On sait que l'application du principe de l'égalité de statut des langues dans les institutions communautaires pose des problèmes qui mettent en œuvre des rapports de force et que seule peut résoudre la règle du pragmatisme. Le Service de traduction de la Commission, implanté à Bruxelles et Luxembourg, représente le plus grand service de traduction-interprétation du monde (environ 1.600 personnes). À la seule Commission, plus d'un million de pages par année sont traduites. Le chiffre est en constante augmentation. L'impossibilité de maintenir le multilinguisme intégral dans les langues de travail se marque d'autant plus que de nouveaux champs d'intervention communautaire apparaissent et surtout que le processus d'élargissement de l'Union se développe à un rythme tel que l'urgence risque d'accroître les déséquilibres linguistiques.

Le français, qui fut la langue source dominante pour la traduction vers d'autres langues, se retrouve remis en cause à partir du moment où les nouveaux adhérents recourent aux corpus anglais ou allemands pour traduire le droit primaire et le droit dérivé vers des langues scandinaves ou slaves. D'autre part, l'anglais est très présent dans certaines institutions comme le Parlement ou le Comité économique et social. Sa domination est liée aux domaines d'activités. Il s'est installé de manière irréversible dans les domaines scientifique et technique, comme dans les affaires maritimes et spatiales, voire dans les matières économiques ou de politique extérieure.

L'accroissement du nombre de pays réduit la proportion du personnel francophone. L'insuffisance des capacités de traduction et d'interprétation accélère la régression du français. Le risque est grand de voir le passage de neuf à douze langues favoriser la conversion du multilinguisme dans les langues de travail en un monolinguisme anglophone. Seule l'alliance du français et de l'allemand, dont les sphères d'influence ne sont pas identiques, pourrait faire contrepoids. Encore faut-il que les autorités françaises soient animées d'une volonté aussi systématique que les Allemands pour consolider la position de leur langue.

Si la construction européenne s'opère en large partie depuis Bruxelles, la localisation d'un organisme n'a plus l'importance que l'histoire lui a donnée pour conditionner les langues de travail. Elle garde cependant une influence incontestable sur la langue de la pratique et des rapports sociaux. C'est pourquoi le Conseil supérieur de la langue française a cru bon de définir dans un avis au ministre (1995) le rôle de la Communauté française dans l'organisation de l'environnement francophone des milieux européens.

Daniel BLAMPAIN

L'avenir du français se joue en partie au sein des institutions européennes à Bruxelles.
Cl. S.L.F.

Si le français reste provisoirement la langue majoritaire pour les communications internes de l'Union Européenne, pour les communications externes, c'est l'anglais qui domine. Il est toutefois patent que les « Européens » installés à Bruxelles, quelle que soit leur origine (et à l'exception, sans doute, des Néerlandais), tendent à privilégier le français dans leurs rapports avec les administrations locales. Cette option engendre du reste la crainte des milieux nationalistes flamands de la périphérie, qui voient dans l'installation *extra muros* de nombreux fonctionnaires européens la menace de l'extension de la « tache » francophone sur le corps de la Mère Flandre.

2.3 Toward the anglicisation of Brussels ?

Le développement des pouvoirs politique et économique concentrés à Bruxelles favorise indubitablement l'anglais (ou plutôt la version internationalisée de l'anglo-américain, *lingua franca* du monde marchand moderne). Un autre facteur favorise l'extension de l'anglais : les nécessités liées au maintien de dialogues belgo-belges. En effet, les organismes qui désirent encore bénéficier d'une appellation nationale (ou « fédérale ») ont tendance à recourir à l'anglais pour éviter des frais accrus en matière d'imprimés et pour être dispensés de répondre à la question de la préséance linguistique en leur sein.

L'expansion de l'anglais (se reporter sur ce point au chapitre 17) se manifeste dans de nombreuses enseignes commerciales, de nombreuses indications à l'intérieur des grandes surfaces de distribution, de nombreuses affiches publicitaires. La langue parlée, elle aussi, subit la pression anglaise : Bruxelles, à cet égard, connaît le sort de toutes les sociétés urbanisées modernes, soumises au matraquage d'une culture où dominent les productions anglo-saxonnes, surtout celles qui sont destinées à la jeunesse. Faut-il rappeler combien certaines institutions culturelles francophones, à commencer par les médias de service public, collaborent à cette diffusion ?

La problématique linguistique bruxelloise, on l'a vu, est très complexe. Il ne suffit pas d'aller répétant que la langue française y est parlée par au moins 85 % des habitants de la Région. Ce chiffre, du reste, ne vaut que pour les Belges, lesquels ne constituent que les trois quarts de la population résidante. On a aussi vu qu'il ne valait plus pour la population active. Lieu d'affrontement des deux principales « nations » qui composent le Royaume, Bruxelles est l'objet de surenchères du côté flamand, lequel bénéficie de « facilités » pouvant légitimement passer pour exagérées (sur un gouvernement régional de huit personnes, les Flamands détiennent trois portefeuilles, soit plus du tiers des charges pour un dixième de la population) et qui en use pour promouvoir une politique d'attraction linguistique, notamment en direction des groupes allogènes. C'est ce qui se passe, par exemple, en matière de recrutement scolaire. Mais l'autre danger provient de l'installation, sur le territoire régional, de ces institutions qui ont accru l'importance politique et économique de la ville, et en ont fait l'un des principaux centres de décision du monde actuel : les organes dirigeants de l'Union Européenne, l'OTAN, les filiales des grandes sociétés multinationales (Bruxelles est aussi la deuxième ville de congrès du monde : elle brasse en permanence une population de visiteurs véritablement cosmopolite). Cette situation favorise l'extension de l'anglo-américain, tant écrit que parlé. Celui-ci bénéficie du concours d'autorités locales et fédérales (où domine cette fois l'élément flamand), avant tout soucieuses de conserver à la ville son statut international prestigieux et rémunérateur. Le sort de la langue française à Bruxelles est lié à sa capacité défensive. Certes, partout où il est parlé, et même dans les pays où il est une composante primordiale de l'identité nationale, le français se trouve en situation défensive, comme le sont d'ailleurs d'autres langues, même de diffusion internationale. Mais à Bruxelles, la défense s'effectue contre deux langues d'importances mondiales très contrastées.

En premier lieu, le néerlandais, langue de référence de la majorité des habitants du Royaume, jouit à Bruxelles d'un statut de parité avec le français, bien que les Flamands ne constituent qu'une faible minorité dans la population de la capitale. Cela apparaît moins illégitime, toutefois, lorsque l'on prend en considération, à côté de celle de la population résidante, la composition de la population active. Encore une partie de celle-ci n'est-elle présente à Bruxelles qu'en raison de l'existence d'institutions fédérales et des contraintes du bilinguisme officiel qui favorisent les Flamands.

Publicités en anglais à Bruxelles.
« Try if you dare », In wear. Cl. S.L.F.

En second lieu, l'anglo-américain, lui, a pour avantage d'être, surtout dans sa version simplifiée de langue véhiculaire mondiale, l'idiome de la modernité. Lié à la domination politique et économique des États-Unis, il s'est implanté à Bruxelles comme dans d'autres grands centres de décision, avec d'autant plus de facilité qu'il peut prétendre servir de langue véhiculaire locale (c'est-à-dire, en l'occurrence, de truchement entre les deux communautés). Devenu prépondérant dans le monde des affaires, dans les réunions scientifiques, dans les communications de masse, l'anglo-américain prétend au monopole de l'efficacité. Envahissant les autres langues, surtout dans leurs aspects « branchés », il se comporte, à Bruxelles comme ailleurs, en Cheval de Troie.

La faible passion des décideurs pour leur propre langue (voir Garsou, 1991), aussi manifeste, si pas davantage, à Bruxelles que dans le reste de la francophonie, complique encore la problématique des langues dans la « capitale de l'Europe ». Sans doute ne faut-il pas s'émouvoir outre mesure de ces quelques emprunts lexicaux qui ont mené jadis un Étiemble à crier sus au franglais. Mais le danger est bien plus grand lorsqu'à une langue convenablement maîtrisée, parce qu'elle a servi d'instrument privilégié de socialisation, se substitue un vague « outil de communication » réduit aux contenus les plus instrumentaux, dans le mépris de toute possibilité de construction culturelle quelque peu élaborée. L'enjeu fondamental n'est pas tellement de conserver au français sa place prépondérante à Bruxelles, que de conserver cette place à une langue capable de rendre compte des états de pensée les plus abstraits et les plus universels.

Claude Javeau

Chapitre 14

Le français en Flandre

Dans la présente section, le mot *Flandre* sera utilisé dans le sens large de Belgique néerlandophone. Au sens restreint, le mot désigne deux provinces flamandes (la Flandre occidentale et la Flandre orientale). Au sens historique, il désigne en outre les Flandres française et zélandaise.

L'histoire du français en Flandre est celle d'une relation privilégiée et tumultueuse. Une relation largement méconnue par ailleurs, tant il est curieux de constater combien cette histoire est ignorée, non seulement par nos voisins — au nord comme au sud —, mais même parfois chez nous. Une relation finalement fort complexe aussi, où il est indispensable de tenir compte d'importantes différences temporelles, géographiques, sociologiques et linguistiques : la situation actuelle diffère en effet considérablement de celle d'il y a à peine 50 ans; la situation du français à Bruxelles est par ailleurs à peine comparable à celle de Gand, celle d'Anvers à celle d'Ostende, celle de Bruges à celle d'Ypres ou de Poperinghe... Elle diffère aussi considérablement selon que nous ayons affaire à l'aristocratie ou la petite bourgeoisie, à des commerçants, des ouvriers, des intellectuels ou des administratifs. La méconnaissance de cette diversité peut mener à des descriptions caricaturales du « français en Belgique », fausses et irritantes dans leur simplicité.

En ce qui concerne l'histoire linguistique de la Flandre, deux conceptions erronées sont largement répandues : beaucoup d'entre nous ont une vision fort statique de la « frontière linguistique », avec l'image de populations homogènes, néerlandophone au nord, francophone au sud et ceci depuis le démantèlement de l'Empire romain et les invasions germaniques. S'il est vrai que la frontière linguistique présente dans le temps une remarquable stabilité, il est vrai aussi que l'homogénéité linguistique des populations est toute relative. Les influences linguistiques réciproques, en ce qui concerne notamment les dialectes flamands et wallons sont aussi considérables. Il en va de même pour les langues standard; ainsi, les dialectes flamands fourmillent de mots d'origine française, comme en témoignent les mots flamands suivants : *velo*, *guidon*, *frein*, *rayon* (dialecte de Flandre occidentale), pour rester dans le champ de la bicyclette... En ce qui concerne les mots en néerlandais standard du sud empruntés aux français et inconnus dans le Nord, voici quelques exemples : *affront - belediging* 'affront'; *vest - jas* 'veste', 'veston'.

Beaucoup cultivent aussi l'idée que la francisation avortée de l'administration, de l'aristocratie et de la bourgeoisie en Flandre aurait été la conséquence de l'occupation française (entre 1794 et 1814). En réalité l'histoire linguistique de la Flandre est bien plus celle d'un bi-(ou même pluri-)linguisme quasi-constant, aux liens étroits et aux influences réciproques et vivant — jusqu'au XIXe siècle — une cohabitation largement pacifique. La notion de « conflit linguistique » s'avère un concept relativement moderne.

1. Bref aperçu historique

La présence du français en Flandre a connu à travers l'histoire des fluctuations assez sensibles. Très sommairement nous pourrions dessiner la courbe suivante : attesté depuis le XIIe siècle dans le comté de Flandre, le français était à son apogée durant la période bourguignonne, pour connaître ensuite un déclin progressif avec comme point le plus bas les XVIIe et XVIIIe siècles. Une francisation à partir de l'aristocratie s'opère à partir de 1750 sous la domination autrichienne et devient massive sous le régime français. Malgré les efforts de néerlandisation de l'administration du roi Guillaume Ier pendant la période hollandaise, la situation reste stable jusqu'au milieu du XIXe siècle. À partir de 1870, sous l'impulsion du « mouvement flamand », on assiste à un recul constant et accéléré du français pour aboutir au principe juridique de l'unilinguisme néerlandais, confirmé par une série de dispositions légales dans la décennie 1930.

Si les premiers documents en français sont attestés dans le comté de Flandre depuis le XIIe siècle et que l'existence d'une minorité francophone y est illustrée par les fameuses « matines brugeoises », il en va tout autrement à Anvers ou à Bruxelles, qui eux étaient rattachés au comté de Brabant et où ce n'est qu'à partir du XVe siècle qu'on constate une présence francophone, en particulier dans les contacts avec l'administration bourguignonne. Le bilinguisme d'une

Livre de prières en latin et en français.
« Livre d'Heures », Ms. 331, f° 125, Stadsbibliotheek, Brugge. Copyright Stad Brugge.

partie de la population à Anvers n'apparaît qu'au XVIe siècle, et ceci essentiellement pour des raisons commerciales, le français ayant repris le rôle du latin en tant que langue internationale. Plusieurs écrits témoignent de la polyglossie des Flamands à cette époque. Ainsi l'Italien Ludovico Guicciardini établi à Anvers loue en 1567 les Anversois pour leur plurilinguisme : « Il y en a presque un nombre infini, lesquels, outre leur langue maternelle, combien qu'ils n'aient été jamais hors du pays, savent aussi parler divers langages et principalement le français, lequel ils ont fort familier et plusieurs quelques langages plus lointains ».

La séparation du Nord et du Sud des Pays-Bas, qui résulte de la révolte des Provinces-Unies protestantes contre la domination catholique espagnole, plonge la Flandre dans un isolement linguistique et culturel et une profonde récession économique. Le déclin du français touche en réalité également le néerlandais : les dialectes flamands, à cette époque du moins et contrairement à la situation en Hollande, continuent à se morceler et ne donnent pas lieu à l'élaboration d'une langue standard stable.

La renaissance du français eut lieu vers 1750, selon l'ouvrage bien documenté de Marcel Deneckere (1954), et doit être située dans le contexte européen plus large du siècle des Lumières, où le français devient la langue culturelle, mondaine et scientifique par excellence. Ceci en premier lieu au détriment du latin. Des langues nationales aussi évidemment, mais alors que, dans les autres pays, à partir de la fin du XVIIIe siècle, on constate une saine réaction contre cette « gallomanie » en réhabilitant les langues nationales, cette réaction n'apparaît que très tardivement en Flandre, à quelques exceptions près (Verlooy, Verhoeven, Wauters). L'absence de réaction est due en partie à l'état du néerlandais en Flandre : « Tandis que dans le nord le néerlandais continuait sans interruption son évolution sous ses formes parlée et écrite, dans le sud il stagnait et se morcelait en parlers locaux » (Deleu, 1981). Souvent, le néerlandais était non seulement mal connu, mais même méprisé par une catégorie des Flamands ayant étudié en France selon la mode de l'époque (Verlooy, *Verhandeling op d'onacht der Moederlijke Taal in de Nederlanden*, Maastricht, 1788).

La francisation progressive, qui touche en premier lieu l'aristocratie et la haute bourgeoisie, est renforcée, approfondie et étendue à d'autres couches de la population durant l'occupation française (entre 1794 et 1814), sans toutefois toucher la population la plus pauvre. Il en résulta, au XIXe siècle, une situation linguistique complexe et un climat social explosif. Cette situation sociale, accompagnée d'une démocratisation profonde et d'un bien-être croissant, expliquent, l'éclosion du mouvement flamand, à la recherche de sa propre identité culturelle. Plus encore que l'action positive du roi Guillaume Ier pendant la période hollandaise (1815-1830), c'est ce mouvement qui est responsable de la progression du néerlandais en Flandre. À côté de la régression du français, il a eu pour conséquence la création et l'utilisation toujours croissante du néerlandais standard.

L'État belge fondé en 1830 est unitaire. Malgré l'article 23 de sa Constitution qui affirme la liberté d'usage de la langue, sa seule langue officielle est le français. C'est celle de la classe dirigeante bruxelloise, c'est aussi celle de l'élite flamande francophone et des Wallons urbanisés et cultivés. La majorité de la population du royaume est — et restera — flamandophone. Cet État unilingue va se transformer entre 1850 et 1980 en un État semi-fédéral et bilingue. Pendant une première période se forme un mouvement de défense et de promotion de la culture et de la langue flamandes. Il aboutit à la reconnaissance légale de l'usage public du néerlandais en Flandre, qui devient une région bilingue (1873-1878). À partir de ce moment, nous assistons à une lente mais irrépressible évolution d'une région bilingue

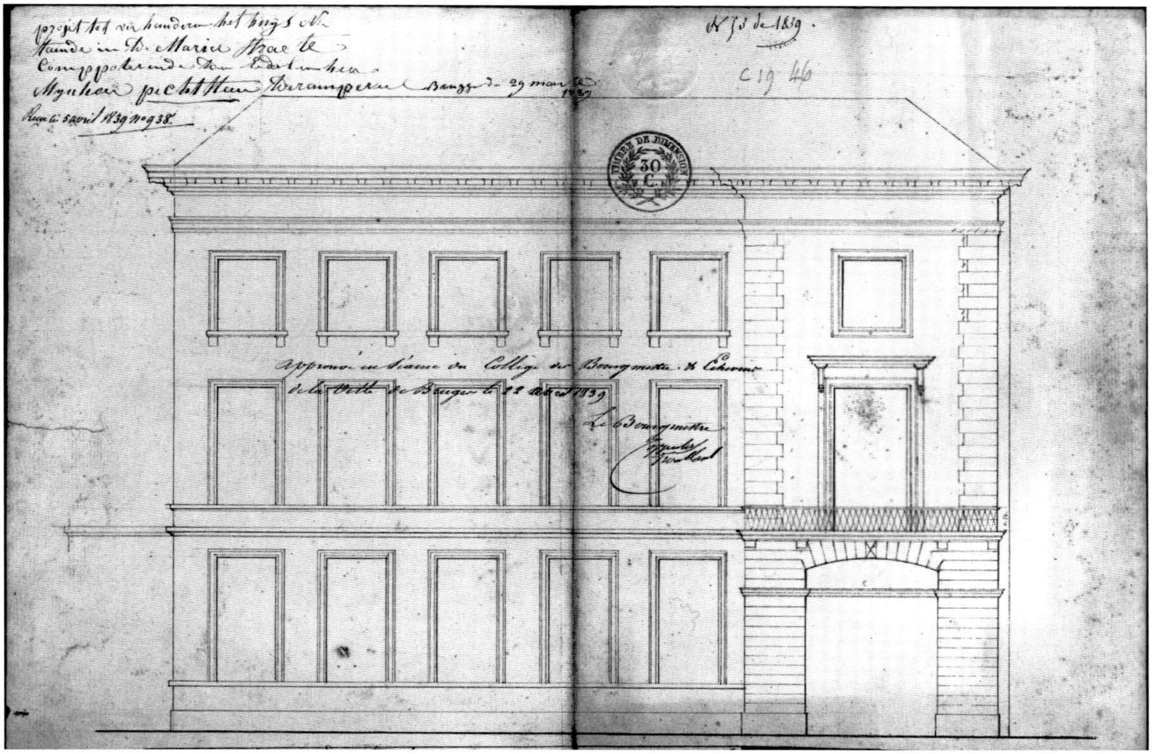

Projet de construction d'une maison soumis aux autorités de la ville de Bruges : les notes du Collège des échevins sont en français; les notes de service en néerlandais.
« Plan de bâtiment, 9 Mariastraat à Bruges », Stadsarchief, Bruges, 1839. Copyright I.R.P.A-K.I.K., Bruxelles.

vers une région monolingue néerlandophone. Cette évolution est entérinée au cours des années 1930 par une série d'arrêtés officiels. Citons quelques dates clés : 1930, néerlandisation de l'Université de Gand; 1935, adoption de la langue néerlandaise comme langue officielle de la région en matière judiciaire; 1938, loi concernant l'usage des langues à l'armée; 1963, loi réglant l'emploi des langues en matière administrative; 1963 encore, enseignement obligatoire en néerlandais. De nos jours, le mouvement flamand a atteint la plupart de ses objectifs : la délimitation du territoire néerlandophone, la reconnaissance de la culture et de la langue néerlandaises, dans laquelle s'expriment l'administration, la justice et les institutions scolaires.

L'évolution se déroula, bien sûr, par étapes et en passant par des formes variées et originales de diglossie. Les différents groupes de la population évoluent selon leur propre rythme. Ceci explique entre autres l'existence jusqu'à ce jour d'une minorité francophone et d'un groupe encore important de bilingues. Dans certains secteurs, l'évolution fut particulièrement lente : le déclin du français dans le secteur industriel à Gand constitue un exemple particulièrement frappant : une enquête, datée de 1959, auprès de 112 entreprises (de

« Le Zoute Knocke s./m. Belgique,
Chemins de Fer de l'Etat belge »,
Affiche en couleurs de Gustave Flasschoen. Cl. S.L.F.

L. Marfurt, « België. De Kust »,
MAF 8337, Musées Royaux des Beaux-Arts de Belgique, Bruxelles. Cl. M.R.B.A./CUSSAC, Bruxelles.

200 ouvriers ou plus) en Flandre orientale montre combien le français est encore largement utilisé comme langue de communication dans l'administration et entre cadres. La connaissance du français est à ce moment toujours ressentie comme une condition *sine qua non* pour toute promotion sociale. En 1973, l'utilisation obligatoire du néerlandais pour la communication interne entre employeurs et employés est instituée par loi.

2. Situation sociolinguistique du français en Flandre depuis 1830

Anvers, une ville officiellement bilingue au XIXe siècle.
Plaque de rue : « Groen Plaets - Place Verte ».
Inv. 35.4.48, Museum Vleeshuis, Anvers.
Copyright I.R.P.A.-K.I.K., Bruxelles.

En reprenant la terminologie de Pietersen (1980 : 58), l'évolution de la situation bilingue en Flandre depuis 1830 pourrait être décrite schématiquement en quatre étapes :

- Dans un premier mouvement, la situation est celle d'un « bilinguisme hétérogène », de deux langues parlées par des ensembles distincts de personnes dans un même territoire géographique : l'aristocratie et la bourgeoisie des villes pratiquent le français, tandis que le reste de la population parle un dialecte néerlandais. Une petite partie de la population est bilingue. La frontière linguistique à l'intérieur de la Flandre est avant tout une frontière sociale.
- Dans une deuxième étape se développe un « bilinguisme homogène » de nature diglossique : une partie croissante de la population devient bilingue, le français restant la langue de promotion et de prestige.
- Dans un troisième mouvement, le français perd progressivement son statut social privilégié et, le néerlandais standard étant utilisé à tous les niveaux de communication, les deux langues acquièrent un statut social comparable.
- Dans une quatrième et dernière phase, le monopole du néerlandais s'installe et la Flandre, défrancisée, pratique l'unilinguisme néerlandais. Le français acquiert le statut de langue étrangère.

Ce tableau, par trop schématique et simplifié, doit être nuancé et complété sur beaucoup de points : ainsi, le bilinguisme ne concerne évidemment pas l'ensemble de la population. D'autre part, la chronologie peut être individuellement fort différenciée. Si la Flandre dans son ensemble a parcouru les quatre étapes, il n'en va pas de même pour chaque individu concerné. Le schéma permet toutefois déjà de constater les changements profonds qui se sont récemment opérés dans la situation linguistique en Flandre. Il permet aussi de mesurer combien cette situation linguistique reflète une situation sociale particulière, combien l'utilisation d'une langue peut constituer une forme de pouvoir d'une part, un moyen de promotion sociale d'autre part. L'évolution linguistique en Flandre au cours de ce dernier siècle est une illustration presque exemplaire de l'importance de la langue dans les rapports sociaux : un réel laboratoire pour les sociolinguistes.

Le tableau permet, d'autre part, de situer certains groupes de la population dans l'évolution globale.

Ainsi, les classes sociales moins favorisées des villes et la quasi-totalité de la population rurale ont toujours connu le monolinguisme dialectal et une administration en langue étrangère (qu'elle soit française, espagnole ou même néerlandaise) : ce n'est que récemment, avec la scolarité obligatoire jusqu'à 16 ans, que l'ensemble de la population a accès au français en tant que langue étrangère. Ce n'est aussi que très récemment que cette partie de la population utilise de façon croissante le néerlandais standard, à côté des divers dialectes flamands.

Pour les classes supérieures, l'aristocratie et la haute bourgeoisie, le français est resté très longtemps la langue de culture et la seule langue pratiquée en milieu familial. L'utilisation d'une langue différente par la classe dominante, accompagnée d'un sentiment de privilège et de supériorité, a longtemps accentué la distance entre les classes possédantes et le peuple.

La frontière linguistique en Flandre est aussi une frontière sociale et économique. Si une petite minorité reste de nos jours essentiellement francophone, n'éprouvant aucun besoin réel d'assimilation avec l'environnement néerlandophone, la situation actuelle pour ce groupe social est le plus souvent celle d'un bilinguisme de nature diglossique : le français en famille et entre amis, le néerlandais à l'extérieur. Il y a toutefois des différences importantes entre les villes et la campagne, ainsi que d'une ville flamande à l'autre : si Gand connaît encore une minorité de francophones, éditant son propre hebdomadaire en français — le (nouveau) *Courrier de Gand* —, et fréquentant ses propres cercles culturels et sportifs, la situation, à Bruges par exemple, est différente, dans la mesure où les francopho-

VLM
ANTWERP - LONDON CITY
4 return flights weekdays
Contact VLM (03/230.90.00) or your travel agent

LE LLOYD

L'ÉCONOMIE DES TRANSPORTS AU QUOTIDIEN

Droit & Assurances Maritimes
Voir page 4

Jeudi 5 décembre 1996

SHIPPING

Pertes d'emplois chez P&O NSF

Grève des services de remorquage et de pilotage à Auckland

Singapour maintient les ristournes pour PC

La conception de pétroliers à double paroi en question

3.500 m² pour le stockage de produits chimiques dangereux

Mond & Cie inaugure un nouvel entrepôt Classe 1 à Welkenraedt

La société des transports internationaux Mond a inauguré il y a quelques jours sur son site à Welkenraedt un nouveau bâtiment destiné au stockage de produits chimiques dangereux et non dangereux. Ce bâtiment fait 5.000 m², dont 3.500 m² de classe 1. Il représente un investissement de 60 mio. de BEF. A cette occasion, la société s'est vue remettre la certification ISO 9002.

Mond & Cie est spécialisé dans le transport de produits chimiques dangereux ou non par véhicules bâchés. Le développement de cette activité et le besoin d'offrir davantage de services aux entreprises chimiques a poussé la société à investir 60 mio. de BEF dans un nouvel entrepôt, qui porte à plus de 5.000 m2 sa superficie de stockage Classe 1.

Entreposage

Produits chimiques

McDonnell participera à la construction du superjumbo de Boeing

DB va investir 81 mia. de DEM d'ici 2001

« Le lloyd », le dernier quotidien francophone de Flandre.
Cl. S.L.F.

nes, moins nombreux, se sont mieux intégrés dans la bourgeoisie néerlandophone.

Dans les milieux intellectuels, si la francophonie persiste, elle est progressivement concurrencée par une intelligentsia néerlandophone de plus en plus nombreuse et cosmopolite. Les deux groupes sont par ailleurs bilingues, mais, alors que pour les francophones il s'agit souvent d'une situation diglossique (français à la maison, néerlandais à l'extérieur), pour les néerlandophones le français, souvent bien connu, est une langue étrangère, pratiquée en cas de nécessité avec les Belges francophones ou les Français. Ce groupe se distingue par ailleurs par l'utilisation généralisée du néerlandais standard, au détriment du dialecte. Les deux groupes se rejoignent de plus en plus, et c'est sans doute dans cette catégorie sociale que la francophonie perd le plus de terrain.

C'est de ce groupe d'intellectuels francophones ou néerlandophones que sont issus la plupart des grands écrivains de Flandre du siècle dernier : Maurice Maeterlinck, prix Nobel de littérature (1911), Émile Verhaeren, Charles van Lerberghe, Georges Eekhoud écrivaient en français, ainsi que, quelques années plus tard, Michel de Ghelderode, Jean Ray, ou Suzanne Lilar. Hendrik Conscience, Karel Van de Woestyne, Albrecht Rodenbach, Cyriel Buyse et bien d'autres écrivaient, eux, en néerlandais. Une situation linguistique bien parti-

Cénacle francophone d'auteurs symbolistes et de peintres néo-impressionnistes.
De droite à gauche, on reconnait : Felix Le Dantec, biologiste français, Emile Verhaeren, poète belge d'expression française, Francis Vielé-Griffin, poète français d'origine américaine; de dos, Henri Cross, peintre français; debout, appuyé sur la cheminée, Felix Fénéon, journaliste et critique français; la main au front, André Gide, écrivain français, Henri Ghéon, poète et auteur dramatique français, Maurice Maeterlinck, écrivain belge d'expression française. Sur la cheminée, une oeuvre du sculpteur symboliste belge, George Minne.
« La lecture », Théo van Rysselberghe. Musée des Beaux-Arts, Gand. Copyright I.R.P.A.-K.I.K., Bruxelles.

culière en réalité, « qui offrait à l'écrivain l'étrange privilège de pouvoir choisir sa langue » (Smekens, 1982).

La petite bourgeoisie, quant à elle, voyait dans l'apprentissage et l'utilisation du français un moyen de promotion sociale. Ses aspirations de mobilité, de reconnaissance sociale, de différenciation aussi par rapport à la classe ouvrière, passait par l'utilisation, du moins en public, de la langue des classes supérieures. Cette situation s'est radicalement modifiée durant les trente dernières années, avec la reconnaissance pour le néerlandais d'un statut social équivalent au français.

L'utilisation variable du français selon les groupes sociaux s'accompagne aussi de différences sur le plan de la qualité de la langue : si l'aristocratie et la bourgeoisie parlent un français réputé pour sa qualité et qualifié parfois de « sans accent », il en va tout autrement pour la langue parlée par la petite bourgeoisie, où les interférences avec le néerlandais et surtout avec le dialecte flamand sont légion.

3. La situation actuelle du français en Flandre

Cette histoire linguistique complexe a laissé des traces dans la situation actuelle du français en Flandre : des traces positives sans aucun doute si l'on tient compte du fait que le niveau de connaissance du français en Flandre dépasse, et de beaucoup, la connaissance de cette même langue dans les régions et pays environnants : une comparaison avec les Pays-Bas est fort révélatrice sur ce point. On peut toujours parler d'une situation privilégiée, bien que l'opinion généralement répandue (chez les professeurs, inspecteurs, industriels, etc.) soit que cette connaissance recule à grands pas.

Des conséquences négatives se perçoivent toutefois sur le plan psychologique : il y a encore des traces manifestes d'une attitude défensive par rapport au français. Révélatrices à ce sujet sont, par exemple, les lettres de lecteurs à l'occasion de la discussion concernant l'introduction du français au jardin d'enfants ou autres problèmes linguistiques plus ou moins délicats. Symptomatique aussi, l'attitude de la minorité francophone, dont le nombre est en voie de diminution constante, et qui, de plus en plus, n'utilise le français qu'au sein de la famille, allant même parfois, dans les enquêtes, jusqu'à parler d'une situation de « ghetto ».

Les blessures sociales se cicatrisent toutefois rapidement et une évolution positive vers une image plus neutre se fait jour. Ainsi, Hugo Baetens-Beardsmore constate, dans ses conclusions d'une étude sur l'attitude des étudiants néerlandophones à Bruxelles, une ouverture réelle pour le français et un degré élevé de bilinguisme. Ceci est interprété comme un signe de sécurité linguistique en ce qui concerne la langue maternelle. Il parle de souplesse et de maturité linguistique, où l'utilisation du français ne va plus de pair avec la crainte d'une perte d'identité comme par le passé.L'influence négative d'une situation linguistique complexe et passionnée se fait ressentir aussi sur un tout autre plan : très peu d'études se sont intéressées à la situation réelle du français en Flandre. Sur ce point, pas mal d'idées préconçues circulent, mais bien peu de données objectives et fiables. Une étude en cours à l'Université de Gand cherche à faire le bilan de la connaissance réelle du français en Flandre suivant les classes sociales et les régions, ainsi qu'une analyse des besoins sur les plans économique, professionnel et culturel.

3.1 La majorité néerlandophone

En ce qui concerne l'état actuel de la connaissance du français en Flandre, l'opinion généralement répandue est celle d'un recul considérable au profit de l'anglais et d'un passage d'un bilinguisme actif à un bilinguisme passif. Il semble toutefois que cette opinion doive être nuancée, compte tenu des groupes socio-professionnels : ainsi, les commerçants dans les villes parlent encore un français très acceptable. Il en va autrement dans le secteur public (la poste, par exemple) où la connaissance est bien plus limitée. Sur ce plan, il est intéressant de noter que les lois linguistiques en matière administrative ne font pas état de besoins ni d'exigences en langues étrangères : un fonctionnaire n'est pas tenu de connaître une deuxième langue (ni en Flandre, ni en Wallonie), sauf à Bruxelles.

L'âge joue aussi un rôle considérable : en gros, le français des personnes au-delà de 35 ans est souvent encore bon. En dessous de cette limite, la connaissance est bien plus restreinte. Il y a probablement aussi des différences d'une région à l'autre, qu'il s'agit encore d'étudier en détail. Ainsi la proximité d'une frontière, le développement du tourisme (dans la région côtière, par exemple) sont des facteurs qui jouent un rôle non négligeable.

Pourtant, quand on considère le choix que font les élèves flamands en ce qui concerne la deuxième langue à l'école, les chiffres de l'Institut national de Statistiques nous montrent que la grande majorité (plus de 90 %) choisissent le français comme deuxième langue plutôt que l'anglais. Ceci ne résulte pas le plus souvent, il est vrai, d'une préférence des élèves eux-mêmes pour cette langue, mais bien d'un choix délibéré et rationnel des parents. Toutefois, selon les enquêtes effectuées, ces étudiants ne regrettent généralement pas ce choix.

Un autre fait intéressant est la place importante qu'occupent d'autres formules de perfectionnement linguistique : le succès toujours grandissant des cours du soir, des stages de langue, des cours dominicaux, de l'enseignement du français lors du service militaire, etc. Ces faits semblent confirmer l'hypothèse que, si qualitativement le français est en effet en régression, quantitativement des couches plus larges de la population pratiquent un bilinguisme minimal.

Il reste néanmoins que la jeunesse flamande domine de moins en moins bien la seconde langue nationale. Si l'on se penche sur les raisons de cette désaffection, il est sans doute aisé d'accuser la politique de l'enseignement : le nombre d'heures accordées à l'enseignement de la deuxième langue a certes diminué jusqu'à atteindre la modeste moyenne de 3 heures par semaine. Ceci n'est sans doute pas énorme, mais n'explique toutefois que partiellement la situation. On ne peut s'empêcher de penser qu'avec ce nombre d'heures (durant 8 ans) les prestations devraient être meilleures. C'est, semble-t-il, surtout la motivation qui fait défaut, les jeunes étant culturellement plus attirés par le monde anglo-saxon. Ce phénomène n'est toutefois pas propre à la Flandre. Ce n'est souvent que plus tard, après l'enseignement secondaire, que la conscience de l'importance de la connaissance du français fait son apparition : d'où le succès croissant des cours du soir pour adultes.

Le français pâtit également d'un problème d'image : pour beaucoup d'élèves, il y a une sorte de crainte, de timidité par rapport au français, qu'ils trouvent en général difficile : ils ont l'impression, pas nécessairement correcte, de parler plus facilement et mieux l'anglais.

En ce qui concerne les besoins de français en Flandre, ceux-ci ont fait l'objet de plusieurs études et enquêtes, en particulier dans le monde des entreprises, et la situation est bien connue. Nous pouvons la résumer en quelques points :

- La connaissance des deux langues nationales s'avère indispensable dans la mesure où le marché d'exportation le plus immédiat des entreprises flamandes se situe à l'intérieur même des frontières belges. Quel que soit le secteur économique pris en considération, partout on souhaite, à côté d'une connaissance excellente de la langue maternelle, une bonne connaissance du français, et ce avant l'anglais. *Mutatis mutandis*, ceci est également le cas pour la Wallonie, où une enquête récente confirme que 76 % des entreprises entretiennent des rapports étroits avec la région flamande du pays et où 75 % des cadres des entreprises sont confrontés avec le néerlandais.
- Les entreprises constatent toutefois que la connaissance du français n'est pas suffisamment adaptée aux besoins professionnels concrets : elles souhaiteraient une meilleure maîtrise du vocabulaire de base et constatent que les aptitudes productives (parler, écrire) posent plus de problèmes que les aptitudes réceptives (lire, écouter). Parmi ces dernières, la lecture d'un texte semble

moins problématique que la compréhension orale. En bref, elles déplorent que la conversation manque de clarté, de fluidité et de naturel, que le bon maniement des formules de politesse (vouvoiement, emploi du conditionnel) laisse souvent à désirer. La maîtrise parfaite du français leur paraît moins importante que l'audace, la clarté et la bonne compréhension du message.

Pour pallier ces lacunes, les entreprises sont souvent prêtes à financer une formation linguistique complémentaire. Les grandes entreprises vont même jusqu'à créer des services de formation en langues étrangères au sein même de l'entreprise (les banques, par exemple).

Les besoins en français ne se situent toutefois pas uniquement sur le plan économique et professionnel. Pour les Flamands, la France reste le pays de vacances par excellence et beaucoup d'entre eux souhaitent pouvoir lire des livres et magazines francophones, sans oublier les chaînes de télévision françaises, accessibles à tous et depuis de nombreuses années par l'intermédiaire d'un système câblé.

3.2 La minorité francophone

Le nombre de francophones en Flandre est particulièrement difficile à évaluer. Il n'aurait jamais dépassé les 3 % de la population, sauf dans l'arrondissement de Louvain, si l'on en croit les recensements linguistiques effectués entre 1846 et 1947. Si, de 1846 à 1930, on constate une courbe ascendante, le nombre va diminuant entre 1930 et 1947. Selon des estimations diverses, portant sur le nombre d'étudiants flamands dans les universités francophones, la distribution de la presse francophone en Flandre et autres paramètres, ce mouvement descendant se confirme depuis lors.

Un fait important sur le plan social est la répartition géographique des francophones flamands : ils sont en effet répartis sur l'ensemble du territoire, tant dans les villes qu'à la campagne, avec toutefois une concentration plus importante dans les grandes villes (Anvers ou Gand).

Si nous nous référons au schéma des diverses étapes linguistiques parcourues depuis 1830, les francophones flamands en sont restés à la deuxième : une situation diglossique de fait, chacune des langues ayant son domaine et sa fonctionnalité propres. La diglossie n'oppose toutefois plus une variété linguistique de prestige à une autre variété moins prestigieuse, mais se situe à un autre niveau fonctionnel, que nous décrirons ci-dessous.

Si la diglossie concerne la majorité des francophones, la situation n'est pas non plus uniforme : certains d'entre eux, en particulier les jeunes, suivent l'évolution générale et se servent de plus en plus

Les francophones en Flandre. Quel statut pour cette minorité ?
Dirk Wilmars, « De psychologie van de franstalige in Vlaanderen », Standaard Bibliotheek, 1966.
Cl. S.L.F.

du néerlandais, d'autres, recrutés en général parmi les personnes plus âgées, ne connaissent pas ou peu le néerlandais et en sont restés au premier stade de l'évolution.

Une enquête effectuée auprès des francophones de Gand et portant sur l'utilisation des deux langues montre une différence considérable entre les domaines privé et public. Alors que, dans le domaine privé, en famille ou entre amis, le français est pour toutes les générations la langue majoritaire et que cette situation reste très stable, dans le domaine public, on constate une différence importante d'une génération à l'autre : pour les jeunes, l'emploi prépondérant du néerlandais dans les magasins ou au travail est indéniable. L'évolution en une génération a ici été rapide : il y a 40 ans, tout francophone faisait toujours et partout ses courses en français. C'est cependant encore toujours du français que ces personnes se servent chez le coiffeur ou chez le médecin, qui est par ailleurs souvent un ami de la famille.

Ils restent aussi très attachés à la culture française, comme en témoigne la survie contre vents et marées de cercles artistiques et littéraires francophones, de représentations théâtrales ou de cycles de conférences en français. Ceci principalement dans les grandes villes flamandes, telles Gand et Anvers. Signalons également l'existence de clubs sportifs et de groupements de jeunesse essentiellement francophones. Par rapport au néerlandais, le mépris a fait place à une acceptation neutre.

Enseignes en français à Louvain.
Cl. S.L.F.

Les francophones flamands sont passés d'une position privilégiée à une situation minoritaire. Leur francophonie, si elle ne s'accompagne pas d'une connaissance parfaite du néerlandais, peut même, de nos jours, constituer un handicap sur le plan politique, économique ou administratif. La plupart acceptent leur position minoritaire et la nécessité d'une bonne connaissance du néerlandais, mais revendiquent la liberté de parler le français en famille et dans leur cercle d'amis. Certains ressentent un malaise et regrettent l'isolement social, dont ils prennent par ailleurs une part de responsabilité (de par leur arrogance et prétention d'antan). Quelques témoins, plus âgés, éprouvent de la nostalgie pour une situation antérieure, où le français était la langue de prestige. Par rapport à l'avenir, la plupart prévoient avec regret mais sans réelle opposition, une flamandisation toujours plus complète de la Flandre.

Dominique WILLEMS

Le cas de Fouron

Petite commune de moins de 5.000 habitants, située sur le plateau de Herve, Fouron est près d'être mondialement connue. Jérusalem pour les uns, Alsace-Lorraine pour les autres, c'est en effet le lieu où se cristallise le contentieux « communautaire » belge.

Indépendamment du rôle de révélateur politique qu'elle assume depuis plus de trente ans, la commune apparait comme un véritable laboratoire sociolinguistique (Klinkenberg, 1988a). En effet, en l'espace d'une génération, la population y est passée d'un état de polyglossie (système où plusieurs variétés linguistiques coexistent dans un même groupe, les membres du groupe sélectionnant ces variétés en fonction de leurs besoins communicatifs) à un système où la totalité des besoins est assurée par une seule variété.

Le moteur de cette mutation spectaculaire fut le rattachement des Fourons — six communes, qu'on devait fusionner en 1977 — à la province flamande de Limbourg pv, en application d'une loi qui entendait clicher la frontière linguistique belge. Cette loi de 1962 parachevait un processus législatif en cours depuis les années 30 et visant à appliquer le principe de l'unilinguisme des régions. Jusqu'à cet article de loi, voté majorité flamande contre minorité francophone, les Fourons appartenaient à la province de Liège , seule province belge qui ait jamais disposé d'une administration trilingue (Beaufays *et al.*, 1985).

En gros, depuis le XIXe siècle jusqu'au milieu du XXe siècle, la région présentait un état de polyglossie que la structure économique du plateau herbager explique bien. Coupés des secteurs de l'ancien duché de Limbourg dc devenus hollandais, les habitants devaient entretenir la majeure partie de leurs contacts économiques avec l'espace belge environnant : soient les zones romanes du plateau de Herve et les centres wallons des alentours : Visé, Liège, Verviers.

Les variétés linguistiques concurrentes sont alors au nombre de trois (voire de quatre).

La première variété est le dialecte originel, qui assume l'essentiel des communications locales informelles. C'est une variété germanique, qui présente des différences de commune en commune (la région relève, à l'Ouest, du dialecte limbourgeois, la partie orientale relevant du francique ripuaire), sans toutefois être spectaculairement hétérogène.

Deux autres variétés jouent le rôle de langue standard. En premier lieu, celle qui était la plus proche du parler vernaculaire, et qui allait devenir le néerlandais. Langue de l'Église, ce néerlandais allait aussi devenir langue d'alphabétisation. Ce n'est toutefois que dans les années 30 de ce siècle que le mouvement flamand prend en charge la situation fouronnaise.

Le second standard est le français, dont le rôle s'explique par des raisons essentiellement économiques : l'économie laitière, orientée vers la satisfaction de demandes urbaines, nécessite de nombreux contacts avec les milieux francophones et, au XXe siècle, une partie de plus en plus importante de la population a son travail en dehors de Fouron. C'est donc le français qui est choisi comme langue d'enseignement secondaire et qui tend à dominer symboliquement.

Une quatrième variété — vernaculaire — a pu jouer un certain rôle, mais plus effacé ; le wallon. Sa présence s'explique pour les mêmes raisons que celle du français : pendant longtemps, les partenaires de l'économie fouronnaise ont eux-mêmes vécu dans un bilinguisme franco-wallon.

À première vue, le transfert de province, que la logique de la répartition des dialectes semblait justifier, ne devait pas entrainer de bouleversement linguistique : il garantissait en effet les droits acquis tant par le néerlandais que par le français. Mais la réaction de la majorité des Fouronnais, où se manifesta une convergence d'intérêts entre la masse de la population et la petite bourgeoisie, fut vive et rapide : cette majorité se rebella devant l'identité nouvelle qui lui était proposée de l'extérieur, tandis qu'une minorité se déterminait de manière positive, sur la base d'autres intérêts symboliques. Le rapport entre les deux blocs, qui affecte l'ensemble des comportements sociaux — clans familiaux, sociétés, cafés —, est depuis lors resté relativement stable (le contrôle social sévère qu'exerce le milieu villageois rendant les glissements peu probables). Il se traduit, sur le plan politique, par des élections qui donnent invariablement un soixantaine de pour cent des voix à la liste « Retour à Liège ».

Les Fouronnais ont tiré les conséquences linguistiques de leurs choix symboliques, en adoptant les comportements dominants dans les deux grands groupes culturels belges : ils ont rejoint le régime de l'unilinguisme des individus, et renforcé le rôle des langues standards. Celles-ci seront désormais vécues comme antinomiques et non plus comme complémentaires. Tous les indicateurs concordent pour accorder au français un taux d'usage qui va de 54 à 70 %, pour 29 à 45 % au néerlandais. Paradoxalement donc, le rattachement de Fouron au Limbourg a amené le français à assumer des rôles qu'il ne jouait pas jusque -là (comme celui de langue d'alphabétisation) et a donc globalement renforcé sa position.

Corrélativement au renforcement des langues standards, on assiste à l'étiolement de la variété vernaculaire : chez ceux qui ont opté pour le français bien sûr, mais aussi chez ceux qui ont opté pour le néerlandais, le dialecte tend à disparaitre. Tant sur le plan linguistique que sur le plan symbolique, on a donc assisté à la constitution, en un même lieu, de deux sous-groupes homogènes et nettement séparés.

Jean-Marie KLINKENBERG

Chapitre 15

Le français en région germanophone

La Belgique germanophone est constituée de deux ensembles géographiques dont les destins historique et linguistique furent fort différents. Le premier est désigné du nom d'« Ancienne Belgique » (en allemand *Alt-Belgien*) et comprend les territoires germanophones qui faisaient partie de la Belgique de 1830 ; le second est dit « Nouvelle Belgique » (*Neu-Belgien*), terme qui désigne la partie germanophone des cantons prussiens annexés par la Belgique, ainsi que l'ancien territoire de Moresnet-neutre.

1. L'Ancienne Belgique

L'Ancienne Belgique n'est ni géographiquement ni dialectalement homogène : elle comprend d'une part des communes du nord de la province de Liège (Montzen, Welkenraedt, Henri-Chapelle, etc.), et deux zones jouxtant le grand-duché de Luxembourg, l'une située au sud de Vielsalm, l'autre, la plus importante, comprenant presque toutes les communes de l'arrondissement d'Arlon. Sur le plan dialectal, on y trouve, en allant du nord au sud, un éventail de variétés franciques, du ripuaire au mosellan.

La francisation de l'Ancienne Belgique était déjà bien engagée au XIXe siècle. Ainsi, l'efflorescence du bourg d'Athus entraina une immigration francophone qui fit alors basculer le régime linguistique de la commune. Renforcé par une réaction anti-allemande, ce processus s'est poursuivi dans les années qui ont immédiatement suivi la première guerre mondiale. Le mouvement affecte surtout le principal centre administratif : Arlon. Dès le début du siècle, la prédominance du parler germanique y était menacée ; mais sa francisation s'accélère spectaculairement après 1918. Dorénavant, la ville n'apparait plus comme germanophone, et elle entraine dans son orbe les localités avoisinantes. On doit certes manipuler avec prudence les chiffres fournis par les recensements, notamment parce que les dialectes y sont assimilés au standard de la même famille linguistique et parce que, dans les inventaires qui ont eu lieu à cinq reprises entre 1846 et 1900, il n'y a pas d'indication sur la langue la plus fréquemment utilisée. Toutefois, leurs résultats sont éloquents ; ils témoignent, au XIXe comme au XXe siècle (1910, 1920, 1930 et 1947), du recul des variétés germaniques : les communes de Beho, Baelen, Henri-Chapelle deviennent ainsi officiellement francophones en 1930.

Le régime des langues dans l'enseignement devait sceller le destin des parlers en présence : « L'instruction obligatoire ne se donne qu'en français à l'école primaire dans les communes mixtes où cette langue domine, l'allemand n'y étant enseigné que deux heures par semaine » (Dewachter, 1934 : 273). On a donc assisté à un lent processus de folklorisation de la variété locale. Dans la province de Luxembourg, on assiste toutefois à une réhabilitation du dialecte, notamment sous l'impulsion du mouvement culturel *Arelerland a Sprooch*. Le dynamisme du luxembourgeois, langue nationale au grand-duché depuis 1984, constitue un précieux adjuvant dans cette entreprise.

2. La Nouvelle Belgique

La Nouvelle Belgique, ou Belgique orientale, coïncide avec ce qu'ailleurs en Belgique on nomme communément « Cantons de l'Est ». Elle compte approximativement 79.000 habitants (dont 68.000 sont germanophones), répartis dans les cantons d'Eupen, Malmedy et Saint-Vith. On notera que les terres rattachées à la Belgique après la première guerre mondiale incluaient le secteur roman de Malmedy.

Si cet ensemble est moins hétérogène que l'Ancienne Belgique, les entités régionales que l'on y distingue présentent des physionomies assez différenciées, tant au point de vue géographique et démographique qu'au point de vue historique, différences qui ne sont pas sans avoir de répercussion sur le plan linguistique. Car ces facteurs contribuent à moduler la concurrence des variétés linguistiques. Ville dotée d'un équipement culturel, économique, administratif appréciable, capitale de la Communauté germanophone, située à proximité de Verviers, Liège et Aachen, Eupen constitue un pôle d'attraction pour la population avoisinante et la présence du français y est significative. On lui opposera la bourgade de Saint-Vith et son environnement rural ou encore les communes germanophones proches de Malmedy. Dans

Le cas de Malmedy

Après le traité de Vienne, la partie orientale de l'ancienne principauté abbatiale de Stavelot-Malmedy tombe dans l'escarcelle du royaume de Prusse. Pour les terres romanes dont Malmedy est le centre, c'est d'abord une ère de tolérance linguistique. L'allemand reste au demeurant une langue peu connue, sauf dans la bourgeoisie urbaine, qui envoie volontiers ses enfants en terre germanique et qui engage des bonnes allemandes. On assiste ainsi à la naissance d'une situation triglossique qui n'a pas eu d'équivalent dans le reste de la Wallonie : une langue de solidarité, pratiquée par l'ensemble de la population — une variété de wallon liégeois que sa position excentrique rend particulièrement archaïsant —, et deux langues de culture : l'allemand, langue du pouvoir, et le français, traditionnellement superposé au wallon.

Le processus de germanisation va s'enclencher, dans le double cadre du nationalisme allemand naissant, puis du *Kulturkampf* engagé par Bismarck, chancelier du Reich en 1871. Dans cette lutte, on se servira volontiers de l'argument suivant : pourquoi promouvoir le français, puisque la majeure partie de la population ne parle que le wallon?

Dès les années 60, nombre de groupements d'inspiration allemande voient le jour. Vers 1866, le français cesse d'occuper la première place dans l'enseignement secondaire, et son rôle ira encore diminuant par la suite. Le processus de germanisation du corps enseignant se poursuit (certains instituteurs sont déplacés en 1879), et le français disparait de l'école primaire en 1889. Face à ce mouvement, une certaine résistance s'organise. Résistance qui n'a pas nécessairement de coloration politique : les positions favorables au français peuvent parfaitement aller de pair avec la loyauté vis-à-vis d'une Prusse qui apparait comme socialement plus avancée que la Belgique. Mais les mesures de germanisation renforcent l'attrait de cette Belgique pour certains Wallons. Et le *Kulturkampf* incite d'ailleurs nombre de jeunes malmédiens à y étudier. Car le noyau de résistance le plus solide est aisé à localiser : ce fut l'enseignement religieux. À la germanisation s'oppose à une partie du clergé, dont les têtes de proue sont bien connues : Bastin, Pietkin.

Ce combat est surtout sensible au début du siècle, et jouit d'un certain intérêt en Wallonie : Malmedy reçoit ainsi la visite du Congrès pour la langue française de 1905, qui tenait ses assises à Liège. Dans cette lutte, une arme efficace fut le dialecte. Non seulement il n'a jamais fait l'objet de proscription explicite de la part des élites, mais celles-ci ont-elles pu y voir un instrument de résistance : on conte volontiers que Pietkin, empêché de prêcher en français, le fera en wallon. Cette fidélité au dialecte a d'ailleurs durablement marqué la vie malmédienne : la ville ne fut-elle pas longtemps la seule de Wallonie à apposer des plaques en wallon dans ses rues?

Durant la guerre 14-18, la communauté malmédienne fit globalement preuve de loyalisme. Mais l'irrédentisme belge, mouvement conduit par Joseph Bastin et Henri Bragard, se manifeste énergiquement après le conflit : une pétition fut ainsi adressée au cabinet du roi le 7 janvier 1919. Ce mouvement fut évidemment épaulé par certains Wallons d'outre-Fagnes, et par ceux qui rêvaient à une « grande Belgique ».

Le traité de Versailles du 28 avril 1919 offre les cantons d'Eupen et de Malmedy à la Belgique, le 1er janvier 1920.
Timbres belges surchargés (1920).
Cl. S.L.F.

ces régions, qui n'ont été que très récemment et partiellement désenclavées par l'autoroute, la pénétration du français est plus faible.

2.1 Histoire

Répartis sous l'Ancien Régime entre diverses principautés, les territoires de la Nouvelle Belgique avaient été dévolus au royaume de Prusse par le congrès de Vienne. Ceci entraina pour eux un régime d'unilinguisme allemand qui ne posa guère de problèmes, sauf dans la région wallonne de Malmedy, où fut instauré un régime bilingue. Le traité de Versailles (1919) fait passer les cercles d'Eupen et de Malmedy sous juridiction belge, en accord avec un courant annexionniste qui s'était manifesté en Belgique dès avant la guerre. De 1920 à 1925, un régime militaire autoritaire impose le bilinguisme dans l'administration et dans l'enseignement. Le français, langue totalement étrangère, fait donc son apparition dans la région. Ce mouvement entraina notamment le départ de 200 employés et de 126 enseignants, et, au total, de 3.800 autochtones.

La réunion définitive au royaume de Belgique, en 1925, assouplit paradoxalement le régime linguistique. Car les « Cantons rédimés » (les deux cercles sont restructurés en trois cantons : Eupen, Malmedy, Saint Vith) sont désormais placés sous le régime légal commun, de sorte que la langue de l'enseignement primaire et de

« Vive les Wallons ». Soldats et civils de Malmedy à Berlin, vers 1901.
Cliché extrait de « La Vie Wallonne », t. 38, 1964, p. 21.

l'enseignement moyen devait être, ici comme ailleurs en Belgique, déterminé par la loi de 1832, stipulant que l'enseignement se donne dans la langue de la région. Les communes devaient elles-mêmes décider du moment opportun pour l'introduction de la seconde langue — le français — dans l'enseignement primaire. Ce moment fut, dans certaines communes, placé à la cinquième année d'école, à la troisième dans d'autres.

L'assouplissement ne donna toutefois pas à l'allemand un statut égal à celui du français et du néerlandais. La vie politique d'entre les deux guerres témoigne de cette situation de minoration. Un fort courant irrédentiste reçut, dans les années 1930, l'impulsion des idées pangermaniques, en vertu desquelles, le 18 mai 1940, les Cantons de l'Est furent purement et simplement intégrés au Reich. Toute la législation allemande y fut donc appliquée sans transition. Les pouvoirs publics belges ne cessèrent cependant de considérer que la région avait simplement été occupée, au même titre que le reste du pays. D'où la vague de répression qui s'abattit sur la région après la victoire alliée : le nombre de dossiers d'« incivisme » ouverts y fut significativement élevé (16.480 dossiers pour une population de 64.000 habitants). Sur le plan linguistique, cette péripétie eut au moins deux conséquences importantes : la naissance d'un climat de méfiance entre communautés (pour les uns, l'allemand était la langue du nazisme, pour les autres, le français était la langue de la répression aveugle), et le vide suscité dans plusieurs secteurs de la vie sociale et culturelle par les interdictions professionnelles. Ce vide eut comme conséquence la francisation de différents corps administratifs. On vit ainsi l'importation d'un corps enseignant francophone. Depuis lors, le statut linguistique de la la Belgique orientale a connu de notables progrès. Elle constitue aujourd'hui un district électoral distinct et le Conseil culturel de la Communauté de langue allemande, élu au suffrage direct, dispose de prérogatives de plus en plus larges. Symboliquement, l'allemand a droit à une — timide — visibilité dans la vie nationale (sur les timbres-poste, les billets de banque, dans les discours royaux, etc.). Mais les doléances se font encore parfois entendre, comme l'ont montré les réactions à telle règlementation imposant aux candidats à certaines fonctions une connaissance « profonde » et non seulement « suffisante » du français, ou comme l'indique le badigeonnage des panneaux routiers bilingues.

2.2 Concurrence entre français et variétés germaniques

Il serait caricatural de ramener les problèmes culturels de la « Nouvelle Belgique » à une situation de bilinguisme franco-allemand. En fait, pour certaines générations, l'allemand fait figure de langue apprise et la variété commune est le *Plattdeutsch*, ou *platt*, mot désignant divers dialectes du groupe francique. À côté de ces variétés il faut encore faire place à une quatrième, plus instable : l'allemand régional ; cette variété s'est surtout développée dans le Nord de la région. C'est le type de situation où se trouvent les locuteurs qui détermine le choix de chacune de ces variétés.

2.2.1 *Emplois réglementés*

La loi n'a pas voulu que la région de langue allemande fût unilingue comme les autres. Les relations avec le public se font en allemand ou en français, selon les désidérata du particulier. Ce n'est donc que pour les communications internes aux services administratifs que l'allemand sera d'usage exclusif. Encore qu'on se retrouve fréquemment dans une situation bilingue dès qu'il faut dépasser le cadre local : telle communication téléphonique avec un ministère à Bruxelles se fera en français, langue dans laquelle sera rédigée telle lettre n'ayant pas d'intérêt à souffrir les retards dus à l'intervention d'un traducteur. Situation semblable aux plus haut échelons des fonctions politiques : si la loi autorise les interventions en allemand à la Chambre, l'intérêt recommande à ces mandataires l'usage d'une des deux langues nationales dominantes ; et ce sera le français.

En matière de justice, la situation est simple : à moins que le défendeur ne demande que les débats aient lieu en français (privilège inexistant en Flandre), le tribunal de simple police et la justice de paix fonctionnent en allemand. Au niveau des assises, il n'y eut pendant longtemps aucune cour allemande en Belgique (situation qui requérait donc l'emploi d'interprètes).

Après 1945, une certaine prépondérance du français se manifesta dans l'enseignement secondaire. L'épuration du personnel enseignant n'avait-elle d'ailleurs pas abouti à la constitution d'un corps « importé », unilingue francophone ? Une série de cours techniques, et non plus seulement les cours de langue, devaient ainsi être donnés dans un idiome étranger. Une telle situation ne devait pas rester sans répercussion sur les autres catégories socioprofessionnelles : pendant un certain temps, certaines fonctions publiques n'ont pu être exercées que par un personnel francophone, ou du personnel autochtone bilingue. Aujourd'hui, la règle générale — qui prévoit que l'enseignement se donne exclusivement dans la langue locale — connait ici trois dérogations qui continuent à offrir de solides positions au français. Tout d'abord, l'enseignement maternel et primaire peut être donné dans une « autre langue nationale » si celle-ci est « langue maternelle ou usuelle » de l'enfant. C'est en vertu de cette disposition qu'Eupen possède une école primaire francophone. Ensuite, une partie du programme peut être donnée en langue française ; ce qui se produit effectivement et ce qui peut être considéré comme une séquelle de l'état de fait décrit plus haut. Enfin, l'enseignement de la seconde langue (toujours le français) peut exceptionnellement être organisé à partir de la première année d'études primaires.

2.2.2 *Emplois dialogués*

Les variables entrant en jeu dans le cas de la communication orale sont l'âge du locuteur, son niveau socioculturel et son origine géographique.

En schématisant beaucoup, on peut répartir les locuteurs en trois générations. La plus âgée, en voie d'extinction, a connu le régime prussien jusqu'en 1920, et a d'ailleurs retrouvé l'unilinguisme allemand en 1940. La génération née après 1910 a connu la première époque bilingue, mais a vécu cinq années d'unilinguisme allemand (qui ont pu coïncider avec l'âge de la formation scolaire). Enfin, la génération née après 1945 connait le régime bilingue que nous avons décrit.

Seconde variable : le niveau socioculturel. On l'a vu, de 1920 à nos jours, et spécialement après le second conflit mondial, scolarisation est synonyme de contact avec le français : contact plus long et plus intense à mesure que s'allonge la durée et que s'élève le niveau des études. Au niveau supérieur, l'unilinguisme français sera d'ailleurs la règle pour celui ou celle qui n'irait pas conquérir son diplôme en Allemagne. Pour nombre de parents, un des objectifs de l'enseignement secondaire est dès lors d'assurer une maitrise aussi parfaite du français que de l'allemand.

La dernière variable est d'ordre géographique : on note chez les ruraux une persistance plus nette du platt et une tendance plus accusée à l'unilinguisme allemand. La majeure partie des rares personnes qui, dans un recensement linguistique, pourraient indiquer le français comme langue maternelle sont en général des Wallons, ouvriers qualifiés et surtout, fonctionnaires. Ils ne s'assimilent guère, et leur attitude est d'ailleurs renforcée par la présence de navetteurs francophones originaires de Verviers ou de Welkenraedt.

L'ensemble des variables ci-dessus détermine une plus ou moins grande compétence des locuteurs en français ou dans une des variétés germaniques. C'est à partir de cette compétence que nous pourrons décrire les usages oraux. Nous envisagerons successivement les cas de germanophones s'adressant à des germanophones ; de germanophones s'adressant à un groupe hétérogène ; de l'émetteur francophone.

Les échanges français entre germanophones sont évidemment rares, et limités à trois cas. On les trouve chez quelques étudiants ou chez les membres de la classe dominante qui ont pu contracter certaines habitudes lors d'échanges avec des francophones. On retrouvera encore le français dans le cas de citations : les paroles d'un francophone sont répétées telles quelles et non en allemand. Le troisième type d'utilisation du français est le plus fréquent : ce sont les discours techniques. Ainsi, deux médecins s'entretenant d'un cas concret recourront volontiers à la langue dans laquelle ils ont reçu leur formation.

Le second type d'échanges concerne les conversations où des interlocuteurs francophones et germanophones sont présents. La variable essentielle est ici la compétence en français des récepteurs germanophones. Comme on l'a dit, elle dépend surtout de l'âge. Dans ce type d'échange, on ne trouvera pas le platt : en effet, si le francophone a des notions d'allemand, elles sont toujours supposées être relatives au haut allemand, et, ici comme ailleurs, le patois est perçu comme la langue de l'intimité…

La simplicité du troisième cas s'explique aisément par le statut sociologique du francophone : immigré, il s'est rarement intégré à la communauté germanique, et n'a guère de contacts qu'avec des collègues de travail, des commerçants et des services officiels. Or, avec les premiers, l'usage du français va de soi ; les seconds ont aussi fréquemment des notions de français ; et, dans le cas des troisièmes, on a vu combien les dispositifs légaux protégeaient le français. Seuls les ouvriers ont acquis des connaissances (le plus souvent fragmentaires) des variétés germaniques utilisées sur les lieux du travail. La chose est moins certaine pour leurs enfants, qui peuvent bénéficier de l'école unilingue francophone : leur acquisition d'une compétence germanique dépendra donc de leur maintien dans leur milieu social d'origine. Tout ceci traduit bien la résistance de la communauté francophone à l'assimilation : l'ouvrier est son seul membre qui ait fait un pas en direction de la culture locale.

2.2.3 *Emplois monologués*

Dans le cas d'une prise de parole en public, la langue choisie dépend évidemment de la composition de l'auditoire. C'est ainsi que le discours de type politique se fera en allemand mais sera généralement accompagné d'un salut en français, et parfois suivi d'un bref résumé en cette langue ; et l'on répondra en français aux questions posées par le francophone. Le discours prononcé dans le cadre d'une entreprise répond aux mêmes règles : allemand avec salut aux francophones (alors que les relations de travail se font surtout en allemand régional). Mais la part du français s'élève au fur et à mesure que l'auditoire est plus restreint et de composition socialement plus élevée ; le français joue donc ici le rôle d'un indicateur de statut social. C'est dans le milieu scolaire que le bilinguisme des discours est le plus poussé : il n'est pas rare d'entendre un directeur d'école parler à ses étudiants en passant régulièrement d'une langue à une autre. Notons que, dans tous ces cas, la variante germanique utilisée est le haut allemand. Ce n'est guère que dans les discours prononcés lors du Carnaval que platt et allemand régional tendent à l'emporter. Mais, une fois encore, le français n'est pas boudé : tourisme oblige.

Le choix des mass media se fait selon la langue maternelle : c'est dire que les chaines allemandes seront régulièrement choisies. Mais, pour se tenir au courant des réalités belges, il a longtemps fallu recourir aux chaines nationales et donc, fréquemment, au français. Car ce n'est que depuis 1977 que la radio-télévision de langue allemande (*Belgische Rundfunk und Fernseh Zentrum*) est autonome. Les émissions allemandes ne duraient que quelques minutes dans l'immédiat après-guerre, et deux à trois heures dans les années 60. En résumé, on pourra dire que les francophones captent exclusivement des émissions linguistiques françaises, alors que les germanophones consentent à une réception dans les deux langues pour quelques domaines précis : nouvelles politiques, sportives, chanson.

Belgische Rundfunk und Fernseh Zentrum.
Cl. S.L.F. (J.J.)

BRF
BELGISCHER RUNDFUNK

Dans les usages écrits, deux variétés seulement se retrouvent en présence, car, par définition, l'allemand régional est une langue orale, et, à de rares exceptions près (littérature poétique, rubrique régionale), le platt ne s'écrit pas. La correspondance d'affaires suit deux règles : celle de la hiérarchie et celle de la première émission. Ainsi, une lettre écrite par un subordonné à son supérieur sera toujours rédigée dans la langue de ce dernier, la règle valant autant pour les institutions que pour les individus (relation d'une filiale avec la maison mère, par exemple). Quant à la correspondance entre égaux, elle se poursuivra le plus fréquemment dans la langue choisie pour l'échange par le premier des partenaires.

Les Cantons de l'Est ont leur propre quotidien : le *Grenz Echo*. Les quotidiens allemands sont peu achetés, n'ayant pas (à l'exception de l'*Aachener Volkzeitung)* de chronique locale : on se tourne de préférence vers les journaux francophones comportant une page locale rédigée à Verviers. L'allemand retrouve une certaine suprématie pour les hebdomadaires et mensuels, et plus encore pour les livres (mis à part quelques livres scolaires, techniques ou d'intérêt local).

Heute mit Kinder-Echo

GRENZ~ECHO

DIE DEUTSCHSPRACHIGE TAGESZEITUNG IN OSTBELGIEN

eicher – Das Beste zum besten Preis

4700 Eupen - Marktplatz 8 - Telefon: 087/59 13 00 — Mittwoch, 18. Dezember 1996 — 69. Jahrgang / Nr. 294 - 28 F / 1,40 DM / 1,50 hfl

Eupener Land

Erhöhung der Müllsteuer in Lontzen

Um 39 bis 50 Prozent erhöhte der Lontzener Gemeinderat am Montag abend die Gemeindesteuer auf die Müllentsorgung. Familien müssen im kommenden Jahr 1250 F zahlen, Alleinstehende 750 F. (Seite 5)

Eifel/Ardennen

Rohstoff Holz noch besser vermarkten

Die Schreinerinnung St.Vith-Büllingen, die in diesen Tagen auf ihr 25jähriges Bestehen zurückblicken kann, sieht in ihrem Beruf einen wichtigen Trumpf für die Wertschöpfung des Holzes, nach wie vor der erste Rohstoff in der Eifel. (Seite 7)

Benefizkonzert bei Nachbarn im Ösling

Nach Benefizkonzerten in Bütgenbach und St.Vith organisiert Ferdi Kreins aus Emmels nunmehr zum Jahreswechsel eine Wohltätig-

Martine Doutrewe: Schwere Vorwürfe gegen Gendarmerie

»Fehler, die fatal für Julie und Melissa waren«

Brüssel (belga). — Die mit dem Fall der verschwundenen Kinder Julie und Melissa betraute Lütticher Untersuchungsrichterin Martine Doutrewe hat gestern vor dem Dutroux-Untersuchungsausschuß der Kammer jede Verantwortung für Fahndungspannen zurückgewiesen und der Gendarmerie die Schuld in die Schuhe geschoben.

Vor dem Untersuchungsausschuß machte Martine Doutrewe am Dienstag in Brüssel die Gendarmerie für Versäumnisse verantwortlich. Die Gendarmerie habe auf eigene Faust gehandelt und Informationen zurückgehalten. Hätte die Gendarmerie offen und nicht unter dem Deckmäntelchen von Autoschiebereien im Fall Julie und Melissa ermittelt, hätte die Staatsanwaltschaft Charleroi die Lütticher Justiz eingeschaltet. Für Doutrewe, die unmittelbar nach dem Verschwinden der beiden achtjährigen Mädchen im Juni vergangenen Jahres mit den Ermittlungen betraut worden war, sind dies »Fehler, die fatal für Julie und Melissa waren«.

Die Eltern der Dutroux-Opfer hatten der Richterin und der Gendarmerie wiederholt vorgeworfen, daß Julie und Melissa noch leben könnten, wenn ernsthaft ermittelt worden wären. Der vorbestrafte Sexualverbrecher soll schon aufgrund von Gendarmerie-Ermittlungen im Rahmen der sog. Operation Othello kurz nach dem Verschwinden der Mädchen als Hauptverdächtiger gegolten haben.

»Kalt und distanziert«

Martine Doutrewe soll sich außerdem geweigert haben, den Eltern Einsicht in die Ermittlungsakten zu gewähren. Mehrfach wurde ihr in der Vergangenheit ein distanziertes, reserviertes, ja sogar kaltes Verhalten gegenüber den Eltern Russo und Lejeune vorgeworfen. So habe sie ihnen verweigert, die Leichen ihrer Kinder nach dem grausamen Fund im vergangenen August zu sehen. Die 39jährige Richterin wehrte sich gegen die Anschuldigungen einer fehlenden Menschlichkeit und verwies auf die Tatsache, daß sie bereits eine Woche nach der Entführung persönlich Kontakt mit den Familien Lejeune und Russo aufgenommen und diese über den Stand der Ermittlungen und die Unmöglichkeit informiert habe, den Zivilparteien Einsicht in die Akten zu gewähren.

In diesem Zusammenhang berichtete die Untersuchungsrichterin von einem Vorfall, der sich ereignete, nachdem sie den Familien Teile der Ermittlungen enthüllt hatte. Die Eltern hätten daraufhin eigene Nachforschungen angestellt, bei einem Verdächtigen eine Haussuchung durchgeführt und einen anderen verprügelt. Dies habe sie dazu veranlaßt, den Eltern keine Einsicht mehr in die Akte zu gewähren, so Martine Doutrewe.

Siehe auch Seite 3.

Sagte gestern während sechs Stunden vor der Dutroux-Kommission der Kammer aus: die Lütticher Untersuchungsrichterin Martine Doutrewe.

SFOR in Bosnien — *Saxophon*

« Grenz~Echo », le quotidien germanophone de Belgique orientale.
Cl S.L.F.

Les grands panneaux publicitaires, les affiches politiques ou sportives sont allemands à 85 %, proportion qui retombe à 70 % pour les annonces d'évènements où la parole joue le rôle principal (théâtre, chant). Quant aux enseignes, elles sont françaises à 40 %, allemandes à 40 % et bilingues à 20 % (surtout dans le cas des banques, caisses d'épargne, etc.). Mais, dans ce domaine, la préférence va aux

Enseignes bilingues à Eupen.
Cl. S.L.F. (J.J.)

formes n'avouant pas leur appartenance linguistique : *Hôtel-Restaurant*, *Friture*, etc. Si nous passons aux inscriptions dans les vitrines et aux étiquettes, le français est présent seul dans 40 % des cas, concurremment avec l'allemand dans 40 %, cette langue n'apparaissant seule que dans 20 % des cas. La surprésence du français s'explique par le fait que nombre de mentions imprimées sont confectionnées dans des entreprises situées en Wallonie, et, effectivement, ce qui est écrit de la main même du commerçant l'est toujours en allemand. Les faire-part sont rédigés dans la langue de la personne à laquelle ils ont trait, mais les cas de double faire-part (l'un en allemand, l'autre en français) ne sont pas rares.

3. Le contact des langues

L'allemand régional de Belgique orientale présente certaines originalités que nous ne pouvons décrire : produits d'interférences avec le dialecte, ou archaïsmes dus au fait que la région a été relativement coupée des centres linguistiques allemands. Mais une partie de ces originalités sont aussi dues à l'influence du français, voire du wallon, avec lequel des travailleurs agricoles ou des commerçants ont pu être en contact (Nelde, 1981). Bien évidemment, la terminologie utilisée quand il s'agit de désigner des réalités proprement belges est construite sur un modèle français (exemple : *Schulpakt* 'pacte scolaire'), même lorsqu'il était possible de trouver un équivalent dans la terminologie d'Allemagne fédérale (on a ainsi *Permanent-deputation*, et non *Länderregierung*). Dans certains de ces cas, il est parfois malaisé de déterminer le rôle que le néerlandais a pu jouer dans la formation du tour.

L'allemand régional a pu emprunter au français soit par un transfert direct de formes françaises, soit par calque. Ainsi, on dira plus volontiers *renovieren* que *erneuern* : emprunt au français *rénover*. Les calques démarquent une construction française : *crédit d'heures* n'est pas traduit par son équivalent dans la terminologie d'Allemagne fédérale (*Bildungsurlaub*), mais par une forme où les termes français sont traduits : *Kreditstunden*. Les calques peuvent aussi être syntaxiques : Nelde (1981 : 248) donne ainsi l'exemple de *telephonieren an die Firma*, construction où *mit* fait place à *an* sous l'influence du français *téléphoner à la firme*. Comme on peut s'y attendre, la langue emprunteuse ne fait pas le départ entre ce qui appartient au français général et ce qui est propre au français de Belgique. Ainsi *fritüre* est repris avec son sens belge.

Le français pratiqué en Belgique orientale accuse lui aussi un certain nombre de traits originaux. Ces particularités ont deux sources. La première est constituée par le dialecte et l'allemand régional, qui donnent au français d'Eupen ou de La Calamine son patron mélodique particulier. L'autre source est à rechercher du côté des traits propres à la variété de français apprise. On ne s'étonnera pas de trouver dans le français des germanophones de Belgique nombre de traits caractérisant le français de l'est de la province de Liège (comme par exemple la dénasalisation des voyelles nasales finales).

Comme dans toutes les situations de langue apprise, l'importance de ces interférences varie avec le statut socioculturel. Si ce statut est élevé, on peut prévoir que le contact avec le français sera plus intense et que l'influence du dialecte germanique se fera moins sentir : la variété de français acquise sera plus conforme à la norme. À l'inverse, si le statut est bas, l'influence des variétés locales sera plus forte, et la variété de français plus conforme aux modèles populaires.

4. L'attraction du français

En prévoyant des « facilités » pour le français en Belgique orientale, la législation laisse jouer librement un rapport de forces qui n'est pas précisément en faveur de la langue locale. Même adossée à l'Allemagne, la région d'Eupen vit dans un orbe largement francophone. Même sur le plan politique, où les droits de l'allemand sont loin d'être négligeables, l'exigence d'efficacité recommande de fortes compétences en français. On en arrive ainsi au paradoxe que la vie même de la communauté germanophone est liée à la maitrise du français par ses premiers représentants. Il en va de même sur le plan économique : malgré la porosité des frontières européennes, c'est avec la Belgique francophone que les relations sont le plus étroites. D'où ces nombreuses inscriptions françaises qui donnent au visiteur pressé l'illusion d'être sur une terre plus romane qu'elle ne l'est en réalité.

Le rôle polarisateur d'une langue minoritaire ne se révèle sans doute pas mieux que dans le cas des communautés immigrées. Si l'on étudie le comportement linguistique de la communauté espagnole établie à Eupen, on constatera qu'elle a assez largement opté pour le français, notamment dans l'enseignement. On peut certes y voir un effet de la parenté des deux langues romanes, qui facilite l'apprentissage, mais on doit surtout interpréter ce choix comme un symptôme de la puissance assimilatrice que les structures du pays confèrent ici au français. Alors même que leurs délégués sont à même d'utiliser l'allemand, les nouveaux arrivés se portent vers la langue minoritaire, mais dotée d'un poids sociologique plus déterminant. L'exemple de Montréal, où les Néo-Canadiens ont longtemps choisi l'anglais, pourtant minoritaire, montre que de telles situations ne sont pas rares.

Jean-Marie KLINKENBERG

Chapitre 16

Le français et les immigrés

Comme son titre l'indique, cet article ambitionne de présenter une brève synthèse des relations complexes qui se sont établies, en Communauté française de Belgique, entre une catégorie sociale — celle des immigrés — et une langue : le français.

Le sujet traité, au carrefour entre la sociologie et la linguistique, justifie le plan suivi. Dans une première partie, on s'attachera à fournir des données, d'abord très générales, sur la présence des immigrés en Belgique et ensuite plus spécifiques, sur leur.situation scolaire et socioculturelle. Ces données doivent servir de toile de fond et feront notamment apparaître la nécessité sociologique de considérer la présence immigrée comme un phénomène structurel et non conjoncturel. La deuxième partie procédera à un examen des principales carences observées chez les populations étrangères dans la maîtrise de la langue française. Enfin, dans une troisième section, on tentera d'établir le lien entre les performances linguistiques des immigrés et l'arrière-plan psychologique, sociologique ou sociolinguistique susceptible d'en rendre compte.

1. L'immigration en Belgique

1.1 Données générales

Au premier janvier 1993, l'État belge comptait 909.265 étrangers. Le taux d'immigration varie selon les régions : 29,26 % en région bruxelloise, 10,87 % en région wallonne et 4,69 % en région flamande. Ainsi, la Communauté française présente un pourcentage non négligeable d'immigrés de l'ordre de 15 % en moyenne.

Plusieurs vagues d'immigration marquent l'histoire de la Belgique (voir à ce sujet Martens, 1976). La première (1945-1957) est d'abord italienne et polonaise, ensuite espagnole. La deuxième (1961-1974) est maghrébine et turque. La troisième, actuelle, regroupe des populations issues des pays de l'Est et de l'ex-Yougoslavie.

Le tableau suivant, dressé d'après des renseignements fournis par l'Institut national des Statistiques, résume la situation :

Au 1er janvier 1993	Nombre d'habitants (en milliers)	Nombre d'étrangers (en milliers)	Pourcentage de la population totale
Flandre	5825	273	4,6%
Wallonie	3293	358	10,87%
dont communauté germano-phone	68	10	14,7%
Région bruxelloise	950	278	29,6%
Total du pays	10068	909	9,03%

Tableau 1 – Les immigrés en Belgique (selon l'INS)

La constitution de la population immigrée varie d'une région à l'autre. Ainsi, les immigrés originaires de l'Union européenne représentaient en 1989 53,9 % de la population immigrée en région flamande, 78,1 % en région wallonne et 36 % de cette population en région bruxelloise (voir à ce sujet l'étude du Commissariat royal à la politique des immigrés : *L'intégration : une politique de longue haleine,* 1989).

La distribution des ressortissants turcs et marocains par rapport au total de la population était, quant à elle, la suivante : 33,2 % en région flamande, 11,2 % en région wallonne et 36 % en région bruxelloise.

Le tableau qui suit montre la répartition, en 1989, des étrangers selon les différentes régions du pays :

	Royaume	Région flamande	Région wallonne	Bruxelles Capitale
Population totale	9.927.612	5.722.344	3.234.767	970.501
Nombre total migrants	868.757	238.117	366.618	264.022
Nombre total Turcs	79.460	39.312	20.179	19.969
Nombre total Marocains	135.464	39.687	20.972	75.075
Nombre total Italiens	241.006	26.125	182.346	32.535
Nombre total Espagnols	52.549	9.450	16.667	26.432
Nombre total Portugais	13.498	2.220	2.440	7.838
% étrangers/population totale	8.8	4.2	11.3	27.2
% Turcs/population totale	0.8	0.7	0.6	2
% Marocains/population totale	1.4	0.7	0.6	7.7
% Italiens/population totale	2.4	0.5	5.6	3.4
% Espagnols/population totale	0.5	0.2	0.5	2.7
% Portugais/population totale	0.1	0.04	0.08	0.8
% Turcs/nombre total étrangers	9.1	16.5	5.5	7.6
% Marocains/nombre total étrangers	15.6	16.7	5.7	28.4
% Italiens/nombre total étrangers	27.7	11	49.7	12.3
% Espagnols/nombre total étrangers	6	4	4.5	10
% Portugais/nombre total étrangers	1.6	0.9	0.7	3

Tableau 2 – Répartition des étrangers sur les régions (1989) (Sources : INS et calculs CBGS. Chiffres 1 janvier 1989)

Le profil type de la population immigrée par rapport à la population immigrée totale varie considérablement d'une région à l'autre. Ainsi, les Italiens sont, en Wallonie, la population étrangère la mieux représentée (49,7 %) alors que les Turcs et les Marocains dominent en Flandre (respectivement 16,5 et 16,7 %). À Bruxelles, ce sont les Marocains qui sont majoritaires : 28, 4 % de la population immigrée totale.

On conçoit que ces disparités aboutissent à des problématiques très différentes selon les régions.

Par ailleurs, on constate que les villes abritent de moins en moins de Belges et que la population étrangère à l'Union européenne s'y accroît sensiblement. Il s'ensuit une concentration urbaine des populations étrangères qui s'agglutinent plus précisément dans certains quartiers bien définis des grandes villes, ce qui pourrait intensifier les problèmes de cohabitation en l'absence de politique appropriée. La forte concentration d'immigrés de même nationalité au sein de ces quartiers est évidemment un obstacle aux effets posi-

Nombre d'immigrés se sont progressivement intégrés à la francophonie belge.
Cl. S.L.F.

tifs que pourrait entraîner le phénomène de « submersion » connu par les rares immigrés résidant en zone rurale.

1.2 Données spécifiques

La répartition des élèves étrangers dans l'enseignement de la Communauté française de Belgique, selon des renseignements fournis par le Ministère de l'Éducation, se présente comme suit :

Au 1er janvier 1993	Préscolaire	Primaire ordinaire	Secondaire ordinaire	Supérieur court	Supérieur long
Europe dont	13819	28893	37940	4473	1825
Espagne	872	1786	2481	351	166
France	2194	4599	9561	1502	494
Italie	4744	10759	15013	1625	535
Turquie	3347	6973	6017	174	64
Amérique	356	631	443	70	26
Océanie	17	13	10	-	-
Afrique dont	9209	20713	20627	2058	964
Algérie	418	1005	1283	109	26
Maroc	6980	16097	15779	1042	528
Zaïre	1032	2163	2297	549	123
Asie	766	1162	788	84	42
Total étrangers	24678	52412	60845	6800	2910
% de l'effectif total	15,05	17,33	19,6	14,33	18,96

Tableau 3 – Les élèves étrangers en Communauté française de Belgique (selon le Ministère de l'Éducation)

Les populations d'origine immigrée représentent un paramètre important à prendre en considération si l'on s'intéresse plus précisément aux problèmes de scolarisation et d'alphabétisation qui se posent en Communauté française de Belgique.

On constate ainsi que les enfants d'immigrés s'orientent plus fréquemment que les enfants autochtones vers les filières scolaires, réputées moins nobles, de l'enseignement professionnel (voir Paneels, 1986).

Par ailleurs, l'association « Lire et Écrire » estimait à 300.000, au début des années nonante, le nombre de personnes en Communauté française qui ont des difficultés en matière d'écrit (voir Deguelle, 1989). Or, 79 % des analphabètes se trouvent être de nationalité étrangère.

Dans le cadre des zones d'enseignement prioritaires (ZEP), des enseignants ont été formés à l'intervention en classe à forte densité d'immigrés. Trente-huit projets ont ainsi été menés dans le cadre des ZEP., dont des classes d'adaptation (Clad) pour le secondaire.

Cependant, force est de constater que l'adaptation à la langue aboutit à des résultats très variables en fonction de l'investissement des équipes éducatives. Il apparaît également que les immigrés cumulent des difficultés liées à leur origine étrangère et des handicaps inhérents à leur statut social, le plus souvent défavorisé.

Ces constatations autorisent à penser que le problème de la maîtrise du français, langue officielle de la Communauté française de Belgique, se pose très concrètement pour la plupart des immigrés et qu'il doit, pour être bien compris, être considéré aussi en dehors du cadre scolaire.

Ainsi, diverses variables expliquent des niveaux de performances différents. Le fait que l'élève appartienne ou non à la première génération d'immigration, le fait qu'il habite à la ville ou à la campagne, l'existence ou l'absence d'une liaison entre l'école et la famille, l'homogénéité nationale des familles sont quelques exemples de variables à prendre en considération, soit isolément, soit en interaction. Nous y reviendrons dans la troisième section.

Auparavant, on examinera quelques exemples concrets qui, d'un point de vue linguistique, attestent de la mauvaise maîtrise de la langue française chez les élèves immigrés surtout maghrébins et turcs. Les difficultés qu'ils rencontrent — confusions de phonèmes, prononciation, choix des genres, gestion du registre des modes et des temps, etc. — sont évidemment à mettre en relation avec l'usage, plus ou moins intensif en dehors du cadre scolaire, de leur langue d'origine.

2. La maîtrise du français en milieu immigré : facteurs linguistiques

Le recours à des épreuves spécialement conçues (voir Braun, Forges, Hollander, à paraître) a permis de cerner les domaines où se manifestent le plus clairement les différences entre populations immigrées et autochtones dans la maîtrise de la langue française. Il apparaît clairement que les élèves turcs et marocains sont ceux qui éprouvent le plus de difficultés dans la maîtrise de la langue française. Des mesures indirectes, à l'aide d'épreuves décontextualisées, aboutissent aux constatations suivantes :

2.1 La discrimination des phonèmes

Les élèves turcs et marocains ne maîtrisent pas les oppositions /k/–/g/ , /p/–/b/. En outre, des difficultés spécifiques apparaissent : confusion entre /p/ et /k/ et entre /p/ et /v/ pour les Marocains, entre /p/ et /t/, /ʒ/ et /ʃ/ et entre /v/ et /f/ pour les Turcs. En ce qui concerne les voyelles, les phonèmes /ɛ/ et /e/ sont mal discriminés ainsi que les oppositions / u/ et /ɔ/, /o/ et /ɔ/. Les Turcs présentent de plus une difficulté avec l'opposition /y/–/u/.

2.2 La conjugaison

Il apparaît que les élèves connaissent les formes correctes attendues à l'oral, mais qu'ils ne maîtrisent pas les règles morphologiques de la conjugaison écrite.

2.3 La construction des phrases

En général, l'examen de la grammaticalité des phrases n'aboutit pas à des écarts significatifs. Toutefois, si la place du complément de lieu et de liaison sujet-verbe ne semble poser aucun problème, l'usage de la négation et l'expression de l'hypothèse sont nettement moins bien maîtrisés. De fortes interférences avec l'oral, plus permissif que l'écrit, apparaissent.

2.4 Le vocabulaire

Les élèves turcs ont des performances plus faibles que les belges et les marocains. En général, les élèves belges adoptent une stratégie d'abstention beaucoup plus importante que celle des immigrés, qui n'hésitent pas à risquer une réponse, même en cas de doute.

2.5 L'orthographe

Le domaine orthographique est nettement moins bien maîtrisé par les élèves immigrés qui ont tendance à user de simplifications abusives en orthographe grammaticale et, à la suite de confusions phonologiques, à produire plus d'erreurs d'orthographe d'usage.

Dans ce domaine aussi, il est intéressant de constater une régression quant à la moyenne des résultats en quatrième et sixième années pour les élèves marocains. Les Turcs, eux, font de sensibles progrès. Néanmoins, la maîtrise de l'orthographe de base semble encore bien insuffisante au terme de l'enseignement primaire. Les performances de ces élèves sont nettement inférieures à celles des Belges. Il s'ensuit, pour eux, un risque important d'échec dans le secondaire.

2.6 La compétence à l'écrit

Les mesures directes contextualisées prélevées à l'aide d'une rédaction confirment les résultats aux épreuves décontextualisées, et même accentuent les différences.

Que ce soit en textualité (lisibilité, titrage, introduction et conclusion), en communication (adéquation à la consigne et prise en compte du destinataire), en syntaxe (usage des phrases simples, structure correcte des phrases), ou en style (répétition, emphase, énumération, figures de style et qualité du vocabulaire), les élèves immigrés connaissent des problèmes importants.

La compétence à l'écrit apparaît plus unifiée chez les élèves belges.

2.7 Conclusion

Bon nombre de compétences de base ne sont pas acquises par les immigrés au terme du primaire. Néanmoins, l'influence de l'école semble jouer : les immigrés progressent de la deuxième à la sixième primaire. Mais les progrès relèvent surtout de compétences de bas niveau (graphie et ponctuation, par exemple) et ne touchent que très rarement les opérations de haut niveau (planification, textualité par exemple).

Les élèves turcs progressent mieux dans les matières d'ordre plus scolaire (orthographe, conjugaison notamment) que leurs condisciples marocains qui, eux, sont plus performants en vocabulaire et en textualité, domaines moins présents dans les activités scolaires. Néanmoins, en moyenne, les élèves turcs, qui déclarent en général n'employer le français qu'à l'école, sont ceux qui obtiennent les moins bonnes performances.

L'ensemble de ces constatations est en total accord avec des travaux similaires menés en France. Il convient de remarquer que quelques immigrés — trop rares il est vrai — obtiennent des résultats égaux, voire supérieurs, aux résultats obtenus par les meilleurs élèves belges.

Enfin, il est intéressant d'observer que, à quelques rares exceptions près, la comparaison des performances des élèves immigrés selon qu'ils se trouvent en milieu très majoritairement immigré ou non aboutit à des différences très significatives. Celles-ci sont nettement en faveur des apprenants qui se trouvent en milieu non majoritairement immigré. Il serait cependant imprudent de tirer trop rapidement des conclusions à partir de cette constatation. En effet, les élèves immigrés présents dans des classes peu peuplées d'étrangers sont le plus souvent d'un niveau social plus élevé. La proportion de parents inactifs ou de parents ouvriers non qualifiés y est infime. Ces parents possèdent, en général, au moins un diplôme d'études secondaires supérieures et un emploi en relation avec leur titre de qualification. Les habitudes culturelles de ces familles font que les enfants baignent dans la culture francophone (la presse écrite ou audio-visuelle notamment) et que l'aide aux devoirs à domicile y est plus fréquente.

On pressent donc que les facteurs sociologiques externes jouent un rôle déterminant dans la maîtrise plus ou moins bonne de la langue française. Les considérations qui suivent confirmeront cette impression.

Alain BRAUN

3. La maîtrise du français en milieu immigré : facteurs sociologiques

Les performances linguistiques des immigrés que nous venons de décrire ont un lien étroit avec :

- L'auto-évaluation de la maîtrise des langues par les immigrés.
- Certains facteurs explicatifs externes.
- L'usage des langues au sein des familles et des échanges sociaux en général.

Examinons successivement ces trois points de vue.

3.1 Auto-évaluation de la maîtrise des langues

L'analyse de ces représentations concerne des adultes immigrés à qui l'on a demandé de procéder à une auto-évaluation de leurs compétences linguistiques.

On s'est basé sur une enquête intitulée « Familles 86 » réalisée, en 1986, dans les principaux centres d'immigration de la partie francophone du pays. L'échantillon comprenait des ménages espagnols, italiens, marocains, portugais et turcs dont l'un des conjoints au moins était issu de l'immigration. Afin d'envisager l'image que les immigrés eux-mêmes se font de leur maîtrise de la langue française, on leur a demandé d'évaluer leur capacité de compréhension, leur capacité d'expression orale et leur maîtrise de l'écrit.

47 % des personnes interrogées estiment avoir une maîtrise « élevée » du français : elles estiment qu'elles peuvent comprendre, parler et lire le français « très bien », mais qu'elles ne maîtrisent pas très bien l'écrit.

Les 53 % restants se partagent en deux groupes : 23 % des personnes interrogées déclarent avoir un niveau de maîtrise « moyen » et 30 % un niveau de maîtrise « faible ».

La maîtrise du français est bien plus souvent revendiquée par les populations de la deuxième génération : trois quarts des personnes de ce type se classent dans les niveaux élevés de maîtrise alors que, dans le cas des personnes appartenant à la première génération, cette proportion est de 30 %.

La scolarisation en français explique sans doute en partie ce résultat dans le cas de la deuxième génération. Par ailleurs, l'allongement du temps de contact avec la langue entraîne une augmentation du niveau de compétence : la stabilisation de l'immigration aidant, la proportion d'immigrants de la première génération qui estiment avoir une maîtrise élevée du français passe de 8,3 % en 1977 (voir Marquès Balsa, 1978) à 30,8 % en 1986. C'est d'ailleurs pour les immigrants les plus récents — les Turcs particulièrement — que les évaluations négatives sont les plus fréquentes.

Sur un autre plan, on constate que près des deux tiers des immigrés interrogés évaluent assez haut leur niveau de compétence dans la langue du pays d'où ils proviennent. Le tiers restant se répartit également entre les niveaux de maîtrise « moyen » (18,4 %) et « faible » (17,8 %).

Fait remarquable, les adultes de la deuxième génération se jugent aussi compétents que ceux de la première dans la maîtrise de la langue de leurs parents. Il est probable que les attentes et besoins par rapport à la norme linguistique varient selon la génération considérée et que la référence à cette norme soit moins contraignante dans le cas de la deuxième génération.

L'influence de la scolarisation joue également à ce niveau : ayant, dans certains cas, reçu une formation scolaire à la langue d'origine des parents, la deuxième génération maîtrise mieux l'écrit, ce qui lui donne un avantage certain, surtout dans le cas des Marocains.

3.2 Les facteurs explicatifs externes

Les résultats d'une seconde enquête, représentative de toutes les écoles de la Communauté française de Belgique, font apparaître que les niveaux d'évaluation en français sont en corrélation avec les niveaux d'évaluation de l'élève dans d'autres matières d'apprentissage.

On constate que les compétences en français sont les plus médiocres dans les cas où l'élève présente l'une des caractéritiques suivantes :

- Être arrivé en Belgique entre l'âge de 4 et 6 ans et surtout après l'âge de 7 ans. Cette catégorie d'enfants a pu connaître une première scolarisation dans la langue d'origine et a, en outre, moins de temps d'insertion dans le nouveau contexte scolaire.
- Être issu d'un ménage dans lequel la langue utilisée en famille est exclusivement la langue d'origine des parents; des difficultés se rencontrent également lorsque le français se trouve concurrencé de façon importante par cette langue d'origine.
- Être le fils d'un ouvrier (surtout non qualifié) ou d'un non-actif (chômeur, pensionné, etc.).
- Ne pas avoir fréquenté l'école maternelle.
- Être issu de la communauté turque.
- Être issu d'un ménage dans lequel les deux conjoints sont d'origine étrangère et ont la même nationalité.

3.3 Les usages de la langue

Cette troisième approche va nous amener à considérer l'usage des langues dans des situations très diversifiées.

Nous étudierons les usages d'une part en fonction des situations de communication et d'autre part à travers les stratégies de transmission des langues au sein des familles étrangères.

En premier lieu, les situations de communication révèlent globalement trois types de logique d'utilisation : d'abord, celles où l'emploi de telle ou telle langue est marqué par l'investissement affectif du locuteur; ensuite, celles où le choix de la langue dépend de l'effet pragmatique que le locuteur souhaite produire dans un contexte de communication donné; enfin, une troisième situation est comprise à partir d'une logique du « pacte ».

3.3.1 *La logique affective*

Ces usages correspondent à des situations de communication qui se manifestent lors d'échanges avec des conationaux, notamment au sein d'associations du pays d'origine, ou lors de prières. Dans les deux cas, on note une forte présence des langues d'origine.

D'autres usages, correspondant par exemple au chant, à des activités religieuses autres que la prière ou à des moments en famille, se caractérisent par une situation de compromis. On y relève une présence progressive du français, seul ou en concurrence avec la langue du pays d'origine.

3.3.2 *Les usages pragmatiques de la langue*

Ce type d'usages doit être mis en relation avec des situations de communication quotidienne comme une visite médicale par exemple, ou avec des situations qui ont pour but la résolution de problèmes administratifs ou liés à la profession. On constate ici une nette surreprésentation du français et une sous-représentation, tout aussi nette, des langues d'origine.

3.3.3 *La logique du « pacte »*

Enfin, d'autres usages encore, que nous croyons subordonnés à une « pragmatique du pacte » se caractérisent par l'emploi largement dominant du français concurrencé toutefois, sous certaines conditions, par la langue d'origine. Il s'agit, par exemple, des situations de communication liées à des achats ou à des rapports avec des cadres institutionnels tels que l'école.

D'une manière globale, la structure générale ainsi mise en évidence se vérifie encore lorsque l'on considère certaines caractéristiques des populations étudiées. Cependant, certaines nuances apparaissent. Celles-ci traduisent sans doute des sensibilités particulières.

Ainsi, dans le cas des populations musulmanes, le français est totalement banni des moments de prière et des services religieux. Les Marocains et les Turcs sont également plus enclins que les autres immigrés à faire usage de leurs langues respectives au moment des achats.

Toutes situations confondues, le nombre de réponses signalant l'usage exclusif de langue d'origine s'élève à 30 % du total dans le cas des Italiens, mais à 50 % du total dans le cas des Turcs.

Lorsque l'on considère, à l'intérieur de chaque groupe national, la langue utilisée pour chacune des situations étudiées, il apparaît que le clivage entre le domaine d'utilisation de la langue nationale et le domaine d'utilisation de la langue française est plus marqué chez les Turcs et chez les Marocains que chez les Portugais ou les Espagnols.

Si l'on s'intéresse plus particulièrement aux personnes appartenant à la deuxième génération, on constate également une diminution sensible des situations où la langue du pays d'origine a le monopole. On remarque néanmoins, chez ces immigrés de la deuxième génération, une nette préférence pour la langue d'origine des parents lors de la prière individuelle (64,1 % des cas) et surtout dans les espaces associatifs (72,6 % des cas). Ce constat témoigne de

Commerces à Bruxelles.
Cl. S.L.F.

l'importance de ces deux domaines dans les usages affectifs de la langue et donc, dans le processus d'identification.

Enfin, l'examen de la catégorie socio-professionnelle des personnes interrogées confirme que les choix linguistiques sont loin d'être aléatoires. La langue des pays de référence des communautés est le plus souvent utilisée dans le cas des ménages d'inactifs ou de commerçants et indépendants : 46,5 % des premiers et 46,9 % des seconds, en moyenne, se disent en mesure d'utiliser exclusivement leur langue d'origine. Cette proportion n'est que de 28,1 % dans le cas des employés, qu'ils soient ou non qualifiés. Ces résultats recoupent largement ceux obtenus en fonction de la distinction établie entre immigrés de première et de deuxième génération évoquée plus haut. On le conçoit aisément puisque les employés se rencontrent surtout dans la deuxième génération.

En second lieu, il s'agit de déterminer selon quelles stratégies les langues utilisées par les familles étrangères sont transmises.

Pour le savoir, on se servira d'une enquête intitulée « Écoles 86 » et menée auprès de 12.600 élèves de 300 écoles primaires réparties dans toute la Communauté française de Belgique.

Les élèves de l'échantillon dont l'un des parents au moins est étranger peuvent se répartir en quatre catégories :

- Élèves issus d'un ménage mixte où le père est belge (6,68 %).
- Élèves issus d'un ménage mixte où la mère est belge (21,42 %).
- Élèves issus d'un ménage où les deux parents sont étrangers et ont la même nationalité (67,24 %).
- Élèves issus d'un ménage où les deux parents sont étrangers mais ont une origine nationale différente (4,66 %).

Afin d'interpréter correctement les principaux résultats obtenus, il convient d'émettre quelques considérations préalables relatives aux réseaux linguistiques au sein de ces ménages.

En effet, il faut souligner que l'information prise en considération, relative à la pratique linguistique de l'enfant à la maison, ne concerne que le seul réseau parents-enfant. Le support de communication utilisé par les enfants entre eux n'est, quant à lui, pas pris en considération.

Or, on sait que, dans un certain nombre de cas, le français remplace les langues des parents quand il s'agit des échanges entre les enfants. Dans une enquête que nous avons menée en 1976 auprès de 800 ménages étrangers homogènes, il s'avérait que si, dans 57,9 % des ménages, la langue des parents était effectivement le seul support de communication entre parents et enfants (19 % des Italiens, 52,9 % des Marocains, 68,1 % des Espagnols et 89,1 % des Turcs), lorsque l'on considérait les échanges des enfants entre eux, cette langue n'intervenait plus de façon exclusive que dans 16,1 % des cas (5 % des Italiens, 7,4 % des Marocains, 15,2 % des Espagnols et 34,7 % des Turcs). À ce niveau, c'était le français qui était le plus souvent pratiqué : 56,3 % de l'ensemble des cas (35,4 % des Espagnols, 52,4 % des Turcs, 63 % des Italiens et 69,3 % des Marocains).

Dans la mesure où les échanges entre les enfants ne sont pas ici pris en considération, la place du français dans les ménages est probablement sous-estimée dans les résultats qui vont être présentés.

Une seconde observation préalable est que, à côté des situations où la communication linguistique est assurée par une seule langue, d'autres situations existent où le français et la (ou les) langue(s) des pays de référence des communautés, sont utilisés alternativement ou simultanément par l'un ou l'autre des partenaires de la communication (voir à ce sujet Marquès Balsa, 1978).

On examinera les résultats de l'enquête sous deux angles d'approche : les premières langues apprises à l'enfant et les langues de communication parents-enfants.

3.3.4 *Les premières langues apprises à l'enfant*

Lorsque l'un des parents est belge — qu'il s'agisse du père ou de la mère — et dans la mesure, bien entendu, où ce sont des régions francophones qui retiennent ici l'attention, la première langue apprise par l'enfant est le français dans l'écrasante majorité des cas : 88,6 %. Dans 6,3 % des cas, le français est en outre appris en même temps que la langue du conjoint étranger.

Première langue apprise (%)	Composition nationale du couple				
	Mixte (père belge)	Mixte (mère belge)	Étranger homogène	Étranger hétérogène	Total
Français	86,24	89,3	26,3	63	45,51
Langue des parents	7,62	4,19	62,11	24,77	44,33
Français Langue des parents	6,14	6,51	11,59	12,23	10,16
Total	100	100	100	100	100

Tableau 4 – Première langue apprise à l'enfant, selon la composition nationale du couple. (Enquête « Écoles 86 »)

Les situations dans lesquelles le français est enregistré comme la première langue de socialisation de l'enfant sont également fréquentes dans le cas des couples étrangers hétérogènes, c'est-à-dire des couples où les deux conjoints sont étrangers, mais d'origine nationale différente. Si nous considérons les cas où il est appris en même temps qu'une autre langue (12 %), le français serait « choisi », dans cette situation, par les trois quarts des ménages.

C'est lorsque le ménage est étranger et homogène du point de vue de l'origine nationale des conjoints que la langue des parents est signalée le plus souvent comme langue de référence des premiers apprentissages de l'enfant : 62 % des cas.

Dans l'ensemble, donc, le français constitue la « langue maternelle » de 45,6 % des élèves issus de ménages mixtes ou étrangers hétérogènes ou de 56 % si nous considérons les cas où il est appris conjointement avec une autre langue.

Ces proportions chutent à 28,7 % et 40,3 %, respectivement, dans les ménages étrangers homogènes.

Les pratiques que nous venons de présenter ne résultent pas toujours d'un choix délibéré de la part des parents Il est probable, que les pratiques enregistrées soient partiellement suscitées par les circonstances et se transforment au gré de situations dont les antécédents se situent en dehors de la sphère d'influence des parents.

3.3.5 *Les langues de communication parents-enfants*

Les résultats des tableaux 5 et 6 présentés ci-dessous nous apprennent qu'entre la période de la première socialisation et le moment de l'enquête, certains changements se sont opérés au niveau des pratiques linguistiques dans le cas des échanges entre enfants et parents.

Nous voyons essentiellement qu'au niveau de l'enfant, les situations de pratique bilingue sont actuellement quatre fois plus nombreuses que les situations d'apprentissage bilingue réalisé lors de la première socialisation au sein de la famille. Ce sont surtout les enfants qui ont commencé par apprendre une langue « étrangère » qui finissent par introduire également le français dans les échanges avec leurs parents. Le tableau 6 nous fournit une approche plus précise de cette évolution :

- Sur cent enfants dont la première langue apprise a été exclusivement le français, 75 s'adressent actuellement à leurs parents exclusivement en français; 23 autres utilisent, en même temps que le français, une autre langue.
- Sur cent enfants dont la première langue apprise a été exclusivement une langue « étrangère », 45 continuent à ne s'adresser à leurs parents qu'en cette langue, mais 49 utilisent cette langue et le français.

- Sur cent enfants qui ont été socialisés dans les deux langues, 76 utilisent effectivement les deux langues, alors que 18 n'utilisent plus que le français.

Première langue apprise (%)	Composition nationale du couple				
	Mixte (père belge)	Mixte (mère belge)	Étranger homogène	Étranger hétérogène	Total
Français	77,33	83,97	19,08	52,9	38,44
Langue des parents	1,06	1,13	31,1	8,56	21,63
Français + Langue des parents	21,61	14,9	48,92	38,54	39,93
Total	100	100	100	100	100

Tableau 5 – Langue parlée actuellement entre les parents et les enfants selon la nationalité du couple.(Enquête « Écoles 86 »)

Langue communicative actuelle (%)	Composition nationale du couple			
	Français	Langue des parents	Les deux	Total
Français	75,49	5,04	18,32	38,45
Langue des parents	1,53	45,92	5,59	21,62
Les deux	22,98	49,04	76,08	39,93
Total	100	100	100	100

Tableau 6 – Rapport entre la première langue apprise à l'enfant et la langue de communication actuelle. (Enquête « École 86 »)

Encore une fois, il faut souligner le fait que ces données ne concernent que les échanges entre les enfants et leurs parents.

Dans le cas des enfants ayant été socialisés uniquement en français, il est peu probable que le nombre de ceux qui sont capables de manier la langue d'origine de l'un des parents augmente par rapport au taux que nous fournit le tableau 6. Par contre, les enfants ayant été socialisés exclusivement dans une langue étrangère, et ayant maintenu la pratique de cette langue, sont, sauf accident, et peut-être à des niveaux divers, tous « bilingues », puisqu'il s'agit d'enfants scolarisés actuellement en français.

Par ailleurs, il significatif de constater que, dans le cas de 50 % des enfants socialisés au départ dans la seule langue des parents, le français finisse par concurrencer ou même par remplacer, dans certaines situations de communication du moins, la langue des parents. Et ce fait paraît d'autant plus significatif que cette remise en question du statut de la langue de référence des communautés étrangères se situe au niveau de la relation parents-enfants, c'est-à-dire de ce qui apparaît comme le relais le plus important de transmission des patrimoines d'origine.

En tout cas, la dynamique du contexte sociolinguistique semble telle que les options en faveur d'une première socialisation en français ou les situations qui favorisent le français comme langue de première socialisation sont confirmées ou renforcées.

En revanche, les options en faveur d'une première socialisation dans une autre langue ou les situations qui favorisent la langue des parents comme langue de première socialisation sont déjà remises en question au niveau de la relation parents-enfants. Elles ne se renforcent certainement pas au cours de la socialisation.

4. Conclusion

Le statut des langues des pays de référence des populations issues de l'immigration semble se dégrader au fur et à mesure que les opportunités de contact avec le français augmentent : c'est le cas lorsque la durée du séjour augmente ou que les activités professionnelles exigent l'usage du français ou encore lorsque les rôles des membres du ménage se diversifient au contact avec les institutions (l'école dans le cas des enfants) du contexte d'établissement.

Cette dégradation progressive du statut des langues étrangères dans le contexte d'immigration semble d'autant plus inéluctable que, comme nous l'avons vu, les adultes interrogés ont une maîtrise insuffisante de leurs langues d'origine et que les opportunités de les utiliser dans leurs contextes de vie se limitent presque exclusivement à la sphère du privé et, même à ce niveau, les « compromis » avec l'évidence ou la nécessité du français sont indispensables.

On a pu voir par ailleurs que les stratégies des parents qui privilégient leur langue d'origine comme langue de premier apprentissage, aboutissent souvent à une situation de communication où la place de cette langue est remise en question, alors que, par contre, le choix du français ne permet que dans un petit nombre de cas l'introduction d'une autre langue.

Enfin, il paraît évident que les représentations de la maîtrise des langues chez les immigrés eux-mêmes, les facteurs explicatifs externes et les usages sociolinguistiques présentés dans le paragraphe 3 sont autant d'éléments déterminants qui permettent de rendre compte des médiocres performances en langue française (surtout à l'écrit) de certains élèves immigrés. Ainsi, il apparaît que les élèves turcs et marocains, qui éprouvent le plus de difficultés à maîtriser le français comme on l'a vu dans le paragraphe 2, sont également ceux qui, en dehors du cadre scolaire, demeurent les plus attachés à leurs langues d'origine.

Casimiro MARQUÈS-BALSA

Chapitre 17

Le français et l'anglais

1. Cadre général

1.1 Fertilisation linguistique et emprunt

Le processus de fertilisation linguistique par emprunt est une conséquence naturelle du contact des langues et des civilisations, et par conséquent aussi vieux que les langues elles-mêmes. Les échanges ne sont évidement pas à sens unique; dans un couple de langues, chacune donne et prend... mais en quantités très inégales. L'emprunt ne porte pas seulement sur des mots (cas le plus général), mais aussi sur des sens, des formes, des structures, des procédés grammaticaux. Ce qui amène les linguistes à le définir comme le fait, pour une langue, d'accueillir un *élément* d'une autre langue — le terme d'emprunt pouvant aussi désigner cet élément lui-même.

À la longue, les emprunts se naturalisent dans certaines conditions et cessent d'être reconnus comme tels — par exemple, *redingote*, qui vient de l'anglais *riding-coat*. Le *Nouveau Petit Robert* (1993) réserve la marque distinctive « ANG. » (anglicisme) aux emprunts récents. Des modifications orthographiques (*lord-maire*, *gazole*) peuvent faciliter la naturalisation; des formations dérivées avec des affixes français (*snob*, *snober*, *snobinard*, *snobisme*) en sont un signe révélateur, comme le sont les glissements dans la prononciation : *club* [œ], *drive* [aj], mais *clubiste* avec [y] et *driver* avec [i]. Ajoutons, pour être complet, que les emprunts sont souvent plus fragiles que les mots indigènes, et vieillissent donc plus rapidement (voir 1.4).

1.2 L'emprunt à l'anglais

Pour ce qui est du français, l'emprunt à l'anglais est bien attesté dès le XVe siècle, mais s'est considérablement amplifié au XIXe, « surtout par le fait des "snobs" et des "sportsmen" », comme l'écrit malicieusement Grevisse (1949 : 81), qui ajoute : « dont l'anglomanie a fait trop bon marché de la pureté de la langue française ». On comprend que ces deux catégories de personnes aient multiplié les emprunts dits « de luxe », où le français a déjà un mot, et en emprunte inutilement un autre : un *bitter* (1834) au lieu d'un 'amer', un *speech* (1829) au lieu d'un 'discours', un *goal* (1882) au lieu d'un 'but'. Bien d'autres ont suivi; le flux des anglicismes se gonfle après 1900, lorsque l'emprunt s'étend à de nombreux domaines : commerce, technologie, transports, sciences, loisirs, communication.

ÉCHANTILLON

Le présent échantillon a été établi sur une base chronologique, mais montrera surtout la multiplication progressive des domaines (registres) où les anglicismes apparaissent :

- Avant 1700 : *ajourner, anglican, boulingrin, contredanse, coroner, gentleman, gentry, groom, highlander, lord, lord-maire, yard* (mesure).
- Entre 1700 et 1800 : *anesthésie, bagage, balbuzard, gin, méthodisme, stick, yeoman.*
- Entre 1800 et 1850 : *autobiographie, bas-bleu, bifteck, cold-cream, job, mess, silicium, sinécure, speech, steamboat.*
- Entre 1850 et 1900 : *base-ball, building, corner* (football), *goal, lift, lunch, shot, single* (tennis), *spinnaker, stayer* (cyclisme), *tea gown, tea-room, visualiser.*
- Entre 1900 et 1920 : *autocar, chewing-gum, jingoïsme, périscope, technicolor, vamp, vitamine.*
- Entre 1920 et 1940 : *bulldozer, mescaline, méson, short* (vêtement), *silent-bloc, yes-man.*
- Entre 1940 et 1960 : *basique, battle-dress, half-track, jet, missile, off-shore, oscar, permafrost, sexy, show, station service.*
- Après 1960 : *airbus, audit, brunch, byte, crackers, hardware, permissif, shopping center, software, teddy-bear, vanity-case, yé-yé.*

Au total : une forte majorité de substantifs, quelques verbes et adjectifs, très peu d'adverbes, pas de mots-outils (prépositions et conjonctions).

Dans la plupart des cas, la forme de ces emprunts, rarement francisés, est révélatrice. Mieux déguisés sont les emprunts dits « sémantiques » (on emprunte un sens anglais supplémentaire pour un mot français existant, par exemple *négocier* signifiera 'réussir', 'venir à bout de', *conventionnel* voudra dire 'non-atomique'), et les calques, fort nombreux (*bus scolaire*, *soucoupe volante*, *tête d'oeuf*, *guerre froide*, *homme de la rue*, *cols blancs* et *cols bleus*, etc.) Après 1950, le phénomène prend des proportions telles que certains y voient de sérieuses raisons d'inquiétude : l'infiltration linguistique devient invasion linguistique et le français apparait comme menacé (voir 1.4). Cette nouvelle situation est liée à un changement de statut de l'anglais après la victoire alliée de 1945.

VARIATIONS DE FLUX

La date de première attestation n'est évidemment qu'une donnée approximative; une découverte ultérieure peut la changer. Elle n'est pourtant pas sans intérêt, et permet le petit exercice ci-après, lui aussi approximatif. Les pages 10/11, 20/21, 30/31, 42/43, 51/52, 60/61, 454/455, 580/581, 716/717, 916/917, 920/921, 978/979, 1.022/1.023, 1.080/1.081, 1.088/1.089 et 1.112/1.113 du *Dictionnaire* fournissent, de *airbus* (attesté en 1967) à *yéyé* (1962), un total de cent anglicismes. Reclassés par tranches chronologiques, ils offrent des résultats qui peuvent être exprimés en % :

Première attestation :	avant 1800 :	14 %
	entre 1800 et 1850 :	22 %
	entre 1850 et 1900 :	9 %
	entre 1900 et 1950 :	22 %
	de 1950 à nos jours :	32 %

Les variations de flux sont significatives : un tiers de l'ensemble pour la dernière tranche, la moitié pour les deux dernières. On peut émettre l'hypothèse que les résultats ne seraient pas fondamentalement différents si l'on agrandissait l'échantillon au dictionnaire tout entier.

1.3 L'anglais, « langue mondiale » ?

La *Grammar of Contemporary English* de Randolph Quirk et Sidney Greenbaum (1972 : 1) — un ouvrage de quelque 1.500 pages qui fait autorité des deux côtés de l'Atlantique — s'ouvre sur cette phrase catégorique : « English is the world's most important language ». Dans l'édition suivante (1985), on atténue quelque peu ce jugement : l'anglais est cette fois « généralement reconnu comme… » L'expression est plus nuancée, le fait demeure.

Cette primauté de l'anglais se fonde essentiellement sur trois données. D'abord le nombre de locuteurs dans le monde, où l'anglais le cède au seul chinois, mais prend sur ce dernier un avantage considérable si l'on ajoute les usagers de l'anglais comme deuxième langue (le chinois reste à environ un milliard de locuteurs, l'anglais passe à un milliard et demi, répartis dans les cinq continents). Ensuite, que cela plaise ou non, l'anglais est la langue de la première puissance économique, politique et militaire, les États-Unis. Enfin, et peut-être surtout, l'anglais est l'instrument de communication largement majoritaire pour certains registres spécialisés : science et technoscience, médias (« les médias parlent américain »), transports maritimes et aériens (« les pilotes russes violent sans cesse nos procédures d'atterrissage, mais heureusement ils les violent en anglais »), informatique, loisirs. Ce triple avantage explique évidemment l'énorme pression que l'anglais exerce sur toutes les autres langues, tout comme il explique la « petite phrase » de Quirk et Greenbaum, et les attitudes d'autres, moins prudents, qui brandissent la bannière de « l'anglais, langue mondiale ». Le mot *Japlish*, désignant un 'mélange de japonais et d'anglais', doit être à peu près contemporain de *franglais* (1959 — popularisé par Étiemble, 1964); on a créé sur ce modèle *Spanglish* ('espagnol et anglais'), *Gerglish* ('allemand et anglais'), *Russglish* ('russe et anglais') et *Duglish* ('néerlandais et anglais'). En d'autres termes, toutes les grandes langues de communication sont devenues plus perméables à l'anglais; le sentiment général dans l'Hexagone est cependant que le français, plus proche à la fois dans la réalité géographique et dans ses structures linguistiques, est le plus affecté.

1.4 Les Godons, puis les Yankees

Il y aurait donc, cette fois, péril en la demeure. Le « raz de marée » des anglicismes menacerait d'engloutir le français. Un président de la République française (Giscard d'Estaing) n'a pas hésité à proclamer « la langue, donc la patrie, en danger ». Notons en passant que le même Giscard, lors de son accession à la présidence, prononça une double allocution radiodiffusée, en français et... en anglais (Henry, 1976 : 197). L'ouvrage bien connu d'Étiemble *Parlez-vous franglais ?* (1964) n'a pas peu contribué à entretenir un climat d'exaltation, ce qui a fort réjoui son auteur, enfant terrible à ses heures; le patriotisme des tièdes a été mis en question, et Jeanne d'Arc a été appelée à la rescousse : l'Anglais, tout autant que l'anglais, fut décrit par certains comme l'ennemi; il convenait de le bouter, une fois encore, hors de France. On a légiféré; quelque 500 anglicismes se sont vus bannis des textes officiels, où ils doivent obligatoirement être remplacés par des substituts plus français; des interdictions ont visé l'affichage et la réclame, avec des conséquences parfois ubuesques dont on ne semble guère s'être soucié.

Cette lutte contre un soi-disant « ennemi de l'intérieur », le franglais — une cinquième colonne linguistique en quelque sorte — cache mal des pensées et des intentions plus profondes, économiques et géopolitiques, quand elles ne sont pas plus simplement électorales. Un antiaméricanisme latent prend ici souvent le relais; à l'exemple d'Étiemble, on tonne contre le « sabir atlantique », on maudit « l'impérialisme culturel » des États-Unis. Cette fois, l'ennemi est à l'extérieur et plus dangereux encore : c'est la position de la France dans le monde qu' « on » veut affaiblir.

Toute cette agitation suscite chez l'observateur objectif un certain étonnement. *Le Dictionnaire des anglicismes* (Rey-Debove et Gagnon, 1990) en répertorie quelque 2.700, dont plus de 1.000 vieillis, comme *speaker* (à la radio), *lift* ou *trench-coat*. Les 1.500 restants représentent donc le quarantième d'un vocabulaire déjà fort respectable de 60.000 mots. Si on introduit — comme il est indispensable — des critères de fréquence, on s'aperçoit qu'il s'agit souvent de mots semi-spécialisés, appartenant à des registres spécialisés et donc assez peu fréquents, tout au moins dans la langue courante. On brandit aussi, pour entretenir l'effroi, le chiffre, sans doute correct, de 35.000 termes techniques anglais en usage en France. En réalité, c'est tout aussi peu que les 2,5 % du vocabulaire général, car notre civilisation de la technoscience fabrique des termes à une cadence ahurissante. Pour l'anglais, on estime leur nombre à quelque 300.000. Pour comprendre un tel chiffre, il faut bien entendu faire la distinction entre « mot » et « terme », et, de plus, savoir qu'il s'agit quatre fois sur cinq de multitermes, de sorte qu'on arrive par combinaison à des totaux qui frappent l'imagination.

C'est d'ailleurs ce que l'on veut faire, car il n'y a pas que du sentiment et de l'amour de la langue (et éventuellement, de la patrie) dans tout cela. Et on peut se demander, sans y mettre la moindre mauvaise foi, pourquoi si peu est fait outre-Quiévrain pour améliorer le français des travailleurs immigrés, et pourquoi d'autre part tout est fait pour inciter les élèves français du secondaire à n'apprendre que l'anglais, à l'exclusion des autres langues étrangères. Ces contradictions relèvent en réalité d'une attitude quelque peu schizophrène, résultant d'une situation où les élans du sentiment et la force du préjugé se heurtent à la contrainte des intérêts. Elles relèvent aussi d'un « catastrophisme » à la mode; en réalité, le français n'est pas menacé. Le français des Belges non plus, bien entendu. Une telle conclusion n'a rien d'original; elle rejoint, par exemple, le jugement de Claude Hagège (1987 : 71) formulé un peu ironiquement certes, mais conforme aux faits : « Nul vrai péril à l'horizon. En dépit des prophéties souvent sombres qui s'entendent ici et là, rien n'indique que la langue française soit aujourd'hui submergée par un raz de marée d'anglicismes ». Comprenons bien, toutefois, que ceci concerne le français, langue véhiculaire des pays ou régions francophones — ce qui n'est pas la même chose que les pays de la francophonie. Et ajoutons, pour que le discours soit bien clair, que la communication scientifique stricto sensu doit être vue comme un cas particulier, tandis que la vulgarisation et la

Images du franglais.
Extrait de la brochure : « Bruxellois, ton français file à l'anglaise », A.C.C.F., Bruxelles, 1993.

diffusion du savoir relèvent du problème général, même si des insuffisances bien regrettables sont à déplorer en ce domaine.

2. Le cas belge

2.1 Français sans frontière… anglais aussi

Si un tableau de la situation française vient d'être brossé à grands traits, c'est que, comme l'écrit Jean-Marie Klinkenberg (1985 : 100), « aucun discours tenu en matière de langue sur le territoire de la Wallonie ou de Bruxelles ne peut faire l'économie du problème de la relation à Paris ». Et en effet, en dépit d'incontestables traits particuliers examinés ci-après (voir 2.2 et suivants), il n'y a aucune raison pour que la situation belge soit fondamentalement différente. C'est avec intention que j'écris « belge », car nos compatriotes flamands subissent, eux aussi, la pression de l'anglais; elle leur semble toutefois moins intolérable, ne serait-ce qu'en raison de l'habitude déjà prise de résister… au français (voir aussi 2.4). Pour la Belgique francophone, où l'on se tourne tout à fait normalement vers Paris pour y trouver sinon un modèle, en tout cas une référence, la frontière politique ne joue aucun rôle dans une défense contre « l'invasion linguistique » chère à Étiemble; les données chiffrées proposées ci-avant, approximatives certes, mais éclairantes (2,5 % du vocabulaire, indice de fréquence généralement bas) restent valables; cela n'a rien d'étonnant, c'est la même langue française qui est l'outil de communication des deux communautés, et elle vit le même destin des deux côtés de la frontière : la confrontation avec l'anglais est globale. Si l'intensité de la réaction est moindre chez les francophones de Belgique, cela provient plutôt de différences non-linguistiques de tempérament et d'attitude.

2.2 Emprunts belges

Le parallélisme avec la situation française une fois pris en compte, on peut en venir à ce qui est plus spécifiquement belge dans les mécanismes d'emprunt à l'anglais. Un certain pragmatisme « bien de chez nous » joue ici un rôle, et s'applique d'autant plus naturellement dans les faits que le sentiment national est moins fort.

De plus, l'anglophobie et l'antiaméricanisme sont assez peu représentatifs en Belgique; la résistance à l'anglais y trouve donc moins de motivations. Il y a certes bien eu des esquisses de réaction... même et jusqu'à Waterloo; on a tenté de légiférer (en Flandre aussi); mais, de toute évidence, on a mis dans tout cela moins de passion. En d'autres termes, le seuil de tolérance est plus élevé, ce qui se traduit, tant pour la prononciation que pour le vocabulaire,

Y a-t-il un seuil de tolérance linguistique?
Dessin de Philippe Geluck.
Avec l'aimable autorisation de Philippe Geluck.

par une tendance à emprunter telles quelles des formes anglaises que les Français, dans la plupart des cas, adaptent peu ou prou. « Dans la plupart des cas », ce qui signifie que c'est essentiellement le taux de fréquence qui fera la différence entre l'usage belge et l'usage français; au football par exemple, *gardien* (de but) est le terme habituel en France; *keeper* n'est pas inconnu, mais il est peu fréquent, (il ne figure pas dans le *Nouveau Petit Robert*). En Belgique, *keeper* est régulièrement employé et a donc une fréquence nettement plus élevée.

Cette approche peut s'utiliser — *mutatis mutandis* — tant pour la prononciation que pour le vocabulaire. *Iceberg*, par exemple, aura majoritairement chez nous un [aj] à l'initiale; en France [aj] et [i] existent. *Steward* est prononcé plus ou moins à l'anglaise en Belgique, mais avec les voyelles [i] et [a] en France; il y a une prononciation belge où *clown* est homophone de *clone*, nous allongeons sensiblement le deuxième [i] de *strip-tease*, etc. Les observations de ce type ne sont évidemment concluantes que si les différences de fréquence, souvent difficiles à estimer, sont suffisantes.

En ce qui concerne le vocabulaire, on peut donner une portée plus générale à ce qu'écrit André Goosse (1984 : 33) à propos du football : « notre vocabulaire est plus perméable aux mots, simples ou composés, de l'anglais; en France, les équivalents, traductions ou calques, sont beaucoup plus usités ». *Goal*, *back*, *half-time* (dans les deux sens de 'mi-temps') sont donc plus belges que français; *kick-off* ou *throw-in* sont employés presque exclusivement chez nous. Le domaine militaire, surtout pour la marine et l'aviation, offre des exemples similaires : *midship* dans notre Force navale, 'aspirant' ou 'enseigne' dans la Marine nationale, *wing* pour nos aviateurs, 'escadre' en France. *Battle-dress* présente un cas de glissement de sens : c'est la tenue de combat complète (veste et pantalon) chez nous, mais ce n'est plus qu'un blouson outre-Quiévrain. Des facteurs extérieurs peuvent agir sur la fréquence; ainsi *light* dans le sens de 'allégé', fréquent en Belgique (beurres, margarines, mayonnaises, tabacs, et même menu *light* et cuisine *light*) a dû être freiné en France par la règlementation sur l'affichage (1975-1976); cela doit être vrai aussi pour d'autres objets ou produits offerts en vente (*after-shave*, *body-milk*, *training*, *fish-sticks*, etc.)

Le critère de fréquence comparée peut toutefois être abandonné lorsqu'il s'agit de formes employées exclusivement en Belgique. Des termes comme *poll*, *caucus*, *pairer* sont absents du vocabulaire politique français; le grade de *commodore* n'existe pas dans la Marine nationale; on ne porte plus (Goosse, 1984 : 42) de *singlet* en France. *Jobiste* (dérivé de *job*) semble aussi limité à l'usage belge. *Flat* désigne chez nous un 'petit appartement' (anglais *flatlet* ou *studio*).

L'anglais : une aide à la créativité linguistique?
Cl. S.L.F.

2.3 Pseudo-anglicismes belges

On appelle *pseudo-anglicismes* ou *faux anglicismes* des mots qui semblent empruntés à l'anglais et pourtant n'existent que de ce côté-ci de la Manche, ou y ont un sens inconnu en Grande-Bretagne. Ainsi en est-il de *shake-hand* (anglais *handshake*), *tennisman* et *rugbyman* (anglais *tennis* et *rugby player*), *footing* (sens anglais 'assise', 'base'). Goosse (Grevisse et Goosse, 1986 : 210) les distingue des emprunts normaux qui ont changé de sens par réduction : « smoking-jacket, réduit à smoking, donne à ce dernier un sens bien différent du sens anglais ('action de fumer') ». Les Belges se sont montrés créatifs dans ce domaine; un certain nombre de pseudo-anglicismes forgés chez nous sont inconnus ou très peu usités en France; *fancy-fair* est un des plus caractéristiques. Notre gout pour les dérivés en *-man* nous a amenés à ajouter *tramwayman* et *taximan* à une série existante, ainsi qu'à constituer une riche famille de termes désignant soit les joueurs, soit les supporters de nos clubs de football ou d'athlétisme — donc, avec ou sans majuscule, *Sportingman*, *Daringman*, *Racingman*, mais aussi *Standardman*, *Beerschotman* et *Antwerpman*. Pour rester dans le même domaine, nous disons (et parfois écrivons) *shot* là où Anglais et Français emploient *shoot*, c'est-à-dire dans le sens de 'tir (au but)'— *shot* en anglais se rapporte aux armes à feu.

2.4 Deux langues contre une, ou une entre deux ?

Dans une Belgique fédérale et bilingue, le problème de la relation à l'anglais est à trois composantes. C'est pourquoi on a évoqué dans le titre de cette section les situations étudiées par Théodore Caplow (1971) dans son célèbre ouvrage sur les fluctuations du pouvoir au sein des triades. Bien entendu, ce ne sont pas les langues, mais les hommes qui s'allient ou s'opposent. Lorsqu'il s'agit de défendre une identité culturelle, de combattre ce que certains n'hésitent pas à décrire comme une « pollution » par l'anglais, les intérêts de nos deux communautés se rejoignent, et l'on a vu par exemple s'exprimer au Nord et au Sud des oppositions très parallèles à l'extension des cours universitaires en langue anglaise. Mais dans d'autres situations, on jouera, tantôt contre le néerlandais (en Wallonie), tantôt contre le français (en Flandre), un anglais dont la promotion est alors vue comme un excellent moyen de faire reculer l'autre langue nationale. Rappelons que quelque 25.000 élèves du troisième degré de l'enseignement général de la Communauté française ont choisi l'anglais comme deuxième langue, contre environ 6.500 pour le néerlandais : dès que l'option a été autorisée, elle a joué en faveur de l'anglais. Les chiffres étaient bien différents il y a vingt ans encore. Le problème se pose autrement à Bruxelles (néerlandais obligatoire).

Enseignes de salons de coiffure et placard publicitaire.
Cl. S.L.F.

Certains voudraient assigner à l'anglais, « langue neutre », comme ils disent, un rôle de pont entre les deux communautés; c'est une chimère dans un domaine où l'affectivité profonde joue un rôle énorme. À peine plus réalistes sont les partisans de (fausses ?) économies, séduits par l'anglais « langue compacte » qui diminue le cout des inscriptions, panneaux, affiches et imprimés, surtout si l'alternative est de les proposer dans les deux langues nationales. On n'hésite d'ailleurs pas à employer dans ce but un « volapük international » dont les exemples fleurissent çà et là (*Façaclean*, *Men's Kwaf*, *Fun Kwaf*, *New Tif* et *Tart'Inn* sont authentiques).

2.5 Le cas de Bruxelles

Il est, de toute évidence, particulier (voir à ce sujet le chapitre 13, 2.3). Non pas que la minuscule région bruxelloise ait ses anglicismes propres, mais parce que les contacts entre le français et l'anglais s'y vivent dans une sorte de contradiction permanente. On se trouve dans une ville qui souhaite confusément garder son âme et rester ce qu'elle était, et en même temps ambitionne de devenir un grand centre cosmopolite, « capitale de l'Europe », nœud de communication et de culture — en d'autres termes, un terrain idéal pour l'anglais. Notons qu'il y a à Bruxelles deux communautés anglophones, l'anglaise et l'américaine, qui ont leurs écoles, leurs manifestations sociales, leurs centres culturels; mais elles ne diffusent ni l'une, ni l'autre, un message conquérant. On a au contraire l'impression que l'impact de l'anglais est plus faible que ce que l'on aurait pu attendre; la « menace » est vécue plutôt à travers Paris qu'en fonction de la situation sur place. C'est qu'on se trouve dans un climat de plurilinguisme, auquel la présence des institutions européennes n'est pas étrangère, et dans lequel l'anglais peut être vécu comme une langue de l'Europe parmi d'autres. Certes, il domine largement dans le flot des enseignes, dénominations, publicités, etc.; mais il n'est pas seul. C'est bien pourquoi certains, soucieux de conserver cette présentation gladiatoriale des faits qui leur plait tant, remplacent l'anglais par le plurilinguisme dans le rôle de l'ennemi.

Du plurilinguisme, on passe facilement au pluriculturalisme, condamné à son tour. C'est qu'on observe à Bruxelles comme dans toutes les grandes villes, y compris Paris, une américanisation (superficielle ?) des lieux, des paysages et des moeurs : le pluriculturalisme y fait le jeu, sinon le lit, de la culture la plus forte en termes économiques et de communication, autrement dit la culture américaine. La langue française n'est pas plus menacée par l'anglais à Bruxelles qu'ailleurs; mais le maintien d'une identité culturelle y constitue une partie plus difficile qu'en Wallonie — partie déjà mal engagée et qui se joue sur d'autres terrains que celui de la langue.

3. De quoi demain sera fait

On ne saurait parler ici de conclusion. La coexistence du français et de l'anglais, le processus d'emprunts réciproques, la pression du second sur le premier sont des faits linguistiques et sociolinguistiques appelés à durer. Beaucoup d'anglicismes auront une vie relativement brève : les termes techniques disparaitront avec les objets et procédés qui leur ont donné naissance, et feront place à des anglicismes nouveaux. Certains, plus durables, se naturaliseront par la prononciation et/ou l'orthographe; ils produiront des dérivés bien français (voir 1.1); leurs pluriels aussi, à propos desquels Étiemble ironise beaucoup, se franciseront (des *supermans*). Comme par le passé, on constatera des variations de flux. Les modes changent; on se souviendra que dans *Orange mécanique,* Anthony Burgess imagine qu'en 2010, le russe sera la langue fétiche des adolescents en Grande-Bretagne (son roman s'accompagne donc d'un petit glossaire de quelque 200 mots). Les situations géopolitiques aussi peuvent changer; le poids des États-Unis est variable comme toute autre donnée; l'élargissement de l'Union européenne vers le Nord et vers l'Est peut être favorable à l'allemand, mais pourrait aussi amener à reconnaitre l'inévitable prédominance de trois ou quatre « grandes » langues sur les autres — et le français en serait de toute façon. Le linguiste, et même le citoyen éclairé, suivra aussi avec intérêt les effets des modifications d'équilibre entre le parlé et l'écrit; comme le suggère Marc Wilmet, interviewé par *Le Soir* (14.12.1988) : « la télévision décrispe le français, fait sauter les carcans de la langue écrite ». Qui plus est, cette culture où l'oral prédomine échappe au contrôle traditionnel de l'école, de l'Académie et des autorités en général; elle véhicule sans doute moins d'anglicismes qu'on ne veut bien le dire, et avec des taux de fréquence différents; mais d'autre part, elle place la créativité avant la rigueur, et surtout, elle se rit des règlementations comme des bons exemples. Faut-il ajouter que, sur ce plan, les différences entre la France et la Belgique francophone sont minimales ? Sous l'influence des médias, précisément, la tendance est à l'unification plutôt qu'à la diversification.

On sait donc de quoi demain sera fait : il ressemblera à aujourd'hui. L'avenir plus lointain de la langue nous échappe… la futurologie est un exercice amusant, mais qui n'a rien de scientifique et se combine mal avec la rigueur. Par contre, elle invite chacun à user de la délicieuse liberté d'imaginer un avenir conforme à ses inclinations : si vous rêvez notre planète comme unifiée, régie par un gouvernement mondial et parlant une langue unique, vous pouvez choisir laquelle.

Jean DIERICKX

Campagne de lancement d'un nouveau produit de restauration rapide en 1996. L'accroche publicitaire combine l'italien, le français et l'anglais en faisant référence au quartier des antiquaires londoniens, Portobello.
Cl. S.L.F.

Chapitre 18

Le français au Zaïre, au Rwanda et au Burundi

Intégrer un chapitre traitant du Zaïre, du Rwanda et du Burundi dans un ouvrage portant le titre *Le français en Belgique* ne relève pas de l'arbitraire, mais d'une réalité politique qui est devenue, avec le temps, une réalité historique. En effet, pendant trois quarts de siècle, jusqu'en 1960, ces pays ont vécu sous influence belge. C'est la Belgique qui y a introduit le français; il s'agit donc bien, du moins à l'origine, du français de Belgique dans sa zone d'influence africaine.

1. Histoire

Les principaux titres de la presse quotidienne zaïroise rédigés et édités en français.
Cl. S.L.F.

1.1 Zaïre

On peut distinguer dans l'histoire du français au Zaïre cinq périodes bien définies. Si ces périodes sont celles qui y scandent l'évolution de l'enseignement, c'est que, comme l'écrit Nyembwe Ntita (« Le comportement langagier des Zaïrois usagers du français : facteurs de variabilité », dans Faïk *et al.*, 1988 : 117-132) : « C'est par l'apprentissage scolaire principalement que le français est acquis par la plupart de ses locuteurs zaïrois. » Si l'on sait que la présence belge au Zaïre n'a jamais dépassé le chiffre de 50.000 personnes et si l'on considère que la moitié était flamande, on saisit que c'est presque uniquement par l'école — soutenue, il est vrai par la presse, les livres et la radio — que la langue française s'y est implantée (Faïk, 1979).

Cependant l'apprentissage du français s'est réalisé aussi par les contacts sociaux noués entre Européens et Africains, notamment dans les rapports professionnels (ouvriers, domestiques) et dans les

JESUITES BELGES MISSIONNAIRES
AU CONGO
MENSUEL 1945 - V
Le Congo en marche...
par CL. SCHÖLLER
JADIS...
MAINTENANT...
ON DEBARQUE
Vers l'intérieur des terres...

Les missionnaires belges ont diffusé le français au Congo par leur enseignement, leurs écoles et leur station radiophonique.
»Jésuites» belges missionnaires, périodique mensuel, mai 1945, Arch. jés. P.M.B., Bruxelles. tCl. S.L.F.

aspects plus personnels de la vie commune : activités culturelles, œuvres sociales, prostitution. Mais ce niveau d'apprentissage ne débouche que sur un français limité, et n'a pas été retenu dans l'étude *Le Zaïre, deuxième pays francophone du monde ?* réalisée sous la direction de Sully Faïk (1977) en réponse à une enquête lancée par *Le français dans le monde*.

La première période, qui va des débuts de la colonisation à 1948, est caractérisée par un mouvement d'alternance entre la thèse des européanistes, partisans du français, et celle des indigénistes, partisans des langues africaines. Nous en reparlerons plus loin.

Durant la deuxième période, entre 1948 et 1960, on assiste à une accélération de la politique européaniste et à une intensification de l'usage du français. Les écoles moyennes passent de quatre à six ans et inscrivent à leur programme l'étude de la littérature française. Un prix littéraire est attribué à Paul Lomami-Tchibamba en 1948, à Bruxelles, pour son récit *Ngando*. Peu après, Saverio Nigiziki publie *Escapade rwandaise, journal d'un clerc dans sa trentième année*.

Plusieurs périodiques rédigés en français s'adressent au public africain : *Temps nouveaux* à Bujumbura, *La croix du Congo*, *La voix du Congolais*, *Actualités africaines* à Kinshasa. C'est en 1955 que le ministre des colonies, Auguste Buisseret, introduit l'école laïque au Congo. Sa particularité est que l'enseignement y était entièrement dispensé en français alors que, dans l'enseignement confessionnel, seul existant au Congo de l'époque et monopole des missions catholiques et protestantes, l'enseignement primaire et normal était largement dispensé en langues vernaculaires. L'école nouvelle remporta un vif succès du fait, sans doute, que c'était la première fois que l'alternative laïque était offerte aux Africains. C'est aussi de cette époque que date *Le manifeste de conscience africaine* (1955) rédigé en français.

La troisième période commence en 1960, avec l'indépendance du pays. La bourgeoisie intellectuelle — enseignants et anciens séminaristes — accède au pouvoir et fait du français la langue officielle du pays. Dès 1962, un nouveau programme, qui bannit l'histoire et la géographie de la Belgique, précise que l'enseignement se donne en français. L'Unesco favorise cette proposition et tâche d'accélérer de nouvelles formations par la multiplication d'institutions telles que l'IPN (Institut Pédagogique National), l'ENA (Ecole Nationale d'Administration).

Mais plusieurs coups d'arrêt sont donnés à cette euphorie francophone. En 1963-1964 la révolution paysanne de Mulele dans le Kwilu s'oppose à tout ce qui est étranger et bourgeois, et donc francophone ou francophile. En 1967, le congrès de Luluabourg remet en cause le français dans l'enseignement fondamental et prône un retour aux langues africaines.

La quatrième période coïncide avec la politique « d'authenticité », lancée par le Président Mobutu pour galvaniser le nationalisme des Congolais : le Congo devient le Zaïre, les prénoms étrangers, donc français pour la plupart, sont remplacés par des noms africains (ce qui provoquera des problèmes au point de vue juridique) : diplômes, intitulés de comptes en banque, enseignes de magasin vont changer (voir à ce sujet Max Pierre, « L'impact du français dans les milieux populaires du Zaïre », dans Faïk *et al.*, 1988 : 133-222). Le premier séminaire des linguistes du Zaïre, qui s'est tenu à Lubumbashi en 1974, a formulé le vœu de voir appliquer les propositions du congrès de Luluabourg concernant le rétablissement des langues nationales au moins dans l'enseignement fondamental.

C'est ce mouvement de l'authenticité qui a fait apparaître des inscriptions en lingala à l'aéroport de Kinshasa. Les hôtesses de l'air de la compagnie Air Zaïre s'adressent à la clientèle d'abord en lingala, puis souvent en swahili, enfin en français et en anglais.

Mais d'autre part, c'est suite à la visite du président Giscard d'Estaing, en 1976, que sera décidée la construction de la « Voix du Zaïre », puissant émetteur de radio-télévision, financé par la France, et instrument non équivoque de la volonté de garder le pays dans le giron de la francophonie.

La cinquième période commence en 1985, et marque le déclin de l'authenticité. Durant un colloque consacré au thème « Linguistique et Société » juristes, politiciens, généraux plaident avec compétence pour les langues nationales. Ironie du sort : un mois après, une circulaire du ministère de l'Éducation enjoint de renforcer le français : cette circulaire fut comprise par les inspecteurs comme entraînant la suppression des langues africaines dont l'enseignement avait été péniblement remis en place à partir de 1975.

La démocratisation amorcée en 1990 suscite enfin une efflorescence extraordinaire de journaux en français.

1.2 Rwanda et Burundi

Au Rwanda et au Burundi, d'abord colonies allemandes, le français ne sera introduit que lorsque la Belgique recevra un mandat d'administration de la SDN (1926). La population y est rurale presque à 100 % et la capitale itinérante : le *mwami* (le 'roi') se déplace avec ses troupeaux et ses courtisans, et les plaignants, toujours nombreux, le suivent. Progressivement deux pôles d'attraction se forment : Astrida, actuellement Butare, qui devient la capitale intellectuelle du pays et Bujumbura, la capitale politique.

Ces pays devenus indépendants en 1962 resteront fidèles à leur langue : le kinyarwanda et le kirundi. On peut l'expliquer : ils sont pratiquement unilingues et la nécessité de l'unité linguistique ne se posera donc pas de la même façon qu'au Zaïre où la multiplicité des langues a imposé le français.

Dans ces deux pays, la langue nationale est toujours en grande partie celle des relations d'ordre familial, professionnel, de l'enseignement fondamental, de la presse, de la radio et de l'hymne national. Cependant depuis quelques années, sans doute à la suite du sommet des pays de France et d'Afrique qui s'est tenu à Kigali dans les années 80, et aussi de l'augmentation de l'urbanisation, le français a gagné du terrain.

2. Aspects sociolinguistiques, sociaux et politiques

2.1 Panorama général

Mesurer le nombre de locuteurs francophones dans les pays d'Afrique relève de l'utopie. Des essais ont été faits; ainsi, dans *Le Zaïre, deuxième pays francophone du monde ?*, on en arrive à 4 % (Faïk, 1977). Lors d'une communication aux Journées scientifiques de la Faculté des Lettres à Lubumbashi, le chiffre de 23 % a été avancé. D'après la grille d'analyse de l'IRAF, il y aurait au Burundi 6,19 % de locuteurs francophones. Mais les critères aboutissant à ces pourcentages sont assez différents. Il est donc difficile de se fier à ces évaluations.

D'autant plus que l'éventail des degrés de connaissance du français est très large. Si l'on se réfère à Sesep (1993), il y en aurait trois : le basilectal, le mésolectal et l'acrolectal.

Au niveau basilectal, le discours commencé en français s'achèvera le plus souvent en langue vernaculaire ou véhiculaire, à cause de la difficulté de s'exprimer dans une langue étrangère. À ce niveau d'usage, on observera l'utilisation de verbes seulement à l'infinitif (ou pour les verbes les plus fréquents au présent de l'indicatif); la confusion des genres des substantifs et surtout, un vocabulaire limité à trois ou quatre cents mots. Ce niveau est celui des femmes du marché, des prostituées, des ouvriers, des domestiques, des vendeurs de produits locaux.

Le niveau mésolectal retiendra pour les verbes les temps présent, imparfait, passé composé, futur et impératif. Le subjonctif sera remplacé par des formes moins difficiles; ainsi : 'Il faut que tu ailles à l'hôpital' sera remplacé par *Tu dois aller à l'hôpital*. La syntaxe des subordonnées est confuse. Confusion aussi des pronoms *le, la/lui,*

Devanture d'échoppe au cœur de la cité à Kinshasa.
« ETS WOLOWO, COMMUNIQUE !!! CT [commandant] CREDIT alias B.P. [banque populaire] est mort depuis hier 3h°° du matin assassinez (sic) par : MAUVAIS-Payeur alias PARDON.»
Photo Philippe Parisel, 1990.

dont/que. Ainsi, on entendra : « Je *la* parle » pour « Je 'lui' parle ». Confusion enfin des niveaux de langue. C'est le niveau des petits fonctionnaires, des commerçants.

Les locuteurs de niveau acrolectal évitent les pièges énumérés ci-dessus et se rapprochent très fort du francophone moyen. Ces locuteurs se recrutent parmi les intellectuels, les fonctionnaires et les cadres des sociétés.

D'autre part, plus d'hommes que de femmes parlent le français. L'écolage des filles a été plus tardif que celui des garçons et moins poussé à cause des mariages précoces. Mais, si beaucoup de femmes d'un certain âge, ne parlent guère le français, les nouvelles générations sont occupées à rattraper leur retard. L'apparition de femmes médecins, ingénieurs, agronomes ou écrivains le montre.

2.2 Aspects politiques

Il a été signalé plus haut deux conceptions de la politique des langues au Zaïre. D'une part, les européanistes sont partisans de l'imposition du français comme langue de communication, ce qui simplifie les choses dans un pays qui compte plus de deux cents langues. D'autre part, les indigénistes sont partisans des langues africaines, pour diverses raisons : les Flamands, pour ne pas favoriser uniquement le français; d'autres pour assurer le sauvetage des valeurs authentiquement zaïroises (Faïk, 1979); d'autres enfin dissimulaient leur désir de maintenir la population autochtone « à l'état de poussier politique ». Ce mouvement d'alternance entre européanistes et indigénistes, manifeste du temps colonial, s'est poursuivi jusque dans les années 80.

Le nationalisme naissant voit dans l'appropriation de la langue du colonisateur un moyen pour le colonisé de s'affirmer l'égal du blanc, de lui ravir ses « secrets » (Faïk, 1979).

Non seulement l'hymne national mais aussi la doctrine de l'authenticité sont formulés en français, et lorsque, dans un souci de fidélité à cette doctrine, certaines appellations sont modifiées, c'est toujours par des mots français que s'opèrent les transformations : le député devient commissaire du peuple, le gouverneur devient commissaire de région, la province, région, la commune devient zone, les messieurs et dames deviennent des citoyens et des citoyennes. De plus, la législation est rédigée en français, même si des essais de traduction ont été tentés.

2.3 Usages sociaux et professionnels

2.3.1 *Les mass-médias*

Actuellement et bien que certains titres soient en langue africaine comme *Taïfa* ou *Jua*, la presse est presque totalement rédigée en français, avec de temps à autre, une page en lingala ou en kiswahili. Les pages sportives et les textes publicitaires sont toujours rédigés en français; c'est aussi le cas des croquis d'audiences judiciaires, alors que les confrontations ont souvent eu lieu en langues véhiculaires ou locales. Les journaux — ou plus exactement les hebdomadaires — rédigés complètement en lingala, tel *Congo ya sika* ou en kiswahili, tel *Hodi*, ont disparu bien que la maison d'édition *Jeunes pour Jeunes* ait lancé notamment des bandes dessinées dont la langue est l'indoubill, un sabir de Kinshasa mi-français, mi-lingala (voir Sesep, 1990).

Les programmes radio comportent des journaux parlés en français, mais aussi dans les quatre langues véhiculaires. De nombreuses saynètes ainsi que les heures consacrées à la chanson sont surtout en lingala. Les matches de football, fort suivis, sont commentés alternativement, de dix en dix minutes, en français et dans une langue véhiculaire.

Quant aux programmes de télévision qui ne débutent que dans la soirée, sauf le samedi et le dimanche ou dans des cas exceptionnels, ils sont presque entièrement en français, à part les journaux télévisés dont un résumé est donné en langues véhiculaires. Ceci est renforcé par le fait que tous les téléfilms sont importés.

Le théâtre, très vivant au Zaïre, se joue le plus souvent en français, bien que parfois, pour rendre davantage de naturel à certaines situations, des passages soient dits en langue zaïroise, et que certaines troupes, tel le théâtre Moondo de Lubumbashi, fassent du théâtre en kiswahili.

À part le récent *La vie est belle* qui a obtenu un grand succès, la production du film zaïrois est dérisoire en comparaison des autres moyens d'expression et au vu de ce que certains pays d'Afrique de l'Ouest ont déjà mis sur le marché. La langue du film est le français. Il en est de même des films projetés dans les salles du Zaïre, tous importés.

2.3.2 *Relations professionnelles*

Dans le domaine professionnel, c'est surtout le français qui est utilisé. Toute l'administration se fait en français. Mais dans le commerce ou les petites entreprises, le patron, même s'il est étranger, parlera une langue zaïroise avec son personnel. Dans les grandes sociétés, où l'on distingue personnel de cadre et personnel subalterne, le français sera utilisé pour s'adresser au personnel de cadre et une langue zaïroise pour s'adresser au personnel subalterne. Mais lorsqu'on a à faire à un allocutaire qui ne connaît ni ne comprend le français et à qui on veut manifester sa supériorité, on recourt souvent au français. Ainsi tel contremaître, qui baragouine à peine le français, peut éprouver la nécessité d'apostropher en français un manœuvre qu'il rappelle à l'ordre. Le français, dans ce cas, n'a pas seulement la fonction de « pouvoir », il est lui-même « pouvoir » (Nyembwe, dans Faïk *et al.*, 1988 : 117-132).

Mais il faut ajouter que c'est l'inverse qui se produit dans les relations entre civils et militaires. Le simple soldat, ordinairement peu lettré, considère comme une impolitesse, une vantardise, voire une insulte, que l'on s'adresse à lui en français.

2.3.3 *Les usages sociaux*

D'autre part, quel que soit le milieu professionnel, c'est en langue zaïroise, le plus souvent, que les membres du personnel se raconteront les potins du quartier, parce que cette langue donne à ces faits divers une saveur plus typique et qu'à ce moment, ils se sentent comme déconnectés de leur vie professionnelle.

Les relations mondaines sont le lieu privilégié du français. Les personnes qui s'y rencontrent ont en commun un niveau de scolarité, un certain type d'activité professionnelle, un certain rang social. Dès lors, non seulement par l'habillement mais aussi par le langage, elles se sentent toutes en représentation.

Les missionnaires, aussi bien catholiques que protestants, avaient privilégié les langues locales pour l'évangélisation. Néanmoins, pour satisfaire la population étrangère, certains offices étaient célébrés en français. C'est toujours le cas aujourd'hui : les femmes vont de préférence aux offices célébrés tôt le dimanche en langue zaïroise et les hommes, les lettrés surtout, fréquentent l'église le dimanche en fin de matinée lorsque l'office est dit en français. Cette dichotomie entre lettrés et non ou peu lettrés, se manifeste également lors des enterrements. Pour un lettré, le discours devant la tombe ouverte sera prononcé en français; pour un autre, il sera dit en langue locale, ou plus simplement, il n'y aura pas de discours.

Le courrier est en général rédigé en français : ceux qui écrivent sont des gens scolarisés et, la langue de l'enseignement étant surtout le français, il est bien naturel que ce soit de cette langue qu'ils se servent. Toutefois pour écrire à des personnes âgées qui n'ont pas eu l'occasion d'aller à l'école, le courrier pourra être rédigé en langue locale, courrier qui sera lu par une personne de l'entourage de la personne âgée.

« PREDUCATION ORALE - QUE PUI-JE PRECHER DOTRE SI CENEPA LAMOUR E LAFOI ??? SOYION AMOUREU CHER FRERE ZE SOEUR. EYION OSSI LAFOI. PAR LAMOUR, NOU KONVINKRON LEMAL. PAR LAFOI RIEN NE NOU SERA IMPOSSIBLE. SUIVON TOUJOUR LEKZAMPLE DE NOTRE SENIERE JEZU-CRI QUI, POUR LAMOUR ENVER SE 10 SIPLE MARHA SUR LES OS DE LA MER,
AAAMEN! (SIC).»
Chéri Samba, « PREDUCATION ORALE », acrylique sur toile, avril 1995, collection Evers, Bruxelles.
Cl. S.L.F.

Si généralement le français est la langue de l'enseignement à tous les niveaux, il convient tout de même de signaler que certains maîtres des premières classes du primaire utilisent une langue véhiculaire pour expliquer des exercices de calcul ou des problèmes, dans un souci louable de compréhension pour les élèves. Néanmoins les nombres sont toujours exprimés en français.

Dans les relations familiales, si l'intercommunication est naturelle, elle n'en est pas moins complexe. Elle dépendra de l'identification fondée sur l'appartenance à un sexe et à une génération. (Nyembwe, dans Faïk *et al.*, 1988 : 117-132). On peut dire qu'en famille on n'utilise généralement pas le français À l'intérieur de la famille, chacun se connaît et se valoriser par l'usage d'une langue étrangère constituerait un porte-à-faux. Le comportement ostentatoire qu'est l'usage du français là où il n'est pas toléré traduit la préoccupation du locuteur de se faire remarquer et de se distinguer dans ces situations. En famille, les sentiments très forts de joie, de tristesse surtout et plus encore la colère, s'expriment rarement en français. Cela est particulièrement remarquable lors des deuils ou des disputes. Il pourrait y avoir deux explications : ou bien le français est jugé incapable de traduire les sentiments les plus profonds du locuteur, ou bien le locuteur n'est pas parvenu à une maîtrise suffisante du français pour exprimer, comme il le voudrait, ses sentiments (Nyembwe, dans Faïk *et al.*, 1988 : 117-132). Cependant, les adolescents scolarisés parleront volontiers français entre eux parce que leurs centres d'intérêts sont l'école ou les sports. Mais avec les grands-parents, leur mère éventuellement, les petits enfants et les domestiques, l'usage des langues locales sera le plus habituel. Le cas où le français est la seule langue parlée en famille existe, mais est assez rare.

Enfin, le choix du français ou d'une langue zaïroise n'est pas indifférent au sujet de la communication : parler de mathématique, de physique ou de philosophie contraint plus à l'usage du français que traiter de religion, des coutumes ou de l'amour.

Livre de propagande édité en français par le bureau du Président de la République du Zaïre. « Mobutu Sese Seko », « Action et parole 1965-1975 », Kinshasa, 1975
Cl. S.L.F.

2.4 Savoir et pouvoir

Au regard des diverses utilisations du français dans les différentes situations sociales, il ressort que le français, par rapport aux autres langues africaines, est considéré comme un savoir.

Et du savoir au pouvoir, il n'y a qu'un pas, comme l'ont bien montré Nyembwe Ntita (dans Faïk *et al.*, 1988 : 117-132) et aussi Ngirabakunzi Kaberuka (dans Faïk *et al.*, 1988 : 41-51) : « Contrairement au point de vue le plus admis au Zaïre, le français n'est pas une langue coloniale. Sa diffusion et l'approfondissement de son usage au Zaïre procèdent d'une volonté politique autochtone et nationaliste. Il est le trait d'union de la petite bourgeoisie congolaise de la fin de l'ère coloniale et l'instrument de sa lutte contre le colonialisme et l'enfermement. Il est l'ouverture sur les idées révolutionnaires dont la France fut le berceau mondial ».

Si, devant la misère matérielle des intellectuels et des universités, le slogan « le français n'est pas l'argent », tend à se répandre, il faut dire qu'à un certain niveau de la communication, le français devient indispensable. Ce n'est pas en lingala ou en swahili que l'on va traiter avec la Banque mondiale ou un État européen. Et même sur le terrain, il sera difficile de parler de certains problèmes techniques dans ces mêmes langues. L'effort d'adaptation aux technologies modernes a été dérisoire ou dispersé, peut-être par faute de volonté politique. Ainsi la seule connaissance des langues zaïroises ne débouche pas sur un éventail professionnel très ouvert. Sesep (1978) le faisait remarquer : offrant des débouchés plus rémunérateurs que les langues africaines, le français garde une place privilégiée parmi les langues utilisées en Afrique centrale. Si ceci est vrai pour le développement économique, ce l'est sans doute plus encore pour le développement intellectuel : la connaissance d'une grande langue de culture, répandue dans plusieurs pays, en est un élément essentiel.

2.5 Une triple stratification des langues

La variété des langues utilisées dans le discours zaïrois est la conséquence d'une triple stratification.

Les langues locales ou vernaculaires sont au nombre de plus ou moins deux cent quarante dont une bonne centaine ont été codifiées et écrites soit par les missionnaires, soit par les linguistes africanistes formés dans les universités. Certaines de ces langues ne sont parlées que par quelques centaines ou même quelques dizaines de milliers d'individus, et ne sont guère utilisées qu'en famille.

Les langues véhiculaires ou régionales sont au nombre de quatre : le ciluba, le kikongo, le kiswahili et le lingala. En gros, le ciluba est parlé au sud, le kikongo à l'ouest, le kiswahili à l'est et le lingala au centre et au nord du Zaïre. Ces langues sont de plus en plus pratiquées, grâce au brassage des populations. Il faut ajouter que le Zaïrois est volontiers polyglotte, ce qu'a confirmé une enquête faite dans les années 70 par Tran Hong Cam et Monique Le Boul (1977).

Enfin le français, troisième strate. Langue étrangère, le français a été confronté au néerlandais au début de la colonisation du fait que la plupart des missionnaires, aux mains desquels se trouvait l'enseignement, étaient néerlandophones.

Faïk (1979) a bien délimité les usages de ces différentes langues par les Zaïrois :

- Le français sert surtout de moyen de communication entre locuteurs ne possédant pas en commun une même langue zaïroise véhiculaire.
- Le français est plus fréquemment utilisé dans les rapports verticaux, surtout d'inférieurs à supérieurs, que dans les rapports horizontaux.

- À l'intérieur d'un même acte de communication, le français est souvent employé conjointement avec une langue zaïroise dans des proportions variables; c'est ce que Bal (1977) appelle le discours mixte.
- Le français est proportionnellement plus utilisé sous forme écrite que sous forme orale. Des locuteurs qui ont l'habitude de se parler dans une langue zaïroise pourront fort bien s'écrire en français, le cas inverse étant plus rare.
- Le degré de connaissance du français correspond *grosso modo* au degré de scolarisation. Ceci est confirmé par Olivieri (1991) : « L'enfant africain baigne (...) dès son plus jeune âge dans une situation de plurilinguisme non organisé que l'école vient enrichir d'une donnée supplémentaire et importante : le français ».
- Les locuteurs possédant une bonne connaissance de cette langue la parlent et l'écrivent d'une manière qui se différencie fort peu de la manière dont la parlent et l'écrivent des francophones de naissance.
- Chez ces locuteurs, quelques divergences se manifestent cependant au niveau phonétique et au niveau syntaxique. Des divergences plus nombreuses apparaissent au niveau lexical. Mais c'est la confusion des niveaux de langue qui constitue la caractéristique la plus marquante de leur français.
- Les locuteurs n'ayant qu'une connaissance élémentaire ou moyenne du français parlent beaucoup mieux cette langue qu'ils ne l'écrivent.

Le discours mixte.
Oeuvre du peintre zaïrois Chéri Samba, « Croyance africaine », acrylique sur toile, 94 X 94 cm, 1989. Avec l'aimable autorisation de la Galerie Bilinelli.

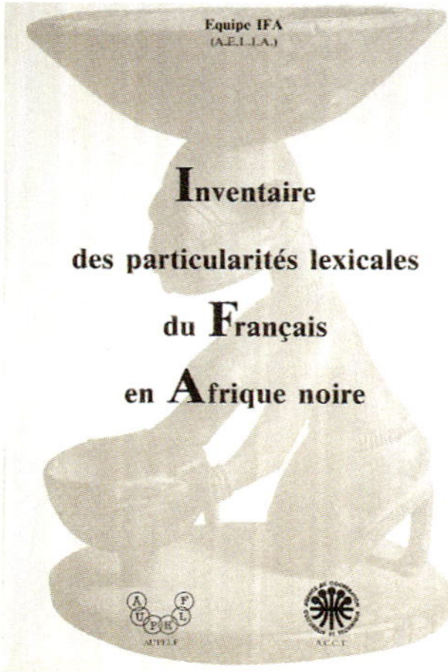

Le français d'Afrique, une intense créativité lexicale étudiée par des chercheurs africains et européens.
D. Racelle-Latin (coord.), « Inventaire des particularités lexicales du français en Afrique noire », Aupelf, Montréal, 1983.
Cl. S.L.F.

3. Caractéristiques du français en Afrique ex-belge

Quant aux caractéristiques, on peut relever un certain nombre de particularités du français en Afrique ex-belge. Elles ont été classées en quatre catégories par l'équipe IFA dans la présentation de l'*Inventaire des particularités lexicales du français en Afrique noire* (1988).

3.1 Particularités lexicales

Les premières sont des particularités lexicales. Elles recouvrent des formations nouvelles, tels les mots *abacost* (primitivement 'veste à courtes manches et à col largement ouvert' par opposition au costume européen, d'où 'à bas le costume'), *article l5*, qui correspond à notre 'système D', ou encore les mots empruntés aux langues étrangères parlées dans les pays limitrophes : *boy*, *sweet*, empruntés à l'anglais; *capita* 'chef-adjoint', *matabiche* 'pourboire', empruntés au portugais; *barza* 'terrasse, auvent', *samosa* 'plat à base de viande hachée cuite et assaisonnée', empruntés à l'arabe. Certains mots sont empruntés aux langues locales, pour désigner des réalités inconnues du monde français : *fufu*, dans l'ouest du Zaïre, *bidia*, au Kasai, *bukari* dans l'est pour désigner une pâte faite respectivement de farine de manioc, de mélange de farine de manioc et de maïs, et de farine de maïs, etc.

Boy-scouts en capitula sous la barza.
Photo de Roland d'Ursel pour Inforcongo, Extrait de « Familie Album », publié par le Service d'information du Gouvernement General, Inforcongo, vers 1955.
Cl. S.L.F.

3.2 Particularités sémantiques

Les particularités sémantiques sont les transferts, les restrictions ou les extensions de sens, les métaphorisations, tels *ambassade* 'lieu où l'on retrouve une concubine', *deuxième bureau* 'deuxième femme, concubine', *fumée* 'compression d'un moteur'.

3.3 Particularités grammaticales

Parmi les particularités grammaticales, on relève les changements de catégorie, de genre et de construction. Quelques exemples : confusion des pronoms relatifs *dont* et *que* (« Les candidats *dont* la chose intéresse ») ou des pronoms personnels compléments (« Il *vous* a voté », « il *le* dit », etc. pour « il 'lui' dit »); le pronominal *se* ne se décline pas : « Nous allons au match pour *se* distraire ». À noter aussi la distorsion dans la proposition passive : *On l'a frappé par Baleka* au lieu de 'Baleka l'a frappé' ou 'Il a été frappé par Baleka'. On rencontre aussi la réponse *oui*, au lieu de 'non', à l'interro-négative : « Tu n'as pas pris cet objet chez ton patron? » — « *Oui*, je ne l'ai pas pris. »

Enfin, nombre de particularités tiennent à des différences de connotation, de fréquence, de niveau ou d'état de langue. Ainsi *se démerder* a perdu sa connotation familière, *et consort* peut se retrouver dans un discours qui n'a rien de juridique, *belle lurette* dans un contexte de langage soutenu.

Mais on devrait y ajouter des phénomènes de dérivation qui ne figurent pas dans le français central : *enceinter* pour 'engrosser', *il a distingué* pour 'il a obtenu une distinction'.

B. Zamenga, « Belle est aussi ma peau noire », Editions Zola-Nsi, [1995].
Bande dessinée en français illustrée par Masioni.
Cl. S.L.F.

3.4 Particularités phonétiques

Les particularités phonétiques sont également nombreuses. Le phonème [y] non attesté dans les langues locales est fréquemment confondu avec [i]; ainsi, *pure* donne [piʀ], *pulluler* [pilyle], surtout lorsque les deux phonèmes se retrouvent dans des syllabes successives : *minute* donne [minit], par assimilation. D'autre part, si les phonèmes [ə] et [œ], eux aussi inconnus des langues locales, ont tendance à glisser vers [ɛ], *de* tend à se prononcer [dɛ], *beurre* devient [bɛʀ]; un phénomène d'hypercorrection apparaît aussi : ainsi *notaire* peut devenir [nɔtœʀ].

3.5 Le discours mixte

Une autre caractéristique du français en Afrique centrale est le discours mixte, c'est-à-dire, le passage d'une langue locale au français et inversement. La confusion en ce domaine est parfois telle qu'on se demande quelle langue est parlée; pour le déterminer, il faut recourir à la syntaxe utilisée, celle-ci étant spécifique à chaque langue. Ainsi on peut dire que cette phrase entendue à la télévision zaïroise, *Ezali difficultés trop* ('Il y a trop de difficultés' ou 'C'est trop difficile') est une phrase lingala parce que la syntaxe est lingala, en dépit du fait que les deux tiers des mots soient français.

D'autre part, de nombreux emprunts sont faits au français par les langues locales soit que cette langue locale ait des lacunes dans un domaine déterminé, (par exemple dans le domaine de la technologie) soit que l'utilisateur ne connaisse pas le terme adéquat dans sa langue, celui-ci y étant très rarement attesté.

Des exemples nombreux sont attestés dans le langage technique, tels *niveau*, utilisé par les maçons, *compression* par les mécaniciens (bien que les moins instruits utilisent le mot *fumée* pour ce terme); dans le langage scientifique (*optique*, *chevaux-vapeur*) et dans le langage mathématique (*perpendiculaire*, *triangle*, *rectangle*). Il n'est pas rare de rencontrer des classes élémentaires de calcul où l'explication est donnée en langue locale, mais où tous les nombres sont exprimés en français. Les femmes qui vendent leurs produits au marché, souvent peu scolarisées, annoncent presque toujours le prix de leurs marchandises en français. Cela est peut-être dû au fait que, traditionnellement, les Africains n'utilisaient pas le système décimal, mais plutôt un système quinquennal : *pata moko* 'cinq', *pata mibale* 'dix'. C'est toute la vie sociale qui est imprégnée de mots français.

Cette influence du français ne se manifeste pas seulement dans le domaine du lexique, mais aussi dans celui de la syntaxe, surtout par des mots de liaison, tels que *or que*, *donc*, *pourtant*, *puisque*, qui ponctuent fréquemment des conversations en lingala ou en swahili, phénomène fort bien décrit dans *Le français zaïrois* de Sesep N'Sial (1993).

Ce recours fréquent au français dans les langues africaines ne doit pas occulter le fait que ces langues sont parfaitement capables de supporter et d'assumer n'importe quelle pensée. Mudimbe en a fait la démonstration, en 1974, lors du Premier Séminaire des linguistes du Zaïre, en présentant la traduction en langues locales de quelques textes philosophiques et littéraires, de Platon et de Sartre entre autres (Sesep, 1978).

3.6 Influence du français de Belgique

Le français ayant été introduit en Afrique centrale par des Belges, il n'est pas inutile de considérer l'influence du français de Belgique sur le français zaïrois.

Cette influence se remarque d'abord au point de vue phonétique : le *o* final d'un mot prononcé [ɔ], par exemple *dos* [dɔ] ou *pot* [pɔ]; on note également une légère diphtongaison du [e] final, comme dans *vallée* [valej], ou une transformation phonétique : *fuir* [fwiʀ] au lieu de [fɥiʀ].

Cette influence se manifeste aussi dans le lexique : il est allé *à la plaine* 'à l'aéroport'; il est allé *au bassin* 'à la piscine'.

Autres mots appartenant au lexique proprement belge : *farde*, *valves*, *minerval*, *bourgmestre*, *torchon* 'serpillière', *torchonner*, *latte* 'règle plate', *septante*, *nonante*, etc. Enfin, certaines tournures styntaxiques sont typiquement belges, comme *nous sommes à quatre*, *il a difficile*.

Par ailleurs, à l'actif du français en Afrique centrale, il faut considérer l'efflorescence des écrits de type littéraire, romans surtout, en particulier dans les années 80. Les titres sont nombreux d'écrivains zaïrois édités à Paris par L'Harmattan ou Présence Africaine. Citons entre autres : *Entre les eaux*, *Le bel immonde* et *Shaba deux* de Mudimbe; *La mort faite homme* et *Le fils de la tribu* de Pius Ngandu; *Cité 15* de Djungu Simba; *Affamez-les, ils vous dévoreront* de Ruti, etc. sans compter ceux qui ont choisi de se faire éditer au Zaïre : Tshibanda, Kangomba et Zamenga. Les intellectuels rwandais et burundais qui ont écrit se sont souvent confinés dans le domaine historique.

Quel avenir peut-on prévoir pour le français en Afrique centrale ? Il est probable en tout cas que ces trois pays — le Burundi, le Rwanda et le Zaïre — resteront dans le giron de la francophonie.

Et de quel type sera le français ? Il s'agira sans doute d'un type de français proche du français central, mais marqué par des particularité lexicales et syntaxiques. Il y a peu de danger que ce français s'éloigne de façon importante du français central, comme cela a été le cas pour le néerlandais en Afrique du Sud, et cela, à cause du développement des communications beaucoup plus important aujourd'hui qu'il ne l'était il y a quelques siècles.

Max PIERRE

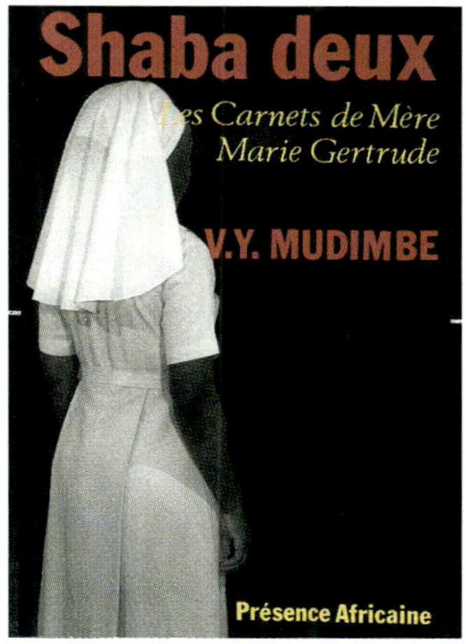

V.Y. Mudimbe, « Shaba deux, Les Carnets de Mère Marie Gertrude »,
Présence Africaine, Paris, 1989. Roman.
Cl. S.L.F.

Pius Ngandu Nkashama, « La mort faite homme »,
Collection Encres noires, L'Harmattan, Paris, 1986. Roman.
Cl. S.L.F.

Christian Dotremont (logogramme) et Pierre Alechinsky (Remarques au pluriel), Brassée sismographique, 1972 dans Cobra, un art libre,
Jean-Claude Lambert, éd.Fonds Mercator, 1983. ▶

visage en vision
déjà pourtant menacé d'une forme de mort
la vie même refuse
le haut du même gouffre
ardentes toujours
elles nous jetant à devenir

2

REGARDS SUR LA LANGUE

Chapitre 19

La tradition des grammairiens belges

À l'instar de la bande dessinée, du mouvement surréaliste, d'une certaine conception de la mode ou, naguère, du cyclisme professionnel, la grammaire française contribue à stéréotyper la Belgique à l'étranger.

Les ouvrages de Joseph Hanse ou de Maurice Grevisse figurent en bonne place dans la bibliothèque de l'« honnête homme du XXe siècle » et l'on rapporte même qu'il n'est pas rare, dans tel coin reculé du Canada, de prêter serment sur le gros volume du *Bon Usage*. Légende ou réalité ? Peu importe. L'anecdote témoigne du rôle de premier plan que tiennent aujourd'hui, et depuis de longues années, les grammairiens belges dans la francophonie et au-delà.

Maurice Grevisse, auteur du célèbre ouvrage « Le bon usage ».

Cette réputation d'excellence n'est pas usurpée mais le problème qui nous occupe est ailleurs. Il revient à déterminer si leur valeur unanimement reconnue est le fruit du hasard ou si elle résulte au contraire de circonstances historiques et politiques particulières. En d'autres termes, il s'agit d'apporter un début de réponse à la question que l'historien de la pédagogie André Chervel posait en 1983 : y a-t-il une tradition grammaticale belge ?

Dans cet État sans nation, aux multiples composantes et à l'image culturelle incertaine, la perception d'une « littérature française en Belgique » s'est parfois heurtée à celle d'une « littérature belge de langue française ». Il n'en va évidemment pas de même dans le domaine de la langue où il parait difficile de soutenir la thèse d'une hypothétique belgitude. Si l'on néglige les accents et une poignée de régionalismes lexicaux qui ne nuisent nullement à la communication, les pratiques langagières sont bien les mêmes à Tournai et à Lille, à Paris et à Bruxelles.

Certes, la chimère d'une langue nationale belge a pu séduire l'un ou l'autre patriote dans les années qui suivirent l'indépendance du royaume. Elle continue, en France, de hanter l'inconscient collectif d'une minorité peu au fait de nos démêlés communautaires. Sauf à admettre l'existence d'une telle langue, nul ne songerait à prétendre qu'un corpus belge de grammaires françaises puisse présenter un nombre suffisant de traits distinctifs pour s'être émancipé du giron français.

Envisagée globalement, l'histoire des théories grammaticales en Belgique se confond donc, dans une large mesure, avec l'histoire des théories grammaticales en France. Si des divergences existent, elles se marquent surtout à partir de l'indépendance du pays, en 1830.

Reste que la tradition belge constitue, dès les origines, un ensemble relativement homogène. En brosser le tableau historique permettra de dégager, à défaut de spécificité, certains écarts par rapport à la tradition française. Ils s'expliquent par le statut différent réservé à l'étude de la langue au sein de chaque époque considérée et par la situation sociolinguistique du territoire correspondant à l'actuelle Belgique.

Dans les pages qui suivent, la comparaison avec la France sera donc systématique. Le critère géographique ne suffit pas à enfermer une production grammaticale qui circule et ignore les frontières administratives de l'État belge. Certaines grammaires sont publiées en Hollande ou en Allemagne par des auteurs que toutes les biographies s'accordent à tenir pour belges; d'autres, publiées en édition *princeps* en France, ont connu de multiples rééditions à Bruxelles, à Liège ou à Anvers et ont influencé l'ensemble du corpus belge. Nous ne ferons l'économie ni des unes ni des autres.

Précisons néanmoins les limites de ce panorama. Elles résultent du cadre restreint de cette section et de notre information lacunaire. Cette double restriction ne nous permettra pas d'entrer dans le détail des mouvements d'idées qui ont influencé l'évolution des théories linguistiques. Nous serons forcés à d'inévitables réductions simplificatrices et nous ne pourrons examiner le fond des doctrines grammaticales que superficiellement.

En outre, le sujet mériterait une réflexion théorique et épistémologique approfondie mettant en jeu l'histoire de la pédagogie et l'histoire de la philosophie en Belgique. Faute d'une telle approche, il nous faudra survoler une matière dense et abondante que nous présenterons en trois grands tableaux chronologiques : 1. Les origines; 2. De l'aube du Classicisme au crépuscule des Lumières; et 3. De l'Indépendance à l'époque contemporaine.

En donnant à la notion de corpus grammatical belge une large acception, nous avons recensé, entre 1340 et 1960, quelque 1.100 titres de traités ou de manuels. Ce constat nous suggère une dernière remarque d'ordre méthodologique. Afin de ne pas alourdir inutilement les références bibliographiques dans le corps du texte, nous ne signalerons que les ouvrages les plus représentatifs de chaque tendance.

L'histoire de la grammaire française en Belgique reste, pour l'heure, une *terra incognita* que les auteurs de la présente enquête se sont bornés à circonscrire. Il ne serait sans doute pas inintéressant, un jour, d'y pénétrer.

1. Les origines

La naissance de la grammaire française en Belgique est le résultat, comme en France ou dans d'autres pays d'Europe de l'Ouest, d'un nouvel équilibre entre les principales langues vernaculaires et le latin, seule langue véhiculaire.

Aux XVe et XVIe siècles, le modèle latin, omniprésent jusque-là, s'estompe progressivement. La vieille conviction d'une hiérarchie des idiomes, issue de Babel, commence à évoluer. En Allemagne, en Italie, en Espagne ou en France fleurissent les premières descriptions des langues dites vulgaires.

Deux motivations — politique et commerciale — expliquent cet engouement pour la langue du terroir.

1.1 Une motivation politique

La résurgence de sentiments patriotiques se traduit par la naissance d'un nationalisme linguistique.

En 1539, François Ier promulgue l'édit de Villers-Cotterêts qui consacre l'usage du français dans les actes judiciaires et administratifs. Cet acte constitue le premier exemple d'une intervention politique en matière linguistique. Il s'imposait déjà, dans l'esprit du « législateur », de rapprocher la langue du citoyen. Dix ans plus tard, Joachim Du Bellay plaidera une cause analogue dans sa *Deffence et illustration de la langue françoyse* et Jean Bodin, en 1559, présente pour la première fois les avantages d'un enseignement francophone.

Il s'agissait surtout de concurrencer l'influence culturelle de l'italien, très largement diffusé dans le domaine littéraire et, plus précisément, d'établir des règles fixes permettant à la langue vulgaire, *barbara et abnormis*, de relever le défi. Ainsi s'explique la fameuse « querelle de l'orthographe » qui mobilisa la plupart des grammairiens français de l'époque — Meigret, Pelletier, Des Autelz, etc. — et qui est emblématique de la volonté de codification et d'unification linguistiques. Certaines des réformes proposées seront acceptées bien plus tard par l'Académie française.

Les premiers grammairiens belges du français restent étrangers à ces manifestations de nationalisme linguistique.

1.2 Une motivation commerciale

Le développement des échanges commerciaux favorise l'enseignement du français langue étrangère. *L'Esclaircissement de la langue française*, paru en 1530, est traditionnellement reconnu comme la première vraie grammaire de cette langue. Son auteur, John Palsgrave, est anglais et destine l'ouvrage à ses compatriotes.

Dès avant cette date, plusieurs opuscules à caractère grammatical avaient vu le jour en Angleterre mais aussi en Belgique. Le plus connu est le *Livre des mestiers,* dialogues français-flamand composés vers 1340 par Winken de Worde, maitre d'école à Bruges. Il s'agit d'une simple liste de mots sans grande valeur théorique mais qui dénote un intérêt très précoce pour la maitrise pratique de la langue vulgaire :

> Au nom du pere, du fil et du saint esperit, vœl jou commenchier et ordener un livre par lequel on porra raisonnablement entendre rommans et flamenc.

Durant tout le XVIe siècle, les grammairiens belges vont jouer un rôle prépondérant dans la diffusion du français vers les Pays-Bas septentrionaux et l'Allemagne rhénane. De très nombreux manuels sont édités par des auteurs belges qui, pour des motifs religieux — ils étaient protestants — ou simplement désireux de fuir le régime espagnol, avaient trouvé refuge en Hollande ou dans la région de Cologne et y subsistaient en donnant des cours de français : Pierre Anastaise Hyperphragme, *Eene forme ende maniere der Conjugatien in nederduytsh en fransh.— Un formulaire des conjugaisons Flamen-Françoyses* (Rotterdam, 1576); Pierre Heyns, *Cort onderwijs van de acht deelen der Fransoischer talen — Bref enseignement des huit parties de la langue française* (Amsterdam, 1597); Gérard Du Vivier (ou De Vivre ou De Vivere), d'origine gantoise, *Grammaire françoise touchant la lecture, déclinaisons des noms et conjugaisons des verbes* (Cologne, 1566); du même, *Les fondements de la langue françoise composez en faveur des Allemans* (Cologne, 1574) et *Brievfe institution de la langue françoise expliquée en aleman* (Cologne, 1568); Gabriel Meurier, *La grammaire françoise, contenante plusieurs belles règles propres et nécessaires pour ceux qui désirent apprendre la dicte langue* (Anvers, 1557); du même, *Coniugaisons, règles et instructions mout propres et nécessairement requises pour ceux qui désirent apprendre françois, italien, espagnol et flamen, dont la plupart est mise par manière d'interrogations et réponses* (Anvers, 1558).

Ces premiers témoignages de réflexion grammaticale belge ne présentent pas le même intérêt scientifique que le *Tretté* d'un Louis Meigret qui, à certains égards, annonce la grammaire philosophique des deux siècles suivants. Ils se caractérisent surtout par leur visée pédagogique et leur souci pragmatique de décrire une langue correcte et conforme à l'usage du temps.

Deux illustrations :

- Le gantois Hyperphragme n'a pas d'autre ambition que d'examiner « l'orthographie et la maniere pour parfaictement apprendre lire, escrire, parler, ou prononcer le françois ». Il considère le système verbal comme « le principal fondement et base du langage françois », d'où l'importance prépondérante qu'il lui accorde mais ne néglige pas « la vraye phrase et construction des verbes avec les noms, et aultres parties de l'oraison, selon l'orthographie et parfaicte pronunciation d'icelles ».
- Le hennuyer Gabriel Meurier, né dans les premières années du XVIe siècle, est l'auteur d'une bonne vingtaine d'ouvrages grammaticaux dont certains connurent un grand retentissement et furent maintes fois réédités au siècle suivant. Ce grammairien de la Renaissance se préoccupait déjà de la qualité de la langue et déplorait que le français fût mal parlé. Il s'est donné pour objectif, à divers endroits de son œuvre, de contribuer à l'amélioration de la prononciation. À la différence de son homologue français Jacques Dubois, plus connu sous le nom de Sylvius, Meurier n'est pas d'avis que le français doive se rapprocher du latin. Pour lui, la comparaison de la langue française au latin est un moyen et non une fin.

1.3 Un professeur-grammairien sans prétention : Maitre Jean Bosquet

Les grammairiens belges des origines se sont donc très tôt signalés dans l'enseignement du français langue étrangère. Ils n'ont pas négligé pour autant le français langue maternelle. Parmi une demi-douzaine de titres, nous retiendrons les *Elemens ou institutions de la langue Françoise, propres pour façonner la ieunesse, à parfaictement et nayvement entendre, parler et escrire icelle langue. Ensemble, un Traicté de l'office des Poincts et Accens. Plus une table des termes, esquelz l's s'exprime. Le tout revu, corrigé, augmenté et mis en meilleur ordre qu'au paravant*, du maitre d'école montois Jean Bosquet (1586 - deuxième édition).

Dès 1566, l'auteur tenait école à Mons et enseignait le français tant aux indigents qu'aux enfants de bourgeois. Afin de faciliter son enseignement, il composa sa grammaire dont la première édition, qui date de 1568, est aujourd'hui introuvable. Dans la dédicace aux magistrats de la ville de Mons de la seconde édition, il rappelle que :

> Ceste ardeur, quy passé vingt ans, me feit mettre en lumière, quelque petites institutions Françoises, pour aider la ieunesse; et n'estre trouvé inutile au corps de la Republique, laquelle vou gouvernez pour le present; a renflamme ce meme desir en moy (alimenté et esguillonne des faueurs que i'ai receu de vous) de renouueller et donner la derniere main, à ce petit precepte Grammatical, pour, le premier m'avoir servuy d'un aisement et fruit sy grand ès enfans desoubz ma charge, et discipline, que ie ne me repentiray iamais, d'y auoir employé le temps, que sans reproche, i'eusse peu dedier à relaschement, et recreation de mes espritz fatiguez et presque rompus.

Bosquet définit la grammaire comme « un certain art qui enseigne la pratique de proprement parler et correctement escrire ». Il la divise en quatre parties qui vont du particulier au général : 1. Les lettres (le nom, la figure et la vertu de chacune d'elles); 2. Les syllabes; 3. Les dictions ou vocables (prononciation et lecture); 4. L'oraison ou composition de dictions.

En matière d'orthographe, il récuse les thèses très en vogue de certains réformateurs de l'époque. Il part de la prononciation réelle des mots pour justifier les graphies mais relève que, dans de nombreux cas qu'il note scrupuleusement, l'orthographe s'en éloigne. Il manifeste le même bon sens en préconisant l'usage des signes de ponctuation dont il s'applique à justifier l'emploi. Selon Jules Becker (1913 : 36), c'est lui qui, le premier, propose le point-virgule.

L'écolâtre montois veut en outre corriger les fautes de langue et de prononciation de ses élèves dont il souhaite obtenir ce qu'il nomme dans sa grammaire « un parler disert et vénuste » :

> Il n'est rien, quy plus décore un jeune homme, et luy rend plus de grace que le parler disert et venuste; ioint une orthographie decente et non corrompue.

D'après certaines sources bibliographiques, les *Elemens ou institutions de la langue Françoyse,* ouvrage pratique et didactique dû à un professeur consciencieux, seront utilisés dans la région montoise jusque dans la seconde moitié du XVIIIe siècle.

Joli succès pour un petit manuel usuel sans prétention !

Au XVIe siècle, la grammaire française en Belgique se caractérise donc par son absence de préoccupation politique ou nationaliste. Son objectif prioritaire, voire exclusif, consiste à élaborer un système de règles et de préceptes destiné à faciliter l'enseignement du français langue étrangère ou langue maternelle.

Bien que l'engouement pour l'idiome vulgaire soit encore mitigé et que la description des phénomènes soit très incertaine et largement tributaire du modèle latin, on décèle, dès les origines, une sensibilité des grammairiens belges pour les questions de correction linguistique.

À une époque où il s'agit davantage de fixer l'usage que de séparer l'ivraie d'avec le bon grain langagier, le double souci du « bien dire » et de l'efficacité pédagogique, présent chez Meurier, Bosquet ou d'autres, est d'autant plus remarquable.

Cet intérêt embryonnaire pour la qualité de la langue favorisera, au siècle suivant, l'éclosion d'une théorie grammaticale fondée sur la reconnaissance d'un bon usage et sur la prescription d'une norme linguistique.

2. De l'aube du Classicisme au crépuscule des Lumières

Plus de deux siècles d'histoire de la linguistique en un chapitre de quelques pages. Mission impossible ?

L'entreprise n'est pas aussi insurmontable qu'il y parait. En effet, la grammaire française en Belgique présente, au cours de la période envisagée, une relative homogénéité théorique qui contribue d'ailleurs à la singulariser. De l'aube du Classicisme au crépuscule des Lumières, elle se définit sous deux angles d'approche.

Positivement, elle met l'accent sur une conception utilitaire et prescriptive de l'étude de la langue qui trouve son origine au XVIe siècle et qui intègre parfaitement les aspects normatifs de la théorie du « bon usage ». Les grammairiens belges s'accommodent bien des conceptions de Vaugelas qui, à certains égards, leur servent d'alibi.

Négativement, elle écarte toute préoccupation philosophique et renie l'esprit de Port-Royal. Elle reste étrangère, dans une large mesure, aux grands mouvements d'idées qui sous-tendent le parallélisme logico-grammatical régnant en France à partir de 1660. La grammaire raisonnée ou générale n'est pratiquement pas relayée en Belgique.

Il nous faudra cependant la situer par rapport à cette lame de fond et nous n'échapperons pas, pour cette raison, à une subdivision chronologique plus précise.

2.1 Le XVIIe siècle

En partie grâce à l'action des premiers grammairiens qui ont théorisé la langue vulgaire, le XVIIe siècle voit l'épanouissement du français de Paris et de la Cour de France dans un certain nombre de domaines qui l'avaient ignoré jusque-là : sciences, arts, administration et enseignement. Son expansion est considérable et l'idiome, en passe de devenir langue universelle, commence à concurrencer sérieusement l'italien, son rival le plus important.

Quelques minores comme Étienne Simon en 1609 ou Louis de l'Eslache en 1668 perpétuent les querelles orthographiques qu'avait connues le XVIe siècle. D'autres se préoccupent déjà de l'épineuse question de l'origine des langues qui connaitra son apogée au siècle suivant.

Ces tendances demeurent marginales. En réalité, l'on peut dire, en simplifiant beaucoup, que la réflexion grammaticale durant le Classicisme se focalise sur deux grands pôles : la grammaire du bon usage d'une part; et la grammaire raisonnée de l'autre. Au-delà de cette dichotomie trop rapide, il faut tenir compte des liens qui, en dépit d'une opposition méthodologique, unissent ces deux assises de l'histoire de la grammaire. Comme le souligne Moncourt (1971 :167), « le sens commun qui figure en tête de la *Logique* de Port-Royal et du *Discours de la méthode* est également l'âme de la méthode de Vaugelas. [...] L'une fait pour ainsi dire table rase dans le monde de la pensée, l'autre dans le monde du langage ».

Nous situerons les grammaires belges du français par rapport à ces deux axes après avoir examiné quelques ouvrages qui perpétuent la tendance didactique du siècle précédent et qui ne sont donc pas sans rapport, compte tenu de leur visée normative, avec la grammaire du bon usage.

2.1.1 *La grammaire didactique*

Les grammairiens belges sont à présent moins nombreux à enseigner le français dans les Pays-Bas septentrionaux et en Allemagne rhénane.

On continue toutefois à produire de nombreux manuels d'enseignement dont certains, publiés dans l'orbite de l'Université de Louvain, restent très attachés au modèle latin comme en témoignent leurs titres : les *Linguae gallicae institutiones* de Pierre Parisot (Louvain, 1628; réédité en 1639), la *Grammatica gallica* de J.N. Denis Parival (Louvain, 1667), la *Grammatica* de Jean Van der Aa (Louvain, 1622), la *Manuductio ad linguam Burgundicam*, d'Antonius de Pratel (Louvain, 1689; rééditée en 1696 et en 1716) que son auteur destine spécialement aux étudiants de l'Alma Mater.

Selon un procédé qui remonte au XIVe siècle, on poursuit par ailleurs la publication d'un grand nombre de grammaires accompagnées de dialogues français-flamand : Robert Delamivoye, *La vraie introduction à la langue françoise avec quatre dialogues françois et flamens* (Anvers, 1679, dixième édition); Marc Parijs, *La plus courte et nouvelle introduction à la langue françoise avec cinq dialogues françois-flamens* (Anvers, 1690). Dans la même veine, relevons encore la *Nomenclature nouvelle Flaman et François* de J. Vaerman (Gand, 1699).

Apparaissent aussi, pour des motifs historiques évidents, des grammaires françaises à l'usage des Espagnols comme la *Grammatica francesca* de Pedro-Pablo Billet (Anvers, 1687). Une analyse détaillée de l'ouvrage permettrait peut-être de trouver là l'origine des liens qui, selon André Chervel (1983), uniront au XIXe siècle la grammaire française en Belgique à la tradition grammaticale espagnole.

Enfin, dans la série des professeurs-grammairiens sans prétention inaugurée au XVIe siècle, nous réserverons une attention particulière à Maximilien de la Haize, digne successeur de Jean Bosquet.

Professeur de français langue maternelle à Chimay puis à Mons, Maximilien de la Haize publie, en 1640, un traité élémentaire sous le titre : *Les coniugaisons de la langue françoise. Joint un abrégé pour en peu de temps se former à la vraye orthographe.*

L'ouvrage se compose de deux parties : la première est consacrée à la morphologie verbale tandis que la seconde contient une série de remarques pratiques sur l'écriture et sur la manière de bien prononcer. Ernest Matthieu (1891 : 171) précise que « cette grammaire montoise offrait en outre l'avantage de signaler les locutions vicieuses et les défauts de prononciation que commettaient les Wallons; c'était un motif de plus pour lui donner la préférence sur les traités venant de l'étranger ».

2.1.2 *La grammaire du bon usage*

En 1635, Richelieu crée l'Académie française et, en 1647, Claude Favre de Vaugelas fait paraitre ses fameuses *Remarques sur la langue française* qui fondent la théorie du bon usage. Alors que le XVIe siècle se donnait pour objectif de codifier la langue, le XVIIe siècle franchit une étape supplémentaire en isolant une norme linguistique à laquelle l'esprit du temps recommande de se conformer. Voici donc, selon Vaugelas, comment se définit le bon usage :

> C'est la façon de parler de la plus saine partie de la Cour, conformément à la façon d'écrire de la plus saine partie des auteurs du temps (...).

Pour l'auteur des *Remarques*, l'usage est encore « le seul roi, le tyran, l'arbitre ou le maitre souverain des langues ». Vaugelas ne se pose donc nullement en réformateur. Son dessein est « de montrer le bon usage et, s'il est douteux, de l'éclaircir et de le faire connaitre ».

Il présente donc une succession d'observations de nature très différente, allant de la prononciation à la construction, en passant par l'orthographe. Sa conception de la langue et de la grammaire aura un retentissement considérable en France où ses épigones, de plus ou moins stricte obédience, se comptent par dizaines.

Et en Belgique ? On l'a dit, les premiers grammairiens belges du français, qui étaient avant tout des pédagogues, ont manifesté un intérêt précoce pour une langue de qualité. La tendance se poursuit au XVIIe siècle avec la grammaire didactique que nous venons d'évoquer. Cette dernière rejoint les préoccupations de la grammaire du bon usage qui trouvera donc, en Belgique, un terreau fertile et un accueil très favorable.

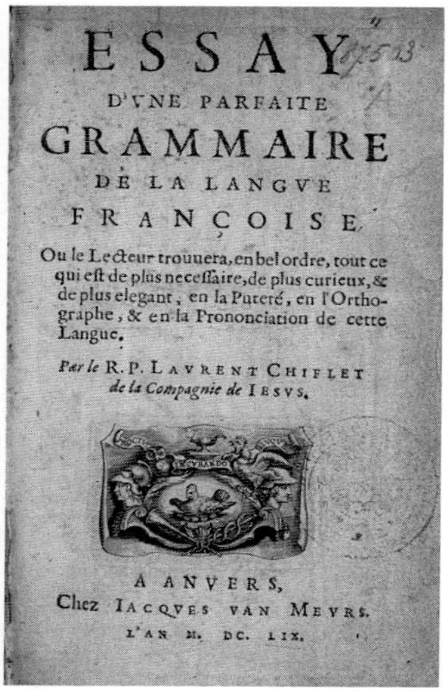
ESSAY
D'VNE PARFAITE
GRAMMAIRE
DE LA LANGVE
FRANÇOISE.
Ou le Lecteur trouuera, en bel ordre, tout ce qui est de plus necessaire, de plus curieux, & de plus elegant, en la Pureté, en l'Orthographe, & en la Prononciation de cette Langue.
Par le R. P. LAVRENT CHIFLET de la Compagnie de IESVS.
A ANVERS,
Chez IACQVES VAN MEVRS.
L'AN M. DC. LIX.

Laurent Chifflet : le premier représentant de la grammaire du bon usage en Belgique, au XVIIe siècle.
Laurent Chif(f)let, « Essai d'une parfaite grammaire de la langue française », Anvers, 1659. Bibliothèque Royale Albert Ier. Cl. B.R.

En 1659, le père jésuite Laurent Chifflet fait paraitre à Anvers son *Essay d'une parfaite grammaire de la langue françoise.* L'auteur est né à Besançon, en 1598 et a passé quelques années à Paris avant de s'établir définitivement dans le Nord. Il aurait eu quelque discussion avec Vaugelas qui, dit-il, « lui fit l'honneur de le visiter ».

L'ouvrage eut un succès fulgurant. Il sera réédité à Anvers en 1664, à Paris en 1668, à Bruxelles en 1675, 1677 et 1680, à Cologne en 1680 et à nouveau à Bruxelles en 1683, 1688, 1692 et 1697. Soit une dizaine d'éditions en moins de quarante années. On peut parler, pour l'époque, d'un véritable best-seller et d'un phénomène de société. En outre, une version destinée plus particulièrement à la France paraitra à Paris, en 1669, sous le titre : *Nouvelle et parfaite Grammaire françoise, ou se voit en bel ordre tout ce qui est de plus nécessaire, de plus curieux, et de plus élégant, en la Pureté, en l'orthographe, et en la Prononciation de cette langue.* Les éditions, parisiennes cette fois, se multiplient jusqu'en 1710.

Les réflexions de Chifflet ne sont pourtant pas d'une grande originalité. Pour une part, elles rejoignent celles d'Antoine Oudin qui avait fait paraitre à Paris, en 1632, une *Grammaire françoise rapportée au langage du temps.*

L'influence de Vaugelas est évidemment constante et indéniable mais le bon usage belge n'hésite pas à se démarquer. Chifflet fait preuve d'audace en écrivant :

> Monsieur de Vaugelas vivra dans l'estime des beaux esprits tant que le monde durera, ayant obligé infiniment notre langue par ses belles et curieuses Remarques d'où j'ai transporté en cet ouvrage tout ce qu'elles contiennent de plus beau. Je ne suis pas pourtant tellement idolâtre de ses opinions que je n'aie dit mon sentiment quand j'ai cru qu'il s'était trompé.

Chifflet s'autorise donc à reléguer Vaugelas, après sa grammaire proprement dite, dans la seconde partie de son ouvrage où il traite de pureté, de prononciation, d'orthographe, etc. Il perpétue aussi, en cette seconde moitié de XVIIe siècle, certaines conceptions grammaticales du siècle précédent.

Ce mélange d'irrévérence et de conservatisme semble typique de la tradition grammaticale belge et nous le retrouverons à la fin du XIXe siècle.

Parmi les ouvrages qui, en Belgique, se réclament de Vaugelas, retenons encore les *Institutiones linguae gallicae inspersis, ubi id fieri potuit, de Vaugelas observationibus* du liégeois Franciscus de Fenne (Leyde, 1670; maintes fois réédité). Celui-ci publiera encore à Leyde, en 1690, des *Entretiens familiers pour les amateurs de la langue françoise, divisés en deux parties dont la première contient un abrégé des règles et observations de la grammaire et l'autre la manière dont on se doit gouverner parmi le beau monde*. Où l'on voit que le bon usage est universel et inséparable d'un certain art de vivre…

2.1.3 *La grammaire raisonnée*

René Descartes fait paraitre son *Discours de la méthode* en 1637. Sur le plan de la réflexion grammaticale, la philosophie cartésienne se traduit par l'instauration d'un rapport déductif unissant les diverses parties de la grammaire pour en faire une théorie complète et cohérente censée rendre compte avec précision d'une structure mentale sous-jacente.

En 1660, Antoine Arnaud et Claude Lancelot, tous deux jansénistes, publient leur fameuse *Grammaire générale et raisonnée, contenant les fondements de l'art de parler, expliqués d'une manière claire et naturelle; les raisons de ce qui est commun à toutes les langues et les principales différences qui s'y rencontrent*, grammaire dite « de Port-Royal ».

Établissant un parallèle entre la logique et la grammaire, les deux auteurs partent d'évidences simples, accessibles à tous, qu'ils érigent au rang d'axiomes et dont ils tirent ensuite toutes les conséquences indispensables à la suite de leur raisonnement.

Une telle démarche entre évidemment en contradiction avec la méthode de Vaugelas qui récuse la spéculation et le raisonnement au nom d'un principe unique : le bon usage.

Entrer plus avant dans l'examen de cette linguistique cartésienne nous entrainerait beaucoup trop loin. Bornons-nous à souligner l'intérêt théorique majeur de la grammaire de Port-Royal et son influence considérable sur toute la tradition grammaticale ultérieure jusqu'à nos jours.

Dès 1676, une édition de la grammaire de Port-Royal est publiée à Bruxelles chez l'imprimeur E.H. Fricx. On sait d'autre part que la philosophie cartésienne et le jansénisme, qui à certains égards peut être tenu pour son porte-parole, connurent un grand succès en

Belgique. Antoine Arnaud (surnommé « le grand Arnaud ») y séjourna de 1679 à 1694, date de sa mort et Pierre Nicole, co-auteur avec Arnaud de la *Logique* de Port-Royal parue en 1662, habita successivement à Bruxelles et à l'abbaye d'Orval à Liège, pour ne rentrer en France qu'en 1683.

Ces faits historiques pourraient laisser supposer que l'esprit grammatical de Port-Royal allait faire des émules en Belgique. Or, il n'en est rien. Non seulement les grammairiens belges du XVIIe siècle y restent étrangers voire réfractaires, mais leurs successeurs, au XVIIIe siècle, manifesteront le même désintérêt pour la grammaire raisonnée qui se muera progressivement en grammaire générale. Tandis que la France, à la même époque, se signale à l'Europe entière par ses traités de philosophie grammaticale, la Belgique reste fidèle à ses conceptions pragmatiques et normatives.

2.2 Le XVIIIe siècle

Historiens de la linguistique et grammairiens des Lumières semblent d'accord sur ce point : le véritable essor de la grammaire générale a lieu durant les Lumières.

Tout le XVIIIe siècle français est constellé de traités qui, s'ils ne présentent pas tous les mêmes vues théoriques, se réclament en tout cas de la grammaire générale. L'esprit philosophique se fera plus prégnant encore dans la seconde moitié du siècle avec les grammairiens qui gravitent autour de l'*Encyclopédie* de Diderot et d'Alembert.

La Belgique, singulièrement, reste en retrait. La grammaire didactique et la grammaire du bon usage demeurent au centre de ses préoccupations et il faudra attendre l'extrême fin du siècle pour voir apparaitre une timide tentative de grammaire générale.

2.2.1 *La grammaire didactique*

Dans l'enseignement, le XVIIIe siècle voit la création des fameux Collèges thérésiens, directement inspirés des écoles autrichiennes et installés dans les provinces belges en 1777. Pour la première fois, l'enseignement devient laïque et le latin perdra la place privilégiée qu'il occupait jusqu'alors.

La Belgique n'innove guère et reproduit, grosso modo, les tendances que nous avons décrites plus haut. Les grammaires françaises en latin paraissent toutefois moins nombreuses, ce qui témoigne d'une lente mais sûre progression du français dans l'enseignement.

La production grammaticale destinée à l'enseignement du français langue étrangère reste très importante : J. Vaerman, *Ontleidingh der fransche spraek-konst. L'anatomie de la grammaire française très régulièrement représentée dans une nouvelle table grammaticale* (Bruges, 1703); J.-F. Van Geesdale, *Grammaire française et flamande* (s.l., 1712); A. Perger, *Parfaite grammaire française expliquée en langue allemande avec plusieurs dialogues* (Bruxelles, 1727).

Certains de ces manuels connurent un relatif succès comme la *Grammaire françoise* que Taffin rédigea en 1736 à l'intention des jeunes filles du couvent de Saint-Georges à Gand et qui fut rééditée en 1750 et en 1760 ou la *Verbeterde Vlaemsche Spraek en spel Konste suivi d'une grammaire française où l'on trouve l'explication en flamand* (Bruges, 1775) de Balduinus Janssens.

Ces grammairiens manifestent un purisme linguistique qui s'exerce tantôt à l'égard du français, tantôt à l'égard du flamand. Balduinus Janssens par exemple donne quinze preuves de la supériorité du flamand sur toute autre langue tandis que L. Van Boterdael, auteur d'une *Grammaire française et flamande* (Bruges, 1797) rêve d'une langue flamande expurgée de ses nombreux emprunts au français tout en relevant, dans la partie française de sa grammaire, cinq longues pages de flandricismes. Jean Des Roches, auteur d'une *Nieuwe nederduytsche spraek-konst* parue en 1761 et d'une *Nieuwe fransche spraek-konst* parue à Gand en 1763 et rééditée à Anvers en 1778 se désole, lui aussi, de voir la langue flamande négligée et proposera d'ailleurs une réforme de son orthographe.

Une grammaire franco-espagnole parait encore dans la première moitié du siècle : Sobrino, *Grammaire nouvelle Espagnolle et Françoise* (Bruxelles,1717; rééditée en 1732).

Enfin, la lignée déjà longue des professeurs-grammairiens sans prétention s'enrichit, au XVIIIe siècle, avec Pierre-Joseph Dujardin, auteur d'une *Grammaire française* parue à Mons en 1760.

2.2.2 *La grammaire du bon usage*

Quelques titres répartis sur l'ensemble du siècle suffiront à montrer la persistance de la méthode de Vaugelas et de Chifflet :

- Joseph Leven de Templery, *Le génie, la politesse et la délicatesse de la langue française* (Bruxelles, 1701).
- Le *Livre pour apprendre à bien lire en François et pour apprendre en même tems les principes de la langue et de l'orthographe. Il porra être utile aux personnes qui voudront s'assurer qu'elles parlent et qu'elles écrivent correctement,* ouvrage anonyme paru à Bruxelles en 1757.
- Noël-François de Wailly, *Grammaire françoise ou la manière dont les personnes polies et les bons auteurs ont coutume de parler et d'écrire* (Bruxelles, 1772; rééditée à Tournai en 1776 et à Liège en 1787).

2.2.3 *La grammaire générale*

Le seul traité belge de grammaire générale que nous ayons relevé au cours de cette longue période apparait à l'extrême fin du siècle :

Grammaire générale appliquée à la langue française (Liège, 1799). L'ouvrage, qui doit beaucoup à la *Grammaire générale* de Nicolas Beauzée et aux *Vrais principes* de l'abbé Girard, est dû à Eugène-Henri-Joseph Fortemps de Loneux, liégeois d'adoption.

Outre sa formation grammaticale, il avait acquis en 1776, à l'Université de Nancy, le grade de licencié ès lois et fit ensuite de nombreux voyages au Proche-Orient avant de partir étudier à l'École normale pour instituteurs de Paris. Il devint, en 1797, professeur de grammaire générale à l'École centrale du Département de l'Ourthe et y enseigna jusqu'en 1803. Il est également l'auteur d'un second ouvrage dont le titre, *De la prononciation et de l'orthographe françaises*, laisse supposer une approche plus scolaire et normative de la langue.

Comparée à la production française de la même époque, la récolte d'ouvrages de philosophie grammaticale en Belgique est donc bien maigre. Il serait cependant erroné de croire que ce vaste mouvement de réflexion linguistique n'eut absolument aucun écho dans les provinces belges.

D'abord, un cours de grammaire générale est organisé dans toutes les Écoles centrales de la République française, en ce compris, bien sûr, les « Départements réunis » (c'est-à-dire les provinces des anciens Pays-Bas autrichiens et les principautés de Liège et de Stavelot-Malmédy) qui en font partie depuis le 1er octobre 1795. La Belgique, bon gré mal gré, découvre l'esprit philosophique — et révolutionnaire — des Lumières qui s'incarne dans une certaine conception de la langue et de son étude. En outre, quelques traités français sont réédités en Belgique dès le début du siècle : le *Traité de la grammaire françoise* de Régniers-Desmarais parait à Bruxelles en 1706; la *Grammaire françoise sur un plan nouveau* de Claude Buffier y est rééditée dès 1711 (première édition à Paris en 1709); et une édition des *Principes généraux et raisonnés de la grammaire françoise* de Pierre Restaut parait à Bruxelles en 1740.

Au total, la quasi-absence d'une grammaire générale autochtone témoigne d'une indifférence certaine de la grammaire française en Belgique pour les questions de philosophie linguistique.

Parmi les circonstances historiques susceptibles d'expliquer cette réticence, on pense à l'état de léthargie intellectuelle qui caractérise nos régions au XVIIIe siècle et dont Voltaire, de passage à Bruxelles vers 1739, se fait l'écho : « Ce n'est pas ici le pays des belles-lettres. Bruxelles est le séjour de l'ignorance. Il n'y a pas un bon imprimeur, pas un graveur, pas un homme de lettres ».

L'on peut cependant avancer une seconde explication qui relève davantage de l'évolution interne de la grammaire française et du contact des langues en Belgique : lorsque Maximilien de la Haize ou le grammairien flamand Van Boterdael relèvent des locutions vicieuses ou des flandricismes en français, ils adhèrent tacitement à l'idée que la langue particulière est objet d'étude spécifique. Lorsque Balduinus Janssens s'émeut du déclin du flamand et cherche à défendre son intégrité ou à montrer sa supériorité, il récuse implicitement la notion d'universalité linguistique. Une telle attitude contredit la démarche de la grammaire générale qui cherche au contraire à dégager, à partir d'un idiome particulier, des structures communes à toutes les langues.

2.3 Le début du XIXe siècle

Les trente années qui nous séparent de l'indépendance du royaume se caractérisent, en France comme en Belgique, par les débuts de la grammaire scolaire. L'école, en quelques années, devient le lieu privilégié où se focalise l'intérêt pour la langue et elle adaptera peu à peu le contenu très riche de la grammaire générale — qui connait encore un dernier soubresaut, en France, avec les grammairiens-idéologues — à ses besoins propres. Ceux-ci tiennent en trois mots : enseigner l'orthographe. André Chervel (1977) a montré que la grammaire scolaire n'avait rien d'une théorie de la langue et qu'elle n'était en définitive qu'une mystification, une imposture au service de l'orthographe. Il résume la situation en une formule lapidaire et imagée : « la grammaire scolaire va enterrer la grammaire générale après l'avoir dépecée » (1977 : 84).

C'est dire que la grammaire didactique, dont nous avons suivi la trace depuis le XVIe siècle, tiendra le haut du pavé pour plusieurs décennies. Nous la débaptiserons d'ailleurs et, cédant à l'air du temps, nous l'envisagerons sous l'appellation de « grammaire scolaire ».

2.3.1 *La grammaire scolaire*

La production de grammaires françaises destinées à des néerlandophones ne tarit pas. En 1811, Behaegel, digne successeur des Taffin, Janssens et autres Des Roches, publie simultanément à Gand et à Bruges sa *Fransche spraek-konst*. Il est également l'auteur d'une *Nederduytsche spraek-konst* et voudrait démontrer la supériorité du flamand sur le néerlandais. En 1818, A. Van Boterdael publie à Gand des *Principes des langues françoise et flamande, arrangés méthodiquement, confirmés par les règles grammaticales et basés sur l'autorité des meilleurs auteurs*. Quant à la grammaire de Des Roches, elle connaitra de nombreuses rééditions en ce début de XIXe siècle : 1810, 1813, 1821. P.-J. De Bal procèdera à la révision des éditions ultérieures de cette grammaire, et ce jusqu'en 1856.

Beaucoup de manuels d'enseignement, dus à des auteurs français, sont réédités en Belgique. Le plus célèbre est l'œuvre de François-Charles Lhomond, connu aussi pour son fameux *De Viris*, qui avait fait paraitre en 1780, à Paris, ses *Éléments de la grammaire*

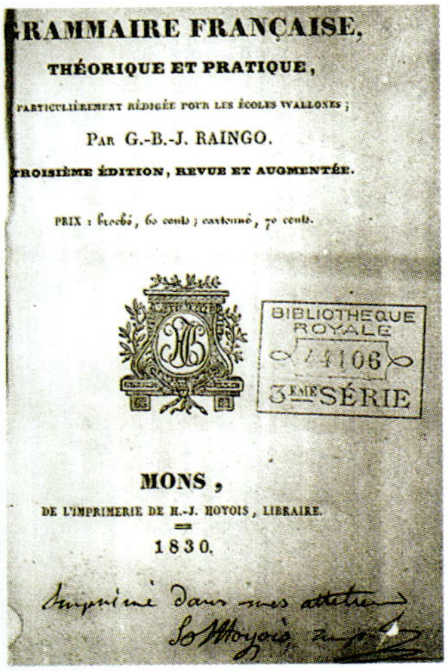
RAMMAIRE FRANÇAISE,
THÉORIQUE ET PRATIQUE,
PARTICULIÈREMENT RÉDIGÉE POUR LES ÉCOLES WALLONES ;
PAR G.-B.-J. RAINGO.
ROISIÈME ÉDITION, REVUE ET AUGMENTÉE.
PRIX : broché, 60 cents ; cartonné, 70 cents.
BIBLIOTHEQUE ROYALE
44106
3ème SÉRIE
MONS,
DE L'IMPRIMERIE DE H.-J. HOYOIS, LIBRAIRE.
1830.

Manuel scolaire du XIXe siècle.
G.-B.-J. Raingo, « Nouvelle grammaire française, théorique et pratique », Mons, 1830.
Cl. S.L.F.

française. Une dixième édition de cet ouvrage, qui symbolisa l'étude de la grammaire pour plusieurs générations d'élèves — on disait « le Lhomond » comme on dit aujourd'hui « le Grevisse » —, parait à Bruxelles en 1810.

Les manuels autochtones fleurissent également. Leurs auteurs n'hésitent pas à plagier des manuels français et cèdent à la mode des cacographies (textes mal orthographiés que l'élève doit corriger), des tableaux synoptiques ou des dialogues grammaticaux qui, en Belgique, s'inscrivent dans une tradition multiséculaire : *Grammaires françoises de Lhomond et de Letellier* (Namur, 1823), *Grammaire de la cacographie par un professeur de langue française* (Bruxelles, 1820); *Cacographie rangée selon l'ordre grammatical* (Mons, 1821); *Cacographie graduelle à l'usage des commençants* (Gand, 1823); *Tableaux synoptiques de la langue française suivis du traité des participes* (Anvers, 1821); *Essai de grammaire élémentaire sous forme de dialogues* (Liège, 1836).

Ces divers procédés ont un objectif mnémotechnique : la grammaire, et surtout l'orthographe, sont affaires de mémoire, non de réflexion.

2.3.2 *La grammaire du bon usage*

La grammaire du bon usage s'adresse aux amateurs de beau langage quel que soit leur âge. Le public visé est donc plus large que celui de la grammaire scolaire mais la préoccupation normative est la même.

En Belgique, comme dans certaines régions de France éloignées de la capitale, ces « amoureux fervents » et, plus généralement, le public lettré prennent une conscience de plus en plus nette d'une différence entre leur sociolecte (c'est-à-dire la manière de parler ou d'écrire du groupe social auquel ils appartiennent) et la norme parisienne, synonyme de français « pur », que contribue à répandre la grammaire scolaire.

Témoin de cette « insécurité linguistique » croissante, le recueil qu'Antoine-Fidèle Poyart publie à Bruxelles en 1806 : *Flandricismes, wallonismes et expressions impropres dans le langage français.* Ce « chasseur de belgicismes » est le premier à occuper un créneau porteur : rééditions en 1811, 1821 et 1830. L'édition de 1811 contient la première attestation du terme « belgicisme ». Une ultime édition, remaniée par Louis Quiévreux, paraitra encore en 1928.

Un *Recueil de quelques barbarismes que l'on fait assez souvent dans les Départements réunis* dû à L.P. Poswick paraitra également à Liège en 1807.

2.3.3 *La grammaire générale*

Tandis qu'en France, des savants comme Destutt de Tracy (*Éléments d'idéologie*, 1806) ou Silvestre de Sacy perpétuent, dans leurs travaux linguistiques, le cadre conceptuel de la grammaire des Lumières, la Belgique se borne à en dénaturer le contenu à travers ses manuels d'enseignement.

3. De l'indépendance à l'époque contemporaine

La Belgique devient un État indépendant en 1830. Une frontière administrative la sépare désormais de la France. Cette autarcie politique entraine deux conséquences importantes sur la représentation symbolique de la langue.

D'une part, le sentiment d'insécurité linguistique que nous avons déjà évoqué s'en trouve considérablement amplifié et se traduit par une véritable psychose de la faute de français; d'autre part, le nouvel État belge, en quête de légitimité, instille une conception originale de la langue et de son étude qui cherche à prendre ses distances par rapport à la France.

La grammaire française en Belgique, au cours de cette dernière période, oscille donc entre « faute » et « rédemption ».

3.1 La fin du XIXe siècle

De 1830 à la fin du siècle, on continue comme par le passé à se préoccuper d'enseignement et de bon usage. C'est au XIXe siècle que le purisme belge prend son véritable essor. Mais la réflexion des grammairiens belges porte également sur la grammaire générale qu'ils avaient délaissée jusque-là. Singulier anachronisme que nous tenterons d'analyser.

3.1.1 *La grammaire scolaire*

André Chervel (1983) a étudié les manuels belges du XIXe siècle et les a comparés aux manuels français de la même époque. Certaines spécificités apparaissent. Les grammairiens belges se montrent plus enclins que leurs homologues français à considérer le *w* comme vingt-troisième lettre de l'alphabet. Ils manifestent une plus grande tolérance à l'égard du pluriel des mots en *-ou* (*chou, genou, caillou, hibou*, etc.) et accueillent plus volontiers le passé surcomposé (*Quand il a eu fini*, etc.). Par ailleurs, un courant novateur se montre plus ouvert que la tradition française à la notion de fonction (développement du complément circonstanciel, apparition du complément d'agent, etc.).

Ces quelques caractéristiques n'aboutissent pas, bien sûr, à une typologie des manuels belges.

Plus fondamentale, parce que plus révélatrice d'une idéologie sous-jacente, nous parait l'évolution de la grammaire française en

Belgique, dans le dernier tiers du siècle, en deux tendances contradictoires : l'une prête serment d' allégeance à l'autorité de la France en matière de langue et vénère l'Académie française; l'autre, au contraire, s'émancipe de la vulgate française en développant une conception de la langue spécifique, voire autonome.

Ainsi, l'auteur d'un curieux opuscule (Anonyme, 1866) émanant apparemment du Ministère de l'Instruction publique, c'est-à-dire d'une instance officielle, s'applique-t-il à démontrer « qu'il n'y a point de nation solidement établie sans langue nationale et qu'elle [la Belgique] doit à tout prix fonder une langue belge comme palladium du pays ». Partant du constat qu'une langue ne s'improvise pas, l'État aura recours à l'enseignement pour, « dans un demi-siècle au plus, amener deux écritures et deux langages différents; voilà comment on entend fonder, en Belgique, une langue distincte de la langue française, une langue nationale ».

« Soyons belges ! » s'exclame également, en 1898, R. Lapaille dans un article polémique sur *La grammaire française et la critique grammaticale en Belgique.*

3.1.2 *La grammaire du bon usage*

Les descendants de Chifflet prescrivent une langue aussi pure que possible. Leurs ouvrages rencontrent un succès immédiat et durable auprès d'un large public friand de curiosités grammaticales et soucieux de beau langage.

En 1845, J. Rouchet publie un opuscule intitulé *Le mauvais langage corrigé ou vocabulaire des locutions vicieuses les plus répandues [...] dont environ 500 employées journellement en Belgique*.

En 1846, Soulice et Sardou publient à Bruxelles la troisième édition d'un *Dictionnaire des difficultés et exceptions de la langue française* conçu sur un modèle analogue à celui de Joseph Hanse.

D. Lévy fait paraitre à Bruxelles des *Omnibus de langage. Corrigé des locutions vicieuses employées journellement, avec la signification de plusieurs termes qui présentent quelques difficultés.*

N.-J. Carpentier publie en 1865 à Bruxelles la seconde édition augmentée d'un *Dictionnaire du bon langage* ainsi qu'un *Vocabulaire du bon langage*.

À la suite de Poyart, l'intérêt se focalise de plus en plus sur les belgicismes que le bon usage ne saurait, bien sûr, tolérer.

Trois repères :

- Les *Omnibus* de Lévy introduisent, dans leur quinzième édition [sic], parue à Bruxelles en 1843, des wallonismes et des flandricismes.

- Joseph Benoît fait paraitre à Anvers, en 1857, un ouvrage intitulé *Belgicismes ou les vices de langage et de prononciation les plus communs en Belgique*. L'introduction de l'ouvrage ne laisse guère de doute quant à ses objectifs : « Combattons le mal et détruisons-le, s'il se peut : voilà l'important ». Benoît fera encore paraitre à Anvers et Bruxelles, en 1860, un *Complément des grammaires et des dictionnaires français*.
- En 1877, Isidore Dory publie un *Recueil de wallonismes* également conçu dans une perspective normative.

3.1.3 *La grammaire générale*

Si la présente contribution avait pour objet l'histoire de la réflexion linguistique en France, un sous-chapitre consacré à la grammaire générale à la fin du XIXe siècle paraitrait incongru. La situation est différente en Belgique qui, après avoir longtemps ignoré Port-Royal et *L'Encyclopédie*, tente à présent de convaincre son corps enseignant des vertus d'une théorie de la langue fondée sur le raisonnement et non sur la mémoire.

La tendance autonomiste de la grammaire française en Belgique reprend donc tardivement à son compte certaines observations issues du parallélisme logico-grammatical.

Ainsi, en ce siècle où toute réflexion sur la langue parait avoir été écartée au profit d'un apprentissage mécanique de règles et de préceptes, la Belgique donne-t-elle à la grammaire générale une seconde jeunesse. L'auteur anonyme déjà cité poursuit son examen en affirmant « qu'on ne peut bien enseigner une langue particulière qu'après des études sérieuses sur l'enseignement général de toutes les langues [...] et qu'une seule loi préside aux travaux de tous les linguistes sérieux du monde entier : la raison ». Ce chaud partisan des thèses rationalistes conclut en 1866 :

> Il y a donc deux principes opposés dans l'enseignement de la langue belge, celui de la servilité et celui de la liberté; par le principe de servilité, on fait de la langue une simple étude de mémoire et d'imitation; avec le principe de liberté, on en fait une science de calculs et de raisonnements.

Et plus loin, s'adressant par circulaire ministérielle aux professeurs de français :

> Vous voyez, Messieurs, par ce simple aperçu, que l'enseignement linguistique belge est beaucoup plus étendu que l'enseignement linguistique français. Nous nous attachons avant tout à former le jugement des enfants, nous leur donnons les motifs de toutes les règles et de toutes les exceptions; nous faisons de la science une étude raisonnée, tandis qu'en France, c'est une étude de mémoire et d'imitation aveugle.

Divers ouvrages de logique ou de philosophie grammaticale voient effectivement le jour. Celui qui, sans conteste, exercera la plus grosse influence sur le corpus belge est dû à Pierre Burggraff, professeur de langues orientales et de langues anciennes à l'Université de Liège.

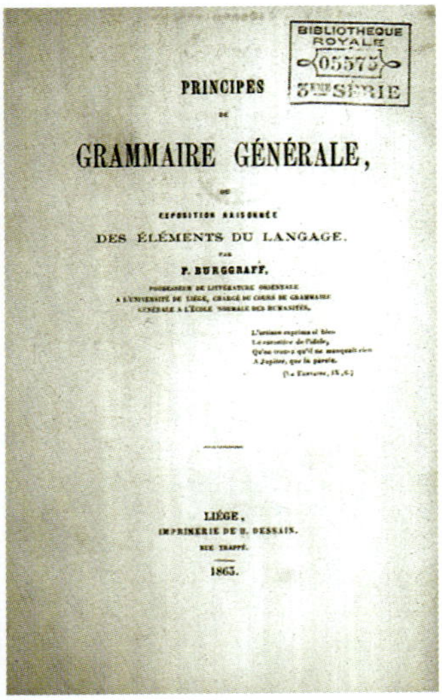
BIBLIOTHEQUE ROYALE 05575 3me SÉRIE

PRINCIPES

DE

GRAMMAIRE GÉNÉRALE,

OU

EXPOSITION RAISONNÉE

DES ÉLÉMENTS DU LANGAGE.

PAR

P. BURGGRAFF,

PROFESSEUR DE LITTÉRATURE ORIENTALE
A L'UNIVERSITÉ DE LIÉGE, CHARGÉ DU COURS DE GRAMMAIRE
GÉNÉRALE A L'ÉCOLE NORMALE DES HUMANITÉS.

LIÉGE,
IMPRIMERIE DE H. DESSAIN,
RUE TRAPPÉ.

1863.

Burggraff, un des meilleurs représentants de la grammaire générale en Belgique.

P. Burggraff, « Principes de grammaire générale », Liège, 1863.
Cl. B.R.

Burggraff a suivi à Paris les cours de l'orientaliste Silvestre de Sacy qui avait publié, en 1799, des *Principes de grammaire générale mis à la portée des enfants et propres à servir d'introduction à l'étude de toutes les langues*.

En 1847, un arrêté royal institue dans les universités de l'État une infrastructure pédagogique destinée à former des professeurs pour l'enseignement moyen. Burggraff se chargera du cours de grammaire générale. À l'intention de ses étudiants, futurs enseignants, il compose en 1863 des *Principes de grammaire générale ou exposition raisonnée des éléments du langage*. Ce gros traité de plus de six cents pages est publié à Liège et reçoit d'emblée un accueil favorable, sans dépasser toutefois l'audience de la petite Belgique (Le Roy, 1864 : 252 et 259) :

> Ouvrage doublement important, et parce qu'il est plus complet que la plupart des traités du même genre et parce que, servant de base à l'enseignement de Monsieur Burggraff à l'École normale, il exerce naturellement une grande influence sur les cours professés dans les athénées belges.[...] En somme, telle qu'elle est, la nouvelle grammaire générale mérite un accueil favorable, même en dehors des frontières de la Belgique.

Synthèse des grandes tendances de l'universalisme linguistique, les *Principes* de Burggraff sont le point de convergence final de multiples influences : tradition scolaire, comparatisme et surtout rationalisme se rejoignent dans une conception de la grammaire qui se veut aussi générale que possible. Burggraff cherche avant tout à promouvoir une méthode d'investigation linguistique qu'il espère transmettre dans son enseignement et qui ne vaut pas seulement pour l'étude comparée de plusieurs langues mais aussi pour l'examen détaillé de n'importe quelle langue particulière. « L'étude de la grammaire, affirme-t-il, n'est plus aujourd'hui un travail purement mécanique, mais la première école à laquelle se forment les esprits droits, justes et conséquents ».

Par son œuvre et son aura, Burggraff influencera non seulement l'idéologie pédagogique du jeune État belge mais aussi les théories grammaticales elles-mêmes. Des manuels scolaires à gros tirage (B.Van Hollebeke et O. Merten, *Grammaire française*, Namur, 1870; J. Delbœuf et L. Roersch, *Éléments de la grammaire française*, Liège, 1885; R. Lapaille et Troisfontaines, *Grammaire française*, Liège, 1887, etc.) lui emboitent le pas et vont maintenir jusque dans leurs dernières éditions la définition logique de la proposition et l'opposition des verbes substantif et attributifs. Les trois ouvrages cités reprennent en outre à Burggraff sa division des parties du discours en noms, verbes et particules, qui se fonde sur la nature logique des trois idées nécessaires à toute connaissance.

La tendance autonomiste se caractérise donc en même temps par son conservatisme. La vieille grammaire générale, remise au gout du jour, lui sert de cadre conceptuel et lui permet de combler le vide théorique de la grammaire scolaire.

3.2 Le XXe siècle

3.2.1 *La grammaire scolaire*

La grammaire scolaire au XXe siècle ne diffère guère de celle du XIXe siècle. Le but consiste toujours à enseigner l'orthographe, et les méthodes font une large place à la mémoire.

Ainsi conçue, la grammaire constitue une simple nomenclature de règles et de préceptes établie conformément à une norme prédéfinie. Cette conception, qui fait une large place à la notion de « faute », est certes utile au corps social. Son principal inconvénient est d'entretenir, dans l'esprit du grand public, l'image d'une langue figée et régentée de l'extérieur par une instance supérieure.

3.2.2 *La grammaire du bon usage*

L'intérêt prédominant et multiséculaire que les grammairiens belges du français portent aux questions de norme et de correction s'accentue encore dans la première moitié du XXe siècle et suit de près la progression de l'insécurité linguistique.

Il est vrai que diverses instances, *intra* et *extra muros*, ont pour respectable mission de rappeler au Belge francophone sa « Faute » sur le ton du sermon. Que lui reprochent donc l'Académie, l'école ou les associations de puristes ? Depuis cent cinquante ans et plus qu'elle lui est serinée, leur sempiternelle litanie lui est familière : lourdeur éléphantesque de la syntaxe, pauvreté navrante du vocabulaire, vices dument constatés de la prononciation, particularismes lexicaux plus que suspects, etc.

Alors oui, il plaide coupable. Mais il tente au moins de s'amender. Que ne ferait-il pas *Pour écrire et parler correctement* (Gérard Dieu, Frameries, 1941) ?

Il stigmatise *Le parler belge* (G.-O. D'Harvé, Bruxelles, 1923). Il fustige ses *Fautes de style et de langage* (Y., instituteur, La Louvière, 1916) ou *Les inexactitudes et singularités de la langue française moderne* (Jean Boisson, Bruxelles-Paris, 1930). Il tente d'extirper de sa conscience linguistique ses *Flandricismes, wallonismes et expressions impropres* (Louis Quiévreux, Bruxelles, 1928). Il voue aux gémonies ses *Particularités, expressions incorrectes, belgicismes* (Jean Deblegny, Bruxelles, 1946). Il se délecte de *Difficultés et finesses* (Armand Bottequin, Gand, 1945) ainsi que de *Subtilités et délicatesses de langage* (Armand Bottequin, Paris-Bruxelles, 1946). Son esprit vagabonde de *Récréations linguistiques* (Paul De Reul, Liège, 1906) en *Divertissements philologiques et littéraires* (Albert Debaty, Bruxelles, 1943). Il glorifie *Euphémie ou la biendisance* (G.-O. D'Harvé, Bruxelles, 1925) ou *La bonne forme* (A. Borsu, Bruxelles, 1923) et célèbre la *Noblesse et fonction de la langue française* (L. Bourgaux, Bruxelles, 1935).

Le grammairien Joseph Deharveng épanche ses *Scrupules de grammairien* (Bruxelles, 1929) tandis que de toutes parts sonnent les appels à résipiscence : *Parlons et écrivons correctement le français* (Pol Comiant, Bruxelles, 1955), *Parlons bien le français* (Pol Comiant, Mouscron, s.d.), *Parlons correctement* (Carlos Leruitte, Liège, 1946), *Parlons bien !* (G.-O. D'Harvé, Bruxelles, 1913,1914, 1915 et 1923).

Bref, *Corrigeons-Nous !* avec les six volumes que fait paraitre Joseph Deharveng entre 1922 et 1928.

Dans la seconde moitié du siècle, le francophone de Belgique participe encore aux *Chasses aux belgicismes* organisées en 1971 et 1974 sous l'égide de l'Office du *bon langage*. Il érige l'orthographe au rang de sport national au cours de championnats qui s'exportent en France et, une fois par an, il observe une « Quinzaine du bon langage » comme l'on observerait une minute de silence à la mémoire d'un idéal linguistique perdu.

Et comme si tout cela ne suffisait pas à l'absoudre, il présente au-devant de la scène internationale des grammairiens qui dament le pion à leurs confrères français : Maurice Grevisse et Joseph Hanse, tous deux reçus par Bernard Pivot, consécration suprême. Messieurs les Immortels, ils sont… belges. Le croiriez-vous ? Pardonnerez-vous enfin ?

Pareille contrition est le signe d'une crise de confiance chronique des locuteurs belges en une langue qu'ils ne parviennent pas à s'approprier.

3.2.3 *Le bon usage de la grammaire : l'exemple de Maurice Grevisse*

Nous avons suivi, depuis les origines, la double évolution de la grammaire didactique puis scolaire et de la grammaire du bon usage. Le Grevisse se situe au confluent de ces deux traditions étroitement liées par leur préoccupation normative.

L'originalité, la qualité et la diffusion sans précédent de l'ouvrage de Maurice Grevisse (1895-1980) résultent, paradoxalement, d'une ambigüité initiale : destiné au départ à un public d'écoliers, il n'y rencontra pas le succès escompté, mais trouva en revanche un large écho auprès des avocats, des médecins, des ecclésiastiques, des professeurs soucieux de bien parler et d'écrire correctement. André Goosse (1989 : 329) qui a revu et remarquablement adapté les douzième et treizième éditions de l'ouvrage (1986 et 1993) observe que Grevisse n'a pas « atteint le public qu'il visait, celui des écoles, et qu'il a atteint deux publics qu'il ne visait pas, le "grand public" d'abord (auquel l'éditeur a pensé avant l'auteur), les linguistes ensuite ».

Le Bon Usage. Cours de grammaire française et de langage français en concordance avec la huitième édition du Dictionnaire de l'Académie parait donc, en 1936, chez l'imprimeur gembloutois Duculot. À partir de la sixième édition (1956), le *Cours de grammaire française* se mue en *Grammaire française avec des remarques sur la langue française d'aujourd'hui*, sous-titre qui écarte définitivement le public scolaire.

Grevisse (cité dans Bastia et Brutsaert, 1986 : 5) fait explicitement référence à Vaugelas :

> Je vois encore l'endroit où je me suis décidé à choisir ce titre. C'était à Namur, sur le pont de Salzinnes. Je me suis dit : Sapristi, Vaugelas a parlé du bon usage et l'a remarquablement défini. Et comme mon intention était de définir moi aussi le bon usage et de déterminer dans le monde d'aujourd'hui ce qu'on peut dire et ce qu'on ne peut pas dire, je vais choisir comme titre *Le Bon Usage*. Et ce titre m'a parfaitement convenu et répond tout à fait à ce qui est ma doctrine.

La diffusion internationale de l'ouvrage doit beaucoup à un article d'André Gide paru dans le *Figaro littéraire* du 8 février 1947. Sans dévoiler la nationalité de Grevisse, de crainte d'effaroucher ses lecteurs, Gide informe en ces termes le public français :

> Monsieur Grevisse répond à toutes les questions flottantes; y répond si pertinemment que je n'aurais qu'à le copier pour satisfaire aux inquiétudes et aux doutes de mes plus scrupuleux correspondants. Je les invite à s'adresser directement à ce remarquable ouvrage.

On rapporte qu'il n'est pas rare dans tel coin reculé du Canada, de prêter serment sur le gros volume du « Bon Usage ». Légende ou réalité ?

M. Grevisse, « Le bon usage », 7ème éd., Duculot, Gembloux, 1959. A. Goosse, M. Grevisse, « Le bon usage », 13ème éd., De Boeck-Duculot, 1993. Cl. S.L.F.

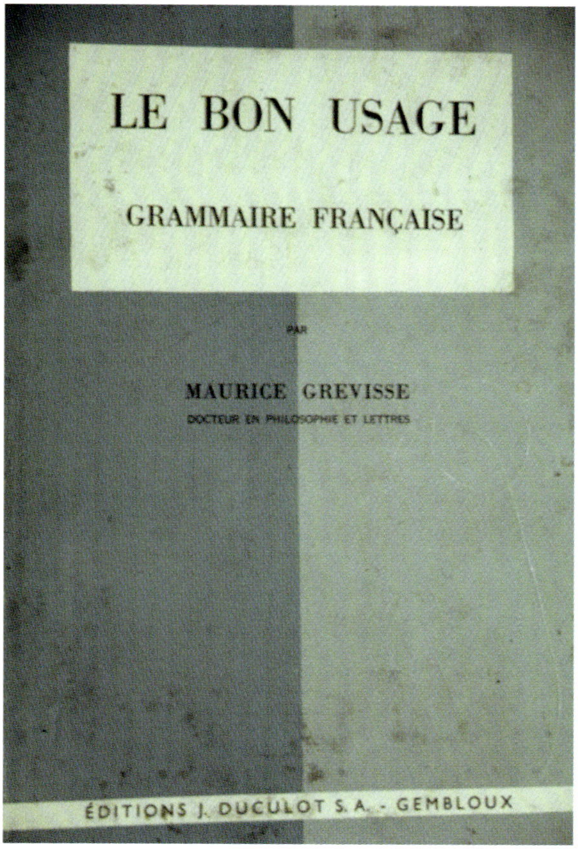

L'histoire de la grammaire française en Belgique permet donc de mieux situer Maurice Grevisse dans la lignée des professeurs-grammairiens sans prétention — Bosquet (1586), de la Haize (1640), Dujardin (1760), etc. — et dans celle des grammairiens-esthètes : Chifflet (1659), De Wailly (1772), Dory (1877), Deharveng (1922), etc.

Sur le plan théorique, *Le Bon Usage* reprend aussi certains concepts belges de la grammaire scolaire du XIXe siècle : verbe « copule », typologie des propositions coordonnées, syntaxe plus propositionnelle que phrastique, classement des subordonnées en substantives, adjectives et adverbiales, etc. La persistance en Belgique, bien plus tard qu'en France, d'un important courant favorable à l'ancienne grammaire générale s'explique par l'influence de Pierre Burggraff.

Mais si les qualités du *Bon Usage* se bornaient à assimiler le passé, sans doute n'en serait-il pas, aujourd'hui, à sa treizième édition. Sa force consiste aussi à proposer — non à imposer — une photographie du français actuel en évitant soigneusement, grâce à une documentation abondante et solide, les jugements sommaires ou hâtifs, les décisions arbitraires empreintes d'un purisme exagéré. Devant des usages contradictoires, le Grevisse s'efforce de tirer une conclusion nuancée et ne craint pas de remettre en question la règle générale.

Cette conception de la langue et de son étude sublime la vocation pragmatique et normative de la grammaire française en Belgique. Avec Maurice Grevisse, Joseph Hanse, Léon Warnant ou Albert Doppagne, la grammaire du bon usage devient une éthique de la langue, un bon usage de la grammaire.

3.2.4 *La grammaire descriptive*

Le panorama grammatical belge de cette seconde moitié de XXe siècle serait incomplet si nous omettions de signaler une série d'études consacrées au français en Belgique qui, récusant l'étiquette normative, souhaitent fournir une description objective des faits linguistiques et participent ainsi, sur le plan idéologique, à une forme salutaire de « rédemption ». Le point de vue adopté leur confère une indéniable valeur scientifique.

Plusieurs travaux de Jacques Pohl et en particulier ses *Témoignages sur le lexique des parlers français de Belgique* (Bruxelles, 1950) inaugurent cette tendance qui se poursuit, en 1987, avec le *Dictionnaire de belgicismes* de François Massion et dont le dernier avatar est l'ouvrage publié par les membres belges du Conseil international de la langue française sous le titre : *Belgicismes. Inventaire des particularités lexicales du français de Belgique* (Paris - Louvain-la-Neuve, 1994).

Ces ouvrages correspondent à une autre disposition d'esprit — linguistique — par rapport à la langue. Il s'agit ici de décrire ou d'expliquer objectivement les phénomènes sans porter de jugement de valeur sur les faits constatés. La linguistique, qui est moins représentée en Belgique que la grammaire, substitue la description à la prescription et à la proscription.

Les deux perspectives — grammairienne et linguistique — peuvent fort bien coexister. Il importe seulement de ne pas confondre leurs objectifs respectifs.

4. Conclusion

Ce bref aperçu aura peut-être permis de poser les premiers jalons d'une histoire de la « grammaire française en Belgique ». Aura-t-il pour autant laissé entrevoir l'existence d'une « grammaire belge de langue française » ? En termes moins nuancés, y a-t-il une « grammaire belge » ?

Ainsi posées, ces questions n'ont de sens que si l'on néglige le fait grammatical pour ne retenir que l'arrière-plan idéologique et conceptuel qui le suscite et le conditionne. La dernière édition (1993) du *Bon Usage* utilise la notion peu connue en France de verbe « copule ». Pris isolément, le phénomène mérite à peine d'être relevé. Son constat ne saurait en tout cas contribuer à singulariser *ex nihilo* la grammaire belge.

En revanche, l'idée que cette vieille notion ait connu en Belgique une fortune tardive résultant d'un engouement moins précoce qu'en France pour la grammaire générale peut éventuellement être révélatrice d'une conception, sinon spécifique, du moins personnalisée de la réflexion sur la langue.

Inscrite dans la longue durée, l'histoire des théories grammaticales en Belgique pourrait dès lors se concevoir comme un kaléidoscope dont les divers miroirs angulaires renverraient une image déformée de la réalité linguistique au gré de circonstances historiques et politiques déterminées.

Une telle approche ne va pas de soi. Elle repose sur un parti pris qui tient l'histoire des doctrines grammaticales en France pour le mètre étalon, l'image nette requise pour apercevoir l'image déformée.

Le contexte sociolinguistique de la Belgique, où la langue française n'a jamais bénéficié — ou pâti ? — d'une véritable reconnaissance politique contribue à expliquer quelques facettes du prisme.

Dès les origines, la grammaire belge se caractérise par son absence de préoccupation politique et par sa visée strictement pédagogique et pragmatique. Durant le Classicisme et les Lumières, l'objectif ambitieux de la grammaire générale ne cadre pas avec le souci plus réaliste de la grammaire belge qui s'en détourne donc et reste foncièrement particulariste.

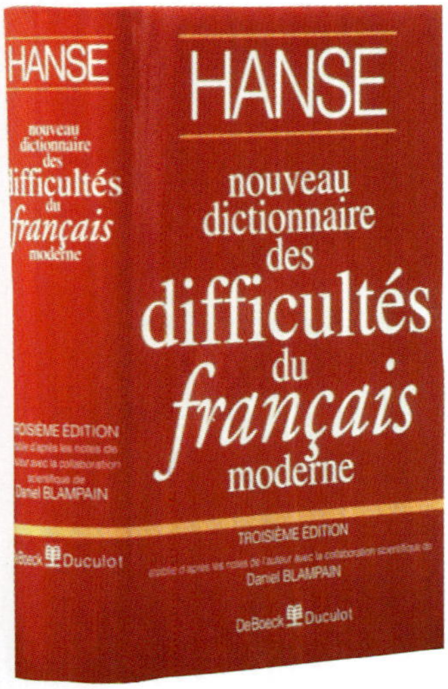

Traquer la faute, ou décrire la langue?

J. Hanse, « Nouveau dictionnaire des difficultés du français moderne », 3e éd., De Boeck-Duculot, 1994. Cl. S.L.F.

C'est à partir de l'indépendance du pays, en 1830, que se marque le mieux l'attitude ambivalente des grammairiens belges par rapport à la norme d'un français centralisé et corseté qui a toujours occupé une place de choix dans leur perception de la langue. Aux XIXe et XXe siècles, le discours grammatical en Belgique hésite entre « Faute » et « Rédemption ».

La Faute... de français guette le Belge francophone à chaque mot écrit, à chaque parole prononcée. Le péché a beau être véniel, il s'obstine à le voir mortel. Le « parler disert et vénuste » dont rêvait Jean Bosquet est encore l'idéal de Joseph Deharveng. Les grammairiens belges sont donc des praticiens qui s'efforcent de réunir des matériaux leur permettant de repérer la faute et de la corriger. Ce faisant, ils prennent inconsciemment une part importante de responsabilité dans le sentiment d'insécurité linguistique. Mais leur conception de la langue et de son étude n'a pas que des effets pervers. Le succès du Hanse ou du Grevisse résulte de la remarquable aptitude de ces grammairiens à prendre le recul nécessaire pour assimiler le passé et intégrer leur démarche dans une philosophie libérale de la norme qui ne renie pas la faute mais qui la relègue au second plan.

La Rédemption apparait alors en contrepoint comme une réaction visant à légitimer la différence. Elle résulte d'une prise de conscience de la faiblesse théorique et de la faillite des discours inhibants sur la faute et leur est donc à la fois postérieure et sous-jacente. Un courant autonomiste de la grammaire belge a ainsi cherché à se démarquer d'une conception figée et répétitive de l'enseignement de la langue incarnée dans les manuels français de la seconde moitié du XIXe siècle. L'attitude de ces grammairiens s'inscrivait dans un contexte politique favorisant l'autodétermination. En 1866, le jeune État belge, par la voix d'un rédacteur anonyme, se positionne clairement :

> Maintenant, qui a le droit de créer des mots, des phrases, des règles ? Si l'on consulte les masses peu éclairées, elles vous diront que c'est l'Académie française qui règle la langue; ces masses ne font que répéter bénévolement ce qui a été dit depuis la fondation de l'Institut. Si l'on consulte au contraire ceux qui possèdent la science linguistique, ils répondent que la Belgique est le pays de la liberté par excellence, que chacun a le droit de créer des mots, des phrases et des règles, et d'écrire comme il l'entend.

À rapprocher, *mutatis mutandis* et sans y voir l'ombre d'une quelconque dérive particulariste, de la position récemment défendue par Jean-Marie Klinkenberg, Président du Conseil supérieur belge de la langue française (*Francité*, 1995 : 11) :

> Dans l'un et l'autre dossier [les rectifications orthographiques et la féminisation des noms de métier], les décisions ont été prises en France dans les formes requises (c'est à l'unanimité que l'Académie a voté la réforme qu'elle applique d'ailleurs dans son dictionnaire) et elles n'ont jamais été officiellement rapportées. Si leur mise en œuvre a souffert chez nos voisins, la responsabilité en

incombe aux changements politiques intervenus. Suivre servilement ces alternances et ces reculades — en termes moins élégants : danser comme d'autres sifflent — constituerait-il un principe stratégique valable en matière de gestion de la langue ? Nul, je l'espère, ne le prétendra.

Une histoire exhaustive et approfondie de la tradition grammaticale en Belgique reflèterait donc l'évolution ou la stagnation de la représentation symbolique qui s'attache au discours sur la langue. Elle en serait même, à certains égards, emblématique. Elle pourrait en tout cas contribuer utilement à une meilleure compréhension des rapports nouveaux qui se sont instaurés dans la Belgique fédérale et dans une francophonie désormais plurielle entre quête de légitimité linguistique et quête d'identité culturelle.

Ce ne serait pas là son moindre mérite.

Michel TROUSSON et Michel BERRÉ

LES RECTIFICATIONS ORTHOGRAPHIQUES

Le *Rapport du Conseil supérieur de la langue française sur les rectifications de l'orthographe française* a été publié dans le *Journal officiel de la République française* le 6 décembre 1990. Ces propositions, auxquelles a collaboré activement un membre belge, avaient été approuvées par l'Académie française à l'unanimité le 3 mai 1990, moyennant quelques amendements. Un avis favorable avait été donné aussi par les Conseils de la langue du Québec et de la Communauté française de Belgique. Dans la neuvième édition (qui est en cours : tome I en 1992, puis neuf fascicules à ce jour, le tout allant jusqu'au mot *hachoir*) de son dictionnaire, l'Académie mentionne toutes les rectifications, sous deux présentations différentes : les unes, enregistrées « à titre définitif », sont pour ainsi dire imposées, notamment le point 1 ci-dessous ; les autres sont permises, mais intitulées *recommandations*. Ni les formes « anciennes » ni les nouvelles ne peuvent être tenues pour fautives, précise l'Académie. Il faut d'ailleurs reconnaitre que ces dernières ne sont ni très fréquentes ni, par conséquent, très gênantes, ainsi que le constatent les lecteurs des périodiques, comme la *Revue générale*, qui appliquent systématiquement les rectifications.

Il a paru utile de donner ici les règles principales.

1. Devant une syllabe contenant un *e* muet, on écrit *è* et non *é* : *allègrement,* etc. ; et tous les futurs et conditionnels des verbes du type de *céder* : *je cèderai*, etc.

   EXCEPTIONS. a) Les préfixes *dé-* et *pré-* : *dépecer, prélever* ; b) les *é* initiaux : *échelon*, etc. ; c) *médecin* et *médecine.*

2. Dans une syllabe ouverte (c'est-à-dire qui se termine par une voyelle), le son *é* doit s'écrire *é* et non *e* : *asséner*, etc. Cela s'applique aux mots d'emprunt : *révolver*, etc.

3. Dans les verbes terminés à l'infinitif par *-eler* et *-eter*, le *e* du radical se change en *è* quand la syllabe suivante contient un *e* muet : *il amoncèle*, *il étiquète*, etc. Cela s'applique aussi aux noms dérivés en *-ment* : *amoncèlement*, etc.

   EXCEPTIONS. *Appeler*, *jeter* et les verbes de leur famille redoublent le *l* ou le *t* devant une syllabe contenant un *e* muet : *j'appelle*, *je jette*, etc.

4. L'accent circonflexe ne se met plus sur les lettres *i* et *u* : *abime*, *connaitre*, etc.

   EXCEPTIONS. a) Les mots qu'il convient de distinguer de leurs homonymes : le participe *dû* ; les adjectifs *mûr* et *sûr*, le nom *jeûne*, les formes du verbe *croitre* qui, sans cela, seraient identiques à des formes du verbe *croire*, la 3e personne du singulier du subjonctif imparfait ; b) les 1res et les 2es personnes du pluriel du passé simple.

5. Le tréma est placé sur la lettre *u* dans les adjectifs féminins comme *aigüe* et dans les noms comme *ambigüité*, ainsi que dans le verbe *argüer* et dans le noms *gageüre*.

6. Le trait d'union est supprimé dans les composés quand la relation entre les deux éléments ne peut pas ou plus être perçue par les usagers : *froufrou*, *fairplay*, *chaussetrappe*, *chauvesouris*, etc.

7. Les noms composés formés, avec trait d'union, d'un verbe ou d'une préposition suivis d'un nom prennent la marque du pluriel au second élément quand et seulement quand le nom composé est au pluriel : *un essuie-main*, *des essuie-mains* ; *un garde-chasse*, *des garde-chasses* ; *un après-midi*, *des après-midis*, etc.

8. Les éléments formant des numéraux composés, cardinaux et ordinaux, sont unis par des traits d'union : *six-cent-mille-vingt-et-un*.
   Million et *milliard*, étant des noms, ne sont ni suivis ni précédés d'un trait d'union.

9. Le participe passé *laissé* suivi d'un infinitif reste invariable ; *les enfants que tu as laissé sortir.*

10. Les noms empruntés à d'autres langues font leur pluriel à la française : *des matchs*, *des minimums*, *des confettis*, etc.

    Pour une information complète, on consultera : André GOOSSE, *La « nouvelle » orthographe. Exposé et commentaires.* Louvain-la-Neuve, Duculot, 1991. L'Association pour l'application des recommandations orthographiques (ou APARO) a publié en 1997 une brochure de 14 pages intitulée *L'essentiel de la nouvelle orthographe* qui, avec quelques explications générales, donne les règles et une listes des mots les plus fréquents.

André GOOSSE

Chapitre 20
La tradition pédagogique

1. Latin ou lingua rustica ?

L'histoire de l'enseignement *du* français en Belgique se confond avec celle de l'enseignement *en* français, dans des régions dont l'identité s'est rarement prêtée à l'uniformisation d'un centralisme d'État. Elles n'en ont pas moins connu une tradition scolaire ancienne, complexe et originale, dont les contrastes s'expliquent par la précocité, l'importance et la diversification des autonomies locales; d'autre part, le quadrillage serré des campagnes par des villes et des communes indépendantes a précocement facilité l'accès des ruraux à l'école.

Celle-ci a donc connu des débuts précoces dans nos contrées, où s'étaient établies les cours carolingiennes (germanophones) de Landen, Herstal, Aix-la-Chapelle. Confié à l'Église, l'enseignement fut d'abord organisé exclusivement en latin; les enfants des classes élevées fréquentaient l'« école du clerc » ou « latine », puis le collège ou le séminaire; ils poursuivaient les études supérieures dans des universités étrangères (en France surtout), et ce jusqu'à l'ouverture du « studium generale » de Louvain en 1425. Dans toute l'Europe catholique, tout au long de l'Ancien Régime, les écoles paroissiales ou monastiques n'enseignaient, ni même n'utilisaient la langue commune; les apprentissages élémentaires (lecture et écriture) s'opéraient en latin, à partir de textes pieux ou de fabliers; la langue vernaculaire fournissait tout au plus le texte-base du thème latin. En vertu d'un règlement assez généralisé, qui se maintiendra jusqu'à la fin de l'Ancien Régime, tout collégien surpris à parler français ou flamand récoltait un *signum* (billet), synonyme de punition sévère.

Logique, rhétorique, arithmétique, géométrie, musique, astronomie (XIIIe siècle).
« L'Image du Monde », Ms. 11186, f° 9, Bibliothèque Royale Albert Ier, Bruxelles. Copyright I.R.P.A.-K.I.K., Bruxelles.

L'Église s'est efforcée de contrôler aussi la « parva schola » du peuple (future « école inférieure » des Temps Modernes et de l'époque contemporaine). Toutefois, dès le XIIe siècle, l'affaiblissement du pouvoir central et le morcellement des seigneuries locales renforcèrent l'école communale, avec ou contre la paroisse et l'autorité ecclésiastique supérieure. Cet enseignement populaire tend évidemment à échapper à la tutelle des clercs : l'instituteur communal n'a d'ailleurs généralement pas besoin de la « licentia docendi » exigée dans les collèges et conférée par des jurys ecclésiastiques.

Il semble que cet enseignement élémentaire et populaire fut plus souvent qu'on ne le croit dispensé en langue vernaculaire; c'était d'autant plus inévitable que les écoles étaient mixtes et que, sauf

Livre pédagogique en français, pour les filles.

Geoffroi de la Tour-Landry, « Livre pour l'enseignement de ses filles », B.R. Ms. 9542, folio 3, Bibliothèque Royale Albert Ier, Bruxelles. Copyright I.R.P.A.-K.I.K., Bruxelles.

exception rarissime, les filles n'apprenaient pas le latin. Combien de maitres, d'ailleurs, en savaient assez pour l'enseigner dans la « parva schola » ? On parlait donc « roman » ou « wallon » dans ces classes de village, c'est-à-dire la langue romane régionale; on n'en sait guère plus, puisque l'« on n'a pas de documents écrits en une langue qui serait un des dialectes wallons oraux de l'époque, mais seulement des textes français imprégnés de dialectismes » (Remacle, 1948). Jusqu'au XVIe siècle, l'expression « école wallonne » signifie vraisemblablement que lecture et écriture s'y acquièrent en français, par opposition à celle d'« école latine »; elle ne préjuge nullement de ce qu'était la langue couramment parlée dans la classe, marquée par la dialectisation.

L'origine de cet enseignement « wallon » est d'autant plus mal connue que nos régions se distribuent autour d'une frontière linguistique floue entre la *teudisca lingua* qui faisait l'orgueil des vainqueurs francs et la *lingua rustica* des Gallo-Romans vaincus; qui voyait alors, dans ce « jargon agricole » (Brunot, 1966), l'héritier du latin ? De fait, « il y a une différence éclatante de statut entre les langues germaniques et les parlers romans dans la *Francia* des Carolingiens. Les langues germaniques étaient dans tout l'Occident européen les langues des conquérants, des seigneurs, pratiquées par les dynasties des rois depuis des siècles » (Balibar, 1985). Les humbles débuts de l'école wallonne (comme ceux de toute l'aire française) ne peuvent donc rivaliser avec une tradition scolaire germanique déjà solide : « Nous savons que le roi Alfred, à la fin du IXe siècle, faisait apprendre [le vieil anglais] dans des écoles avant, pour les plus doués, de passer au latin. Saint Boniface faisait une place à la langue germanique dans sa pédagogie du latin : il jugeait déraisonnable de proscrire la langue *paternelle germanique* dans les éclaircissements oraux apportés à une leçon de latin. Raban Maur faisait traduire en germanique le latin de Tatien (...) dans son école de Fulda » (Balibar, 1985).

De Dijon à Gand, sous les Bourguignons, bien que les ducs exerçassent une puissance « trop plus flamengue que walonne » (Molinet, 1481), les « états de Bourgogne » renforcèrent la francisation (voir sur ce point le chapitre 6); la politique communale développa l'école « wallonne », jusqu'aux premières années du régime espagnol. On sait par ailleurs que les chambres de rhétorique (dont la première, « Le Livre », fut fondée en 1401) jouèrent un rôle essentiel dans la connaissance des langues vernaculaires; elles stimulèrent un florissant commerce de manuscrits précieux, dont ceux de la Librairie du Duc, premier fonds de la Bibliothèque de Bourgogne. On vit proliférer des maitres privés pour enseigner à des auteurs wallons ou flamands les subtilités stylistiques du français; des vers factieux prouvèrent leur efficacité en s'avérant si persifleurs que Philippe le Bon dut interdire les concours en 1445. Enfin, la Réforme consacra l'usage du français ou du flamand, par la lecture personnelle obligatoire de la Bible.

2. Le français et les écoles de compagnonnage

D'autre part, les corporations médiévales ouvrent des écoles de compagnonnage capables de bien former des apprentis, qui constitueront l'élite des artisans nécessaires à une production de plus en plus luxueuse; cet enseignement technique et professionnel échappe plus facilement au contrôle de l'Église, et donc au latin. Dès lors, le niveau des maitres doit répondre à des exigences nouvelles :

> Il fallait des instituteurs; il se forma alors un corps enseignant qui fit partie de la gilde des gens de métiers. Ces instituteurs devaient être assermentés; ils étaient placés sous une double direction : celle du prince et celle d'un écolâtre nommé d'accord avec lui par le doyen ou par l'évêque. (...) Dans ces écoles l'enseignement se donnait en langue maternelle. C'était un enseignement très pratique qui tendait à la préparation de l'élève à la vie active et non contemplative. À Bruxelles, il existait en plein Moyen Âge des écoles flamandes et des écoles dites wallonnes. À Mons, dans un collège, il y avait des cours préparatoires pour les élèves flamands.
>
> (Sluys, 1910-1911)

Les Guildes d'enseignement appliquent un *numerus clausus* fixé par l'autorité communale, afin d'empêcher l'afflux de maitres et la dévalorisation des salaires; la guilde d'enseignement de Saint-Ambroise, à Anvers, s'illustra par son efficacité. Tout un courant bourgeois et populaire organise donc en langue vulgaire l'enseignement professionnel dont les corporations ont besoin et qui explique la tradition de qualité et la densité des écoles ouvrières et techniques de Wallonie. Les communes s'en préoccupent au point qu'en 1426 le Magistrat de Bruxelles va jusqu'à refuser la création de la première université latine belge, sous prétexte que les mauvaises mœurs des étudiants compromettraient les jeunes filles. C'est donc à Louvain que l'installe le Duc de Brabant Jean IV et que son successeur, le Duc Philippe, y impose l'année suivante le *trivium* et le *quadrivium* des études supérieures scolastiques.

3. Apogée du polyglottisme

L'action convergente des guildes, des chambres de rhétorique et des protestants assurait à la population de nos provinces un niveau de scolarisation élevé, si l'on en juge par la *Description de tous les Pays-Bas* de Guichardin (dont la traduction française parut à Anvers en 1567) :

> Il y a un grand nombre de personnes lettrées et sçavantes en toutes facultés et sciences dont il y ha eu, comme encore a plusieurs autteurs fort renommés et la pluspart des gens ont quelque commencement de grammaire et presque tous,

voire jusques aux villageois, savent lire et écrire. D'avantage, ils ont en outre la cognoissance des langues vulgaires, si familière, que c'est un cas digne de merveille : comme ainsi soit que plusieurs entre eux encor que jamais ne soeint sortis de leur pays, si sçavent-ils parler, outre leur langue naturelle et maternelle, plusieurs autres langages étrangers, et surtout le français, qui leur est fort commun et familier. Plusieurs y en a qui parlent allemand, anglais, italien et espagnol, et autres langues plus éloignées.

LA
GVIRLANDE
DES IEVNES FILLES,
en François & Flamen, par Gabriel Meurier.
Reueue & de plusieurs belles sentences illustrée, par le mesme.
Het Kransken der Jonghe Dochters/ in Fransoys ende Duytsch.
A ANVERS.
Chez Henry Aertssens, rue dite Cammerstrate, au fleur de Lis blanc. 1618.

Mais un tournant s'annonce : l'année même où il inspirait la fondation du Collège des Trois Langues à Louvain (1551), Érasme préconise la « pratique des langues, que possèdent les tout-petits sans aucun effort de leur part »; mais il la limite à l'étude du grec et du latin et stigmatise le français, « langue barbare et anormale qui s'écrit autrement qu'elle ne se prononce, et qui possède des sons stridents qui lui sont propres et des accents qui n'ont rien d'humain. » Ce programme érudit sera dépassé par celui de Vivès, qui prétendait imposer aux garçons l'étude du latin, du grec, de l'hébreu et de l'arabe dès sept ans, tandis que les filles n'apprendraient que la grammaire et la rédaction en français, utiles pour leur formation « domestique ».

Échappant à cet élitisme humaniste, l'enseignement du français connut pourtant à Anvers un développement particulièrement brillant; essentiellement concret, il favorisait la pratique active de la langue, la correspondance, le vocabulaire technique et commercial; il entraina aussi une floraison d'abécédaires, de catéchismes, de petits livres de dévotion et de récits populaires, voire de grammaires et de lexiques (Put, 1990). Le célèbre pédagogue belge Gabriel Meurier (né à Avesnes en 1530) fonda à Anvers une école de langues vivantes où se pratiquait un enseignement étonnamment moderne (voir aussi le chapitre 19). On lui doit des exercices comparatifs de grammaire et de prononciation quadrilingues (français, flamand, italien et espagnol); il y met en œuvre une « grammaire appliquée » limitée à la morphologie d'usage courant. Son célèbre « Perroquet mignon » met même en œuvre les méthodes actives, dans une pédagogie particulièrement enjouée et ludique à l'usage des petits enfants. Dans un manuel intitulé « La Guirlande des jeunes filles », publié après sa mort en 1618, il utilise des dialogues relevant de la conversation française courante :

— Qu'avez-vous appris ? — J'ai leu, & rien reteneu. (...) — Et vous, Laurette, parlez hardiment. — J'ai appris naivement prononcer l'alphabet François : d'avantage j'ay cousu, leu et écrit mieux qu'au passé. (...) Oyez, s'il vous plaist, la teneur de ma matiere. — Lisez-la haut et cler. (...) L'entendez-vous ma voisine ? — Je la ly mieux que je ne l'entends. — Lire sans rien entendre est comme chasser et rien prendre.

Hans Holbein, « Portrait d'Erasme de Rotterdam », vers 1530.
Peinture sur bois, 26,5 x 38,5 cm. Coll. Maison d'Erasme, Bruxelles, n° inv. 80.

▶

D ERASMVS
ROTTERDAM

4. Le français sous les régimes espagnol et autrichien

Les prêtres assurent l'enseignement populaire, souvent issu d'initiatives charitables locales et imposé à l'autorité communale, dont l'unique compétence se limite à la fourniture d'un local; à Bruxelles, vers 1750 encore, l'« écolâtrie de Ste-Gudule (...) choisit, nomme, établit et patente seule tous les maitres et maitresses d'école de la ville et des faubourgs » (Van der Haghen, dans *Et quand à l'École venaient...*, 1986). On sait, par un contrat du 22 mai 1583, qu'ils doivent « tenir à part les enffans qu'aprendront latin, (...), affin d'ettre tant plus prompt à estudier et non estre empeschié des autres anffans escolliers »; les premiers apprendront le chant grégorien, et les autres auront certaines leçons de catéchisme en langue vernaculaire (Ordonnance d'Albert et Isabelle, 1607).

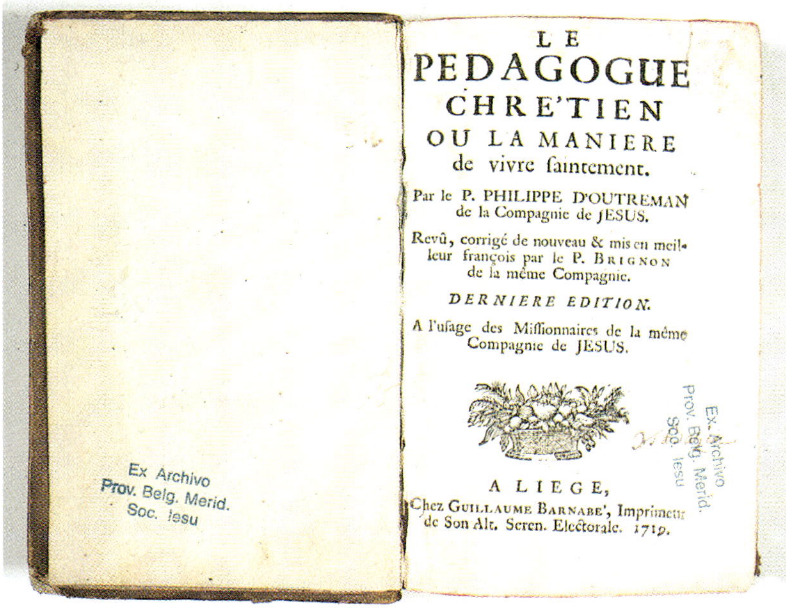

La diffusion du français par l'enseignement du catéchisme et des principes de vie chrétienne.

Philippe d'Outreman S.I., « Le pédagogue chrétien ou la manière de vivre saintement », Revû, corrigé de nouveau et mis en meilleur français par le P. Brignon de la même Compagnie, Dernière édition, Chez Guillaume Barnabé, Liège, 1719. IX-2.1, 17, Arch. jés. P.M.B., Bruxelles.
Cl. S.L.F.

L'enseignement privé se développe. Servi à la fois par le rejet de l'espagnol et par le prestige dont il commence à jouir dans toute l'Europe cultivée, le français est enseigné aux classes élevées par des précepteurs privés; le dialecte, qu'il soit flamand ou wallon, est laissé au petit peuple et aux villageois.

Au XVIIIe siècle, l'acquisition d'une culture cosmopolite, mi-autrichienne, mi-française, maquille mal l'effondrement culturel du pays; Voltaire constata même qu'il n'existait plus une seule librairie à Bruxelles. Il faut attendre la fin du régime autrichien pour voir l'État créer et organiser un système d'enseignement officiel : le quasi-monopole reconquis par le clergé se heurte au centralisme de Marie-Thérèse, pourtant catholique fervente, et plus encore à celui de Joseph II, adepte des Lumières et franc-maçon notoire. Dans l'enseignement secondaire, les séminaires furent tous remplacés par les collèges « thérésiens » (dont le premier fut fondé à Bruxelles en 1773); un programme d'humanités classiques y traduisait le despotisme éclairant des Autrichiens et consacrait le triomphe du français : dès la sixième année, son étude est obligatoire dans tout le pays et relègue le flamand ou l'allemand au rang de langue seconde. Mais le recul, tout relatif d'ailleurs, du latin ne se fait pas sans résistance : en 1788, le règlement du Collège d'Enghien précise encore que « la langue usuelle est le latin » et maintient la pratique du *signum*.

5. L'apparition d'une préoccupation normative

Jusqu'à la Révolution, l'emploi des langues n'entraine encore aucun débat idéologique; la diffusion du français relève de normes de prestige communément acceptées et l'Europe savante parle latin. On se pose encore moins de questions méthodologiques : l'accès à l'écrit et la pratique des langues de culture repose sur la mémorisation, la répétition et la copie, qui assurent le développement intellectuel par une sorte d'imprégnation, voire d'autodidactisme chez les meilleurs. L'enseignement primaire est toujours individuel.

Peu à peu, néanmoins, la situation change et les « méthodes » font leur apparition. La systématisation des « principes de la langue » remplace la formation essentiellement pratique et empirique des époques précédentes; l'enseignement du français, en Flandre comme en Wallonie, ignore la dialectologie locale, mais acquiert un haut niveau d'abstraction dans l'expression des règles, inspirées d'ailleurs du modèle latin.

On se préoccupe de systématiser les programmes, comme le prouve celui du pensionnat de Cocar à Élouges (vers 1775) : « On leur enseigne à tous à lire et à écrire, l'Arithmétique, les principes de la Langue Françoise et les Éléments de la Latine à ceux que l'on destine pour le collège »; le primat de la morpho-syntaxe latine explique l'occupation par la grammaire et l'orthographe du terrain que laisse libre l'instruction religieuse.

Ainsi, à la nouvelle école communale érigée en 1789 dans la ville de Binche,

> (...) les livres classiques seront le Catéchisme du Diocèse, l'Instruction de la Jeunesse, le Chemin du Ciel, ou la voie que les enfants doivent tenir pour y arriver, l'abrégé du vieux et du nouveau Testament, la Grammaire françoise et les principes de l'arithmétique.(...) On récitera d'abord [la prière] qui est au commencement du catéchisme, puis suivra la leçon commune désignée dans la grammaire françoise, pendant laquelle on taillera les plumes; ensuite on fera conjuguer un verbe à leur portée, et liront ensuite leur leçon chacun à leur tour. Le verbe devra être conjugué à trois heures. À cette époque jusqu'à trois heures et demie, les élèves étudieront dans la grammaire françoise, ce qui leur aura été ordonné. Ensuite on corrigera le verbe, et on leur donnera une troisième leçon d'orthographe jusqu'à quatre heures, tems auquel l'école finira.

L'enseignement de la langue maternelle accorde désormais à l'orthographe et à la grammaire, instrumentées par la dictée, un caractère sacré.

Encore cet enseignement à prétentions didactiques devrait-il pouvoir recruter des maitres suffisamment compétents; or, depuis l'occupation espagnole, leur faiblesse est régulièrement stigmatisée, ainsi que leur absence presque totale de formation dans un pays dépourvu d'Écoles Normales et, donc, d'exigences de diplôme. En 1780, les Écolâtres chargés par Charles de Lorraine d'inspecter les quarante-neuf écoles de Bruxelles se lamentent : « Les maitres sont ineptes, ils ne suivent aucune bonne méthode, ils sont si mal payés qu'on ne peut rien exiger d'eux ». L'incompétence des enseignants en matière de langue maternelle trahit en outre le déficit linguistique de nos régions, comme d'ailleurs de toutes les provinces françaises, face au rayonnement du français de Paris : le règlement de Ham-sur-Heure (1775) précise ainsi que « les maitres corrigeront *autant qu'ils le pourront* dans leurs élèves les prononciations et les expressions vitieuses dans la langue qu'ils leur apprennent à lire et à écrire ».

6. De la Révolution à nos jours : la querelle linguistique et l'enseignement

Ni la Révolution, ni l'Empire ne pourront mettre en œuvre une politique scolaire conforme aux principes affichés. Le régime hollandais se trouva donc en face d'un système d'enseignement passablement délabré. Dès 1816, avec Guillaume Ier, l'État intervient activement dans l'organisation de l'école : la pédagogie « frontale » et « simultanée » est introduite et la formation pédagogique des maitres est prise en charge, tandis que la hiérarchie des diplômes et des titulatures s'établit entre instituteurs, régents et professeurs.

En outre, Guillaume Ier impose le néerlandais comme langue officielle en Flandre et en Brabant flamand (Louvain et Bruxelles), et se prête au soupçon de vouloir à terme flamandiser la Wallonie, ce qui lui attire l'inimitié résolue « des classes supérieures de la société qui sont de langue et de culture françaises, celle des fonctionnaires et des enseignants, celle du clergé catholique qui craint que le néerlandais ne devienne le véhicule du calvinisme » (Mabille, 1992). Pays conservateur, commerçant mais dépourvu d'industries, peu progressiste, puritain et rigoriste, l'État hollandais ne tient pas tête aux brillantes élites bourgeoises d'un Sud en voie d'industrialisation rapide, férues des Lumières et patriotiquement galvanisées par l'aiguillon de la première Révolution brabançonne (1789). En rétablissant tardivement la liberté linguistique en Flandre et à Bruxelles, le 4 juin 1830, Guillaume Ier cède trop tard à une vague de mécontentement qu'accroit son autoritarisme centralisateur en matière d'éducation; ses réformes auront donc pour effet paradoxal de consolider la position du français dans la future Belgique indépendante.

La Révolution de 1830 met fin au bref monopole de l'État en matière d'enseignement et ouvre la voie aux multiples pouvoirs organisateurs qui constituent aujourd'hui encore notre carte scolaire. Unis dans une opposition de plus en plus affirmée aux réformes hollandaises, catholiques et libéraux s'associent dans un bref intermède d'union pour réclamer des libertés « au premier rang desquelles la liberté d'enseignement » (Mabille, 1992). Échaudés par les quatre occupations autoritaires qu'a subies notre pays, les constituants du nouvel État belge décrètent donc, entre autres, la liberté des cultes, la liberté d'enseignement (Titre II de la Constitution, articles 14 à 17) et la liberté linguistique (article 23). Mais les notables sont tous francophones, tant au Nord qu'au Sud; dans les faits, dès 1830, une série d'arrêtés consacre la prééminence absolue du français. Par voie de conséquence, la francisation de l'enseignement engendre aussitôt le mécontentement de la Flandre, si accueillante naguère au bilinguisme.

Par ailleurs, le système scolaire hollandais s'effondre et, une fois de plus, les témoignages abondent sur l'état pitoyable du système éducatif dans le nouvel État souverain. Les institutions privées, le plus souvent catholiques, se développent à nouveau. Dans les communes, on pratique l'enseignement mutuel simultané, parce qu'il coute moins cher : les grands élèves sont chargés, sous le contrôle plus ou moins efficace du maitre, d'enseigner aux plus jeunes ce qu'eux-mêmes viennent d'apprendre (on reviendra au mode frontal simultané en 1844) : il va sans dire que le dialecte, voire le patois, règne dans la classe.

Si l'enseignement populaire est, comme en France, négligé au bénéfice du secondaire et du supérieur, la formation des élites bourgeoises exige une culture classique amorcée dès l'école dite préparatoire; les humanités préparent les futurs avocats, professeurs et journalistes et sont basées sur l'art de la parole — en français, bien sûr. L'enseignement francophone s'impose en tant qu'instrument de la formation des élites dans la Belgique nouvelle. En 1838, Édouard Ducpetiaux fait dépendre l'union nationale de « l'emploi d'une même langue » :

> L'extension de la langue flamande aux provinces wallonnes est une chimère (...); il n'en est pas de même de l'extension de la langue française aux provinces flamandes. L'œuvre de cette extension est commencée depuis longtemps, et les villes et les principales communes des Flandres ont des écoles où l'on enseigne le français; le français y est devenu, volontairement et sans contrainte, la langue de la société, des affaires, de l'administration et de la justice; pourquoi ne deviendrait-il pas également la langue du peuple ?

La candeur de cette déclaration est, à l'époque, partagée par toute la bourgeoisie belge, et peut-être davantage encore en Flandre qu'en Wallonie; en fait, la francisation renforce l'État censitaire, en s'affirmant surtout dans l'enseignement préparatoire aux études secondaires et supérieures.

Par ailleurs, la situation est très complexe; l'Église a vu d'emblée dans la francisation de la bourgeoisie de Flandre le danger d'une fronde laïque, libérale, voire révolutionnaire, aussi redoutable que l'avait été la menace du protestantisme hollandais. Le petit clergé développe donc un enseignement libre confessionnel et flamand qui, aujourd'hui encore, s'affirme majoritaire dans la carte scolaire de la Flandre. En 1842 et en 1879, les première et deuxième lois organiques sur l'enseignement primaire décrètent que la première langue doit être celle de la collectivité locale; mais les écoles primaires préparatoires en Flandre continuent à pratiquer un enseignement

Quatrième classe de filles de l'école St-Ghislain à Bruxelles, leçon d'hygiène, 1905.
Archives de la Ville de Bruxelles.

bilingue, tandis que les athénées gardent une section française théoriquement destinée aux importantes minorités francophones. En 1930 et 1932, tout l'enseignement primaire et secondaire ainsi que l'Université de Gand (déjà partiellement flamandisée en 1916) optent pour la flamandisation totale. Dans la région bruxelloise, l'inspection linguistique débusque impitoyablement les petits néerlandophones qui se sont faufilés en section française. Par la suite, les écoles francophones survivant en Flandre cessent d'être subventionnées et leurs diplômes ne sont plus reconnus. Créée en 1933, à Edegem, l'a.s.b.l. « Établissements d'Éducation nouvelle et d'Enseignement actif » (ENA) se donne pour objet, en vertu de la liberté d'enseignement garantie par la Constitution, « de créer des écoles libres laïques, indépendantes des subsides de l'État ou des pouvoirs publics »; grâce à de nombreux soutiens, elle assure le fonctionnement du Lycée francophone d'Anvers, fondé en 1929, mais qui disparaitra en 1970-1971. L'ENA fonde ensuite, en 1933, la section française du célèbre Collège Marie-José; au cours des années 1963-1968, celui-ci perd progressivement les subsides spéciaux accordés à son école primaire au titre d'« école de transmutation » assurant des cours de néerlandais renforcé; il doit même construire, entre ses sections francophone et néerlandophone, ce qu'un éditorial du *Pourquoi Pas ?* a dénommé le « mur de la honte ». L'institution compte de 30 à 50 % d'étrangers, majoritairement francophones (Français, Libanais, Africains du Nord, etc.), qui sont diplômés par l'Office du Baccalauréat International installé à Genève; elle survit grâce au soutien de l'ENA.

Au niveau supérieur, enfin, l'unilinguisme et le slogan *Walen buiten* (les Wallons dehors) entrainent le transfert, au début des années septante, de la partie francophone de l'Université de Louvain en Brabant wallon.

Actuellement, la loi du 30 juillet 1963 impose à tous les écoliers francophones de la Région bruxelloise d'apprendre, à partir de la troisième année primaire, soit le français, soit le néerlandais en tant que deuxième langue, selon le régime linguistique choisi par le chef de famille. Par la suite, selon la Loi du 27 juillet 1971, « dans l'arrondissement de Bruxelles-Capitale, un enseignement de la deuxième langue peut être organisé à partir de la première année primaire, à raison de deux heures par semaine. Cet enseignement concerne uniquement la langue parlée. Il est facultatif pour les élèves » : cette disposition semble n'avoir été guère pratiquée. Dans les autres régions, « la seconde langue sera : dans la région néerlandaise, le français; dans la région de langue française, le néerlandais; elle peut être l'allemand dans les arrondissements de Verviers, Bastogne et Arlon ». Il est très important de remarquer que cette disposition a été modifiée pour la région wallonne : « les mots : "dans la région de langue française, le néerlandais (...)" ont été remplacés par les mots : "dans la région de langue française, le néerlandais, l'allemand ou l'anglais" » (Décret du Conseil culturel de la Communauté culturelle française du 30 janvier 1975, article unique). La disparité qui distingue ainsi la Wallonie des zones bilingues germano-francophone, néerlando-francophone de Flandre et néerlando-francophone ou franco-néerlandophone de Bruxelles a installé une inégalité de fait entre les écoliers belges, qu'ils soient de langue maternelle allemande, française ou néerlandaise. On connait l'attirance de tous les élèves pour l'anglais : on peut craindre que l'asymétrie de leurs régimes linguistiques ne favorise que chez les jeunes Flamands et les Bruxellois le belgo-bilinguisme dont doivent faire preuve les hommes d'État et les hauts fonctionnaires de la Communauté.

7. Nos bilinguismes

Notre mosaïque culturelle s'accompagne d'une insécurité linguistique profonde et connue depuis longtemps (voir les publications du Service de la langue de la Communauté française, entre autres : Garsou, 1991 et Francard, 1993). Le français qui s'enseigne, en tant que première ou deuxième langue, est loin de s'adresser à des élèves comparables — tout comme, d'ailleurs, le flamand ou l'allemand. Dès l'origine, les responsables belges de l'éducation ont été conscients d'une situation sociolinguistique difficile, mettant en position d'infériorité les francophones de Belgique par rapport à la France, les Flamands par rapport aux Pays-Bas, les germanophones par rapport aux Allemands; dans les petites villes et les villages, quasiment personne ne manie correctement la langue standard exigée par l'école.

Pour les classes populaires, les patois aggravent encore la situation. La langue maternelle des jeunes Wallons fut rarement le français jusqu'à la guerre de 1940 (voir à ce sujet le chapitre 12); en 1931, Poriniot peut encore écrire que :

> le patois est le langage que l'écolier de Wallonie entend communément à la maison, dans la rue; c'est celui qu'il utilise pour communiquer avec ses parents, ses compagnons de jeu. Dans les villages et les campagnes wallonnes, dans les quartiers populaires de nos cités industrielles, le français n'est guère usité qu'à l'école. Les enfants wallons trouvaient à l'école une langue aussi éloignée du français que les patois flamands l'étaient de l'*algemeen beschaafd nederlands*.

La situation est plus embrouillée encore dans la capitale; en 1880, Sluys pouvait écrire que :

> la ville de Bruxelles se trouve dans une situation exceptionnelle au point de vue de la langue. Les classes populaires parlent un patois flamand assez corrompu, tandis que la bourgeoisie parle le français, même la partie de cette classe qui est d'origine flamande. Les deux langues se mélangent, se pénètrent plus ou moins et se corrompent par ce contact. Les flandricismes fourmillent dans le français

> de Bruxelles, qui est généralement parlé d'ailleurs avec un accent très prononcé, tandis que le flamand s'assimile une foule de mots français que le peuple prononce mal et auxquels il donne souvent une signification par à peu près. Dans les écoles publiques, il n'était pas assez tenu compte de cette situation anormale. Le français était la langue à l'aide de laquelle on enseignait toutes les branches... y compris le flamand. (...) Nous recevions tout l'enseignement en français et même il nous était strictement défendu de parler le flamand entre nous.

Cette incertitude linguistique apparait évidemment aussi chez les instituteurs eux-mêmes; en 1860, la Ville de Bruxelles considère que les Écoles Normales de l'État n'assurent une maitrise suffisante ni du français, ni du flamand. Un arrêté royal de 1868 établit des bibliothèques dans toutes les Écoles Normales et astreint les étudiants à lire au moins une demi-heure par jour, ainsi qu'à rédiger une note de lecture sur chaque livre lu.

C'est pour ces raisons, essentiellement démocratiques, que la Ligue de l'Enseignement se prononce pour le bilinguisme précoce et crée en 1877, à Anderlecht, deux classes parallèles, l'une française, l'autre flamande, chacune organisant, à partir de la deuxième année, six périodes pour chacune des deux langues. La méthode choisie est nettement pratique et ressemble à celle des écoles internationales; Van Kalken, l'instituteur hollandais, le souligne :

> Pendant la seconde année, mes élèves ont reçu tous les jours une leçon de langue française. Moi-même, dans la plupart de mes leçons données en flamand, je faisais connaitre les mots français désignant les choses étudiées. L'enseignement du français n'a pas pris la forme de thèmes, versions, traductions, mais celle de conversations sur divers sujets. Pendant la dernière moitié de l'année, mes élèves ayant déjà un vocabulaire assez étendu, j'ai donné une grosse moitié de mes leçons en français.

Cette conception particulièrement optimiste du bilinguisme a été contestée par de nombreux auteurs. Même abstraction faite des motifs politiques et culturels qui créent des résistances chez de jeunes locuteurs sensibilisés par la situation politique (francophones ou néerlandophones sur la défensive, par exemple), il n'en reste pas moins que les inconvénients psychologiques d'une éducation bilingue précoce ont été fréquemment soulignés. En 1928, le Bureau International d'Éducation, après avoir organisé une conférence internationale sur le bilinguisme en 1928, publie une étude comparative de Braunshausen dont le chapitre consacré aux enfants belges présente une enquête sur la maitrise de la langue maternelle menée par le Gantois Verheyen avec 217 bilingues bruxellois (flamands) face à autant d'unilingues anversois (tous âgés de 12 à 14 ans et rigoureusement comparables) : le test de vocabulaire n'est réussi par les bilingues qu'à proportion de 21,3 % de réponses, contre 66 % pour les unilingues. Une étude beaucoup plus nuancée, menée par Decroly dans une ville de la frontière linguistique, révèle également une grande disparité.

Comme on le voit, l'enseignement du français a longtemps bénéficié, dans un espace qualifié par Braudel d' « étroit, sensible et décisif carrefour des Pays-Bas », du pragmatisme débonnaire avec lequel différents milieux de nos métropoles s'entrainaient à la pratique des grandes langues internationales; deux siècles de domination étrangère ont ensuite attiré nos classes supérieures vers la première langue de culture européenne, la voix des Lumières. Aujourd'hui, le cosmopolitisme du pays, dont la capitale est aussi la capitale de l'Europe, s'accommode mal de nos querelles communautaires; l'avenir mettra-t-il un jour à l'abri des fièvres nationalistes le polyglottisme tolérant dont témoigne tout notre long passé ?

Francine DUBREUCQ

Chapitre 21

Les attitudes et les représentations linguistiques

1. Généralités

La sociolinguistique s'intéresse non seulement aux comportements linguistiques (comment les gens parlent-ils ?), mais aussi aux attitudes ou représentations vis-à-vis de la langue (comment pensent-ils parler ? que pensent-ils de leur(s) façon(s) de parler et de celles d'autres groupes linguistiques ?).

L'étude des attitudes linguistiques s'est considérablement développée depuis les travaux de Lambert (1960) et Labov (1976).

Dans une situation de conflit linguistique marqué telle que la connaissait le Québec des années 60 (Lambert *et al.*, 1960), les attitudes linguistiques des deux communautés en présence (anglophone et francophone) vis-à-vis de leurs langues respectives et de la langue de l'autre communauté constituent l'une des composantes essentielles de l'identité culturelle de ces deux communautés. Des attitudes telles que la soumission à l'autorité linguistique de la communauté dominante et l'insécurité linguistique éclairent par ailleurs la dynamique du changement linguistique (ouverture aux emprunts linguistiques ou repli sur soi, disposition ou non à apprendre la langue de l'autre communauté, etc.).

Depuis ces travaux fondateurs, les recherches sur les attitudes linguistiques ont essaimé de par le monde, toute situation de coexistence de langues, dialectes, variétés linguistiques étant potentiellement digne d'intérêt. Dans chacun de ces contextes particuliers, on s'efforce de déterminer comment les locuteurs appartenant à telle ou telle communauté linguistique évaluent leur propre variété linguistique (par exemple le français parlé à Bruxelles) en regard d'autres variétés (le français parlé à Liège ou à Paris).

Se trouvent-ils en situation d'insécurité linguistique ou non (évaluation plus positive de la variété d'un autre groupe, autodépréciation) ? Comment se « sentent »-ils avec une variété linguistique (à l'aise, en situation « d'étrangers », « dominant » la situation linguistique). L'ambition de ces nombreux travaux est, au-delà d'une meilleure appréhension de l'identité culturelle des différents groupes en présence, de mieux comprendre :

- Le comportement linguistique des locuteurs : pourquoi ces locuteurs parlent-ils comme ils parlent, avec un accent, un débit, des variantes linguistiques particulières ?
- La dynamique du changement linguistique et des relations entre variétés linguistiques : pourquoi la distance entre certaines variétés tend-elle à croitre ou à s'amenuiser ? Pourquoi certaines variétés très menacées réussissent-elles à se maintenir ? Pourquoi d'autres sont-elles menacées de disparition ?

Au coeur des enjeux sociaux : l'usage que le citoyen a de sa langue.
Cl. Journal Le Soir.

2. Attitudes linguistiques en Communauté française de Belgique

La Communauté française de Belgique ne s'est ouverte que récemment aux études sociolinguistiques et les travaux portant sur les attitudes restent, à ce jour, peu nombreux.

Quelles lignes de force se dégagent de ces travaux ?

2.1 Difficulté de cerner les particularismes régionaux

Deux enquêtes menées par Lafontaine (1986; 1991), l'une auprès d'un public d'enseignants liégeois, l'autre auprès d'un échantillon tout-venant de Bruxellois, de Liégeois et de Carolorégiens, montrent que nombre de tournures régionales ne sont pas identifiées comme telles (voir aussi, sur ce point, Moreau et Robert, à paraitre). C'est le cas, en particulier, de belgicismes d'un niveau de langue soutenu, tels que *colloquer*, *prester*, *subsidier*, qui se voient reconnaitre une valeur légitime. Bien plus, certaines variantes régionales sont perçues par les enseignants comme plus « correctes » que leurs équivalents standard.

Par ailleurs, il est intéressant de constater qu'en présence de doublets variante régionale - variante légitime (de France) tels que *foreuse-perceuse*, *rigole-caniveau*, *tapis plain-moquette*, les locuteurs développent un mécanisme de différenciation sémantique aboutissant à légitimer l'usage régional. C'est ainsi que la *perceuse* se révèle plus puissante que la *foreuse*, le *caniveau* plus large que la *rigole*, la *moquette* plus moëlleuse et plus luxueuse que le *tapis plain*... L'usage du terme belge se trouve ainsi légitimé, puisque celui-ci ne signifie pas vraiment la même chose que son équivalent français.

Les contours de ce qui constituerait le français de Belgique aux yeux des francophones de Belgique, on le voit, sont hésitants, et loin de correspondre aux certitudes généralisantes des inventaires de belgicismes.

Par ailleurs, on constate que les accents régionaux de différents endroits de la Communauté française (en l'occurrence de Liège, Charleroi et Bruxelles) sont mal connus. Si l'accent de Bruxelles est facilement identifié, une personne sur trois est incapable de reconnaitre, à l'audition d'un enregistrement, l'accent liégeois, et deux personnes sur trois l'accent de Charleroi.

Le degré de conscience des particularismes régionaux apparait donc, à plusieurs égards, comme faible.

De même, dans l'enquête qu'il a menée auprès d'une centaine de jeunes en fin de scolarité secondaire, Francard (1993) met en évidence que l'accent régional constitue, à leurs yeux, une réalité peu consistante. Une proportion importante d'entre eux prétend s'exprimer sans accent et une majorité minimisent le rôle joué par l'accent sur le marché linguistique.

2.2 Attitudes vis-à-vis des usages régionaux : le sens subtil des limites

Des études menées dans des situations linguistiques comparables à celle de la Communauté française de Belgique, au Québec par exemple (pour une synthèse de ces études, voir Lafontaine, 1986), ont montré que les locuteurs s'exprimant habituellement dans une variété dominée ont de leur façon de parler une image très négative, souvent plus négative que celle qu'en ont les utilisateurs de la variété dominante. Ainsi, au Québec, les anglophones sont mieux considérés que les francophones en général, mais les anglophones, membres de la communauté dominante, ont des francophones une meilleure opinion que les francophones eux-mêmes.

De tels phénomènes d'autodépréciation ou d'autodévalorisation ont été observés à maintes reprises dans des situations où une communauté linguistique se trouve dans une position objective de subordination culturelle.

Or, tel est assurément le cas de la Communauté française de Belgique vis-à-vis de la France où, en matière linguistique et plus généralement culturelle, Paris constitue la référence légitime. C'est dans la capitale française que se définit ce qui est légitime ou non, « correct » ou non, « français » ou régional.

On peut donc s'attendre à l'émergence d'attitudes autodépréciatives en Communauté française de Belgique.

Un premier indice du fait que les locuteurs sont peu assurés de leurs compétences linguistiques transparait dans le souhait largement partagé des locuteurs d'améliorer leurs performances en français (Garsou, 1991; Francard et Fontaine, 1990). Même parmi les étudiants inscrits en philologie romane (futurs professionnels de l'enseignement du français), une majorité estiment ne pas posséder une pratique aisée du français et souhaitent pouvoir le parler mieux.

Il existe donc manifestement un sentiment diffus d'insécurité linguistique dans la Communauté française de Belgique. Ceci ne se traduit cependant pas par une valorisation sans nuance de l'usage linguistique français. Les travaux menés à ce propos (Lafontaine,

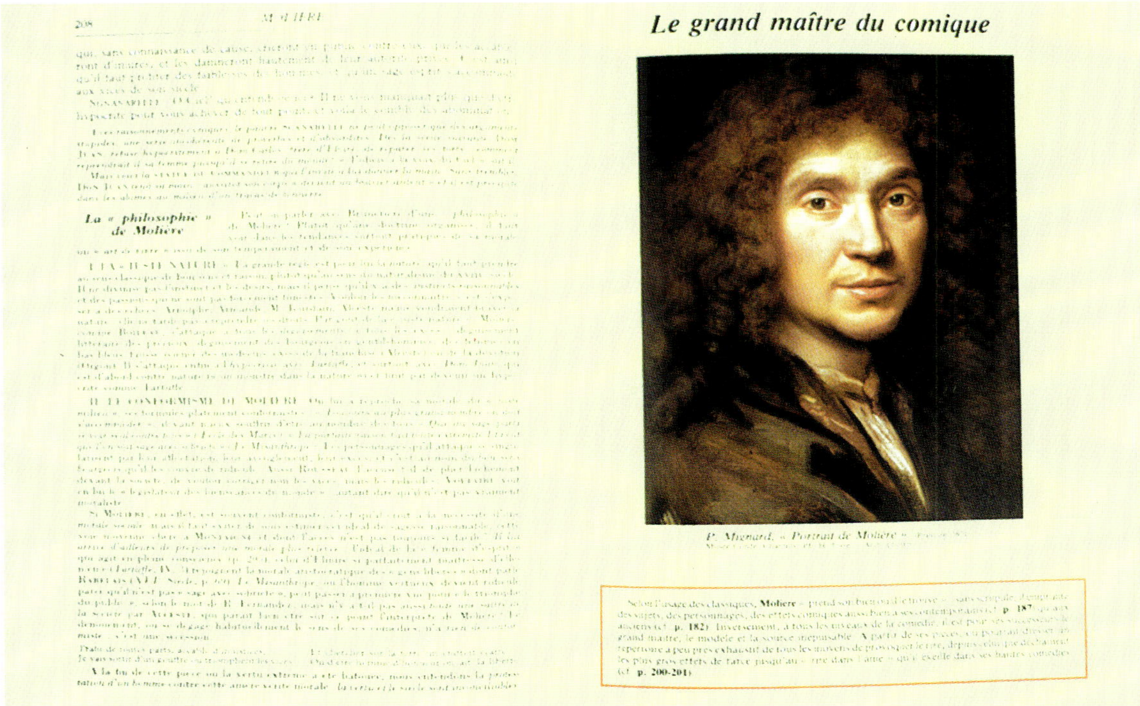

1986;1991) font apparaitre une réalité nettement plus complexe, tissée d'aspects paradoxaux.

Le « français de France », un mythe ambigu.
Les grands auteurs du programme scolaire : Molière.
Extrait de A. Lagarde et L. Michard, « Anthologie et histoire littéraire, XVIIe siècle », Bordas, Paris, 1985. Copyright Bordas, 1984; Larousse-Bordas, 1996.

Dans l'enquête menée par Garsou (1991) auprès de 800 Wallons et Bruxellois, 73 % des sujets interrogés rejettent l'idée que bien utiliser sa langue « c'est parler comme les Français ». Quant à savoir si « les Belges parlent naturellement moins bien que les Français », l'opinion est divisée : 46 % sont d'accord avec la proposition tandis que 43 % la rejettent. Comme le souligne Garsou (1991 : 22), en face de ce genre de résultats, « nous sommes ici à l'épicentre du complexe belge ».

Dans le même esprit, lorsqu'on soumet à un groupe d'enseignants liégeois (Lafontaine, 1988) différents accents (parisien, provençal, liégeois), les accents français (parisien et provençal) sont jugés plus raffinés, plus féminins que les accents belges (bruxellois, liégeois), perçus comme plus gras et plus grossiers. Les enseignants liégeois reconnaissent donc la valeur officielle de l'usage des Français, et plus particulièrement des Parisiens, qui est le modèle légitime par rapport auquel se définissent tous les particularismes, régionaux ou sociaux. Cependant, la reconnaissance de cette légitimité va de pair avec un attachement affectif envers les variétés régionales; si l'accent parisien est le plus raffiné de tous les accents, il a la froideur des monuments officiels. Si l'on excepte le provençal, l'accent le plus chaud et le plus doux, pour les enseignants de la région de Liège, c'est leur accent, l'accent liégeois.

À la légitimité du parisien sur le marché officiel général, répondent donc la chaleur et la douceur de l'accent liégeois sur le marché restreint, local, où de telles valeurs affectives trouvent à s'exprimer.

Ainsi, l'attitude des enseignants belges à l'égard des Français et de leurs façons de parler est foncièrement ambivalente : ils reconnaissent la légitimité des variétés françaises tout en se montrant attachés à exercer leurs prérogatives dans cette zone franche où ils sont autorisés à fixer en partie eux-mêmes le prix des valeurs linguistiques : sur le marché local, dans leurs classes, et pour leur propre usage. Sur ce marché restreint, l'autorité française a tendance à baisser, tandis qu'augmente corrélativement la valeur (surtout affective) de la variété régionale.

C'est ainsi que les enseignants se déclarent peu enclins à pourchasser les belgicismes dans les productions de leurs élèves. Une majorité se rallie à la proposition « certains belgicismes sont savoureux et il ne faut pas les étouffer ».

Le français de Belgique : une variété légitime?
Cl. Christian Delcourt.

Garsou (1991) observe de son côté le même type de réactions. 80 % des personnes interrogées sont d'accord avec la proposition citée ci-dessus et 63 % approuvent l'idée que « c'est bien, lorsqu'on parle français, d'utiliser certaines expressions de sa région ».

Cependant, et l'on retrouve ici la contradiction évoquée plus haut, ils sont malgré tout 43 % à estimer qu'à l'école « il faut apprendre aux élèves à éliminer les belgicismes de leur langage » (40 % s'opposent à cette idée).

Francard (1991), dans son enquête auprès des jeunes en fin de scolarité secondaire, met au jour des attitudes contradictoires du même ordre. Ainsi, s'il se trouve une majorité de jeunes pour rejeter l'idée que « le meilleur français c'est celui que parlent les Français », la France est néanmoins citée comme le pays où l'on parle mieux le français qu'ailleurs et la Belgique comme le pays où l'on parle moins bien le français qu'ailleurs. Le refus d'adhésion au stéréotype est donc bien timide, puisqu'il réapparait, sous une forme à peine travestie, au détour d'une autre question. On se trouve là typiquement en face d'une dénégation.

Dans l'enquête menée auprès d'une centaine de Liégeois, de Bruxellois et de Carolorégiens (Lafontaine, 1991), les sujets invités à expliquer ce qui, à leur avis, est caractéristique du parler des Belges, définissent spontanément ce dernier en référence à la façon de parler des Français.

Un ensemble de caractéristiques stéréotypées sont énoncées, à propos des accents belges et français, qui s'organisent suivant un double jeu d'oppositions : nature *vs* culture, lourdeur, grossièreté *vs* légèreté, finesse.

BELGES	**FRANÇAIS**
Nature Lourdeur, grossièreté.	Culture Légèreté, finesse, aisance.
— Les Belges sont plus *naturels,* plus *spontanés,* moins *sophistiqués.* — Ils sont moins *raffinés*, plus *vulgaires,* plus *familiers, bon enfant.*	— Les Français s'écoutent parler, ils s'expriment de façon *pédante.*
— Les Belges ont un accent moins *aigu.* — La manière belge de parler est plus *empesée.*	— Les Français ont un accent plus *pointu,* plus *pincé,* une manière plus *sèche* de parler. — Les Français s'expriment de façon plus *fluide, volubile,* avec plus de *facilité.*

Ce tableau fait apparaitre l'ambivalence des sentiments des locuteurs belges à l'égard de « leur » manière et de la manière française de parler. Incontestablement, le Français apparait comme un locuteur plus habile que le Belge (« Les Français ont un beau parler »; « Les Belges maitrisent moins bien la langue : ils parlent moins bien, beaucoup moins bien »); il fait preuve de plus de finesse, d'aisance, ce qui suscite l'admiration, mais une admiration où perce parfois l'agacement : aux yeux de beaucoup de Belges, le Français « en fait trop », il « fransquillonne », « pince » tellement son français que cette façon de parler en perd tout « naturel » et apparait comme dépourvue des qualités humaines de chaleur, de sympathie qui font notamment la « saveur » des accents régionaux. Au français de France, les Belges vouent donc un respect poli, ce respect admiratif que l'on a pour les monuments ou les institutions officielles, toujours un peu froids ou guindés, agaçants dans leur perfection solennelle. À « leur » manière de parler, ils reconnaissent, en revanche, le charme familier de l'imperfection : ils ont pour elle cette forme d'attendrissement qu'on éprouve pour les êtres gauches, maladroits ou pour les choses grossièrement taillées. Les Belges ont pour la manière française une admiration raisonnable, pour la manière belge, un attachement de cœur. Selon les circonstances et les moments, ils pencheront plutôt pour l'une, plutôt pour l'autre.

C'est ainsi qu'il leur arrivera, tout en décrivant, en des termes relativement négatifs, leur propre façon de parler, de dénoncer l'impérialisme français en matière linguistique :

— « Le langage parisien est un langage particulier, il se prétend sans doute par impérialisme culturel le français, mais… ».

— « Ils croient qu'ils parlent vraiment le français : il faut les laisser croire. »

Et de souhaiter un respect de la diversité régionale :

— « Moi, j'aime bien les parlers locaux. Si tout le monde parlait français de la même façon, ce serait monotone. »

— « Je ne vois pas pourquoi notre accent est plus mauvais que celui de Marseille ou du Bordelais. Ils ont un accent aussi terrible. Je trouve que je ne parle pas plus mal qu'eux. »

— « Un Marseillais qui parle, c'est gai ; un Bruxellois qui parle, c'est gai aussi. »

— « Le français (de France) est toujours plus beau. Je ne suis pas gênée d'avoir un accent belge. Je ne vais pas changer mon parler; mais c'est plus beau malgré tout. »

Ce dernier commentaire résume à lui seul toute l'ambivalence des attitudes des francophones de Belgique, faites d'un mélange d'admiration et de rejet envers la manière française et d'une fierté régionale à demi-mot, qui ose à peine s'affirmer.

2.3 À l'école de l'insécurité : attitudes et parcours social

Les études effectuées aux États-Unis (Labov, 1976) et en France (Bourdieu, 1979, 1982), ont mis en évidence un lien entre l'insécurité linguistique et certaines positions sociales. L'insécurité apparait en effet maximale quand un groupe a, à la fois, conscience de la façon dont il faudrait parler (les variantes légitimes) et conscience qu'il ne s'y conforme pas. Il s'instaure alors une tension, une dissonance, car il y a, selon l'expression de Pierre Bourdieu, « reconnaissance sans connaissance ». Cette insécurité peut se révéler inhibitrice voire paralysante et se traduire par différents « accidents » linguistiques ou non verbaux (bafouillements, faux départs, silences, hésitations, etc.).

Cette insécurité, pour se manifester, nécessite donc la rencontre de pratiques partiellement non légitimes et une conscience aigüe de la norme. Les travaux de sociolinguistique ont généralement montré que l'insécurité était plus grande dans la petite bourgeoisie et chez les femmes.

Des tendances dans ce sens ont également été observées en Communauté française de Belgique par Garsou et Lafontaine. Il semble établi, en tout cas, que la connaissance des formes légitimes s'accroit au fur et à mesure que l'on s'élève dans la hiérarchie sociale

L'école, génératrice d'insécurité linguistique.
Ecole Notre-Dame à Arlon, 1968-1969. Cl. Louis.

et scolaire, ce qui n'étonnera guère, car l'école est l'un des lieux d'acquisition de la notion de norme.

D'après Garsou (1991), l'insécurité serait plus marquée chez les femmes, les Bruxellois, les employés, les enseignants et les diplômés de l'enseignement secondaire général supérieur.

Aussi bien Garsou que Francard semblent constater une insécurité moindre chez les jeunes et un rejet plus net du modèle français.

De son côté, Francard (1989) a également souligné le lien entre l'insécurité linguistique et le niveau d'instruction. Dans la petite communauté rurale de Lutrebois (Ardenne belge), il a observé une corrélation entre les tendances à l'autodépréciation et à la soumission à des modèles extérieurs à la communauté, d'une part, et la longueur de la formation scolaire, d'autre part.

Dans son enquête auprès des jeunes en fin de scolarité secondaire (1991), le type d'enseignement (général, technique, professionnel) se révèle une source de clivage : si les jeunes de l'enseignement technique et professionnel s'autoévaluent plus négativement, c'est, pour Francard, chez les jeunes de l'enseignement général, davantage sensibilisés au modèle de légitimité véhiculé par l'école, que les traces d'insécurité linguistique sont les plus nombreuses.

Légitime ou illégitime?

3. Quelques réflexions sur le concept d'insécurité linguistique

Les distinctions en fonction de la position sociale ou scolaire, malgré leur caractère partiellement contradictoire, sont intéressantes parce qu'elles incitent à une double réflexion sur la nature même des attitudes linguistiques en général et sur le concept d'insécurité linguistique en particulier.

Il existe une tendance « spontanée » à considérer les attitudes comme un produit subjectif, expression libre de la conscience individuelle. Cette vision est en grande partie mystificatrice. Les normes subjectives telles que les expriment les individus sont en réalité la résultante d'un discours véhiculé par l'école principalement et qui contribue à instaurer progressivement une hiérarchie de valeurs entre des formes linguistiques qui intrinsèquement se valent toutes.

L'école est donc un rouage central de la dynamique sociolinguistique génératrice d'insécurité :

- Elle contribue à la fois à la connaissance et à la reconnaissance linguistiques, mais de manière inégale pour les différents groupes sociaux.
- Elle familiarise, de manière inégale, les individus avec les stéréotypes, les formes de discours épilinguistique, reconnus comme des marques d'insécurité linguistique.

Cette dernière remarque renvoie à ce qui fait le fondement même du concept d'insécurité linguistique. Initialement, dans les études fondatrices de la sociolinguistique, l'insécurité était établie à partir de l'observation du comportement linguistique des locuteurs, mis en relation avec leur opinion (recueillie par ailleurs) sur les formes les plus légitimes à leurs yeux.

De nos jours, l'insécurité linguistique se jauge davantage au discours que l'individu tient à propos des phénomènes linguistiques (discours épilinguistique), discours où il dit explicitement son manque d'assurance linguistique, son acceptation de la subordination au dominant linguistique, sa hiérarchisation des variantes linguistiques.

Le discours recueilli est généralisant, tissé de stéréotypes et il existe un risque non négligeable de confondre l'insécurité linguistique avec la capacité, acquise socialement et scolairement, à dire son insécurité linguistique.

Dominique LAFONTAINE

Chapitre 22

Le bon français de Belgique D'un divorce entre norme et discours sur la norme

Lorsque les francophones de la Communauté française de Belgique parlent des spécificités de leur langue, ils mettent fréquemment en avant deux constatations principales :

- Ils présentent leur langue comme distincte de celle des Français, à qui ils trouvent d'ailleurs un « accent français ». Il est bien connu en outre que certains mots ou expressions utilisés en Belgique ne circulent pas en France, et la notion de belgicisme est connue d'un large public.

- Ils affirment volontiers qu'il n'y a pas un français de Belgique, mais autant de variétés que de régions; ils posent le français des Bruxellois en tant que différent du français des Liégeois, distinct à son tour de celui des Louviérois, des Borains ou des Ardennais, etc. (Francard, 1989; Pohl, 1983). Chaque région se caractérise par un lot de spécificités, dont certaines ont pris une allure d'exemple systématique : ainsi, oppose-t-on souvent les *chiques* liégeoises aux *boules* bruxelloises, qui diffèrent des *boules* ardennaises, etc.

La première constatation n'exige pas de retouche majeure, mais la deuxième se révèle trop schématique. Elle néglige en effet que, dans la Communauté française de Belgique comme ailleurs, la différenciation régionale ne se marque pas avec la même intensité dans les différents groupes sociaux : si les milieux populaires sont caractérisés par la variation géographique maximale, la bourgeoisie, en particulier celle qui détient le capital symbolique (Bourdieu, 1979), présente souvent des ancrages régionaux moins affirmés. La langue de beaucoup de nos intellectuels, de nos écrivains, de nos gens de médias, de nos artistes, etc., se différencie à la fois des variétés populaires belges et des usages répandus en France.

De ce double écart, il résulte que les membres de cette bourgeoisie sont généralement identifiables et identifiés comme des francophones belges, et non comme des Français, sans qu'on puisse cependant déterminer leur appartenance régionale à l'intérieur de la Communauté. De ceci, nous avons une expérience quotidienne : quand un francophone belge entend des inconnus s'exprimer — à la radio, à la télévision, à l'étranger, dans un train, etc. — il est souvent à même de distinguer, avec un pourcentage réduit d'erreurs, Français et Belges; mais il ne sait pas toujours décider de quelle région sont ceux qu'il a reconnus comme des Belges; parfois, il est d'avis qu'ils pourraient appartenir à sa région comme à une autre, et ce n'est pas sur la base des particularismes régionaux qu'il fonde l'identification de leur pays. À côté des variétés régionales, il existe donc, dans la Communauté, un usage qui ignore les cloisonnements géographiques internes.

Ceci posé, il reste à se demander dans quelle mesure les faits sont généralisables : qui reconnaît, qui est reconnu, dans quelles proportions ? Plusieurs travaux réalisés récemment à l'Université de Mons-Hainaut (voir par exemple Brichard, 1991; Lhoir, 1994; Moreau et Brichard, 1994) ont apporté des réponses à ces questions sur la base de données recueillies par voie expérimentale. Le matériel utilisé dans les expériences consiste en de brefs enregistrements (d'environ 25 syllabes) réalisés auprès de locuteurs et locutrices français et belges, de milieux socio-culturellement contrastés, qu'on invitait à s'exprimer librement sur une question d'intérêt général (« Que pensez-vous de l'énergie nucléaire ? » ou « Quel est votre avis à propos de l'interdiction de fumer dans les lieux publics ? », etc.). Les Belges appartenaient à trois régions : Bruxelles, Liège, Mons; les Français étaient tous du nord de la France, Paris inclus.

Quand on soumet ces enregistrements, disposés dans un ordre dicté par le hasard, à des étudiants universitaires belges, en leur demandant simplement de deviner de quel pays est la personne enregistrée, et de quelle région, on obtient des résultats très clairs, qu'on peut ainsi synthétiser :

- L'identification nationale est certes variable suivant les groupes de locuteurs et d'auditeurs, mais, dans l'ensemble, les sujets distinguent bien locuteurs français et locuteurs belges, les bonnes réponses pouvant atteindre 86 %.
- L'appartenance régionale des personnes belges de milieu populaire est bien devinée dans 35 % des cas.
- Les locuteurs de la bourgeoisie culturelle (des enseignants universitaires), dans l'ensemble bien identifiés comme Belges, ne

sont adéquatement localisés, à l'intérieur de la Communauté, qu'une fois sur dix dans une des études, dans 3 % des cas seulement dans une autre.

La prise en compte de faits tels que ceux-là pourrait avoir d'importantes répercussions sur la manière dont nous concevons ce que sont les normes en vigueur dans les pratiques sociales de notre communauté.

1. Une variété de prestige spécifique ?

Toutes les langues sont soumises au phénomène de variation — sociale, régionale, historique, contextuelle, etc. Souvent, loin de concevoir les différentes variétés comme des systèmes simplement juxtaposés, les usagers les soumettent à une évaluation qui les hiérarchise les unes par rapport aux autres. Dans nos sociétés, une des variétés prend fréquemment le pas sur les autres, est identifiée comme la norme, le « bon » usage, le « bon » langage, la variété de prestige.

Quelle variété joue ce rôle dans la Communauté ? La réponse à la question doit distinguer deux ordres de faits : le discours sur la norme et la norme elle-même.

1.1 Le discours sur la norme

Dans le discours normatif, celui qui se préoccupe précisément d'identifier la norme, il existe une tendance à considérer que les Français sont les détenteurs du bon langage; en conséquence de quoi, d'ailleurs, on conseille aux usagers de ne pas parler comme les Belges (ne les a-t-on pas invités à *chasser* leurs particularismes ?). Dans le même temps, toutefois, s'ils adoptent les marques françaises, il leur est recommandé de ne pas « fransquillonner ».

Le discours normatif ne tient donc guère que des propos en termes négatifs : « Il ne faut pas parler comme les Belges »; « Il ne faut pas parler comme les Français ». Il ne décrit pas en positif ce que pourrait être la norme linguistique des Belges. Et on peut comprendre comment ce silence, joint à la dévalorisation — très explicite, elle — des normes identifiées comme belges, peut être générateur d'insécurité linguistique (Francard, 1989, 1993, 1995; Garsou, 1991; Lafontaine, 1986, 1991, 1995).

1.2 La norme

Indépendamment de ce qui se dit en Belgique francophone sur le « bon » langage, quelle variété y fonctionne effectivement comme une norme dans les pratiques sociales ? Passons en revue quelques-uns des critères qui permettent généralement de localiser ce qu'une communauté donnée identifie comme son « bon » langage.

Les journalistes de télévision, détenteurs de la légitimité linguistique. Françoise Palange et Jacques Bredael. Cl. S.L.F.

- On considère classiquement que la variété de prestige, pour une communauté donnée, s'observe de manière privilégiée au sein de la classe détentrice du capital symbolique (celle qui réunit intellectuels, écrivains, artistes, gens de médias, etc.). Or, on vient de le voir, certains membres de la bourgeoisie culturelle belge usent d'une variété spécifique, qui, distincte du standard français, permet de les identifier comme des Belges, mais pas de les localiser régionalement.
- Dans les sociétés occidentales, les émissions diffusées par les offices nationaux de radio et de télévision sont caractérisées par une certaine variabilité linguistique, qui ne s'organise pas au hasard. Si les émissions sportives, la météo, les jeux et les variétés ne déçoivent pas les attentes sociales en accueillant parfois des usages qui portent la marque de leur région, les informations politiques sont systématiquement délivrées dans un usage normé. Qu'en est-il chez nous ? On observe effectivement une différenciation des deux catégories d'émissions; les présentateurs de la première ont quelquefois un accent identifiable comme liégeois, bruxellois, ardennais, ou carolorégien, etc.; mais pour les informations politiques, cette appartenance régionale des présentateurs ne se marque que de manière exceptionnelle. Or, pour être sans enracinement régional, cette variété ne coïncide cependant pas avec la norme française.
- Si les locuteurs dont l'usage révèle l'appartenance régionale sont réputés « avoir un accent », celui qui parle la variété considérée comme normée dans une communauté est dit « ne pas avoir d'accent ». On a bien une distinction de ce type dans la situation des francophones belges. On notera que l'« absence d'accent » permet, dans la majorité des cas, de distinguer Français et Belges.
- L'usage normé se reconnaît aussi à ce qu'il est la variété à laquelle les membres de la communauté associent les valeurs de réussite sociale, d'intelligence, d'éducation, de compétence, etc.; comme tel, il exerce une certaine séduction sur les locuteurs, soit qu'ils le pratiquent et ne souhaitent pas en changer, soit qu'ils le considèrent comme un modèle qu'ils aimeraient adopter, n'étaient la pression sociale de leur groupe propre et leur souci de s'en montrer solidaires.

Moreau et Brichard (1995) font entendre, à des adultes de deux milieux sociaux contrastés, des enregistrements de 60 locuteurs français et belges, de deux milieux sociaux également; elles demandent aux premiers « s'ils aimeraient avoir un fils ou une fille qui parle comme ça ». Les sujets doivent porter leur réponse sur une échelle

Quelle langue pour les médias?
Dessin de Pierre Kroll Copyright Pierre Kroll.

qui comporte sept cases, les extrêmes correspondant à « Je n'aimerais vraiment pas du tout » et à « J'aimerais vraiment beaucoup ».

Quand on fait la moyenne des indices obtenus par chacun des locuteurs, on constate que les auditeurs hiérarchisent ainsi les différentes façons de parler :

- Au bas de l'échelle, les variétés des locuteurs de milieu populaire, qu'ils soient français ou belges, les deux catégories ne se différenciant pas.
- Au haut de l'échelle, les usages de la bourgeoisie culturelle belge et de la bourgeoisie culturelle française, avec un léger avantage à la première.

Les sujets expriment les mêmes préférences, quelle que soit leur appartenance sociale. Des résultats analogues avaient été obtenus par Debey (1993).

Tous ces faits sont autant d'indices de ce que le marché sociolinguistique, à l'intérieur de la communauté francophone belge, a permis l'émergence d'une variété de prestige spécifique. C'est une norme belge, *sui generis* pour certains de ses aspects, qui constitue la référence pour l'appréciation des produits linguistiques proposés dans cette enceinte.

L'importance des spécificités gagnerait à être étudiée. On doit, en la matière, s'attendre à rencontrer variabilité et multiplicité : parce que les identités s'affirment plus dans le domaine phonétique que dans le domaine lexical, lui-même plus soumis à la variation que la morpho-syntaxe; parce que le compromis entre les usages particuliers et les usages centraux ne se résout pas nécessairement sur les mêmes faits pour tous les individus de la catégorie socioculturelle concernée, ni même, chez un même usager, une fois pour toutes, indépendamment des contextes énonciatifs.

2. Une double distance

La norme belge, telle que la désignent les usages sociaux de notre communauté, se caractérise par une double distance : celle qu'elle prend par rapport à la norme française, celle qu'elle met entre elle et les usages populaires.

Ce double trait se trouve en parfaite cohérence avec d'autres faits relevés par les études sociolinguistiques sur la situation belge.

2.1 Distance par rapport à la norme française

Les relations que les francophones belges entretiennent avec le français tel que le parlent leurs voisins français sont marquées au sceau de l'ambivalence, tous les indicateurs sont là-dessus convergents (Garsou, 1991; Francard, 1993; Lafontaine, 1986, 1991). Comme on l'a déjà signalé (voir le chapitre 21), ils considèrent d'une part que les Français sont les détenteurs de la norme et du « beau » langage, et ils attribuent aux variétés françaises des qualités qu'ils ne reconnaissent pas aux usages belges. Mais une majorité d'entre eux considèrent d'autre part que « bien » parler n'équivaut pas à parler comme les Français (Garsou 1991; Lafontaine, 1986). Tous les francophones belges savent par ailleurs que le verbe *fransquillonner*, utilisé à propos de ceux qui parlent comme les Français, n'est jamais laudatif. Même si ce contexte est plutôt complexe, on comprend que la norme belge ne se soit pas simplement calquée sur la norme française.

En tout état de cause, la différenciation des normes de prestige ne doit pas autrement surprendre : la francophonie est plurielle et il est assez normal que les communautés qui la composent créent une diversité de normes pour affirmer des identités distinctes.

2.2 Distance par rapport aux usages populaires

Fait des classes dominantes, la norme linguistique se démarque toujours des variétés populaires, dans un souci de *distinction* (Bourdieu, 1979). Même si on lui concède un rôle important, notamment dans l'innovation linguistique, le peuple est réputé parler mal, faire des fautes, ignorer les règles, et les traits de son langage sont systématiquement stigmatisés. Dans les représentations, ce qui est populaire rejoint fréquemment ce qui est incorrect; en Belgique, il semble que ce ne soit pas seulement deux notions qui fusionnent, mais trois : « populaire », « incorrect » et « belge ».

Moreau et Robert soumettent à des étudiants de première année universitaire des phrases comprenant chacune un trait relevant notamment des catégories suivantes :

- Belgismes populaires, c'est-à-dire employés surtout par les milieux faiblement scolarisés (d'après Moreau, Delforge, Golin et Robert, 1994)
- Par exemple : *mener* (au sens de 'conduire'), *trop que pour*, *s'accaparer de*, etc.
- Belgismes bourgeois, c'est-à-dire employés surtout par les milieux fortement scolarisés (d'après la même source) :

  Par exemple : *auditoire*, *parastatal*, *subsidier*, etc.
- Traits du français populaire (non spécifiques de l'usage belge) :

Par exemple : *que je soye*, *il buvra*, *quand est-ce que c'est que*, etc.

Les sujets sont invités à se prononcer sur la correction des phrases et sur leur appartenance au répertoire belge, français ou franco-belge.

Les réponses témoignent d'une association, voire d'une assimilation complète des catégories « incorrect » « belge » et « populaire » : les traits populaires sont ceux qui sont identifiés à la fois comme incorrects et belges par le plus grand nombre de sujets; les belgismes populaires sont vus comme incorrects; les belgismes bourgeois sont rarement perçus comme belges et rarement aussi considérés comme des fautes.

Des faits semblables amènent à remettre dans une autre perspective les rapports que les Belges entretiennent avec les particularités de leur langue. Certains belgismes bénéficient d'un assez large crédit, et l'école, par exemple, ne recommande pas aux élèves qui les utilisent de les éliminer de leur langue; d'autres traits en revanche sont frappés d'opprobre; et l'on voit certains maîtres les présenter comme des fautes, qu'il convient d'éradiquer de son langage.

Qu'est-ce qui fonde cette différence de légitimité ? N'est-ce pas, très simplement, la répartition des traits belges dans les divers milieux sociaux ? Les belgismes perçus comme corrects sont, pour l'essentiel, employés par un large public, y compris par les milieux privilégiés (*aubette, chicon, filet américain*, etc.), ou bien ils sont utilisés surtout par la bourgeoisie (*auditoire, de commun accord, drève*, etc.);

Entre France et Belgique : quelle norme?
Campagne publicitaire pour le train rapide « Thalys », Bruxelles-Paris.
Cl. S.L.F.

cependant que les seconds appartiennent majoritairement à l'usage populaire (*c'est assez dire, donner une baise, je l'ai eu à mon père*, etc.).

Autrement dit, le belgisme honteux, celui dont les grammaires, l'école et les autres institutions normatives nous conseillent de débarrasser notre usage, c'est le belgisme employé surtout par les classes à faible capital culturel. Autrement dit encore, ce qui est proscrit, c'est moins le fait régional que le fait populaire.

3. Réconcilier le discours normatif avec les normes sociales

Quand il est question de norme, le public conçoit généralement que celle-ci est produite par le grammairien et suivie tant bien que mal par le corps social. Le public ignore le plus souvent que, plus généralement, c'est la société elle-même qui sécrète ses normes linguistiques, y compris sa norme de prestige, la description du grammairien se bornant à cautionner la sélection qu'a opérée la communauté, sur base de critères sociaux.

Dans le cas de la Belgique francophone, toutefois, il semble qu'il y ait un divorce entre le discours normatif — qui renvoie souvent au modèle français et qui, mis à part quelques « belgicismes » dits « de bon aloi », envisage peu l'existence éventuelle d'une norme belge — et les normes effectives, telles que le corps social les a construites et les pratique, en se reconnaissant une norme de prestige propre.

Divers travaux de sociolinguistique soulignent l'inconfort qui caractérise les relations que beaucoup de francophones belges entretiennent avec leur langue. On peut penser que le malaise s'atténuerait si le discours institutionnel sur la norme prenait davantage en compte ce qu'est effectivement cette norme pour les usagers qu'elle concerne.

Marie-Louise MOREAU

Abécédaire.

Dessin de Philippe Geluck, extrait de l'album « Le quatrième Chat », Casterman, Tournai. Copyright Casterman, Tournai.

Chapitre 23

Les arts de la langue

La langue n'est pas seulement un instrument de communication et d'identification. C'est aussi le matériau que de nombreux arts viennent modeler : littérature, chanson, bande dessinée, opéra, cinéma, publicité, voire peinture, puisque ce mode d'expression fait de plus en plus souvent appel à des signes linguistiques.

Sur tous ces plans, la communauté des francophones de Belgique se caractérise-t-elle par une manière particulière de manipuler la langue ?

Nous tenterons de répondre à cette question en partant de l'art verbal le mieux connu et le plus reconnu : la littérature. Nombre de phénomènes que nous observerons dans ce champ seront transposables aux autres arts de la langue.

1. La langue d'écriture

Toutes les littératures relativement jeunes se sont, à un moment ou à un autre, posé la question de la langue dans laquelle elles devaient s'écrire. Ce fut, bien sûr, le cas dans les pays où le français, langue du colonisateur, venait se superposer à des langues nationales ou locales.

Le problème du choix d'une variété littéraire ne semble par contre pas se poser pour l'écrivain francophone de Suisse ou de Belgique. Dès les origines, les élites sont en effet en contact avec les centres linguistiques moteurs français. Et au XVIIe siècle, s'impose un modèle de la langue littéraire française auquel tout écrivain peut se référer.

On constate dès lors sans étonnement que — si l'on excepte une intéressante littérature en français régional (voir ci-après, 5) —, la

« Ce que l'on conçoit bien s'énonce clairement et les mots pour le dire arrivent aisément », emprunté à Nicolas Boileau dans « L'art poétique ».
Dessin d'André Paul . Extrait de Jean-Blaise Rochat, « Les linguistes sont-ils un groupe permutable ?», Cahiers de la renaissance vaudoise, Lausanne, 1988, p. 12.
Cl. S.L.F.

littérature la plus légitime ne porte guère de trace des origines géographiques de ses auteurs. Il y a chez les écrivains belges une véritable censure des particularités locales. Bien sûr, de telles particularités peuvent apparaitre dans certains contextes précis — ainsi dans les dialogues des romans ressortissant à l'esthétique réaliste —, et on en repère de toute manière un certain nombre chez des écrivains majeurs, comme Georges Simenon ou Pierre Mertens. Mais la présence dans leurs œuvres de termes régionaux ne se justifiant pas par une thématique régionale sont des exceptions à une règle que l'on va commenter ci-après.

1.1 L'insécurité linguistique, condition de production de la littérature belge

Le premier problème que rencontre l'observateur des lettres belges de langue française est celui de leur relation à l'institution parisienne. Deux modèles descriptifs s'offrent à lui. Le premier met l'accent sur la dynamique centralisatrice de cette institution, et considère dès lors la Belgique littéraire comme une province d'un vaste empire littéraire français solidement unifié. Dans cette optique, on insistera sur la proximité géographique des milieux belges et parisiens, rendue plus étroite par la circulation aisée des personnes et des médias, et sur le fait que les mouvements littéraires de l'Hexagone ont toujours été les modèles principaux de la production belge. On comprend que les tenants de ce modèle explicatif utilisent de préférence l'expression « littérature française de Belgique ». Dans le second modèle, on souligne le fait que la littérature de Belgique a toujours présenté, au long de son histoire, certaines spécificités qui se sont manifestées sur le plan thématique parfois, sur le plan stylistique souvent, et, plus nettement encore, sur le plan institutionnel. Les tenants de ce modèle utilisent l'expression « littérature belge », voire celle de « littérature belge d'expression française ».

Ces deux modèles correspondent assez bien à deux phases de l'histoire littéraire belge, par laquelle nous devons faire un détour. La première peut être dite centripète et va, en gros, de 1830 à 1917. C'est l'époque où prévaut la thèse de l'autonomie des lettres belges. La seconde phase est centrifuge, et va de 1918 à 1960. C'est alors que se manifeste une volonté d'assimilation directe à l'institution littéraire française.

La langue a joué un rôle capital dans la théorisation de ces différentes phases. C'est elle, en effet, qui a servi d'argument principal aux acteurs des deux périodes pour affirmer tantôt l'identité belge tantôt l'identité française de leur production.

Dans le premier cas, le français, langue de la nouvelle bourgeoisie au pouvoir (qu'elle soit flamande ou wallonne), est perçu comme l'instrument le plus apte à exprimer une sensibilité nationale. Cette sensibilité sera « inventée » entre 1830 et 1839 (voir Klinkenberg, 1980), et définie avec précision en des termes ressemblant à ceux qui ont servi à définir la culture suisse : sérieux, amour du travail, haine de la superficialité, etc. Jusqu'à la fin du siècle, on verra ainsi se formuler une idéologie visant à préserver l'image d'une Belgique unique et unie, produit d'une symbiose où les génies latin et germanique viendraient se fondre harmonieusement : brume bienfaisante du cœur et clarté cartésienne du moyen d'expression. Les sentiments vis-à-vis de l'idiome sont alors ambivalents. Le français est d'un côté langue maternelle et langue de classe, mais de l'autre, il symbolise une culture réputée étrangère : la culture de la France, véhicule de cette superficialité honnie.

La seconde période débute directement après le premier conflit mondial. La fin d'une Belgique dominée par la bourgeoisie censitaire et francophone sonne, aux yeux des intellectuels, le glas de la synthèse culturelle à laquelle le XIXe siècle avait voulu croire. On va dès lors voir se développer une théorie des appartenances littéraires dans laquelle le facteur linguistique jouera le rôle principal : puisque la littérature de Belgique s'écrit en français, elle est donc française.

À chaque époque, la question de la langue d'écriture fut ainsi au centre de toutes les discussions littéraires en Belgique.

La constance de cette préoccupation a parfois été mise au compte du contact entre langues. On ne vise pas par là un quelconque bilinguisme littéraire : bien que les cas d'écrivains ayant écrit dans les deux langues ne soient pas inexistants, ils sont restés relativement rares, et les littératures rédigées dans les deux principales langues de Belgique se sont le plus souvent développées de manière autonome, sans contact direct entre elles. Mais le bilinguisme belge, avec les phénomènes historiques qu'il a suscités, a peut-être pu jouer un rôle dans la représentation que certains écrivains se sont faite de leur propre pratique. Et, surtout, il est de fait qu'un certain nombre de ces écrivains ont vécu dans un milieu diglossique. Ce fut le cas des francophones de Flandre durant la phase centripète. Et cela a toujours été et est encore le cas pour un certain nombre de créateurs en Wallonie, pour qui le dialecte constitue un arrière-fond sonore se répercutant sur leur écriture.

Un autre principe explicatif nous parait jouer un rôle plus important. C'est l'insécurité linguistique, commentée ailleurs dans cet ouvrage (chapitre 21), et que nous résumons ici.

L'usager d'une langue est sujet à l'insécurité linguistique dès qu'il a d'une part une idée très nette de la répartition des variétés légitimes et illégitimes de cette langue, et que d'autre part il a conscience que ses pratiques effectives ne sont pas conformes à la norme : lorsqu'il y a, selon la formule de Bourdieu, « reconnaissance sans connaissance ». On parle de sécurité dans deux cas diamétralement opposés. D'une part, quand la production d'un usager respecte naturellement une norme dont il a conscience. De l'autre, quand son usage est déviant, mais sans qu'il ait conscience de cette non-conformité. Ces règles valent pour toutes les langues, au fur et à mesure qu'elles s'institutionnalisent. Mais elles exercent un effet particulier sur la création en français. Existe-t-il en effet une langue plus fortement centralisée ? Le français est depuis longtemps branché à maints appareils de célébration et d'exaltation qui n'ont guère d'équivalent ailleurs.

Les réactions à l'insécurité peuvent être de plusieurs types. La plus courante est le silence : on « perd ses moyens », « on ne trouve plus ses mots », on est dépossédé de sa langue. Est-ce un hasard si l'on a démontré naguère que le silence était un des thèmes majeurs des lettres de Belgique ? En dehors de cette réaction commune et extrême, il n'y a guère, pour qui a choisi d'écrire et de parler, que la réaction de l'autodépréciation, une attitude négative relative au groupe.

Or on constate en Belgique un phénomène que l'on est en droit de désigner du nom « d'autodépréciation littéraire » globale. Ainsi, il n'y a aucun enseignement organisé des lettres belges dans l'enseignement secondaire, et sauf exception, les Facultés ne rendent pas cette matière obligatoire aux futurs enseignants en lettres. Mieux, une récente tentative pour imposer cet enseignement se heurta à de fortes oppositions.

Cette autodépréciation littéraire peut-elle être rapprochée de l'autodépréciation linguistique ?

Il semble en effet que l'insécurité, lot de toutes les collectivités francophones périphériques (Francard *et al.*, 1994), soit une des conditions de la production de leurs littératures. On peut déjà trouver cette observation chez les premiers pionniers à avoir étudié les littératures francophones de manière synoptique : dès 1897, Virgile Rossel soulignait ainsi « l'infériorité linguistique » de la Belgique, de la Suisse et du Canada français. Et l'on peut trouver sous la plume des critiques et des écrivains de ces trois aires toutes les traces de cette infériorité. Du Suisse Gonzague de Reynold (1913) qui parle d'un « français de frontière » au Belge Octave Maus (1901), qui se plaint amèrement du charabia qu'on parle chez lui : non seulement l'expression quotidienne de ses concitoyens laisse à désirer (« Nous n'avons qu'une notion approximative et souvent inexacte de la valeur des mots ; nous les employons au petit bonheur avec une sérénité drolatique; nous subissons le règne de l'à-peu-près, de l'à-côté, de l'approchant »), mais leur littérature fourmille « de mots employés à contresens, d'accouplements de vocables démesurément allongés ». Bref, le Belge parle mal : « Tout dialogue entre un Français et un Belge est, à cet égard, caractéristique »; « La langue, au lieu d'être nerveuse, brève, rythmée, se détend, se disloque, échappe à toute discipline, et la gymnastique de l'esprit s'en ressent fatalement ». Rossel et Maus ont maints descendants aujourd'hui. On en trouvera un certain nombre au sommaire de l'ouvrage collectif *La Belgique malgré tout* (Sojcher, 1980).

La Belgique, terre d'insécurité linguistique. Un thème central dans : J. Sojcher (ss la dir.), « la Belgique malgré tout », Editions de l'Université de Bruxelles, Bruxelles, 1980.
Cl. S.L.F.

1.2 Deux types d'écriture

En schématisant fort, l'autodépréciation aboutit à deux types d'écriture ou à deux attitudes apparemment contradictoires.

La première, c'est l'excès de contrôle, qui peut déboucher sur le purisme. N'a-t-on pas déjà vu dans cet ouvrage que la Belgique avait été sacrée terre de grammairiens ?

Ce contrôle a son correspondant en littérature. Rendu méfiant, on se surveille. « En voulant châtier sa langue, on finit par châtrer son style » (Piron, 1968). D'où un fort courant qui a pu produire des écoles comme ces assez maurrassiens *Cahiers Mosans*, mais aussi des œuvres comme *Tempo di Roma* d'Alexis Curvers, ou *Saint Germain ou la négociation* de Francis Walder, qui obtint le Goncourt et dont le style fait penser à celui de duc de Saint-Simon. Le classicisme de la langue va fréquemment de pair avec d'autres phénomènes. C'est d'une première part le classicisme des formes, qui n'a pas à nous retenir ici (on a par exemple noté la fidélité des poètes belges aux structures et aux vers réguliers). C'est d'autre part, la surévaluation du modèle français, en quoi l'on peut voir une forme d'hypercorrectisme littéraire. La mythification de la norme et de la collectivité qui la pratique se manifeste fréquemment, du *Manifeste du lundi* (1937), qui théorisait l'appartenance des lettres belges à la France littéraire, à la préface de l'anthologie de Trekker et Vander Straeten (1982). Ce mouvement est évidemment renforcé par le caractère centralisateur de l'institution littéraire française.

L'autre tendance tend à combattre les inhibitions. Ici, les écrivains cherchent « secours dans une artisterie verbale qui chantourne la langue » (Piron, 1968). Nombre d'auteurs ont ainsi pu convoquer dans leur œuvre l'archaïsme et le flandricisme, comme chez Charles De Coster, le néologisme, comme chez Henri Michaux, la création imitant le langage enfantin ou l'argot, comme chez Norge; en un mot, le style carnavalesque qu'illustre bien Jean-Pierre Verheggen. On pourrait encore citer, pêle-mêle, les « syntaxes mal au clair » d'Elskamp et les rythmes puissants de Verhaeren, les cultismes de Lemonnier et les pots-pourris polyglottes des frères Piqueray, les wallonismes francisés de Otte, les surcharges de Ghelderode et les jeux de mots de Neuhuys, les véhémences de de Boschère et les pastiches de Blavier, la verve expressionniste de Crommelynck, les partitions avec ou sans portées de Dotremont, les illustrations ironiquement légendées d'Alechinsky, les titres bien rhétoriques de Magritte. Alphonse Allais n'a pas craint de caricaturer cette tendance, de toutes les époques, dans un « poème morne », « traduit du belge » et dédié à Maeterlinck : « Sa bouche apâlie arborerait infréquemment le sourire navrant de ses désabus ». Que l'esthétique baroque soit liée à l'insécurité linguistique n'est guère douteux dans de nombreux cas. Ainsi, nous savons que De Coster utilisait, dans ses correspondances privées, un certain nombre de belgicismes réprouvés par les puristes (comme *savoir*, synonyme de *pouvoir*). Or, nous retrouvons ces traits de langage

Pierre Alechinsky, « Allons expliquez-vous ».
Copyright I.R.P.A.-K.I.K., Bruxelles.

Puissances de la langue.
René Magritte, « Le masque vide », huile sur toile, 1928, 73 X 92 cm.,
Düsseldorf, Kunstsammlung Nordrhein-Westfalen.

dans sa *Légende d'Ulenspiegel* mais ils y deviennent des instruments aptes à servir le dessein stylistique de l'œuvre (Klinkenberg, 1973).

Ces deux tendances ne sont qu'apparemment contradictoires. Le désir de soutenir la langue aboutit en effet souvent à l'emploi de locutions et de tournures senties comme légitimes, mais dont la fonction stylistique — en dehors d'affirmer la conscience de la norme — n'est pas évidente. Cette attitude aboutit à ce que Bourdieu nomme une « rhétorique du désespoir ». Cette rhétorique qui réussit à concilier hypercorrectisme et baroquisme, Hubert Nyssen — écrivain belge animant les éditions « Actes Sud » — l'a bien décrite : « À peine entré en France, en effet, le Belge se sent perdu, minorisé, invalidé, coupable de parler la même langue mais mal. Affolé, il surcharge et tombe dans la redondance, sème les virgules à la volée, plante des pronoms relatifs dans ses phrases comme les pieux d'une clôture, cultive l'adverbe avec la chicorée, adjective à la pelle, et surtout, ah! surtout se dénie cette liberté essentielle qui consiste à parler comme on respire, sans mettre en cause la légitimité du langage qu'on emploie. [...]

bref, le Belge est un immigré ! Sa propre langue devient marécage, il y patauge, et il croit que sur la rive on ricane » (voir Sojcher, 1980).

Ce genre de propos peut certes se retrouver chez tous les écrivains de la francophonie — l'écrivain n'est-il pas celui qui se bat avec la langue ? —. Il faudrait donc, pour prouver avec toute la rigueur nécessaire que cette alternance de rétention et réplétion stylistiques est un trait spécifique de la littérature de Belgique, des corpus importants et variés, corpus qui, de surcroit, devraient permettre des comparaisons stylostatistiques avec d'autres corpus francophones. Mais il faut en tout cas noter un intérêt récurrent de la critique pour le problème de la langue d'écriture. Et cette critique est française autant que belge. À titre d'exemple, on invoquera, du côté belge, l'exposition « Tire la langue » (1990), qui a donné lieu à la publication d'un florilège intitulé *Un pays d'irréguliers* (Quaghebeur *et al.*, 1990), ou telle étude synoptique des discours de réception prononcés à l'Académie de langue et de littérature (Delcourt et Delcourt-Angélique, 1994). Du côté français, on pensera aux chroniques littéraires et paralittéraires qu'Yves Frémion rédige fidèlement sous le titre *T'ar ta lacrem* dans le fanzine *Fluide glacial* et qu'il consacre à tous les aventuriers du langage : on constate que les Belges, de Norge à Blavier, y occupent une place enviable. Ainsi, même si la fréquence des faits relevés n'opposait pas significativement les écrivains français et les belges, le phénomène n'existerait-il pas moins à titre de représentation sociale, représentation qu'on trouve ailleurs qu'en France et en Belgique (voir Baudot, 1994). Tzvetan Todorov faisait un jour observer qu'à ses yeux — de Chaïm Perelman au Groupe μ — la rhétorique était une spécialité belge. L'image est donc en tout cas aussi consistante que celle de la « terre de grammairiens » que serait la Belgique francophone.

Les problèmes de dépossession linguistique peuvent être mis en relation à d'autres problèmes de pouvoir, individuel ou collectif, sans qu'on ne sache toujours bien si c'est la langue qui sert à illustrer ces problèmes, ou si ce sont ces derniers qui dramatisent la question de la langue. Mais sans doute la question est-elle de peu d'importance : l'essentiel est bien que maitriser la langue est aussi se donner le pouvoir. Ainsi Marc Rombaut (1980) n'hésite pas à dire la langue comme un symbole sexuel. Pour lui, apprendre le français est le moyen de conquérir la compagne française de son Belge de père, et ainsi de s'affirmer face à ce dernier : « J'usai de la langue nouvelle [...] pour la séduire [...]. J'appris à danser (à flirter) avec elle [...]. Par les mots j'aurais son corps. Je devins amoureux de la langue, cette langue que jamais le Père ne connaitra vraiment vu que la sienne à jamais s'imprime dans sa tête de flamand [...]. Sa langue c'est ma langue c'est son corps dans ma bouche et sa langue dans la mienne. C'est par la langue (française) que je possédais celle qui appartenait au Père (flamand) ».

1.3 Alternance historique des deux types d'écriture

Selon les époques, c'est tantôt pour l'une, tantôt pour l'autre des solutions au problème de l'insécurité que les acteurs optent massivement. Ainsi, la solution baroque prévaut durant la phase centripète, et revient également à l'honneur à partir de 1960; la solution que l'on peut nommer classique domine par contre la période centrifuge. Ces mouvements ne s'opèrent évidemment pas au hasard : leur alternance dépend de facteurs historiques dont on ne peut traiter ici.

L'aventure stylistique marqua spécialement la fin du siècle dernier, lorsque les Rodenbach, les Verhaeren, les Maeterlinck apportèrent au monde français la révélation poétique de la Flandre et ouvrirent au symbolisme des terres nouvelles. Le climat nordique où baignaient leurs œuvres, l'accent spécial, parfois légèrement « barbare », qui en distinguait certaines, pouvaient créer l'illusion d'une culture traduisant ce qu'un historien littéraire appela un jour « les traits originaux de l'âme belge ». Les artisteries prennent alors une importance telle qu'un critique de *La Jeune Belgique* a pu attribuer aux symbolistes un style « macaque flamboyant ».

Les écrivains francophones de Flandre appartenaient tous à des classes favorisées. Dans leur cas, il est donc difficile d'invoquer les causes classiques de l'insécurité linguistique, qui frappe surtout la petite bourgeoisie. Mais on pensera à un autre phénomène général, affectant ceux qui, dans une société diglossique, pratiquent une langue minoritaire. Cette langue n'y sert en général qu'à une gamme restreinte de fonctions et non à toutes : celle que l'on parle au salon, ou que l'on pratique dans le secret de son cabinet n'est pas celle que l'on trouve dans la rue, ou qui sert au peuple que l'on côtoie. Elle est dès lors affectée d'un certain coefficient d'artificialité, à même d'affecter la pratique littéraire dans le sens où le ferait l'insécurité linguistique.

Si la solution classique domine la période centrifuge, la stylistique tourmentée restera constamment un bien de l'écrivain belge. Aussi bien elle devait continuer à se manifester, soit de manière souterraine dans la littérature d'avant-garde (de Chavée à Mariën), soit de manière ouverte dans les genres paralittéraires, comme la bande dessinée. Ainsi, pour ne pas parler des *Schtroumpfs*, *Tintin* illustre à la fois l'impuissance linguistique — à travers les redondances et les « Je dirais même plus » des Dupont et Dupond, ou les méprises constantes de la Castafiore — et la totale liberté créatrice, dont Haddock joue pour faire de n'importe quel mot une insulte.

La solution aventuriste revient également à l'honneur à partir des débuts de la phase dialectique (soit à partir de 1960). On la

Georges Rodenbach ,cliché.
Cl. S.L.F.

Emile Verhaeren, « James Ensor »,
Passé-Présent, Editions Jacques Antoine, Bruxelles, 1990. Cl. S.L.F.

Extrait de la bande dessinée de François Walthéry et Gos, « Natacha, hôtesse de l'air », n° 1, Dupuis, Marcinelle, 1977.

trouve évidemment chez les descendants des surréalistes : chez les animateurs de la revue *Daily-Bûl*, chez Blavier ou Alechinsky. Mais elle traverse aussi l'inspiration d'autres groupes très variés. Cela va des œuvres d'un Jean-Pierre Otte, où le « néo-archaïsme » (pour reprendre un néologisme d'Edgar Morin) exploite le dialectisme francisé et le néologisme savant, aux représentants belges de la « littérature du corps », comme Jean-Pierre Verheggen. Dans leurs textes carnavalesques, le langage est le produit des pulsions d'un moi intime, mais aussi l'instrument d'une communication toujours impossible et donc désespérée. Mobilisée de manière très consciente, cette stylistique joue donc un important rôle critique. On le constate par exemple en lisant les vers de William Cliff, dont l'excès de régularité tire l'œil.

Toutes ces remarques amènent à relativiser le facteur social, que l'on aurait pu croire prépondérant dans le problème de la langue d'écriture. Car, entre 1937 et 1980, le statut de l'écrivain belge n'a guère varié, au rebours de ce qui s'est produit au début de ce siècle. Alors qu'au XIXe siècle, cet écrivain est volontiers docteur en droit, et issu de bonne famille, à partir de 1920, il se recrute davantage dans les milieux plus modestes (classes moyennes), et est plutôt professeur ou journaliste. À la différence de son collègue français, que les rares études sociologiques dont on dispose montrent comme en général issu de l'aristocratie ou de la haute bourgeoisie, l'écrivain belge du XXe siècle provient donc de cette masse dont l'ascension sociale a été liée à la scolarisation et qui vit le plus intensément l'insécurité linguistique. Mais que ceux de 1937 aient pu opter pour la position puriste et ceux de 1980 pour la position aventureuse — deux solutions différentes au même problème — pointe l'importance d'autres facteurs. Et, au premier rang de ceux-ci, les réflexes culturels induits par les situations historiques mondiales et la structure du champ littéraire.

2. Autres arts de la langue

On sait que l'autodépréciation a souvent un corollaire, qui se manifeste sous forme de compensation. Les stigmates linguistiques voient alors leur signe s'inverser : ils deviennent le support de la solidarité du groupe qu'ils permettent d'identifier.

Ce mouvement n'est pas absent des lettres belges. Mais, comme on l'a dit, la valorisation de la particularité est, en règle générale, absente des genres légitimes. Elle reste donc localisée dans des secteurs littéraires de faible légitimité : la littérature régionaliste et ce qui constitue la « littérature moyenne » dans la classification de Bourdieu. Le plus souvent, ce qui est visé est un effet de pittoresque amusant. On le retrouve dans des romans régionaux, des chroniques locales (on pense aux dialogues en bruxellois signés Virgile, longtemps publiés par l'hebdomadaire *Pourquoi pas ?*), sur la scène des castelets (du théâtre de Toone, à Bruxelles, aux quelques théâtres de marionnettes liégeoises encore en activité) ou dans des vaudevilles (impossible, bien sûr, de ne pas citer *Le mariage de Mlle Beulemans*, de Fonson et Wicheler ou *Bossemans et Coppenolle*). Parfois, dans ces textes, le parler populaire est fécondé par des allusions savantes ou des tournures syntaxiques précieuses, comme chez Kervyn de Marcke ten Driessche.

La vitalité du dialecte wallon, abordée par ailleurs, est la source d'un phénomène discret, mais intéressant : l'existence d'une littérature en français régional, qui se localise surtout dans la région liégeoise. Cette littérature a donné quelques œuvres brillantes, au premier rang desquelles il faut citer celle de Marcel Remy. Dans sa série de récits rassemblés sous le titre de *Les ceux de chez nous*, le narrateur est un enfant au langage peu académique. Les évènements passent ainsi par l'œil du candide — une technique éprouvée, utilisée également par Aimé Quernol et René Hénoumont — et par le filtre de la diction locale. Ce qui leur confère une importante charge émotionnelle, corrigée par la distance de l'ironie. Remy et Quernol ont eu des exécuteurs testamentaires, qui se sont essayés avec plus ou moins de bonheur à l'écriture régionaliste : Arthur Masson dans certains textes mineurs, Paul Biron, Léon Warnant, Louis Chalon.

L'évolution de certains genres qui cherchent leur légitimité épouse peu ou prou celle de la littérature. C'est dire qu'on y assiste, depuis les années 60, à un usage non régionaliste de faits linguistiques régionaux.

On a déjà fait allusion à la bande dessinée, où les régionalismes librement interprétés servent parfois à construire des langues exotiques (depuis les œuvres de Hergé, qui a fait un usage fantaisiste de variétés linguistiques flamandes, aux aventures de *Natacha*, où

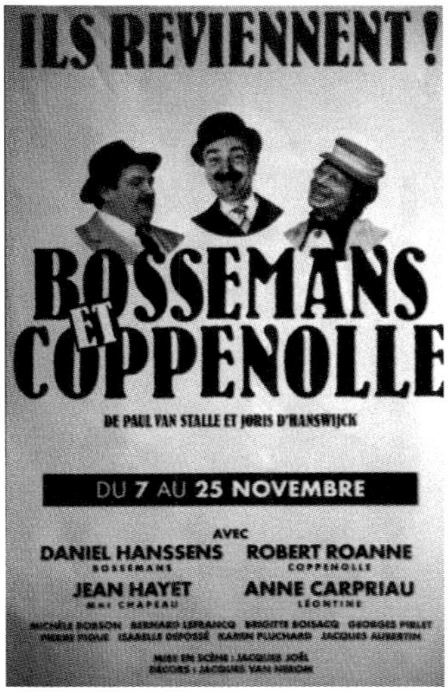

Bossemans et Coppenolle : le français régional de Bruxelles sur scène.
Cl. S.L.F.

Un classique de la littérature en français régional de Wallonie.
Marcel Rémy, « Les ceux de chez nous ». Ed. Bénard, Liège, 1916.
Cl S.L.F.

La bande dessinée : un laboratoire linguistique.
Extrait de la bande dessinée de François Walthéry et Gos, « Natacha, hôtesse de l'air », n°1, Dupuis, Marcinelle, 1977.

Walthéry met à contribution le wallon liégeois). On sait qu'il s'agit là d'une spécialité belge, au même titre que les pralines ou la gueuze. La fortune du genre s'explique en partie par des structures institutionnelles. Les instances de consécration organisant le marché étant localisées à Paris, il ne faut donc pas s'étonner de ce que la circulation des biens culturels se fasse à sens unique. L'édition belge doit donc se rabattre sur des productions culturelles peu légitimes. Ce qui renforce encore l'action des forces centrifuges : vécue comme globalement illégitime, la sphère belge tendra à être désertée par les producteurs les plus légitimes. D'où les genres de prédilection de l'écrivain belge : conte fantastique, poésie. Et d'où aussi les choix opérés par les éditeurs, dont le capital symbolique est faible : livres scolaires, religieux, « de service », de jeunesse… La courbe d'évolution de la bande dessinée s'explique de la même manière : tant qu'elle restait un genre dominé culturellement, elle pouvait bien rester un monopole belge. Mais dès l'instant où se mettaient en place des instances de consécration et, chez les producteurs, des circuits d'autocélébration, signes de l'acquisition d'une légitimité, c'en était fini de la suprématie de l'école belge : le transfert de dominance en direction

Le langage schtroumpf : un symptôme d'impuissance linguistique?
Extrait de la bande dessinée de Peyo, « Johan et Pirlouit », « Le sortilège de Maltrochu », vol. 13, Dupuis, Marcinelle, 1976. Copyright Peyo 1976 - Licence I.M.P.S., Genval, 1997.

de Paris était inévitable. Mais, quoi qu'il en soit de ce transfert, la bande dessinée belge continue à porter certaines traces de ses origines. L'invention langagière y est à la fête : c'est la loi d'un genre dont on faisait naguère le responsable de la prétendue baisse du niveau de compétence linguistique des enfants. Mais on voit que le thème de la difficulté langagière y est récurrent. Pour ne pas revenir au cas de Hergé, déjà évoqué, on pensera au langage schtroumpf, ou à la réussite qu'est le *Silence* de Didier Comès.

Maurane.
Cl.Serge Guerand/Polygram.

On pourra faire à propos de la chanson des observations comparables. Au fur et à mesure qu'on a accepté d'y voir la forme contemporaine de la poésie des troubadours, elle a légitimé une certaine diction locale. On se souviendra, bien sûr, de la voix bruxelloise que se donnait parfois Jacques Brel. Quant à Julos Beaucarne, il a donné sa noblesse à des textes en français populaire de Belgique, et s'est plu à transposer en wallon les textes de grands chanteurs francophones, de Brassens à Vignault. Et bien d'autres noms se profilent derrière ceux-là, de Bialek à Duchêne, et de Claude Semal à Guy Cabay.

Julos Beaucarne,
« Front de libération des arbres fruitiers »,
album 33 tours, RCA, YBPL1 468. Cl. Fernand TACK.

Sans doute est-ce par le phénomène de l'insécurité linguistique qu'il faut expliquer une relative timidité expressive dans certains genres dont la particularité est d'exiger un contact spontané et très direct avec le public. Si les médias se font l'écho d'un intérêt soutenu pour la langue comme objet — on pense aux chroniques de langage des quotidiens, mais aussi aux émissions radiodiffusées ou télévisées comme « le jeu des dictionnaires » ou « dico-trottoir », qui connaissent un réel succès —, on tombe volontiers d'accord sur le fait que les débats à la radio et à la télévision sont moins brillants en Belgique qu'en France. De même, on fera observer à ceux qui annexent volontiers un Raymond Devos que les revuistes, les dialoguistes et les chansonniers n'ont pas en Belgique la même légitimité qu'en France. De même encore, il semble bien que, dans leur adaptation au marché belge, certaines campagnes publicitaires sont « revues à la baisse ». Ces campagnes doivent de toute manière être repensées : elles doivent en effet recourir à des formulations susceptibles d'être transposées d'une langue nationale à l'autre, voire, dans de rares cas, devenir bilingues (on se rappellera une inoubliable affiche pour une eau minérale : *Perrier te fou. Perrier c'est gek*).

Jean-Marie KLINKENBERG

Jacques Mercier et Philippe Geluck lors de l'enregistrement de l'émission « Le Jeu du Dictionnaire ».
Cl. R.T.B.F.

Chapitre 24

La langue, la science et l'économie

S'interroger sur la place qu'occupe la langue française dans le monde scientifique et dans le monde économique ne peut se faire que si l'on prend en considération les conditions d'existence du français, en tant que langue internationale, à l'intérieur et hors des limites de notre pays. L'internationalisation croissante de la production et des échanges, de la science et des techniques a modifié considérablement le statut de la langue française et a suscité, au cours des quinze dernières années, de nombreux débats parmi les pays qui ont en commun l'usage du français et qui s'inquiètent de la prédominance de l'anglais. Nous poserons le problème linguistique par rapport aux deux types d'organisation qui dynamisent le champ de l'économie et le champ de la science, l'entreprise et l'université.

La mondialisation des échanges : une menace pour le français?
« Langue nationale et mondialisation : enjeux et défis pour le français », Actes du séminaire organisé par le Conseil supérieur de la langue française de la Communauté française de Belgique, le Conseil supérieur de la langue française de France et le Conseil de la langue française du Québec, en octobre 1994. Les Publications du Québec, Québec, 1995.

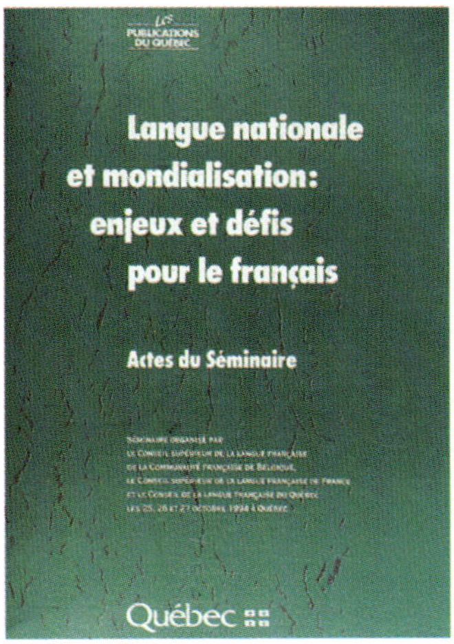

1. La langue française et l'économie

1.1 La prédominance de l'anglo-américain

L'anglo-américain est aujourd'hui la langue commune de l'économie. Son déploiement ne s'est pas opéré à partir des relations entre les États européens, mais a été assuré par l'extension coloniale et les relations politico-économiques de l'Angleterre et de l'Europe avec les terres conquises de l'Amérique du Nord à l'Australie, en passant par l'Afrique. Le traité de Paris de 1763, qui a mis fin à la guerre entre la France et l'Angleterre pour la domination de l'Amérique du Nord, a scellé le destin de la langue française : elle ne sera pas la langue commune aux deux mondes, l'ancien et le nouveau. La puissance politique des États-Unis, le modèle de prestige technologique que ce pays a diffusé, la profonde transformation du système capitaliste de production et d'échanges à la suite de la Seconde Guerre mondiale et les extraordinaires progrès dans les technologies de la communication

La menace de l'anglais.
Dessin de Pierre Kroll . Copyright A.C.C.T., Paris.

ont renforcé de manière définitive la mondialisation de l'anglais, qui sera choisi par les autres grandes puissances, telles que le Japon, désireuses de développer leurs relations commerciales et de faire connaitre leurs techniques. Une langue commune s'est donc installée, pour des raisons historiques et non en fonction de ses qualités intrinsèques. Moyen international d'échange, elle répond aujourd'hui aux impératifs du monde des affaires qui l'actualise. De plus, les biens culturels qui obéissent aux lois d'une production et d'une consommation de masse ont rejoint la logique marchande et sont soumis, partiellement ou totalement, aux impératifs du même marché linguistique. Les États-Unis occupent également une position dominante dans le domaine des industries culturelles.

Langue de l'efficacité, répondant aux besoins immédiats de communication, l'anglo-américain, mondialement déployé, reflète un consensus qui définit sa norme, qui exclut les écarts trop nombreux et trop marqués, qui le fait échapper à toute planification et qui requiert une compétence peu comparable à celle exigée par la maitrise parfaite d'une langue étrangère. Le processus de simplification et de réduction caractérise une langue vouée à ce type d'échange. Selon des enquêtes faites en Belgique (Verdoodt et Delbeke, 1983 et Vinikas, 1986), on constate qu'une personne sur trois, en milieu d'entreprise, souhaiterait bénéficier de stages de perfectionnement pour améliorer sa connaissance de l'anglais, pourtant pratiqué quotidiennement, et le personnel le plus qualifié déclare éprouver des difficultés dans la maitrise orale de cette langue ou en tout cas se trouver dans des conditions d'insécurité linguistique.

La présence sur le sol belge d'entreprises étrangères multinationales, la nécessité pour les entreprises, qu'elles soient industrielles ou commerciales, d'être présentes sur le marché international — ce qui est particulièrement vrai pour un pays comme la Belgique, qui figure parmi les premiers pays industrialisés en ce qui concerne le pourcentage de son commerce extérieur —, la modernisation permanente justifiée par les lois de la concurrence impliquent le recours à la langue internationale économiquement dominante. Les études de marchés, la vente des produits, l'achat et l'entretien de matériel donnent lieu à des échanges en anglais. Si l'on compare avec un pays de grande cohésion et de grande stabilité linguistique comme la France (Hagège, 1987 et Truchot, 1990), le degré d'implantation de l'anglais dans l'entreprise belge en tant que langue véhiculaire se trouve accru par la présence des deux communautés néerlandophone et francophone, surtout en ce qui concerne la région bruxelloise, où se manifeste la plus forte exigence linguistique en matière de recrutement et où l'on peut dire que l'utilisation des langues est permanente. Trois entreprises sur quatre en Communauté française de Belgique déclarent utiliser les langues : 66 % utilisent le néerlandais; le néerlandais et l'anglais associés sont plus fréquemment utilisés que l'anglais seul. Il n'en reste pas moins que, pour éviter les frais ou les inconvénients du multilinguisme à l'intérieur d'une même société, on recourt à l'anglais, qui a le statut d'une langue neutre par rapport aux savants équilibres qu'impose la cohabitation des deux communautés linguistiques. L'anglais, au sein même de l'entreprise, permet la communication écrite entre gens de langues différentes comme il le permet, à l'extérieur, lorsqu'il s'agit d'assurer la circulation des biens au-delà des frontières. Bien plus, il favorise l'identification à l'esprit de l'entreprise.

L'usage de la langue française peut être évalué à différents niveaux dans l'entreprise de dimension internationale. Il est inversement proportionnel au degré d'internationalisation de l'entreprise, mais demeure l'objet d'un test important à l'embauche, quel que soit le niveau de recrutement. Plus le niveau de responsabilité est élevé, plus l'usage de l'anglais est requis. La compétence technique ou scientifique n'est toutefois jamais éclipsée par la compétence linguistique qui peut, à ce niveau, s'acquérir grâce à une formation accélérée au sein de l'entreprise. Les techniciens sont parfois amenés par l'utilisation de techniques, de produits et d'outils étrangers, à une connaissance de l'anglais plus approfondie ou plus actualisée que certains cadres. On évitera donc toute conception simpliste en la matière. Comme l'a montré le sociologue Eraly (Eraly et Dardenne, 1995), l'internationalisation d'une entreprise installe des rapports complexes entre les agents et la langue; de même, l'essor ou le déclin d'une langue ne suit pas mécaniquement l'essor ou le déclin économique (Jucquoy, 1992).

La spécificité de notre position se traduit d'une certaine façon dans la politique des multinationales, voire dans l'absence de relations entre une politique de la langue et l'industrie. Ainsi, quand une multinationale déploie un dynamisme de francisation dans ses filiales françaises, elle ne répercute pas nécessairement son action dans ses filiales installées en Wallonie ou à Bruxelles.

1.2 Traduction et transfert de connaissances

En France, des commissions de terminologie, créées depuis 1970 auprès de différents ministères, proposent régulièrement dans les domaines spécialisés, de l'informatique à la télédétection aérospatiale, des termes français équivalant aux termes anglais et les publient sous forme d'arrêtés au *Journal officiel*. Les avis ainsi rendus concernent, selon la loi du 31 décembre 1975 relative à l'emploi de la langue française, « l'offre, la présentation, la publicité écrite ou parlée, le mode d'emploi ou d'utilisation, l'étendue et les conditions de garantie d'un bien ou d'un service, ainsi que les factures et quittances ». La stimulation lexicale ainsi donnée à la langue française considérée comme langue de spécialité, dont les dictionnaires se font l'écho, est évidemment de peu d'importance par rapport à l'ensemble du phénomène, mais contribue aux yeux de certains à donner au français une valeur symbolique de résistance à l'uniformisation anglophone, du moins à encourager les initiatives linguistiques des sociétés. En Communauté française de Belgique, ces décrets ne sont pour l'instant pas d'application et les emprunts sont davantage tolérés. Certaines entreprises recourent systématiquement aux services des filiales françaises pour repérer le terme français proposé ou reconnu, mais certaines n'hésitent pas à déclarer ne pas comprendre le terme qui leur est fourni et la plupart préfèrent l'emprunt à la langue anglaise. Tantôt le spécialiste pose le terme français, un peu par coquetterie (une *bogue* pour *bug*), tantôt il s'y conforme et assure son succès (le *logiciel* pour *software*, le *traitement de textes* pour *word processing, text processing*).

Les services de traduction qu'ont créés certaines entreprises sont importants pour le maintien de la langue française à un certain niveau. Il est vrai que la formation de traducteurs spécialisés, qui maitrisent un ou plusieurs domaines spécifiques ainsi que les techniques mises à leur disposition par les industries de la langue (c'est-à-dire l'informatique appliquée à la gestion des langues), représente un investissement considérable. L'objectif est d'assurer le transfert de connaissances techniques, non pas entre experts mais entre destinataires de compétences différentes, et surtout au niveau micro-économique, d'assurer le transfert de biens et de services vers leurs utilisateurs dans une langue maternelle non appauvrie. Dans une Union Européenne en constante expansion, au moment de la réalisation sur le terrain de l'accord de libre-échange qui implique le Mexique, les États-Unis et le Canada, il faut se poser la question plus générale de savoir comment, dans de tels contextes, une langue peut coexister avec une langue économiquement forte. Ici aussi il conviendrait de percevoir des niveaux dans la pratique de la langue et de ne pas réintroduire une nouvelle forme d'impérialisme, qui consiste à penser le français par opposition, c'est-à-dire comme le seul instrument de raffinement de la pensée. Chaque langue se trouvant ainsi remise en cause, une perspective nécessairement plurilingue devrait être organisée et une définition des usages où il est essentiel de garder la langue du pays devrait être posée, dans tous les domaines où s'exaltent les singularités et où doit se réaliser une intégration réelle. L'universel ne se confond pas ici avec l'internationalisme.

Le risque est grand de voir la compétitivité industrielle et technologique éclipser la diversité ordonnatrice des cultures qui s'expriment par des langues riches d'une autre efficacité à travers les institutions,

De plus en plus, le traitement des documents passe par l'informatique.
Cl. S.L.F.

les mœurs, les philosophies, les valeurs de civilisation. L'enjeu se situe donc dans la coexistence des langues et dans la traduction.

En cette seconde moitié de XXe siècle, l'espace industriel et l'espace de la recherche se rejoignent. La recherche appliquée se trouve privilégiée par rapport à la recherche fondamentale. En matière de recherche technologique et industrielle, les ensembles opératoires, qui se sont développés sous le signe de l'accélération, de l'interdépendance et en tant que vecteurs indispensables à la sauvegarde de la croissance, vont nous ramener vers les mêmes pôles, lieux de capitalisation du savoir, et vers le même monopole linguistique. Même regroupés au sein de programmes européens, les États ne parviennent plus à développer une capacité de recherche comparable à celle des entreprises qui constituent l'ossature du marché américain ou japonais.

2. La langue française et les sciences

2.1 Un déficit du français

De même que nous avons envisagé le domaine économique à travers les entreprises qui en constituent le tissu, nous poserons le problème du français et des sciences à partir de la communauté scientifique qui anime ce champ. Le milieu ainsi déterminé est bien plus restreint que celui de l'entreprise — même si l'on considère l'ensemble de la recherche publique et de la recherche privée —, mais il a été, jusqu'à hier, l'objet d'une intense valorisation. Rien d'étonnant dès lors, qu'en dépit des chiffres (sur 1.000 personnes, sont concernées par la recherche : 7,6 aux États-Unis; 7,3 au Japon; 5 en France et 4,2 en Belgique), on privilégie le domaine de la science pour examiner la situation du français. La science apparait encore comme le lieu de la production des connaissances et représente à ce titre un symbole.

L'internationalisation des actions et des échanges s'est imposée ici aussi. On est loin d'un XIXe siècle où les apports scientifiques s'équilibraient en allemand, en anglais et en français. Le scientifique francophone aujourd'hui, dans un contexte de concurrence et de coopération internationales, utilise une information issue des pays étrangers et présente les résultats de son travail sur la scène internationale (publications, colloques, séjours), au point que son identité se définit davantage par rapport à la communauté scientifique internationale que par rapport à son propre pays, sa reconnaissance internationale déterminant la reconnaissance dans son propre pays. Ceci est d'autant plus vrai dans un petit pays comme le nôtre, qui, même dans le domaine de l'art, a toujours tardé à reconnaitre ses concepteurs de talent. La spécificité de la Communauté française de Belgique sera posée par rapport au cadre général de la francophonie et du champ scientifique tel que nous venons de le baliser. Nous nous référerons aux chiffres cités dans les documents de travail des Assises francophones de la recherche (Aupelf, 1993). L'importance de l'anglais dans la communauté scientifique francophone se retrouve ici liée au premier rôle joué dans un grand nombre de disciplines par les États-Unis qui détiennent les documents regroupés dans les banques d'information les plus performantes, les publications les plus prestigieuses et les laboratoires les mieux équipés. De 1957 à 1966, les États-Unis ont investi 157,7 milliards de dollars en recherche et développement, alors que l'Europe occidentale se contentait déjà d'un tiers.

L'utilisation de la langue anglaise n'est plus à considérer en relation avec le statut du personnel comme dans le cadre de l'entreprise, mais selon les fonctions multiples que la langue remplit par rapport à la communauté considérée. On s'accorde à reconnaitre ici quatre fonctions à l'anglais : celle de langue d'échange (colloques, congrès, etc.), celle de langue de communication dans le milieu professionnel, celle de langue auxiliaire, c'est-à-dire qui permet l'accès à l'information scientifique et enfin celle de langue de publication (Truchot, 1990 : 99). Ces fonctions sont illustrées à des degrés différents selon les disciplines, avec un coefficient maximum d'élimination du français dans les recherches de pointe et plus particulièrement dans les domaines où la modélisation et l'expérimentation l'emportent.

La fonction de langue auxiliaire, déjà estimée à 70 % en 1969, selon une enquête de l'Aupelf (Association des universités partiellement ou entièrement de langue française), n'a cessé de croitre. L'évaluation des chercheurs se fait à partir de l'interrogation de la banque *Science citation index* (SCI) de Philadelphie, élaborée d'après le dépouillement des revues scientifiques les plus connues, c'est-à-dire issues du monde anglo-saxon. De plus en plus de thèses de doctorat sont déposées en anglais, voire des jurys de thèse n'ont plus accès à certaines parties du travail de doctorat, car, les industries finançant les recherches, des éléments de la recherche sont placés sous secret industriel. L'usage de l'anglais tend à s'étendre dans les cours universitaires, relayant ainsi les ouvrages de référence. La conséquence la plus inquiétante est que le discours sur la science dispensé à des fins didactiques ou de vulgarisation se maintient difficilement en langue française. Seul un chercheur sur cinq accepte de collaborer à des travaux de vulgarisation. L'essentiel de la tâche relève ici encore de la traduction.

La démocratisation de la science, si elle n'est pas régentée, ne peut que subir négativement cette situation de fait, par laquelle une autre langue préside à l'élaboration de la pensée scientifique. Il ne s'agit pas ici d'accorder une priorité qualitative à une langue sur une autre mais de prendre conscience des différences de perception qu'engendrent le choix linguistique et l'identité des destinataires. La valorisation de la communauté scientifique au sein de nos sociétés a fait de ce champ où le français a presque disparu, comme l'attestent la plupart des enquêtes menées depuis 1980, le lieu exemplaire à propos duquel se développent les prises de position en faveur de la langue française. Malheureusement, les métaphores militaires remplacent souvent les réelles analyses. Elles traduisent une frustration par rapport au passé. Les clichés pèsent sur la représentation que l'on se fait des langues et de « l'universalité » du français. On en vient même à oublier que l'universalité de la langue française, célébrée par Rivarol au XVIIIe siècle (1784), est loin d'avoir le sens actuel. Elle ne concernait évidemment que la société privilégiée des cours et de l'aristocratie.

2.2 Le rôle de la francophonie

La francophonie a permis d'amplifier le débat et a fait prendre conscience à la France de la dimension de ses responsabilités en la matière. Que doivent faire les chercheurs des pays du Sud, chez qui le français est à la fois une deuxième langue et une langue internationale, lorsqu'ils voient leurs collègues francophones se détourner de l'utilisation du français ? L'apprentissage du français représente en Afrique un investissement considérable par rapport aux langues vernaculaires. Pourquoi dès lors ne pas choisir l'anglais ? La responsabilité du Nord francophone est écrasante. L'Aupelf-Uref, opérateur des sommets francophones pour l'Enseignement supérieur et la recherche, a mis au point un programme de consolidation d'un espace scientifique francophone (Aupelf, 1993). L'organisation représentative des universités et des chercheurs francophones part du constat que la représentation de la recherche francophone est globalement faible dans la recherche mondiale en termes de nombre de recherches, de budget, de publications et de banques de données. Elle vise donc à promouvoir une science en français par une politique de relance des publications scientifiques de langue française, par l'implantation d'un réseau technologique francophone et mondial d'information scientifique, par une politique d'évaluation et de reconnaissance des chercheurs francophones qui ne soit plus dictée par des critères relevant du monde anglo-saxon seul, et par une politique de génie linguistique qui permettrait, afin de maintenir plus largement le français au rang des grandes langues internationales, de développer des produits et services de traitement informatique de la langue française (compréhension de la parole, gestion documentaire, traduction assistée par ordinateur, interfaces personne-système).

Les scientifiques de la Communauté française de Belgique sont impliqués par leurs universités dans la politique de l'Aupelf-Uref. Plus généralement, la Communauté française prend part avec le Québec et la France, par ses Conseils de la langue française, à une réflexion sur le français et les sciences. Cette réflexion a partiellement alimenté en France la loi Toubon de 1994 qui propose certaines dispositions pour éviter l'exclusion du français de la fonction de langue d'échange, de publication et d'enseignement. En Belgique francophone (Dalcq, 1991), le Conseil supérieur de la langue française a remis, en 1993, un avis au ministre compétent, où il rappelait que tout chercheur doit avoir la liberté de choisir le véhicule linguistique qui lui convient et ne doit pas négliger le patrimoine collectif dont il est le dépositaire par la langue maternelle. Il estime que l'aide des pouvoirs publics est particulièrement nécessaire pour la promotion du français dans les publications scientifiques et dans les comptes rendus, pour la rédaction et la traduction d'ouvrages pédagogiques ou de vulgarisation, pour la formation des chercheurs étrangers.

La langue malade de l'informatique ?
Dessin de Pierre Kroll . Copyright A.C.C.T., Paris.

2.3 Les particularités du cas belge

L'histoire de notre pays a cependant infléchi les modalités de l'adhésion à une stratégie francophone et la relation à la langue anglaise. Il faut savoir que la part du privé dans le financement de la recherche et du développement est ici très importante, le secteur public ne proposant que 0,55 % du PIB au lieu des 2 % atteints dans la moyenne européenne. Cela signifie que le privé et l'international apparaissent comme des conditions de survie, que des dizaines de centres de recherche sont dépendants de contrats passés avec les industries, et ce d'autant plus que la fédéralisation du pays a amené la multiplication de programmes de dimensions réduites et de courte durée.

Dans l'État fédéral qui est le nôtre, les deux communautés scientifiques, de langue néerlandaise et de langue française, trouvent aujourd'hui un dénominateur commun dans la langue anglaise pour l'organisation de séminaires, pour le fonctionnement de comités de rédaction de revues scientifiques ou de groupes de recherche au-delà de la frontière linguistique. Le cout des manifestations multilingues s'en trouve réduit, surtout à Bruxelles. Le néerlandais n'ayant jamais été une langue scientifique internationale, les scientifiques néerlandophones ont choisi la langue anglaise sans tomber dans les hésitations du monde francophone. L'anglais permet d'éviter les susceptibilités communautaires qui ont pu se développer sur le terrain universitaire depuis la flamandisation en 1930 de l'université francophone de Gand et l'exclusion des francophones de l'université de Louvain en 1972, qui a abouti à la création de Louvain-la-Neuve.

Aujourd'hui, la concurrence linguistique au niveau universitaire n'a plus la forme de l'exclusion. Les deux universités libres de Bruxelles, flamande et francophone, ont développé des cours scientifiques en langue anglaise, l'université flamande assurant l'internationalisation de ses programmes par rapport aux étudiants néerlandophones et étrangers, l'université francophone le faisant à la suite de la première, pour ne pas être devancée à l'échelle de l'Europe. On a en outre constaté que des étudiants francophones choisissaient l'université flamande pour accomplir des maitrises en économie assurées en langue anglaise. Le choix de l'anglais pour la formation inquiète certains et se situe, il est vrai, à un niveau différent de la fonction auxiliaire décrite plus haut. On pense aussi aux conséquences que peut avoir la généralisation de cette décision institutionnelle pour des universitaires qui nous viennent nombreux des autres pays francophones.

Dans une perspective moins diachronique et plus pragmatique, il serait déraisonnable de penser que la langue française puisse rivaliser avec l'anglais dans ses fonctions d'accès à la science ou dans ses fonctions d'échange. Il en est de même pour la gestion de l'économie internationale. Le problème doit être posé en termes d'aménagement et d'action réaliste plutôt qu'en termes de motions absolutistes qui prétendent renverser la situation ou de rhétorique rituelle à usage de sommets ou de conférences. Dès lors, l'intervention des États est nécessaire.

3. La vitalité de la langue française de spécialité

Les actions entreprises en faveur de la langue française reposent trop souvent sur le mythe de la langue porteuse de valeurs qui en consacrent l'usage ou proposent — la tentation en est grande — une autre forme d'hégémonie de la langue française par rapport à cet « intermédiaire réducteur » qu'est la langue anglaise, parfois sous le couvert de plurilinguisme.

3.1 L'action législative

La réaction française, développée tardivement en réponse à la demande des partenaires francophones qui ont demandé à la France au Sommet de l'Ile Maurice (octobre 1993) de faire preuve de la réalité de son engagement en matière linguistique, débouche en 1994 sur une loi préparée sous l'égide de Jacques Toubon, ministre de la Culture et de la Francophonie. Si « le gouvernement fait de la politique de la langue française une cause nationale », on constate dans les propositions que, sur le plan scientifique, l'on pourrait retirer des fonds publics aux colloques où la langue française serait exclue, mais que les exemptions sont nombreuses en matière de commerce. On n'en est donc pas à la formalisation d'une volonté semblable à celle que le Québec a manifestée dès 1977 dans la *Charte de la langue française,* où, dès le préambule, il était précisé que le français serait « la langue normale et habituelle du travail, de l'enseignement, des communications, du commerce et des affaires ». Les lois qui traduisent l'éveil d'une conscience linguistique par des effets d'interdiction ou de préservation, même si l'on parle ici de « loi de service » plutôt que de « loi de contrainte », ne sont jamais bien ressenties. La Communauté française de Belgique en a pris conscience depuis le décret Spaak de 1978, dont l'objet était, face à la langue anglaise, de prohiber tout recours à un vocable d'une autre langue lorsqu'il existe une expression ou un terme figurant sur les listes homologuées par le Conseil international de la langue française. Si la présence de quatre régions linguistiques dans un pays tel que la Belgique est un facteur incontestable de richesse, elle est aussi responsable d'une tendance à la non-formulation des besoins linguistiques, même si la défense et l'illustration de la langue française figurent en tête des matières culturelles qui sont de la compétence de la Communauté française de Belgique.

5e sommet des chefs d'Etat et de Gouvernement ayant en commun l'usage du français, Ile Maurice, Octobre 1993.
On reconnaît François Mitterand au 1er rang, Jean-Luc Dehaene et Laurette Onkelinx au 3e rang à droite.
Cl. G.G.R.I.

3.2 Une politique de traduction

Sans vouloir entrer dans les considérations — d'ailleurs difficilement démontrables — de l'appauvrissement de la pensée résultant de l'expression dans une langue d'emprunt, on peut affirmer que la *traduction* est devenue indispensable au maintien des circuits de communication entre les mondes de l'entreprise et de l'économie et ceux qui ne participent pas à leur fonctionnement immédiat. On devrait pouvoir développer une politique systématique de traduction, partielle ou totale, allant du plus haut degré de complexité, celui qui correspond au français en tant que langue de spécialité permettant la diffusion des résultats de recherche et le transfert de connaissances techniques, à son degré d'usage courant, c'est-à-dire appliqué aux biens et aux services qui doivent arriver à leurs utilisateurs dans une langue non appauvrie correspondant à leur identité. Les maisons d'édition technique et scientifique francophones n'ont ni la stature, ni le dynamisme des grands éditeurs scientifiques internationaux, mais nous devrions au moins pouvoir obtenir en langue française des communiqués de presse semblables à ceux émanant des universités anglo-saxonnes, capables d'être assimilés par un large public, tant est grande pour elles l'habitude de la communication scientifique et de la valorisation des résultats, avec précision mais sans jargon.

Traduire, au sens exigeant et professionnel du terme, est devenu l'acte le plus fondamental de cette fin de XXe siècle. Le traducteur devrait être spécialisé dans un domaine ou dans des domaines connexes pour maitriser les concepts dans leur univocité et dans leurs nuances. De là l'importance des travaux de terminologie qui visent à remédier à l'anémie de la terminologie scientifique et technique en français que déplorait Henry en 1982 dans une importante communication intitulée « Vivons-nous déjà en anglosaxophonie? ». Dès 1922, l'illustre linguiste Ferdinand Brunot, reçu à l'Académie de Bruxelles, déclarait : « Il y a maintenant une question des langues techniques, urgente et impérieuse. La science et les applications de la science sont partout, à l'usine, au magasin, dans des cuisines de chaumières perchées au haut des rochers, aussi bien que dans les laboratoires d'université. La marée des termes savants et spécialisés monte irrésistiblement. » (Brunot, 1922 : 238.) On sait combien l'histoire et les préjugés des linguistes puristes ont pesé sur les lexiques spécialisés en fonction d'une stratification sociale toujours opérante. Dès sa première édition, le *Dictionnaire de l'Académie*, en 1694, a exclu les termes techniques. Aujourd'hui, l'importance des français spécialisés commence à être reconnue et les termes scientifiques et techniques viennent grossir, malheureusement dans le désordre, les dictionnaires de langue générale, tandis que les dictionnaires de langue spécialisée ne sont pas encore très nombreux.

« Terminologies nouvelles »,
Revue semestrielle du Réseau international de néologie et de terminologie (Rint.), coéditée par l'Agence de coopération culturelle et technique et la Communauté française de Belgique (Service de la langue française).
Cl. S.L.F.

La démarche terminologique vise donc à développer l'aptitude de la langue à traduire les réalités techniques et scientifiques décrites dans une autre langue (Blampain, 1990). Elle analyse et traite linguistiquement les concepts afin de favoriser la communication entre spécialistes ou avec des non-spécialistes et se situe à la fois sur le plan national et sur le plan international. Ainsi la Communauté française de Belgique adhère-t-elle au réseau international de néologie et de terminologie (Rint). Créé en 1986 dans le sillage des sommets francophones, il constitue un rassemblement d'organismes nationaux (Nord et Sud) à vocation terminologique, mandatés par les gouvernements, ou d'organisations internationales qui exercent une activité terminologique en tant que centres de recherche scientifique en terminologie. Sa mission globale est d'adapter la langue française à l'expression de la modernité et s'exprime dans les contributions publiées par la revue *Terminologies nouvelles* co-éditée par le Service de la langue de la Communauté française de Belgique et l'A.C.C.T.

La terminologie doit évidemment se conjuguer avec la néologie qui contribue à une présence affirmée de la langue et de ses potentialités. Le recours à des termes anglais s'explique en effet par l'habitude de ne trouver ces termes qu'en anglais. Il est donc important de cerner les ressources de la dérivation, de la composition, des métaphores très présentes dans les usages techniques, voire de l'enseigner dans les cours de français scientifique et technique. On n'a probablement pas été suffisamment attentif aux recommandations faites par le Conseil supérieur de la langue française aux lexicographes et créateurs de néologismes, publiées dans le texte de la réforme de l'orthographe *(Journal officiel de la République française,* 6 décembre 1990). On n'a pas vu combien la langue française pouvait se trouver libérée dans sa politique d'intégration des emprunts et de néologisation : l'extension de la soudure dans les mots composés *(phytoécologie, photoélectrique, socioéconomique)* et plus particulièrement dans les mots savants *(autovaccin, ampèreheure, pneumohémorragie)*, la francisation des mots empruntés par l'accentuation *(artéfact, duodénum, placébo)*, par l'adaptation à l'alphabet et à la graphie du français *(boosteur* au lieu de *booster),* y compris pour les pluriels *(des self-made-mans, des supernovas),* autant d'indications qui vont dans le sens du choix de la forme la plus simple et de l'intégration rapide.

Aucun des moyens pour accroitre l'efficacité du français comme langue de l'appropriation sociale du savoir ne doit être négligé. L'exemple du multilinguisme offert par les institutions européennes est à dépasser, dans le sens où la langue française doit être une langue de traduction au même titre qu'une langue maternelle, c'est-à-dire plus et autre chose qu'une langue-instrument, au-delà de l'« eurobabélisme ». La langue de traduction n'exclut pas le multilinguisme, mais dans sa présence multiple et sans cesse actualisée, elle se redynamise sans se poser dans le choc frontal d'une rivalité désespérée. À ce titre, il est plus pertinent pour l'instant de penser, non comme le fait l'Aupelf en termes de traduction assistée par ordinateur (TAO), mais plutôt en termes d'outils d'aide à la traduction (OAT).

Toute société doit être en mesure de suivre les progrès de la recherche scientifique et technique, de s'approprier ses résultats et d'offrir aux jeunes l'acquisition d'une formation scientifique et techni que dans leur propre langue. Les universités étrangères qui enseignent la langue française ont compris avant certaines universités francophones, l'importance du français en tant que langue de spécialité dans le contexte européen. L'histoire nous a donné de brillants exemples de transferts de connaissance par la traduction, au carrefour des grandes civilisations. La Belgique, terre des langues et des traductions, mais aussi terre de conflits linguistiques, devrait permettre de préciser les richesses et les limites du multilinguisme ainsi que les exigences de la langue de traduction (Blampain, 1994). Aujourd'hui, l'économie et la science amènent à assurer la vitalité de la langue française sous de nouvelles formes, capables de gérer la spécificité et la diversité conformément à une identité dont l'impérialisme a été banni.

Daniel BLAMPAIN

L'adaptation du français aux nouvelles technologies : un défi à relever.
Cl. C.G.R.I.

Affiche 1995 de «la langue française en fête».
Illustration J.Goffin.
CL.S.L.F.

▶

La langue française en fête
du 13 au 20 mars 1995
du 13
Mars
c'
t'
mmunauté française
de Belgique
Conseil supérieur
la langue française
CULTURE
COMMUNICATION
1970
ACCT
1995
LE SOIR

3

FRANÇAIS ET POLITIQUE

Chapitre 25

La question linguistique dans l'histoire politique de la Belgique

1. De la formation de l'État belge à la Première Guerre mondiale

La question linguistique traverse l'histoire politique de l'État belge pratiquement depuis sa création. Elle constitue rapidement un des facteurs majeurs d'opposition qui, tout en divisant la société et l'État, contribuent à structurer l'opinion, les partis et les groupes.

Le contraste est donc d'emblée frappant avec l'Ancien Régime. Jusqu'à la fin de celui-ci, la ligne de partage extrêmement ancienne entre le domaine linguistique germanique et le domaine linguistique roman n'avait ni constitué une frontière politique ni joué aucun rôle dans la formation des principautés qui avaient obéi à d'autres logiques. Tout au plus peut-on situer à l'extrême fin de cette période, le plus lointain précurseur du mouvement flamand, l'avocat Jean-Baptiste Verlooy (voir chapitre 7 et surtout chapitre 13, 1).

C'est au cours de l'époque de transition qui s'étend de la fin de l'Ancien Régime à la formation de l'État belge indépendant que l'emploi de la langue constitue pour la première fois un enjeu de décision politique : tout d'abord sous le régime français, au cours duquel s'accentue la position dominante du français au moment de sa plus grande expansion internationale; ensuite sous le régime hollandais, au cours duquel des décisions sont prises en vue de faire du néerlandais l'unique langue officielle des provinces flamandes.

Les États modernes en formation après l'effondrement de l'Ancien Régime usent de la langue comme instrument d'unification de leurs structures et de centralisation du pouvoir.

L'opposition à la politique linguistique du Royaume des Pays-Bas figure parmi les facteurs de sa dissociation en 1830. L'organisation de l'État belge qui naît alors se fonde sur le principe d'une certaine homogénéité linguistique et culturelle, celle du groupe social francophone qui le domine.

Dès le 16 novembre 1830, un arrêté du gouvernement provisoire règle le problème de l'emploi des langues dans les termes suivants :

> Le gouvernement provisoire de la Belgique, Comité central :
>
> — considérant que le principe déjà proclamé de la liberté du langage, emporte pour chaque citoyen la faculté de se servir de l'idiome qui convient le mieux à ses intérêts ou à ses habitudes;
>
> — et voulant régulariser l'exercice de cette faculté pour le mettre en harmonie avec le service des administrations générales et des tribunaux;
>
> — considérant d'autre part que les langues flamande et allemande, en usage parmi les habitants de certaines localités, varient de province à province, et quelquefois de district à district, de sorte qu'il serait impossible de publier un texte officiel des lois et arrêtés en langue flamande et allemande.
>
> Arrête :
>
> Article 1er.- Le bulletin officiel des lois et des actes du gouvernement sera publié en français.
>
> Article 2.- Dans les provinces où la langue flamande est en usage parmi les habitants, les gouverneurs publieront dans leur mémorial administratif, une traduction flamande des lois et des actes du gouvernement qui seraient applicables à toute la Belgique et des actes particuliers qui ne concerneraient que leur province.
>
> (...)
>
> Article 4.- Les publications par affichage seront également accompagnées d'une traduction en langue flamande ou allemande, suivant les localités.
>
> Article 5.- Les citoyens dans leurs rapports avec l'administration, sont autorisés à se servir indifféremment de la langue française, flamande ou allemande.
>
> Article 6.- Il en sera de même dans leurs rapports avec les tribunaux ou les officiers du parquet, pourvu que la langue dont ils veuillent faire usage soit comprise des juges et des avocats plaidants, en matière civile, et en matière pénale, des juges, du ministère public et de leur défenseur (...).

La langue de la classe dominante devient ainsi la langue dominante dans l'État.

Au Congrès national, des voix se font cependant entendre pour faire davantage de place au flamand. Ainsi Charles Liedts qui plaide en ce sens et propose un article ainsi conçu : « Le pouvoir exécutif fera imprimer en regard du texte français, qui sera seul officiel, une traduction flamande pour les communes où cette langue est usitée ». Mais sa proposition n'est pas suivie.

L'article 23 de la Constitution, dans son laconisme, consacre le principe de la liberté des langues : « L'emploi des langues usitées en Belgique est facultatif; il ne peut être réglé que par la loi et seulement pour les actes de l'autorité publique et pour les affaires judiciaires ».

Dans les faits, l'État est francophone, comme l'est la bourgeoisie censitaire (moins de 50.000 électeurs sur une population totale de l'ordre de 4 millions d'habitants), pour laquelle la question se règle en termes d'évidence et sans longs débats. Sa méconnaissance — dans tous les sens du mot — du problème se prolongera au-delà de la publication des résultats du premier recensement général de la population, organisé en 1846, qui fait apparaître qu'une majorité parle le flamand et une minorité le français.

La situation linguistique est en fait plus complexe qu'il n'apparaît ainsi si l'on tient compte de la diversité des dialectes et des patois en usage localement.

Ces caractéristiques initiales de l'État belge — un État politiquement et administrativement unilingue dans une société qui connaît une dualité de langues — sont lourdes de conséquences politiques ultérieures. Elles rendent compte notamment de la précocité du mouvement flamand et de son long combat en vue d'obtenir l'adoption d'une législation sur l'emploi des langues.

Le mouvement flamand a revêtu au cours de son histoire des formes différentes et a connu d'importantes évolutions. À son origine, il participe, sous bien des aspects, du romantisme qui s'exprime au même moment, dans toute l'Europe.

Dès l'origine, le mouvement flamand comporte plusieurs tendances. Ce sera là une de ses constantes, même s'il y aura, à divers moments de son histoire, évolution du poids relatif de ces tendances et évolution de la représentativité — à l'origine, modeste — du mouvement dans son ensemble.

L'une de ses premières manifestations collectives est l'organisation d'un pétitionnement en 1840, en vue de soutenir les revendications suivantes :

- Que les affaires communales et provinciales soient traitées en flamand dans les provinces flamandes.
- Que les fonctionnaires, dans ces provinces, connaissent le flamand et traitent dans cette langue avec leurs administrés.
- Que le flamand soit utilisé en justice, lorsque c'est la langue des parties.
- Qu'une Académie flamande soit créée.

- Que le flamand soit considéré à égalité avec le français à l'université de Gand et dans les autres établissements d'enseignement de l'État.

Quelques années plus tard, en 1847, la « déclaration de principes fondamentaux » publiée à Gand reprend ces revendications, en les faisant précéder de considérations générales sur la nature et l'orientation du mouvement et en les faisant suivre d'autres considérations relatives notamment au « rapport avec la partie wallonne du pays ».

Les caractéristiques de ce texte, explicite et synthétique, lui ont valu de passer dans l'histoire sous le nom de « Manifeste du mouvement flamand » (de larges extraits en figurent dans Mabille, 1992 : 142-143).

Le gouvernement De Decker institue, en 1856, une « Commission chargée d'examiner les dispositions à prendre dans l'intérêt de la langue et de la littérature flamandes ». Cette « Commission des griefs flamands » rend son rapport au gouvernement en octobre 1857. Les réformes proposées concernent tous les domaines de la vie publique : enseignement, administration, justice, armée et marine, diplomatie.

Accueilli avec tiédeur par Pierre De Decker, le rapport de la Commission est combattu par Charles Rogier, son successeur à la tête du gouvernement et du Ministère de l'Intérieur. Alors que le rapport est publié d'abord sous la forme discrète d'un document parlementaire au cours de la session 1858-1859, il connaît ensuite, au printemps 1859, une diffusion plus grande par les soins du mouvement flamand.

Charles Rogier dépose un véritable « contre-rapport », selon lequel « la Chambre a pu se convaincre que la Commission a souvent attribué aux faits un caractère exagéré et que les solutions qu'elle propose sont entièrement incompatibles avec notre organisation politique et administrative ». Toutes les solutions proposées par le rapport se heurtent au fait « que l'emploi de tel ou tel idiome ne peut être imposé d'une manière absolue en présence de l'art. 23 de la Constitution ».

Si, au terme du débat à la Chambre, Rogier déclare, le 30 mai 1859, qu'un point final vient d'être mis aux revendications du mouvement flamand, ce dernier n'en poursuit pas moins sa pression, sous des modes d'expression et des formes d'action multiples. Dans certains cas, on observe la reproduction d'autres clivages qui traversent le monde politique, avec l'affirmation progressive du caractère libéral du Willemsfonds ou avec l'affirmation immédiate du caractère catholique du Davidsfonds. Dans d'autres cas, au contraire, on observe des formes précoces de décloisonnement, avec les *Vlamingen Vooruit !* à Bruxelles et le *Meetingpartij* à Anvers.

Malgré leur petit nombre, les parlementaires issus de ce dernier parti jouent un rôle dans l'élaboration des premières lois linguistiques votées à partir de 1873.

Parmi les lois votées entre cette date et la première guerre mondiale, la loi du 18 avril 1898 marque un moment important. Dite « loi d'égalité », elle établit le principe de l'équivalence sur le plan juridique des deux versions des lois et des arrêtés royaux. Dans les faits, son application introduit une égalité des deux langues en Flandre davantage que dans la Belgique tout entière.

Dans le dernier quart du XIXe siècle et les premières années du XXe siècle, le mouvement flamand obtient donc, par la voie législative, de premières satisfactions à ses revendications. Mais ces dernières acquièrent progressivement une autre dimension, avec l'accent mis par certains de ses porte-parole sur les problèmes économiques et les problèmes qui y sont liés, comme celui de la formation des cadres. À la veille de la guerre, la revendication d'une université flamande figure au premier plan de son programme.

Le rappel de cette évolution ne peut cependant laisser ignorer que les affrontements qui avaient dominé la vie politique jusqu'en 1884 avaient essentiellement opposé libéraux et catholiques sur des enjeux comme l'enseignement et l'assistance et que, après cette date, la question sociale avait acquis plus d'importance que toute autre.

La place reconnue à l'action — certes multiforme et marquée de temps forts et de moments de latence — du mouvement flamand dans toute cette évolution ne peut non plus laisser ignorer la formation plus tardive, vers 1890, du mouvement wallon, en réaction contre l'évolution perçue par ses fondateurs comme une mainmise ou un risque de mainmise flamande sur l'État belge.

2. D'une guerre à l'autre

Moments dramatiques de l'histoire, les deux guerres mondiales du XXe siècle ont été aussi des moments de dramatisation du contentieux linguistique.

Jusqu'à la Première Guerre mondiale, les revendications du mouvement flamand s'étaient inscrites dans l'évolution menant d'un régime parlementaire à participation très restreinte à une démocratie à participation plus large. Jusqu'à cette date, ces revendications étaient de nature à être satisfaites par l'adoption de nouvelles législations ou par la modification de dispositions en vigueur.

Au cours de la guerre, un seuil est franchi : c'est désormais aux structures mêmes de l'État qu'une branche — radicale — du mouvement flamand entend porter atteinte.

Le contexte dans lequel ce changement s'opère est celui de la politique flamande (*Flamenpolitik*) menée par l'occupant allemand et du concours que lui apportent des militants de la cause flamande, les « activistes », entendant mettre les circonstances à profit en vue de faire triompher leurs vues.

Cette politique comporte encore des décisions relatives à l'emploi des langues, mais va désormais bien au-delà :

- Avec l'installation, le 11 février 1917, d'une assemblée consultative, le *Raad van Vlaanderen*.
- Avec la séparation administrative de la Belgique, le 21 mars 1917, accompagnée de la fixation de la frontière linguistique.
- Avec la proclamation, le 22 décembre 1917, de l'autonomie de la Flandre.

L'activisme est divisé en partisans de l'autonomie de la Flandre dans une Belgique fédérale, partisans d'un État flamand lié à l'Allemagne et partisans de l'intégration de la Flandre dans l'Empire germanique.

En dehors de l'activisme, le mouvement flamand comporte à la même époque deux autres tendances : le frontisme et le passivisme.

L'affirmation par les frontistes du principe de l'unité linguistique et culturelle de la Flandre les amène à revendiquer une flamandisation complète de la vie publique dans la région.

Les passivistes ou minimalistes, quant à eux, qu'ils soient en Belgique occupée ou aux Pays-Bas, considèrent que les revendications flamandes ne doivent pas donner lieu à polémiques publiques en temps de guerre et que priorité doit être donnée alors à la préparation de l'après-guerre.

L'armistice de 1918 ouvre une nouvelle période, marquée par un climat d'exaltation patriotique dans lequel le mouvement flamand encourt les conséquences de la réprobation et de la condamnation de l'activisme.

Dans le régime de gouvernements de coalition qui est dès lors celui de la Belgique, la question linguistique devient un des facteurs majeurs de l'instabilité gouvernementale chronique caractéristique de l'entre-deux-guerres.

Les lois linguistiques adoptées de 1921 à 1928 concrétisent des compromis tentant de concilier la reconnaissance de régions linguistiques et la promotion du bilinguisme. Mais elles sont remplacées, au cours de la décennie suivante, par une législation d'une inspiration plus radicale. Dès 1932, est acquis le principe de deux grandes régions unilingues : Wallonie et Flandre, et d'une région bilingue : Bruxelles et son agglomération, sans préjudice du statut de la région de langue allemande. Cette subdivision du pays et la création de deux régions linguistiques censées unilingues résultent d'un double refus : le refus flamand d'une francisation généralisée qu'aurait imposée la pression sociale est relayé par le refus wallon d'un bilinguisme généralisé qu'aurait imposé la loi.

Portrait de Jules Destrée peint par Pierre Paulus.

La législation de 1932 conçoit les résultats de chaque recensement décennal de la population (et précisément les réponses aux questions sur l'emploi des langues) comme le critère de fixation de la délimitation des régions linguistiques. Mais l'utilisation a posteriori des résultats du recensement de 1930 pour l'application de la loi de 1932 ouvre les controverses : le contentieux subsiste au centre du pays, autour de Bruxelles et en certains points de la frontière linguistique (Enghien).

On observe alors, au lendemain de l'adoption du « train » de lois linguistiques, l'expression dans certains milieux, flamands et wallons, de revendications d'ordre institutionnel. Un seuil paraît franchi entre un contentieux linguistique qui peut être traité par la voie législative et des revendications qui appellent un réaménagement profond des structures de l'État.

À cette époque où la distance est peut-être plus grande qu'elle ne fut et ne sera jamais entre mouvement flamand (fortement attiré dans ses composantes principales par les régimes autoritaires et fascistes établis dans plusieurs États européens) et mouvement wallon (en quasi-totalité rassemblé sur des positions antifascistes), la question linguistique demeure au premier plan des préoccupations gouvernementales : la déclaration de septembre 1939 du Premier Ministre Pierlot insiste sur la priorité à accorder à la réalisation de l'autonomie culturelle. Et, fin avril 1940, l'existence même du gouvernement est mise en péril par le désaccord entre ministres flamands et francophones sur la question de savoir s'il est opportun ou non de procéder à la scission linguistique des structures du Ministère de l'Instruction publique. On est à quelques jours de l'entrée en Belgique des troupes du IIIe Reich.

La Seconde Guerre mondiale est bien évidemment un nouveau temps d'épreuve, suivi à nouveau d'une restauration de la Belgique unitaire. Mouvement wallon et mouvement flamand ne vivent pas au même rythme les temps de la Libération et de l'après-guerre, une des rares époques, sinon la seule, où le mouvement wallon s'exprime à voix plus haute que le mouvement flamand.

L'impossibilité de procéder à une révision de la Constitution sous une régence freine cependant la volonté de réforme des fédéralistes wallons, tandis que le mouvement flamand émerge progressivement de la discrétion dans laquelle l'avait cantonné le fait qu'un trop grand nombre de ses dirigeants et de ses militants s'étaient compromis dans l'un ou l'autre forme de collaboration.

3. L'après-guerre et les réformes institutionnelles

Les grandes fondations culturelles flamandes s'associent lors du recensement de la population de 1947, dont les résultats ne seront publiés qu'en 1954 : le nombre de communes bruxelloises à statut bilingue est alors porté de 16 à 19.

Le problème demeure présent. Il connaît une nouvelle phase d'encommissionnement mais le Centre Harmel, créé par la loi du 3 mai 1948, élargit son examen à toutes les dimensions du problème : démographique, sociale, économique, culturelle et juridique. À la fin de ses travaux, en 1955, la priorité à accorder à la réalisation de l'autonomie culturelle sera une nouvelle fois réaffirmée.

Les années suivantes sont celles de la résurgence à visage découvert du mouvement flamand. Après la création d'un parti politique, la *Christelijke Volksunie* en 1954, modifiant sa dénomination en *Volksunie* en 1958, après celle d'un groupe de pression, le *Vlaamse Volksbeweging* en 1956, la manifestation d'étudiants flamands, protestant au cours de l'été 1958 contre l'usage exclusif du français au pavillon de la République française à l'Exposition internationale et universelle de Bruxelles, symbolise l'irruption d'une nouvelle génération de militants d'action flamande.

Alors que la loi fait obligation au gouvernement d'organiser en 1960 un recensement général de la population, ce dernier n'aura lieu que fin 1961; entre-temps, la pression de l'opinion flamande la plus radicale aura obtenu la suppression de ce qu'il était convenu d'appeler le « volet linguistique » de ce recensement.

Simultanément s'opère, à mi-parcours de la grande grève contre le projet de loi unique, une relance de l'action wallonne sur les thèmes du fédéralisme et des réformes de structure. Pour la première fois depuis l'intervention d'André Renard au Congrès national wallon de mars 1950, le mouvement wallon se trouve doté d'une large assise populaire et d'une véritable représentativité de fait.

Il est significatif d'observer que cette prise de conscience wallonne s'opère essentiellement sur les enjeux économiques et sociaux et se traduit par une volonté de voir la Wallonie dotée d'institutions de nature à lui permettre de maîtriser son destin particulièrement en ces domaines.

La question royale de 1945 à 1950, la question scolaire ensuite jusqu'en 1958 avaient profondément divisé le pays, le rapport de forces étant chaque fois différent en Flandre d'une part, en Wallonie et à Bruxelles d'autre part. Mais l'unité des partis nationaux, que ces conflits renforçaient, masquait la gravité des menaces qu'ils faisaient peser sur le maintien de l'État unitaire.

Le Pacte scolaire de 1958, coulé en forme de loi en 1959, désamorce l'affrontement politique majeur du moment et libère des énergies pouvant alors se mobiliser sur d'autres enjeux. Les problèmes politiques qui vont devenir prioritaires, problèmes linguistiques d'une part, problèmes économiques régionaux d'autre part, vont continuer à diviser le pays, comme le faisaient auparavant la question royale puis la question scolaire, mais vont en outre diviser successivement de l'intérieur la plupart des partis et des groupes.

Le gouvernement constitué au printemps 1961 innove en s'attachant à trouver, en préparant une révision de la Constitution, un

Mars op Brussel (1961).
Massés sur les escaliers de la Bourse, les personnalités flamandes saluent les manifestants.
Cl. Agence Belga.

règlement au problème posé par la coexistence de communautés linguistiques et culturelles et de régions différentes.

Tandis que se succèdent les débats sur des projets de fédéralisme tant en milieu wallon qu'en milieu flamand, les « marches flamandes sur Bruxelles » se déroulent le 21 octobre 1961 et le 14 octobre 1962.

C'est dans ce contexte qu'est adopté un nouveau « train » de lois linguistiques. La première d'entre elles, le 24 juillet 1961, consacre la suppression des questions relatives à l'usage des langues dans les opérations et formulaires du recensement général de la population. Elle entraîne l'obligation de choisir une autre méthode de délimitation des régions linguistiques : c'est désormais la loi — et en l'occurence la loi du 8 novembre 1962 modifiant les limites des provinces, arrondissements et communes et modifiant la loi du 28 juin 1932 sur l'emploi des langues en matière administrative — qui fixe un

La frontière linguistique officielle.
Carte extraite et adaptée de : Philippe Rossillon (sous la direction), « Atlas de la langue française, histoire, géographie, statistiques », Bordas, Paris, 1995. Copyright I.R.A.F.

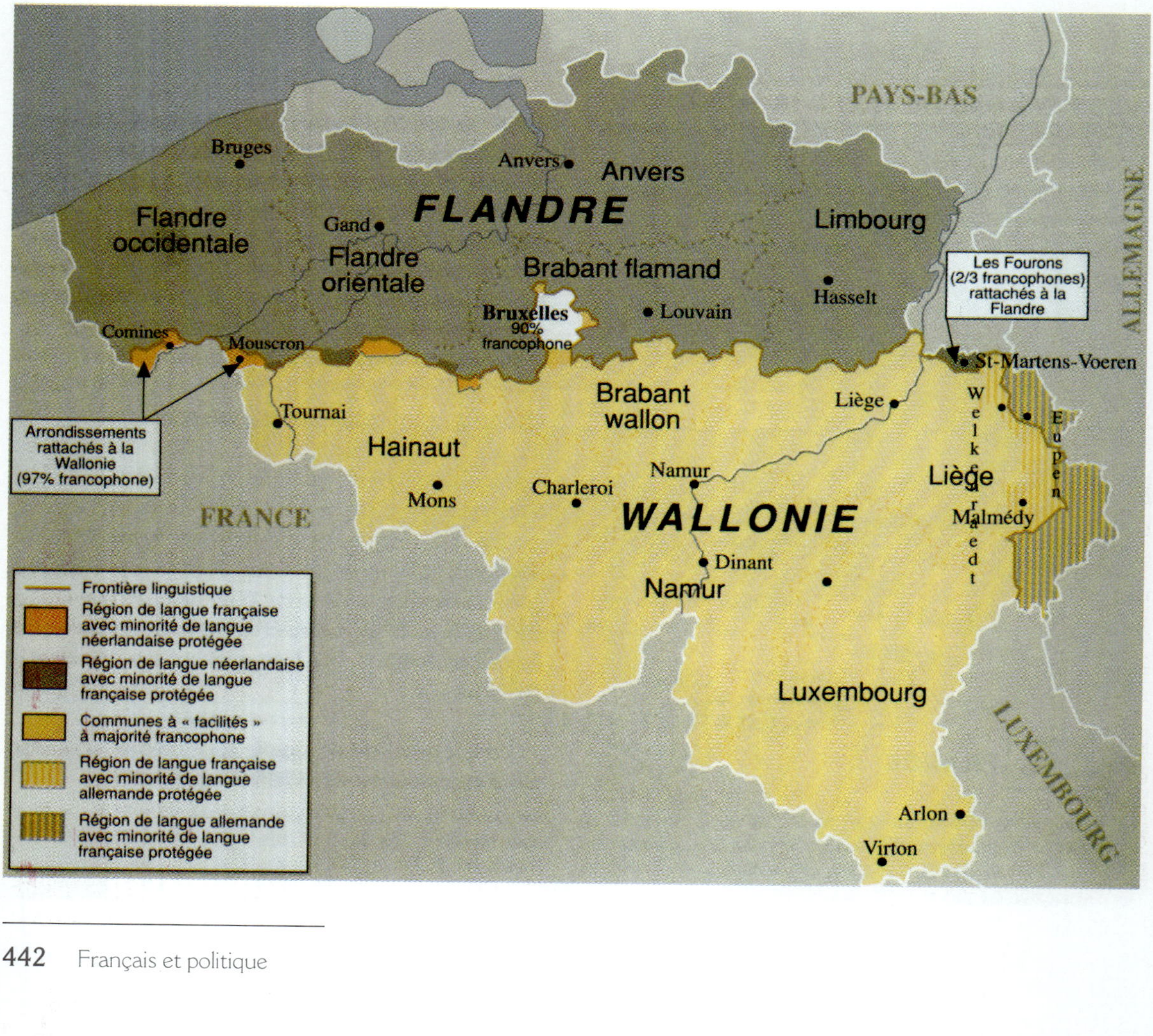

nouveau tracé de la frontière linguistique et réalise l'homogénéité linguistique des provinces (sauf le Brabant) et des arrondissements administratifs. Cette homogénéisation s'opère par transfert de communes, quartiers et hameaux. Parmi ces transferts, les plus fréquemment cités sont ceux de Mouscron et Comines-Warneton de Flandre occidentale vers le Hainaut et celui des Fourons de la province de Liège vers le Limbourg. Ce dernier transfert créa un véritable point de cristallisation durable du contentieux linguistique, une majorité de la population locale y demeurant hostile à travers le temps, comme en témoignent les résultats de toutes les élections ultérieures.

Les Fourons, où, depuis 1962, se cristallisent les affrontements linguistiques en Belgique.
Photo du film « Mémoires » de J.-J. Andrien, 1984.

La discussion des projets gouvernementaux sur l'emploi des langues en matière administrative d'une part, et dans l'enseignement, d'autre part, est émaillée d'incidents politiques, dont le principal est une offre de démission du gouvernement en juillet 1963. Après le refus de cette démission par le Roi, une nouvelle négociation entre le gouvernement et les partis de la majorité aboutit toutefois à un compromis.

Celui-ci est générateur d'insatisfactions nouvelles : malgré les satisfactions obtenues, l'opinion radicale flamande y voit le maintien de la menace de francisation à Bruxelles et dans sa périphérie, tandis qu'une opinion radicale francophone prend, à cette occasion, conscience de sa spécificité dans la région centrale du pays face à une législation dont ses porte-parole dénoncent l'aspect de contrainte.

La législation dote plusieurs communes situées le long de la frontière linguistique (notamment les Fourons et six communes de la périphérie bruxelloise) d'un statut spécial, insuffisant toutefois pour aplanir toutes les difficultés sur le plan local. Aussi des habitants francophones de ces communes (qui constituent d'ailleurs la majorité de la population dans certaines d'entre elles) ont-ils à plusieurs reprises introduit des plaintes auprès de la Cour européenne des Droits de l'Homme.

Bruxelles, et sa périphérie.

Carte extraite de : Philippe Rossillon (sous la direction), « Atlas de la langue française, histoire, géographie, statistiques », Bordas, Paris, 1995, p. 58. Copyright I.R.A.F.

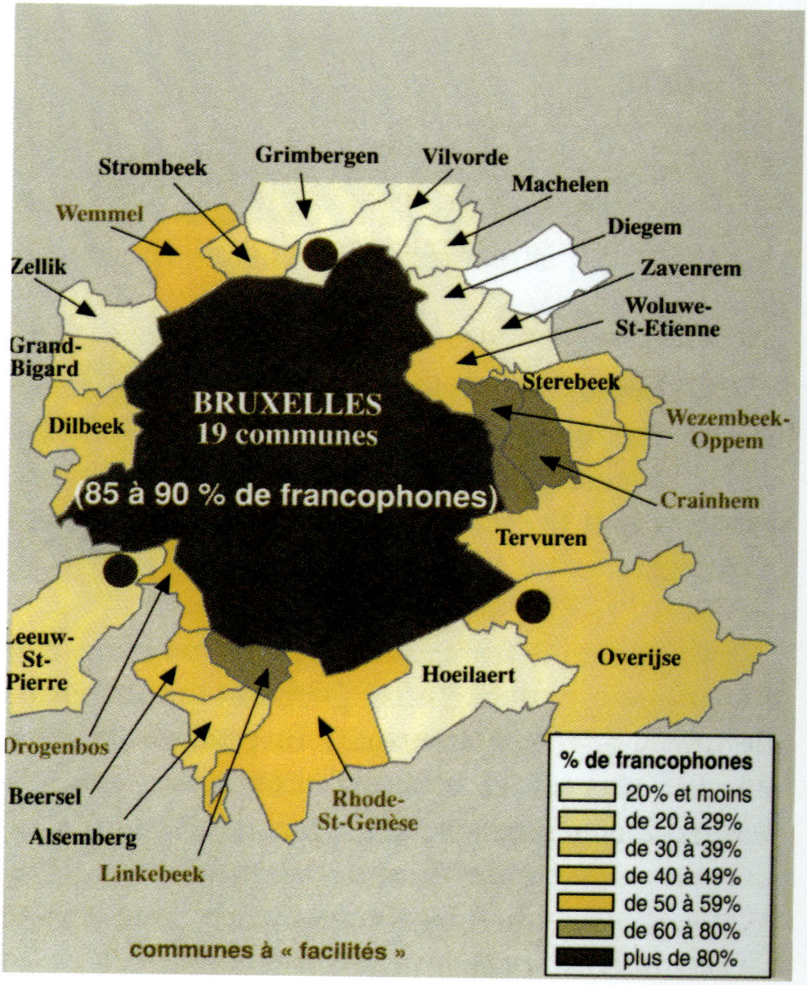

Les projets de réformes des institutions élaborés en 1965 ne sont pas suivis d'effet et, après une nouvelle phase d'encommissionnement, il faut, pour relancer et accélérer le processus de réformes, une nouvelle crise linguistique : c'est l'« affaire de Louvain » au début de 1968.

La présence à Louvain (Leuven, en région flamande) de la section française de l'Université catholique de Louvain constituait une exception — explicitement prévue par la loi — au principe d'homogénéité linguistique de la Flandre. La suppression de cette exception devient alors la revendication prioritaire du mouvement flamand. Une grave crise politique s'ouvre à ce propos au début de 1968. La conférence épiscopale d'abord, la direction du Parti social-chrétien (encore unitaire) ensuite, le gouvernement enfin, se divisent successivement.

Il s'ensuit non seulement des élections anticipées mais aussi la plus longue (à cette date) crise gouvernementale de l'histoire de Belgique.

L'Université catholique de Louvain sera effectivement scindée dans les années suivantes, la nouvelle université francophone s'implantant pour l'essentiel sur un site nouveau en Brabant wallon (Louvain-la-Neuve), sa Faculté de médecine s'établissant dans l'agglomération bruxelloise (« Louvain-en-Woluwe »). Parallèlement s'opérera le dédoublement de l'Université libre de Bruxelles en deux entités distinctes : ULB et VUB.

Les débats sur la législation linguistique de 1962-1963 d'abord, sur l'affaire de Louvain ensuite, sont à l'origine d'une prise de conscience francophone. Cette dernière ne s'opère toutefois que progressivement dans la mesure où l'opinion francophone n'a guère eu coutume d'en appeler à l'intervention des pouvoirs publics, dans la mesure aussi où de larges fractions de l'opinion wallonne donnaient dans le même temps priorité à la problématique régionale.

La révision de la Constitution opérée au cours de la législature 1968-1971 consacre l'existence des régions linguistiques.

La même révision consacre les principes de l'autonomie culturelle et de l'autonomie régionale. La voie est ainsi ouverte, avec la création des communautés culturelles (française, néerlandaise et allemande) et avec la création des régions (wallonne, flamande et bruxelloise), à l'évolution qui mènera, un quart de siècle plus tard, aux institutions de la Belgique fédérale.

Si en matière d'autonomie culturelle, l'énoncé est très précis en ce qui concerne tant la composition des organes que les matières de leur compétence et l'étendue de leurs pouvoirs, il n'en est pas de même en matière de régionalisation pour laquelle il est renvoyé au législateur sous condition de majorité spéciale.

Des institutions particulières sont prévues à Bruxelles : conseil et collège d'agglomération, commissions de la Culture.

Enfin, le Constituant introduit aussi, parmi d'autres décisions :

- Le principe de la parité entre ministres francophones et ministres néerlandophones (le Premier Ministre étant éventuellement exclu du calcul) — ce principe de parité n'étant pas étendu aux secrétaires d'État.
- Le principe de non-discrimination et de protection des minorités idéologiques et philosophiques.
- La possibilité de recours (la « sonnette d'alarme ») dans le cas où les trois quarts d'un groupe linguistique jugent une décision ou un projet de décision attentatoire aux intérêts d'une communauté.

Le processus de réforme des institutions ainsi amorcé au cours de la législature 1968-1971 s'est étendu sur un quart de siècle avant la consécration constitutionnelle, au cours de la législature 1991-1995, du caractère fédéral de l'État belge.

Au cours de la décennie 1970-1980, se succèdent plusieurs tentatives de créer des institutions régionales mais il faudra attendre 1980 pour que soient créées des institutions wallonnes tandis que l'exercice des compétences régionales en Flandre par les institutions de la Communauté flamande introduit un important élément d'asymétrie dans l'ensemble mis en place. Il faudra attendre 1989 pour que soit réglé le problème institutionnel bruxellois qui constituait une véritable pierre d'achoppement.

Les réformes de 1980 ont mis en place des institutions (Conseils — composés de députés et de sénateurs — et Exécutifs — composés de ministres élus au sein des Conseils) pour la Région wallonne, pour la Communauté française et pour la Communauté flamande. Les mêmes réformes ont étendu le champ des compétences des communautés à des matières sociales (dites « matières personnalisables ») et ont précisé le champ des compétences des régions.

Les réformes de 1988-1989 se sont à nouveau traduites par une extension des compétences des communautés (enseignement) et des régions (travaux publics, transports, etc.). Des institutions (Conseil et Exécutif) ont été créées pour la Région de Bruxelles, où sont aussi mises sur pied, pour exercer des compétences comparables à celles des anciennes commissions de la Culture, une Commission communautaire française, une Commission communautaire flamande et une Commission communautaire commune.

La notion d'État fédéral a été introduite en 1993 dans le texte de la Constitution, traduisant la volonté d'une majorité politique de marquer ainsi un aboutissement du processus des réformes. L'une des décisions les plus significatives qui ont accompagné cette consécration du caractère fédéral de l'État belge a été d'organiser de façon distincte, à partir de 1995, l'élection des assemblés fédérales, communautaires et régionales.

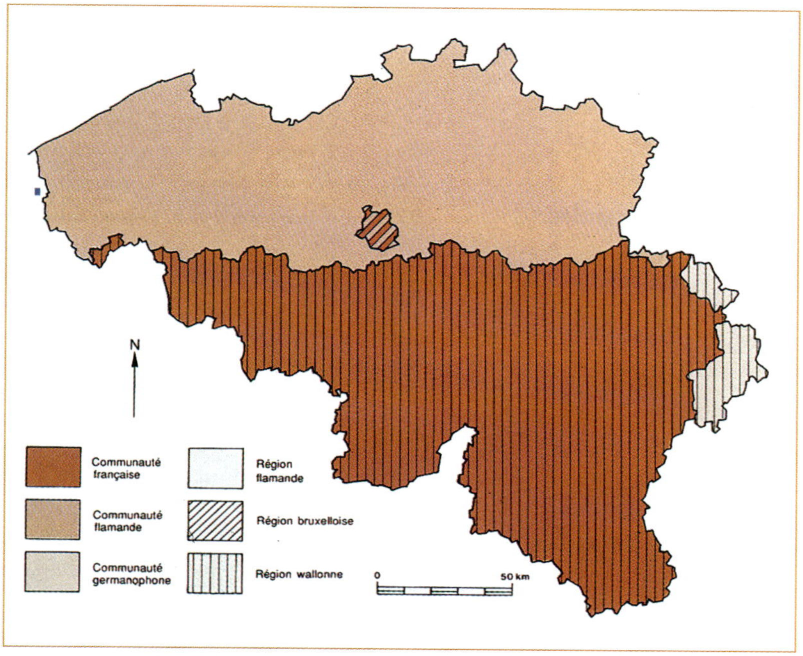

Carte administrative de la Belgique.
Extraite et adaptée de : F. Duchesne, B. Merenne-Schoumaker & B. Vouchel, « La Communauté française de Belgique : ses dimensions géographiques », Commissariat Général aux Relations Internationales (C.G.R.I.). Laboratoire de méthodologie des sciences géographiques de l'Université de Liège, 1988.

4. Conclusion

Un survol même rapide de l'histoire politique de l'État belge depuis sa création fait apparaître un long processus de mutation du contentieux linguistique en contentieux institutionnel.

La transformation de l'État unitaire en État fédéral trouve ses raisons les plus profondes dans des mouvements de longue durée qui étaient en cours lors de sa fondation : le premier, un processus de francisation, qui fut générateur de réactions en milieu flamand, le second, un processus de centralisation et de concentration du pouvoir, tant public que privé, qui fut générateur de réactions tant en milieu wallon qu'en milieu flamand. L'interconnexion des deux mouvements trouve son illustration la plus remarquable dans la complexité du problème bruxellois.

Le processus de réformes institutionnelles qui s'est déroulé au cours du dernier quart de siècle est le produit de pressions, simultanées sans pour autant être symétriques, du mouvement flamand et du mouvement wallon. Ces mouvements ont, par leur influence sur la représentation politique de la Flandre d'une part, de la Wallonie d'autre part, déterminé des configurations successives de forces politiques, à l'origine de la formation de coalitions gouvernementales (parfois élargies en surmajorités pour le vote de certaines dispositions) et de la négociation de compromis.

Certes, les compromis n'ont pas été sans faille. Le mode de fixation des limites des régions linguistiques, le caractère de délimitation administrative donné à la frontière linguistique dès 1962, sa consécration progressive comme frontière politique, le règlement selon un principe de territorialité des problèmes complexes liés à l'emploi des langues, sont des décisions qui entretiennent un contentieux latent. Il importe de rappeler que la fixation de la frontière linguistique par la loi de novembre 1962 est antérieure aux dispositions relatives à la protection des minorités. C'est une loi qui n'aurait pu être adoptée dans les mêmes conditions de majorité parlementaire après la révision de 1970…

De même que la scission linguistique des structures administratives du Ministère de l'Éducation nationale et de la Culture, la fixation de la frontière linguistique est encore une décision de la Belgique unitaire, avant le début de la transformation des institutions. Elle manifeste clairement que la déjà ancienne majorité démographique flamande s'est traduite en majorité politique.

La réforme des institutions aura pour objectif, non seulement de consacrer l'autonomie des Communautés et des Régions, mais aussi de prévoir des mécanismes de garantie et de protection. Elle est marquée d'une indéniable complexité et n'évite pas toujours les contradictions entre les dispositions anciennes qui sont maintenues et les dispositions nouvelles qui sont introduites.

Au moment de l'histoire où la plupart des États-nations sont confrontés au problème de la redistribution partielle de pouvoirs centralisés vers des entités sous-nationales d'une part, vers des ensembles supra-nationaux d'autre part, le cas de la Belgique présente au moins l'intérêt jusqu'à présent d'un cas de résolution pacifique des tensions, même au prix de la complexité institutionnelle et des coûts qu'elle entraîne.

Xavier MABILLE

Chapitre 26

La législation linguistique

Si l'origine et les raisons de la législation linguistique belge ne peuvent se comprendre que dans la perspective historique décrite au chapitre précédent, son contenu est pour le moins complexe et évolutif.

Complexe, car différents critères doivent être pris en considération pour déterminer la règle applicable à chaque situation examinée; évolutive, car les réformes constitutionnelles de 1993 ont aussi modifié une législation pourtant ancienne parfois de plus de soixante ans, mais encore et toujours remaniée, ce qui est le signe que tous les problèmes n'ont pas été résolus.

Schématiquement, on peut distinguer les règles constitutionnelles et les règles de type législatif. Dans la Constitution, une série de dispositions fixent les règles de base des comportements linguistiques; par ailleurs, des normes de type législatif (loi fédérale) ou équivalentes (décret communautaire) assurent l'exécution de ces règles dans des domaines variés.

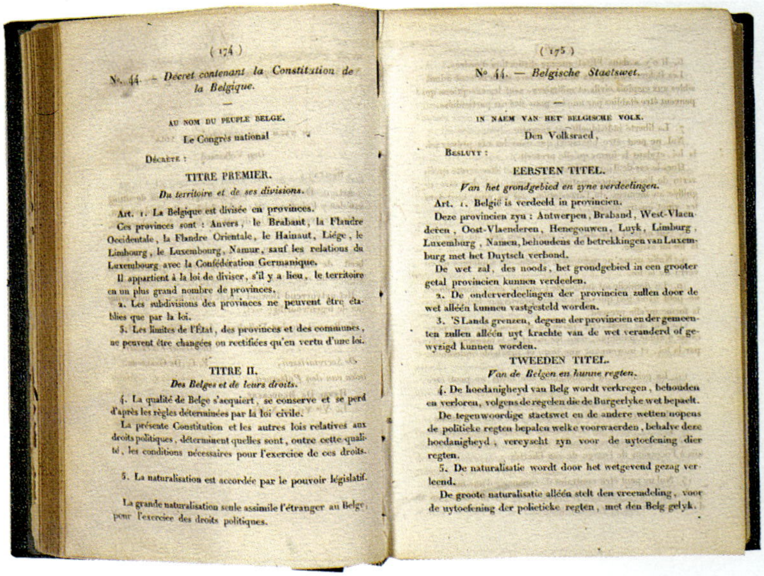

(174)

N°. 44. — *Décret contenant la Constitution de la Belgique.*

—

AU NOM DU PEUPLE BELGE.

Le Congrès national

DÉCRÈTE :

TITRE PREMIER.

Du territoire et de ses divisions.

Art. 1. La Belgique est divisée en provinces.

Ces provinces sont : Anvers, le Brabant, la Flandre Occidentale, la Flandre Orientale, le Hainaut, Liége, le Limbourg, le Luxembourg, Namur, sauf les relations du Luxembourg avec la Confédération Germanique.

Il appartient à la loi de diviser, s'il y a lieu, le territoire en un plus grand nombre de provinces.

2. Les subdivisions des provinces ne peuvent être établies que par la loi.

3. Les limites de l'État, des provinces et des communes, ne peuvent être changées ou rectifiées qu'en vertu d'une loi.

TITRE II.

Des Belges et de leurs droits.

4. La qualité de Belge s'acquiert, se conserve et se perd d'après les règles déterminées par la loi civile.

La présente Constitution et les autres lois relatives aux droits politiques, déterminent quelles sont, outre cette qualité, les conditions nécessaires pour l'exercice de ces droits.

5. La naturalisation est accordée par le pouvoir législatif.

La grande naturalisation seule assimile l'étranger au Belge, pour l'exercice des droits politiques.

(175)

N° 44. — *Belgische Staetswet.*

—

IN NAEM VAN HET BELGISCHE VOLK.

Den Volksraed,

BESLUYT :

EERSTEN TITEL.

Van het grondgebied en zyne verdeelingen.

Art. 1. België is verdeeld in provincien.

Deze provincien zyn : Antwerpen, Braband, West-Vlaenderen, Oost-Vlaenderen, Henegouwen, Luyk, Limburg, Luxemburg, Namen, behoudens de betrekkingen van Luxemburg met het Duytsch verbond.

De wet zal, des noods, het grondgebied in een grooter getal provincien kunnen verdeelen.

2. De onderverdeelingen der provincien zullen door de wet alléén kunnen vastgesteld worden.

3. 'S Lands grenzen, degene der provincien en der gemeenten zullen alléén uyt krachte van de wet veranderd of gewyzigd kunnen worden.

TWEEDEN TITEL.

Van de Belgen en hunne regten.

4. De hoedanigheyd van Belg wordt verkregen, behouden en verloren, volgens de regelen die de Burgerlyke wet bepaelt.

De tegenwoordige staetswet en de andere wetten nopens de politieke regten bepalen welke voorwaerden, behalve deze hoedanigheyd, vereyscht zyn voor de uytoefening dier regten.

5. De naturalisatie wordt door het wetgevend gezag verleend.

De groote naturalisatie alléén stelt den vreemdeling, voor de uytoefening der polietieke regten, met den Belg gelyk.

La constitution belge prévoit la liberté linguistique mais soumet son usage public à certaines restrictions.

« Bulletin des Arrêtés et Actes du Gouvernement Provisoire et des décrets du Congrès National de la Belgique », XIV, 1831.

Cl. S.L.F.

1. Les règles constitutionnelles : le principe et ses restrictions

L'emploi des langues est avant tout un droit, une liberté garantie à l'article 30 de la Constitution dans les termes suivants : « l'emploi des langues usitées en Belgique est facultatif ». Le principe est donc celui de la liberté d'user du français, du néerlandais ou de l'allemand, sans distinction de territoire, de matière ou d'interlocuteur.

Pourtant, le même texte constitutionnel comporte trois restrictions importantes à cette liberté.

Première restriction : la seconde phrase de l'article 30 précité prévoit que « l'emploi des langues peut être réglé par la loi, et seulement pour les actes de l'autorité publique et les affaires judiciaires ». L'usage facultatif peut donc devenir obligatoire, dans la sphère publique.

Deuxième restriction : l'article 4 de la même Constitution instaure quatre régions linguistiques, — la région de langue française, la région de langue néerlandaise, la région de langue allemande et la région bilingue de Bruxelles-Capitale —, dont elle précise les limites géographiques. Ces régions constituent la base territoriale des Communautés qui y correspondent, sauf le cas spécifique de la Région de Bruxelles-Capitale, et déterminent donc la langue dont il doit être fait usage.

La périphérie bruxelloise : une pomme de discorde.
Cl. S.L.F.

Troisième restriction : l'article 129 de la Constitution confie aussi à la Communauté française et à la Communauté flamande la compétence exclusive de régler l'emploi des langues en matière administrative, en matière d'enseignement et dans les relations sociales entre les employeurs et leur personnel ainsi que pour les actes et documents des entreprises.

Le domaine de la législation linguistique a donc été sensiblement élargi. Il se caractérise, historiquement, par l'intervention de l'État national, intervention dont les lois linguistiques de 1963 fixant ce qu'on a appelé « la frontière linguistique », constituent le point culminant. À l'État ont succédé, mais en partie seulement, les Communautés culturelles qui ont alors, dès les années 1970, légiféré à leur tour dans les domaines de leurs compétences et pour les territoires qui les concernent.

Les choses seraient aisées à comprendre si la Belgique était divisée en régions linguistiques homogènes tant au plan culturel que sociologique. Or, on est loin du compte. Dans chaque région linguistique, il y a en effet des minorités d'une autre langue qui bénéficient d'un statut et d'un régime spéciaux. C'est notamment le cas dans ce qui est communément appelé « les communes à facilités ». Par ailleurs, dans les régions bilingues, des degrés divers de protection d'usage de leur langue sont assurés par la législation linguistique aux différentes catégories de personnes physiques ou morales concernées.

Dès lors, pour déterminer la règle applicable, il faut souvent procéder à une sorte de combinatoire où les variantes suivantes entrent en jeu : le territoire concerné (quelle région linguistique ?), la nature de la compétence en jeu (quelle matière ?), l'autorité compétente (fédérale ou communautaire ?), la personne concernée (personne physique ou personne morale ?), la nature de la règle (facultative ou impérative ?).

Ces questions font l'objet de litiges aussi divers que variés, que ce soit devant les juridictions judiciaires (les Cours et tribunaux), la juridiction administrative (le Conseil d'État) ou même constitutionnelle (la Cour d'arbitrage), sans oublier les Cours internationales (la Cour européenne des Droits de l'Homme de Strasbourg), litiges qui n'aboutissent pas nécessairement à des interprétations uniformes et cohérentes. Il serait vain de vouloir préciser ici toutes les nuances de la matière. Dans un ouvrage consacré à une langue et un pays, — le français en Belgique —, l'intérêt consiste plutôt à voir si cette langue se rattache nécessairement à sa Communauté, la Communauté française de Belgique, ou si elle la transcende.

On propose dès lors de suivre une sorte de parcours des droits du francophone dans la Belgique fédérale en tenant compte de la règle de base suivante : en région linguistique française, la langue officielle est le français; en région linguistique néerlandaise, c'est le néerlandais; en région de langue allemande, c'est l'allemand et, dans les régions bilingues, Bruxelles-Capitale et les communes à facilités, c'est le bilinguisme qui est d'application, mais à des degrés divers. On verra cependant que ces frontières ne sont pas imperméables et qu'on peut parfois user d'une autre langue que la langue officielle de

La cour d'arbitrage règle les litiges entre les entités fédérées.

la région, même si celle-ci tend de plus en plus à être consacrée de manière définitive.

L'exercice proposé pourrait certes être réalisé par un néerlandophone qui franchirait la frontière linguistique de sa région : les limites qu'il rencontrerait sur le reste du territoire correspondent à peu de choses près à celles imposées dans sa région aux personnes pratiquant une autre langue que le néerlandais. Cette « loi du Talion » linguistique pourra sembler à bien des égards quelque peu regrettable.

Pour être complet, on signalera qu'il existe aussi des communes à statut linguistique spécial le long de la frontière linguistique délimitant la (petite) Communauté germanophone et la Communauté française. On ne traitera cependant ci-après, que des problèmes, les plus importants, posés par la frontière entre les Communautés flamande et française.

2. Les règles législatives et décrétales : les domaines de la législation linguistique

S'il est un domaine où le principe constitutionnel de la liberté d'emploi des langues est entièrement respecté, c'est celui des relations entre personnes privées : conversations, lettres, entretiens téléphoniques, etc. ne sont régis par aucun texte, au demeurant inconcevable. Toutefois, il faut constater que certains extrémistes en la matière s'insurgent de ce que des spectacles en français (théâtre, conférences, films, etc.) organisés à titre privé se tiennent en région néerlandaise. Par diverses manœuvres d'intimidation (chahut, protestations et parfois même violence), ils arrivent, de fait, à écorner une liberté pourtant toujours érigée en principe.

Quoi qu'il en soit, dans d'autres domaines tout aussi importants de la vie quotidienne du citoyen, l'emploi des langues fait l'objet d'une stricte réglementation.

2.1 Les relations avec les autorités

Au départ, la Constitution a été interprétée restrictivement : seuls pouvaient faire l'objet d'une réglementation linguistique, les actes des autorités publiques. Cette réglementation a cependant abouti d'une part, à transformer l'usage facultatif des langues usitées en Belgique en un usage obligatoire d'une langue déterminée selon le territoire concerné; et d'autre part, la notion d'acte a été élargie à toutes les matières administratives.

Concrètement, les lois et textes réglementaires pris par l'autorité fédérale sont obligatoirement publiés au *Moniteur belge* dans les deux langues nationales. Comme l'a indiqué l'arrêt n° 59/94 prononcé le 14 juillet 1994 par la Cour d'arbitrage, ces mêmes lois et arrêtés doivent aussi faire l'objet, depuis le 1er janvier 1989, d'une traduction systématique en langue allemande dans un délai raisonnable.

Quant aux normes des entités fédérées (Communautés ou Régions), leur publication dans la langue de la région concernée fait aussi l'objet d'une traduction dans l'autre langue.

En revanche, il n'en va pas de même pour les actes qui n'intéressent pas la généralité des citoyens (exemple : modification d'un plan d'aménagement du territoire, nominations, etc.) : ceux-ci ne sont publiés que dans la langue de l'autorité qui les adopte.

Pour un francophone de Belgique, la connaissance des normes adoptées en Communauté flamande ou en Communauté germanophone est donc assurée dans une large mesure. Il n'a toutefois aucun droit à demander et à obtenir la traduction d'un texte individuel qui l'intéresserait, ni à s'adresser en français à l'autorité d'une région linguistique où le français n'est pas la langue officielle. La seule exception à ce principe s'applique à la région bilingue de Bruxelles-Capitale et aux communes à facilités.

Pour assurer le respect de l'ensemble de la réglementation linguistique, il a été institué, à la fin des années soixante, une Commission permanente de Contrôle linguistique (C.P.C.L.), composée de 11 membres, 5 francophones, 5 néerlandophones, 1 germanophone. Les membres sont présentés par les Conseils culturels français, néerlandais et allemand; le Président est choisi par la Chambre fédérale. La Commission est scindée en deux sections, une section française et une section néerlandaise, chacune s'occupant des affaires localisables dans son aire de compétence. Toutes les autres affaires, notamment celles qui relèvent d'une région à caractère bilingue ou des communes à facilités, sont de la compétence des deux sections réunies. En particulier, les réformes fédérales de 1993 ont prévu, pour les habitants de ces régions, la possibilité de déposer des plaintes auprès de la Commission à propos de la langue que les autorités administratives emploient dans leurs relations avec les particuliers et avec le public (notamment à propos des avis, communications et formulaires destinés au public, les avis, communications destinés au tourisme, les rapports avec les particuliers et les réponses qui leur sont faites, les problèmes de traduction, les diplômes et certificats d'études, l'application des arrêtés royaux et ministériels).

Lorsqu'elle est saisie d'une pareille plainte, la Commission doit émettre un avis dans les 45 jours, et elle peut adresser une mise en demeure à l'attention de l'autorité concernée en l'invitant à prendre toutes les mesures nécessaires pour assurer le respect des dispositions légales. Bien plus, si l'autorité concernée ne s'est pas conformée à la mise en demeure dans le délai fixé par la Commission, celle-ci peut prendre toutes les mesures nécessaires pour assurer le respect de la législation en lieu et place de l'autorité défaillante.

Enfin, on signalera également que les francophones des communes à facilités situées dans la Province du Brabant flamand, c'est-à-dire en région linguistique néerlandaise, bénéficient d'un organe de contrôle supplémentaire : le Vice-Gouverneur adjoint de la Province. Les habitants néerlandophones de la Région de Bruxelles-Capitale, région officiellement bilingue mais en fait francophone à une très large majorité, disposent pour leur part également d'un organe complémentaire de surveillance, à savoir le Vice-Gouverneur. Celui-ci est également chargé de veiller à l'application des lois et règlements

Manifestation flamingante.
Cl. Agence Belga.

relatifs à l'emploi des langues en matière administrative dans les communes de la Région de Bruxelles-Capitale.

2.2 Fonctionnement des autorités

C'est ici que la notion d'acte administratif s'est élargie : en effet, diverses décisions judiciaires, suivies de lois fédérales ou de décrets communautaires entérinant cette jurisprudence, ont débouché sur le principe selon lequel, dans chaque région, la langue officielle doit être utilisée pour l'ensemble de la matière administrative. Concrètement, en région de langue néerlandaise et même dans les communes où une forte majorité d'élus locaux sont francophones, les serments, les délibérations, les votes dans les assemblées délibérantes, etc. doivent se faire dans la langue de la région, c'est-à-dire en néerlandais, ce qui suppose par conséquent dans le chef des élus une compétence linguistique en néerlandais. La même exigence linguistique est requise pour les personnes exerçant des fonctions administratives dans les communes concernées.

2.3 La matière judiciaire

L'usage de la langue dans les procédures judiciaires est évidemment important tant au niveau pénal que civil ou commercial.

À cet égard, la loi fédérale de 1935 prévoit un double mécanisme en matière pénale. Conformément à la Constitution, le prévenu peut choisir sa langue dans la procédure judiciaire. S'il se trouve dans une région qui ne correspond pas à cette langue, la juridiction sera dessaisie et le dossier sera envoyé à la juridiction d'une autre région linguistique, la plus rapprochée du domicile de l'inculpé. Par ailleurs, l'inculpé qui ne comprend pas une autre langue que le français peut demander que soit jointe au dossier une traduction des procès-verbaux des déclarations des témoins ou plaignants, des rapports d'experts rédigés, etc. En ce cas, les frais de traduction sont à charge de l'État. Enfin, durant les débats oraux, des interprètes sont également mis à disposition du prévenu, si nécessaire.

En matière civile et commerciale, du moins dans certains cas, le défendeur peut solliciter la poursuite de la procédure dans une langue autre que celle utilisée dans l'acte introductif. De même, les plaideurs peuvent choisir de commun accord une langue autre que celle imposée par la loi. Cependant, sauf à Bruxelles, l'acte introductif d'instance doit être rédigé en français ou en néerlandais selon que le défendeur est domicilié en région de langue française ou en région de langue néerlandaise. La procédure est dès lors poursuivie dans cette langue, à moins que le défendeur ne demande que la procédure suive son cours dans une autre langue. Le juge peut cependant refuser de faire droit à cette demande si les éléments de la cause établissent que le défendeur a une connaissance suffisante de la langue employée dans l'acte introductif. La décision du juge doit, comme toute décision, être motivée sur ce point, mais elle n'est pas susceptible d'appel.

2.4 En matière d'enseignement

L'emploi des langues dans l'enseignement, dans son organisation, dans son fonctionnement et dans la délivrance des diplômes est réglé par la loi du 30 juillet 1963. À cet égard, dans les régions unilingues, il est impossible de disposer d'un enseignement dans la langue de son choix, au contraire des régions où le bilinguisme est officiel. La Cour européenne des droits de l'homme de Strasbourg a, par un arrêt du 23 juillet 1968, admis la légitimité de cette disposition, son but étant l'unité linguistique à réaliser au sein des deux grandes régions linguistiquement homogènes de la Belgique. Concrètement, le francophone qui vit en région de langue néerlandaise doit dès lors inscrire ses enfants à un établissement de langue néerlandaise, sauf à les véhiculer en région de langue française ou en région bilingue pour qu'ils y bénéficient d'un enseignement en français.

2.5 En matière sociale

En matière sociale, le régime de liberté n'existe plus que dans les régions bilingues et dans les communes à facilités. En revanche, dans les régions de langue française et néerlandaise, des décrets communautaires ont fixé la langue à utiliser dans les relations sociales et dans les documents prescrits par les lois et les règlements. Les relations individuelles ou collectives, verbales ou écrites, entre employeurs et travailleurs de la région linguistique néerlandaise, doivent s'effectuer en néerlandais. Il en va de même des offres d'emploi et des documents destinés au personnel. En Flandre, en cas de violation de la règle, non seulement la nullité du document est absolue, mais des amendes administratives ou des sanctions pénales peuvent être prononcées à charge des employeurs ayant contrevenu aux normes applicables. Dans son décret du 30 juin 1982, la Communauté française avait certes tenté d'étendre l'usage obligatoire du français aux entreprises employant des travailleurs d'expression française, quelle que soit la région où ces entreprises sont localisées, mais ces dispositions ont été annulées par les arrêts prononcés par la Cour d'arbitrage les 30 janvier et 18 novembre 1986 : un tel décret violait les limites territoriales dans lesquelles la Communauté française pouvait légiférer. On ajoutera que la Cour d'arbitrage a imposé les mêmes limitations à un décret flamand qui poursuivait un objectif comparable.

Enfin, par un arrêt du 9 novembre 1995, la Cour d'arbitrage a également annulé partiellement un autre décret de la Communauté flamande qui prétendait désormais imposer l'usage exclusif de la langue néerlandaise tant dans les offres d'emploi émanant d'un employeur situé en région néerlandaise, que dans les procédures de sélection des employés.

Pour la Cour d'arbitrage, ce décret a été jugé inconstitutionnel, puisque la compétence des communautés est, en la matière, limitée aux relations sociales entre les employeurs et leur personnel. Or, selon la Cour, « une offre d'emploi émane d'une personne déterminée et s'adresse à un nombre indéterminé de personnes. Elle ne va pas au-delà de l'annonce unilatérale de la possibilité de faire naître une relation de travail. Il n'y a encore aucun lien individualisé entre l'auteur de l'offre et les personnes qui pourraient y répondre. Les offres d'emploi ne peuvent donc pas être comprises dans la notion de "relations sociales entre les employeurs et leur personnel" ».

En revanche, la Cour d'arbitrage a considéré que les entretiens et écrits utilisés lors d'une procédure de sélection sont compris dans la notion de « relations sociales entre les employeurs et leur personnel ». L'usage obligatoire du néerlandais peut dès lors être imposé aux employeurs situés en région de langue néerlandaise.

3. Conclusion

Au départ, l'emploi des langues était donc libre. Aujourd'hui, on peut se demander ce qu'il reste de cette liberté. Pas grand-chose à vrai dire, sauf dans les régions où le bilinguisme a été instauré.

Est-ce à dire que les francophones ont effectué un choix erroné en 1932 en ne privilégiant pas le bilinguisme généralisé ? Paradoxalement, oui. Certes, à l'époque, la majorité de la population dirigeante parlait français et n'entendait pas devoir parler également le néerlandais. Le choix a donc été fait de l'unilinguisme territorial. Soixante ans plus tard, on constate que la présence d'une majorité de néerlandophones en Belgique entraîne une réduction sensible des droits linguistiques des francophones, lesquels ne peuvent faire librement usage de leur langue que sur le territoire de la région de langue française et dans les régions bilingues. L'inverse est aussi vrai pour les néerlandophones, mais il est de fait que le bilinguisme aurait permis, au niveau belge, de maintenir le français comme une langue principale et non comme une langue réduite à un territoire bien déterminé.

Il est vraisemblable que les limites fixées par la loi depuis une trentaine d'années sont aujourd'hui définitives. Ce n'est donc qu'à partir de la Communauté française que la langue française pourra être défendue, ce que divers décrets s'attachent à réaliser avec plus ou moins de bonheur.

François TULKENS

Chapitre 27

La promotion du français en Communauté française de Belgique

1. Cadre général

On a vu précédemment (chapitres 25 et 26) que la question linguistique avait été au centre des préoccupations de l'État belge. La gestion de ce conflit a abouti dans un premier temps à la mise en place d'un dispositif législatif important (les lois coordonnées sur l'emploi des langues de 1963), puis à la communautarisation et enfin à la fédéralisation de l'État belge. Elle constitue un exemple de politique linguistique, souvent cité par ceux qui se préoccupent d'aménagement linguistique.

Les chapitres précédents de cette dernière section permettent de comprendre le contexte dans lequel s'inscrivent la défense et l'illustration de la langue française en Communauté française. C'est en effet, à partir de la communautarisation de l'État belge, amorcée en 1970, que les Communautés seront compétentes pour gérer leur langue. La révision de la Constitution en 1971 consacre l'autonomie culturelle des deux Communautés française et flamande (article 59 bis), et place la défense et l'illustration de la langue au premier rang des compétences des Conseils culturels. Ce principe est réaffirmé dans l'article 4 de la loi spéciale des réformes institutionnelles du 8 août 1980 qui précise la liste des matières culturelles communautaires. La défense et l'illustration de la langue est la première d'entre elles.

Cela n'a rien d'étonnant : la langue n'est-elle pas, avec la culture, l'élément constitutif déterminant de la Communauté ? D'autre part, c'est un critère linguistique qui délimite la compétence territoriale des Communautés : la Communauté française étend sa juridiction sur la région unilingue de langue française et, à Bruxelles, sur les institutions qui en relèvent par sa langue et sa culture (article 59 bis, § 2). On notera aussi que la révision de la Constitution de 1971 accorde la compétence aux communautés culturelles, à l'exclusion du législateur, pour l'emploi des langues en ce qui concerne : 1°) les matières administratives, 2°) l'enseignement dans les établissements créés, subventionnés ou reconnus par les pouvoirs publics, et 3°) les relations sociales entre les employeurs et leur personnel ainsi que les actes et les documents des entreprises imposés par la loi et les règlements (article 59 bis, § 3). Cette compétence est cependant limitée d'une part par l'ensemble des législations prises avant 1970, et d'autre part par le territoire sur lequel elle peut s'exercer.

Ces dispositions ont été maintenues lors de la révision de la Constitution de 1980, qui a modifié le visage des Communautés en les dotant d'exécutifs propres.

On peut donc dire que, depuis 25 ans, la Communauté française dispose d'une autonomie lui permettant de défendre et promouvoir sa langue.

L'enjeu est important puisque le français est la langue maternelle des habitants de la partie unilingue française de Belgique ainsi que des Bruxellois francophones, donc d'une population de 4.200.000 personnes au total.

Ce chapitre sera consacré à l'analyse des actions menées en Communauté française en matière de langue française, et particulièrement à l'action des pouvoirs publics.

2. L'action des pouvoirs publics : de la sensibilisation à la politique de la langue française en Communauté française

On a vu comment l'État belge, confronté à la gestion des rapports entre les trois langues nationales, a géré son plurilinguisme et a donc mené une réelle politique linguistique. Au niveau de la Communauté française, c'est de la gestion de la langue française qu'il s'agit. Nous analyserons donc comment en Belgique francophone s'est développée une politique de la langue française. On verra, au long de l'analyse, que toute action sur la langue peut porter sur deux types d'objet : soit sur la vie de la langue elle-même (le lexique, la graphie, etc.), ce que les Québécois, spécialistes de l'aménagement linguistique, appellent le *corpus*, soit sur son rayonnement et ses conditions d'utilisation, en un mot son statut. Les faits nous amènent à distinguer deux périodes : de 1970 à 1985, de 1985 à aujourd'hui.

2.1 De 1970 à 1985 : la sensibilisation

2.1.1 *Le décret sur la défense de la langue française*

De 1970 à 1985, la Communauté française est peu intervenue pour défendre sa langue. L'action la plus marquante de ces quinze années est sans aucun doute le vote du décret du 12 juillet 1978 (publié au *Moniteur* le 9 septembre 1978) sur la défense de la langue française.

Plus communément appelé « décret Spaak », du nom de l'auteur de cette proposition, il s'agissait de la première norme à valeur législative prise par la Communauté française pour protéger sa langue. Ce décret visait d'une part à maintenir l'intégrité de la langue française en prohibant l'utilisation de termes étrangers dans une série d'actes et documents d'intérêt public, du moins dans les cas où existaient des termes équivalents en français, homologués par le Conseil international de la langue française et reconnus par le Conseil de la Communauté. D'autre part, il visait à interdire l'emploi d'une autre langue que le français dans les marchés et contrats auxquels l'État ou l'autorité administrative participe, dans les actes et documents des entreprises imposés par la loi, pour les inscriptions apposées dans des bâtiments appartenant aux pouvoirs publics. S'inspirant largement d'une loi française du 31 décembre 1975, ce décret apparaissait comme une mesure prise pour lutter contre l'envahissement de l'anglais. Il fit l'objet d'un débat passionné mettant en évidence deux conceptions différentes d'une politique linguistique : l'une prônant une intervention musclée de l'État sur sa langue pour en préserver l'intégrité, l'autre revendiquant au contraire la suprématie de l'usage et de la liberté des locuteurs. La crainte de voir les pouvoirs publics légiférer en matière de langage a eu pour conséquence la suppression des sanctions prévues dans une première mouture du décret.

En définitive, ce décret dépourvu de toute sanction pénale n'a jamais été réellement appliqué. Les listes de termes français obligatoires ou recommandés n'ont d'ailleurs été publiées qu'une seule fois au *Moniteur* en 1981. Ce décret a cependant permis une certaine sensibilisation à la langue française.

2.1.2 *La situation du français en Wallonie et à Bruxelles : Le rapport de 1981*

En France, dès les années soixante, un Haut Comité de la langue française se voyait chargé d'étudier et de proposer des mesures propres à assurer la défense et l'expansion de la langue française. L'Assemblée Nationale avait constitué, en 1979, une commission d'enquête sur la langue française afin d'envisager les actions concrètes à mener. En 1981, le président de cette commission invitait la Présidente du Conseil de la Communauté française à témoigner de la situation du français en Wallonie et à Bruxelles. La France montrait ainsi une ouverture aux autres communautés francophones et son intérêt pour une concertation éventuelle en matière de promotion de la langue française.

Ce rapport, présenté par la Présidente du Conseil de la Communauté française, se divisait en trois parties. La première, intitulée « Positions perdues par le français en Belgique », décrivait la situation du français en Belgique d'abord, en Communauté française ensuite, et mettait en évidence non seulement le recul du français, mais aussi sa dégradation. La seconde partie insistait sur l'action menée par le Conseil de la Communauté française à travers le décret Spaak. La troisième envisageait des pistes d'action pour l'avenir; elle insistait notamment sur le décloisonnement de la francophonie, indispensable pour promouvoir le français. Les actions évoquées concernaient non seulement la langue elle-même, mais aussi ceux qui la délaissent (tels les scientifiques ou les fonctionnaires des organismes internationaux), ceux qui veulent l'acquérir (tels les étrangers), ou encore ceux qui innovent, notamment les producteurs de logiciels ou de didacticiels.

2.1.3 *Le décret du 30 juin 1982*

Enfin, concernant l'emploi des langues et non plus la défense et l'illustration de la langue, signalons le décret du 30 juin 1982 relatif à la protection de la liberté d'emploi des langues et à l'usage de la langue française en matière de relations sociales entre employeurs et personnel ainsi que les actes et documents des entreprises imposés par la loi et les règlements. Ce décret tentait notamment de contrecarrer certains effets du décret dit « de septembre » pris en 1973 par la Communauté flamande.

En effet, le décret du 30 juin 1982 imposait l'usage du français, pour les mêmes matières que celles du décret flamand, aux entreprises ayant un siège social ou d'exploitation en région de langue française ou encore occupant des travailleurs d'expression française.

En janvier 1986, un arrêt de la Cour d'arbitrage annulait partiellement le décret, en supprimant à l'article premier les mots « ou travailleurs d'expression française ». Ceci donnait satisfaction aux revendications flamandes, en consacrant le principe du droit du sol. La Cour estimait en effet que le critère « travailleurs d'expression française » ne localisait d'aucune façon les relations sociales entre les employeurs et leur personnel, pas plus que les actes et documents des entreprises imposés par la loi et les règlements, alors que, pour répondre au prescrit constitutionnel, les critères choisis doivent permettre, et de situer le lieu où les relations sociales entre l'employeur et son personnel se déroulent principalement et de fixer ce lieu exclusivement dans l'aire de compétence du législateur décrétal.

2.2 Depuis 1985 : l'ère des organismes linguistiques

Le décret de 1978 sur la défense de la langue française ainsi que la communication de la présidente du Conseil de la Communauté française témoignaient d'une première prise de conscience de la nécessité d'une intervention de l'État pour promouvoir le français, et constituaient l'embryon d'une politique de défense et d'illustration de la langue française. Toutefois, les actions à mener étaient envisagées d'un point de vue strictement défensif, centré prioritairement sur la lutte contre les anglicismes. Toute méritoire que fût cette législation, elle n'abordait cependant qu'une partie des problèmes.

2.2.1 *Les organismes linguistiques*

L'idée de développer une politique de la langue est encore relativement neuve. Elle se concrétise en 1985 par la création du Conseil et du Service de la langue française, organismes chargés de conseiller le gouvernement de la Communauté française sur toute question relative à la langue et à la francophonie et de mettre en œuvre une politique de défense et d'illustration de la langue. On peut s'interroger sur le retard des pouvoirs publics à se pourvoir d'organismes chargés de veiller à l'évolution de la langue, alors que la défense et l'illustration de la langue figurent en tête des compétences de la Communauté française, que la langue est précisément ce qui fonde la cohésion de cette Communauté, et que la France et le Québec, chacun pour des raisons propres, se préoccupaient dès les années soixante de défendre le français de manière active.

Plusieurs hypothèses peuvent être avancées : la question des langues n'a été longtemps perçue, au sein de l'État belge, que sous l'aspect de leur répartition territoriale et administrative ; d'autre part, les réactions face au décret Spaak ont montré une certaine réticence vis-à-vis de l'action de l'État en matière de langue et ont peut-être incité celui-ci à une certaine prudence ; enfin, longtemps complexés par le modèle français, les francophones de Belgique ont toujours éprouvé quelque difficulté à assumer leur langue et s'en remettaient sans doute inconsciemment à la France, gardienne « naturelle » ou « symbolique » de leur langue, pour la préserver et la promouvoir.

Quoi qu'il en soit, en 1985, le contexte est devenu favorable à une action plus concertée de la Communauté. Au niveau externe, la France s'ouvre davantage aux autres communautés francophones et souhaite partager la défense du français avec celles-ci. On en veut pour preuve la création, en 1984, d'un Haut Conseil de la Francophonie composé de diverses personnalités de France et de la francophonie ou, en 1986, la tenue du premier « Sommet des peuples et gouvernements ayant en commun l'usage du français ». De manière plus spécifique, la France et le Québec, par l'intermédiaire de leurs organismes linguistiques, souhaitaient établir des relations de coopération linguistique avec la Communauté française.

Au niveau interne, les discours sur le déclin ou la crise du français témoignent d'un certain pessimisme en évoquant la dégradation de la qualité de la langue ainsi que l'influence croissante de l'anglo-américain. Il semblait dès lors indispensable de mettre sur pied une structure permanente, habilitée à cerner les problèmes liés à l'évolution du français en Belgique romane, à rassembler les informations éparses, à étudier et proposer les mesures nécessaires, à veiller à leur exécution, et à être l'interlocuteur des organismes homologues à l'étranger.

La décision de créer des organismes linguistiques en Communauté française était motivée aussi par la prise de conscience des enjeux d'une politique de la langue française, dépassant de loin les questions de purisme, mais ayant des implications économiques, sociales, culturelles et politiques et concernant dès lors de multiples secteurs.

Ajoutons que le besoin d'une prise en charge par les pouvoirs publics de la langue française semblait être ressenti par l'opinion publique puisque, lors d'un sondage mené en 1986 sur l'image de la langue française auprès des Belges francophones, 82,5 % des personnes interrogées estimaient que le français avait besoin d'être défendu, et 70 % des interviewés affirmaient que les pouvoirs publics devaient intervenir plus activement pour promouvoir et protéger la langue française. (Garsou, 1991).

La nécessaire coopération linguistique entre les pays de la Francophonie nord.
Dessin de Pierre Kroll . Copyright A.C.C.T., Paris.

Le Conseil de la langue française

Le Conseil de la langue française créé en 1985 et dont Joseph Hanse fut le premier Président, est un organisme consultatif chargé de conseiller le Ministre ayant la langue dans ses attributions sur toute question relative à l'usage et à la diffusion de la langue française.

En 1993, ce conseil a vu sa dénomination modifiée en Conseil supérieur de la langue française et ses missions s'élargir.

Ainsi, outre les avis qu'il peut remettre sur toute question relative à la langue, il est chargé d'être attentif à l'évolution de la situation linguistique en Communauté française quant à la place de la langue française et à sa qualité, de proposer un programme de recherches, ainsi que toute action de sensibilisation susceptible de promouvoir la langue française auprès de la population, des pouvoirs publics et des milieux concernés.

Le souhait qui apparaissait dès la mise en place du Conseil en 1985 de ne pas limiter les actions à la qualité de la langue se trouve renforcé ici par le fait que les membres du conseil doivent refléter de par leur fonction l'ensemble de la société.

Aussi, le Conseil, présidé par Jean-Marie Klinkenberg, est composé de 41 personnes dont une dizaine membres de droit représentant les administrations et les grandes institutions de la Communauté française, les autres membres désignés représentant les milieux socio-économique, scientifique, juridique, politique, de l'enseignement et de la formation, des médias, de la philologie, de la linguistique, des arts et des lettres.

Jean-Marie Klinkenberg, Président du Conseil supérieur de la langue française.
Photo Nicole Hellyn.

Le Service de la langue française

Le Service de la langue française appartient au Ministère de la Culture et des Affaires sociales. Il a pour mission de coordonner les actions des organismes publics et privés qui concourent à la défense et à la promotion de la langue française.

Plus concrètement, le Service de la langue assure :

- Le soutien et la coordination des activités liées à l'enrichissement de la langue.
- Le soutien aux activités de promotion du français.
- Le soutien aux publications scientifiques en langue française.
- Le soutien aux collections linguistiques et publications sur la langue française.
- Le soutien aux recherches en matière de langue française.
- La coopération avec les organismes linguistiques en France et au Québec.

Joseph Hanse, le premier Président du Conseil de la langue française.
Cl. S.L.F.

- L'édition et la diffusion de la collection « Français Société » qui présente la synthèse de travaux consacrés à la vie du français dans notre société; de la revue *Terminologies Nouvelles*, revue du Réseau international de néologie et terminologie et de certaines publications ponctuelles telles que le *Guide de féminisation*.
- Le service d'information téléphonique sur la langue française. Le Service de la langue française assure un service d'information téléphonique sur la langue française pour le grand public en répondant à toute question relative à l'orthographe, la grammaire, la terminologie, la législation linguistique, etc.
- Le secrétariat du Conseil supérieur de la langue française et de la Commission de surveillance de la législation sur la langue française.

En outre, fin 1990, l'Exécutif de la Communauté française ajoutait un organisme linguistique complémentaire : la Commission de surveillance de la législation sur la langue française.

La Commission de surveillance de la législation sur la langue française

La Commission de surveillance de la législation sur la langue française, créée par décret, a pour mission de veiller à l'application des lois, décrets et règlements sur l'emploi des langues en Communauté française et de donner un avis sur toutes questions relatives au non-respect de celles-ci. Elle reçoit, dès lors, les plaintes relatives aux manquements à ces législations ainsi que les questions et suggestions touchant aux droits, libertés, et obligations liés à l'emploi des langues et fait au gouvernement les propositions qu'elle juge devoir faire. Elle comprend treize membres désignés selon la règle proportionnelle par le Conseil de la Communauté française.

Les lois et décrets principaux que la commission est chargée de surveiller sont les lois coordonnées sur l'emploi des langues en matière administrative (18 juillet 1966), la loi du 30 juillet 1963 concernant le régime linguistique dans l'enseignement, le décret du 12 juillet 1978 sur la défense de la langue français, mieux connu sous l'appellation « décret Spaak », et le décret de juin 1993 sur la féminisation des noms de métier.

La compétence de la commission dans l'application de ces textes est limitée à la seule région de langue française en ce qui concerne l'emploi des langues pour les matières administratives et l'enseignement. Pour ce qui est de la défense et de l'illustration de la langue française, sa compétence s'étend aussi aux institutions établies dans la région bilingue de Bruxelles-Capitale qui, en raison de leurs activités, doivent être considérées comme appartenant exclusivement à la Communauté française.

Outre ces organismes linguistiques en lien direct avec le pouvoir politique, il faudrait aussi évoquer l'Académie royale de langue et de littérature françaises de Belgique. Créée en 1920, cette institution subventionnée par la Communauté française, se consacre à l'étude, à la pratique et à la promotion de la langue et de la littérature françaises. Elle groupe les personnalités qui, par leurs travaux, leurs écrits ou leurs discours, ont contribué de la façon la plus éminente à l'illustration de la langue française soit en étudiant ses origines et son évolution, soit en publiant des ouvrages d'imagination ou de critique. Dès sa création, l'Académie royale de langue et de littérature se distingue de l'Académie française parce qu'elle regroupe non seulement des écrivains mais aussi des philologues (grammairiens, linguistes, historiens de la langue ou de la littérature spécialisés dans l'étude de la langue et de la littérature françaises), qu'elle accueille, sur ses quarante membres, dix étrangers représentatifs de la langue française et de la francophonie et que dès le départ des membres féminins sont acceptés.

Si l'Académie s'est davantage centrée sur les travaux concernant la littérature, il faut voir toutefois que les travaux de ses philologues ont permis à l'institution de développer des contacts au sein de la francophonie entre spécialistes autour des pratiques de la langue.

Portrait des 112 membres depuis la création en 1920.
Académie royale de langue et de littérature françaises.
« Alphabet illustré de l'académie », Bruxelles, 1995.
Cl. S.L.F.

Le Palais des Académies, siège de l'Académie royale de langue et de littérature françaises, créée sous Albert Ier à l'initiative du ministre Jules Destrée.
Cl. A.R.L.L.F.

2.2.2 *Les actions menées par l'intermédiaire des organismes linguistiques*

Dès leur mise en place, le Conseil et le Service de la langue se sont attelés à l'identification des principaux problèmes que rencontre le français, et à l'exploration des réalités sociolinguistiques. Ils ont pour cela confié diverses recherches et enquêtes à des centres universitaires. C'est ainsi que des recherches ont été menées sur l'image de la langue française (Garsou, 1991), la lisibilité des textes administratifs

Le Service de la langue française stimule la recherche sociolinguistique,
« Français & Société », n° 8, édité par le Service de la langue française, Communauté française de Belgique, mars 1995.

(Strauven, 1993), l'impact sur la langue maternelle des pratiques d'immersion scolaire des jeunes francophones en classe néerlandophone (Braun, 1992), la maîtrise de l'écrit parmi les jeunes des classes terminales du secondaire (Hachez et Wynants, 1991), les pratiques linguistiques des grandes entreprises (Eraly et Dardenne, 1995), la situation du français à Bruxelles, les attitudes et comportements linguistiques des locuteurs de trois grandes villes de la Communauté française (Lafontaine, 1991). La plupart de ces recherches ont été publiées sous forme de synthèses dans la collection « Français et Société » éditée par le Service de la langue française.

Le Conseil et le Service de la langue française ont permis, grâce à la synergie installée entre milieux universitaires et pouvoirs publics, que se développe en Belgique francophone une préoccupation sociolinguistique quasi inexistante il y a vingt ans.

La Charte

Les travaux et les réflexions menés au sein du Conseil ont abouti à la rédaction d'une *Charte de la langue française*. Cette charte, adoptée par le Conseil de la Communauté le 21 juin 1989 énonce, en dix points, des priorités pour une politique de la langue française. Celles-ci s'articulent autour de quatre grands objectifs : l'adaptation du français aux réalités du monde moderne, l'amélioration de la qualité de la langue, l'affirmation de la présence de la langue française et la participation au rayonnement de notre langue et de notre culture. Ces objectifs expriment les deux pôles de toute politique linguistique : l'action sur la langue elle-même, son corpus, et l'action sur son statut. La charte passe en revue les principaux domaines de la vie sociale au sujet desquels il convient de rappeler à chaque francophone ses droits et devoirs linguistiques. Elle ne constitue nullement un texte normatif ni un catalogue exhaustif d'actions à mener mais doit plutôt être considérée comme un document d'orientation des politiques à mener en matière de langue.

Charte de la langue française

La Communauté française de Belgique se définissant d'abord par sa langue;
Le français étant le fondement d'une identité et d'une culture ouverte sur le monde;
Chaque francophone détenant une parcelle d'un patrimoine tant littéraire que culturel, qu'il doit avoir l'ambition d'entretenir et d'enrichir;
La Wallonie étant séculairement terre romane et foyer très ancien d'écrits français;
Bruxelles, siège des institutions européennes, étant une grande ville francophone:
Il convient de rappeler à chacun ses droits et ses devoirs de francophone -

1. Tout membre de la Communauté française a le droit de voir respecter sa langue et sa culture à l'intérieur des frontières du Royaume.
   Le gouvernement et les Exécutifs ont le devoir de prendre les mesures qui s'imposent pour faire respecter ce droit fondamental.

2. Tout membre de la Communauté française a le droit de disposer de services dans sa langue et de pouvoir prendre connaissance des textes légaux et administratifs redigés dans une langue claire et précise.
   Les administrations, les établissements publics et les entreprises ont le devoir de s'adresser en français au public qui le désire, et de rédiger des textes compréhensibles par le plus grand nombre.
3. Tout membre de la Communauté française a droit à un enseignement qui lui permette de maîtriser et d'aimer sa langue.
   Tous les enseignants ont le devoir de favoriser la promotion de chacun en lui assurant une bonne connaissance du français.
4. Tout membre de la Communauté française a le droit de recevoir un enseignement spécifique de la littérature propre à sa communauté culturelle.
   Les pouvoirs publics francophones ont le devoir de favoriser la connaissance, l'enseignement et le rayonnement des lettres françaises de Belgique.
5. Tout membre de la Communauté française a le droit de disposer, pour tout ce qui a trait à la langue française, de moyens de formation, d'information et d'assistance.
   Les pouvoirs publics ont le devoir de créer les instruments appropriés à ces objectifs et de les doter de ressources budgétaires adéquates.
6. Tout membre de la Communauté française est en droit d'attendre des mesures favorisant le rayonnement du français.
   Les pouvoirs publics ont notamment le devoir d'organiser un véritable apprentissage du français parmi les immigrés grâce à des mesures sociales et pédagogiques appropriées, dans le respect des spécificités culturelles; une attention particulière doit aussi être accordée à la lutte contre l'analphabétisme et l'illettrisme.
7. Tout membre de la Communauté française a le droit de compter sur une participation active de celle-ci aux diverses instances de la Francophonie et sur une défense vigilante du français dans les institutions européennes et mondiales.
   Les pouvoirs publics ont le devoir de mettre en œuvre les mesures concrètes susceptibles de développer les relations avec le monde francophone.
8. Tout membre de la Communauté française a le droit d'être informé dans une langue de qualité.
   Les médias ont le devoir de produire des messages écrits ou parlés qui, par leur correction, leur clarté et leur précision, contribuent au prestige et au rayonnement de la langue.
9. Tout membre de la Communauté française a le droit d'avoir accès à des produits présentés en français.
   Toute entreprise a le devoir d'assurer la diffusion de ses produits par un étiquetage et des notices d'emploi rédigés dans une langue correcte et précise.
10. Tout membre de la Communauté française est en devoir d'attendre que sa langue s'adapte à l'évolution des sciences et des techniques.
   Les universités, les institutions scientifiques et les chercheurs doivent rester fidèles au français. L'industrie, le monde du commerce et des affaires ont le devoir de promouvoir la langue française.

Lors de l'installation du Conseil supérieur de la langue française en 1993, le Ministre responsable de la politique de la langue a insisté particulièrement sur les actions à mener pour moderniser la langue, que ce soit en enrichissant la terminologie des sciences et des techniques, ou en féminisant les noms de métier. Il a aussi relevé la nécessité de mettre la langue française à la portée de tous, notamment en simplifiant le langage administratif ou en améliorant sa maîtrise parmi les plus défavorisés ou les immigrés. Il a enfin souhaité renforcer la position du français, plus particulièrement dans les sciences et les organisations internationales (voir aussi le chapitre 24).

Les actions pour moderniser la langue
La néologie et la terminologie

La nécessité de créer de manière harmonieuse et de diffuser efficacement des termes nouveaux en français particulièrement dans les secteurs scientifiques et techniques, où les besoins sont importants, était apparue lors du décret de 1978. Les actions menées depuis 1985 se sont centrées sur le repérage des besoins et des ressources en Communauté française et sur la concertation avec les autres pays francophones en cette matière.

C'est ainsi que la Communauté française participe, par l'intermédiaire du Conseil et du Service de la langue, au Réseau International de Néologie et de Terminologie (Rint), et au travail des Commissions Ministérielles de Terminologie françaises (CMT). Le Rint est un réseau créé en 1986 dans le cadre des Sommets francophones, avec pour objectifs de fournir aux francophones les outils d'expression dont ils ont besoin dans les domaines nouveaux, notamment des sciences et des techniques et d'instaurer une concertation en matière de création terminologique entre pays et communautés ayant le français en partage. Y participent la Communauté française de Belgique, la France, le Québec, le Canada, la Suisse, le Maroc, la Tunisie, Haïti, Madagascar et une dizaine de pays d'Afrique. Quant aux Commissions Ministérielles de Terminologie, elles ont été créées en France auprès des administrations centrales pour proposer, par secteur, les termes et néologismes nécessaires.

La réforme de l'orthographe

L'initiative de cette réforme émanait de la France. Le Conseil de la langue fut cependant consulté et déposait en 1990 une motion approuvant cette réforme. Depuis lors, le Conseil a réaffirmé sa position à l'égard de ces modifications orthographiques, qui n'ont toutefois jusqu'à présent pas fait l'objet d'une promotion officielle.(voir chapitre 19, pp.363-364)

La féminisation des noms de métier, fonction, grade ou titre

Le décret féminisant les noms de métier, fonction, grade ou titre est, sans aucun doute, une mesure qui ne laissa personne indifférent. Constatant que la langue ne reflétait pas l'évolution de la société où les femmes occupaient des fonctions de plus en plus nombreuses et diverses alors que leurs dénominations restaient au masculin, le

La réforme de l'orthographe : un objet de passion.
Dessin de Siné.
Reproduit avec l'aimable autorisation de Présence et Action Culturelles, asbl.

Conseil de la Communauté votait en juin 1993 un décret visant à féminiser ces noms dans les documents émanant du secteur public.

Les règles de féminisation, étudiées par le Conseil supérieur, étaient adoptées par un arrêté du gouvernement de la Communauté française du 13 décembre 1993.

Pour faire connaître cette réforme et montrer concrètement comment l'appliquer, la Communauté française publiait un guide de féminisation reprenant quelque 1.500 noms de métier (*Mettre au féminin. Guide de féminisation des noms de métier, fonction, grades ou titres*, 1994). Cette réforme n'avait en soi rien de vraiment révolutionnaire : des mesures comparables avaient été prises ailleurs en francophonie. Elle suscita pourtant un débat passionné en Communauté française, au travers duquel se sont exprimées différentes conceptions de la langue (Klinkenberg, 1995).

Tout comme en 1978, certains s'élevèrent pour dire que l'État n'avait pas à intervenir sur la langue et que c'était à l'usage de décider. Or, il n'existe pas un usage mais des usages, et dans ce cas l'État ne légiférait que dans le cadre de son propre usage administratif. En dehors de ce cadre administratif, chacun reste libre de féminiser ou pas.

Certains s'offusquèrent aussi de ce que la Communauté française faisait cavalier seul. En fait, elle ne faisait que suivre une recommandation ministérielle française de 1986, peu appliquée il est vrai. On retrouve ici ce complexe des francophones non hexagonaux, qui considèrent que l'usage de leur langue ne saurait être légitimé que par Paris. D'autres encore s'opposaient à la féminisation en avançant des arguments de type linguistique, mettant en avant, par exemple, le fait que le masculin serait un genre non marqué ou regrettant la polysémie de certains mots féminisés. Ces arguments, souvent erronés, traduisaient de fait une résistance au changement, changement linguistique d'une part, changement dans les rapports entre hommes et femmes d'autre part.

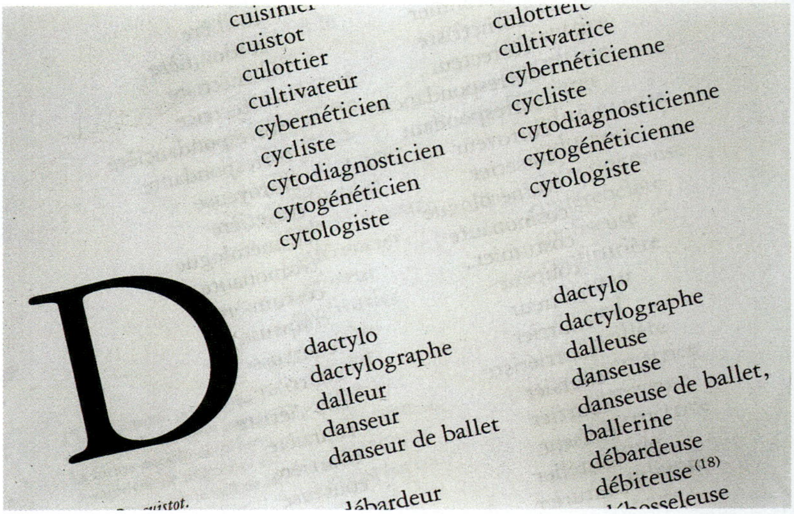

La féminisation des titres : autre enjeu social.
« Mettre au féminin, Guide de féminisation des noms de métier, fonction, grade ou titre »,
Service de la langue française, Conseil supérieur de la langue française, Communauté française de Belgique, Bruxelles, 1994.

Mais au-delà de ces résistances, il faut souligner l'intérêt de l'opinion publique pour cette réforme : en moins de trois mois, 30.000 personnes demandèrent d'obtenir le guide de féminisation…

Les actions pour assurer le rayonnement du français

Si la politique linguistique est nécessaire pour agir sur la langue elle-même, comme le montrent les exemples précédents, elle peut être aussi utile pour mener des actions visant à renforcer la présence du français là où il est menacé, notamment de par la concurrence avec d'autres langues. En effet, depuis plusieurs années, on constate une tendance à délaisser l'usage du français au profit de l'anglo-américain, et ce dans de multiples secteurs d'activité.

Le français dans les sciences

Le domaine des sciences est particulièrement affecté par ce phénomène. Diverses initiatives ont été prises, telles que la réalisation d'une enquête auprès des scientifiques pour cerner le problème et les sensibiliser à la question, l'organisation d'un séminaire avec les Conseils de la langue de France, du Québec et de la Communauté française aboutissant à des recommandations communes, ou encore le soutien à la création d'une revue scientifique francophone (*Technologie de l'Information et Société*). L'Académie royale de langue et de littérature françaises prenait une motion, en 1990, demandant aux autorités politiques de ne plus accorder de subventions aux revues scientifiques qui interdiraient l'usage du français. En 1991, le Conseil de la Communauté française votait une résolution pour garantir l'emploi du français dans les manifestations et réunions culturelles ou scientifiques, en recommandant notamment au Gouvernement de ne pas appuyer des manifestations ou publications qui excluraient la langue française. L'Assemblée de la Commission communautaire française de la Région bruxelloise votait quelque temps plus tard une résolution exprimant les mêmes préoccupations. En 1993, le Conseil supérieur de la langue française remettait un avis sur la question. Cet avis, qui rappelle au préalable que la liberté des chercheurs quant au choix du véhicule linguistique ne saurait être contestée, propose diverses mesures pour la promotion du français dans les publications scientifiques, dans les ouvrages pédagogiques et dans les colloques

Le français dans l'économie

La présence du français dans le secteur économique fait l'objet d'une attention particulière : une étude a été menée pour étudier les rapports de force entre langues dans les grandes entreprises de la Communauté française, et un séminaire traitant de l'avenir de la langue française dans le contexte de la mondialisation des échanges a été organisé par les Conseils de la langue de France, du Québec et de la Communauté française (*Langue nationale et mondialisation : enjeux et défis pour le français*, 1995).

En effet, la mondialisation des échanges économiques peut avoir des répercussions dans le domaine linguistique, en contribuant, si l'on n'y prend garde, à la diffusion massive de l'anglais comme langue unique. Par ailleurs, la règle de la libre circulation des biens et des services dans le cadre de l'Union européenne peut avoir des conséquences sur la langue dans laquelle ces biens et services sont offerts. Pour assurer la présence du français dans ce contexte, les trois Conseils de la langue ont fait parvenir à leur gouvernement respectif des recommandations visant, entre autres, à faire respecter les droits des consommateurs à obtenir des produits dans leur langue et à favoriser une politique de développement des industries de la langue.

Ce secteur nouveau qui fait appel au traitement informatique de la langue, constitue en effet un enjeu majeur pour l'avenir du français et nécessite la concertation de plusieurs départements ministériels et plusieurs niveaux de pouvoir, ainsi qu'une solide coordination internationale.

Correcteurs orthographiques ou grammaticaux, analyseurs stylistiques, aides à la traduction, transcription automatique des textes oraux vers l'écrit, synthèse de la parole, reconnaissance automatique de l'écriture, instruments de navigation hypertextuelle, tous ces produits des industries de la langue devront être disponibles en langue française si l'on veut éviter qu'elle soit marginalisée par rapport aux langues qui accéderont à ce traitement informatique.

La Région Wallonne s'est montrée sensible à cet enjeu : l'Observatoire wallon des industries de la langue fait partie du Riofil, Réseau International des Observatoires francophones des industries de la langue, qui assure une veille technologique, linguistique et industrielle dans l'espace francophone.

Les défis à relever pour assurer le rayonnement du français concernent de multiples secteurs (les sciences, l'économie, les organisations internationales, les industries de la langue, etc.), ce qui implique que, pour être efficace, la politique de la langue doit être prise en charge aussi par d'autres départements ministériels que celui de la culture (recherche scientifique, relations internationales...) et que, les autres niveaux de pouvoir (fédéral, régional) ont leur rôle à jouer. Ainsi, si les consommateurs ont le droit d'acheter des produits avec les notices, les garanties ou les modes d'emploi dans leur langue, les actions à mener à ce sujet concerneront d'abord la protection du consommateur, laquelle dépend du pouvoir fédéral. Des mesures ont été prises à ce sujet en 1991, en introduisant un article dans la loi sur les pratiques de commerce : cet article précise que l'étiquetage, les modes d'emploi, les notices doivent être rédigés au moins dans la langue de la région. Ajoutons en outre la nécessité d'une coopération entre pays francophones pour assurer la présence du français. C'est ainsi que dans le domaine de la coopération linguistique *stricto sensu*, des synergies importantes ont été établies avec les organismes linguistiques similaires en France, au Québec et en Suisse et que des actions ont été menées en commun.

La langue française en fête

Les différentes actions menées pour promouvoir le français prennent en compte délibérément les aspects sociaux liés à la langue.

Toutefois, si l'on veut renforcer la présence du français, il est indispensable de rendre confiance au citoyen en sa langue.

C'est dans cette perspective qu'a été lancée en 1995 l'opération *La langue française en fête*. Cette opération vise à offrir au public

La langue française en fête, 1996.
La ville de Mons fait la fête aux mots.
Cl. S.L.F.

de Wallonie et de Bruxelles une autre image de sa langue. À l'encontre des discours normatifs (dites - ne dites pas) ou pessimistes (le français est en crise), *La langue française en fête* a pour objectif de montrer toute la richesse et la créativité de la langue française, de faire comprendre que le français peut être à la fois outil d'épanouissement personnel, de promotion sociale et source de plaisir.

Dès lors, depuis 1995, pendant une semaine, aux alentours du 20 mars, le public est invité à fêter le français à travers diverses manifestations (jeux - concours - émissions de radio, de télévision…) et ce avec l'appui des médias. À travers ces actions centrées sur le public, il s'agit de renforcer l'idée d'une langue proche de ses usagers.

Le français et les allophones

Faire mieux connaître le français à ceux dont ce n'est pas la langue maternelle, que ce soit en Communauté française ou à l'étranger, assure aussi le rayonnement du français. En Communauté française, c'est surtout l'action menée par l'école ou par les associations d'éducation permanente en faveur des immigrés qu'il faut mentionner.

Pour promouvoir le français à l'étranger, le Commissariat Général aux Relations Internationales (CGRI) a mis en place un important réseau de lecteurs de français en Europe. Ce réseau couvre principalement l'Espagne, l'Italie et l'Europe de l'Est. Il faut aussi évoquer le rôle de l'APEFE (Association pour la Promotion de l'Éducation et de la Formation à l'étranger), qui envoie des formateurs de la Communauté française, et notamment des professeurs de français dans de nombreux pays.

Le français en Europe et dans le monde

1. L'action de la Communauté française et du Commissariat général aux Relations internationales

Il ne suffit pas d'affirmer que le français est, dans notre pays, une langue vivante et de haute culture. Il faut encore le prouver au-delà des frontières. Tel est le rôle des enseignants de français envoyés chaque année à l'étranger.

L'action a commencé en Espagne il y a six ou sept ans, s'est poursuivie en Italie et s'est ouverte à d'autres pays d'Europe, notamment vers le sud et l'est. Ils sont au total trois cents, si l'on prend en compte les enseignants envoyés par le Commissariat général aux Relations internationales de la Communauté française de Belgique et l'Association pour la Promotion de l'Enseignement et de la Formation à l'Etranger, à se trouver en Louisiane, en Hongrie, Tchéquie, Slovaquie, Allemagne, Grande-Bretagne, Espagne, Italie, Portugal, Roumanie, Bulgarie et Pologne.

Leur rôle ne se limite pas au seul enseignement. Ces "envoyés spéciaux" sont aussi des relais permanents entre la Communauté française et leur lieu de séjour. Ils sont en contact avec les associations et centres culturels locaux, ils accueillent des expositions, des conférenciers, etc. Ils sont donc aussi en quelque sorte des ambassadeurs culturels de la Communauté française

2. La place du livre

Le livre est un vecteur important de circulation linguistique et culturelle. Diverses actions sont donc menées en sa faveur, sous des formes variées.

Les salons du livre et des langues sont des lieux où circulent les ouvrages publiés en Communauté française. Des écrivains sont souvent présents pour accompagner leurs oeuvres, ce qui ajoute un caractère vivant à nos lettres.

Par ailleurs, un mécanisme particulier, le "droit de tirage", a été conçu pour les pays de l'Est. Il offre à trois grandes bibliothèques par pays la possibilité d'acheter des livres d'éditeurs belges à des conditions très intéressantes.

Enfin, pour favoriser l'exportation du livre belge au sein du plus grand marché francophone, qui reste la France, une vitrine a été installée à Paris dans les locaux du Centre Culturel Wallonie-Bruxelles. Pour étendre cette présence locale sur tout le territoire français, un outil de diffusion a été installé au départ de la librairie, au service des éditeurs belges qui ne disposent pas d'un réseau commercial satisfaisant.

3. **Une Europe plurilingue**

L'action principale de promotion du français à l'étranger porte essentiellement sur l'Europe. Bruxelles étant devenue, grâce notamment aux institutions européennes, un important centre international, il est possible d'intervenir ici même sur le fonctionnement de ces institutions et des pays membres. Le Conseil supérieur de la langue française a, dans cette optique, rendu un avis dont le préambule définit les lignes de force : l'avenir de la langue française est lié à la place qu'elle occupera au sein des Etats membres et des institutions de l'Union européenne. On conçoit mal en effet que les pays francophones moins développés continuent à investir dans notre langue si celle-ci n'apparaît plus comme une des langues de la modernité. Or, si les positions du français dans les institutions européennes ont été solides, force est de constater qu'elles s'érodent face à la montée de l'anglais, et que le libre jeu ne garantit plus au français les positions qu'il occupait, tout particulièrement depuis les nouvelles adhésions.

Dans cette perspective, une des recommandations principales du Conseil supérieur de la langue française concerne le plurilinguisme. D'une part, il est nécessaire de promouvoir les différentes langues de l'Union européenne afin d'éviter une domination exclusive de l'anglais. D'autre part, l'apprentissage des langues à l'intérieur des Etats devrait tendre au principe de deux langues étrangères obligatoires. On a constaté en effet que, dans le cas d'une seule langue obligatoire, l'anglais était très souvent choisi, tandis qu'une deuxième langue étrangère donnait beaucoup de chances au français.

4. **Le monde de l'audiovisuel et du spectacle**

Dans le secteur audiovisuel, la participation de la R.T.B.F. à TV5 pourrait être améliorée si les émissions produites dans le but de cette diffusion internationale étaient conçues aussi en fonction du public francophone étranger auquel elles s'adressent. Cette recommandation est également contenue dans l'avis, déjà cité, du Conseil supérieur de la langue française.

D'autres actions sont aussi menées, dans le même registre, par l'envoi de matériel audiovisuel à des radios étrangères.

Dans le domaine du spectacle, la promotion du français à l'étranger occupe une place privilégiée puisque la mise en scène de textes d'auteurs de la Communauté française est encouragée.

Toutes ces actions poursuivent les mêmes buts : préserver et renforcer la place de notre langue à l'étranger, et spécifiquement dans les pays européens, et le faire par l'intermédiaire de ceux qui, chez nous, créent dans la langue française, la font vivre.

Michel Lafaure

3. Les actions des organismes privés

3.1 La Fondation Charles Plisnier et l'Office du bon langage

L'État n'est pas seul à défendre le français. Bien au contraire, puisque jusqu'en 1985, la plupart des initiatives émanaient d'associations privées œuvrant prioritairement pour la qualité de la langue. La Fondation Charles Plisnier, créée en 1954, mène à travers l'Office du bon langage (créé en 1962) une campagne annuelle centrée sur la qualité de la langue, intitulée jusqu'en 1992 la « Quinzaine du bon langage » et depuis 1993 la « Quinzaine du français ». Un fascicule de « mises en garde linguistiques » est publié à cette occasion. Il reprend quinze termes ou expressions choisis parce que considérés comme incorrects, soit qu'il s'agisse de termes ou expressions français qu'il est préférable de ne pas utiliser, soit qu'il s'agisse de belgicismes ou encore d'anglicismes. Dans chaque cas, une forme « correcte » est proposée.

Cette opération, qui a permis jusqu'à ce jour de diffuser quelque 500 formes corrigées, connut un succès incontestable jusqu'au milieu des années quatre-vingt, notamment grâce à l'appui des médias.

Elle voit depuis quelque temps son retentissement diminuer. Il est vrai que le contexte a changé et qu'aujourd'hui le discours puriste est moins bien reçu. Par ailleurs, la chasse aux belgicismes qui faisait le succès de la Quinzaine du bon langage et des publications de l'Office du bon langage (*Chasse aux belgicismes*, 1971, *Nouvelle chasse aux belgicismes*, 1974, *Belgicismes de bon aloi*, 1979) n'apparaît plus comme prioritaire. Il s'agit maintenant non plus de condamner mais de repérer et décrire ces belgicismes qui commencent d'ailleurs à être introduits depuis une dizaine d'années dans les dictionnaires français. Le mouvement correspond à l'évolution d'une francophonie qui se veut plurielle et respectueuse des spécificités de chaque communauté francophone.

De plus en plus, les campagnes puristes cèdent le pas à des actions positives.

Les championnats d'orthographe fondés par Joseph Hanse et Albert Doppagne en 1972 dans le cadre des initiatives de l'Office du bon langage connaissent un succès croissant. Un millier de personnes participent à ces épreuves et témoignent ainsi de l'intérêt porté à la correction de la langue.

3.2 La Maison de la Francité et l'Atelier de vocabulaire

La Maison de la Francité, créée en 1976 à l'initiative de la Commission française de la Culture de l'agglomération de Bruxelles qui lui assure une subvention, se veut un lieu de sensibilisation du public à la langue française. Elle organise des expositions (sur Grevisse et la grammaire française, sur les jeux de langue, sur Rimbaud...), des colloques, des cycles de conférence (Wilmet, Klinkenberg, Cerquiglini, Dehaybe, 1992) ou des publications.

Il faut souligner le rôle de sa revue *Questions de français vivant* créée en 1984. Trimestrielle, elle a abordé, au cours de ses trente-six numéros, non seulement des questions liées à la qualité de la langue, mais aussi le problème du statut et de l'avenir de la langue française. Elle a changé de formule en 1993, devenant un bimestriel gratuit intitulé *Francité* qui informe le public sur les activités liées à la langue française ou à la Maison de la Francité. Mentionnons encore le centre de documentation et d'information sur la langue française ainsi que le service *SVP Langage*, tous deux ouverts au grand public. Signalons enfin que la Maison de la Francité poursuit une activité éditoriale. Quelques exemples récents : les Actes du colloque « Le français et les immigrés » (1990), le catalogue de l'exposition « Jeux de langue 93 » (1993, réédité en 1995).

La maison de la Francité à Bruxelles.
Cl. M.F.

Un des pôles d'actions privilégiés par la Maison de la Francité a toujours été la lutte contre l'anglicisation. On en veut pour preuve les diverses campagnes, publications ou expositions à ce sujet. Quelques titres attestent de cette préoccupation majeure : *Le français à la sauce anglaise* (1982), *Images du franglais chez nous* (1985), *Anglicismes et substituts français* (1991) et *Bruxellois, ton français file à l'anglaise* (1993). C'est d'ailleurs dans cette perspective qu'a été mis sur pied en 1983, l'Atelier de vocabulaire, constitué en a.s.b.l. en 1991 avec la dénomination « Atelier de français vivant ». Ce groupe de travail, qui a toujours entretenu des rapports très étroits avec la Maison de la Francité, a pour objectif de proposer au public des équivalents pour les termes anglais du langage courant. Les fiches lexicales élaborées par l'Atelier sont publiées dans *Francité*.

La transformation de l'Atelier de vocabulaire en a.s.b.l. a mis en lumière l'existence de deux tendances au sein du groupe, tendances déjà présentes dans la formule antérieure, l'une étant centrée sur le travail des mots, l'autre s'intéressant davantage à la situation du français. Ces divergences aboutiront en 1993 à la scission de l'Atelier, en deux associations distinctes : le Cercle de Qualité du Français Dynamique (CQFD), continuant sa mission de travail lexical, et L'Atelier de français vivant se préoccupant des questions de statut du français.

3.3 Quelques autres initiatives

Parmi les associations se préoccupant du français, on mentionnera encore l'Association de Défense et d'Illustration de la Langue française (ADILF). Créée en 1980, elle veut sensibiliser les jeunes à la qualité de la langue par l'organisation de concours d'interprétation.

Créé en 1985, Bruxelles-français vise à renforcer la position du français à Bruxelles. Depuis 1981, l'Association pour la Promotion des Publications Scientifiques (APPS) veut encourager l'usage du français dans les échanges d'informations entre scientifiques, et promouvoir les publications scientifiques en langue française. Enfin, l'Association pour l'application des recommandations orthographiques (APARO), créée en 1992, a pour objectif de promouvoir les rectifications orthographiques.

4. Conclusions

La prise de conscience de la nécessité d'une intervention des pouvoirs publics pour défendre ou promouvoir le français est donc relativement neuve en Belgique francophone.

Il est vrai que, pendant longtemps, le français fut perçu en Belgique comme une langue dominante qui ne demandait pas à être défendue, si ce n'est du point de vue de la qualité ou de la correction, questions dont se préoccupaient surtout les associations privées.

Les premières interventions de la Communauté française sur la langue furent motivées par la présence croissante de l'anglo-américain dans la langue elle-même, ou dans différents secteurs de la vie socio-économique. Cette lutte contre la langue anglaise reste d'ailleurs encore un moteur puissant des politiques linguistiques des États francophones de l'hémisphère Nord.

Toutefois, l'action des pouvoirs publics en matière de langue ne peut être réduite à cette problématique. Les problèmes de société où la langue joue un rôle sont nombreux et légitiment une intervention de l'État. Agir sur la langue pour diminuer les inégalités est bien du ressort d'un État démocratique, qu'il s'agisse de renforcer l'égalité entre les hommes et les femmes en féminisant les noms de métier, de rendre les textes administratifs accessibles à tous en en améliorant la lisibilité, de développer la capacité d'expression de chacun, et en particulier des plus défavorisés, en améliorant leur maîtrise de la langue.

Gérer les problèmes concernant la modernisation de la langue ou s'assurer que le français est bien présent sur les autoroutes de l'information, c'est aussi du ressort de l'État. Mesurer les conséquences linguistiques du mouvement de mondialisation des échanges économiques pour mettre en place des stratégies de valorisation du plurilinguisme, c'est aussi le rôle d'un État démocratique soucieux d'opposer à une uniformisation culturelle le respect de la diversité des langues et des cultures.

Par nature intersectoriel et pluridisciplinaire, le champ ouvert par la mise en œuvre récente d'une politique de la langue française est extrêmement vaste. Ce travail, amorcé il y a dix ans, laisse aujourd'hui entrevoir l'ampleur de la tâche à accomplir.

Il sera d'autant plus efficace qu'il pourra s'appuyer aussi sur les actions concrètent menées par les diverses associations œuvrant dans ce domaine, et sur la confiance des francophones dans leur langue.

Martine Garsou

Bibliographie

AA. VV., 1993 : « La plaquette d'or inscrite de Baudecet », dans *Latomus*, n° 52 (Communications de la journée d'études de l'Université libre de Bruxelles).

AEBISCHER (P.), 1924 : « L'anthroponymie wallonne d'après quelques anciens cartulaires », dans *Bulletin du dictionnaire wallon*, n° 13, 73-168.

A.L.W., 1953-sv : *Atlas linguistique de la Wallonie. Tableau géographique des parlers de la Belgique romane*, d'après l'enquête de J. HAUST, Liège, Université de Liège.

ANONYME, 1866 : *La langue belge comparée à la langue française*, Paris, E. Dentu.

ARNOULD (M.-A.), 1965 : « Le plus ancien acte en langue d'oïl : la charte-loi de Chièvres (1194) », dans *Hommage au Professeur Paul Bonenfant* , Bruxelles, ULB, 85-118.

ATWOOD (E. B.), 1955 : « The phonological divisions of Belgo-Romance », in *Orbis*, IV, 367-389.

AUERBACH (E.), 1958 : *Literatursprache und Publikum in der lateinischen Spätantike und im Mittelalter*, Bern, Francke.

AUPELF, 1993 : *Assises francophones de la recherche (Abidjan). Documents de travail. t. I : Monde arabe, Europe, Afrique; t. II : Canada - Québec, Océan indien.*

AVALLE (D'Arco S.), 1962 : *Cultura e lingua francese delle origini nella « Passion » di Clermont-Ferrand*, Milano-Napoli, Ricciardi.

AVALLE (D'Arco S.), 1966 : *Alle origini della letteratura francese. I Giuramenti di Strasburgo e la Sequenza di Santa Eulalia*, Torino, Giappichelli.

AVALLE (D'Arco S.), 1967 : *Monumenti prefranciani. Il Sermone di Valenciennes e il Sant Lethgier*, Torino, Giappichelli.

AVRIES (J.), 1977 : *La situation du français à Eupen. Enquête sociolinguistique*, Liège, Mémoire de licence inédit, Université de Liège.

BAETENS-BEARDSMORE (H.), 1971 : *Le français régional de Bruxelles*, Bruxelles, Presses universitaires de Bruxelles.

BAETENS BEARDSMORE (H.), 1979 : « Les contacts des langues à Bruxelles », dans VALDMAN, 1979 : 223-247.

BAETENS-BEARDSMORE (H.) et WITTE (E.) (éds), 1986 : *The interdisciplinary study of urban bilinguism in Brussels*, Clevedon, Philadelphia, « Multilingual matters ».

BAETENS-BEARDSMORE (H.), 1988 : « L'emploi du français dans la minorité néerlandophone à Bruxelles », dans *Présence francophone*, n° 33, 49-61.

BAL (W.), 1977 : « Unité et diversité de la langue française », dans *Guide culturel. Civilisation et littératures d'expression française*, Paris-Québec, Hachette-Presses de l'Université de Laval, 5-28.

BAL (W., éd.), 1981 : *Dialectologie en wallonie*, Louvain-la-Neuve, Duculot.

BAL (W.), 1988 : *Africana romanica*, Hamburg, Helmut Buske Verlag [ouvrage entièrement constitué d'articles consacrés par Willy Bal à l'Afrique].

BAL (W., éd.), 1992 : *Limes I. Les langues régionales romanes en Wallonie*, Bruxelles, Traditions et parlers populaires Wallonie-Bruxelles, « Tradition wallonne », n° 4.

BAL (W.), DOPPAGNE (A.), GOOSSE (A.), HANSE (J.), LENOBLE-PINSON (M.), POHL (J.), WARNANT (L.), 1994 : *Belgicismes. Inventaire des particularités lexicales du français en Belgique*, Louvain-la-Neuve-Paris, Duculot-Conseil international de la langue française.

BALIBAR (R.) et LAPORTE (D.), 1974 : *Le français national. Politique et pratique de la langue nationale sous la Révolution française*, Paris, Presses Universitaires de France.

BALIBAR (R.), 1985 : *L'institution du français. Essai sur le colinguisme des Carolingiens à la République*, Paris, Presses Universitaires de France.

BALLE (A.), 1950-1953 : « Les noms de personnes à Cerfontaine », dans *Les dialectes belgo-romans*, t. VIII et X.

BASTIA (F.) et BRUTSAERT (E.), 1986 : *Un demi-siècle, douze éditions et toujours la meilleure grammaire française !*, Paris-Gembloux, Duculot [Plaquette éditée à l'occasion du cinquantième anniversaire du *Bon Usage* et de la sortie de presse de sa douzième édition, refondue par A. GOOSSE].

BAUDOT (A.), 1994 : « Une littérature d'irréguliers : les lettres belges francophones », dans BECKETT (S.) *et al.*, 1994 : 175-198.

BAWIN (B.), PICHAULT (F.), VOISIN (M.) (éd.), 1985 : *La Crise dans tous ses états*, Louvain-la-Neuve, CIACO.

BAYOT (A., éd.), 1929 : *Le Poème moral. Traité de vie chrétienne écrit dans la région wallonne vers l'an 1200* , Bruxelles, Palais des Académies.

BEAUFAYS (J.), BRASSEUR (I.), CHRISTIANS (C.), HOTTERBEEX (M.), POTIER (E.), VERJANS (P.), 1985 : *La problématique fouronnaise*, Liège, Université de Liège, Service de politologie régionale.

BECKER (J.), 1913 : *Un établissement d'enseignement moyen à Mons depuis 1545*, Mons, Imprimerie Léon Dequesne.

BECKETT (S.), BOLDT-IRONS (L.), BAUDOT (A.) (éds), 1994 : *Exilés, marginaux et parias dans les littératures francophones*, Toronto, Éditions du GREF, «Dont actes ».

BELL (N.) et GURNY (R.), 1981 : « L'acquisition d'une seconde langue par les immigrants », dans GRETLER (A.), GURNY (R.) *et al.*, 1981 : 73-104.

BENOIT (J.), 1857 : *Belgicismes ou les vices de langage et de prononciation les plus communs en Belgique*, Anvers, H. Monceux.

BERNARD (B.), 1993 : « La politique linguistique : les avatars d'une tentative de francisation », dans HASQUIN (H.), 1993 : 417-435.

BERSCHIN (H.), FELIXBERGER (J.), GOEBL (H.), 1978 : *Französische Sprachgeschichte*, München, Hueber.

BERTRAND (J.-P.), 1993 : « Parler mal, écrire bien. Le statut linguistique et littéraire de la francophonie belge. Problèmes et perspectives », communication au colloque *Réalités et perspectives francophones dans une Europe plurilingue*, Saint-Vincent, mai 1993.

BERTRANG (A.), 1936 : « Die sterbende Mundart », dans *Vierteljarschrift für luxemburgische Sprachwissenschaft*, II, 135-152.

BEUMANN (H.), 1964 : « Gregor von Tours und der Sermo Rusticus » , dans *Spiegel der Geschichte. Festgabe für Max Braubach zum 10. April 1964, herausgegeben von K. Repgen und St. Skalweit*, Münster, Aschendorff, 69-98.

BISCHOFF (H.), 1930 : *Notre troisième langue nationale*, Bruxelles, Coopérative Lucifer.

BLAMPAIN (D.), 1990 : « La terminologie traductionnelle », dans *Terminologies nouvelles, Actes du séminaire de Talence - Hull 1989*, Bruxelles, Communauté française de Belgique - Rint, n° 3, 47-52.

BLAMPAIN (D., sous la dir.) : *La traduction et l'interprétation dans la Belgique multilingue, META*, Montréal, Presses de l'université de Montréal, numéro spécial, t. XXXIX, n° 1.

BOILEAU (A.), 1972 : « Toponymie et contact des langues en Belgique », dans DORION (H.), 1972 : 42-89.

BOLTANSKI (L.), 1975 : « La constitution du champ de la bande dessinée », dans *Actes de la Recherche en Sciences sociales*, n° 6, 37-59.

BONENFANT (P. P.), 1975 : « Le peuplement celtique et la romanisation », dans HASQUIN (H., éd.), 1975.

BONNET (M.), 1890 : *Le latin de Grégoire de Tours*, Paris, Hachette.

BOURDIEU (P.), 1979 : *La distinction*, Paris, Minuit.

BOURDIEU (P.), 1982 : *Ce que parler veut dire*, Paris, Fayard.

BOURGEOIS-GIELEN (H.), 1969 : « La motivation des changements de nom de famille en Belgique au XXe siècle et les dispositions légales en cette matière », dans *Congrès international des sciences onomastiques, 10 (Wien, 1969)*, t. II, 193-200.

BOUTIER (M.-G., éd.), 1991-1992 : « De Grady suffragant. Dialogue rimé et chanson composés à Liège en 1762 », dans *Les dialectes de wallonie*, t. XIX-XX, 115-150.

BRAUN (A.), 1992 : *Immersion scolaire et langue maternelle*, Bruxelles, Communauté française, Service de la langue, « Français et société ».

BRAUN (A.), FORGES (G.), HOLLANDERS (R.), 1997 : *Écrire en français au primaire : quelles performances pour les enfants issus de l'immigration*, Bruxelles, De Boeck-Université, « Pédagogie en développement ».

BRICHARD (H.), 1991 : *Le français normé de Belgique; une étude sociolinguistique*, Mémoire de Licence en Psychopédagogie, Université de Mons-Hainaut.

BRUNOT (F.), 1922 : « Discours de F. Brunot lors de sa réception à l'Académie », dans *Bulletin de l'Académie royale de langue et de littérature françaises*, t. I, 226-241.

BRUNOT (F.), 1924 : « La limite des langues en Belgique sous le premier Empire d'après des documents officiels », dans *Bulletin de l'Académie royale de langue et littérature françaises*, t. III, 163-200 (+ cartes).

BRUNOT (F.), 1966-1972 : *Histoire de la langue française des origines à nos jours*, Paris, A. Colin, 13 volumes.

Bruxellois, ton français file à l'anglaise, 1993 : Bruxelles, Assemblée de la Commission communautaire française.

BURGGRAFF (P.), 1863 : *Principes de grammaire générale ou exposition raisonnée des éléments du langage*, Liège, H. Dessain.

CALVET (L.-J.), 1987 : *La guerre des langues et les politiques linguistiques*, Paris, Payot, « Langage et Société ».

CALVET (L.-J.), 1993 : *L'Europe et ses langues*, Paris, Plon.

CAPLOW (Th.), 1971 : *Deux contre un. Les coalitions dans les triades*, Paris, Armand Colin.

CARNOY (Al.), 1948-1949 : *Origines des noms des communes de Belgique (y compris les noms de rivières et principaux hameaux)*, 2e éd., Louvain, Éd. Universitas, 2 vol.

CARNOY (Al.), 1953 : *Origine des noms de familles en Belgique*, Louvain, Éd. Universitas.

CASSEN (B.), 1990 : *Quelles langues pour la science*, Paris, La Découverte, « Sciences et Société ».

CERQUIGLINI (B.), 1991 : *La naissance du français*, Paris, Presses Universitaires de France, « Que sais-je ? ».

CHARLIER (G.) et HANSE (J.), 1958 : *Histoire illustrée des lettres françaises de Belgique*, Bruxelles, Renaissance du Livre.

CHERVEL (A.), 1977 : *Histoire de la grammaire scolaire... et il fallut apprendre à écrire à tous les petits Français*, Paris, Payot.

CHERVEL (A.), 1983 : « Y a-t-il une tradition grammaticale belge ? », dans *Enjeux*, n° 4, 73-88.

CLÉANTE (pseud. de L. CHALON), 1990 : *Au bout de la langue. 333 chroniques langagières*, dans *Marche romane*. [Billets parus dans *Le Soir*, du 15 juin 1987 au 1er octobre 1990. La publication se poursuit]

CLOSSET-MARCHAL (G.), 1989 : « Considérations sur l'emploi des langues devant les juridictions civiles, commerciales et du travail du premier degré », dans *Annales de droit de Louvain*, 173-197.

Corpus inscriptionum latinarum de l'Académie de Berlin [*CIL*].

COSEMANS (A.), 1934 : « Taalgebruik in Vlanderen en Brabant tijdens de middeleeuwen. Enkele anmerkingen en terechtwijzingen », dans *Koninklijke Vlaamse Academie voor taal- en letterkunde, Verslagen en mededelingen*, n° 1, 486-512.

COULON (M.), 1970 : *L'éducation telle qu'elle fut*, Bruxelles, Ministère de l'Éducation nationale et de la Culture française - Documents pour servir à l'histoire des collectivités d'éducation, « Mélanges pédagogiques », n° 1.

COUNET (M.-Th.), 1990 : *Mots et choses de Wallonie. Aspects du lexique dialectal de nos régions*, Liège, Société de langue et de littérature wallonnes.

DALCQ (A.-E.), 1991 : *Bibliographie des travaux belges sur le thème « Le français et les sciences, 1980-1990 »*, Bruxelles, Communauté française de Belgique-ISTI.

DASNOY (A.), 1975 : « Les Germains dans la romanité », dans HASQUIN (H.), 1975, t. I : 36-60.

DE BEAUCE (Th.), 1988 : *Nouveau discours sur l'universalité de la langue française*, Paris, Gallimard.

DEBEY (J.), 1993 : *Insécurité linguistique; une enquête réalisée à Mons*, Mémoire de maîtrise en psycholinguistique, Université de Mons-Hainaut.

DEBLON (A.), 1979-1991 : « Les examens pour l'admission aux cures dans l'ancien diocèse de Liège », dans *Leodium*, n° 64-76, passim.

DEBRABANDERE (Fr.), 1993 : *Verklarend woordenboek van de familienamen in België en Noord-Frankrijk*, 2 vol, Brussel, Gemeentekrediet.

DE BROGLIE (G.), 1986 : *Le français pour qu'il vive*, Paris, Gallimard.

DEHARVENG (J.), 1922-1928 : *Corrigeons-nous ! Récréations philologiques et grammaticales*, 6 vol., Bruxelles, Félix.

DEGUELLE (C.), 1990 : *L'analphabétisme en Communauté Française de Belgique*, Bruxelles, Éditions du CRISP.

DE LAET (S. J.), 1982 : *La Belgique avant les Romains*, Wetteren, Universa.

DELBOUILLE (M.), 1971 : « À propos des deux séquences d'*Eulalie* et du *Ludwigslied* », dans *Interlinguistica*,

Sprachvergleich und Übersetzung. Festschrift zum 60. Geburtstag von M. Wandruszka, Tübingen, Niemeyer, 26-38.

DELBOUILLE (M.), 1972 : « La formation des langues littéraires et les premiers textes », dans *Grundriss der romanischen Literaturen des Mittelalters*, Heidelberg, Winter, t. I, 559-622.

DELCOURT (Chr.) et DELCOURT-ANGÉLIQUE (J.), 1994 : « Septante ans de Belgitude », communication au colloque *L'insécurité linguistique dans les communautés francophones périphériques*, Louvain-la-neuve, novembre 1993.

DELCOURT (Chr.), FRANCARD (M.), MOREAU (M.-L.), 1993 : « Une banque de données textuelles sur la langue française en Belgique », dans LATIN *et al.*, 1993, 313-331.

DELEU (J.), DURNEZ (G.), DE SCHRIJVER (R.), SIMONS (L.) (éds), 1975 : *Encyclopedie van de Vlaamse beweging*, 2 delen, Tielt-Amsterdam, Lanoo.

DELEU (J.),1981 : *Le Néerlandais*, Bruxelles, Ons erfdeel.

DELGRANGE (X.), 1995 : « Le fédéralisme belge : la protection des minorités linguistiques et idéologiques », dans *Revue française de droit public et de science politique*, 1157-1202.

DEMAN (A.) et RAEPSAET-CHARLIER (M.-Th.), 1985 : *Inscriptions latines de Belgique* Bruxelles, ULB [*ILB*].

DEMBOWSKI (P. F.), 1983 : *Jean Froissart and his* Meliador. *Contexte, Craft and Sense*, Lexington, Ky, French Forum.

DE METSENAERE (M.), 1990 : « Thuis in geschieden werelden. De migratoire en sociale aspecten van verfransing te Brussel in het midden van de 19[de] eeuw », dans *Belgische tijdschrift voor Nieuwste Geschiedenis - Revue belge d'Histoire contemporaine*, n° 21, 383-412.

DE METSENAERE (M.) et WITTE (E.), 1990 : « Taalverlies en taalbehoud bij de Vlamingen te Brussel in de negentiende eeuw », dans *Bijdragen en Mededelingen betreffende de Geschiedenis der Nederlanden*, n° 105, 1-38.

DENECKERE (M.), 1954 : *Histoire de la langue française dans les Flandres (1770-1823)*, Gand, Romanica Gandensia.

DE POERCK (G.), 1963 : « Les plus anciens textes de la langue française comme témoins de l'époque », dans *Revue de Linguistique romane*, n° 27, 1-34.

DE RAADT (J.-Th.), 1903 : *Les sobriquets des communes belges*, Bruxelles, Baune.

DE REYNOLD (G.), 1914 : « L'histoire de la littérature française dans les pays étrangers de langue française. Méthodes et points de vue », dans *Congrès international pour l'extension de la culture française*, Genève-Paris-Bruxelles, 3° section, 1-19.

DE RIDDER (P.), 1985 : « Taalgebruik te Brussel tijdens de vijftiende eeuw », dans *Tijdschrift voor Brussels geschiedenis*, n° 2, 163-184.

DE RIDDER (P.), 1986 : « Centralisatie en verfransing : taalgebruik in het archief der Kapellekerk te Brussel (1500-1794) », dans BLOCKMANS (W. P.) et VAN NUFFEL (H.), 1986 : *Staat en religie in de 15[de] en 16[de] eeuw. Handelingen van het colloquium te Brussel van 9 tot 12 oktober 1984*, Bruxelles, Van Nuffel, 167-206.

DE RIDDER (P.), 1987 : « De Acta Capitularia van Sint-Goedele als bron voor de studie van het taalgebruik te Brussel (1370-1786) », dans *Album C. Wyffels*, Bruxelles, 139-148.

DE RIDDER (P.), 1988a : *Brussel : geschiedenis van een Brabantse stad*, Bruxelles.

DE RIDDER (P.), 1988b : « Taalgebruik in Brussel tijdens het Ancien Régime », dans GORISSEN (L., éd.), 1988 : *Handelingen van het 1ste Congres van de Federatie van Nederlandstalige vereinigingen voor oudheidkunde en geschiedenis van België, Hasselt, 1982,* Malines, Federatie van Nederlandstalige vereinigingen voor oudheidkunde en geschiedenis van België, 105-108.

DERWAEL (J.), 1946 : *Comment les écrivains belges s'expriment en français*, Vottem, s.n..

DE SAINT ROBERT (Ph.), 1986 : *Lettre ouverte à ceux qui en perdent leur français*, Paris, Albin Michel.

DES CRESSONNIÈRES (J.), 1919 : *Essai sur la question des langues dans l'histoire de Belgique*, Bruxelles, Lamberty.

DEVLEESCHOUWER (J.), 1980-1984 : « La toponymie, miroir de l'histoire ethnique », dans *Linguistique picarde*, t. XX, n° 76, 1-5; t. XXIV, n° 90, 2-4.

DEVLEESCHOUWER (J.), 1981-1989 : « Het ontstaan der Nederlands-Franse taalgrens », dans *Naamkunde*, n° 13, 188-225; n° 15, 192-208; n° 18, 55-76; n° 19, 199-217; n° 20, 139-152; n° 21, 160-180.

DEWACHTER (J.), 1934 : « Le recul de l'allemand en Belgique depuis 1906 », dans *Le français moderne*, t. II, n° 3, 271-276.

DHONDT (J.), 1952 : « Note sur l'origine de la frontière linguistique », dans *L'Antiquité classique*, n° 21, 107-122.

Les dialectes de Wallonie (depuis 1972), Liège, Société de langue et de littérature wallonnes.

DION (M.-P., éd.), 1990 : *La Cantilène de sainte Eulalie. Actes du colloque de Valenciennes, 21 mars 1989*, Lille - Valenciennes, ACCES.

DOPPAGNE (A.), 1969 : « Les noms de communes de la Belgique romane, leur graphie, leur prononciation et les gentilés (noms des habitants) correspondants », dans *Congrès international des sciences onomastiques*, 10, Vienne, t. II, 215-222.

DOPPAGNE (A.), 1978 : *Les régionalismes du français*, Paris-Gembloux, Duculot.

DOPPAGNE (A.) et LENOBLE-PINSON (M.), 1982 : *Le français à la sauce anglaise*, Bruxelles, Commission française de la Culture.

DOPPAGNE (A.), 1979 : *Belgicismes de bon aloi*, Bruxelles, Fondation Charles Plisnier-Office du bon langage.

DORION (H., éd.), 1972 : *Les noms de lieux et le contact des langues*, Québec, Presses de l'Université de Laval.

DRAYE (H.), 1941-1943 : « De gelijkmaking in de plaatsnamen (Ortsnamenausgleich) I-III », dans *Bulletin de la Commission royale de toponymie et dialectologie*, n°s 15-16-17, 357-394, 43-63, 305-390.

DROIXHE (D.), 1981 : « Dialecte et français dans la Wallonie d'ancien régime », dans HASQUIN, 1981 : 123-145.

DROIXHE (D.), 1988 : « Statuts et pratiques linguistiques dans la Belgique d'ancien régime », dans *Actes du XVIII*[e] *Congrès international de linguistique et philologie romanes* (D. KREMER, Éd.), Tübingen, Niemeyer, 91-101.

DROIXHE (D.), 1989 : « Symétries ? Flamand, wallon et politique de la langue à la Révolution française », dans *Études sur le XVIII*[e] *siècle*, n° 16, 23-28.

DROIXHE (D.) (en collab. avec Th. DUTILLEUL), 1990 : « Französisch : Externe Sprachgeschichte », dans *Lexikon der Romanistischen Linguistik*, t. V, n° 1, Tübingen, Niemeyer, 437-471.

ERALY (A.) et DARDENNE (E.), 1995 : *L'usage du français dans les grandes entreprises. Une étude en Belgique francophone*, Bruxelles, Communauté française, Service de la langue, « Français et Société ».

Et quand à l'École venaient...L'École primaire en Belgique depuis le Moyen Âge, 1986 : Bruxelles, CGER, 2 vol.

ÉTIEMBLE, 1964 : *Parlez-vous franglais ?*, Paris, Gallimard.

FAÏK (S.), 1979 : « Le français au Zaïre. Aperçu historique », dans VALDMAN, 1979 : 441-472.

FAÏK (S.), NYEMBWE (N.), PIERRE (M.), SESEP (N'S.), 1977 : *Le Zaïre, premier pays francophone du monde ?*, Québec, CIRB.

FAÏK (S.), KILANGA (M.), NGIRABAKUNZI (K.), NYEMBWE (N.), PIERRE (M.), SESEP (N'S.), 1988 : *La francophonie au Zaïre*, Lubumbashi, Éditions Impala.

FELLER (J.), 1928-1929 : « Étude sur les noms de personne contenus dans les noms de lieu », dans *Bulletin de la Commission royale de toponymie et dialectologie*, n° 2 , 177-209; n° 3, 55-84.

FICHTL (S.), 1994 : *Les Gaulois du nord de la Gaule (150-20 av. J.-C.)*, Paris, Errance.

FISHMAN (J., éd.), 1972 : *Advances in Sociology of Language*, La Haye, Mouton.

FÖRSTEMANN (E.), 1900 : *Altdeutsches Namenbuch. 1. Personennamen*, Berlin et Leipzig, P. Hanstein [Réimpr. : Munich-Hildesheim, Wilhem Fink Verlag, 1966].

FRANCARD (M.), 1989a : *Ces Belges qui parlent français. Variétés linguistiques du français de Belgique* (livre-cassette vidéo), Louvain-la-Neuve, CAV.

FRANCARD (M.), 1989b : « Insécurité linguistique en situation de diglossie. Le cas de l'Ardenne belge », dans *Revue québécoise de linguistique théorique et appliquée*, n° 8 (2), 133-163.

FRANCARD (M.), 1992 : « La vitalité des langues régionales en Wallonie. Les parlers romans », dans *Limes I. Les langues régionales romanes en Wallonie*, Bruxelles, *Tradition wallonne*, n° 4, 11-23.

FRANCARD (M., en collaboration avec J. LAMBERT et Fr. MASUY), 1993 : *L'insécurité linguistique dans la Communauté française de Belgique*, Bruxelles, Communauté française, Service de la langue, « Français et Société ».

FRANCARD (M.) et FONTAINE (Chr.), 1993 : « Les compétences en français au seuil de la philologie romane. Auto-évaluations et attentes », dans *Travaux de linguistique*, n° 20, 83-100.

FRANCARD (M.), 1994 : « La perception des langues régionales de la Wallonie chez les jeunes », dans *L'imaginaire wallon. Jalons pour une identité qui se construit* (dir. L. COURTOIS et J. PIROTTE), Louvain-la-Neuve, Fondation wallonne Pierre-Marie et Jean-François Humblet, 223-234.

FRANCARD (M., en collaboration avec G. GERON et R. WILMET), 1994 : *L'insécurité linguistique dans les communautés francophones périphériques. I : Cahiers de l'Institut Linguistique de Louvain*, n° 19 (3-4), 1993 [paru en.1994]; *II : Cahiers de l'Institut Linguistique de Louvain* , n° 20 (1-2), 1994.

Francité, 1995 : revue de la Maison de la Francité, n° 10, janvier-février 1995.

FUCHS (H.), 1988 : *Untersuchungen zu Belgizismen: zu Ursprung und Verbreitung lexikalischer Besonderheiten des belgischen Französisch*, Frankfurt-Main-Bern, Peter Lang.

GAMILLSCHEG (E.), 1934-1936 : *Romania Germanica*, 3 vol., Berlin et Leipzig, de Gruyter.

GAMILLSCHEG (E.), 1938 : *Germanische Siedlung in Belgien und Nordfrankreich*, Band I, Berlin, de Gruyter.

GANDI (L.), 1989 : « Îlots minoritaires atypiques : les francophones de Flandre », dans *Isole linguistiche e culturali*, Udine.

GARSOU (M.), 1991 : *L'image de la langue française*, Bruxelles, Communauté française, Service de la langue, « Français et Société ».

GARSOU (M.), 1989 : « Le module de la Communauté française de Belgique : le Conseil et le Service de la langue française », dans *Terminologies Nouvelles*, n° 1, 13-17.

GARZANITI (M. R.), 1981 : *Essai d'évaluation des éléments celtiques dans le vocabulaire courant en Belgique romane*, Liège, Mémoire de licence inédit, Université de Liège.

GAUVIN (L.), 1976 : « Problématique de la langue d'écriture au Québec de 1960 à 1976 », dans *Langue française*, n° 31, 74-90.

GÉNICOT (L., dir.), 1973 : *Histoire de la Wallonie*, Toulouse, Privat.

GERMAIN (J.) et PIERRET (J.-M.), 1981 : « Introduction bibliographique à la dialectologie wallonne », dans BAL (W., éd.), 1981 : 13-168.

GERMAIN (J.), 1989 : « La fréquence des noms de famille contemporains en Belgique », dans *Bulletin de la Commission royale de toponymie et dialectologie*, n° 62, 139-162.

GESCHIERE (L.), 1950 : *Éléments néerlandais du wallon liégeois*, Amsterdam, Noord-Holland Uitgevers Maatschappij.

GOOSSE (A.), 1965 : *Jean d'Outremeuse. Ly Myreur des Histors. Fragment du second livre (Années 794-826)*, Bruxelles, Palais des Académies.

GOOSSE (A.), 1971 : *Façons de parler*, Gembloux, Duculot. [Chroniques de langue parues dans *La Libre Belgique*, du 14 novembre 1966 au 1er décembre 1968. La publication s'est poursuivie]

GOOSSE (A.), 1977 : « Qu'est-ce qu'un belgicisme ? », dans *Bulletin de l'Académie royale de langue et de littérature françaises*, t. LV, nos 3-4, 345-367.

GOOSSE (A.), 1979 : « Le français de Wallonie », dans *La Wallonie, le pays et les hommes. Lettres, arts, culture*, Bruxelles, La Renaissance du livre, t. III, 173-181.

GOOSSE (A.), 1983 : « Les origines du français de Belgique », dans *Banque des mots* n° 25, 5-11.

GOOSSE (A.), 1984 : « Influences de l'anglais sur le français de Belgique », dans *Langues et cultures. Mélanges offerts à Willy Bal*, Cahiers de l'Institut de linguistique de Louvain, n° 9, 1-2.

GOOSSE (A.), 1989 : « Comment travaillait Maurice Grevisse », dans *Bulletin de l'Académie royale de langue et de littérature françaises*, t. LXVII, nos 3-4, 328-337.

GOSSEN (Ch. Th.), 1970 : *Grammaire de l'ancien picard*, Paris, Klincksieck.

GOOSSENS (J.), 1970 : « Inleiding tot de Nederlandse Dialectologie », dans *Bulletin de la Commission royale de toponymie et dialectologie*, t. XLIV, 105-268 + cartes.

GOURDANGE (L.), 1974 : « La limite entre les dialectes lorrain et wallon », dans *Le pays gaumais*, nos 34-35, 69-84.

GRETLER (A.), GURNY (R.) *et al.*, 1981 : *Être migrant*, Berne-Francfort, Peter Lang, « Exploration ».

GREVISSE (M.), 1936 : *Le bon usage. Cours de grammaire française en concordance avec la huitième édition du Dictionnaire de l'Académie française*, Gembloux, Duculot.

GREVISSE (M.), 1949 : *Le bon usage*, 4e éd., Gembloux, Duculot.

GREVISSE (M.), GOOSSE (A.), 1986 : *Le bon usage*, 12e éd., Gembloux, Duculot.

GUINET (L.), 1982 : *Les emprunts gallo-romans au germanique (du Ier à la fin du Ve siècle)*, Paris, Klincksieck.

GYSSELING (M.), 1960 : *Toponymisch woordenboek van België, Nederland, Luxemburg, Noord-Frankrijk en West-Duitsland (vóór 1226)*, 2 vol, Tongeren, Michiels.

GYSSELING (M.), 1962 : « La genèse de la frontière linguistique dans le nord de la Gaule », dans *Revue du Nord*, n° 44, 5-37.

GYSSELING (M.), 1970 : « De vroegste geschiedenis van het Nederlands : een naamkundige benadering », dans *Naamkunde*, n° 2, 157-180.

GYSSELING (M.), 1971 : « Persoonsnaam + *haim, curte* », dans *Bulletin de la Commission royale de toponymie et dialectologie*, n° 45, 153-161.

GYSSELING (M.), 1981 : « Germanisering en taalgrens », dans *Algemene geschiedenis der Nederlanden*, t. I, Haarlem, Fibula-Van Dishoeck, 100-115.

HACHEZ (Th.) et WYNANTS (B.), 1991 : *Les élèves du secondaire et la norme du français écrit*, Bruxelles, Communauté française, Service de la langue, « Français et société ».

HACHMANN (R), KOSSACK (G.) et KUHN (H.), 1962 : *Die Völker zwischen Germanen und Kelten*, Neumünster, Wachholtz.

HACHMANN (R.), 1975 : « Germains, Celtes et Belges dans la France du Nord et en Belgique à l'époque de J. César » dans *Revue archéologique*, 166-176.

HAGÈGE (Cl.), 1987 : *Le français et les siècles*, Paris, Odile Jacob.

HAMERS (J.-F.) et BLANC (M.), 1983 : *Bilingualité et bilinguisme*, Bruxelles, Mardaga.

HAMMAR (E.), 1980 : *L'enseignement du français en Suède jusqu'en 1807. Méthodes et manuels*, Stockholm, Akademi litteratur.

HANSE (J.), 1962 : « La contribution belge à la définition du "bon usage" », dans *Cahiers de l'association internationale des Études françaises*, n° 14, 25-37.

HANSE (J.), DOPPAGNE (A.), et BOURGEOIS-GIELEN (H.), 1971 : *Chasse aux belgicismes*, Bruxelles, Fondation Charles Plisnier-Office du bon langage.

HANSE (J.), DOPPAGNE (A.), et BOURGEOIS-GIELEN (H.), 1974 : *Nouvelle chasse aux belgicismes*, Bruxelles, Fondation Charles Plisnier-Office du bon langage.

HANSE (J.), 1987 : *Nouveau dictionnaire des difficultés du français moderne. Deuxième édition mise à jour et enrichie*, Paris-Gembloux, Duculot.

HASQUIN (H., sous la dir.), 1975 : *La Wallonie, le pays et les hommes*, I, Bruxelles, La Renaissance du Livre.

HASQUIN (H.), 1979 : « Le français à Bruxelles entre 1740 et 1780 : premier essai de quantification », dans *Études sur le XVIIIe siècle*, n° 6, 193-200.

HASQUIN (H.), 1981 : *Hommages à la Wallonie. Mélanges M.A. Arnould et P. Ruelle*, Bruxelles, Presses de l'Université Libre de Bruxelles.

HASQUIN (H.), 1989 : « La francisation de Bruxelles sous la République et l'Empire : mythes et réalités », dans *Études sur le XVIIIe siècle*, n° 16, 53-62.

HASQUIN (H., sous la dir.), 1993 : *La Belgique française (1782-1815)*, Bruxelles, Crédit Communal.

HAUST (J.), 1933 : *Dictionnaire liégeois*, Liège, Vaillant-Carmanne.

HAUST (J.), 1940-1941 : *Enquête dialectale sur la toponymie wallonne*, Liège, Vaillant-Carmanne.

HAUST (J.), 1940-1944 : « Toponymie et dialecte. Notes de toponymie wallonne », dans *Bulletin de la Commission royale de toponymie et dialectologie*, n° 14, 277-322; n° 18, 381-399.

HAUST (J.), 1948 : *Dictionnaire français-liégeois*, Liège, Vaillant-Carmanne.

HÉLIN (É.), 1974 : « La dénomination des personnes dans quelques régions de la Belgique francophone », dans HENRY (L., éd.), *Noms et prénoms*, Liège, Ordina : 21-32.

HENRIVAUX (O.), 1981 : « Méthodes catéchistiques aux XVIe-XVIIIe siècles dans les diocèses de Cambrai, Namur, Tournai et Liège », dans *Lumen vitae*, n° 36, 57-98.

HENRY (A.), 1954 : « L'imparfait est-il un temps ? », dans *Mélanges Charles Bruneau*, Genève, Droz, 11-17.

HENRY (A.), 1965 : *Wallon et Wallonie. Esquisse d'une histoire sémantique*, Bruxelles, Fondation Charles Plisnier.

HENRY (A.), 1974 : *Esquisse d'une histoire des mots WALLON et WALLONIE*, Bruxelles, Renaissance du livre.

HENRY (A.), 1976 : « Francophonie et Francité autrefois... aujourd'hui », dans *Bulletin de la Classe de lettres et des sciences morales et politiques de l'Académie royale de Belgique*, 5e série, t. LXII, n°s 5-6, 132-133.

HENRY (A.), 1982 : « Vivons-nous déjà en anglosaxophonie ? », dans *Bulletin de la classe des lettres et des sciences morales et politiques de l'Académie royale de Belgique*, 5e série, t. LXVIII, n° 6, 215-244.

HERBILLON (J.), 1929-1983 : *Toponymie de la Hesbaye liégeoise*, 2 vol., Wetteren, De Meester.

HERBILLON (J.), 1945-1978 : « Toponymes hesbignons », dans *Bulletin de la Commission royale de toponymie et dialectologie*, n°s 19-52.

HERBILLON (J.), 1951 : « L'âge du type "Avricourt" en Wallonie », dans *Bulletin de la Commission royale de toponymie et dialectologie*, n° 25, 87-99.

HERBILLON (J.), 1961 : *Eléments espagnols en wallon et dans le français des anciens Pays-Bas*, Liège, Michiels.

HERBILLON (J.), 1968-1987 : « Notes de toponymie namuroise », dans *Le Guetteur wallon* (Namur), t. XLIV-LXIII.

HERBILLON (J.), 1977 : « Le problème des hydronymes en *-baise* et *-bise* », dans *Bulletin de la Commission royale de toponymie et dialectologie*, n° 51, 55-62.

HERBILLON (J.), 1986 : *Les noms des communes de Wallonie*, Bruxelles, De Boeck.

HERBILLON (J.), GERMAIN (J.) [avec la collaboration de DEBRANBANDERE (F.) et PIERRET (J.-M.)], 1996 : *Dictionnaire des noms de famille en Belgique romane et dans les régions limitrophes (Flandre, France du Nord, Luxembourg)*, Bruxelles, Crédit Communal, 2 vol.

HEYMAN-FABERT (A.), 1977 : *Les Étudiants germanophones belges à Liège : une enquête sociolinguistique*, Liège, Mémoire de licence inédit, Université de Liège.

HILTY (G.), 1973a : « Les Serments de Strasbourg » , dans *Travaux de linguistique et de littérature*, n° 11 (1), 511-524.

HILTY (G.), 1973b : « Les origines de la langue littéraire française » , dans *Vox Romanica*, n° 32, 254-271.

HILTY (G.), 1993 : « Les plus anciens textes français et l'origine du standard » , dans *Écriture, langues communes et normes. Formation spontanée de koinès et standardisation dans la Galloromania et son voisinage*, Neuchâtel, Faculté des Lettres, 9-16.

HUBIN (Chr.), 1959 : *La limite des dialectes liégeois et namurois aux abords de la Meuse*, Liège, Mémoire de licence inédit, Université de Liège.

IFA (équipe), 1988 : *Inventaire des particularités lexicales du français en Afrique noire*, Paris, Édicef-Aupelf.

Images du franglais chez nous, 1985 : Bruxelles, Association de Communauté française.

JAVEAU (Cl.) et DONNER (Fr.), 1982 : « Bruxelles : une démographie chancelante et un avenir linguistique incertain », dans *Reflets et perspectives de la vie économique*, t. XXI, n° 1, 5-16.

JAVEAU (Cl.), 1992 : « Du mythe du contrat au mythe de la communauté », dans *Revue de l'Institut de Sociologie*, 1-4, 39-48.

JAVEAU (Cl., dir.) et LACROIX (J.), 1993 : *Situation de la langue française à Bruxelles (II)*, rapport remis par l'a.s.b.l. CENDIS au Ministère de la Communauté française, Service de la langue.

Jeux de langue 93, 1993 : Bruxelles, Commission communautaire française et Maison de la Francité.

JODOGNE (O.), 1956-1964 : *Répertoire belge des noms de famille. 1 : Arrondissement de Nivelles; 2 : Arrondissement de Liège*, Louvain, Nauwelaerts-Bruxelles, Commission royale de toponymie et dialectologie, 2 vol.

JODOGNE (O.), 1977 : *Sur des noms de famille namurois*, Namur, Éd. Lès Rèlîs Namurwès.

JORIS (A.), 1967 : *Du Ve au milieu du VIIIe siècle. À la lisière de deux mondes*, Bruxelles, Fondation Charles Plisnier.

JOUANNET (Fr.), 1985 : *Le français au Rwanda*, Paris, IRAF.

JUCQUOIS (G.), 1992 : « Relations économiques et usages des langues étrangères dans les entreprises », dans *Nos langues et l'unité de l'Europe, actes du colloque de Fleury*, Louvain-la-Neuve, Peeters.

JUCQUOIS (G.), 1995 : « De quelques mauvaises questions sur la langue et ses usages », dans *La Revue Nouvelle*, n° 9, 38-53.

KIRSCH (Ch.), 1986 : *Langue française, identité collective et pouvoir symbolique. Étude comparative du Québec et de la Belgique*, Université de Montréal, thèse (inédite) de doctorat en anthropologie.

KLEIN (J.), 1992 : « Faute et français régional », dans *Grammaire des fautes et français non conventionnel*, Paris, Presses de l'École normale supérieure, 231-238.

KLEIN (J.) et LAMIROY (B.), 1994 : « Lexique-grammaire du français de Belgique : les expressions figées », dans *Linguisticae Investigationes, Actes du 12e colloque européen sur la grammaire et le lexique comparés des langues romanes (La Londe-les-Maures, 27-30 septembre 1993)*, t. 18/2, 285-320.

KLINKENBERG (J.-M.), 1973 : *Style et archaïsme dans la* Légende d'Ulenspiegel *de Charles De Coster*, Bruxelles, Académie royale de langue et de littérature françaises de Belgique.

KLINKENBERG (J.-M.), 1980 : « L'idéologie de la "littérature nationale" (1830-1939) », dans LOPE, 1980 : 135-153.

KLINKENBERG (J.-M.), RACELLE-LATIN (D.), CONNOLLY (G.) (éds), 1981a : *Langages et collectivités : le cas du Québec.*, Montréal, Leméac.

KLINKENBERG (J.-M.), 1981b : « Français et parlers germaniques en Belgique orientale. Quelques repères pour une étude sociolinguistique de la région d'Eupen », dans KLINKENBERG *et al.*, 1981a : 215-235.

KLINKENBERG (J.-M.), 1981c : « La production littéraire en Belgique francophone. Esquisse d'une sociologie historique », dans *Littérature*, n° 44, 33-50.

KLINKENBERG (J.-M.), 1981d : « Pour une sociolinguistique du français en Belgique », dans KLINKENBERG *et al.*, 1981a : 295-300.

KLINKENBERG (J.-M.), 1985a : « La crise des langues en Belgique », dans MAURAIS, 1985 : 95-145.

KLINKENBERG (J.-M.), 1985b : « Le discours identitaire : une réponse narcissique à la crise », dans BAWIN *et al.*, 1985 : 185-194.

KLINKENBERG (J.-M.), 1987 : « Le problème de la langue d'écriture dans la littérature francophone de Belgique. De Verhaeren à Verheggen », dans VIGH, 1987 : 65-79.

KLINKENBERG (J.-M.), 1988a : « Les Fourons : un laboratoire sociolinguistique », dans *Présence francophone*, n° 33, 61-78.

KLINKENBERG (J.-M.), 1988b : « Langage et représentation d'appartenance », dans *Langage et communication*, s.l., Institut de Recherche et de Formation pour l'Éducation et la Communication « Documents de travail », n° 9, 20-36.

KLINKENBERG (J.-M.), 1995a : « À qui appartient la langue ? », dans *La Revue Nouvelle*, n° 3, 90-97.

KLINKENBERG (J.-M.), 1995b : « Pour une politique de la langue française », dans *La Revue Nouvelle*, n° 9, 54-71.

KLINKENBERG (J.-M.), 1995c : « Le français en Belgique », dans ANTOINE (G.) et MARTIN (R.), *Histoire de la langue française. 1914-1945*, Paris, CNRS, 1995, 731-750.

KRAHE (M.), 1954 : *Sprache und Vorzeit*, Heidelberg, Quelle & Meyer.

KURTH (G.), 1896-1898 : *La frontière linguistique en Belgique et dans le Nord de la France*, Bruxelles, Académie royale de Belgique (Réimpr. : Bruxelles, Éd. Culture et Civilisation, 1974).

L'intégration : une politique de longue haleine, 1989 : vol. III (« Données argumentaires »), Bruxelles, Commissariat royal à la politique des immigrés.

LABOV (W.), 1976 : *Sociolinguistique*, Paris, Minuit.

LABOV (W.), 1993 : « Peut-on combattre l'illettrisme ? Aspects sociolinguistiques de l'inégalité des chances à l'école », dans *Actes de la recherche en sciences sociales*, n° 100.

LABRIE (W.), 1993: *La construction linguistique de la Communauté européenne*, Paris, Champion.

LAFONTAINE (D.), 1986 : *Le parti pris des mots. Normes et attitudes linguistiques*, Bruxelles, Mardaga.

LAFONTAINE (D.), 1988 : « Le parfum et la couleur des accents », dans *Le Français Moderne*, n°s 1-2, 60-72.

LAFONTAINE (D.), 1991 : *Les mots et les Belges*, Bruxelles, Communauté française de Belgique, Service de la langue, « Français et société ».

LAMBERT (W.), HOGSON (R.C.), GARDNER (R.C.) et FILLENBAUM (S.), 1960 : « Evaluational reactions to spoken languages », dans *Journal of Abnormal and Social Psychology*, n° 60, 44-51.

LAMBERT (P.-Y.), 1994 : *La langue gauloise. Description linguistique. Inscriptions choisies*, Paris, Errance.

Langue nationale et mondialisation : enjeux et défis pour le français, 1995 : Québec, Les Publications du Québec (Conseil supérieur de la langue française de la Communauté française de Belgique, Conseil supérieur de la langue française de France et Conseil de la langue française du Québec).

LAPIERRE (J. W.), 1988 : *Le pouvoir politique et les langues*, Paris, Presses Universitaires de France.

LATIN (D.), QUEFFELEC (A.), TABI-MANGA (J.), (éd.), 1993 : *Inventaire des usages de la Francophonie. Nomenclatures et méthodologies.* Paris-Londres, John Libbey, AUPELF, « Universités francophones ».

LAUER (Ph., éd.), 1926 : *Histoire des fils de Louis le Pieux*, Paris, Les Belles Lettres.

LECHANTEUR (J., sous la dir.), 1990-1995 : *Petit atlas linguistique de la Wallonie*, I-III, Liège, Université de Liège, Institut de Dialectologie wallonne.

Le français et les immigrés, 1990 : Actes du colloque, Bruxelles, Maison de la Francité.

LEGROS (É.), 1942 : « Le Nord de la Gaule romane. Linguistique et toponymie », dans *Bulletin de la Commission royale de toponymie et dialectologie*, n° 16, 161-228.

LEGROS (É.), 1948a : *La frontière des dialectes romans en Belgique*, Liège, Vaillant-Carmanne.

LEGROS (É.), 1948b : « La frontière linguistique en Belgique (observation sur son tracé actuel) », dans *Onomastica*, n° 2, 9-16.

LEGROS (É.), 1977-1978 : *La Wallonie malmédienne sous le régime prussien*, Malmedy, Le Pays de Saint Remacle.

LEMAIRE (J., éd.), 1989 : *Le français et les Belges*, Bruxelles, Université de Bruxelles, « La pensée et les hommes ».

LEMPEREUR (Fr.), 1976 : *Les Wallons d'Amérique du Nord. Étude principalement consacrée aux Wallons établis au Wisconsin*, Gembloux, Duculot.

LENOBLE-PINSON (M.), 1991 : *Anglicismes et substituts français*, Louvain-la-Neuve, Duculot.

LE ROY (A.), 1864 : « Trois publications belges sur la philosophie du langage », dans *Revue trimestrielle*, 2e sér., 1er vol., t. I, 230-259.

LEVY (P.M.G.), 1960 : *La querelle du recensement*, Bruxelles, Institut belge de sciences politiques.

LHOIR (I.), 1994 : *Le français de Belgique : quelles normes ?*, Mémoire de Licence en Psycho-pédagogie, Université de Mons-Hainaut.

LOICQ (J.), 1993 : « Théonymes celto-germaniques en Gaule du Nord » dans *Études en l'honneur d'André Crépin*, Greifswald, Reineke.

LOPE (H. J., éd.), 1980 : *Studia Belgica*, Universität Marburg.

LOUCKX (F.), 1978 : « Linguistic ambivalence of the Brussels indigenous population », dans *International Journal of the Sociology of Language*, n° 15, 53-60.

LUPUKISA (W.), 1976 : *Bilinguisme et plurilinguisme au Zaïre. Problèmes socio-politiques et problèmes linguistiques. Status quaestionis.* Mémoire de licence inédit, Lubumbashi, UNAZA.

MABILLE (X.), 1992 : *Histoire politique de la Belgique*, Bruxelles, CRISP.

MAKOUTA-MBOUKOU (J.-P.), 1973 : *Le français en Afrique noire*, Paris-Bruxelles-Montréal, Bordas.

MARÉCHAL (F.), 1930 : *L'Enseignement officiel pendant les cent dernières années à Liège et dans la province*, Liège, Le Perron.

MARIËN (M.), 1980 : *L'empreinte de Rome. Belgica antiqua*, Anvers, Mercator.

MAROY (P.), 1966 : « L'évolution de la législation linguistique belge », dans *Revue de droit public*, 449-501.

MARQUÈS BALSA (C.), 1978 : *Les besoins et les aspirations des populations étrangères établies en Belgique*, Programmation de la politique scientifique, Programme national de recherches en sciences sociales, t. I et II.

MARQUÈS BALZA (C.), 1987 : *La structure des appartenances. La fixation des appartenances par le champ scolaire, le statut au sein des communautés et à l'école des langues et des élèves appartenant ou issus de communautés étrangères*, Université de Louvain-La-Neuve, Département de sociologie, 3 vol. (thèse de doctorat inédite).

MARTENS (A.), 1976 : *Les immigrés. Flux et reflux*, Bruxelles, Vie ouvrière.

MARTINET (A.) & WALTER (H.), 1973 : *Dictionnaire de la prononciation française dans son usage réel*, Paris, France-Expansion.

MASSION (Fr.), 1987 : *Dictionnaire de belgicismes*, Francfort, Peter Lang Verlag.

MATTHIEU (E.), 1891 : *Histoire de l'enseignement primaire en Hainaut*, Société des Sciences du Hainaut, V[e] sér., t. VI.

MAURAIS (J., dir.), 1985 : *La crise des langues*, Paris-Québec, Le Robert-Conseil de la langue française.

MAURAIS (J., dir.), 1987 : *Politique et aménagement linguistique*, Paris-Québec, Le Robert-Conseil de la langue française.

MAUS (O.), 1901 : « Le langage belge », dans *L'Art moderne*, t. XXI.

MEILLET (A.), 1950 : *Les dialectes indo-européens*, 2, Paris, Champion.

Mettre au féminin. Guide de féminisation des noms de métier, fonction, grade ou titre, 1994 : Bruxelles, Service de la langue française-Conseil supérieur de la langue française.

MICHAËLSSON (K.), 1951 : « L'antéposition de l'adjectif épithète en français est-elle due à une influence germanique ? », dans *Mélanges de linguistique offerts à Albert Dauzat*, Paris, d'Artrey, 215-223.

MICHEL (J.-H.), 1980-1981 : *Archéologie nationale : sources et documents. Premiers éléments d'un répertoire de toponymie wallonne à l'usage des archéologues*, Bruxelles, Presses universitaires de Bruxelles, 2 vol.

MICHEL (J.-H.) et LOICQ (J.), à paraître : « Esquisse d'une histoire linguistique de la Belgique antique », dans le *Bulletin de la Commission royale de toponymie et de dialectologie*.

MIMIN (P.), 1947 : « Les mots de robe en Belgique », dans *Journal des Tribunaux*, 8 juin, 337-338.

MONCOURT (E.), 1971 : *De la méthode grammaticale de Vaugelas*, Genève, Slatkine [Reprints].

MOREAU (M.-L.) et BRICHARD (H.), 1995 : *Les bons usages des Belges*. Rapport de recherche, Bruxelles, Ministère de la culture, Service de la langue française.

MOREAU (M.-L.), DELFORGE (M.), GOLIN (Cl.) et ROBERT (L.), 1994 : *L'extension géographique et sociale des traits du français de Belgique*, Université de Mons-Hainaut, Beltext-Mons.

MOREAU (M.-L.) et ROBERT (L.), à paraître : « Est-ce belge ou correct ? ».

MORLET (M.-Th.), 1968 : *Les noms de personne sur le territoire de l'ancienne Gaule du VIe au XIIe siècle. I. Les noms issus du germanique continental et les créations gallo-germaniques*, Paris, CNRS.

MUDIMBE (V-Y.) et KEMPF (B.), 1976a : « Langue et développement », dans *Les relations entre les langues africaines et la langue française*, Dakar, CILF, 502-509.

MUDIMBE (V.-Y.) *et al.*, 1976b : *Le vocabulaire politique zaïrois. Une étude sociolinguistique*, Lubumbashi, CELTA.

MUSSET (L.), 1969 : *Les Invasions : les vagues germaniques*, 2e édition, Paris, Presses univertaires de France.

NADJO (L.), 1983 : *Fédération du français universel. Une langue française ou des langues françaises*, Dakar, Nouvelles Éditions Africaines.

NAUWELAERTS (M.A.), 1970 : *Opvoeding en onderwijs in het verleden*, Leuven, Acco.

NELDE (P.-H.), 1981 : « Interférences du français chez une minorité germanophone », dans KLINKENBERG *et al.*, 1981a : 237-253.

NEUMANN (G.), 1983 : « Sprachverhältnisse in den germanischen Provinzen », dans *Aufstieg und Niedergang der römischen Welt*, 29, 2, Berlin, De Gruyter, spécialement 1064-1066.

NGALASSO (M.M.), 1989 : « L'enseignement du français en Afrique : quelques problèmes spécifiques », dans *Éducation et Pédagogie*, n° 4, 31-37.

NYEMBWE (Ntita), 1981 : *Le français et les langues nationales au Zaïre. Problématique d'une approche socio-linguistique*, Louvain-la-neuve (Thèse inédite).

OLIVIER (Th.), 1852 : *De la littérature française en Belgique*, Tournai, Delmée.

OLIVIERI (Cl.), 1991 : « Plurilinguisme et enseignement : l'exemple africain », dans *Le français dans le monde*, numéro spécial, février-mars, 152-160 (Paris-Édicef).

PABST, (K.), 1964 : « Eupen-Malmedy in der belgischen Regierungs und Parteipolitik. 1914-1940 », dans *Zeitschrift des Aachener Geschichtsvereins*, 76, 206-515.

PANNEELS (A.), 1986 : « Situation scolaire des enfants immigrés », dans *Revue belge de Psychologie et de Pédagogique*, t. XLVIII, n°s 195-196, 87-95.

PETRI (Fr.), 1937 : *Germanisches Volkserbe in Wallonien und Nordfrankreich*, Bonn, Röhrscheid, 2 vol.

PETRI (Fr.), 1950-1951 : « Zum Stand der Diskussion über die fränkische Landnahme und die Entstehung der germanisch-romanischen Sprachgrenze », dans *Rheinische Vierteljährsblätter*, n° 15-16, 39-86.

PETRY (I.), 1981 : *La situation du français en Wallonie et à Bruxelles*, Communication présentée devant la Commission d'enquête sur la langue française de l'Assemblée nationale française.

PICOCHE (J.) et MARCHELLO-NIZIA (Chr.), 1989 : *Histoire de la langue française*, Paris, Nathan.

PIETERSEN (L.), 1980 : *Taalsociologie. Minderheden, tweetaligheid, taalachterstand*, Groningue, Wolters-Noordhoff.

PIRON (M.), 1955 : « Français parallèles de Belgique (Textes et commentaires) », dans *Bulletin de la société belge des professeurs de français*, t. IV, n° 3, 3-14.

PIRON (M.), 1958 : « La langue française en Belgique », dans CHARLIER et HANSE, 1958 : 3-10.

PIRON (M.), 1961 : « Inventaire de la littérature wallonne des origines (vers 1600) à la fin du XVIIIe siècle », dans *Annuaire d'Histoire liégeoise*, t. VI, n° 4, 1083-1204.

PIRON (M.), 1968 : « Le problème des littératures françaises marginales », dans *Bulletin de l'Académie royale de langue et de littérature françaises de Belgique*, t. XLVI, n° 4, 40-49.

PIRON (M.), 1973a : « Français et dialecte en Wallonie », dans *Taaltoestanden in België, mede in Europees verband (Verslagboek van het Coll. van zaterdag 24 nov. 1973, ingericht door de studie groep Mens en Ruimte)*, Bruxelles, 1-17.

PIRON (M.), 1973b : « Les belgicismes lexicaux : essai d'un inventaire », dans *Travaux de linguistique et de littérature*, t. XI, n° 1, 295-304.

PIRON (M.), 1978 : *Aspects et profil de la culture romane en Belgique*, Liège, Sciences et Lettres.

PIRON (M.), 1979a : « Le français de Belgique », dans VALDMAN, 1979 : 201-221.

PIRON (M.), 1979b : *Anthologie de la littérature dialectale de Wallonie*, Liège, Mardaga.

PIRON (M.), 1985 : « Le français en Belgique », dans ANTOINE (G.) et MARTIN (R.), *Histoire de la langue française. 1880-1914*, Paris, CNRS, 369-379.

PIRSON (J.), 1901 : *La langue des inscriptions latines de la Gaule* [Réimpression : 1967 : Liège-Paris, Les Belles Lettres].

PITON (E.), 1930 : « Au pays de Landen. Trois villages flamands devenus wallons », dans *Chronique archéologique du pays de Liège*, n° 21, 86-94.

PITON (E.), 1948 : « Le glissement de la frontière linguistique du XIIIe siècle à nos jours », dans *En Hesbaye. La lèpre, les vignobles, la frontière linguistique*, Gembloux, Duculot, 96-134.

POHL (J.), 1962 : *Témoignages sur la syntaxe du verbe dans quelques parlers français de Belgique*, Bruxelles, Palais des Académies.

POHL (J.), 1979 : *Les variétés régionales du français. Études belges (1945-1977)*, Bruxelles, Éditions de l'Université de Bruxelles.

POHL (J.), 1984 : « Le statalisme », dans *Travaux de linguistique et de littérature*, t. XXII, n° 1, 251-264.

POHL (J.), 1993 : « Quelques caractéristiques de la phonologie du français parlé en Belgique », dans *Langue française*, n° 60, 30-41.

POLOMÉ (E.C.), 1983 : « Linguistic situation in the Western provinces [of the Roman Empire] » dans *Aufstieg und Niedergang der römischen Welt*, 29, 2, Berlin, De Gruyter, spécialement 531-532.

PORINIOT (L.), 1931 : *La Composition française à l'école active*, Bruxelles, Lamertin .

POULAIN, (M.) et FOULON (M.), 1981 : « L'immigration flamande en Wallonie : évaluation à l'aide d'un indicateur anthroponymique », dans *Revue belge d'histoire contemporaine*, n° 12, 205-244.

PUT (E.), 1990 : *De cleijne scholen - Het volksonderwijs in het hertogendom Brabant tussen katholieke Reformatie en verlichting*, Leuven, universiteit Persleuven.

QUAGHEBEUR (M.), VERHEGGEN (J.-P.), JAGO-ANTOINE (V.), 1990 : *Un pays d'irréguliers*, Bruxelles, Labor, « Archives du futur ».

QUIRK (R.), GREENBAUM (S.), LEECH (G.) et SVARTIK (J.), 1972 : *A Grammar of Contemporary English*, Londres, Longman.

REMACLE (L.), 1937 : *Le parler de La Gleize*, Liège, Vaillant-Carmanne [contient un glossaire toponymique et une étude anthroponymique].

REMACLE (L.), 1948 : *Le problème de l'ancien wallon*, Liège, Faculté de Philosophie et Lettres.

REMACLE (L.), 1952-1960 : *Syntaxe du parler wallon de La Gleize*, Liège-Paris, Les Belles-Lettres, 3 vol.

REMACLE (L.), 1969 : *Orthophonie française. Conseils aux Wallons*, Liège, Les lettres belges, 2e éd.

REMACLE (L.), 1972 : « La géographie dialectale de la Belgique romane », dans *Les dialectes de France au Moyen Âge et aujourd'hui*, Actes du colloque de Strasbourg (mai 1967), Paris, Klincksieck, 311-335.

REMACLE (L.), 1976 : « La différenciation lexicale en Belgique romane », dans *Les dialectes de Wallonie*, n° 4, 5-32.

REMACLE (L.), 1991-1992 : « La persistance du type toponymique "Avricourt" », dans *Les dialectes de Wallonie*, nos 19-20, 5-16.

REMACLE (L.), 1992 : *La différenciation dialectale en Belgique romane avant 1600*, Liège, Bibliothèque de la Faculté de Philosophie et Lettres de l'Université de Liège.

REY-DEBOVE (J.) et GAGNON (G.), 1990 : *Dictionnaire des anglicismes*, Paris, Le Robert.

REY-DEBOVE (J.) et REY (A.), 1993 : *Le Nouveau Petit Robert*, Paris, Le Robert.

RIEMENS (K.-J.), 1919 : *Esquisse historique de l'enseignement du français en Hollande du XVIe au XIXe siècle*, Leyde, Société d'éditions A.W. Sijthoff.

ROSSEL (V.), 1897 : *Histoire de la littérature française hors de France*, Paris, Fischbacher, 2e éd.

ROUSSEAU (F.), 1977 : *La Wallonie, terre romane*, (5e édition revue et corrigée), Charleroi, Institut Jules Destrée.

RYCHNER (J.), 1978 : « Observations sur le style des deux poèmes de Clermont : la *Passion du Christ* et la *Vie de saint Léger* », dans *Orbis Mediaevalis. Mélanges de langue et de littérature médiévales offerts à R.R. Bezzola à l'occasion de son quatre-vingtième anniversaire*, Berne, Francke, 353-371.

SCHENA (L.), 1993 : « Remarques sur les transpositions stylistiques de certains tiroirs de l'indicatif », dans *L'Analisi Linguistica e Letteraria*, n° 2, 433-453.

SCHILLINGS (H.), 1965 : « Die deutsche Volksgruppe in Belgien », dans *Europa Ethnica*, n° 22, 9-24.

SCHMITT (Chr.), 1974 : *Die Sprachlandschaften der Galloromania. Eine lexikalische Studie zum Problem der Entstehung und Charakterisierung*, Heidelberger Beiträge zur Romanistik, Band 2, Herbert Lang Bern, Peter Lang Frankfurt-M.

SESEP (N'S.), 1978 : « Querelle linguistique au Zaïre », dans *Linguistique et sciences humaines*, n° 23 , Lubumbashi, Celta [numéro entièrement occupé par cet article].

SESEP (N'S.), 1990 : *Langage, normes et répertoire en milieu urbain africain : l'indoubill*, Montréal, CIRD.

SESEP (N'S.), 1993 : *La francophonie au cœur de l'Afrique : le français zaïrois*, Paris, Didier Érudition, « Langues et développement ».

SHYIRAMBERE (Sp.), 1978 : *Contribution à l'étude de la sociolinguistique du bilinguisme : kinyarwanda et français au Rwanda*, Paris, SELAF.

SIMENON (G.), 1908-1922 : « Les examens pour l'admission aux cures dans l'ancien diocèse de Liège », dans *Leodium*, 7-15, passim.

SLUYS (A.), 1897 : *L'Évolution de l'enseignement public du XIIIe au XXe siècle en Belgique et spécialement à Bruxelles. Documents, statistiques et faits principaux*, Bruxelles, R. Demey.

SLUYS (A.), 1910-1911 : *L'Évolution de la pédagogie. Cours de pédotechnie*, Gand, Vanderpoorten.

SMEKENS (W.), 1989 : « À Gand, écrire sa langue », dans *Annales de la Fondation Maeterlinck*, n° 27, 7-16.

SMEYERS (J.) *et al.*, 1982 : « La vie culturelle dans nos provinces au XVIIIe siècle : le Brabant », dans *Bulletin du Crédit communal de Belgique*, n° 141, 201-217.

SOJCHER (J., éd.), 1980 : *La Belgique malgré tout*, Bruxelles, Presses de l'Université de Bruxelles.

STÉFANINI (J.), 1969 : *Un provençaliste marseillais : l'abbé Féraud*, Publication de la Faculté des Lettres et Sciences humaines d'Aix-en-Provence, Ophrys.

STEINBACH (Fr.) et PETRI (Fr.), 1939 : *Zur Grundlegen der Europäischen Einheit durch die Franken*, Leipzig.

STENGERS (J.), 1959 : *La formation de la frontière linguistique en Belgique ou de la légitimité de l'hypothèse historique*, Bruxelles, Latomus.

STENGERS (J., sous la dir.), 1979 : *Bruxelles. Croissance d'une capitale*, Anvers, Fonds Mercator.

STRAUVEN (Chr.), 1993 : *La lisibilité des textes administratifs*, Bruxelles, Communauté française de Belgique, Service de la langue, « Français et société ».

Taal en sociale integratie, 1978- : Bruxelles, Vrije Universiteit Brussel.

TOUSSAINT (R.) et GERMAIN (J.), 1975-1985 : « Bibliographie toponymique des communes de Wallonie jusqu'en 1975 », dans *Bulletin de la Commission royale de toponymie et dialectologie*, n° 49, 139-267; *Idem* 1976-1985 par J. GERMAIN, dans le même *Bulletin de la Commission royale de toponymie et dialectologie*, n° 58, 251-308.

TRAN HONG CAM et LE BOUL (M.), 1976 : *Une enquête sur le plurilinguisme*, Lubumbashi, Celta.

TREKKER (A.-M.) et VANDER STRAETEN (J.-P.), 1982 : *Cent auteurs*, Bruxelles, Éditions de la Francité.

TROUSSON (M.), 1988 : « Un aspect significatif de la réflexion linguistique en Belgique francophone : la réédition, en 1986, du *Bon Usage* de Maurice Grevisse », dans *Études littéraires*, vol. 21, n° 2, 69-87.

TROUSSON (M.), 1989 : « L'histoire de la grammaire française en Belgique : quelques perspectives de recherche » dans

Actes du XVIIIe Congrès International de Linguistique et de Philologie Romanes, t. VII, 171-183.

TRUCHOT (C.), 1990 : *L'anglais dans le monde contemporain*, Paris, Le Robert, « L'ordre des mots ».

URWIN (K.), 1937 : *Georges Chastelain. La vie, les œuvres*, Paris, Droz.

VALDMAN (A.), 1979 : *Le français hors de France*, Paris, Champion.

VALKHOFF (M.), 1938 : *Philologie et littératures wallonnes. Vade-mecum*, Groningen, J.B. Wolters.

VAN CAUWELAERT (E.), 1975 : « Franstaligen in Vlaanderen », dans DELEU (J.) *et al.*

VAN CAUWELAERT (E.), 1990 : *Boeren de Vlamingen uit in Brussel ? Sociologische benadering van het verfransingproces in Brussel : een postume publicatie*, Bruxelles.

VAN DEN BRUWAENE, 1980 : *Le Français à Bruxelles aux siècles passés*, Bruxelles, Rossel.

VANDERNOOT (P.), 1994 : « La scission de la Province de Brabant », dans *Les réformes institutionnelles de 1993. Vers un fédéralisme achevé ?*, Bruxelles, Bruylant, 281-337

VAN DURME (L.), 1983 : « De vroege Germaans-Romaanse taalgrens in België en Noord-Frankrijk », dans *Bulletin de la Commission royale de toponymie et dialectologie*, n° 57, 189-247.

VAN GOETHEM (H.), 1987 : *Een volk, een taal. Nationalisme en taalwetgeving in Frankrijk vanaf 1670 en in de geannexeerde Zuidelijke Nederlanden (1795-1813)*, Wetenschapp. Tijdingen op het gebied van de vlaamse Beweging.

VAN HOLLEBEKE (B.) et MERTEN (O.), 1870 : *Grammaire française à l'usage des athénées, des collèges et des écoles moyennes*, Namur, Wesmael-Charlier.

VANNÉRUS (J.), 1943 : *Le Limes et les fortifications gallo-romaines de Belgique. Enquête toponymique*, Bruxelles, Académie royale de Belgique.

VERLINDEN (Ch.), 1955 : *Les Origines de la frontière linguistique en Belgique et la colonisation franque*, Bruxelles, La Renaissance du Livre.

VERDOODT (A.), 1972 : « The differential impact of immigrant French speakers on indigenous German speakers : a case study in the light of two theories », dans FISHMAN (J., éd.), 1972 : 377-385.

VERDOODT (A.), 1977a : *Les problèmes des groupes linguistiques en Belgique*, Louvain, Peeters.

VERDOODT (A.), 1977b : « Le Rôle de l'allemand en Belgique de l'Est », dans *Langue et Nation*, Bruxelles, 115-121.

VERDOODT (A.), 1982 : « Les frontières linguistiques et les échanges culturels en Belgique », dans *Linguistic problems and European Unity*, Milan, Fra Angelico.

VERDOODT (A.) et DELBEKE (I.), 1983 : *Enquête relative aux besoins généraux en langues dans les entreprises et les services publics*, Louvain-la-Neuve, UCL

VERDOODT (A.), 1985 : *Les droits linguistiques des immigrants*, Québec-Mont-sur-Marchienne, Conseil de la langue française-Institut Jules Destrée.

VIGH (Á., éd.), 1987 : *L'identité dans les littérature francophones*, ACCT., Presses de l'Université de Pécs.

VINCENT (A.), 1947 : *Que signifient nos noms de lieux ?*, Bruxelles, Office de publicité.

VINCENT (A.), 1952 : *Les noms de familles de la Belgique*, Bruxelles, Librairie générale.

VINIKAS (B.), 1986 : *Le bilinguisme du marché de l'emploi bruxellois*, Bruxelles, Conseil économique régional pour le Brabant.

WALTER (H.), 1967 : *La phonologie du français*, Paris, Presses universitaires de France.

WALTER (H.), 1982 : *Enquête phonologique et variétés régionales du français*, Paris, Presses universitaires de France.

WARLAND (J.), 1940 : *Glossar und Grammatik der germanischen Lehnwörter in der wallonischen Mundart Malmedys*, Liège, Bibliothèque de la Faculté de Philosophie et Lettres.

WARNANT (L.), 1956 : *La constitution phonique du mot wallon*, Paris, Les Belles-Lettres.

WARNANT (L.), 1966 : « "Moi, j'étais le papa..." L'imparfait préludique et quelques remarques relatives à la recherche grammaticale », dans *Mélanges Grevisse,* Gembloux, Duculot, 343-366.

WARNANT (L.), 1987 : *Dictionnaire de la prononciation française dans sa norme actuelle*, Paris-Gembloux, Duculot, 4e éd..

WARTBURG (W. von), 1922-sv. : *Französisches etymologisches Wörterbuch*, Bâle, Zbinden.

WEILEMANN (H., dir.), 1963, *Le bilinguisme en Suisse, en Belgique et au Canada*, Bruxelles, Fondation Charles Plisnier.

WILLEMS (D.) et VAN DEN BRANDE (Y.), 1988 : « Les francophones de Gand : micro-analyse d'un type particulier de diglossie », dans *Présence francophone*, n° 33, 33-49.

WILMARS (D.), 1966 : *De psychologie van de franstalige in Vlaanderen*, Tielt, Lannoo.

WILMART (J.-P.), 1968 : *Bibliographie analytique des travaux consacrés au français régional de Belgique*, Liège, Mémoire de l'Université de Liège, 2 vol.

WILMET (M.), 1975 : « La linguistique française », première partie de « La linguistique romane en Belgique » dans *Revue belge de philologie et d'histoire*, n° 53, 826-907.

WILMET (M.), 1986 : *La détermination nominale. Quantification et caractérisation*, Paris, Presses universitaires de France.

WILMET (M.), KLINKENBERG (J.-M.), CERQUIGLINI (B.) et DEHAYBE (R.), 1992 : *Le français en débat*, Bruxelles, Communauté française de Belgique, Service de la langue, « Français et société ».

WILMET (M.), 1994 : *Antepost. Conte linguistique*, Bruxelles, Les Éperonniers.

ZENDER (M.), 1939 : « Die deutsche Sprache in der Gegend von Arel », dans *Deutsche Archiv für Landeskunde und Volksforschung*, t. III, 1-40.

Index des lieux

A

B

C

D

E

T

U

V

W

X

Y

Z

Index des noms

A

B

C

D

E

F

G

H

I

J

K

L

M

N

O

P

Q

R

Index des notions

Quand il y avait lieu, on a indiqué en gras le ou les endroits où la notion est définie ou expliquée.

A

B

C

D

E

F

G

H

I

J

K

L

M

N

O

P

Q

R

S

T

U

V

W

X

Z

Table des matières

Première partie
HISTOIRE ET PERSONNALITÉ DU FRANÇAIS EN BELGIQUE

— 1 —
Les origines du français en Belgique

— 3 —
La personnalité du français en Belgique

— 2 —
Regards sur la langue